창업론

Entrepreneurship

송경수 · 류태모 · 장석인 · 정동섭 · 차윤석

pnc publishing and culture
피앤씨미디어

머 | 리 | 말

국내적으로는 최저임금의 급격한 인상과 근로시간 단축, 경기침체 등의 불투명한 경제상황과 국외적으로는 미국과 중국의 무역전쟁으로 촉발된 국제무역환경의 불투명성의 증가 등으로 인해 우리나라의 경제도 매우 어려운 상황에 처해 있고, 이로 인해 고용시장마저 위축되어 정부는 다양한 고용창출을 위한 대안들을 제시하고 있다. 또한 4차 산업혁명의 가속화에 따른 고용없는 성장이 현실화되면서 대학을 졸업하고도 취업시장에서 어려움을 겪고 있는 사람들이 급격히 증가하고 있다. 이러한 상황에서 중요한 대안으로 제시되고 있는 것은 4차 산업혁명과 혁신경제시대에 적합한 다양한 영역에서의 창업을 통한 새로운 사업영역의 확대와 고용창출이라는 두 마리의 토끼를 잡을 수 있는 방안으로 창업이 적극적으로 권장되고 있다.

계속되는 경제성장의 둔화와 침체국면의 경기 등으로 기업들의 경제활동은 위축되고 있고, 기존의 기업에서는 지속적인 구조조정의 한파로 인해 취업시장에는 수많은 취업대기자가 발생하고 있다. 평생직장의 개념이 깨어진 직장인들에게는 생계를 위한 방법이 필요하고, 이를 가장 손쉽게 접근할 수 있는 방법은 내가 직접 창업하여 경영함으로써 실직의 아픔을 겪지 않아야겠다는 생각으로 창업에 대해 전향적인 생각을 하기 시작하였다. 이러한 구성원들의 욕구에 부합하는 정책의 일환으로 최근 기업들도 정년퇴직 및 구조조정에 따른 퇴직자를 위한 전직훈련(outplacement)에 관심을 가지고 창업교육 등을 강화하고 있다.

거듭되는 각종 경제위기는 한국경제의 전반적인 변화뿐만 아니라 사회전반에도 많은 변화를 가져다주었다. 기업의 구조조정과 도산에 따른 실업의 증가는 대학졸업자의 취업을 제한시키는 요인으로 대두되었고, 대졸미취업자의 양산은 대학사회를 변화시키는 요인으로 등장하고 있다. 즉, 대졸미취업자의 증가는 재학중인 학생들에게까지 영향을 미쳐 대규모 휴학생의 발생을 가져와서 대학재정의 부담요인으로 작용하고 있다.

이러한 대량실직으로 인한 실업자의 증가를 억제하기 위한 정책으로 정부에서는 다양한 고용정책을 시행하고 있다. 그 정책의 일환으로 1인창조기업의 활성화, 협동조합 및 사회적기업의 육성 등의 사회적경제 활성화와 소상공인창업을 권장하여 실업의 증가를 억제하려고 시도하고 있고, 대학들은 대학졸업자의 진로개척을 위한 수단과 방법의 일환으로 창업강좌에 대한 관심을 높여가고 있다. 특히 대졸 청년실업에 대한 사회적 관심이 높아지면서 이를 극복하는 방안의 하나로 벤처중소기업부에서는 매년 창업강좌를 개설하는 대학들에게 일정한 지원제도를 실시하여 창업강좌의 개설을 유도하고 있으며, 1인 창조기업의 활성화와 창업진흥원 및 소상공인진흥공단에서도 이러한 창업을 활성화하고 전문가를 양성하기 위해 여러 가지 제도적 방법들을 동원하여 창업에 대한 인식전환을 유도하고 있다.

따라서 본서에서는 21세기의 주역을 꿈꾸는 젊은이들에게 취업의 부담을 최소화시킬 수 있는 방안으로 미래의 설계를 위해 창업에 필요한 기본적인 지식과 정보를 제공하는 데 목적을 두고 있다. 그동안 저자들은 대학에서 강의를 하면서, 그리고 산업 및 창업현장에 근무하면서 대학생들에게 필요한 창업의 실무적인 지식을 제공하고, 한편으로는 대학졸업 후 사회에 진출함에 필요한 창업에 관련된 지식과 정보를 제공해야 할 필요성을 절감하여 왔다. 그래서 본 교재에서는 대학생들에게 창업에 필요한 실무적인 지식을 제공하여 미래를 준비하는 자세를 갖게 하기 위해 실무적인 자료를 중심으로 그 내용을 정리하였다.

본서는 일반 교양교재와 전문교재로 동시에 사용할 수 있도록 가능한 실무중심으로 쓸려고 노력했지만 막상 탈고를 하고 보니 부족하고 미비한 점이 많음을 자책하지 않을 수 없다. 부족한 부분은 많은 연구와 노력으로 충실하게 개정·보완할 것임을 약속드립니다. 그럼에도 불구하고 본서의 출간을 흔쾌히 받아주신 피앤씨미디어의 박노일 사장님과 관계자 여러분에게 깊은 감사를 드립니다.

2019.1.

저자 일동

차 | 례

Chapter 1

창업자와 창업준비

"스타트업보다 스케일업이 중요"

"창업(start up)은 중요하다. 그러나 그보다 더 중요한 것은 성장(scale up)이다" 세계 기업가정신 주간(GEW)'을 기념하기 위한 세미나가 열리고 있는 현장에서 기업가정신(entrepreneurship)의 세계적 전도사이자, 베스트셀러인 〈하버드 창업가 바이블〉의 저자로 유명한 다니엘 아이젠버그(Daniel Isenberg) 박사는 창업과 관련한 기업가정신의 본질에 대해 설명하며 이같이 말했다. 창업진흥원의 주최로 지난 14일 서울 팔래스 호텔에서 열린 'GEW KOREA 2016' 세미나는 초기 창업가들에게 전문가들의 지식과 경험을 소개하여, 그들이 잠재력을 발휘할 수 있는 기회를 제공해 보자는 취지로 마련됐다. GEW는 문제해결의 창조적 열쇠로 떠오르고 있는 기업가정신을 확산시키자는 목적으로 제정된 세계 최대의 기업가정신 관련 기념행사다. 매년 11월 3째 주가 되면 전 세계 160개 국가에서 기업가정신 함양을 위한 다양한 행사들이 개최된다.

'기업가정신 생태계를 조성하는 핵심 기업가들은 누구인가?'라는 주제로 발표한 아이젠버그 박사는 국내 창업가들에게 일반적인 시각과는 조금 다른 관점에서 기업가정신에 대해 설명했다. 그의 발표에 따르면 기업가정신은 '혁신보다는 성장에 의한 가치창출'의 존재인 것으로 나타났다. 혁신은 필요한 존재지만, 여기에만 매달리게 되는 순간 더 중요한 기업의 가치인 성장에 문제가 생긴다는 것이다. 아이젠버그 박사는 자신의 주장에 대한 근거로 세그웨이(segway)를 들었다. 지난 2001년 미국의 발명가에 의해 만들어진 이 개인용 이동기기는 당시만 해도 21세기 최고의 혁신적 발명품이라 불렸지만, 판매가 부진하면서 결국 보급화에 실패했다. 그는 세그웨이와는 반대되는 사례로 제약회사인 악타비스(Actavis)와 커피 프랜차이즈인 스타벅스도 소개했다. 악타비스는 복제약품만을 전문적으로 취급하면서 7년 만에 글로벌 제약회사로 거듭났고, 스타벅스는 설립 후 16년이 지난 뒤에야 다른 회사로 매각되면서 비로소 본격적인 성장을 하게 됐다. 이 같은 사례와 관련하여 아이젠버그 교수는 "세그웨이는 혁신에는 성공했지만 시장에서는 실패한 반면에, 악타비스와 스타벅스는 혁신은 없었지만 글로벌 기업으로 성장하는 데 성공했다"라고 전하며 "이들 기업 중 누가 진정한 기업가정신을 계승한 기업인지 판단해 보라"고 주장했다.

아이젠버그 교수는 인위적인 스타트업 부양정책의 문제점에 대해서도 지적했다. 그는 "창업생태계가 잘 갖춰져 있다고 평가받고 있는 이스라엘에는 특별한 스타트업 관련정책이 없다"라고 밝히며 "혁신의 대명사로 통하는 실리콘밸리도 미국만의 독특한 현상일 뿐, 어느 국가에나 적용될 수 있는 모델이 될 수는 없다"라고 덧붙였다. 그라면서 "만약 스타트업을 지원하는 정책이 이미 수립되어 있다면 초점을 "창업(start up)보다는 성장(scale up)에 맞춰야 한다"고 강조했다. 아이를 낳는 것과 같은 행위인 창업은 매우 중요한 과정이지만, 그보다 더 중요한 과정은 아이를 잘 키우도록 하는 성장이라는 것이다.

그는 "창업의 결과에 매달리다 보면 기업의 숫자에 연연해하는 경우가 생기게 되는데, 많을수록 좋다는 생각은 상당한 부작용을 낳게 된다"라고 경고하며 "선진국들의 스타트업 생태계를 조사해보면 창업이 많아질수록 생태계 환경에 부정적인 영향을 미친다는 조사결과들이 많다는 것을 알 수 있다"라고 말했다.

인위적이 아닌 시장중심의 창업생태계와 관련해서는 덴마크의 사례를 꼽았다. 덴마크는 정부가 개인에게 창업을 권장하기보다는 시장규모의 성장에 힘을 쏟았고, 그 결과 일부 창업가들이 기회를 잘 살리면서 경

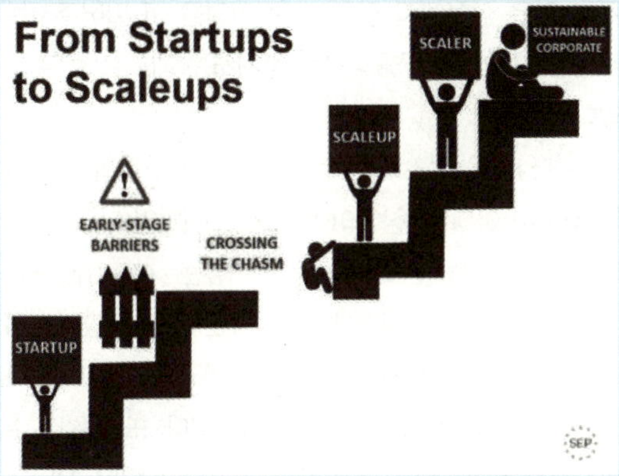

쟁력 있는 사업체들을 키워낸 것으로 파악됐다. 아이젠버그 박사는 "덴마크는 이 같은 사회 전반적인 분위기를 기반으로 기업가정신이 자연스럽게 정착될 수 있었다"라고 전하며 "따라서 스타트업의 성공을 위해서는 혁신보다는 성장(scale)을 중심으로 한 시장조성에 주력하는 것이 더 낫다고 본다"라고 주장했다. 그는 "시장규모를 성장시키는 데 있어 80%는 결국 상품의 판매에 따른 기업의 성장에 의해서 결정된다"라고 언급하며 "스타트업을 시작하는 데 의미를 둘 것이 아니라, 창업 이후의 성장에 초점을 맞춰야 한다"고 강조했다. 발표를 마무리하며 아이젠버그 박사는 "이 외에도 창업하면 떠오르는 전문성이나 젊음과 같은 고정관념에 얽매이지 말 것"을 주문하며 "새로운 시각에서 사물을 바라보는 것과 연륜에서 우러나오는 경험들을 살리는 것이 스타트업 생태계의 발전에 많은 도움을 줄 수 있을 것"이라고 조언했다.

스케일업 경제

최근 선진국에서는 일자리창출 기본단위가 기업이라는 시각에서 어떤 기업이 더 많은 일자리를 창출하는가에 대한 관심이 부쩍 높아졌다. 그동안 많은 연구는 창업-성장-성숙-쇠퇴로 이어지는 기업생태계에서 일자리창출과 혁신을 촉진하는 매개체로서 창업의 중요성을 강조하여 왔다. 그러나 창업기업의 일자리창출 성과가 신통치 않고, 빠르게 성장하는 스케일업(scale-up) 기업, 즉 젊은 고성장기업이 더 많은 고용을 창출한다는 연구들이 나오면서 고성장기업이 주목받고 있다. OECD는 '고성장기업'을 관찰 첫 연도에 종업원 수가 10명을 넘고 종업원 수 또는 매출액 증가율이 3년 평균 20%를 웃도는 기업으로 정의한다. 데이비드 버치는 1994년에 고성장기업을 빠르게 달리는 영양인 '가젤'에 비유하고 최근 4년 평균 매출액 성장률이 산업 평균보다 2배 이상인 기업으로 정의하면서 고성장기업에 대한 관심을 불러일으킨 바 있다.

스케일업에 대한 관심이 부상한 배경은 다음과 같다.

첫째, 소수 고성장기업이 더 많은 고용을 창출한다는 점이다. 창업의 필요성은 인정되지만 정작 창업 기업들은 생존율이 낮아 고용창출 기여도가 낮다. 유럽연합은 고성장기업이 평균 기업보다 더 높은 생산성과 더 많은 새로운 일자리를 낳는 경향이 있으며, 고성장기업 수를 늘리면 미국의 70%에 불과한 유럽의 생산성을 높이는 데 도움이 된다고 평가하였다. 또한 창업기업 수가 증가한다고 고성장기업 수도 반드시 늘지 않는다는 사실도 발견하였다.

둘째, 고성장기업들은 시장 및 여타 기업에서 자원을 가져다 쓰고, 인력을 채용하며 기업 및 산업간 자원 이동을 촉진하면서 경제 전체의 생산성 향상을 유도한다. 영국, 핀란드, 덴마크 등 선진국에서는 2000년대 중반부터 고성장기업을 전략적으로 지원해 왔다.

셋째, 시장실패와 공공재 생산편익은 스케일업에 대한 정책지원을 정당화한다. 젊은 기업은 일자리창출, 혁신 및 경제활력과 같은 경제적 · 사회적 편익의 중요한 원천이지만 자원접근 및 동원과 함께 생존에 직면해서 많은 애를 먹는다. 이 경우 '계속기업'으로서 생존을 지원하기 위해 정부가 개입할 수밖에 없다. 이를 '공공 후원'이라 하며, 내적자원 부족 및 외적자원 의존에서 발생하는 불리한 환경변화로부터 젊은 기업을 보호하는 '버퍼링'과 젊은 기업을 중요한 외부 이해관계자들과 연계시키는 '브리징'으로 대별된다.

넷째, 스케일업 기업 육성은 양질의 일자리 확보를 가능케 한다. 스케일업 기업이 여타 기업들보다 더 높은 수준의 임금을 지불한다는 연구결과가 많다. 다수 청년들이 창업보다는 안정적이고 임금이 높은 기업에 더 많은 관심을 두는 현실을 무시할 수는 없다.

그러나 스케일업 정책 시행에는 몇 가지 난관이 있다.

첫째, 고성장기업의 선별(picking winners)이 어렵고, 한정된 자원하에서 특정 기업들에 대한 정부지원이 의도치 않게 여타 정책수단의 활용을 배제할 수 있다.

둘째, 고성장이 오래 지속되지는 않는다. 그러므로 측정시점에 따라 기업성장이 달라질 수 있어 지원의 지속성이 담보되지 않을 수 있다.

셋째, 고성장기업 지원정책은 4차 산업혁명 도래 등으로 포용적 성장에 관심이 높아지는 데다 창업이 녹록지 않은 상황에서 잘 나가는 기업을 더 밀어주자는 주장은 지나치게 효율성만을 중시하는 태도로 보일 수 있다.

스케일업을 강조하는 것은 창업의 중요성을 부인하기 때문이 아니다. 창업이 없으면 스케일업도 없다. 그러나 스케일업을 강조하는 근본 이유는 '계속기업'으로서 기업의 목적은 성장에 있기 때문이다. 우리나라의 창업 3년 후 생존율은 41%로 선진국(50~60%)보다 크게 낮다. 생계형 창업이 많기 때문이다. 또한 우리 주요산업들은 성숙기 · 쇠퇴기에 접어들어 해당 산업의 업체들이 혁신을 통한 시장창출보다 현실에 안주하는 전략 위주로 경영함에 따라 경제의 지속가능한 성장에 대한 불확실성도 증대하고 있다. 그러므로 생존 기업들이 성장의 사다리를 통해 대기업으로 성장하는 역동성과 혁신력을 높이는 스케일업 경제가 필요하다.

〈자료: 대구일보, 2017.1.11〉

제1절 창업의 개념 및 범위

1. 창업의 개념

(1) 창업이란 무엇인가?

좁은 의미로서의 창업이란 제품 또는 서비스를 생산하거나 판매하는 사업을 시작하기 위해서 이제까지 존재하지 않은 새로운 기업조직을 설립하는 행위를 말한다. 즉, 새롭게 제품이나 서비스를 생산하거나 판매할 목적으로 건물과 설비 등을 갖추고 필요한 인원을 배치하는 것을 말한다. 우리가 보통 흔하게 사용하는 창업이라는 용어는 바로 이와 같은 좁은 의미의 개념인 것이다.

그러나 넓은 의미로 창업을 정의할 때는 새로운 기업조직을 설립하는 것은 물론 기존의 기업이 이제까지와 전혀 다른 새로운 종류의 제품을 생산하거나 판매하는 일을 시작하는 것까지를 포함한다. 즉, 넓은 의미로는 기존의 기업이 이제까지와 다른 새로운 사업을 시작하는 것도 창업이라 볼 수 있다.

창업에 대한 법률적인 용어는 중소기업창업지원법 제2조에서 “창업이란 중소기업을 새로 설립하는 것”을 말한다. 이 경우 창업의 범위는 대통령령으로 정한다고 규정되어 있고, 그 대상이 되는 중소기업이란 중소기업기본법 제2조에 따른 중소기업을 말한다.

일반적으로 창업이란 하면 감자탕, 떡볶이집, 라면집, 호프집, 치킨집, 음식점, 프랜차이즈 등과 같이 자영업의 냄새가 진하게 난다. 사람들은 창업을 너무 쉽게 생각하는 경향이 있다. 안되면 창업해서 장사나 하지 하는 식으로 표현하는데, 창업이 얼마나 어렵고 힘든 일인지를 알고 나면 함부로 말하지 않을 것이다. 맹자(孟子)의 양혜왕 하편에 따르면, 원래 창업이란 나라를 새로 개국하는 일로 정의하고 있는데, 이는 점포창업이 아니라 왕조창업을 의미하는 것이었다. 이조실록에 의하면, 태조께서 조선을 창업하시어…라고 할 때 나오는 게 바로 창업이다. 춘추전국시대 등나라의 임금 등문공이 맹자에게 “지금 제나라가 우리나라(등나라)를 침공하려고 하는데 어떻게 하면 좋겠습니까?"라고 묻자, 맹자는 "군자가 창업하여 계통을 전수하면 이어갈 수 있습니다(君子創業垂統 爲可繼也)"라고 대답한 바 있다.

나라를 새롭게 세운다는 것은 목숨을 걸어야 하는 위험한 일로 실패시는 삼족이 멸문을 당하는 위험한 일이었다. 서양에서도 주식회사 제도가 나오기 전에는 창업(주로 해상무역)의 실패는 노예로 팔려나가는 결과를 가져올 정도로 아주 위험이 큰일이었다. 그래서 창업이란 말에는 두려움의 기운이 느껴지며, 20여 년 전만 해도 누가 창업을 했다는 말을 들으면 곧 패가망신을 연상할 정도로 창업이 어렵고 힘든 일이었다. 또한 사업하는 사람에게는 딸자식 주기를 꺼려할 정도로 창업이 어렵고 사회적으로 힘든 일이라는 사실이 각인되어 있었다. 살던 집을 담보로 삼아 사업하다가 쫄딱 말아먹지 않을까 하는 걱정이 컸고, 그러고 보면 망하면 죽는다는 점에서 나라를 창업하는 거나 회사를 창업하는 거나 다를 바가 없다고 생각했던 것 같다.

이제 창업은 나라가 아닌 회사를 여는 일을 의미하지만, 예전에는 나라를 창업하는 일이 사업이었고, 전쟁은 자국에서 부족한 물자를 충당하기 위해 벌이는 최적 비즈니스 도구였다. 이렇게 보면 기업을 창업한다는 것은 곧 나라를 개국하는 것과 다를 바가 없으며, 내가 창업한 회사는 곧 나의 나라이자 내가 최고 주권자가 되는 나의 영토이다. 따라서 창업은 결국 나의 나라, 곧 자기 세계를 창조하는 일이다. 자신의 일을 만들고 그 일에 뜻을 부여하는 것이다. 창업이란 장사가 아니라 일을 통해 자기를 완성하는 일이며, 일을 통해 나의 세계를 구축하는 것이다. 스스로가 경제적인 재생산 구조를 만들어 놓는 일이며, 자기 삶의 형태를 경제적으로 재생산하는 일이라고 볼 수 있다.

하지만 최근 중앙정부나 지방정부 주도로 창업학교나 각종 창업보육센터 주도의 창업학교개설, 그리고 대학의 창업동아리에 대한 각종 지원, 교수 및 연구원의 창업에 대한 각종 규제의 완화, 소자본 창업에 대한 각종 지원 등 창업을 희망하는 자에게 다양한 채널을 통해 정부 및 이해관계를 가지고 있는 기관에서 창업에 대해 적극적으로 지원해 주고 있어 창업이 그렇게 낯설게 다가오지는 않고 있다.

창업은 trend 창업과 concept 창업의 두 가지 유형으로 나눌 수 있는데, trend 창업은 창업박람회나 프렌차이즈 창업 등을 포함하여 이미 시장에서 어느 정도 검증된 사업아이템이나 업종들을 중심으로 창업을 하는 형태를 말한다. trend 창업은 생계형의 창업에 가까운 것으로, 시장에서 어느 정도 사업에 대한 검증이 이루어진 아이템이나 업종을 대상으로 창업을 하기 때문에 실패에 대한 위험부담은 줄일 수 있으나 레드오션시장에서의 치열한 경쟁은 피할 수 없다고 보아야 할 것이다. 반면 concept 창업은 시장에서 전혀 검증받지 않은 창조형의 창업에 가깝기 때문에 위험부담은 커지만 대신 사업이 시장에 정착하게 되면 블루오션시장에서 대박을 터뜨릴 수 있는 창업유형을 말한다. 기업을 유한한 수명을 갖는 일종의 유기체로 인식할 때, 창업행위는 새로운 생명체의 탄생을 위한 파종작업과도 유사하다. 따라서 어느 정도는 창업에 쏟은 정성과 노력에 비례하여 튼튼한 묘목과 풍성한 과실을 기대할 수 있다. 이러한 차이는 바로 기업이 인간의 오묘한 의지에 의해 전적으로 영향을 받기 때문이다. 특히 창업활동은 기업의 여타 활동들과 많은 점에서 다른 다음과 같은 특성을 갖고 있다. 이석규, 1997

첫째, 창업결정은 전형적인 불확실성하에서의 의사결정이라는 특성을 갖는다. 왜냐하면 단지 창업아이디어가 훌륭하다는 이유만으로 수요가 저절로 창조되는 것은 아니며, 자산의 보유 그 자체가 쓸모 있는 자산으로 자원화될 수 없는 많은 요인들이 창업의 결과에 영향을 미치기 때문이다. 또한 창업은 이제까지 전혀 경험하지 못한 미지의 사업을 시작하는 것이기 때문에 그 결과에 대한 예측이 어렵고 불확실할 수밖에 없다.

둘째, 창업은 거대한 자원의 투입을 전제로 하고 있다는 것이다. 즉, 창업은 다수의 인적자원의 투입을 필요로 하며, 거대한 자본의 희생을 통해서 가능하게 된다. 그러나 이러한 자원의 희생에 대한 보상은 장기간에 걸쳐 서서히 이루어지며, 그 보상의 크기 또한 불확실하기 때문에 창업에는 큰 위험이 수반된다. 따라서 창업작업은 고도의 예측기법과 분석력을 지닌 전문가에 의해 치밀하게 계획되어야 하며, 철저한 경제성분석에 바탕을 두고 추진되어야 할 필요성이 있다.

셋째, 창업은 본질적으로 진취적이고 창조적이며 모험적인 성격을 갖고 있다는 것이다. 이는 원래 창업이 갖고 있는 불확실성과 위험 때문이기도 하지만 창업이 주로 변화를 잘 감지할 줄 알며, 상상력과 창의력이 뛰어나고 결단력 있는 사업가에 의해서 추진되기 때문이기도 하다. 또한 창업은 주로 변화담당자(change agent), 사업가적 자질을 갖고 있는 야심가, 자기사업을 통해 자아실현을 추구하려는 일반인, 그리고 성장 및 성과개선을 추구하는 기업들의 변신수단으로 추진된다는 특징을 갖고 있다.

일본 소프트뱅크의 창업주인 손정의 회장의 말에 의하면, 창업을 위해서는 5가지의 기본적인 조건이 갖추어져야 한다고 한다.

첫째는 확고한 비전의 설정이 필요한데, 그는 디지털 정보혁명으로 인간을 행복하게 할 것이라는 비전을 설정하고 소프트뱅크를 창업했다고 설명하고 있다. 둘째는 시대흐름을 파악할 수 있어야 한다. 미래는 소프트웨어 세상이 도래할 것이라고 생각하고 이에 맞는 사업의 아이템을 설정하였다. 손정의 회장은 상품이 아닌 인프라의 구축을 통해 유통을 장악하는 것에 초점을 두고 창업하였다고 주장하고 있다. 셋째는 사업아이템에 대한 치밀한 분석을 통해 79% 이상의 확률이 있을 때만 도전을 하였다고 주장하고 있다. 실제로 40개의 아이템을 놓고 18개월간의 분석을 통해 실제 사업을 전개하였다고 한다. 넷째는 과감하게 승부수를 던질 수 있어야 한다고 주장한다. 이 사업아이템이 성공할 가능성이 있다고 생각이 들면 가진 자금을 모두 동원하여 대대적인 홍보 및 광고를 전개하는 것은 물론이고 대형 전시회에도 적극적으로 참여하여 이름과 열정을 활짝 펼칠 수 있도록 노력하여야 한다. 마지막으로 사업은 고비마다 구원투수가 있듯이 믿을 만한 멘토를 구하여 조언과 필요자금 등을 충당할 수 있는 노력을 하여야 한다고 주장하고 있다.

(2) 창업을 하는 이유

서울시가 2014년 2월 25일 발표한 통계로 본 서울 노동구조 변화 및 직장인 자화상에 따르면 비경제활동인구 중 대졸 이상 학력을 가진 인구는 2013년 80만 2천 명을 기록했다. 지난 2013년 57만 4천 명보다 39.7% 급증한 수치다.

이러한 취업난 속에서 많은 이들이 창업에 뛰어들고 있지만 현실의 벽은 높다. 한국개발원에서 발간하는 『나라경제』가 대한민국 20대 성인남녀 1,000명을 대상으로 창업에 대한 설문조사를 실시했다. 2014년 3월 20일 모바일 패널응답 방식으로 실시된 이번 설문조사는 서울 등 전국에 살고 있는 국민 중 창업을 고려하고 있거나 관심을 가지고 있는 남녀 각 500명에게 실시했다.

우선 창업에 관심을 갖는 가장 큰 이유로 응답자의 37.0%가 '직장생활에 얽매이지 않고 자유로울 것 같아서'라고 응답했다. 뒤를 이어 '원하는 일을 하고 싶어서'(29.1%), '돈을 많이 벌수 있을 것 같아서'(18.9%)라는 응답이 많았다. '취업하기가 너무 힘들어서'도 7.7%를 나타내 취업현실의 어두운 단면을 보여줬다. '해고될 염려가 없어서'는 6.8%를 차지했다.

창업과 관련해 현재 준비하고 있는 것은 무엇인지를 묻는 질문(복수응답 허용)에는 '창업자금 확보'(38.7%)와 '창업정보 수집 및 분석'(37.5%)이 비슷한 수치를 나타내며 1,2위를 차지했다. '실무경험 쌓기'는 27.5%였고 '준비하고 있는 것이 없다'는 의견도 25.2%나 됐다. 한편 남녀를 구분해서 살펴보면 남성은 '창업정보 수집 및 분석'(44.0%)을 '창업자금 확보'(39.2%)보다 우선순위로 꼽은 반면 여성은 그와 반대로 '창업자금 확보'(38.2%)를 '창업정보 수집 및 분석'(31.0%)보다 더 앞에 뒀다.

오픈문항으로 진행한 '창업하고 싶은 업종'에선 가장 많은 사람들이 '카페·커피전문점'(27.9%)을 선택했다. 뒤를 이어 고기집과 치킨호프가 포함된 일반 음식점을 열고 싶다는 응답이 17.8%를 차지해 일반창업이 1,2위를 기록했다. 이는 3월 19일자 『매경 이코노미』에서 실시한 설문조사(19~60세 국민 대상)의 창업희망 업종 순위와도 비슷하다. 해당 설문조사에서는 커피숍·카페가 39.6%로 압도적인 1위를 차지했으며 제과·베이커리가 16.6%로 나타났다. 한 집 건너 하나가 커피숍 아니면 음식점이고 아파트 단지엔 보통 4~5개의 치킨집이 몰려 치열한 경쟁을 벌이고 있는 곳이 바로 대한민국이다. 손쉽게 창업할 수 있는 아이템이다 보니 경쟁은 더욱 치열해진다. 그런데도 이 시장에 뛰어들고 싶다는 20대 젊은이가 45.7%나 된다. 창업 아이템의 부족으로 봐야 할까? 무모하다고 봐야 할까? 이는 전문기술·지식이 필요 없고 소규모, 소자본으로

운영되는 일반창업에 관심이 몰린 결과다. 문제는 20대 예비창업자들이 새로운 도전과 신선한 아이템으로 똘똘 뭉친 창업이 아니라 그야말로 생계형 창업에 몰려든다는 것이다. 블루오션을 찾기보다는 이미 경쟁이 치열한 레드오션으로 몰리고 있는 것. 세 번째로 많은 창업업종은 인터넷쇼핑몰로 10.0%를 차지했다. IT사업(5.0%), 앱 개발(4.8%)이 뒤를 이었으며, 요즘 트렌드를 반영한 애견숍, 네일뷰티숍, 1인 출판사 등을 하고 싶다는 의견도 있었다. 실버산업, 흡연방, 수면방 등도 눈에 띄는 창업업종이었다.

창업에 가장 큰 걸림돌로는 응답자의 절반이 넘는 50.7%가 '창업자금 부족 및 초기 운영자금 확보'를 선택했다. '초기 판로 개척의 어려움'(16.0%), '실무지식 및 경영역량 미비'(15.3%), '수익성 높은 아이템 선정'(12.2%)이 그 뒤를 이었다. '복잡한 규제 및 절차'(3.3%), '사업을 함께할 인력 부족'(2.5%)은 상대적으로 낮게 나타났다.

초기 창업자금을 묻는 질문엔 응답자의 33.9%가 '5천만원~1억원'으로 답해 가장 많은 수를 기록했으며 '1천만원~5천만원'이 33.2%로 그 뒤를 이었다. 1억원~3억원은 19.2%, 1천만원 미만의 소자본은 10.5%였다. 준비기간은 대략 6개월~1년 이내가 33.3%, 1년~2년 이내는 27.3%, 3년 이상 장기적으로 준비할 필요가 있다고 생각하는 응답자는 17.0%로 3위를 차지했다.

창업 3년 후 45%, 5년 후 61%가 사라지는 '다산다사(多産多死)현상' 속에서 창업 실패 후 가장 우려되는 것을 묻자 '신용불량 등 경제적 어려움'(43.4%)을 가장 많은 응답자들이 선택했다. '직업 등 진로 문제'(29.4%)도 많이 꼽았다. '재기에 대한 두려움과 자신감 상실'이 14.3%, '결혼 등 인생계획의 차질'이 10.5%를 차지했다. '주변의 따가운 시선'(2.4%)은 그리 크게 신경쓰지 않는 것으로 나타났다.

젊은 나이에 창업한 CEO에게 경영은 하나부터 열까지 난관의 연속일 수밖에 없다. 하버드대 재학 중 페이스북을 창업한 마크 저커버그도 초기에 "I'm CEO, Bitch(젠장, 내가 CEO라니까)"라고 쓰인 명함을 들고 다녔을 정도였다니 청년창업은 한국이나 미국이나 어렵긴 마찬가지인 모양이다. 2014년 3월 4일 아마존 경제경영 분야 베스트셀러 1위는 경험이 부족한 창업가들을 위한 실전

지침서인 벤 호로위츠의 「창업가의 난제(*The Hard Thing About Hard Things*)」였다. 이제 창업은 전 세계 젊은이들의 최대 관심사다.

이처럼 창업을 하는 이유를 살펴보기 전에 먼저 창업에 성공한 한 개그맨의 사례를 살펴보면서 우리는 창업의 이유를 정리해 볼 필요가 있다. 개그맨 정종철 씨는 "옥동자몰"을 론칭, 닭가슴살을 판매하여 대박행진을 한데 이어 수분라인 코스메팅 사업에도 진출했다. 다이어트 쇼핑몰 '옥동자몰'로 대박 연예인 CEO 대열에 합류한 개그맨 정종철 씨가 코스메틱 사업까지 손을 뻗었다. 페이스 로션과 바디로션, 하이드로겔 마스크 팩이다. 정종철 씨는 "운동 후 지친 피부를 케어해 주기 위한 피트니스 코스메틱이다"며 "식단조절과 운동을 통한 다이어트를 하는 이들에게 피부 관리는 필수다. 피부과 전문의로 구성된 연구진과 함께 개발했다"고 설명했다. 그가 화장품 사업까지 손을 댄 건 그의 피부 주치의를 만나면서다. 지난해 가을 정종철 씨의 피부 주치의였던 하늘느낌 피부과 최천필 원장의 건강이 급격히 악화되었던 것이다. 정종철 씨는 최 원장의 건강을 되찾아주겠다며 함께 식단조절과 운동을 시작했다. 그는 몸을 만드는 과정에 있어 피부관리는 반드시 병행되어야 한다는 사실을 알게 됐다. 정종철 씨는 "이 시대의 트렌드 몸짱이 되기 위해 열심히 운동하는 현대인들에게 고민이 있다. 헬스 노안 때문이다"라며, "열심히 운동하는 만큼 뱃살도 들어가고 몸매가 멋있게 변하지만 주변 사람들은 오히려 운동 전보다 늙어 보인다고 핀잔을 많이 준다"고 말했다.

하늘느낌 피부과 최천필 원장은 "운동을 하면 피부의 수분이 빠져나가 탄력이 떨어진다. 얼굴 피부층이 얇아지고 깊은 주름이 생겨 운동 전보다 노안처럼 보일 수 있다"고 설명했다. 최 원장은 "몸을 만드는 데만 집중하기보다 운동 직후 피부관리에 신경을 쓰는 것이 중요하다. 충분한 수분보충과 적절한 보습제를 사용하고, 피부에 충분한 영양을 공급해 얼굴 노화가 진행되지 않도록 관리해 주어야 헬스 노안을 예방할 수 있다"고 조언했다.

보습성분을 강화한 스카이필 로션은 청정지역 캐나다 휘슬러산 빙하수로 제작했다. 수분로션과 바디로션은 세계적인 청정지역인 캐나다 휘슬러산 빙하수가 주원료다. 미네랄, 비타민, 알란토인, 판테놀, 알로에 등 자연친화적인 최고급 원료를 사용했다. 불필요하고 인위적인 성분과 첨가물을 최대한 자제했다.

리프레시업 하이드로겔 마스크는 목까지 관리할 수 있도록 3장의 패치로 구성했다. 식약청으로부터 인증받은 주름기능성 성분인 아데노신을 비롯해 캐비어 추출물, 비타민A, 비타민C, 비타민E 등을 함유해 주름, 탄력 개선, 화이트닝, 영양공급 및 리프팅 효과가 뛰어나다.

한편 정종철은 지난 4월 다이어트 쇼핑몰 '옥동자몰'을 론칭해 최고 매출액을 몇 차례 경신하고 석달 만에 하루 매출 1억원을 코앞에 두고 있어 화제가 되기도 했다. 훈제 닭가슴살은 판매 시작 이틀 만에 완판되는 기염을 토했다. 그는 또 국민 다이어트 전도사를 자처, '다이어트 챌린저'를 통해 12명의 고도 비만자들을 직접 트레이닝해 건강한 몸짱으로 변신시켜 눈길을 끌었다. 매일경제신문 2011.9.19.

이러한 창업의 성공사례를 토대로 각자가 생각하는 창업의 이유는 달라질 수 있겠지만, 일반적으로 창업을 하는 이유는 창업자의 사정에 따라 여러 가지가 있을 수 있지만 이를 몇 가지로 요약해 보면 다음과 같다. 전타식, 2010

첫째는 경제적 이유를 들 수 있는데, 최근 고용시장이 불안정해지면서 미래에 대한 불안감을 감소시키기 위해 창업을 통해 미래에 대한 경제적 안정을 도모하기 위해 창업을 하는 이유가 가장 많다고 볼 수 있다.

둘째는 자기성취를 위해 창업하는 경우이다. 자신이 가진 지식과 직장에서 쌓은 경험과 노하우를 바탕으로 언제가 한번 해보고 싶은 일을 하고자 하는 비경제적 목적을 위해 창업하는 경우이다. 자신이 언젠가는 기업의 CEO가 되어 보겠다는 욕구, 사회적으로 인정받고 싶은 욕구, 화려한 경력을 토대로 사회적인 역할을 하고 싶은 욕구 등이 복합적으로 작용하여 창업하는 경우도 있다.

셋째는 창의적인 아이디어의 실현을 위해 창업하는 경우이다. 평소 직장생활이나 사회생활을 하면서 생각해 두었던 창의적인 아이디어를 활용하여 성공적인 사업이 될 수 있도록 하기 위해 창업하는 경우이다.

넷째는 사회적 여건의 성숙으로 창업하는 경우이다. 가슴속에 담아두었던 사업에 대항 열망이 사회적 여건의 성숙으로 창업을 통해 자신의 숨겨진 재능을 발휘하여 사회적 책임을 다하고자 하는 개인적 욕구를 충족시키기 위해 창업하는 경우이다.

(3) 창업의 핵심요소

건물을 신축하려면 건물이 들어설 땅·목재·시멘트·벽돌·타일·내장재·현금 등이 있어야 하고, 설계도면이 있어야 하며, 설계도면에 따라 땅을 파고 자재를 결합할 인력이 있어야만 한다. 비록 제아무리 훌륭한 설계를 했다 할지라도 불량 건축자재를 사용한다면 튼튼한 건물을 기대할 수 없으며, 제아무리 설계와 자재가 훌륭한 것일지라도 공사를 담당하고 지휘하는 주체인 시공자의 시공능력이 저질이라면 튼튼하고 쓸모 있는 건물을 기대할 수 없게 된다. 결국 우수하고 쓸모 있는 건물은 어느 특정 투입요소만의 우수성에 의해 창작되는 것이 아니라 우수한 투입요소 각각의 합리적인 결합에 의해서 가능하게 되는 것이다.

이와 같이 건물을 새로 세우는 데 많은 요소들의 결합이 필요하듯이 창업을 하는 데 있어서도 많은 요소들의 투입을 필요로 한다. 훌륭한 건축물의 창작과 마찬가지로 훌륭한 기업의 탄생은 우수한 투입요소들의 합리적인 결합에 의해서 가능하게 된다. 만약 창업에 투입되는 요소의 양이 부족하거나 질이 떨어진다면 건강하고 튼튼한 기업으로 성장하기가 어렵게 될 것이다. 따라서 창업을 하는 데는 많은 우수한 인적·물적 자원의 투입이 필요하게 된다. 이들 다양한 투입요소 중 가장 대표적인 것은 다음의 3가지 핵심요소를 들 수 있다. 이석규, 1997

그림 1-1 창업의 기본요소

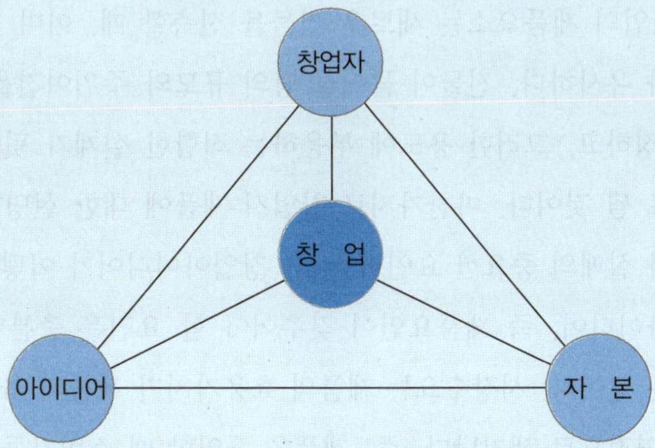

① 인적요소: 창업자 등 인적자원
② 제품요소: 창업 아이디어인 제품 또는 용역
③ 물적요소: 창업자본 등 물적자원

① 인적요소(창업자)

창업을 하는 데 필요한 기본적 투입요소 중 가장 핵심적인 것은 인적요소이다. 인적요소는 창업의 주체인 창업자를 비롯하여 생산, 판매, 일반관리 등 기업조직의 각 기능을 담당할 인적 자원을 지칭한다. 즉, 창업을 하는 데 있어서는 창업을 주도적으로 계획하고 추진하며, 창업에 모든 재정적 부담과 위험을 책임지는 창업자가 있어야 한다. 그리고 창업자를 도와 제품이나 서비스를 생산하고 판매하며 기업의 일상업무를 담당할 종업원이 필요하게 된다. 종업원은 계약에 의해 창업자 또는 기업을 대신하여 일정한 업무를 수행하고 그에 따른 보상을 주기적으로 받게 된다. 종업원 중에는 생산과 관련된 업무를 담당하는 기사나 기술자 또는 숙련공이나 견습공 등이 있다. 그리고 판매와 일반업무를 담당할 관리자와 직원도 필요하게 된다.

② 제품요소(아이디어)

창업의 기본요소 중 인적요소처럼 중요한 것으로 제품요소가 있다. 제품요소란 사업의 구체적인 아이디어를 지칭한다. 즉, 창업을 통해 무엇을 할 것인가에 대한 사업내용을 말한다. 이는 기업의 존재이유와 목적으로 대변하게 된다. 창업의 제품요소는 새로운 건물을 신축할 때, 이미 계획하고 있는 건물의 용도와 유사하다. 건물이 들어설 땅의 규모와 주위여건을 참작해 건물의 용도를 결정하고, 그러한 용도에 부응하는 적합한 설계가 뒷받침되어야 가치 있는 건물로 될 것이다. 마찬가지로 창업시 제품에 대한 현명한 탐색과 선택문제는 성공과 실패의 중요한 요인이 된다. 창업아이디어가 어떻게 탐색되고 선택되든 창업아이디어, 즉 제품요인이 갖추어야 할 요건은 충분한 시장수요를 가져야 한다는 것이다. 시장수요는 제품의 효용가치가 제품의 가격보다 크다고 인식될 때 자연적으로 생겨난다. 즉, 제품을 구입할 때 소비자들이 부담하는 화폐가치보다 더 큰 효용가치를 제공하는 제품이라는 사실이 알려진다면, 그러한 제품에 대한 시장수요는 생겨나게 마련이다. 이러한 제품은 기능, 용도, 간편성, 경제성 등의 측면에서 제품력을 갖춘 제품이다. 제품력을 갖춘 제품이란 창조적인 제품이며, 창조적인 제품의 생산은 창조적인 아이디어와 새로운 기술의 결합에 의해 가능하게 된다.

그러나 제품요소는 결국 창업자나 창업에 참여하는 사람들의 아이디어에 의해 결정된다는 점에서 인적요소에 의해 전적으로 좌우된다는 사실을 알 수 있다. 즉, 제품요소는 창업자의 상상력과 창조성, 그리고 창업에 동참하는 참여자들의 기발한 아이디어와 분석된 정보로 뒷받침된 조언 등 인적 요인에 의해 결정된다. 다른 한편으로 제품요소는 물적요소에 의해서도 영향을 받게 된다. 왜냐하면 제아무리 훌륭한 제품아이디어(제품개념)를 가지고 있다 할지라도 이를 생산할 수 있는 기계나 자본 등 물적 자원이 뒷받침되지 않으면, 이를 제품화할 수 없기 때문이다.

매일경제신문에 게재되었던 내용을 예를 들어 샐러리맨이 창업아이디어를 잘 살려 레드오션 업종에서 창업에 성공한 비결을 살펴보면 다음과 같다. 2007년 11월 김창현 씨(37·현 맘스터치 문정·장지점 대표)는 문정동 소재 치킨호프집에서 배달 아르바이트를 시작했다. 그 가게는 인근에서 서비스가 좋기로 유명한 곳으로, 이곳에서 7개월여 일하면서 김 대표는 소위 '장사 잘하는 치킨집'의 경영 노하우를 익혔다. 홀서빙을 비롯하여 손님 응대법을 익혔고, 주방업무를 통해 치킨을 맛있게 튀기는 방법도 습득하였다. 자신보다 어린 아르바이트 직원들과 어울리며 직원 관리법도 습득하였다. 김 대표는 이후 장지동 소재 배달전문 치킨집으로 자리를 옮겨 배달 일을 하였다. 비 또는 눈이 오는 날에도 오토바이를 탔고, 밤늦게 퇴근하기 일쑤였지만 한 번이라도 더 배달을 나가면서 동네 구석구석의 지리를 익히는 데 힘썼다. 4개월 정도 배달 일을 하고 나니 문정동·장지동 주택가 골목길 하나하나까지 머릿속에 상세히 그려졌다. 1년 동안 아르바이트 경험을 쌓은 뒤 나름대로 창업을 하여도 되겠다는 생각이 드는 시점에 그는 장지동 송파파인타운 상가에 치킨전문점 '맘스터치' 매장을 열었다.

김창현 대표가 2007년 당시 서른다섯 살 적지 않은 나이임에도 정규직 직원이 아닌 시급제 아르바이트를 시작한 이유는 자신의 점포를 열기 위한 준비작업을 위한 것이었다. 김 대표는 10년간 중견 백화점에서 영업사원으로 근무하면서 사람 대하는 일에 자신이 붙어 있었고, 또한 직접 가게를 열면 잘할 수 있을 거라 여겨 창업을 결심하고 정들었던 직장을 나왔다. 그 후 김 대표는 유행을 덜 타고 불경기에도 매출 부침이 작은 업종을 알아보았고 결국 치킨전문점을 내기로 했다. 치킨전문점을 택한 이유는 값싸고 영양이 풍부한 치킨이야말로 불황에 강한 외식 아이템이라고 확신했기 때문이다. 조리가 쉬워 초보자라도 별 어려움 없이 사업을 할 수 있다는 점도 마음에 들었다. 점포를 열 장소는 일정한 규모의 유동인구가 확보되고 인근에 주택가가 많은 문정·장지동으로 정했다.

하지만 백화점에서만 근무했던 터라 어떻게 창업을 해야 할지 도무지 감이 오지 않았다. 특히 몇 집 걸러 하나 있을 정도로 흔한 것이 치킨집인데, 무작정 창업했다가는 실패할 것이 불을 보듯이 뻔해서, 김 대표는 아르바이트 경험을 통해 성공 노하우를 배우고 원활한 배달을 위해 주변 지리도 익히기로 결심했다. 그는 인근에서 장사 잘한다고 소문난 집들은 어디든지 찾아가 직접 몸으로 부딪히며 성공비결을 체득했다. 1년여 준비 과정을 거쳐 김 대표는 지난해 10월 장지동 송파파인타운에 맘스터치 문정동지점을 열었다. 매장은 23.1m^2(7평) 규모의 배달전문점을 오픈하였다. 점포 보증금과 임차비용에 가맹비, 기자재비 등을 포함해 총 8,000만원이 들었다.

철저한 준비과정 덕에 점포운영은 순조로웠지만, 인지도가 낮다 보니 생각

reference

레드오션 창업 성공 5계명

1. 사전에 창업교육 등 철저하게 받아야
2. 적성과 자금 상황에 맞는 창업 아이템 선택
3. 경험이 없다면 아르바이트 등 현장 체험 필요
4. 차별화를 위한 메뉴 구성·점포 운영
5. 창업 초기 점포 알리기에 투자를 아끼지 말아야

보다 손님이 많이 들지 않았다. 이때 김 대표가 꺼내든 카드는 차별화전략이었다. 치킨전문점 시장은 경쟁이 치열한 레드오션이기 때문에 고객은 남과 조금이라도 차별된 상품·서비스를 선택할 것이라고 판단한 것이다. 김 대표는 시간대별로 상품을 차별화해 매출을 가능한 최대로 끌어올렸다. 오전에는 초등학생 고객이나 자녀 간식을 사러오는 주부가 많은 점을 감안해 팝콘볼 등 간식 메뉴를 집중 편성했다. 야간에는 기름에 튀긴 프라이드치킨 먹기를 부담스러워하는 소비자 심리를 파악해 기름기를 뺀 오븐구이치킨을 메뉴에 넣었다. 시간대별로 경품행사 등 각종 이벤트를 진행했고, 서비스 메뉴도 시차를 둬 소비자 요구에 부응했다.

점포를 알리기 위해 매일 전단지 500여 장을 들고 직접 거리로 나섰다. 2008년 설날에 문을 연 것도 주효했다. 고향에 내려가지 못한 사람들을 대상으로 주문을 받음으로써 '쉬지 않고 일하는 가게'라는 이미지를 심어줬다. 배달점포가 어느 정도 성공 궤도에 접어들었다고 확신한 김 대표는 바로 옆에 26.4m^2(8평) 규모 점포를 추가로 임차해 홀을 꾸몄다. 퇴근 후 치킨에 맥주 한 잔을 즐기려는 직장인을 공략하기 위해서였다. 김 대표는 "경쟁이 치열한 레드오션일수록 철저한 준비가 필요하다"고 말했다. 현재 김 대표는 배달과 홀 매출을 합쳐 월 5,000만원에 순이익 2,000만여 원을 거두고 있다.

치킨호프전문점은 특별한 기술이 필요 없어 초보자라도 별 어려움 없이 사업을 할 수 있고 경기를 크게 타지 않아 매출 부침도 작다. 이러다 보니 치열한 경쟁이 펼쳐지는 대표적 '창업시장 레드오션'으로 통한다. 때문에 성공을 위해서는 철저한 준비가 필요하다. 주변에 경쟁 점포가 워낙 많다 보니 개점 초기 입소문을 타지 않으면 생존이 어렵다. 이를 위해서는 우선 점포를 개설하려는 지역 상권을 철저하게 분석할 필요가 있다. 지역 주민의 연령대, 가족 구성, 주요 활동 시간대 등을 살피고 배달을 위해서 인근 지리를 꿰차고 있어야 한다. 경쟁업소와 차별되는 자기 점포만의 특별함도 갖춰야 한다. 경품행사나 특별메뉴 등은 차별화를 위한 좋은 수단이다. 강병오 FC창업코리아 사장은 "창업 초보일수록 경쟁이 치열한 레드오션 업종이라고 하더라도 대중화된 것을 택해야 한다"며 "프랜차이즈 본사에만 의존하지 말고 스스로 자기 점포만의 차별화를 모색하는 것이 필요하다"고 말했다. **매일경제신문, 2009.7.14**

최근 정부 및 창업지원기관에서는 창업자금 지원뿐만 아니라 다양한 사업들이 효과적으로 활용하기 위해서는 다음 5가지 준비를 단계적으로 진행하는 것이 필요하다. 첫째, 창업하려는 분야에서 이미 성공한 사례들을 조사하고 벤치마킹을 한다. 창업에 성공한 사람들은 과연 무엇을 어떻게 해 성공하게 됐는지 여러 항목으로 조사하고 분석해야 한다. 이러한 조사를 통해서 어떤 사항들을 보완해야 하는지 알 수 있으며 창업자의 경험과 노하우를 간접적으로 전수받을 수도 있을 것이다.

창업에 성공한 사례를 조사할 때 한 가지 강조하고 싶은 사항은 성공한 창업자들과 인맥을 형성하라는 것인데, 창업과정에서 발생하는 여러 문제들에 대해 멘토링을 받을 수 있기 때문이다. 둘째, 창업아이템을 선정하고 타당성을 분석한다. 창업자가 아이템을 선정할 때 조심해야 할 것은 본인의 생각만 고집하지 말고, 타당성 분석을 통해 검증하는 것이 매우 중요하다. 타당성 분석은 법률적·경제적·시장적·기술적 측면 등에서 검증하는 것이 필요한데, 창업자를 포함한 3~5명의 창업전문가들로 구성된 토론회를 통해서 검증하는 것도 효과적이다. 셋째. 창업지원기관들을 조사하고, 기관별로 지원사업을 자세하게 확인해야 한다. 예를 들어, 창업자금, 사무실, 제품을 제조할 기계 및 설비, 시제품 개발, 해외마케팅 등의 지원 여부에 대해 조사해야 하며 아울러 지원 자격 및 대상에 대해서도 꼼꼼하게 체크하는 것이 좋다. 창업자는 어느 창업지원기관의 어떤 사업에 신청할지 결정할 수 있으며 미리 준비함으로써 선정 가능성을 높일 수 있다. 넷째, 사업계획서를 작성하고 멘토링을 받는 것이 필요하다. 사업계획서는 창업자가 생각하고 있는 창업에 대한 아이디어와 기술, 창업의 방법 등을 종합적으로 정리하는 문서라고 할 수 있다. 사업계획서 작성을 통해 창업자가 선정한 창업 아이템에 대해서 종합적으로 검토해 볼 수 있게 된다. 이를 통해 현재까지 어떤 사항들이 제대로 준비가 돼 있고 또 어떤 것들은 아직도 준비가 미비한가를 알 수 있게 된다. 또한 최종적으로 만들어진 창업계획서는 관련 분야의 전문가에게 멘토링을 받고, 수정 및 보완하는 것이 필요하다. 다섯째, 홍보 및 광고 계획을 수립하고, 다양한 종류의 웹사이트들을 개설·운영하는 것이 필요하다. 홍보와 광고계획은 반드시 온라인과 오프라인으로 구분해 추진하는 것이 중요하다. 또한 웹사이트는 홈페이지뿐만 아니라 카페, 블로그 및 다양한 SNS 등도 함께 운영하는 것이 좋은데, 홍보효과를 높이기 위해서는 5~10개 정도의 웹사이트가 필요할 것이다. 카페는 다음(Daum)과 네이버(Naver)에서 개설해 무료로 운영할 수 있는데 홍보뿐만 아니라 인맥형성을 위해서도 도움이 된다. 너무 늦게 운영하는 경우에는 홍보효과가 별로 없다는 단점이 있다. 이처럼 성공적인 창업 준비를 위해 필요한 사항들을 다섯 단계로 살펴봤다. 조금만 조사하고 찾아보면 창업자금에서부터 성공적인 창업에 필요한 대부분을 무상으로 지원받을 수 있다는 것을 알 수 있다. 또한 많은 자금을 투자해야 하는 창업은 반드시 체계적이고 단계적으로 진행하는 것이 리스크를 줄이는 데도 크게 도움이 된다. **나라경제, 2014년 4월 부록**

③ 물적요소(자본)

창업에 있어서 인적요소 및 제품요소와 마찬가지로 중요한 비중을 갖는 것이 물적요소이다. 물적요소란 제품요소인 사업아이디어를 구체적으로 상품화하는 데 필요한 자본, 기술, 기계와 설비, 재료나 부품, 건물 등을 말한다. 건물을 신축할 때 이들 투입자원이 질적으로 우수하고 양적으로 풍부해야 튼튼한 건물이 되듯이 성공적인 창업을 위해서는 질적으로 우수하고 풍부한 기술, 자재나 부품, 기계와 설비, 건물, 자본 등이 적절히 뒷받침되어야 한다.

창업시 소비자의 기호나 필요의 공간을 찾아 제아무리 훌륭한 제품개념을 정립하였다 하더라도, 이를 상품으로 만들 수 있는 적절한 자원이나 기술이 뒷받침되지 않는다면 성공적인 제품으로 태어날 수 없다. 제품개념이 제품화되기 위해서는 적합한 기술과 물적요소들이 투입되어야 한다. 창업의 물적요소 중 가장 중요한 것은 자본과 기술이다. 생산에 필요한 자재나 부품, 기계 및 생산설비, 그리고 공장 등은 결국 자본의 투자에 의해 취득가능하기 때문이다. 그리고 인적요소의 양과 질도 결국은 자본의 투자에 의해 취득가능하기 때문이다.

따라서 안정적인 창업자본의 조달과 이용, 그리고 이를 위한 정부나 관계기관의 지원제도 등은 성공적인 창업을 위해 인적자원만큼 중요하게 된다. 자본과 달리 기술은 동적인 성격을 가지고 있다. 즉, 일반적으로 발전된 과학의 영향과 학습효과에 의해 시간이 경과할수록 기술수준은 점점 더 향상된다. 그러나 같은 제품을 생산하는 모든 기업들의 기술수준이 동일할 수는 없다. 기술개발을 위해 얼마나 투자하고 노력했느냐의 여부에 따라 기업간 기술수준에 큰 격차가 나타날 것이다. 기술개발 노력은 투자이므로 결국 기술도 자본의 뒷받침으로 가능하게 된다. 이렇게 볼 때 대부분의 창업기업은 기존기업에 비해 자본조달능력과 기술수준이 상대적으로 낮을 수밖에 없으므로 이를 극복할 수 있는 수단을 적극적으로 모색해야 한다. 요컨대 창업의 가장 핵심적인 요소는 인적인 요소를 대표하는 창업자, 제품요소를 대표하는 창업아이디어, 그리고 물적요소를 대표하는 창업자본임을 알 수 있다. 이들 3가지 핵심요소들은 성공적인 창업의 기본요건으로 된다. 따라서 만약 이들 중 어느 것에 심각한 결함이나 약점이 있는 경우 성공적인 창업은 어렵게 된다.

이외에 고려해야 할 요소로는 창업 준비기간이다. 적절한 창업 준비기간이 얼마나 필요한가에 대해서는 사람들마다 이야기가 다르다. 준비고 뭐고 일단 저질러야 한다는 사람이 있는 반면, 준비기간이 길수록 좋다고 하는 사람도 있다. 둘 다 본질과 무관한 얘기다. 길고 짧은 게 중요한 게 아니라 어느 정도 완성도를 갖추고 시작하느냐가 관건이다. 준비기간이 길수록 성공 확률은 높아지겠지만 그만큼 투입 비용도 많이 드는 것이기 때문에 남는 게 없다. 개인 창업에서 준비기간을 지나치게 길게 가져가는 것은 과잉 투자일 수 있다.

준비기간을 길게 가져가는 이유 중 하나는 머뭇거림이다. 불확실성에 대한 지나친 두려움이 높아 모든 것을 알기 전에는 절대 움직이지 않겠다는 자세이다. 하지만 사람들이 모르는 것이 있는데, 움직이기 전에는 진정으로 알 수 없다는 사실이다. 준비기간을 길게 가져가는 것은 실천을 미루기 위해 더욱 알려고 발버둥치는 도피수단일 뿐이다. 창업은 일정 수준의 불확실성을 감수하고 뛰어들어야 한다. 불확실성은 경영환경에서 피할 수 없는 조건이고, 이 창업세계의 물리적 본질이다. 불확실성을 제로화하려는 시도는 비용을 증가시켜 사업의 수익성을 마이너스로 만들뿐이다. 창업자가 갖춰야 할 역량 중 하나는 불확실성에 대한 참을성이다. 동대문3B 김성은 사장에 따르면, 준비 기간은 절대적 기준이 있는 게 아니라 쇼핑몰 콘셉트의 완성도가 갖춰지는 시점이 기준이 된다는 것이라고 이야기하고 있다. 준비기간이라는 말에 현혹되어 6개월이 맞느냐 1년이 맞느냐를 따지는 것은 스스로 함정에 빠지는 일이다.

애플의 창업자인 스티브 잡스는 아래와 같은 생각으로 일을 준비했기 때문에 아이폰, 아이패드 등과 같은 성공적인 i 시리즈를 만들었던 것이다. 잡스는 창업에 필요한 10계명을 다음과 같이 제시하고 있다.

첫째, 작은 것에도 완벽하라. 그러기 때문에 선택과 집중이 필요하다. 모두 다 완벽할 수 없기 때문에 한번 선택한 것은 완벽할 정도로 해야 한다.

둘째, 전문가를 활용하라. 혼자서 모든 일을 다할 수는 없다. 적합한 사람을 채용해야 한다. 그렇지 않다면 창업을 미뤄야 한다.

셋째, 냉혹하라. 주위의 의견에 부화뇌동하는 일이 없어야 한다. 모든 것은 숫자로 말하라. 열심히 하기보다는 잘해서 결과가 말해줘야 한다.

넷째, 소수 의견에 연연하지 마라. CEO는 고유의 직관을 가지고 확신이 있을 경우에는 과감해져야 한다.

다섯째, 연구를 멈추지 마라. 혁신을 끊임없이 추구해야 한다. 작은 성공에 멈추면 곧 망한다. 성공은 실패의 씨앗이다.

여섯째, 단순화시켜라. 복잡하면 모른다는 증거다. 복잡하면 곧 싫증난다. 단순하되 완벽한 작품을 추구하라.

일곱째, 비밀을 지켜라. 핵심기술이 외부로 유출되면 경쟁력을 상실하기 때문에 기업비밀을 철저히 지켜야 한다.

여덟째, 팀은 작게 하라. 창업 초기에는 조직을 가볍게 출발해야 한다. Task Forcs팀을 운영하는 것처럼 조직규모를 가능한 최소화하여 불필요한 비용지출을 최소화하여야 한다.

아홉째, 채찍보다는 당근을 많이 줘라. 칭찬은 고래도 춤추게 한다는 말처럼 서로 격려하면서 조직생활을 할 수 있게 하여야 한다.

열째, 견본품(sample)도 정성껏 만들어라. 시작이 반이라는 말처럼 처음 거래처에 제시하는 견본이라도 최고의 제품을 만들겠다는 생각으로 제품을 만들어야 한다.

사례 1

경쟁업체, 라이벌이 아닌 상생하는 동반자, ㈜천지 '경성양꼬치' 김욱동 대표

최근 직장인들에게 사랑 받는 회식 메뉴는 무엇일까? 다양한 메뉴가 있겠지만 근 몇 년간 인기가 급상승한 메뉴는 아마 '양꼬치'가 아닐까 한다. 이러한 수요에 맞춰 상권마다 1개도 보기 힘들었던 양꼬치 전문점은 어느새 3~4개씩 생겨났다. 공정거래위원회 가맹사업거래에 '양꼬치'로 검색만 하더라도 약 10여 개의 양꼬치 프랜차이즈들이 나열되며, 가맹점 수만 200여 개 이상으로 추정된다. 그 중 가장 오랜 업력을 보유하고 있는 ㈜천지의 '경성양꼬치'(2012년 1월 가맹사업 시작)는 양꼬치 대중화를 위한 사명감이 돋보인다. 동종업종 브랜드들을 라이벌이 아닌 다 함께 상생하는 동반자로 여기는 ㈜천지의 김욱동 대표를 만나 경성양꼬치와 양꼬치 업종에 대한 이야기를 나눠보았다.

Q 대표님께서 직접 양꼬치 전문점 '경성양꼬치'에 대해 소개 부탁드립니다. 경성양꼬치는 어떤 브랜드이며 어떻게 차별화되어 있나요?

A 경성양꼬치는 현재 대중화가 진행되고 있는 양고기를 모든 국민들이 즐길 수 있도록 제공하는 양고기 전문 프랜차이즈입니다. 저희는 잡고기를 일절 사용하지 않고 오로지 양갈비 부위만을 사용해 그 다른 브랜드들보다 뛰어난 맛을 자랑한다고 자부할 수 있습니다. 19년여 정도 사업을 이어온 노하우를 발휘해 자체공장에서 직접 양고기와 잘 조화되는 소스도 개발했습니다.

Q 아직 우리나라 국민들 사이에 양고기는 소고기와 돼지고기, 닭고기 등에 비해 대중적이지 않은 것으로 보입니다. 그럼에도 양고기 전문점을 시작하게 된 계기는 무엇인지요?

A 경성양꼬치는 19년 정도, 지인들에게 간판을 내어주며 프랜차이즈의 방식을 표방한 것은 약 10여 년 정도 됩니다. 본래 저는 프랜차이즈 본사에서 주방부터 홀을 책임지는 점장, 슈퍼바이저 등을 거쳐 본부장의 직책을 수행했습니다. 하지만 제 자신만의 브랜드를 갖고 운영해보고 싶다는 열망이 있었습니다. 이 때 떠오르던 메뉴가 바로 양꼬치였습니다. 제가 좋아하던 음식이기도 했고, 우리나라에 지금보다 더 알려지지 않아 사업성과 경쟁력이 있을 것이라 판단이 되어 시작하게 되었습니다.

Q 프랜차이즈 가맹본부에서 본부장까지 역임하셨는데, 지금 사업에 큰 도움이 되셨을 것 같습니다. 어떤 도움이 되었나요?

A 프랜차이즈 사업을 시작하는 것에 있어 기본적인 틀을 수월하게 갖출 수 있었습니다. 특히 가맹사업을 시작하던 초반에 본부장의 위치에서 상권을 분석하던 노하우는 경성양꼬치의 가맹점 수를 확보하는 데 있어 큰 도움을 받았습니다.

Q 경성양꼬치 가맹점이 되면 어떤 이점을 얻을 수 있을까요? 다른 브랜드에 비해 유리한 점을 소개해 주세요.

A 영업에 대한 부담을 덜어드릴 수 있다고 생각합니다. 저희는 양고기에서 가장 비싸고 좋은 부위인 양갈비만을 사용하기 때문에 맛에서부터 경쟁력을

갖습니다. 더불어 자체공장을 운영하며 양고기와 가장 잘 어울리는 특제 소스도 개발했습니다. 물류들은 저희가 직접 가맹점주님들께 배송해드리기 때문에 물류 수급에 대한 걱정은 하지 않으셔도 됩니다. 메뉴 특성상 술과 식사를 함께 겸비하는 고객들이 많아 테이블당 단가가 높고, 늦은 시간까지도 고객들의 이용이 많아 안정적인 수익도 기대할 수 있을 것입니다.

Q 최근 아무에게나 가맹점을 내어주는 일이 프랜차이즈 업계의 큰 문제 중 하나로 대두되고 있습니다. 경성양꼬치가 바라는 가맹점주님들의 모습은 어떤 모습인가요?

A 좋은 음식을 고객들에게 판매가 아닌 제공한다는 마음으로 임할 수 있는 분들이라면 좋겠습니다. 음식장사는 고객들을 만족시키면 돈은 자연스럽게 벌 수밖에 없다고 생각합니다. 혹 이런 생각들로 저희가 제공하는 소스들을 재활용하시는 분들이 계신데, 저희 가맹본부와 고객들을 속이지 않는 분들이면 좋겠습니다. 고객들은 이러한 작은 변화에도 민감하기 마련입니다.

Q 양고기 전문점들이 늘어나고, 양고기 마니아들도 생겨나고 있습니다. 하지만 아직 소, 돼지, 닭고기 전문점들에 비해서는 한참 부족해 보입니다. 양고기 전문점 업종전망에 대한 대표님의 생각이 궁금합니다.

A 맞습니다. 아직 대중화된 음식은 아닙니다. 아직 선입견도 많고, 호불호도 많이 갈려 전 국민의 10% 정도만이 즐기는 음식으로 평가할 수 있습니다. 하지만 양고기는 구제역이나 조류독감 같은 특정 질병이 없어 비수기가 없는 음식이며, 돼지고기, 닭고기, 소고기들에 비해 트랜스지방이 낮고 단백질은 높은 건강한 다이어트 식품으로 주목받고 있습니다. 때문에 앞으로 양고기에 대한 소비자들의 관심은 더욱 높아질 것이라 생각됩니다.

Q 양고기 대중화를 위해서는 각 브랜드들의 노력이 중요해 보입니다. 양고기 대중화를 위한 경성양꼬치의 계획은 무엇인가요?

A 저희의 바람은 국민의 절반이 양고기를 즐길 수 있게 되는 것입니다. 그렇게 되기 위해서는 우선 양고기에 대한 부정적인 인식이 사라져야 합니다. 저희는 이를 위해 꾸준히 질 좋은 음식을 고객들에게 제공하고 양고기의 효능 등을 적극적으로 알릴 계획입니다. 더불어 2020년까지 가맹점 100개와 직영점 10개, 연 매출 250억원을 달성하는 것이 저희 경성양꼬치의 목표입니다.

Q 정보공개서에 양꼬치로 검색만 하더라도 약 10여 개의 브랜드들을 확인할 수 있습니다. 이 중 눈에 띄는 경쟁업체가 있는지 궁금합니다.

A 저희가 처음 신촌에 매장을 오픈 했을 때에만 해도, 양꼬치 전문점은 저희 하나뿐이었습니다. 그런데 지금은 약 14개의 양고기 전문점들이 등장했습니다. 하지만 저희는 저희들이 가장 잘할 수 있는 것을 보여줄 뿐이라고 생각합니다. 이처럼 국민 5,000만 중 10%만 즐기는 업종에서 서로 양고기 대중화를 위해 힘쓰고 상생하는 동반자들이지, 라이벌로 여기진 않습니다. 양고기에 대한 인식을 훼손시키지 않고 고객들에게 좋은 음식을 제공할 수 있다면 그것으로 충분하다고 생각합니다.

Q 최근 자영업자들이 어렵다고들 합니다. 창업, 특히 자영업 창업을 준비하는 분들에게 특별히 조언을 좀 해주신다면 어떤 것들이 있을까요?

A 두 가지를 말씀 드리고 싶습니다. 첫째는 창업을 하실 때 너무 쉽게 생각하지 않으셨음 하는 것입니다. 남이 잘되니 나도 잘될 것이라는 마음을 버리고 충분한 준비를 거치고 자신감을 갖는 것이 중요합니다. 두 번째는 충분한 자금을 확보하는 것입니다. 내가 원하는 상권과 점포 규모를 맞추기 위해서는 그만큼의 자본 확보가 중요합니다. 단순히 창업을 위해 수익이 나지 않는 곳에 무작정 창업을 했다가 낭패를 보는 경우도 많이 봐왔기 때문입니다. 더불어 초심을 잃지 않고 고객들에게 한결 같은 마음으로 좋은 음식을 제공하겠다는 마음가짐이 중요할 것입니다.

Q 마지막으로 경성양꼬치 CEO로서 가맹점주들과 예비창업자들에게 약속 한 말씀 부탁드립니다.

A 혼자 가면 빨리 갈 수 있지만, 함께 가면 멀리 갈 수 있습니다. 현재 매장을 두 개, 세 개씩 오픈하시는 점주님들은 물론 그 외 모든 점주님들 덕에 이만큼 성장할 수 있었다고 생각합니다. 본사에서도 양고기의 선입견을 깨기 위해 부단한 노력을 하고 보다 가맹점주님들의 수익이 증진될 수 있도록 노력하겠습니다.

〈창업경영신문, 2018.8.2.〉

2. 창업의 범위

창업은 사업의 기초를 세우는 것으로 기업가의 능력을 갖춘 개인이나 단체가 사업의 아이디어를 가지고 사업목표를 세우고 적절한 시기에 자본, 인원, 설비, 원자재 등 경영자원을 확보하여 제품을 생산하거나 용역을 제공하는 기업을 새로이 설립하는 것을 말한다. 즉, 돈을 버는 것을 목적으로 여러 가지 요소들인 사람·기계·공간·원료 등을 체계적으로 결합하는 시스템을 말한다. 즉, 사람이 사업 아이디어를 가지고 자본을 동원하여 특정한 상품(제품이나 서비스)을 생산하는 체계를 세우는 것이다.

우리나라 중소기업 창업지원법에 의한 창업이라 함은 새로이 중소기업을 설립하는 것으로서 창업지원법 시행령 제2조 제1항 각 호의 규정에 해당되지 않는 것을 말한다.

국가시책의 대상이 되는 중소기업자는 중소기업기본법 제2조의 규정에 의거 중기업자와 소기업자로 구분하며, 업종의 특성과 상시 근로자수, 자본금, 매출액에 따라 구분기준을 마련하였다.

표 1-1 중소기업의 범위

업 종 \ 구 분	상시근로자 수 및 자본금/매출액	
	상시근로자 수	자본금 또는 매출액
제조업	300인 미만	자본금 80억원 이하
광업, 운송업, 건설업	300인 미만	자본금 30억원 이하
대형 종합 소매업	300인 미만	매출액 300억원 이하
종자 및 묘목 생산업, 전기, 가스 및 수도사업, 연료 및 관련제품 도매업, 호텔업, 방송업, 휴양콘도 운영업, 통신, 영화산업	200인 미만	매출액 200억원 이하
의약품 및 정형외과용품 도매업, 통신판매업, 방문판매업, 여행알선, 창고 및 운송관련 서비스업, 산업용 기계장비 임대업, 전문·과학 및 기술 서비스업, 공연산업, 뉴스 제공업, 하수처리업, 폐기물처리 및 청소관련 서비스업	100인 미만	매출액 100억원 이하
농업 및 임업, 도매 및 상품 중개업, 음·식료품 위주 종합소매업, 연구 및 개발업, 사업지원 서비스업, 식물원, 동물원 및 자연공원, 유원지 및 테마파크 운영업, 산업용 세탁업	50인 미만	매출액 50억원 이하
기타 모든 업종	30인 미만	매출액 20억원 이하

(1) 창업에 해당하는 경우

① A법인의 대표이사가 A기업을 계속 영위하면서 새로이 B법인을 설립하였을 경우(대표자의 동일성은 불문)

② 권리·의무의 포괄적 승계를 하지 않고 경락절차에 따라 유입물건을 매입하여 사업을 개시하는 경우

③ A법인이 사업을 계속하면서 B법인을 설립한 경우로서, B법인이 A법인의 일부 유휴설비를 매입하여 사업을 개시하는 경우

(2) 창업에 해당되지 않는 경우

① 포괄승계

다른 사람으로부터 사업을 승계하여 승계 전의 사업과 동종의 사업을 하는 경우로, '포괄승계'라 함은 타인으로부터 사업을 승계하여 승계 전의 사업과 동종의 사업을 계속하는 경우를 말한다. 이는 원칙적으로 사업을 새로이 하지 않

고 기존의 사업을 인수하여 동종의 사업을 계속 영위하는 것으로서 중소기업을 신규로 창설하는 효과가 없으므로 창업의 범위에서 제외된다. 다만, 사업 승계인 경우에도 다른 종류의 사업을 영위하는 경우에는 창업에 해당된다.

② 형태변경

개인사업자인 중소기업자가 법인으로 전환하거나 법인의 조직변경 등 기업형태를 변경하여 변경전의 사업과 동종의 사업을 계속하는 경우로, '형태변경'이라 함은 개인사업자인 중소기업자가 법인으로 전환하거나 법인이 조직변경 등을 통한 회사형태(유한회사 ↔ 주식회사, 합명회사 ↔ 합자회사)를 변경하여 변경전의 사업과 동종의 사업을 계속하는 경우로서 단순히 조직을 변경함으로써 형식상의 창업절차만 있을 뿐 실질적으로는 중소기업의 창설효과(0+1=1, 1+1=2)가 없는 경우에 해당되어 창업의 범위에서 제외된다. 다만, 조직 변경전·후의 업종이 다른 경우에는 창업으로 인정된다. 즉 변경 전의 사업을 폐지하고, 변경 후의 새로운 사업을 하는 경우를 말한다.

③ 폐업 후 동종사업 계속

폐업 후 사업을 개시하여 폐업 전의 사업과 동종사업을 계속하는 경우로, '폐업 후 동종사업 계속'이라 함은 기존의 사업을 폐업한 후 사업을 개시하여 폐업전의 사업과 동종의 사업을 계속하는 경우이며, 사업을 폐지한 후 동종의 사업을 재개하더라도 창업으로 보지 아니한다. 다만, 폐업을 한 후에 사업을 재개하는 경우에 폐업 전의 사업과는 다른 업종의 사업을 새로이 개시하는 경우에는 창업으로 인정된다. 동종사업의 범위는 한국표준산업분류상의 상세분류(4단위)가 같은 업종을 말하며, 기존업종에 상세분류를 달리하는 사업을 추가하는 경우이다.

(3) 창업사례별 인정 여부

표 1-2 사례별 창업인정 여부

주체	사업장소	사 례		창업 여부
A 개인이	갑장소에서	갑장소에서의 기존사업을 폐업하고	B법인을 설립하여 동종업종을 생산	조직변경
			B법인을 설립하여 이종업종을 생산	★창업★
		갑장소에서의 기존사업을 폐업하지 않고	B법인을 설립하여 동종업종을 생산	형태변경
			B법인을 설립하여 이종업종을 생산	★창업★
A 법인이	갑장소에서	갑장소에서의 기존사업을 폐업하고	B법인을 설립하여 동종업종을 생산	위장창업
			B법인을 설립하여 이종업종을 생산	★창업★
		갑장소에서의 기존사업을 폐업하지 않고	B법인을 설립하여 동종업종을 생산	형태변경
			B법인을 설립하여 이종업종을 생산	★창업★
A 개인이	을장소에서	갑장소에서의 기존사업을 폐업하고	B법인을 설립하여 동종업종을 생산	법인전환
			B법인을 설립하여 이종업종을 생산	★창업★
		갑장소에서의 기존사업을 폐업하지 않고	B법인을 설립하여 동종업종을 생산	★창업★
			B법인을 설립하여 이종업종을 생산	★창업★
A 법인이	을장소에서	갑장소에서의 기존사업을 폐업하고	B법인을 설립하여 동종업종을 생산	사업승계
			B법인을 설립하여 이종업종을 생산	★창업★
		갑장소에서의 기존사업을 폐업하지 않고	B법인을 설립하여 동종업종을 생산	★창업★
			B법인을 설립하여 이종업종을 생산	★창업★
A가	을장소에서	갑장소에서의 기존사업을 폐업하고	다시 A명의로 동종업종을 생산	사업이전
			다시 A명의로 이종업종을 생산	★창업★
		갑장소에서의 기존사업을 폐업하지 않고	다시 A명의로 동종업종을 생산	사업확장
			다시 A명의로 이종업종을 생산	업종추가

주) ① "갑"장소는 기존의 사업장 "을"장소는 신규의 사업장
② "갑"장소(사업장 : 공장), "을"장소는 사회통념으로 볼 때 공장 확장으로 인정할 수 없을 정도의 거리를 유지한 경우임
③ "B"법인은 "A"가 출자한 법인임

사례 2

구글에 모기업 '알파벳'은 신의 선물?

"혹시 알파벳이라는 회사를 아시나요?" 실리콘 밸리에 거주하는 일반인들(테크 기업 종사자를 제외한)에게 물으면 대부분 "모른다"고 말한다. 하물며 다른 지역에서랴. 지난해 8월 구글은 유튜브와 안드로이드 등 다양한 사업체를 한데 묶은 모기업 알파벳을 출범시켰다. 그리고 1년이 훨씬 지났는데도 알파벳이라는 구글의 모회사 명칭은 생소하기만 하다. 애플과 시가 총액 세계 1, 2위를 다투는 거대 기업의 이름이 이처럼 제대로 홍보되지 않았다면 우리 상식으로는 이 회사의 PR 책임자는 당장 사표를 써야 한다. 회사 브랜드의 인지도를 높이는 것은 기업홍보의 알파이자 오메가라 할 수 있을 만큼 중요하기 때문이다.

그런데 구글, 엄밀히 말하면 알파벳 그룹 사람들은 오히려 최대의 성공작이라고 속삭인다. 구글이 알파벳을 탄생시킨 이유는 두 가지다. 하나는 투자자들과 주주들에게 구글의 전통적 수익 모델인 검색과 광고를 리스크가 큰 연구 프로젝트와 분리해 안정감을 심어주겠다는 취지였다. 또 하나는 당시 구글의 CEO였던 래리 페이지가 자신의 더 큰 꿈인 건강과 에너지 같은 '문 샷'(혁신) 프로젝트에 전념하기 위해 구글 경영에서 물러나고 싶어 했다.

문 샷은 '달을 더 가까이 보고 싶다면 더 크고 성능 좋은 망원경을 만들 것이 아니라 직접 달에 가보자'는 존 F. 케네디 전 대통령의 말에서 비롯됐다고 한다. 불가능한 것처럼 보이는 혁신적인 아이디어를 현실화시키기 위한 무수한 연구가 이뤄지고 있는 곳이 바로 X로 불리는 문 샷 실험실이다.

페이지의 구글 내 영향력을 고려할 때 그를 일선에서 무조건 물러나게 할 수 없었던 구글 임원들이 고육지책으로 만들어낸 게 모회사(지주회사 개념) 설립이었다. 알파벳이 생기면서 페이지는 알파벳 CEO로 명함을 바꿨다. 구글까지 총괄하는 모회사의 대표로 가면서 자회사 중 하나가 된 구글 경영까지도 간접적으로 책임지게 하는 형식이었다. 구글의 최고위급 의사결정은 지금도 페이지와 세르게이 브린 두 공동창업자의 몫이다.

논란이 될 법한 프로젝트에서 구글의 이름이 빠지게 된 것이다. 드론의 고장이나, 자율주행차 논란 등과 관련된 언론 기사에서 구글이 빠지고 알파벳이라는 생소한 이름이 등장했다. 비즈니스 인사이더 기자인 데이브 스미스는 "아무도 알파벳이라는 이름을 알지 못한다. 이것은 구글의 공적 이미지 문제를 해결하기 위해 하늘이 준 선물(Godsend)"이라고 말했다. 인터넷 시대의 총아로 등장한 구글은 민감한 개인 정보를 다루기 때문에 내부적으로 '사악해지지 말자'(Don't be evil)라는 만트라(진언)를 지니고 있다. 하지만 2008년 아이폰의 운영 체계를 본뜬 안드로이드를 만들면서 구글의 '사악함'이 드러나기 시작했다고 스미스 기자는 주장했다.

당시 CEO인 에릭 슈밋이 애플의 이사회 멤버였기 때문에 표절 의혹은 더 심했다. 심지어 고 스티브 잡스는 "명백한 도둑질"이라며 안드로이드 분쇄를 맹세했을 정도다. 이후 구글은 캐나다 제약회사의 불법 온라인 광고 허용과 관련된 미 법무부의 수사 선상에 올라 5억 달러를 추징당하는가 하면, 2012년에는 독자적 프라이버시 정책을 만들어 이용자 정보를 광고주들에게 판매하려 했다는 비난을 받기도 했다. 여러 건의 추문은 구글의 공적 이미지를 악화시켰다. 문제는 과거의 사건들이 아니라 미래에 일어날 사건들이다.

구글의 문 샷 프로젝트팀으로 알려진 X는 드론, 자율주행차, 유전공학, 인공지능, 인간 수명 연장 연구 등을 수행하고 있다. 이 프로젝트들은 모두 민감하고 말썽의 소지가 큰 것들이다. 그러나 다행스럽게도 알파벳이 출범하면서, 이 프로젝트의 주체는 구글이 아니라 알파벳으로 바뀌었다. 이번에 자율주행 부문이 X팀에서 졸업해 별도 사업법인인 웨이모로 독립한 것도 구글과는 무관한 알파벳의 일이다. 스미스 기자는 "이 모든 것은 알파벳의 이름으로 행해지고 있으며 구글은 이제 사악하거나 나쁜 회사가 아니어도 된다"면서 "이 모든 변화는 PR의 이동으로 가능해졌다"고 말했다. 알파벳을 만들 때 구글의 최고위 임원들은 이런 상황이 전개될 것을 미리 예견했던 것일까. 그랬다면, 페이지와 브린은 정말 천재임이 틀림없다.

〈지식비타민, 2017. 3. 20.〉

3. 인터넷 창업과 재래식 창업의 차이

창업을 하고 싶지만 직장생활에 바쁜 직장인들이 창업을 위해서만 시간을 투자한다는 것은 여건상 생각보다 쉽지 않다. 이러한 점에 착안하여 최근에는 집이나 사무실에 가만히 앉아서 손쉽게 창업할 수 있는 온라인 창업상담이 가능한 창업관련 사이트들이 많이 등장하고 있다. 지금까지의 창업은 창업하고자 하는 사람이 직접 창업에 관련된 일을 하기 위해서 관공서 등을 방문해야 하는 불편을 감수하였지만, 인터넷을 통한 창업의 경우는 이러한 불편을 해소할 수 있고, 경제적이면서도 시간적·공간적 제약을 받지 않는 장점이 있다.

보통 직장인이든 비직장인이든 간에 사람들은 한번 정도는 창업을 해보아야겠다는 생각을 많이 가지고 있지만, 재정적이고 시간적인 어려움과 창업방법론 때문에 실천에 옮기지 못하고 온갖 푸념만 늘어놓는 경우가 많다. 하지만 인터넷의 이용이 보편화되면서부터는 시간적·공간적 제약을 뛰어넘어 인터넷을 활용하여 창업을 할 수 있는 방법들이 많이 등장하고 있다. 직장인이든 비직장인이든 간에 창업을 준비하고 있는 사람이면 누구든지 퇴근 또는 일과 후에 회식이나 술자리, 기타 모임 등에 참석하지 말고, 대신에 온라인상에 존재하는 창업관련 사이트를 뒤지기 시작하면 손쉽게 창업을 할 수 있다.

인터넷을 통해서 창업을 하려면 업종선택에서부터 ▸사업계획서 작성, ▸사무실 임대, ▸인력채용, ▸상호등록 등 창업에 필요한 모든 절차를 인터넷 사이트를 통해 해결할 수 있다. 경영서식(書式)을 만들거나 사무실 집기를 구입하는 것도 인터넷의 도움을 받아 해결할 수 있고, 그리고 자신의 창업과정을 일일이 기록하여 창업과정에서 나타날 수 있는 여러 가지 문제점들을 직접 해결하면서 창업에 성공할 수 있다. 이처럼 널리 알려진 창업관련 사이트를 잘 활용하면 창업비용도 아낄 수 있고 창업시간도 크게 줄일 수 있다.

(1) 맞춤 창업에 도전

사람은 누구나 직장생활을 하면서 나름대로 직장생활에 대한 회의나 자신의 성향에 따라 창업의 꿈을 키워온다. 대학 졸업 후 직장생활을 하면서 자신의 직무와 관련된 일이나 아니면 다른 동료들의 도움이나 의견을 종합하여 자신이 경영할 수 있는 독립적인 업체를 창업하려고 시도한다. 하지만 자신의 의도대로 창업이 이루어졌을 경우 회사가 잘될 것이라는 자신감 하나만으로는 창업에 나서는 것은 무모하다고 할 수 있다. 예를 들어, 홍길동이라는 사람이 대학을 졸업한 후 어느 기업에서 다년간 마케팅과 홍보분야에서 일한 경험이 있어 홍보대행업체를 차려 독립할 계획이라고 가정하자. 그러면 어떤 업종의 홍보를 대행할 것인지, 또 사업이 잘 될 것인지는 막막하다. 더욱이 창업에 필요한 기본적인 사업계획서의 작성과 같은 서류작업은 한번도 해보지 않는 생소한 일이기만 했다.

이러한 경우에 홍길동씨는 창업을 위해 매일 저녁 퇴근 후에 '창업뉴스'(이하 인터넷 주소는 그래픽 참조) 등의 창업관련 사이트에서 신규 창업 아이템을 찾았고, 건강에 대한 국민들의 수요가 폭발적으로 늘어날 것으로 예상해 개인병원 전문 홍보업체를 만들기로 작정했다. 그래서 창업에 필요한 기초자료인 사업계획서는 기업경영연구원의 '경영서식뱅크'에 수록된 다양한 계획서를 참조하여 작성하였다.

창업컨설팅 회사를 이용할 경우 대개 착수금만 해도 1백만원이 소요되기 때문에 이 창업사이트에 회원(연간 회비 3만 3천원)으로 가입해서 해결하면 되고, 창업관련 세무상담은 각 지방자치단체 산하 '소상공인창업지원센터'에서 무료로 해결하면 된다.

(2) 창업서류도 사이버공간에서

예를 들면, 홍길동 씨는 '스피드민원' 사이트를 통해 사업자등록과 관련한 서류를 준비해서 해당 관청에 인터넷 민원과 팩스 서비스를 이용해 제출하였다. 상호는 '이름쟁이'라는 사이트에서 아이디어를 얻어 지었고, 회사이름이 상표등록이 됐는지 여부는 '아이니드브랜드'의 무료 상표검색사이트를 통해 확인하였다.

홍길동 씨는 창업회사의 홈페이지를 만들기 위해 도메인은 '한국인터넷정보센터', 웹호스팅은 '블루웹'을 이용해 등록하였고, 사무실은 '지도로 보는 빌딩 사무실임대'에서 빈 오피스텔을 찾아내 부동산 중개업체를 찾아다니는 수고를 덜었다.

함께 근무할 직원 2명은 '워크넷' 등의 인터넷 채용사이트를 통해 채용하는 것이 좋다. 왜냐하면 헤드헌팅 업체를 통해 사람을 구할 경우 보통 채용인력 연봉의 20%를 부담해야 하므로 가능한 무료사이트를 이용하는 것이 좋다. 각종 전표나 결재서류 등 경영과 관련된 서식은 '서식뱅크'에서 내려 받아 사용하면 되고, 사무실 집기는 중고 사무용 가구 판매업체인 '도스'에서 구입하면 비용을 최소화할 수 있다.

이처럼 홍길동 씨는 고객이 암기하기 좋은 전화번호를 얻기 위해 한국통신에 찾아간 것을 제외하면 모든 창업절차를 인터넷으로 해결했으며, 창업 후 가능한 "인터넷 방식의 창업 노하우를 회사 홈페이지(www.doctorpr.co.kr)에 수록하면 창업을 희망하는 다른 사람들이 이를 이용할 수 있으므로 창업의 전 과정을 기록한 내용을 홈페이지에 수록하는 것이 바람직하다. 이제 창업에 성공한 홍길동 씨에게 남은 가장 큰 문제는 사업계획이 적중해서 수익을 올리는 것에 있다. 누구든지 인터넷 창업과정을 통해서 얻은 경험을 잘 활용하면 사업에서도 크게 성공을 거둘 수 있을 것이다.

(3) 인터넷 창업과 재래식 창업 비교

	사이트(URL: www는 생략): 창업정보 내용	온라인 창업	오프라인 창업
창업 준비	창업뉴스(changupnews.co.kr) : 창업아이템 금주의 신규창업정보(magicsystem.co.kr) 아이창업(ichangup.co.kr) : 창업아이템	창업트렌드, 시기: 노하우 등 실시간 정보 취득	창업박람회 등 참가, 신문 등 일반 매체 활용한 정보활용
	경영서식뱅크(form.re.kr) : 사업계획서 작성사례	연회비 3만 3천원	컨설팅 비용 부담
	소호소상공인지원센터(sohoexpo.or.kr) : 자금, 세무상담	무료상담	세무위탁 월 5만원
회사 설립	스피드민원(speedminwon.co.kr) : 사업자등록 서류	인터넷민원·팩스서비스	동사무소·세무서 방문
	이름쟁이(irmjangi.com) : 상품, 회사명 짓기	직접 작명 가능	작명 비용부담(1천만원)
	아이니드브랜드(ineedbrand.com) : 무료상표검색, 출원	16만 7천원 소요	변리사 이용(30만원)
	한국인터넷 정보센터(nic.or.kr) : 도메인 등록	연 2만 2천원	서비스 없음
	블루웹(blueweb.co.kr) : 웹 호스팅	월 1만 1천원	〃
	넷피아(netpia.com) : 키워드, 한글서비스	연 5만 5천원	〃
사무실 임대	지도로 보는 사무실(office-map.co.kr) : 사무실, 오피스텔 정보	사무실 정보 무료 파악	중개업체 직접 방문
개업 준비	워크넷(work.go.kr) : 구인·구직, 취업알선	무료	헤드헌팅수수료(구인자 연봉의 20%)
	서식뱅크(formbank.co.kr) : 경영서식	무료 다운로드	컨설팅업체 활용
	도스(doss.co.kr) : 중고 사무가구 판매	온라인 판매	가구매장 방문

4. 창업의 유형

창업의 유형은 창업목적과 기준에 따라 다양하게 분류할 수 있지만, 기본적으로 창업유형을 정리하면 다음과 같다. 김문정·조윤기, 2009

첫째는 최근 사회적으로 증가되고 있는 무점포 창업이다. 인터넷과 스마트폰 등의 보급 및 이용이 확대되면서 직접 공장을 설립하거나 점포를 갖는 창업보다는 온라인 중심의 무점포형태의 창업이 크게 증가하고 있다. 이러한 무점포창업은 점포확보에 대한 자금을 절약할 수 있어 효율적인 창업이 될 수 있는 장점이 있는 반면에 실체의 존재가 없어 대외적으로는 창업에 대한 인식을 제고시키는 데 불리한 점이 있다. 인터넷 쇼핑몰, 번역사업, 정보제공사업, 기타 심부름 대행업 등이 무점포 창업에 유리하다.

둘째는 개인중심 창업으로, 개인이 자금조달 및 경영 등을 주도하는 창업을 말한다. 개인중심의 창업은 책임소재가 명확하고 의사결정의 속도가 빠르다는 장점이 있다. 하지만 개인에게 지나치게 의존하게 됨으로써 발생하는 한계성과 개인적 주관에 의한 정보의 왜곡 및 판단미스 등이 발생할 가능성이 많다.

셋째는 프랜차이즈 창업으로, 프랜차이즈 가맹 창업이 성장하고 있는 이유는 다점포의 동일 물건 공급을 위한 공동구매가 제공하는 규모의 경제효과 때문이다. 또한 가맹점 본부의 노하우를 활용할 수 있고, 그 가맹점에 가입함으로써 얻을 수 있는 후광효과(halo effect)의 혜택도 누릴 수 있기 때문이다.

넷째는 업종별 창업으로, 제조업 창업, 서비스업 창업, 유통업 창업 등으로 분류해 볼 수 있다.

또한 창업을 형태별로 구분하면 다음과 같이 정리할 수 있다(이건희 역, 2016).

(1) 개인창업

창업이라는 용어는 역사적으로 비전을 성공적인 사업체로 바꾸기 위해 불확실성을 감수하는 개인의 노력을 지칭한다. 창업에 대한 정의와 관련해서, 어떤 사람들은 새로운 조직의 창조에 초점을 맞추고, 어떤 이들은 부의 창조와 소유권에 초점을 맞춘다. 소유권에 초점을 맞추는 관점은 프랜차이징, 사내창업, 경영자에 의한 자사주 매수(MBO) 및 가업승계 등과 같은 소유권으로 이어지는 다른 경로들을 포함하고 있다. 하지만 다른 사람들은 기회의 발견과 활용에 초점을 맞추고 있다. 창업가라는 개념은 기업적 관점, 관리적 관점 및 개인적 관점에서의 원칙과 용어를 통하여 더욱더 정교하게 정의되었다. 특히, 개인적 관점에서 창업의 개념은 이번 세기에 들어와서 완전하게 분석되었다. 이는 ① 주도적인 사고, ② 자원과 상황들을 실제적인 사업으로 전환시키기 위한 사회경제적 구조를 조직하고 재조직하는 것, ③ 위험 혹은 실패의 감수와 같은 창업가의 3가지 행동적 특성에 반영되어 있다.

경제학자에게 창업가란 자원, 노동, 비전, 원자재 및 기타 자원들을 활용하여 제품이나 서비스의 가치를 높이고, 변화, 혁신 및 새로운 질서를 도입하고 실행할 수 있는 조합으로 만드는 사람이다. 사회학자에게는 이러한 사람들은 특정한 요인들에 의해 움직이는 전형적인 사람들이다. 이러한 요인들로는 무언가를 획득하고, 실험하고, 달성하며 또는 기존의 권위적인 것에서 탈출하고자 하는 욕구들이 있다. 기존의 사업가에게 창업가는 아마도 위협적이고 공격적인 경쟁자로서 비추어질 수 있다. 반면에 또 어떤 사업가에게는 동일한 창업가가 협력자이자, 공급자이고, 고객이며 또는 부를 창출하는 사람일 수 있다. 협력자로서의 창업가들은 자원을 활용하고, 낭비를 줄이고, 취업 의지를 가진 대상자들을 위해 일자리 창출에 기여하는 더 좋은 방안들을 모색한다.

창업은 점진적으로 부(富)를 창출하고 자신을 둘러싼 주변 환경들을 자극시키는 역동적 프로세스이다. 이러한 부(富)는 제품이나 서비스 가치를 제공하기 위해 자신의 자산, 시간 및 경력몰입(career commitment)의 측면에서 주요한 위험들을 감수하는 사람들에 의해서 창출된다. 이 경우 제품이나 서비스는 다양한 수준의 새로움(newness)을 보유하게 되지만, 그러한 제품과 서비스에는 그 수준에 상관없이 창업가에 의해 주입된 신선함이 필요하다. 금세기의 가장 위대한 창업가에는 리처드 브랜슨(Richard Brandon), 마이클 델(Michael Dell), 빌 게이츠(Bull Gates), 스티브 잡스(Steve Jobs) 및 아니타 로딕(Anita Roddic)이 포함된다. 현재의 조직들이 직면하고 있는 도전과제는 내부 구성원들의 창의성과 혁신적 능력을 인식하고 이러한 사람들이 자신의 잠재력을 활용할 수 있는 힘을 가지게 만드는 것이다.

창업가에 대한 각각의 정의별로 창업가에 대해 약간의 상이한 견해들이 있지만, 이러한 각각의 정의들은 또한 신선함과, 조직화, 부의 창출 및 위험감수와 같은 유사한 개념들을 담고 있다. 그러나 이러한 정의는 다소 제한적인데 창업가는 거의 모든 직업(교육, 의료, 연구, 법무, 설계, 공학, 사회사업, 유통 및 정부)

에서 발견되기 때문이다. 모든 유형의 창업가적 행동들을 포함시키기 위해서는 포괄적인 정의가 필요하다. "창업(entrepreneurship)은 그것에 수반되는 재무적, 심리적 그리고 사회적 위험과 불확실성을 감수하고 필요한 시간과 노력을 투자하여 가치를 지닌 무언가 새로운 것을 창출해내는 프로세스이다. 그리고 그에 따른 보상으로서 금전적 만족과 개인적 만족을 얻는 것이다."

(2) 사내창업

사내창업(corporate entrepreneurship)은 조직 내부의 개인들이 현재 통제하고 있는 자원들과는 독립적으로 기회를 모색하는 프로세스로서, 내부창업(intrapreneurship) 혹은 벤처활동(corporate venturing)이라고도 자주 불린다. 사내창업은 관습에서 벗어나 기회를 추구하고 새로운 일을 벌이는 것과 관련되어 있다. 기존 조직 내부의 창업정신(spirit of entrepreneurship)은 신규 조직을 만들어 내거나, 해당 조직 내에서 혁신과 쇄신(renewal)의 발전을 초래한다. 사내창업은 기존 조직 내에서 창업가적 행동들을 불러일으키는 것이 필요하다. 사내창업은 새로운 작업 방식과 기술을 발명하고 적용하기 위한 창조적 프로세스를 개인이 활용하게 해주는 시스템으로서 비쳐질 수 있다. 내부창업 이외에도, 사내창업은 흔히 조직적 창업(organizational entrepreneurship), 기업내부창업(intra-corporate entrepreneurship) 또는 사내벤처활동이라고도 불린다.

사내창업은 내부적으로 생성된 자원의 새로운 조합들을 통해 조직의 역량 수준을 확대시켜주고 기회에 대응하는 것과 관련 있다. 직원들을 창업가처럼 생각하도록 북돋아주고, 그들로 하여금 관료적 장벽에 방해 받지 않고 프로젝트를 추진할 수 있는 자유와 유연성을 제공해줌으로써 조직은 수익성 있는 혁신을 조성시킬 수 있다. 조직적·환경적 특성에 영향을 받는 내부 혁신의 창출은 동기부여가 된 개인과 그룹, 그리고 개방적인 환경을 필요로 한다. IBM과 같은 회사들은 기업성장의 촉진이라는 측면에서 사내창업의 가치를 인식하였다. 또한 Hewlett-Packard(HP), 3M, Thermo Electron Corporation, Xerox 등은 사내창업에서 상당한 성공을 경험하였다. 스타라이트 커뮤니케이션스(Starlight Telecommunications)의 경우에는 윌리엄 오브라이언(William O'Brien)과 피트 닐

슨(Pete Nielsen)이 자신이 재직하고 있던 지티이(GTE)에서 그들의 프로젝트를 지원해주지 않자 GTE를 사직하고 새로운 기업을 창업하였다. 이와 같이 창업은 내부에서 도움을 받지 못했기 때문에, 그 반작용으로 장려될 수 있다.

광의의 창업에 대한 정의는 구스(Guth)와 긴스버그(Ginsberg)가 제시하였는데, 그들은 창업이 2가지 중요한 현상을 포함하고 있다고 강조하였다. 그 2가지는 기존 조직 내부의 신생벤처의 창출과 전략적 쇄신(strategic renewal)을 통한 조직의 변화이다. 대개 이 전략적 쇄신은 신규 사업과 프로세스를 기존 회사의 내부에서 기업 수준, 사업부 수준, 기능별 수준 혹은 프로젝트 수준에 따라 만들어내는 것을 목표로 하는 공식적 혹은 비공식적 활동들과 관련되어 있다. 전략적 쇄신의 궁극적 목표는 기업의 경쟁적 위치와 재무적 성과를 향상시키는 것이다. 전략적 쇄신은 조직의 사명(mission)의 재정과 자원의 창의적 재배치를 통하여 달성할 수 있고, 이는 제품과 기술의 새로운 조합들을 만들어낸다. 전략적 쇄신의 측면에서 사내창업은 전략의 재수립, 조직개편 및 조직변화를 강조한다.

(3) 사회적 창업

사회적 창업(social entrepreneurship)의 정의는 사내창업의 정의보다 좀 더 제한적이고 다양하다. 창업이라는 용어는 대부분 개인 영역의 활동과 연계되어 있는 반면에, 최근 20년 동안 창업의 가치창출 측면은 사회조직까지 확대되어 왔다. 사회적 창업은 복잡한 사회적 이슈들에 대한 혁신적이고 창의적인 해결책을 제시해주는 비즈니스 모델을 채택함으로써 일반적으로 사회와 공동체에게 상당한 기여를 해왔다. 패스트 컴퍼니(Fast Company) 잡지가 수여하는 사회적 자본가 대상(Social Capitalist Awards)과 스콜 파운데이션(Skoll Foundation)의 사회적 창업대상(Awards for Social Entrepreneurship)에서 알 수 있듯이, 사회적 창업에 대한 관심과 창업의 영향력이 증가하고 있지만, 아직도 사회적 창업 분야의 연구는 미진한 편이다.

사회적 창업에 대해 정의 내리기 어려운 것은 비영리조직, 영리조직, 공공부문 그리고 이 3가지의 조합과 같이 다수의 상이한 분야에서 사회적 창업이 발전되어 왔기 때문이다. 사회적 창업은 사회적 기업과 같이 영리부문에서 사회적 목표를 가진 혁신적 활동으로 폭넓게 정의될 수 있다. 여기에는 비영리부문, 공공부문, 또는 영리적 접근법과 비영리적 접근법이 결합된 하이브리드 조직과 같이 다양한 분야의 창업이 포함된다.

표 1-3 개인창업(가), 사내창업(가) 및 사회적 창업(가) 간의 유사점과 차이점

	개인창업(가)	사내창업(가)	사회적 창업(가)
목표 (Objective)	수익성 있는 기회들을 발견하고 활용할 수 있는 자유; 독립적이고 목표 지향적; 높은 성취욕구	관료주의의 늪에 빠지지 않고 프로젝트를 추구할 수 있는 자유와 유연성	사회 구성원들에게 봉사할 자유와 자원; 기존 서비스에 가치를 더함; 사회적 문제들에 접근하여 공동체와 사회를 풍요롭게 함; 사회적 정의에 대한 열망에 의해 추진됨
기회 (Opportunity)	자원의 통제 여부와는 상관없이 기회를 추구; 상대적으로 상황적 요인에 의해 제약을 덜 받음	현재 시점에서 자원의 통제 여부와는 상관없이 기회를 추구; 기회를 추구하기 위해 관례에서 벗어나 새로운 일을 시행	사회적 변화를 자극함으로써 사회적 가치의 창출 기회를 인식할 수 있는 능력을 보여줌; 기존의 균형에 맞서 사회적 가치 제안을 발전시킴
초점 (Focus)	외부환경에 초점을 맞춤; 경쟁환경과 기술의 진보; 재무적 성과, 이익의 극대화 및 독립성에 주로 초점이 맞추어짐	혁신적 활동과 새로운 제품, 서비스, 기술, 전략 및 경쟁적 태도에 대한 지향성; 혁신을 통해 창출된 경제적 성과에 주로 초점을 맞춤	혁신과 창의성을 통해 오랫동안 존재했던 욕구를 좀 더 효과적으로 충족하는 데 초점을 맞춤으로써 시민들을 위한 가치 창출을 목표로 함
혁신 (Innovation)	자원과 상관없이 위에서 언급한 기회들을 확보하고 혁신을 통해 가치를 창출	희망하는 혁신활동 수준이라는 측면에서, 사람들이 의도하고, 계획하고, 목적이 있는 기술들을 발명하고 적용이 가능한 창의적 프로세스를 사용할 수 있게 하는 시스템; 기존 조직 내에서 쇄신과 혁신의 실시	전반적인 사회적 편익을 위해 사회적 문제에 대한 실질적이고 혁신적이며 지속가능한 접근법을 창출; 사회적 변화에 필요한 자원과 아이디어를 동원함
위험감수 (Risk Taking)	위험감수는 창업가적 특성에서 중요한 요인임; 개인적 및 재무적 위험을 감수하나 이를 최소화하기 위해 노력	계산된 위험감수자; 위험은 경력과 관련된 것이고 조직에 의해 전체적으로 흡수됨	기회창출의 사회적 가치와 혁신, 진취성 및 위험감수에 관련한 주요 의사결정 특성에 대한 인식; 평균 수준 이상의 위험을 수용
특징과 기술 (Character and Skills)	자신감; 강력한 사업지식; 독립적	자신감; 시스템을 변화시킬 수 있다는 자기 자신에 대한 강력한 믿음	자신감; 모호성에 대한 용인; 강력한 정치적 기술

사회적 창업은 영리, 비영리 또는 정치부문의 조직들이 사업 활동에서 좀 더 혁신적인 접근 방식을 발전시켜서 그러한 부문에 사업적 전문성과 시장에 대한 지식을 적용하는 것이라고 좀 더 좁게 정의될 수 있다. 모든 사회적 창업의 정의들이 가진 공통점은 사회적 창업의 가장 핵심적인 목표는 개인이나 이해관계자의 부(富)보다는 사회적 가치를 창출하는 것이라는 점이다.

앞서 언급한 창업, 사내창업 및 사회적 창업의 모든 정의들이 다소 다른 관점을 가지고 있다 할지라도, 그 모든 정의들은 창업이 창조적인 활동과 관련되어 있기 때문에 유사한 개념을 담고 있다. 창업의 핵심 구성요소는 기회의 발견 그리고 기회의 활용과 관련 있다. 사실, 창업적인 사건은 기회를 인식하고 고심하지 않으면 발생할 수가 없다.

〈표 1-3〉은 3가지 유형의 창업과 창업가의 유형 간의 유사점과 차이점을 나타내주는 유형 분류 체계를 보여주고 있다. 이 3가지 유형에는 개인적 영역, 사내창업 영역 및 사회적 영역이 있다. 이 표에 따르면, 창업과 창업가는 일정 수준의 진취성과 혁신성에 의해 나타나는 창조적 활동을 선호하는 것이 특징이다. 창업의 핵심 구성요소에는 기회의 발견과 활용이 포함된다.

(4) 창업 프로세스

그러나 창업 프로세스는 문제해결, 그 이상을 포함하고 있다. 모든 창업가들(개인, 기업 및 사회)은 새로운 무언가의 창출에 대해 저항하는 요인들을 극복함으로써 기회를 발견하고, 평가하고, 발전시켜야 한다. 창업이 어떻게 작용하는지 이해하기 위해서는 연관 프로세스와 그 프로세스를 어떻게 효과적으로 관리할지 인식하는 것이 필요하다. 프로세스는 서로 다른 환경에서 발생할 수 있지만, 개인, 기업 및 사회적 상황 간에 존재하는 다양성으로 인해 변화한다.

창업 프로세스에는 ① 기회의 인식과 평가, ② 사업계획서 작성, ③ 필요한 자원의 파악과 평가, ④ 사업체의 시작과 관리 등의. 4가지 구분되는 단계들이 있다. 〈표 1-4〉, 〈표 1-5〉 및 〈표 1-6〉은 각각 개인창업 프로세스, 사내창업 프로세스 그리고 사회적 창업 프로세스를 보여준다.

표 1-4 개인창업 맥락에서 창업 프로세스

기회의 인식과 평가	사업계획서 작성	필요한 자원의 파악과 평가	사업체의 시작과 운영
• 기회의 평가 • 기회의 생성과 지속시간 • 기회의 실제 가치와 지각된 가치 • 기회 관련 위험과 보상 • 기회 vs 개인별 스킬 및 목적 • 경쟁 환경 • 기회분석계획서 작성	• 제목 • 목차 • 사업개요 • 주요 항목: 1. 사업현황 2. 산업현황 3. 기술계획 4. 마케팅계획 5. 재무계획 6. 생산계획 7. 조직계획 8. 운영계획 9. 요약	• 필요자원의 파악 • 기존 자원의 파악 • 부족한 자원과 이용 가능한 공급업자를 식별 • 필요자원에 대한 접근 방법 개발	• 관리 유형의 개발 • 성공에 필요한 주요 변수들에 대한 이해 • 현재 및 잠재 문제들을 파악 • 통제 시스템의 시행 • 성장전략의 개발

표 1-5 사내창업 맥락에서 창업 프로세스

기회의 인식과 평가	사업계획서 작성	필요한 자원의 파악과 평가	사업체의 시작과 운영
• 기회의 평가와 탐색 • 기회 창출을 위해 좀 더 시간이 걸리는 승인 프로세스 • 조직을 위한 기회의 실제 가치와 지각된 가치; 사내 창업가를 위한 제한된 재무적 보상 • 경력 관련된 것 이외의 위험을 조직이 감수 • 기회 vs 개인 및 팀 스킬; 아이디어 생성을 위한 내부 네트워크 • 경쟁 환경 • 기회 분석 계획서 작성	• 제목 • 목차 • 사업개요 • 제품/서비스 분석 • 기업 적합성 • 시장 분석 • 수익성 • 향후 활동을 위한 계획	• 필요한 자원과 그러한 자원의 획득 가능성에 대한 파악 • 기존 자원과 그들의 이용 가능성 파악 • 부족한 자원의 식별과 보충 가능성 • 필요자원에 대한 이용 가능한 접근 방식에 대한 인식	• 기존 관리 유형에 대한 적응 가능성 • 성공적 실행을 위한 주요 변수들에 대한 이해 • 현재의 문제, 잠재적 문제 및 제약사항에 대한 인식 • 기존 통제 시스템에 대한 적응 • 성장과 수익성을 위한 기회

표 1-6 사회적 창업 맥락에서 창업 프로세스

기회의 인식과 평가	사업계획서 작성	필요한 자원의 파악과 평가	사업체의 시작과 운영
• 좀 더 다양한 여러 목표들과 관련된 기회의 평가와 실행 가능성 • 관료적 관성과 대중의 감시 때문에 기회의 생성과 지속에 좀 더 시간이 걸림 • 사회, 공동체 및 구성원들을 위한 기회의 실제적 가치와 지각된 가치 • 위험과 보상의 상충관계는 실수에 대한 회피를 선호함. 낮은 재무적 보상. 사업체의 이익을 공유하지 않음 • 정치·사회적 목표라는 측면에서의 기회 vs 개인 및 팀 스킬과 목적 • 경제적 및 사회적 환경 • 기회분석계획서 작성	• 제목 • 목차 • 사업개요 • 서비스/프로세스 분석 • 사회적 적합성/공동체의 필요에 대한 적합성/제도적 적합성 • 운영 분석 • 실행 계획 • 사회적 가치 • 재무적 지속가능성 계획/자금 조달 • 향후 활동 계획	• 사업분야와 예산상의 제한과 한계라는 측면에서 필요한 자원들을 파악 • 해당 프로젝트에 이용 가능한 기존 자원의 파악 • 부족한 재무적·비재무적 자원과 그러한 점을 메꾸어 주기에 실행 가능한 기회를 인식 • 필요한 자원에 접근 가능한 기회들이 존재하는지 파악	• 기존의 관리유형이라는 맥락에서 개발 • 성공적 실행과 사회적 결과물을 위한 주요 변수들의 이해 • 현재 및 잠재 문제점, 내부 제약, 그리고 한계점들에 대한 인식 • 제약사항들을 극복하면서 기존 통제 시스템에 대해 적응 • 경제·사회적 성장과 발전을 위한 기회

이러한 단계들은 순차적으로 진행되지만 각 단계가 다음 단계와 완전히 단절된 상태로 처리되거나, 다음 단계로 넘어가기 전에 전 단계를 완벽하게 끝내야만 하는 것은 아니다. 예를 들어, 기회를 성공적으로 인식하고 평가하기의 1단계를 위해서 창업가는 4단계에 해당하는 이미 원하는 사업의 유형을 마음속에 유념하고 있어야 한다.

사례 3

매출 0원에서 연 38% 성장하는 기업이 된 바디텍메드

"개발만 하면 된다고 생각했다. 어떻게 팔지, 누가 살지, 자금 운영은 어떻게 할지 생각 없이 경영했다. 망하는 게 당연했다" 바이오 중소기업 바디텍메드 최의열 대표는 지난 10년을 '망하는 게 당연했다'고 회고한다. 대학교수 출신인 최 대표는 1998년 창업에 뛰어들었다. 고성능 혈액분석기기 시장의 미래가 밝다는 생각 하나로 도전한 창업이었다. 그는 그가 지도한 석·박사 제자들 30여 명을 데리고 R&D에 몰두했다. 창업 초기부터 은행들로부터 20억원을 유치할 정도로 바디텍메드는 전도유망한 신생 벤처였다. 하지만 문제는 제품개발 뒤부터 나타났다. 고급 전문 인력이 투입돼 혈액분석기기를 만들어냈지만 팔 곳이 없었다. 말 그대로 손님도 없는데 요리만 잔뜩 만들어 낸 처지가 된 것이다. 수년 동안 매출은 0원을 기록했고, 최 대표는 퇴직금도 못 쥐어 준 채 제자들을 내보내야 했다.

하지만 2007년, 위기에 몰린 바디텍메드에 희망적인 소식이 들려왔다. 중국에서 100만 달러 가량의 수출주문이 들어왔다는 것이었다. 최 대표가 적자를 기록하는 와중에도 꾸준히 참석했던 박람회에서 만난 중국 바이어의 주문이었다. 바디텍메드가 개발한 혈액분석기기는 빠른 시간 안에 검사 결과를 받아볼 수 있어 검사결과를 1시간 만에 받아볼 수 있는 '급진과' 제도가 있는 중국에 제격이었다. 그렇게 중국에 처음으로 수출 물꼬를 튼 바디텍메드는 꾸준히 성장해 중국시장 혈액진단기 분야 시장점유율 1위를 기록했다. 만년 적자기업이 제대로 빛을 본 순간이었다. 중국투자를 계기로 최 대표는 한국시장이 아닌 더 큰 가능성이 있는 해외시장을 위주로 전략을 세웠다. 해당 국가에 적합한 기술표준을 연구해 기기를 개발하고 영업망을 확보하는데 주력했다. 또한 최근에는 중국과 대만에 동물용 진단제품 수출계약을 체결하며 사업 영역을 확장하고 있다.

이러한 노력의 결과 2010년부터는 매년 38%의 평균 성장률을 기록했다. 지난해에는 매출 398억원, 영업이익만 129억원을 달성했다. 최 대표는 "영업이익이 생기자 내보낸 친구들 퇴직금과 밀린 임금부터 해결해줬다"며 "지금은 '나는 교수가 아니라 기업인'이라고 매순간 다짐하며 조직을 이끌고 있다"고 말했다.

〈지식비타민, 2016.12.22.〉

미국 Start-up school에서 제시하는 창업 계명

1) 정말 독특한 아이디어를 찾아라.
2) 투자받은 돈은 아끼고 아껴라.
3) 야심이 아니라 사명(mission)이 중요하다.
4) 다양한 구성원이 좋은 제품을 만든다.
5) 하루에 메일을 100통은 보낸다.
6) Start-up의 99%는 실패한다.
7) 초기에 중요한 것은 평판(reputation)이다.
8) 가족이 아닌 스포츠처럼 운영하라.
9) 늦었다고 자책하지만 실상은 너무 빨라 실패한다.
10) 처음 규모를 키운 회사가 퍼스트 무버(first mover)이다.

제2절 창업자와 창업정신

1. 창업자세

창업을 한다고 모두 성공하는 것은 아니다. 주변을 살펴보면 창업을 통해서 기존의 사업체마저 부실의 사업체로 만드는 경우도 있고, 성공적으로 사업체를 유지하는 경우도 있다. 우리나라에는 해마다 약 4~5만 개의 중소기업이 새로 설립되는 것으로 추정된다. 일정한 규모와 체계를 갖춘 주식회사 형태에서부터 종업원 5명 이내의 소규모 기업인, 소상공인, 심지어는 사장 1인이 모든 업무를 총괄하는 소매점도 창업되고 있다. 또한 기회와 여건만 주어지면 언젠가 한번쯤 자기 회사를 차려 사장이 되고 싶어 하는 예비창업자와 기업의 환경변화에 따라 창업을 하게 되는 창업자도 많다.

그러나 사장이 되어 보겠다는 막연한 생각과 의욕만으로는 회사를 창업할 수 없고, 더군다나 성공적인 경영을 이룩해 내기란 불가능한 일이다. 창업을 성공적으로 이끌기 위해서는 창업자가 가져야 할 바람직한 자세가 필요한데, 창업자세가 어떠해야 하는지를 생각해 보면 다음과 같다.

첫째, 창업에는 철학이 있어야 한다. 창업자가 마음먹은 대로 되리라는 강한 신념을 관철시킬 수 있는 창업철학 없이는 결코 성공하지 못한다. 단순히 돈을 벌기 위한 창업은 창업과정 자체가 고달프고, 창업에 성공하여도 큰 보람을 느끼지 못하기 때문이다.

둘째, 적성에 맞는 업종선택이 창업성공의 지름길이다. 창업 업종과 창업자의 적성은 일치되어야 한다. 자기 적성이나 충분한 예비검토도 없이 창업에 뛰어든다면 자기 인생은 물론 가족과 친척, 친구들에게 피해를 줄 뿐 성공적인 창업경영은 현실적으로 어렵다. 창업은 창업자 자신의 이상과 취향, 그리고 적성에 맞는 분야에 뛰어드는 것이 창업에 성공할 수 있는 지름길인 것이다.

셋째, 탈 샐러리맨에도 전략과 정도(正道)가 필요하다. 장기적인 계획과 준비가 창업성공의 열쇠다. 대부분의 샐러리맨 창업은 전 직장과 직·간접적으로 연계될 수밖에 없다. 퇴직 전 수년간에 걸친 치밀한 계획과 전략 아래서 이루어질 때 성공할 수 있는 것이다.

넷째, 창업자에게는 분명한 좌우명이 있어야 한다. 창업기업의 사장은 모든 회사 업무에 만능이 되어야겠다는 각오, 끈질긴 의욕과 집념, 부단한 자기계발, 그리고 성실성을 창업자는 좌우명으로 삼아야 한다.

2. 창업정신

창업은 결심하기까지의 심적 고충에서부터 동업자의 물색, 아이템의 선정, 창업자금 조달, 종업원의 채용, 공장(점포)입지 선정, 공장건설, 관공서와의 접촉, 판매처의 확보, 그 어느 것 하나 고생스럽지 않는 일은 없다. 고생의 연속이라 해도 결코 과언이 아니다.

기업의 활동을 계획·조직·충원·지휘·통제함으로써 본래의 목적을 달성하도록 이끌어 나가는 관리기능, 그리고 기업의 모든 결과를 최종적으로 책임지는 위험부담기능 등을 수행하게 한다. 따라서 창업자는 사업성공에 대한 확고한 신념이 없이는 사업에 도전할 수조차 없는 것이다.

사업은 정신으로 시작해서 정신으로 끝난다고 해도 과언이 아니다. 정신으로 시작한 창업은 결국 국가에 유용한 일을 하겠다는 신념과 사회에 공헌하겠다는 사명감으로 귀착될 수밖에 없다. 고생을 기업경영의 근거 또는 성공을 위한 영양분으로 수용하는 창업자만이 성공한 경영인으로서 자격이 있다. 지위나 명예를 위해 또는 너무 많은 돈을 벌 목적으로 창업을 생각하는 사람은 창업자로서의 자격이 없을 뿐만 아니라 십중팔구 실패할 확률이 높다. 그러므로 창업자는 독립운동가적 정신으로 자기 자신을 샐러리맨으로부터 독립시키고, 국가와 사회를 위한 공인으로서 사명감을 갖고 출발해야 한다.

창업가정신은 '성공의 가능성을 쫓아 도전하고 모험하는 정신'으로 정의할 수 있는데, 성공한 창업자들이 하나같이 행동지향적이였고 실천지향적이였음을 볼 때, 성공은 도전과 행동과 실천이 뒷받침되지 않는 한 이루어지지 않는다는 것을 알 수 있다. 창업에서의 성공은 완벽하고 철저한 계획이 보장하는 것이 아니라 완벽하고 철저한 모험, 즉 과감한 실천이 보장하는 것이다. 직접 경험해보면서 공부하고 시작하는 일 이외에 창업에서의 성공을 보장할 방법은 이 세상 어디에도 없다. 성공한 창업자들은 열 번 찍으면 어떻게 될까를 생각하기보다 직접 열 번을 찍어 보고 결과가 어떻게 되는지 확인하는 사람들이었다.

따라서 창업자는 새로운 사업을 창업하여 경영함에 있어 특히 뚜렷한 기업가정신이 없이는 성공할 수가 없다. 기업을 창업하면서 온갖 모험과 도전을 극복하고 성장해 가는 과정에서 많은 어려움에 직면할 때마다 남다른 지도력과 투철한 신념을 가지고 각고의 노력을 하지 않으면 안된다. 성공적인 기업가 정신의 특징을 개인적인 속성과 주요 행동적 특성으로 구분하여 살펴보면 다음과 같다.

(1) 개인적 속성

① 높은 성취욕구
② 독립성의 희구
③ 자신감
④ 미래지향성
⑤ 자기희생

(2) 행동적 특성

① 기술적 능력
② 대인관계 능력
③ 의사결정 능력

사례 4

창업가의 뇌·창업가를 돕는 뇌

4차 산업혁명 물결과 급변하는 글로벌 환경에서 창업이 중요한 생존전략으로 부각되고 있다. 지금 이 순간에도 많은 사람들이 성공을 꿈꾸면서 창업에 뛰어든다. 하지만 대개는 실패로 끝이 나고 만다. 사업 아이템이나 시장상황, 시스템 문제 등 많은 이유가 있겠지만 '뇌' 역시 매우 큰 변수로 작용하고 있다는 사실을 아는 사람은 많지 않다. 필자는 '창업가의 뇌'를 들여다보며 이유를 찾아볼까 한다. 창업가의 뇌는 성공 DNA를 많이 가지고 있지만 동시에 실패할 수밖에 없는 DNA도 많이 가지고 있다. 청년과 대학생 대상으로 창업캠프를 진행하면서 창업가들의 뇌구조가 일정한 패턴을 띤다는 것을 직접 확인할 수 있었다.

첫째, 창업가의 뇌는 엄청난 열정과 에너지를 가지고 있다. 자신이 속한 조직, 더 나아가 세상을 변화시키기를 원하는 뜨거운 열정을 가지고 있다. 하지만 강한 열정은 뜨겁기는 하지만 그 지속성이 문제가 될 수 있다. 결과를 창출할 때까지 과제를 지속적으로 끌고 나가는 '뇌의 근육'이 생각보다도 약한 경우가 많다.

둘째, 창업가의 뇌는 아주 큰 목표지향적 성향을 가지고 있다. 하지만 이런 목표지향적 성향은 자기가 설정한 큰 목표와는 관련이 적은 업무나 작은 디테일에 신경을 쓰지 못하게 해 과제에서 예상하지 못하는 펑크가 날 확률이 아주 높다. 사소한 변수에 의해 사업이 무너지는 경우가 허다하다.

셋째, 창업가의 뇌는 강한 도전 욕구를 가지고 있다. 자신이 목표로 정한 일은 위험이 따르더라도 도전하고, 심지어 실패가 뻔히 보이는데도 뛰어드는 경우가 많다. 뒤집어 말하자면 무모한 도전에 대해 브레이크 역할을 할 장치가 자신 안에는 없는 경우가 많다.

넷째, 창업자의 뇌는 강한 자기주도성을 가지고 있다. 무엇이든지 스스로 목표를 설정하고 자기주도적으로 하는 것을 좋아하지, 외부에서 간섭하거나 강제로 시키면 반발부터 하는 스타일이다. 강한 자기주도성은 엄청난 자산이지만 자칫 팀 내 불화를 일으키는 요인이 되기도 한다.

창업가의 뇌구조는 일반인과는 달리 양극단, 즉 아주 강한 강점과 아주 취약한 약점을 동시에 갖고 있다. 그렇기에 창업가의 뇌 강점은 살리고, 뇌 약점을 보완할 수만 있다면 창업 성공률을 획기적으로 개선할 수 있다.

첫째, 창업가는 열정적이고, 목표지향적이지만 마무리가 약한 경우가 많다. 팀 안에 자신을 보완해 줄 실행력이 강한 완벽주의적 성향의 사람을 둬야 한다. 이 같은 사람이 주위에 있느냐 없느냐에 따라 결과는 큰 차이가 날 수 있다.

둘째, 창업가는 도전적이다 보니 위험선호적 경향이 강하다. 보수적이고 위험회피적 성향이 강하며 안정적인 사람을 공동창업자로 두고 그들의 말을 경청하는 것이 실패의 확률을 줄이는 첩경이다.

셋째, 창업가는 자기주도성이 강해 자칫 팀 내 불화를 일으킬 가능성이 높다. 팀 안에 부드러운 리더십으로 위, 아래, 더 나아가 내부와 외부를 연결하는 인적 허브 역할을 하는 사람을 둬야 한다.

하지만 창업가를 보완해 실패를 낮춰줄 보완형 뇌가 일반적인 창업가 풀에 거의 없다는 점이 문제다. 이들은 창업을 할 의지가 그리 높지 않기에 창업가 풀에서는 찾을 수 없다. 그래서 창업가를 지원해주는 인력풀을 만들어서 거기서 공동창업가를 구할 수 있는 생태계를 만들어줘야 한다. 대학생 100명 가운데 많아야 3~4명 정도가 창업한다. 일반 학생들 대상으로 진로설계 코칭을 해주면서 적성을 찾아주고, 이것을 창업 아이템으로 연결시켜 창업을 유도하고, 확보한 뇌 성향 데이터를 가지고 창업가와 매칭해주는 시스템을 만들어주면 창업률을 높일 뿐만 아니라 창업 성공률도 크게 높일 수 있을 것이다.

〈안진훈 브레인OS연구소 대표, 매일경제, 2017.8.16〉

제3절 창업자의 기본자세

보통 직장에서 10년 넘게 근무하다 퇴직한 사람들이나 직장생활의 경험 없이 창업을 희망하는 사람들에게는 창업이란 말 자체가 매우 어렵게 보인다. 왜냐하면 아무런 경험없이 창업을 희망하는 사람도 본인이 자발적으로 창업에 관련된 교육을 이수하지 않으면 창업이란 단어 자체가 너무 어려워 보이며, 직장생활을 한 사람이라 할지라도 마케팅이나 회계, 전략 등을 가르쳐는 주지만 창업에 대해서는 제대로 가르쳐 주지 않기 때문이다. 직장생활을 하다보면 1인당 연간 의무교육 시간이 있어서 직무교육이나 오피스 등의 전산교육을 직원들에게 억지로라도 시킨다. 여러 가지 커리큘럼이 마련되어 있지만 대부분 직장인으로서의 업무중심 교육이지 창업과 관련된 내용은 없으며, 최근에는 퇴직예정자들을 위한 교육과정(outplacement)에 이를 반영하기도 한다.

직장생활에서 자기가 근무하고 있는 부서별로 해마다 사업계획을 작성하지만, 사업계획과 창업계획은 다르다. 직장에서의 사업계획은 이미 정해진 양식에 맞추어 작성하는데, 전년도 사업계획서를 참조하여 문구만 적당히 바꾸고 위에서 떨어진 할당 목표에 맞게 매출과 비용을 조정해서 만드는 게 대부분이다. 자기 손으로 업무체계를 창조해 내는 게 아니라 만들어진 체계에 빈 칸 채우기만 하는 되는 것이다.

반면 창업계획은 제로베이스에서 시작하여 업무체계부터 자신의 손으로 만들어야 하기 때문에 엄두를 내기 쉽지 않다. 경영자는 자동차를 운전하는 사람이고, 창업자는 자동차를 만들어서 운전하는 사람이다. 창업자는 일을 하면서 일에 대한 일도 해야 하는 것이다. 창업자는 경영자가 할일을 다하고 경영자가 하지 않는 일도 해야 하기 때문에 창업은 경영보다 힘들다.

창업을 하려고 할 때 가장 힘든 것은 마땅한 아이템이 떠오르지 않는다는 것이고, 막상 아이템이 머릿속에 떠올라도 이것을 현실에서 구체화시킬 세부 실천력이 결여되어 있다는 것과 또한 직장인 신분에서 자영업자나 사업가로 존재의 도약을 하는 데 따른 두려움이 발목을 잡는다. 삼성 창업자 이병철 회장도 20대 초반에 와세다대학 중퇴 후 4년을 방황하며 노름으로 허송세월을 했다. 한마디로 백수였는데 어느 날 노름을 하다가 한밤중에 돌아와 잠자는 자식들을 보며 대오각성을 했다고 한다. 이병철 회장의 자서전 〈호암자전〉을 보면 1930년대 당시 상황에서 청년들이 선택할 수 있는 것은 독립운동, 관리(공무원), 그리고 사업이었는데 독립운동은 용기가 부족했고, 일제치하에서 관리가 된다는 것은 떳떳치 못해서 사업을 선택했다고 한다. 사업이 성격에 맞는다고 판단했으며, 인생을 사업에 걸어보자는 생각이 있어 창업을 결심하게 되었다. 이병철 회장은 백수시절을 헛되이 보냈다고만 생각하지는 않았고 생각이 영그는 시기라고 썼다. 오히려 백수시절이 뜻을 세우기 위한 탐색시기였다고 보았다. 또 하나 재미있는 것은 이병철 회장이 부모로부터 연수 300석의 재산을 물려받았는데 먹고 살기에는 넉넉하지만 창업자금으로는 모자란 수준이었다 한다. 그래서 동업자 2명을 구해 셋이서 정미소를 한 것이 삼성의 시작이다. 천하의 삼성도 시작할 때는 자금부족 상황이었다는 점이 재미있다.

최근에 등장하는 창업 교재에는 언제부턴가 비전이란 말이 등장하기 시작했다. 〈*Good to Great*〉란 책에서 '비전 기업'이 일반 기업보다 성과가 좋다는 얘기나 나온 뒤부터라고 생각된다. 그 때부터 대기업 순으로 기업의 비전을 선포하는 게 유행이 되다시피했다. 대체로 global leader니 innovation이니 온갖 좋은 말들을 가져다 치장한 것이라 직원들도 진지하게 받아들이기보다는 콧방귀를 뀌었던 걸로 기억된다. 겉으로는 그럴듯한 비전을 내세웠지만 실상은 여전히 이윤의 극대화만을 추구했던 것이다.

개인창업에서 비전을 얘기하는 것이 타당하냐에 대해서는 사람들마다 견해가 다르다. 하지만 개인창업이던 기업창업이든 간에 비전을 갖는다는 것은 장기적으로 매우 중요한 일이라고 생각한다. 일반적으로 창업성공의 핵심은 개인이 보유한 에너지 총량과 이를 한 방향으로 모으는 집중력인데, 창업자 개인이 가진 강한 내적 동기가 바탕이 되어 사업의 성공을 결정한다. 그렇다 하더라도 기업이나 개인이 미래의 비전을 갖고 도전하고 이에 대한 구성원들과의 공감대를 형성한다는 것은 매우 의미있는 일이다. 창업자는 마음속에 끓고 있는 열정과 목적의식, 비전 등이 필요하다. 개인이 창업할 경우에는 비전이란 말보다는 경영목표라는 말이 더욱 적합하게 들리는 것은 이러한 현실을 반영한 때문일 것이다. e비즈북스

직장생활을 했건 하지 않았건 관계없이 창업자들이 가져야 할 일반적인 자질들은 다음과 같다.

1. 창업자의 자질

창업자로서 요구되는 자질은 기업의 규모나 성격에 따라서 매우 다양하다. 다양한 창업자의 자질 중 개인적인 특성에 따라 여러 가지로 분류하기도 하지만, 일반적으로 선천적 자질과 후천적 자질의 두 가지 유형으로 나누어 볼 수 있다.

(1) 선천적 자질

① 새로운 것에 도전하는 모험심이 유별난 사람
② 가능성에 대한 집념이 강한 사람
③ 스케일이 크고 큰일을 해내는 사람
④ 사람을 잘 통제할 줄 아는 사람
⑤ 쉽게 좌절하지 않고 의지력이 강한 사람

(2) 후천적 자질

① 본인이 지금까지 쌓아온 창업관련 분야에서의 경험

② 지금까지 배워서 얻은 학문과 지식

③ 본인의 성격, 체질, 체력적인 소질

④ 본인이 가지고 있는 자격, 사회지위, 이전 근무했던 직장에서의 신용

⑤ 지금까지 인간관계에 있어서의 교제 인물의 폭과 깊이

⑥ 창업환경을 둘러싼 인간관계

2. 창업자의 자질 측정

보통 행동지향적, 모험적, 창의적, 그리고 성장지향적인 성격을 창업가정신(entrepreneurship)이라고 한다. 창업의 자질에 관한 연구결과를 요약하면 다음과 같은 특성을 들 수 있다.

① 성취욕: 어려운 일을 해내는 데서 성취감을 즐긴다.

② 비숙명론: 자기 운명은 스스로가 만든다고 믿는다.

③ 불확실성 인정: 상황이 불투명할 때에도 참을성을 보인다.

④ 모험심: 위험이 뒤따르는 것을 마다하지 않는다.

⑤ 자신감: 항상 자신감이 넘쳐흐르고 주저 없이 결정을 내린다.

⑥ 행동지향성: 시간을 낭비하는 것을 싫어하고 행동으로 옮기는 것을 좋아한다.

⑦ 열정: 늘 열정적으로 일할 수 있으며, 끈기 있게 일에 몰두할 수 있어야 한다.

자기가 창업자의 자질을 얼마나 갖고 있는가를 판단하기 위해 아래의 질문에 체크하여 보면 간단하게 알 수 있다.

자 질	−2	−1	0	+1	+2
융통성	−	−	−	−	−
도덕적임	−	−	−	−	−
박력	−	−	−	−	−
리더십	−	−	−	−	−
남과 잘 어울릴 수 있음	−	−	−	−	−
다른 사람 의견에 관심을 가짐	−	−	−	−	−
비판적인 견해에 귀를 기울임	−	−	−	−	−
끈기	−	−	−	−	−
자금동원 능력	−	−	−	−	−
성취욕구	−	−	−	−	−
주도적으로 일을 함	−	−	−	−	−
독립심	−	−	−	−	−
앞을 내다보는 능력	−	−	−	−	−
이익지향적	−	−	−	−	−
낙관적	−	−	−	−	−
다양한 재주	−	−	−	−	−

−2: 이러한 자질을 전혀 갖고 있지 않다.
−1: 이러한 자질을 갖고 있지 않다.
0: 잘 모르겠다.
+1: 이러한 자질을 약간 갖고 있다.
+2: 이러한 자질을 대단히 많이 갖고 있다.

※ 합산한 총점수가 높을수록 창업자적 자질이 많음

자료: Robert Max, Todd Jick, and Peter Frost, *Management Live! The Video Book*(Englewood Cliffs, N.J.: Prentice-Hall, 1991)

3. 창업자의 성공과 자질

일반적으로 성공하는 창업자의 자질은 개인적인 특성을 중심으로 그 자질을 갖고 있는 것도 중요하지만 실천적인 면을 중심으로 살펴보면 분석력, 예측력, 조직력, 추진력, 조정력, 설득력, 포용력 등의 다양한 관리능력을 기반으로 그 자질을 갖추고 있어야 한다.

(1) 성공하는 사람의 자질

① 정통파로서 동료들 간에 평판이 좋은 사람
② 부부·가족간의 이해와 협력을 받는 사람
③ 종업원 관리능력이 우수한 사람
④ 정리·정돈의 습관이 있고 청결함이 있는 사람
⑤ 고객에 대한 서비스정신이 있는 사람
⑥ 신용도가 높은 사람
⑦ 신속성과 사무처리 능력이 있는 사람
⑧ 자세가 진취적이고, 과거에 집착하지 않는 사람

(2) 실패한 사람의 자질

① 과시하고, 자기욕구가 강한 사람
② 무리한 차입자금계획으로 시작한 사람
③ 이론이 앞서고, 극단적으로 앞서가는 사람
④ 행동이 따르지 않고, 불만만 하는 사람
⑤ 결단력, 판단력에 결함이 있는 사람
⑥ 의타심이 있어 자주성이 없는 사람
⑦ 청결함이 없는 사람
⑧ 자기 자신의 경험, 능력을 과시하는 사람
⑨ 타인에게 지시를 못 내리는 사람(명령만 받는 습성이 있는 사람)

사례 5

성공적인 창업 위해 꼭 버려야 할 것은?

지속적인 경기침체로 자영업자의 생존 역시 만만치 않게 고전을 겪고 있다. 언론 역시 자영업시장에 대해 긍정적인 기사보다는 부정적인 기사를 더 많이 생산해 내고 있다. 그럼에도 불구하고 예비창업자들이 끊임없이 창업시장을 두드리는 이유는 은퇴는 빨라지고 취업은 더디 되는 현실에 놓여 있기 때문이다.

창업의 가장 큰 목표는 성공적인 창업을 통해 안정적인 매출을 올리는 것이다. 하지만 창업 3년 안에 60%의 창업자가 문을 닫을 정도로 창업은 녹록하지 않은 도전이다. 성공적인 창업에 이르는 길은 여러 가지가 있겠지만 결국 가장 기초가 되는 것은 바로 창업자의 마인드다. 그렇다면 과연 어떠한 마인드가 필요할까? 김갑용, 박민구 저서의 〈잘되는 가게 안되는 가게〉를 통해 창업자가 절대 갖지 말아야 할 마음가짐에 대해 알아보자.

첫째, 할 것 없는데 창업이나 해볼까?

많이 나아졌지만 옛날부터 우리나라는 장사하는 사람을 경시하는 풍조가 있다. 사무실을 운영하는 창업은 조금 낫지만 소위 장사라고 표현하는 점포 형태의 운영에 대해서는 만만하게 생각하기도 한다. 하지만 크건 작건 창업이라는 것은 많은 준비와 노력이 필요하다. 창업은 절대 할 것은 없는데 뭐라도 해야 하기에 도전하는 것이 아니다. 이러한 마인드로 창업을 한다면 절대 성공에 이를 수 없다.

둘째, 무엇이든 돈만 되면 상관없어

창업을 준비하다 보면 소위 잘나가는 유행하는 아이템에 관심이 가기 마련이다. 때로는 돈만 된다면 창업아이템은 뭐라도 상관없다고 생각하기도 한다. 하지만 정말 돈을 벌려고 한다면 창업 아이템에 대한 이해하고 소화해야 한다. 창업은 상품이나 서비스를 제공하는 대가를 받는 것이기 때문이다. 따라서 창업은 내가 관심 있고 재미있으며 잘할 수 있는 아이템을 선택해야 한다.

셋째, 2~3년 운영하다 권리금 받고 딴 거 하지 뭐

창업은 상황에 따라서 짧게 운영할 수도 있고 오래도록 지속해서 운영할 수도 있다. 하지만 처음부터 장기적인 안목으로 창업에 도전하는 것이 아니라 2~3년 운영해서 권리금 받고 넘기고 난 후 또 돈이 되는 아이템을 찾아 운영하고 넘기겠다는 마음으로 창업에 도전하는 경우도 있다. 운이 좋다면 성공할 수도 있지만 이러한 창업의 형태는 결국 실패에 이르게 된다. 창업은 단기적인 전략이 아니라 멀리 내다보고 장기적인 전략으로 접근해야 한다.

넷째, 일단 매장은 크고 봐야 해

창업의 규모는 자신이 선택한 업종과 역량에 따라 달라진다. 하지만 주변의 시선을 의식하며 무리하게 무조건 규모가 커야 성공한다는 인식을 가진 창업자들도 있다. 규모가 클수록 초기 창업비용은 당연히 올라가게 된다. 하지만 무엇보다 중요한 것은 이러한 마인드로 창업을 할 경우 운영 중 닥친 위기에 대해 빠르게 대처하고 극복하기 어렵다는 점이다. 창업은 현실이며 겉모양보다 내실을 기하는 것이 더 중요하다. 결국 속이 알찬 창업이 성공 가능성을 높인다.

다섯째, 직원 쓰면 되지

창업자는 자신이 선택한 아이템에 대해서 100% 통제할 수 있어야 한다. 창업자들이 운영에 있어 가장 힘들어 하는 것 중 하나가 바로 인력관리이며 운영상 가장 큰 부담으로 다가오는 지출이 바로 인건비다. 선택한 창업아이템이나 운영하는 매장의 규모에 따라 다르겠지만 필요하면 직원이나 아르바이트를 쓴다는 생각은 첫째, 창업자가 모든 것을 통제할 수 있어야 하며, 두 번째로 내가 벌인 사업이 일정 규모로 성장했을 때 필요한 것임을 잊지 말자.

여섯째, 내가 사장이거든

자영업 시장에서 창업자는 사장인 동시에 종업원이다. 하지만 대부분의 창업자는 사장이라는 사실이 우선되고 결국 내가 사장이니까 내 마음대로 해도 된다고 생각한다. 물론 틀린 말은 아니지만 갖지 말아야 할 생각 중 하나다. 사장으로서 권리를 누리는 것은 함께 일하는 직원들의 생활을 충분히 보장할 수 있을 때 찾아야 하는 것이다. 사장으로서 해야 할 일에 대한 고민과 실천 없이 권리에만 집착한다면 성공적인 창업에 이르지 못한다.

일곱째, 사람 없는 곳에서 창업해야 해

어떤 창업자는 자신이 창업한다는 그 자체를 창피해 하는 경우가 있다. 창업은 규모나 형태와 상관없이 고객을 이롭게 하는 것이다. 그리고 창업은 무엇보다 창업자의 자신감이 중요하다. 아는 사람들에게 장사하는 모습을 보여주고 자신 있게 운영할 자신이 없다면 절대 창업에 도전해서는 안 된다.

〈창업경영신문, 2017.5.23.〉

4. 창업자의 역할

창업을 하고 난 후 창업자는 경영자로서 역할을 시작하는데, 창업을 하는 순간부터 경영자로서의 자세를 갖추어야 하는 것은 당연하지만, 그래도 창업의 형태가 개인기업이든 법인기업이든 간에 창업자는 경영자로서 행해야 할 몇 가지의 역할이 있다. **전타식, 2010**

첫째는 사업구상 및 사업기회의 발굴이다. 경쟁자의 시장선점을 막기 위해 지속적으로 사업기회를 발굴하여야 한다. 물론 뛰어난 상상력과 창의력 동원으로 독특한 아이디어가 도출되어야 하며, 창업자는 이러한 아이디어를 바탕으로 성공한 창업이 될 수 있도록 노력하는 것도 창업자의 중요한 역할이다.

둘째는 사업진행 및 실천이다. 창업자는 사업구상 및 사업발굴의 기회를 통해 구체화된 사업의 목표를 설정하고, 그 목표를 달성할 수 있도록 실천하여야 한다. 사업을 하다 보면 여러 가지 시행착오와 경영환경의 변화에 따른 애로

점들이 나타나겠지만 이를 극복하고 사업이 성공적으로 안착될 수 있도록 적극적인 자세로서 사업을 영위하여야 한다.

셋째는 주변과의 우호적인 관계 형성을 형성하여야 한다. 창업자는 창업에 필요한 여러 가지 필요한 자원에 대한 원활한 조달을 위해 사업 전반에 관련된 이해관계집단과의 충분한 협조와 관계유지가 절대적으로 필요하다.

넷째는 효과적인 리더십의 발휘이다. 창업자는 기업의 규모에 관계없이 구성원을 보유하게 되는데, 이는 조직을 구성한다는 의미인 만큼 조직성과 향상을 위해서는 구성원의 능력을 발휘하고 통합할 수 있는 창업자의 리더십발휘가 매우 중요하다. 특히 창업자는 구성원들에게 비전을 제시해 주어야 하며, 그들이 가진 잠재능력을 극대화할 수 있도록 적절한 동기유발에 대한 방안을 강구하여야 한다.

제4절 창업자와 적성

창업에 영향을 주는 것은 창업자의 적성과도 밀접한 관계를 가진 것으로 나타나고 있다. 어떤 창업 아이템을 선정하며, 어느 시기에 창업을 결정해야 할지는 창업자의 성격에 따라 달라질 수 있다. 예를 들어, 어떤 창업아이템은 피해야 하는가? 대박 아이템을 고르는 것보다 쪽박 아이템을 피하는 것이 쉽다. 왜냐하면, 성공확률은 5%이고, 그저 그럴 확률은 15%, 망할 확률은 80%이기 때문이다. 어떤 게 쪽박 아이템인가? 매출이 디지털적으로 발생하는 사업이다. 무슨 이야기인가 하면 아이템의 특성상 매출이 크게 터지거나 아니면 아예 제로가 될 확률이 높은 사업을 말한다.

음식점이나 서점은 일단 가게를 열어 놓으면 1개가 팔리든 2개가 팔리든 팔리기는 팔린다는 점이다. 하다못해 친구나 친척이라도 한두 번은 팔아주니 매출이 제로가 나오는 경우는 거의 없다. 조금씩 발생하는 매출로부터 자금을 일부나마 회전시킬 수 있고, 또 고객 데이터를 얻어서 사업을 조금씩 개선해 나갈 수 있다. 이런 사업은 매출이 아날로그적으로 발생한다고 볼 수 있다.

반면 매출이 디지털적으로 발생하는 사업은 신규 사업모델인 경우와 대기업 혹은 정부 조달납품 비즈니스를 들 수 있다. 대기업 출신들은 자영업이 모양새가 안 난다는 이유로 새로운 아이디어를 가지고 신규 비즈니스 모델에 뛰어드는 경우가 종종 있다. 그런데 신규 사업은 아직 검증되지 않은 사업(즉 벤처)이기 때문에 매출이 하나도 발생하지 않을 가능성이 95%다. 이런 사업은 스무번에 한번 터져주면 원금이 회수되는 벤처투자자금을 지원받아서 하면 모르겠는데, 알토란 같은 자기 돈을 가지고 5%의 승률에 도전한다는 것은 미련한 선택이다.

이런 사업은 언제 뜰지 기약이 없어서 뜨는 시점에 운 좋게 그 자리에 있는 자가 승리한다. 예를 들어, 북토피아가 전자책 사업을 10년 전부터 하고 있는데, 예상 외로 전자책이 뜨지 않아서 그동안 여럿이 망해서 나갔고 주인이 수차례 바뀌었다. 언젠가 누군가는 이 사업으로 대박을 내겠지만 지금 당신의 몫은 아니라는 사실이다. 굳이 이런 사업을 하겠다면 말릴 수는 없겠지만 자기가 하려는 사업의 속성이 어떤 건지를 알고나 하는지 모르겠다. 최근 삼성전자가 전자책 사업에 진출한 것을 고려하면 이 분야가 향후 신성장사업분야가 될 가능성이 높다는 것을 보여준다.

대기업 혹은 정부 납품사업의 경우는 사업모델 자체는 검증된 경우가 많지만 언제 매출이 개시될 지 그 시점을 특정할 수 없다는 문제가 있다. 대기업 납품이나 정부 거래의 경우는 이미 기존의 공급업체가 있기 때문에 내 회사가 매출을 일으키는 경우는 오직 기존 거래처를 밀어내는 경우뿐이다. 이것은 내가 잘나서 되는 경우는 거의 없고 거래처가 무슨 사고를 치거나 구매 의사결정권자가 바뀌거나 무슨 특수한 상황(예를 들면, 구매팀이 감사에 걸리거나 전사적 경영악화로 구매원가 절감이 필요한 경우 등)이 발생해야 신생 거래처에게 기회가 발생하는데(기회가 왔다고 자동적으로 내 회사의 매출이 발생하는 것도 아니다), 그러한 상황의 발생은 창업자의 의지와 노력의 통제권 밖에서 이루어지는 것이다.

대기업은 이 사업이 지연돼도 다른 사업에서 번 돈으로 충당할 수 있지만 개인 사업자는 그 사업이 수익의 모든 원천이기 때문에 돈이 안 들어오면 오래 버티기 힘들다. 따라서 이런 사업은 개인사업자에게 가급적 권하지 않으며 뛰어들더라도 매출이 디지털적으로 발생한다는 사업특성은 숙지하고 있어야 심리적으로나 금전적으로 대응할 수 있을 것이다. 이러한 점을 고려하여 창업자에게 영향을 주는 요인을 정리해 보면 다음과 같다.

1. 창업자에 영향을 주는 요인

성공적인 창업은 주어지는 것이 아니라 만드는 것이다. 많은 전문가들은 창업의 성공 여부는 개인의 기질과 밀접한 관계가 있다고 한다. 그렇다면 '나에게는 창업가의 기질이 있는가?' 사람은 누구나 스스로 내리는 결정에 따라 성장해 나간다고 본다. 바로 그 결정이 자기 곁에 있는 기회를 잡는 것이기도 하고 지나쳐 버리는 것이기도 하다. 자기의 잠재력을 최대한 발휘해 나감으로써 매일 매일 즐거움을 찾아낼 수 있을 것이다.

그러기 위해서는 우선 나의 창업자질을 체크하여 적성에 맞는 아이템을 선택하여 성공적인 창업을 이루도록 하는 것이 중요하다.

직업심리를 측정하기 이전에 직업선택에 영향을 주는 요인을 분석해보면 크게 개인적 요인과 사회적 요인으로 나누어 볼 수 있으며, Holland는 인성이론을 통하여 개인의 성격유형이 직업선택에 영향을 준다고 하였다.

2. 직업선택 요인과 성격유형

(1) 개인적 요인

자신에게 맞는 하나의 직업을 선택하는 데 있어서 개인적 요인이 중요한 영향을 주는 요인이다. 이런 개인적 요인은 내적 요인과 외적 요인으로 나누어 살펴볼 수 있다. 내적 요인에는 직업선택에 영향을 줄 수 있는 유전적 소질, 신체적 조건, 그리고 인지적 특성 등이 포함될 수 있다. 구체적인 내용은 다음과 같다.

첫째, 직업선택 이론에 의하면, 가장 중요한 직업 결정요인으로 연령을 들

표 1-7 직업선택에 영향을 주는 요인

구 분	결정요인	
개인적 차원	1. 내재적 요인 : 연령, 성, 능력, 인성, 직업적 흥미, 학력, 신체적 조건 2. 외재적 요인 : 가정배경, 부모의 직업 및 학력, 가정의 사회경제적 지위, 가족구성원, 종교	
사회·경제적 차원	1. 산업구조의 변화요인 3. 인구증가의 요인	2. 산업기술의 혁신요인 4. 사회적 직업가치관
교육 체제적 차원	1. 학교배경	2. 교육정책 배경

자료: 김충기, 미래를 위한 진로 교육—자기 성장을 위한 합리적 접근, 서울: 양서원, 1995

수 있다.

둘째, 성 차이가 영향을 줄 수 있다. 직업선택이나 직업에 대한 관심에서 남녀 차이를 보인다. 남성의 경우에는 전문직, 행정직, 기술직, 생산직, 서비스직 등 다양한 영역을 선택하는 특성을 보이는 반면에, 여성은 제한적인 직종을 선택하는 경향이 있다. 하지만 이런 차이는 점점 감소되는 추세이다.

셋째, 지능과 적성을 들 수 있다. 특정 영역에서의 전문적인 기술을 필요로 하는 직업일수록 지능과 높은 관계를 보이고 있다. 또한 특정 영역에서의 개인의 능력과 성공 가능성의 지표가 되는 적성이 직업선택에 중요한 영향요인이 된다. 일반적으로 적성과 생산성과는 높은 상관이 있는 것으로 알려져 있다.

넷째, 성격요인을 들 수 있다. 자신의 성격에 적합한 직업을 선택할수록 생산성과 만족도는 향상된다. 한국교육개발원(1998)이 제시한 성격과 직업과의 관계를 살펴보면, 활동성 특성이 높은 사람은 노동, 기계조작, 비행사 등의 직종이 적합하고, 사려성 특성이 높은 사람은 물리학자, 인류학자, 화학자, 생물학자의 직종이 적합하고, 사회성 특성이 높은 사람은 심리학자, 상담사, 외교관, 교사, 목사 등의 직업이 적합하며, 안정성 차원은 통계학자, 행정 보조원 등이 적합하며, 지배성 차원은 판매원, 경매인, 정치가, 사회자 등과 관계가 있으며, 예술성 차원은 시인, 소설가, 음악가, 극작가, 작곡가 등의 직종이 적합한 것으로 나타나고 있다.

다섯째, 흥미요인을 들 수 있다. 흥미가 있는 곳에서 직무수행을 하는 것이 만족스럽고 적응을 잘하는 결과를 보이고 있다.

여섯째, 학력요인도 직업선택에 영향을 준다. 학교교육을 통해 취업에 필요한 정보와 훈련을 받게 되며, 학력수준에 따라 사회적으로 요구되는 직업선택이 다르게 된다.

마지막으로 신체적 조건을 들 수 있다. 일반적으로 직업에서 요구하는 최소한의 신체적 능력뿐만 아니라, 특정 직업에서 특별하게 요구되는 신체적 능력이 있을 수 있기 때문에 신체적 능력은 직업선택의 중요 요인이 된다.

외적 요인에는 가정배경, 사회·경제적 지위, 종교적 특성, 그리고 직업 가치관 등이 있다.

(2) 사회적 요인

직업을 결정할 경우에 고려해야 할 사회적 요인으로는 사회구조의 변화요인, 산업기술의 혁신요인, 인구증가 요인, 그리고 사회적인 직업가치관 등의 요인을 들 수 있다.

이상과 같은 요인과 직업세계의 현황을 잘 고려하여 자신에게 적합한 유망한 직종을 선택할 수 있어야 한다.

(3) 홀랜드(J. L. Holland)의 인성이론

홀랜드(1985)는 개인의 성격유형이 직업선택에 영향을 주며, 모든 인간은 6가지 기본성격 유형으로 분류할 수 있으며, 또한 직업유형도 6가지 유형으로 분류할 수 있다고 하였다. 홀랜드는 개인의 성격적 유형과 직업이 요구하는 특성이 일치할수록 개인은 만족된 직업생활을 경험하게 된다고 하면서, 다음과 같은 4가지의 기본 전제를 제시하였다.

첫째, 모든 사람은 6가지 유형 중 하나의 범주에 할당될 수 있으며,

둘째, 6가지의 환경이 존재하며,

셋째, 사람들은 자신의 기술과 능력을 구사하고 자신의 태도와 가치관을 표현할 수 있는 환경을 탐색하며,

넷째, 개인의 행동은 자신의 성격과 환경 특성의 상호작용에 의해 결정된다.

홀랜드의 육각형 모델에 의하면 개인과 환경의 양식이 일치할수록, 개인과 환경적 특성이 일관성을 가질수록, 그리고 개인적 특성과 환경적 특성 중 서로 일치하는 부분이 다른 특성에 비해 뚜렷할수록 직업에 대한 만족이 증가하게 된다.

6가지 성격유형

① 현실적 유형(realistic type): 사람보다는 사물을 더 좋아하며, 과거나 미래보다는 현재에 초점을 맞추고 관습적 태도를 가지고 있는 사람이다. 이 유형의 사람은 조작 활동을 선호하며 사회적 기술이 낮은 특성을 보인다. 이 유형의 사람들은 기계적이고 기술적인 능력을 필요로 하는 기술직 등이 적합하다.

② 탐구적 유형(investigative type): 분석적이고 호기심이 많으며, 창의성이 높은 반면에 관습적 태도나 대인관계 기술이 부족한 사람이다. 이 유형의 사람은 추상적이고 논리적이고 과학적인 직업에 효과적이다.

③ 예술적 유형(artistic type): 풍부한 감정과 표현력, 창의성, 심미적인 특성을 보여 규범적 기술에는 능력이 부족한 사람으로, 예술적 유능감과 성취도를 고무시킬 수 있는 직업이 효과적이다.

④ 사회적 유형(social type): 인간관계를 중시하여 타인의 요구에 민감하지만 도구나 기계를 조작하는 능력은 부족한 사람으로서, 지지적이고 타인을 보호할 수 있는 교육, 사회복지와 같은 직종이 효과적이다.

⑤ 진취적 유형(enterprising type): 타인을 통제하는 것을 선호하는 사람으로서 공격적이고 자기만족적이고 권력이나 지위를 매우 중요시하는 사람이 해당된다. 이런 유형의 사람은 체계적인 활동을 싫어하며 과학적 능력도 부족하다.

⑥ 관습적 유형(conventional type): 실제적이고 구조화된 상황을 선호하는 사람으로서 체계적으로 자료를 정리하고 기록하는 직업을 선호하며 매우 의존적인 특성을 보인다.

3. 직업(창업)적성 검사(아이템 검사)

본 검사는 성격, 능력, 유능감(efficacy), 직업적 흥미를 알아봄으로써 장래에 어떤 진로를 선택하는 것이 바람직한가를 결정하는 데 도움을 주고자 하는 것으로 각 문항들에 대해 성실하게 응답해 가면서 자신에 관하여 더 많이 이해하게 될 것이며, 알맞은 아이템 코드를 발견하면 좋은 지침이 될 것이다.

진로 심리학자인 홀랜드의 진로이론에 따르면, 세상의 모든 직업들과 사람들의 직업적 적성은 다음과 같은 여섯 가지의 유형으로 나누어질 수 있다고 한다. 능력, 흥미, 성격 및 가치관 등을 고려해 볼 때 어떤 유형의 직업분야를 선택하는 것이 당신의 적성에 가장 알맞고 인생을 만족스럽고 행복하게 보낼 수 있게 될 것인가를 직업적성으로서 창업적성 체크를 해본다.

직업(창업)적성 테스트 진단방법

먼저 설문을 읽고 "예(○), 아니오(×), 어느 쪽이라 말할 수 없다(△)"의 세 가지 중 하나를 선택하세요.

1. (　) 교제범위가 넓은 편이라 사람을 만나는 데 많은 시간을 소비한다.
2. (　) 손재주는 비교적 있는 편이다.
3. (　) 기획과 섭외 중 기획을 더 잘할 수 있을 것 같다.
4. (　) 도서실이나 자료실에서 책이나 문서를 정리하고 관리하는 일을 싫어하지 않는다.
5. (　) 선입견으로 판단하지 않고 이론적으로 판단하는 편이다.
6. (　) 예술제나 미술전 등에 관심이 많다.
7. (　) 행사의 사회나 방송 등 마이크를 사용하는 분야에 관심이 많다.
8. (　) 하루 종일 방에 틀어박혀 연구하거나 몰두해야 하는 일은 싫다.
9. (　) 공상이나 상상을 많이 하는 편이다.
10. (　) 모르는 사람과도 마음이 맞으면 쉽게 마음을 터놓으며 바로 친해진다.

11. ( ) 물건을 만들거나 도구를 사용하는 일이 싫지는 않다.

12. ( ) 새로운 아이디어를 생각해 내는 일이 좋다.

13. ( ) 회의에서 사회나 기록을 맡는다면 기록 쪽이 맞을 것 같다.

14. ( ) 사건의 뒤에 숨은 본질을 생각해 보기 좋아한다.

15. ( ) 색채감각이나 미적 센스는 풍부한 편이다.

16. ( ) 남의 눈에 띄는 것을 좋아하므로 남의 주목을 받는 것이 아무렇지도 않다.

17. ( ) 문화재위원과 체육대회위원 중 체육대회위원을 하고 싶다.

18. ( ) 보고들은 것을 문장으로 옮기기를 좋아한다.

19. ( ) 남에게 뭔가 가르쳐 주는 일이 좋다.

20. ( ) 많은 사람과 장시간 함께 있으면 피곤하다.

21. ( ) 엉뚱한 일을 하기 좋아하고, 발상도 개성적이다.

22. ( ) 전표의 숫자를 계산하거나 장부에 기입하는 일을 싫증 내지 않고 할 수 있다.

23. ( ) 책이나 신문을 열심히 읽는 편이다.

24. ( ) 신경이 예민한 편이며, 감수성도 예민하다.

25. ( ) 연회석에서 망설임 없이 노래를 부르거나 장기를 보이는 편이다.

26. ( ) 운동을 하고 있을 때는 생기가 넘친다.

27. ( ) 사보나 팸플릿 등의 기획이나 편집에 흥미가 있다.

28. ( ) 남 앞에서 스스럼없이 자기소개를 한다.

29. ( ) 과자나 빵을 판매하는 일보다 만드는 일이 나에게 맞을 것 같다.

30. ( ) 즐거운 캠프를 위해 계획 세우기를 좋아한다.

31. ( ) 데이터를 분류하거나 통계 내는 일을 좋아한다.

32. ( ) 드라마나 소설 속의 등장인물의 생활방식이나 사고방식에 흥미가 있다.

33. ( ) 자신의 미적 표현력을 살리면 상당히 좋은 작품이 나올 것 같은 생각이 든다.

34. (　) 화려한 것을 좋아하며 주위의 평판에 신경을 쓰는 편이다.

35. (　) 여러 사람이 여행할 기회가 있으면 즐겁게 참여한다.

36. (　) 여행소감을 쓰기 좋아한다.

37. (　) 상품전시회에서 상품설명을 한다면 잘할 수 있을 것 같다.

38. (　) 변화가 적고 손이 많이 가는 일도 꾸준히 계획하는 편이다.

39. (　) 신제품 홍보에 흥미가 있다.

40. (　) 열차시간표 1페이지 정도라면 정확하게 옮겨 쓸 자신이 있다.

41. (　) 자신의 장래에 대해 자주 생각해 본다.

42. (　) 상품을 고를 때 다자인과 색에 신경을 많이 쓴다.

43. (　) 극단이나 탤런트 양성소에서 공부해 보고 싶다는 생각을 한 적이 있다.

44. (　) 외출할 때 날씨가 좋지 않아도 그다지 신경 쓰지 않는다.

45. (　) 손님을 불러들이는 호객행위도 마음만 먹으면 할 수 있을 것 같다.

46. (　) 신중하고 주의 깊은 편이다.

47. (　) 하루 종일 책상 앞에 앉아 있어도 지루해 하지 않는 편이다.

48. (　) 알기 쉽게 요점을 정리한 다음 남에게 잘 설명하는 편이다.

49. (　) 생물시간보다는 미술시간에 흥미가 있다.

50. (　) 남이 자신에게 상담을 해오는 경우가 많다.

51. (　) 친목회나 송년회 등의 총무역할을 좋아하는 편이다.

52. (　) 실패하거나 성공하거나 그 원인은 꼭 분석한다.

53. (　) 실내장식품이나 액세서리 등에 관심이 많다.

54. (　) 남에게 보이기 좋아하고 지기 싫어하는 편이다.

55. (　) 대자연 속에서 마음대로 몸을 움직이는 일이 좋다.

56. (　) 파티나 모임에서 자연스럽게 돌아다니며 인사하는 성격이다.

57. (　) 무슨 일에 쉽게 구애받는 편이며 장인의식도 강하다.

58. (　) 우리나라의 분재를 프랑스 파리에서 파는 방법을 생각해 내는 일 등을 좋아한다.

59. (　) 거리를 하루 종일 돌아다녀도 그다지 피곤을 느끼지 않는다.

60. (　) 컴퓨터의 키보드 조작도 연습하면 잘할 수 있을 것 같다.

61. (　) 자동차나 모터보트 등의 운전에 흥미를 갖고 있다.

62. (　) 인기탤런트의 인기비결을 곧 잘 생각해 본다.

평점표

앞 페이지의 각 질문에 "예(○): 2점" "아니오(×): 0점" "어느 쪽이라 말할 수 없다(△): 1점"을 (　) 안에 넣은 다음 A~I 타입별로 합계를 낸다. 합계가 이 중 가장 높게 나온 타입이 당신의 직업(창업)적성이다. 진단결과 높은 점수가 복수라면 자기 나름대로 생각해서 유연하게 판단하기 바란다.

A	B	C	D	E	F	G	H	I
1 (　)	2 (　)	3 (　)	4 (　)	5 (　)	6 (　)	7 (　)	8 (　)	9 (　)
10 (　)	11 (　)	12 (　)	13 (　)	14 (　)	15 (　)	16 (　)	17 (　)	13 (　)
19 (　)	20 (　)	21 (　)	22 (　)	23 (　)	21 (　)	25 (　)	26 (　)	14 (　)
28 (　)	29 (　)	30 (　)	31 (　)	32 (　)	24 (　)	28 (　)	35 (　)	18 (　)
37 (　)	38 (　)	39 (　)	38 (　)	41 (　)	33 (　)	34 (　)	44 (　)	23 (　)
45 (　)	46 (　)	45 (　)	40 (　)	48 (　)	42 (　)	42 (　)	55 (　)	27 (　)
50 (　)	57 (　)	51 (　)	46 (　)	52 (　)	49 (　)	45 (　)	59 (　)	36 (　)
56 (　)	60 (　)	58 (　)	47 (　)	62 (　)	53 (　)	54 (　)	61 (　)	47 (　)
↓	↓	↓	↓	↓	↓	↓	↓	↓
A	B	C	D	E	F	G	H	I

결 과

A 타입 처음 만나는 사람과도 공통의 화제를 잘 만들고, 그 분위기를 잘 이끌어가며 교재의 범위가 넓고 사람이나 친구가 많은 사교적인 타입

[참고직종] 판매원, 접수안내, 영업직, 가이드, 스튜어디스, 나래이터모델, 웨이트리스, 교사, 보험모집원, 각종강사, 회사교육, 담당원, 행사요원, 직업상담원, 통역, 사회복지 전문직 등

B 타입 착실하고 판단이나 일을 처리하는 데 있어 주의 깊게 신경을 쓰는 편이며, 느긋하게 몰두하는 강한 타입

[참고직종] 타이피스트, 키펀처, 오퍼레이터, 상품검사원, 실험원, 상품관리, 가공조립, 기능사, 운반기술자, 요리사, 정비사, 실비기술자, 무선종사자, 측량사, 치과위생사, 봉재사, 식품가공, 약사, 안경사 등

C 타입 새롭고 재미있는 일을 생각하거나 시행하기 좋아하고 기발한 아이디어도 잘 생각해내는 타입

[참고직종] 상품기획, 광고, 홍보, 이벤트기획, 프로듀서, 레저기획, 여행기획, 도시개발, 유원지기획, 각종전시회, 기획 등

D 타입 주어진 일을 정확히 하며 성실한 생활태도가 느껴지는 타입

[참고직종] 비서, 회계원, 사무처리원, 관리직, 정보관리, 소설가 등

E 타입 세상의 원리 원칙에 흥미를 갖고 있으며 매우 분석적인 타입

[참고직종] 평론가, 학술연구원, 과학자, 의사, 연구원, 시장조사, 분석, 언론인, 법무사, 기술사, 변리사, 엔지니어 등

F 타입 감수성이 풍부하고 예민한 타입

[참고직종] 화가, 각종 디자이너, 일러스트, 공예가, 사진작가, 조각가, 메이크업 아티스트, 패션 코디네이터, 애니메이트, 디스플레이어 등

[참고업종] 의류업, 패션소품업, 유명미용실체인업, 화장품판매업 등

G 타입 주위의 관심을 끌어 많은 사람의 주목을 받고 싶어 하는 타입

[참고직종] 이벤트사회자, 가수, 탤런트, 코미디언, 아나운서, 방송사회자, 성우, 악기연주, 무용, 모델, 나레이터 등

[참고업종] 노래방, 패션웨어 전문점, 레저오락업 등

H 타입 휴일을 집에서 보내기보다 외출을 좋아하는 활동파

[참고직종] 운동선수, 운동지도원, 캐디, 공원관리자, 레크리에이션강사, 운전기사, 경마기수, 토목기술자, 중장비기사, 농업, 임업, 수산업, 목축종사자, 경비원 등

[참고업종] 이동형복합미니푸드점, 홍보대행업, 브랜드전문점, 점포홍보대행서비스업, 출장카센터체인점

I 타입 신경이 예민하고 민감해서 사물을 깊게 생각하고, 잘 파악하는 편으로 자신의 느낌이나 생각을 표현하기를 좋아하는 문필가 타입

[참고직종] 시인, 소설가, 작사자, 카피라이터, 방송작가, 스크립터, 기자, 편집자, 번역가, 르포작가 등

[참고업종] 캐릭터용품점, 향전문점, 즉석명함전문점, 가정인테리어전문점, 인터넷학습제공업, 미니바레코드음반전문점, 성인팬시점, 카페방, 피부관리전문점, 복합 팬시꽃집 등

4. 창업 적성검사

작성방법

먼저 설문을 읽고 예(○), 아니오(×) 중 하나를 선택하여 주십시오.

....

1. (　) 나의 생활방식을 다른 사람에게 구체적으로 설명할 수 있다.
2. (　) 일을 계획적으로 하는 편이다.
3. (　) 일을 맡으면 적극적으로 하고 싶은 생각이 든다.
4. (　) 실패해도 실망하지 않는 편이다.
5. (　) 약속을 지키는 편이다.
6. (　) 창업을 위해 정보를 수집하고 있다.
7. (　) 친구가 많다.
8. (　) 다른 사람이 나와 다른 의견을 내도 귀를 기울이는 편이다.
9. (　) 어려울 때 함께 고민해줄 친지가 세 명 이상 된다.
10. (　) 도전정신이 왕성한 편이다.
11. (　) 자신의 의사가 확고한 편이다(그 의사를 타인에게 전달할 수 있다).
12. (　) 건강에 자신이 있다.
13. (　) 기초적인 재무지식이 있어 재무제표 정도는 이해할 수 있다.
14. (　) 좋아하는 일이라면 먹고 자는 일도 잊어버린다.
15. (　) 창업을 하는 데 있어 가족들을 설득할 자신이 있다.
16. (　) 잘 될 줄 알았던 일이 생각처럼 안되어도 곧 잊어버릴 수 있다.
17. (　) 즐겁지 않은 모임에 가서도 참고 즐길 수 있다.
18. (　) 누군가에게 맞으면 반드시 반격을 한다.
19. (　) 외부사람이 말을 걸어오면 일단은 들어준다.
20. (　) 친한 친구의 출세가 마음에 걸린다.

적성검사 결과 측정

[관련된 내용]

1~15번은 독립과 관련하여 자기 주변의 성숙도를 체크하는 항목이고, 16~ 20번은 창업자로서의 자질, 즉 창업과 관련된 집착력을 체크하는 항목이다.

[채점방법]

예는 5점, 아니오는 0점으로 계산하여 총점을 내고 다음의 해설을 읽어보기 바란다.

채점 결과

[총점 60점 이상(A급)]

창업할 수 있는 환경이 성숙되어 있고 창업자로서의 자질도 충분하다. 자신이 추구할 업종을 검토하고 그 업종과 관련된 전문정보를 수집했다면 언제든지 개업해도 좋다.

[총점 35~55점(B급)]

그럭저럭 창업할 만한 환경이 성숙되어 있다. 그러므로 자신이 운영할 업종을 눈여겨보고 폭넓게 창업정보를 수집하기 바란다.

[총점 30점 이하(C급)]

창업을 해야 할 동기가 명확하지 않다. 이런 사람은 ㅇㅇ체인점, 월수입 1,000만원 식의 숫자에 현혹될 위험성이 높다. 그러므로 다시 한번 자신에게 맞는 업종이 무엇인지를 진지하게 생각해 보기 바란다. 또한 창업관련 세미나도 참가하고, 창업정보를 수집하는 일도 게을리 해서는 안된다.

사례 6

아이디어로 무장한 1인 기업 뜬다

지식서비스 시장 확대·전문 프리랜서 선호에 힘입어 창업족 5만 명이 활동 중이다. 전남 영암에 사는 이부송 씨(68)씨는 우직하게 막걸리를 담그는 일을 평생 하며 한우물을 판 탁주 제조 '1인 기업'이다. 그는 요즘 웰빙바람이 불면서 막걸리를 찾는 사람이 부쩍 늘어나 콧노래가 절로 나온다. 근 50년간 막걸리 제조로 한우물을 파며 일했지만 수

입이 억대로 올라선 게 불과 1년 정도밖에 안 된다. 그 전만 해도 막걸리에 대한 외면으로 기껏해야 연간 바삐 일을 하고도 손에 쥔 돈은 1,000만원도 채 안 됐다고 한다. '인내는 쓰지만, 그 열매는 달다'고 했던가. 2006년 오랜 시행착오 끝에 개발한 영암의 특산물인 무화과를 접목한 '무화과 막걸리'가 히트를 치면서 수익 기반이 넓어졌기 때문이다. 이씨는 "막걸리에 대한 관심 증가와 지속적인 연구를 통한 품질 개선으로 매출액이 매년 50% 이상씩 상승하고 있다"며 "어찌나 무화과 막걸리의 맛과 향이 좋은지 일본에서도 러브콜이 오고 있어 일할 맛이 난다"고 말했다.

경기 분당에 사는 이경주 씨(38)도 정보기술(IT) 개발 프리랜서로 활약하며 성공한 사례다. 이씨는 2000년에 시작한 바쁜 직장생활이 발목을 잡으면서 프리랜서로 살고 있다.

잦은 야근은 물론 IT 개발과 관련이 없는 관리업무까지 떠맡아야 하는 스트레스 때문이었다. 직장생활 전 프리랜서로 활동했던 경험으로 고민은 그리 길지 않았다. '컴도사'로 불렸던 이씨는 고3 때 능력을 인정받아 국내 굴지 대기업 교육 관련 시스템을 직접 만들었으며 대학 시절에도 대기업체나 은행 등의 웹 프로그램을 제작하기도 했다.

이씨는 "최근 국내 다수의 프로젝트를 기획·개발하면서 1억원에 가까운 수입을 올렸다"며 "프리랜서로 단기 프로젝트를 맡다보니 전문 분야인 IT 개발에만 몰두할 수 있어 업무 집중도가 매우 높고 비교적 자유로운 편이어서 생활 만족도가 높다"고 말했다.

이처럼 사회생활과 개인 시간까지 골고루 챙기며 성공하는 '1인 창조기업'이 늘고 있다. 지식서비스 분야에 대한 중요성과 아웃소싱 시장 증대와 함께 전문 프리랜서에 대한 선호 등으로 1인 창조기업이 성장할 수 있는 여건이 조성되고 있기 때문이다. 이갑수 삼성경제연구소 수석연구원은 "노동의 유연화, 혼자서도 창업이 가능한 인터넷 기반, 개인의 창조성이 강조되는 21세기에 고부가가치 일자리 창출의 새로운 대안으로 '1인 창조기업'이 부상하고 있다"고 말했다. 1인 창조기업이란 창의적인 아이디어, 기술·전문지식 등을 갖고 출판업, 정보서비스업, 창작 및 예술업은 물론 떡류, 장류, 탁주와 약주 그리고 기타 발효주, 장식용 목제품, 나전칠기 가구, 국악기 제조업 등 지식서비스 분야 11개 업종에서 활동하는 프리랜서 또는 개인사업자, 주식·유한회

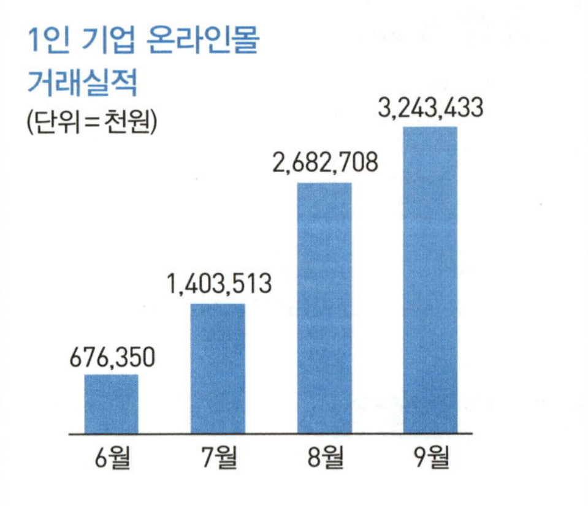

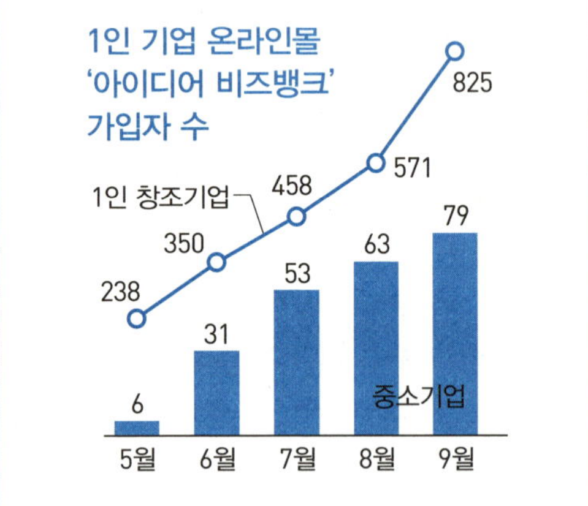

사 형태의 1인 기업을 말한다.

중소기업청에 따르면 우리나라의 1인 창조기업은 5만 개로 추산되고 있다. 이 중 사업자 등록을 한 1인 창조기업은 약 1만 5,000개로 32% 정도를 차지하고, 사업자 등록 없이 활동하는 프리랜서는 3만 5,000명에 이른다. 1인 기업에 대한 관심은 이미 수년 전부터 트렌드를 이뤄왔다는 것이 창업전문가들의 공통된 전언이다. 소호(SOHO·Small Office Home Office) 창업자들에게 창업 컨설팅을 제공하는 르호봇은 현재 전국 21개가 있으며 이곳에 입주한 700여 개 회원사 가운데 34%가 1인 기업이다. 박광회 르호봇 대표는 "지난 2000년 1인실을 찾는 비율이 10% 정도에 그친 반면 지난해 문을 연 신규 센터는 입주 회원사 중 60%가 1인 기업"이라고 말했다.

중기청이 지난 6월 구축한 소프트웨어 개발, 디자인, 번역 등 1인 기업들의 아이디어와 지식을 사고팔 수 있는 온라인장터인 'e-서비스 거래몰(ide-abiz.or.kr)'도 활성화되고 있다. 중기청에 따르면 9월 현재 1인 창조기업 825명이 등록해 활동하고 있으며 매월 50% 이상 증가하고 있다. 실제로 이 거래몰에서는 1인 창조기업과 중소기업 간에 자율적인 서비스 거래 계약이 이뤄지고 있다. 김한식 중기청 중소서비스기업과장은 "지난 3월부터 '1인 창조기업 활성화 방안'을 마련해 정책적인 뒷받침을 하고 있다"며 "오는 2013년까지 1인 창조기업을 5만 개, 프리랜서를 13만개로 늘려 신규 일자리를 창출하는 데 역점을 두고 있다"고 말했다.

제5절 창업결정 시기와 사업분야 선정

1. 창업의 결정시기

(1) 창업자의 창업 적정연령

사업의 독립 시기는 크게 나눠서 창업자의 창업 적정연령은 몇 살이 적정한가, 그리고 국가 경제 전체의 흐름 속에서 호경기 또는 불경기 중 어떤 시점에 사업을 시작하는 것이 좋은가의 두 가지 측면에서 생각해 볼 수 있다. 창업연령은 창업자에 따라서 차이가 날 수밖에 없다. 즉 창업 최적기는 창업자에 따라서 다를 수 있다. 그러나 일반적으로 50세가 넘어서 새로운 사업을 시작한다는 것은 현실적으로 상당한 제약이 따른다. 따라서 창업의 시기도 이론상으로는 경험, 자금, 인맥 등을 충분히 갖춘 40~50대가 적합할 것 같으나 사업이라고 하는 것은 단순히 경험과 이론만으로는 불가능하며, 가끔은 과감성과 저돌적인 행동이 요구되는 때도 적지 않기 때문에 가능하면 빨리 시작하는 것이 좋다고 생각된다. 다만 새로운 사업을 시작할 경우 그 사업 아이템이 전 근무처의 업무와 상호 밀접한 관계가 있다면 전 직장에서의 직위도 고려해야만 한다. 창업자가 전 직장에서 과장으로 퇴직했느냐, 그리고 임원으로 퇴직했느냐에 따라 대외 섭외력, 마케팅 등에 많은 차이를 나타낼 수도 있기 때문이다.

(2) 경기 흐름 분석에 의한 창업 시점

흔히 사업은 호경기에 시작하는 것이 좋다고 보는 견해가 적지는 않다. 그러나 사업이 일시적인 경제활동이 아닌 장기적인 경제활동이라 보았을 때는 오히려 불경기에 사업을 시작하는 것이 더 현명하다고 볼 수 있다. 그 이유를 몇 가지 지적하면 다음과 같다.

첫째는 보다 철저하고 신중한 사업을 추진할 수 있다.

둘째는 경쟁자가 비교적 적은 상태에서 사업을 시작할 수 있다는 점이다. 어떤 사업이든지 경쟁자만 없다면 기본적으로 성공 가능성이 높다. 이런 관점에서 불경기에는 신규 창업도 호경기에 비해서 적을 뿐만 아니라, 기존 사업의 경우에도 사업확장을 주저하고 있기 때문에 사전에 꾸준한 준비를 하여온 창업 예비자의 경우에는 불경기가 오히려 창업의 적기가 될 수 있는 것이다.

셋째는 주변 여건이 창업하기에 매우 좋다. 우선 제조업을 창업하려고 하는 경우에는 기존사업의 부도로 말미암아 금융기관들이 보유하고 있는 공장, 기계 등 기존 시설 활용도가 높고, 법원 경매나 자산관리공사 공매 등을 통해 호황기 때의 절반 수준이면 좋은 입지, 좋은 시설을 골라서 사업장을 취득할 수 있을 것이다. 도·소매업이나 서비스업의 경우에도 길목 좋은 곳에 점포와 사무실을 얻을 수 있는 장점도 있고 임대료도 쌀뿐만 아니라 좋은 조건으로 계약도 할 수 있어 좋다.

(3) 연령에 맞는 사업성공 유형의 선택

① 20대의 모험창업

모험창업에 속하는 연령은 20대로서 이 연령층은 자기의 전공, 직업과 관계없이 어떤 분야를 선택하여 창업하더라도 좋다. 설령 실패하더라도 재기의 가능성이 높다. 다만, 이 시기에 보통 창업의 열정은 높으나 개인적으로 가진 인적·물적 자원이 적고 사회적 경험도 충분치 못하므로 사전준비를 보다 철저하게 하는 의식적인 노력이 필요하다.

② 31세~35세의 선택창업

31세부터 35세까지의 연령층은 선택창업, 즉 자신의 적성에 맞는 분야를 찾아서 창업을 하는 게 좋다. 자기적성과 업무와의 상관관계를 고려하여 사업 아이템을 발굴해야 한다. 이 시기에는 회사생활 중 이루어 놓은 인간적 유대와 사업관계 등을 이용할 수 있다면 좋겠지만, 그렇지 못하다면 자신이 즐겨 할 수 있는 일을 찾아 창업하는 것이 좋다.

③ 36세~40세의 기반창업

36세에서 40세까지의 연령층은 기반창업, 즉 사회생활 및 일정 분야에서 자기가 닦아 놓은 기반을 최대한 활용할 수 있어야 한다. 이 연령층은 사회적 혹은 회사 내의 경력상 어느 정도 자신의 고유한 지위를 확보하게 되는 경우가 대부분이며 가족이나 사회에 대한 책임도 다른 연령층보다 무겁게 주어지며, 따라서 운신의 범위도 다소는 신중해질 수밖에 없으므로 인맥이나 개인적 경력을 충분히 활용하여 창업에 불확실성을 줄여야 한다.

④ 41세~50세의 전문창업

41세에서 50세까지의 연령층은 전문창업, 즉 학력을 불문하고 자기 업무 분야에서는 최고의 실무 전문가인 점을 십분 활용할 수 있으면 좋다. 이 연령층은 자신의 경력 사다리가 거의 완성된 이들로 자기 분야에서 전문가로 인정받는 경우이다. 따라서 가급적 자신이 해오던 일의 연장선상에서 새로운 일을 찾

표 1-8 창업자의 연령과 창업유형

연 령	창업유형	판단기준
20대	모험창업	• 자기의 전공, 직업과 관계없이 어떤 분야를 선택하여 창업을 하더라도 성패의 결과는 크게 달라지지 않음 • 재기의 가능성이 높음
31~35세	선택창업	• 적성에 맞는 분야 • 자기의 적성과 업무와의 상관관계를 어느 정도 판단
36~40세	기반창업	• 사회생활 및 일정분야에서 자기가 닦아놓은 기반을 최대한 활용
41~50세	전문창업	• 학력을 불문하고 자기업무 분야에서는 최고의 실무 전문가인 점을 십분 활용하여 자기 전문분야를 최대한 살려 창업
51세 이상	안전창업	• 사회경륜과 전문지식은 풍부하나, 많은 지식이 오히려 행동보다 생각을 깊게 하는 원인 • 모험성이 전혀 없는 안전한 사업분야 선택

아 창업하는 것이 비교적 용이할 것이다. 그러나 비록 다소 생소한 분야라고 하더라도 스스로의 인적 특성이나 보유 자원의 관점에서 볼 때 적합한 것이라면 창업 성공의 길은 반드시 멀지만은 않다.

⑤ 50대 이상의 안전창업

50세 이상의 연령층은 대개 인생의 경력이 결정되어 있고 완전히 새로운 경력을 개발하는 기회가 다양하지 못하다. 그러나 비록 신체적·정신적으로는 다소 불리할 수 있지만 풍부한 경륜과 삶에 대한 지혜, 그리고 연장자로서의 여유와 관대함을 창업과 잘 접목시킬 경우 의외로 이들의 창업성공 가능성은 높을 수 있다. 다만, 너무 광범하게 계획을 잡거나 급진적인 변화가 요구되는 분야나 업종보다는 가급적 보수적인 입장에서 유지가능하고 모험이 적은 쪽을 선택하는 것이 바람직할 것이다.

2. 사업분야의 선정

창업을 실행하려는 사람은 기존에 다니던 직장과 상관없이 처음부터 시작한다는 자세를 가져야 한다. 따라서 막연한 구상이나 충동에 의해서 행동을 할 수는 없으며 실패하지 않기 위한 사전 준비를 단단히 하여야 한다.

직장 생활을 청산하고 독립하는 것이 결코 쉬운 일이 아니다. 만약 창업을 하여 독립하게 되면 모든 것을 혼자서 책임져야 한다. 주위에서 보면 좋아 보이지만 자기가 직접 그 속에 들어가 보면 꼭 그렇지만은 않다.

직장을 그만두고 독립하려는 사람은 상당한 각오를 한 후 행동하여야 한다. 도중에 그만둘 바에는 처음부터 안 하는 것만 못할 수도 있으며 대개는 다시 돌아갈 수도 없다. 따라서 자신의 창업준비가 부족하거나 적절치 못하다고 판단되면 창업 자체를 유보하거나 창업시기를 조절할 필요가 있다.

누구라도 창업에 부적격한 사람은 없다. 다만, 스스로에게 알맞은 창업 업종의 선택이 중요할 뿐이다. 예컨대, 사무직 사원이 퇴직에 앞서서 미리 특정기술에 관련된 자격증을 획득해두는 것은 매우 바람직하다. 나아가 인맥이나 자금능력을 확충해 놓는 것도 미래사업의 성공을 위해서 매우 가치 있는 투자이다. 사업분야의 선정은 사업의 성패를 결정짓는 매우 중요한 사항이므로 충분히 검토한 다음 빠른 시기에 결정할 필요가 있다.

창업자가 업종선택을 할 때, 다음 항목들을 고려하여 자신이 생각한 업종에 해당되는 것을 찾아보는 것이 좋다.

① 당신의 성격에 맞는 업종인가?
② 지금까지의 경험이나 지식을 살릴 수 있는 업종인가?
③ 가족의 찬성과 협력을 얻을 수 있는 업종인가?
④ 개업 시점에서 일정의 수익이 예상되는 업종인가, 장래성은 있는가?
⑤ 고도의 기술이나 전문적인 지식을 필요로 하는가, 만일 그렇다면 배울 방법은 있는가?
⑥ 경험이 없는 사람이 개업하기에 위험한 업종은 아닌가?
⑦ 면허·허가·등록·신고 등을 필요로 하는 업종은 아닌가, 법적 규제는 없는가, 만일 그렇다면 조건을 충족시킬 수 있는가?
⑧ 개업에 어느 정도의 자금을 필요로 하는 업종인가, 그 조달은 가능한가?

이러한 기준들 중에서 특히 중요한 몇 가지에 대해 보다 구체적으로 설명하면 다음과 같다.

(1) 창업의 필연성 확인과 창업가적 자질 여부의 판단

창업희망자는 먼저 스스로의 성격적 특성 때문에, 현재 또는 장래 예측되는 신분상의 변화 때문에 창업을 반드시 해야 할 것인가 아니면 기존에 해 오던 일의 연장선에서 다른 직장을 구할 것인가에 대한 결정을 내려야 한다.

이와 더불어 파악할 주요한 사항은 자신이 창업가적 자질을 어느 정도 갖추고 있는가에 대한 판단을 내리는 일이다. 만일 앞에서 언급한 창업가적 자질을 풍부하게 갖춘 창업가라면 비록 모험이 될지라도 창업을 시도해 볼 만한 가치가 있다. 반면 창업가적 자질이 높지 못한 것이라면 보다 신중한 준비와 철저한 자기분석을 통해서 가급적 자신에게 적합한 사업분야를 모색하는 노력이 필요하다.

창업가적 자질의 정도는 사업분야의 선정에도 영향을 미치는데 창업가에게 요구되는 개인적·행동적 특성이 강한 사람이라면 보다 혁신적이고 새로운 변화를 반영하는 업종도 괜찮을 것이다. 그렇지 못한 경우, 비교적 안정적인 업종을 선택하는 편이 낫다.

(2) 자신의 경험과 자격요건의 활용 여부를 확인

최근과 같이 경기가 불투명할 때는 창업의 성공률이 가장 높은 것은 자신이 몇 년 동안 경험해 온 업종으로 시작하는 것이다. 이 경우 어떻게 생산을 할 것이며, 어디에서 매입해서 어떻게 팔면 좋은가?라는 사업의 방법에 대해 어느 정도 기초지식을 갖고 있는 상태이고 창업을 위해 필요한 준비방법 등도 곧 조사를 할 수 있으므로 자금만 있다면 창업하는 데 큰 어려움이 없을 것이다.

그러나 아무리 경험이 있는 업종이라도 자신이 경영자가 되어 직접 창업하는 것은 어려운 일이다. 그것은 어느 업종에서나 마찬가지인데, 다른 업종이 쉽게 보이는 이유는 그 업종에 대한 지식과 경험의 부족에 의한 경우가 많다. 다음으로 성공률이 높은 것은 경험 업종의 연장선상에 있는 업종을 선택하는 경우이다. 그러나 위와 같은 업종을 선택하지 않고 전혀 경험이 없는 업종으로 창업을 하려는 경우에는 그 업종에 대한 신중한 검토와 사업요령을 연구하고 나서 행동을 시작하는 것이 필요하다.

(3) 자신의 인생목표, 경영철학 및 취향과의 대조

대부분의 사람들에게 있어 창업은 스스로의 삶에 있어 추구하고자 하는 꿈을 실현하는 과정이다. 따라서 자신의 인생목표나 가치관과 너무 동떨어진 분야에서는 개인이 가진 능력을 극대화시킬 수 없고 창업성공을 이끌어 내기도 어렵다. 흔히들 창업업종과 관련하여 유망분야를 선호하지만 이는 상대적인 개념이라는 점을 받아들여야 한다.

(4) 창업자의 자금조달 능력의 고려

통상 도·소매업이나 서비스업에 비해 제조업이 더 많은 자금을 필요로 한다. 또한 도·소매업의 경우에도 취급 상품이나 점포규모 등에 따라 사업 자금 규모는 천차만별이다. 서비스업의 경우에도 서비스업의 종류와 유형에 따라서 큰 자본이 필요한 경우가 있는가 하면 도·소매업에 비해서 훨씬 많은 자금이 소요되는 경우도 흔히 있다.

따라서 창업자의 자기자본 규모와 금융기관 차입을 위한 담보, 신용 및 인맥 등 자금조달 능력을 충분히 고려하여 결정하되 5억원 이상의 자금조달이 가능한 경우는 제조업을, 1억원 내지 5억원 정도의 자금조달이 가능한 경우는 도·소매점 또는 개인 중심의 서비스업을 선택하는 것이 좋다.

◆ 개인창업준비과정

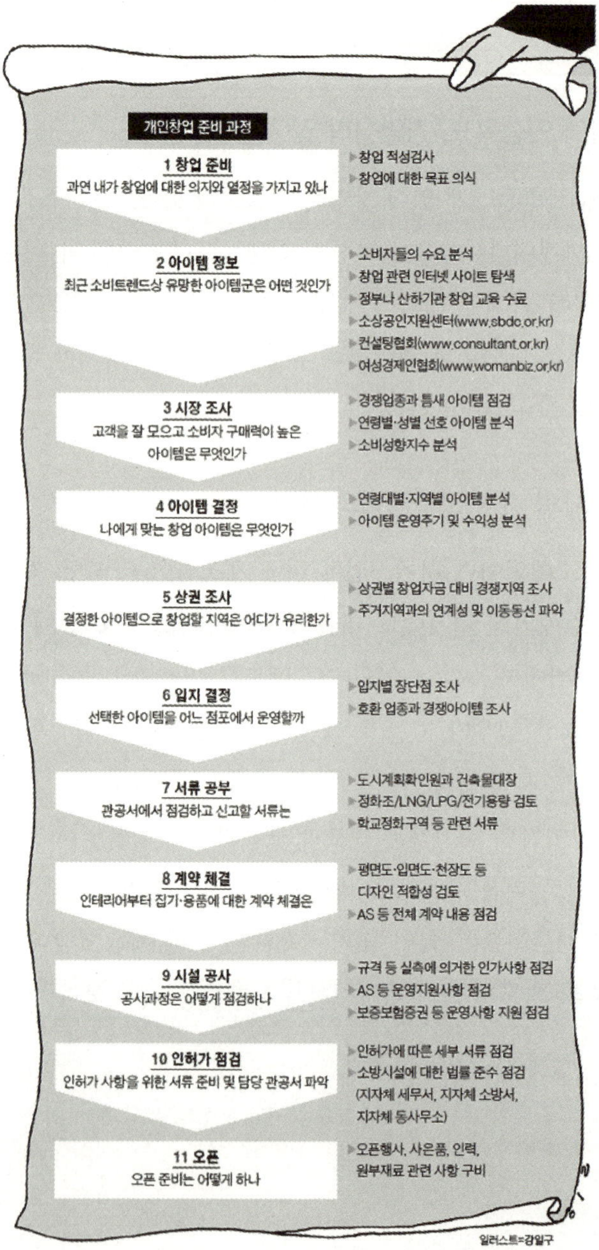

일러스트=강일구

3. 사업분야별 고려사항

(1) 제조업의 선정시 고려사항

제조업은 도·소매업에 비해서 풍부한 경험을 필요로 하는 분야이다. 따라서 제조업을 경영하고자 하는 예비 창업자는 최소한 제조업체에 직접 근무한 경험이 있거나 간접적으로 깊은 관계가 있는 경우에 선택하여야 한다. 보다 사업 성공률을 높이기 위해서는 제조업체에 근무하는 동안 생산, 관리, 판매의 3대 분야 중 적어도 2개 이상의 분야에서 직접 근무한 경험을 쌓아서 창업한다면 그만큼 성공 가능성은 높다고 볼 수 있을 것이다. 최근 경영환경상 종업원 구직난 등으로 제조업 경영이 어려운 현실을 고려하여 제조업 자체를 기피하는 예비 창업자가 있는가 하면, 사업을 할 바에야 생산적인 제조업을 경영해야 하겠다는 확고한 경영철학을 갖고 있는 예비창업자도 있을 수 있다.

(2) 도·소매업의 선정시 고려사항

도·소매업은 흔히 제조업이나 서비스업에 비해 비전문가가 도전하기 쉬운 분야로 알려져 있다. 도·소매업은 대개 중간 내지 최종소비자와 직접 만나는 분야이므로 어느 업종 못지않게 고도의 친밀성과 시장감각이 필요한 분야이다. 도·소매업이라고 하더라도 사업하기 어려운 분야와 쉬운 분야의 구별이 있다는 점을 알아야 한다. 도·소매에서 주로 다루는 소비재는 취급하는 품목에 따라 편의품, 선매품, 전문품으로 구분된다. 여기서 편의품은 손님이 근처 가게에서 사는 식료품이나 일용 잡화 등이고, 선매품은 손님이 여러 가게에서 상품을 둘러본 후에 사는 가구나 의료품 등이며, 전문품은 취미에 따라 기호도가 높은 고급의류나 귀금속 등이다.

이 중 편의품점은 대개 착수하기가 쉽고, 선매품점은 경험이나 상술이 필요하기 때문에 초보자인 사람에게는 어렵다. 전문품은 상품에 대한 전문지식이 필요하고 더군다나 자본금이 많이 들므로 신규창업은 어렵다. 하지만 편의품이라도 정육이나 생선은 특수기능을 필요로 하기 때문에 어렵고, 선매품이라도 문구, 꽃, 스포츠용품 등은 취급하기 쉬운 편이다.

(3) 서비스업의 선정시 고려사항

서비스업은 창업자의 능력 자체가 사업의 핵심요소가 되는 경우가 대부분이다. 따라서 제조업과는 또 다른 적성과 자질을 필요로 한다. 서비스업을 영위하기 위해서 창업자 자신이 모든 업무수행에 필요한 자격요건이나 능력을 갖출 필요는 없지만 최소한 사업분야의 전체 흐름에 대해 이해할 수 있는 수준 이상이어야 한다.

서비스업 분야에서 새로 창업할 때 흔히 사업의 운영에 필요한 자격요건을 갖춘 사람을 고용하고 스스로는 관리자 내지 경리의 역할에만 한정하고 있는 경우를 보는데, 이는 그다지 바람직하지 못한 것이라고 여겨진다. 왜냐하면, 창업자 자신이 업무에 정통하여 전체 흐름을 주도하면서 새로운 아이디어와 방향 제시로 사업을 이끌어 가야만 성공가능성이 높아지기 때문이다.

때로는 지금 현재 준비가 부족하나 어느 정도 준비기간을 가지면 사업분야에 대한 이해와 실제 창업이 가능한 분야를 선정하는 것이 바람직할 것이다. 일반적으로 서비스업은 사무직 종사자 또는 지식산업 분야 종사자들에게 적합하다고 여겨진다.

음식점이나 그외 서비스업도 도·소매업과 같은 분류가 가능하다. 또한 업종 중에는 주류 판매업이나 음식점처럼 허가가 필요한 것, 약국처럼 면허를 필요로 하는 것, 세탁소업과 같이 신고를 필요로 하는 것 등이 있다. 인가나 허가를 필요로 하는 업종은 일정기준을 충족시키지 않으면 창업을 할 수가 없다. 하지만 인가나 허가의 조건이 엄격한 대신 일단 창업한 후의 경영은 어느 정도 안정을 유지할 수 있으므로, 조건의 양면을 충분히 검토해야 한다.

(4) 프랜차이즈업의 선정시 고려사항

도·소매, 서비스업의 경우 최근 프랜차이즈화된 체인점에 가입하는 창업자도 많이 늘어나고 있다. 프랜차이즈라는 것은 햄버거점이나 치킨점 등에서 볼 수 있는 형태로 경영의 노하우를 제공하는 본사(프랜차이지)와 그 대가로 돈을 지불하는 가맹점(프랜차이저)으로 조직된다. 구체적인 내용은 체인에 따라 다른데, 그 기본적인 스타일은 다음과 같다.

본사는 창업에 즈음하여 입지나 점포, 설비, 제조판매의 기술과 메뉴, 광고 선전 등의 노하우를 제공하거나 실제로 지휘하고, 이후에도 제품이나 재료의 제공, 제품개발 등을 행하며, 가게의 관리와 운영에 책임을 진다. 그리고 가맹점은 이에 대해 가맹료와 로열티를 지불하는 것이다.

프랜차이즈화된 체인점의 경우, 기본적인 것에 관해서는 본사가 관리해주므로 창업시의 시간과 노고가 적게 들고 창업 후에도 안정된 수입을 얻기 쉬운 장점이 있다. 반면에 본사의 지도성이 강하나 그것으로부터 오는 단점도 적지 않다.

가맹체인점에 대한 의무감이 전혀 없이 인테리어 비용이나 상품 및 기계설비, 판매이익을 챙기는 데만 급급한 체인본부도 적지 않으며 심지어 체인본부가 한 사업아이템으로 체인점을 모집한 다음 상호를 바꿔 같은 사업아이템으로 또 다른 체인점을 모집해 체인점끼리 경쟁을 유발해 체인점의 수익성을 떨어뜨리는 경우도 있으므로 주의해야 한다.

(5) 사업분야 선정시 기타 고려사항

그 외에도 업종선택에 있어 주의해야 할 사항은 다음과 같다.

첫째, 인기상품이라고 해서 쉽게 덤벼들었다가는 낭패를 보기십상이다. 번창하고 있는 업종에는 강력한 경쟁상대가 나타나는 것이 사업의 기본이다.

둘째, 신문이나 잡지광고에서 자주 볼 수 있는 '고수입이 확실한 아이디어 업종'이라는 말에 현혹되지 말아야 한다. 실제로 해보면 고수입을 올리는 것이 결코 쉬운 일이 아님을 깨닫게 되고 그것이 대개 과장이나 심지어 사기일 경우가 많다.

셋째, 너무 새로운 업종이나 아직 검증되지 않은 업종은 가급적 피하는 것이 좋다. 창업자는 흔히 남이 전혀 생각하지 못한 아이템이나 업종에 집착하는 경향이 있다.

넷째, 남의 성공아이디어를 참조하되 그대로 따라해서는 성공하기 힘들다. 창업에 성공한 이들은 나름의 비결이 있다. 하지만 밖에서 보아서는 그것을 제대로 알기도 어려울 뿐만 아니라 이미 시대의 흐름에 뒤처지는 경우가 많다.

(6) 업종 및 사업아이템 선정 순서

업종 및 사업아이템의 선정 순서는 일반적으로 다음과 같은 순서로 선택하는 것이 좋다.

① 창업 희망업종에 대한 정보수집
② 체험자 또는 종사자의 면담
③ 후보 사업아이템의 구체적 정보 수집
④ 후보 사업아이템에 대한 정밀분석, 검토
⑤ 사업타당성 분석
⑥ 최적업종 및 사업아이템 선정

사실상 창업업종 내지 사업아이템의 선정은 창업과정 중에서 가장 어렵고 많은 시간이 요구되는 것이다. 이는 자신이 고려하는 사업 업종·아이템에서의 성공가능성을 추정할 수 없기 때문이다. 따라서 선택업종에서의 성공가능성을 어느 정도 추정할 수 있으면 선택에 도움이 될 것인데 이러한 목적을 위해서는 전문가의 창업컨설팅을 받아 보거나 각종 가상 창업업종 선택 시뮬레이션 프로그램을 실행한 결과를 참고하는 것도 한 방법이다. 사업아이템의 선정에 대한 구체적인 내용은 다음 장에서 살펴본다.

4. 업종전환시 고려사항

지금 운영하고 있는 업종에 새로운 상업, 업종, 또는 품목을 추가하거나 새로운 분야로 업종을 전환하기 위해서는 현재 운영하고 있는 업종뿐만 아니라 새롭게 진출하고자 하는 분야의 현황과 업종전망도 동시에 고려하여야 한다. 새롭게 진출하고자 하는 분야에는 미래에 대한 불확실성과 여러 가지 위험요인이 항상 내재되어 있고, 경쟁업자들의 동향도 파악하여야 하는 만큼 고려해야

할 사항들이 매우 복잡하다. 업종을 전환할 경우는 몇 가지의 이유가 선행되어야 하는데,

첫째, 매출이 정체되거나

둘째, 경쟁업체와의 경쟁으로 수익성이 악화되거나

셋째, 대형업체들의 진출로 매출이 감소될 경우

넷째, 도시계획의 변경으로 인해 주변상권 이동이 예상되는 경우

다섯째, 임대건물의 경우 건물주의 요구로 업종변경이 요구되어지는 경우

여섯째, 각종 규제로 인해 업종유지가 어려울 경우

일곱째, 시장규모가 축소될 경우

여덟째, 신제품의 출시에 따른 기존 제품의 진부화가 진행될 경우 등이 있다.

그런데 업종을 전환할 때는 전환되는 업종이 자신의 적성과 맞는지 여부를 따져보아야 하며, 자신이 가지고 있는 경험이나 지식이 관련업종에 적합한 여부를 검토하여야 하며, 만약 인·허가사항이 필요하다면 이를 면밀히 검토하여야 하며, 비용의 절감을 위해 기존 설비를 활용할 수 있는지 여부도 검토하여야 한다. 또한 종업원의 배치·전환이 가능한지도 검토하여 업종의 전환을 고려하여야 한다.

업종전환의 조건은 기존의 업종과 유사하거나 관련된 업종으로의 전환, 기존설비나 인력의 활용이 가능한 업종으로의 전환, 자신의 경험과 전문지식을 활용할 수 있는 업종으로의 전환, 주변의 도움으로 시장확보가 가능한 업종으로의 전환 등이 검토되어야 한다.

제6절 창업교육

1. 창업교육의 비교

스타트업을 꿈꾸는 서울 소재 대학 경영학과 3학년 안 모씨(24)는 지난해 공대에서 인터넷 전자상거래 관련 창업수업을 듣고 오히려 더 답답해졌다. 다양한 전자상거래 모델을 분석하고 자신만의 아이템으로 인터넷 상거래 비즈니스모델을 만드는 수업이었는데 한 학기 내내 이론 수업만 듣고 사이트를 직접 만들어보지도 못했기 때문이다. 직접 현장에서 인터넷 비즈니스로 사업을 하는 사람이라도 만났으면 했는데 그마저도 이뤄지지 않았다. 스타트업의 성공확률을 높이기 위해선 대학이 체계적인 교육시스템을 갖추고 현장 경험을 키워주는 창업사관학교로 거듭나야 한다는 목소리가 높다.

국내 대학들도 1990년대 초부터 창업관련 과목이 개설되면서 창업교육에 관심을 보이기 시작했다. 그러다 1999년 대학 정규과목에 창업과목이 생겨나면서 본격화하기 시작했다. 현재 국내 대학 스타트업 관련교육은 주로 교양과목이나 경영학, 산업공학 분야 벤처창업, 창업경영, 기업가정신 등 다양한 이름으로 개설돼 있다. 하지만 전문가들은 국내 대학의 창업교육이 현실에 맞지 않은 한물 간 케이스나 단편적 정보만을 나열하는 정도에 그친다고 지적했다. 창업마인드를 키워주는 효과는 있으나 스타트업을 체계적으로 양성하는 교육프로그램으로 발전하지는 못했다는 평가다. 최근 외부전문가와 교수가 공동 강의하는 형태로 진행되는 수업이 늘고 있긴 하지만 이런 수업도 보통 시험기간에 사

한국과 미국의 대학 창업교육 비교

- 이론 위주 수업
- 성적평가용 사업보고서
- 아이템 검증 기회 부재

- 융·통합형 창업경진대회
- 석사과정 창업 프로젝트 활발
- 대학이 스타트업 사관학교

업 아이디어와 최종 사업계획서를 제출하는 경우로 끝나는 일이 많아 실질적으로 사업아이템을 실현시켜 검증할 수 없는 실정이다.

한국과 달리 스타트업의 국가 미국은 진작부터 대학이 창업사관학교였다. 벤처캐피털 경력 20년이 넘는 교수가 다양한 창업 사례를 통해 기업의 창업과 투자유치, 투자회수 등 창업 후 전 과정을 구체적으로 가르친다. 학생들이 내놓은 사업 아이템도 아이디어 차원이나 시험성적을 매기기 위한 것에서 그치지 않고 직접 창업으로 이어지게끔 한다. HP와 구글 등 벤처를 대거 배출한 것으로 유명한 미국 스탠퍼드대는 학생들이 수준별로 다른 창업프로그램을 선택할 수 있다. 여기서 공대와 경영대생이 함께하는 융·통합 프로젝트로 창의적 아이디어를 발산한다.

1980년대부터 스탠퍼드대는 UC버클리 등 벤처창업 전통이 강한 대학 중심으로 창업경진대회를 열면서 신사업 아이디어를 발굴해왔다. 뉴욕대는 경영대학원에 버클리창업지원센터를 설립했다. 여기서 창업진흥을 위한 각종 행사를 열어 학부생은 물론 인근 학교 학생들에게까지 문호를 개방해 활성화시키고 있다. MIT는 사업계획서 경연대회 총상금이 무려 10만 달러에 달한다. 하버드대 경영대학원도 창업교육을 강화해 2014년부터 신입생들은 8주 동안 3,000달러를 초기 자본금으로 창업하는 프로젝트를 수행해야 한다. 우수자로 뽑히면 투자를 받게 된다. **매일경제신문, 2013.3.12.**

창업교육에서 고려해야 할 또 다른 사안으로는 트렌드를 반영한 교육내용과 과정을 고려해야 한다. 예를 들면, 과정과 셔터를 누르면 사진이 아니라 텍스트가 현상되는 폴라로이드 형태의 묘사형 카메라(Descriptive Camera)가 2012년 화제를 모은 적이 있다. 맷 리처드슨이라는 개인 개발자가 만든 이 카메라는 일반 카메라와 똑같이 사진을 촬영하지만 결과물은 이미지가 아닌 텍스트라는 점에서 차별화된다. 예를 들어, 건물 사진을 찍으면 이 사진은 다 허물어져 가는 건물을 저녁때쯤 찍은 것이다. 이 건물은 곧 쓰러질 것 같고 수리가 시급해 보인다는 식의 단문이 이미지 대신 출력돼 나온다. 묘사형 카메라의 셔터를 누르면 이미지가 전송되고, 수많은 사람들이 사진에 대한 설명을 적는다. 이처럼 묘사형 카메라는 선명한 사진이 아니라 인간이 보다 편하게 느낄 수 있는 텍스

WITH 모바일

Warm technology(따뜻한 기술)
사람 닮은 기술 구현

Internet of **T**hings(사물인터넷)
지능형 네트워크 서비스

Hybrid(융합)
자동차 등 타산업과 모바일 결합

트를 강조하며 성능보다는 감성에 호소하고 있다.

기술혁신 속도가 가속화하고 있는 가운데 기술 이외 감성으로 승부하며 경쟁력 차별화를 노리는 따뜻한 기술(Warm Technology)이 부상하고 있다. 그동안 기술 혁신은 기술 자체를 우위에 놓고 사람이 거기에 적응하도록 강요하는 방향이었지만 따뜻한 기술은 사람을 기술보다 우위에 놓고 기술을 통해 사람이 정서적 안정감을 찾도록 도와주는 것을 특징으로 한다. 따뜻한 기술은 기술 중심이 아니라 인간 중심으로 인간의 본질적인 수요를 이해하고, 그에 맞는 제품을 개발하는 것을 목표로 한다.

최근 미국 라스베이거스에서 열린 소비자가전쇼(CES) 2013에서도 다양한 형태의 따뜻한 기술이 대거 선보였다. 포크에 센서가 내장돼 있어 포크를 사용하는 사람의 식사속도와 포크 사용횟수 등을 감지해 일정 속도 이상으로 식사를 빨리 하면 진동이 울려 경고를 보내주는 하피포크(HAPIfork)가 눈길을 끌었다. 폭식을 막아주는 따뜻한 기술이라고 할 수 있다. 침대에 센서가 달려 있어 잠을 자고 나면 자면서 얼마나 움직였는지, 숙면을 취했는지 여부를 태블릿PC나 스마트폰으로 확인할 수 있는 제품도 인기를 끌었다. 디지털 건강관리 제품이 다수 출품됐고, 가전제품은 음성 인식, 동작 인식 등 인간에게 친숙한 인터페이스 기술이 진화된 모습을 보여줬다. 직관적이고 자연스러운 사용자 인터페이스(UI), 사용자 경험(UX) 적용 추세로 디지털 기기는 이제 사람의 눈과 귀, 입은 물론 감각까지 닮아 목소리를 알아듣고 움직임을 따라가며 속마음을 알아차리는 방향으로 진화 중이다. 인공지능 분야 세계적 연구소인 SRI인터내셔널의 레이 페로 인공지능센터장은 "가상개인비서(VPA: Virtual Personal Assistant) 기술은 '시리'로 대표되는 1단계에서 이제 2단계로 진화하고 있는 중"이라고 진단했다.

산업기술평가관리원에 따르면 모바일기기, PC, 디지털 TV·디스플레이 등 제품에 적용되는 감성 정보통신기술(ICT) 산업의 세계 시장 규모는 2015년 185억 달러에서 2019년 268억 달러로 연 10% 수준 성장할 것으로 전망된다.

그렇다고 따뜻한 기술이 최첨단기술과 거리를 두는 것은 아니라 오히려 그 반대다. 완벽한 아날로그의 구현을 위해 더욱더 최첨단 기술을 필요로 한다고 할 수 있다. 터치 인터페이스가 보편화하면서 업체들은 최적화된 터치 반응시간 등 손맛을 느낄 수 있는 기술개발에 몰두하고 있을 정도다. 앞으로 따뜻한 기술은 기업에 없어서는 안 될 핵심경쟁력 요인이 될 것으로 전망된다. 따뜻한 기술 개발을 위해선 기능과 효율뿐만 아니라 예술적·인문학적 관점에서 접근이 필요한 만큼 다양한 학문 간 교류가 원활해져야 한다고 전문가들은 입을 모은다.

신현순 한국전자통신연구원(ETRI) 책임연구원은 감성기술은 사람 중심의 사고를 알아야만 개발이 가능한 기술로 산학연 연계를 기반으로 기초과학, 인문학, 음악, 미술 등 다양한 학문 간 교류가 활성화돼야 한다고 말했다. 이와 관련해 선진국 주요 대학들은 따뜻한 기술을 집중 연구하는 감성연구소를 운영하고 있다. 미국 캘리포니아공과대학(CALTEC)은 감성과 사회인지연구소(Caltech Emotion and Social Cognition Laboratory), 미국 서던캘리포니아대학(USC)은 감성 & 인지연구소(Emotion & Cognition Lab), 캐나다 브리티시컬럼비아대학(UBC)은 감성연구소(The Emotion & Self Lab) 등을 두고 있다.

2. 과학+인문학 융합교육이 첫걸음

스마트시대를 맞아 디지털 감성기술이 IT기업들의 블루오션으로 떠오르고 있다. 그러나 디지털 감성기술은 무작정 자금을 투입하고 밤을 새워 열심히 한다고 얻을 수 있는 것은 아니다. 근본적인 발상전환과 창의력 등이 요구된다. 주요 선진국들은 인간의 지각, 기억, 학습, 감정 등을 규명하고 이를 각종 인공물 개발에 적용하는 인지과학에 대한 중요성을 강조하고 있다.

IT업계 한 전문가는 감성기술은 "IT산업 경쟁력강화를 위한 선택적 대안 가운데 하나가 아니라 필수 전략요소"라면서 감성기술 분야 생존·선도·성장을 위해 한정된 연구개발(R&D) 자원을 효율적으로 활용하는 지혜가 필요하다고 지적했다. 감성기술이 새로운 기회의 장으로 떠오르고 있는 만큼 정부와 기업,

연구기관과 대학 등이 확실한 목표와 비전을 갖고 적극적으로 R&D에 나서야 한다. 먼저 기업들은 타기팅과 차별화 전략을 효과적으로 구사해야 한다. 연구소·대학 등 연구기관들은 중·장기적 안목을 갖고 차세대 감성기술을 축적해 나가야 한다. 곧 인간의 뇌파를 이용해 손이나 음성을 쓰지 않고 각종 스마트기기를 사용할 수 있는 시기가 도래한다.

또 인간의 오감(五感) 가운데 인지·반응이 가장 어려운 미각과 후각을 기반으로 하는 감성기술도 속속 등장할 전망이다. 이러한 차세대 감성기술은 결코 단기적 R&D만으로 구현해 낼 수 없다. 기업보다 정부출연 연구기관과 대학 등 연구기관에서 중·장기적으로 대응해야 할 분야다. 기초과학, 인문학, 심리학, 사회학, 의학, 공학 등 여러 분야 학제적 연계가 원활하게 이뤄져야 한다고 전문가들은 강조하고 있다.

3. 창조경제 핵심은 제조업+휴먼웨어기술

1990년대까지만 해도 나이키 신발을 한국에서 생산해 팔았지만 이제는 중국이나 동남아 등 신흥국에서 만들고 있다. 하지만 우리나라도 신발 수출국으로 다시 떠오를 수 있다. 사람 마음을 읽는 지능형 신발을 개발하여 시장에 진출한다면 글로벌 시장을 무대로 더 비싼 값에 팔 수 있지 않을까.

윤종록 대통령직 인수위원회 전문위원(56·연세대 미래융합기술연구원 교수)은 매일경제와 인터뷰하면서 인간친화적인(human-friendly) 기술을 따뜻한 기술로 정의하며 이같이 말했다. 윤 위원은 "인간과 기계가 서로 맞닿은 경계선인 휴먼 인터페이스(human interface)를 디지털 영역과 접목해 나가는 게 필요하다"고 지적했다. 예컨대 발바닥을 스캔해 현재 몸 상태를 알려주고, 올바른 운동법이 담긴 정보를 스마트폰으로 전송해주는 운동화 같은 것이다. 눈길을 지날 때면 노면상태를 파악해 미끄럼 방지장치를 가동한다. 또 신발을 신고 방문한 지역, 운동정보, 걸은 거리 등 모든 데이터가 클라우드 서버에 자동으로 저장돼 실시간으로 빅데이터로 분석되는 시대가 다가오고 있다는 얘기다.

윤 위원은 과거에는 인간이 인터넷의 주체로서 정보를 만들었다면, 이제는 사물도 인터넷과 연결돼 유의미한 데이터를 생산하는 시대라며 그 데이터는 센서를 통해 인간에게 전달되고 실생활에 편의성을 더해주는 가치로 자리매김하고 있다고 강조했다. 또 인간의 오감에 반응하는 기술이 주목받을 것으로 윤 위원은 내다봤다. 그는 사람의 목소리, 동작에 반응하는 스마트폰과 스마트TV가 등장했다며 눈동자의 움직임을 파악하는 스마트 안경, 체온을 인지해 온도를 조절하는 의류 등 파생 가능한 분야는 무궁무진하다고 말했다. 그동안 한국인의 부지런한 두뇌가 이제는 창의적인 두뇌로 바뀌어야 한다는 게 그의 지론이다.

윤 위원은 협소한 국토, 전무한 자원, 불안한 안보, 의무병역 등 전 세계에서 한국은 이스라엘과 공통분모가 가장 많은 나라라며, 성장과정에서 오직 사람을 가장 중요한 자원으로 여기고 달려온 한국 역시 IT·제조업 경쟁력을 휴먼에 접목해 나간다면 창조경제를 통한 새로운 부흥기를 맞이할 수 있다고 확신한다고 강조했다. 그는 또 이스라엘은 1948년에 독립했지만 한국의 카이스트 같은 교육기관은 이미 100년 전에 만들었다는 점에 주목해야 한다고 덧붙였다. 이처럼 제조업과 휴먼기술을 융합할 수 있는 창업교육이 미래 창업시장의 활성화를 가져올 수 있으므로 창업교육 전반에 많은 변화를 가져와야 할 것이다.

매일경제신문, 2013.1.17.

4. 외국 대학의 창업프로그램 사례

핀란드 알토대와 스위스 로잔공대의 창업지원 프로그램을 보면 알 수 있듯이, 우리나라의 창업생태계도 단기성과에 급급하지 말고 장기적 관점에서 체계적이고 선순환적 구조로 변화를 시도하여야 할 것이다.

핀란드 헬싱키에서 서쪽으로 16km 가량 떨어진 에스포시에 위치한 알토대 오타니에미 캠퍼스 숲속에 들어선 건물들 사이로 붉은색 벽돌로 지은 아담한 단층 건물 알토 ES(Entrepreneurship Society)가 위치해 있다. 건물 벽에 창업사우나(startup sauna)라고 적힌 플래카드가 한눈에 들어왔다. 문을 열고 들어가

핀란드 알토대 창업 지원 프로그램

창업 가속화 프로그램	협력환경	인턴십	교육 프로그램	상업화지원 프로그램
• 창업 사우나 • 여름 스타트업	• 오픈 이노베이션 하우스	• 스타트업 라이프	• 알토 벤처 석사프로그램 • 알토 기업가 교육 프로그램	• 기업가정신 센터 • 앱캠퍼스

스위스 로잔공대 창업 지원 프로그램

기술이전사무소	산업협력	이노그랜트	이노베이션스퀘어
• 특허관리 • 라이선스 등록	• 기업협력 지원 • 기업 연결	• 창업·학생·교수 지원 • 1년간 연구비 지급	• 기업·연구실 협력 연구 • 창업 지원

니 남학생 3명이 아이폰과 아이패드에서 전자책 읽기를 향상시키는 애플리케이션을 만들기 위해 토론을 벌이고 있었다. 파스트르(Fastr)라는 창업준비팀의 구성원들이다. 이 팀의 일원인 엘다스 로기노프스는 “전자책 독서를 즐기면서도 읽는 기술을 향상시킬 수 있는 프로그램을 고안하고 있다”며 “우리의 목표는 전자책 시대에 독해력까지 향상시킬 수 있도록 사용자를 도와주는 것”이라고 소개했다. 알토 ES는 2009년 알토대 학생들이 자생적으로 만든 창업지원 조직이다. 지금은 다른 유럽 학생들과 창업 아이디어를 공유하기 위해 다양한 활동을 벌이면서 북유럽 벤처 생태계의 구심점으로 성장했다.

알토 ES가 운영하는 핵심사업이 바로 창업사우나 프로그램이다. 이 프로그램을 통해 창업을 준비하는 팀들은 정보와 교육 등 다양한 지원을 받는다. 매년 30개 가량 팀이 집중 멘토링을 받으면서 알토 ES 건물에서 자유롭게 창업을 준비하게 된다. 2010년부터 지금까지 창업사우나를 통해서만 90여 개 기업이 창업의 길로 들어섰다. 창업사우나는 사우나를 할 때 땀에 흠뻑 젖는 것처럼 학생들이 아이디어를 비즈니스 모델로 만들기 위해 열정을 다한다는 의미에서 지어졌다.

2013년 6월 시작한 이번 여름 시즌에 이 프로그램 지원을 받는 팀은 모두 10개다. 이들은 9주 동안 이곳에서 제품개발을 진행하면서 창업을 구체화한다. 각 팀은 정보와 아이디어를 서로 공유하며 각 분야 전문가 멘토들로부터 도움을 받기도 한다. 이날 멘토 자격으로 창업사우나를 찾은 아페 포하비르타 핀란드 모바일협회 이사는 학생들에게 "항상 왜라는 질문을 갖는 것이 중요하다. 어떻게 하고 우리가 무엇을 하는지가 아니라, 우리가 이 일을 왜 하는지를 분명히 인식해야 한다"고 충고했다.

알토 ES 대표를 맡고 있는 엘리나 우텔라 씨는 기업경영자 외에도 문화, 교육, 기술 등 다양한 분야 멘토들을 섭외해 창업지원 강연을 하고 있다며 다양한 분야를 접하면 창업 아이디어를 잘 구상할 수 있기 때문이라고 전했다. 알토 ES의 창업지원 활동은 핀란드 국경을 넘어선다. 지난해는 유럽 각국에서 사람들을 끌어모아 창업관련 교류의 장인 슬러시 콘퍼런스(slush conference)를 주관하기도 했다. 일부 창업준비 학생들을 미국 실리콘밸리 벤처기업에서 일할 수 있게 하는 인턴십 프로그램 스타트업 라이프(startup life)도 진행하고 있다.

알토 ES에 모인 학생들은 매년 10월 13일을 국제 실패의 날로 정했다. 이날은 창업실패, 아이디어구상 실패 등의 경험을 공유하면서 성공을 위한 자산으로 만드는 날이다. 엘리나 대표는 "창의력은 어디서 불쑥 나오는 것이 아니라 각고의 노력과 구상 끝에 나오는 결과물이라며 우리는 이런 끝없는 노력과 실패의 과정 속에서 성공으로 이어지는 창의성을 찾아내기 위해 실패의 날을 만들었다"고 했다.

스위스 로잔에서 레만 호수를 따라 차를 타고 15분 정도 달리면 넓은 들판 사이로 직사각형 모양의 건물이 군데군데 늘어선 학교가 나타난다. 스위스 과학기술을 이끌고 있는 로잔공대다. 로잔공대에서 기술사업화가 활발하게 일어나고 있는 사이언스파크와 이노베이션스퀘어를 찾았다. 건물마다 로지텍, P&G, 노바티스 등 글로벌 기업들의 간판이 붙어 있는 것이 눈길을 끈다. 이노베이션스퀘어에는 글로벌 기업의 연구소가 주로 입주해 있고, 사이언스파크에는 학교 연구실이나 학생의 아이디어로 시작한 벤처기업 100여 사가 상주해 있다. 이곳에서 학생들은 기초지식뿐 아니라 기업과 함께 연구하며 아이디어를 실생활에 사용할 수 있는 제품으로 만들어가는 시스템을 체험한다. 아이디어가 사업과 만나는 곳. 로잔공대의 슬로건에는 학생들에게 기업가정신을 불어넣으려는 철학이 그대로 담겨 있다. 로잔공대의 3대 목표에는 교육과 연구 외에 기술이전이 포함돼 있을 정도다. 로잔공대는 1986년부터 다양한 기술사업화 지원제도를 운영하고 있다. 학교의 전폭적인 지원 속에서 학생들은 다양한 아이디어를 썩히지 않고 직접 만들어 보는 경험을 할 수 있다.

로잔공대가 자랑하는 기술사업화 지원제도는 크게 기술이전사무소와 산업협력 이노그랜트(innogrant) 시스템으로 나뉜다. 기술이전사무소는 특허관리와 라이선스 등록을, 산업협력은 학생들이 사업화 시스템을 체계적으로 배울 수 있도록 기업과 연구실의 협력 연구를 지원한다. 이노그랜트는 창업을 준비하는 학생들이 생활비에 신경 쓰지 않고 창업활동을 할 수 있도록 매달 월급을 지원한다. 2008년 이노그랜트의 도움으로 의료 벤처기업 아레바 뉴로테라픽스를 창업한 안드레 메르카지니는 당시 이노그랜트에서 창업에만 열중할 수 있도록 지원해주지 않았다면 회사를 만들지 못했을 것이라고 말했다.

세계 최고의 마우스 기업 로지텍도 시작은 30년 전 로잔공대의 사이언스파크에서 학생의 아이디어로 출발한 작은 벤처회사에 불과했다. 로잔공대에서 박사학위를 받고 대외협력처 한국담당관으로 일하고 있는 임종은 박사는 학교에서 배운 지식이 사업화를 통해 사회로 환원되고 있는 것이라며 학교는 다양한 프로그램을 통해 학생들에게 기업가정신을 고취하기 위해 많은 노력을 하고 있다고 소개했다. 2000년부터 2012년까지 로잔공대에서 창업한 회사는 모두 156사에 달한다. 매년 평균 12개 벤처회사가 새롭게 등장하며 일자리를 만들어 내고 있는 것이다.

사례 7

창업시장 12가지 트렌드

서울 강남구 대치동에 위치한 SETEC에서는 2017년 제39회 프랜차이즈산업박람회가 성황리에 열렸다. 한국프랜차이즈산업협회(회장 박기영)가 주관 · 주최하고 산업통상자원부와 농림축산식품부, 식품의약품안전처, 특허청이 후원하는 이번 박람회에는 140여 개 업체 200여 개 브랜드가 360여 개의 부스를 마련했다. 박람회 둘째날인 오늘부터 내일까지는 공정거래위원회 가맹유통과 관계자 및 프랜차이즈 업계 A급 강사들을 초청해 프랜차이즈 산업에 대한 이해와 동향, 트렌드 등 각종 정보를 제공하는 무료교육이 진행된다. 10일 오후 2시부터는 맥세스컨설팅 서민교 대표를 초청해 '2017년 창업 시장 트렌드'에 대한 강의가 열렸다. 서민교 대표는 저성장과 불황이 깊어지고 1인가구의 증가에 따라 '혼밥'과 '혼술'이 유행했고 이에 가성비 높은 아이템에 대한 관심이 높아졌다고 전했다. 더불어 급변하는 트렌드에 맞춰 2017년에는 어떠한 트렌드가 창업시장의 이슈가 될 트렌드를 12가지로 정리했다.

1. 혼밥, 혼술족을 위한 '따로 또 같이'

지난해부터 프랜차이즈 업계가 가장 주목하고 있는 것이 바로 1인가구 소비에 대한 내용이다. 1인 고객을 위한 맞춤형 메뉴를 출시하는가 하면, 혼자라도 매장에서 편히 음식을 먹을 수 있는 공간을 마련하고 있다. 이에 서 대표는 1인 고객 공략에 대한 트렌드는 맞지만 특화된 별도의 매장을 운영하는 것이 아니라 기존 매장에 1인 고객을 위한 공간을 별도로 마련해야 매출의 다각화를 기해야 한다고 강조했다.

2. 가성비 창업, 숍인숍에 주목

가성비는 소비자뿐 아니라 창업자에게도 민감하고 주목해야 하는 단어다. 창업에서의 가성비는 권리금이나 임대보증금 그리고 시설비 등 고정비용을 줄이는 것도 포함되는 것으로 이에 가장 적당한 창업 형태 중 하나가 '숍인숍'이다. '숍인숍'은 점포를 공유하는 방식을 통해 고정비용을 줄이는 한편, 기존매장 고객을 활용해 별도 마케팅 및 투자 없이 영업을 진행할 수 있다. 서 대표는 '숍인숍'과 더불어 일본의 '이누키 창업'에도 관심을 가져야 한다고 강조했다. '이누키 창업'은 폐업했거나 매출 부진으로 매매가 안 되는 점포를 싼 가격에 인수하거나, 기존 점주 및 신규창업자가 인테리어를 변경해 운영하는 형태다. 이는 새로운 창업이 아니라 기존의 것을 활용한 리뉴얼로 투자비를 절약할 수 있다.

3. 무인 포스시스템의 도입

무인 포스시스템은 인건비 절감에 뛰어나고 운영의 편의성을 높이는 좋은 아이템으로 무인 포스시스템인 '디지털 키오스크 시스템'은 고객이 직접 터치스크린을 통해 주문과 결제를 한 번에 해결할 수 있도록 자동화함으로써 주문을 받는 직원을 줄이고 시간을 단축할 수 있다. 하지만 서 대표는 무인 포스시스템이 인기를 얻고 증가하고 있으나 오터치로 인한 오작동과 이중계산 등의 발생 그리고 고령인구에게 익숙하지 않으며 대면서비스의 부재 등이 문제가 발생할 수 있다고 경고했다. 더불어 키오스크 시스템과 매장 내 메인 포스가 연동되지 않아 매출이 이중 집계되는 문제점을 안고 있기 때문에 이에 대한 해결방안을 모색해야 한다고 전했다.

4. O2O서비스의 확산

O2O란 Online to Online의 약자로 인터넷이나 스마트폰을 이용해 오프라인 매장의 고객을 유치하는 것을 말한다. 대표적인 것으로 숙박업이나 배달업을 들 수 있다. 서 대표는 현재는 외식 프랜차이즈 역시 모바일 기반의 온오프라인 융합 마케팅을 적극적으로 활용하고 있으나 배달의민족, 쿠팡 등 대표적인 기업들도 O2O사업만으로는 수익에 한계가 있어 사업 다각화를 통한 비즈니스 모델의 강화가 필요하다고 강조했다.

5. 신산업 '푸드테크'의 등장

'푸드테크'(Food tech)는 식품과 기술이 접목된 신산업이다. 이를테면 3D프린터를 이용해 햄버거 고기패티 맛과 거의 동일한 식물성 햄버거가 각광을 받았던 것을 예로 들 수 있다. 서 대표는 죽을 자동으로 저어주는 기기인 '죽메이드'를 개발해 사용하는 죽 브랜드 '맛깔참죽'을 예로 들며 노동의 강도를 최소화하거나 요리사를 대체할 수 있는 푸드테크 신산업이 외식 프랜차이즈 시장에 새로운 강자로 떠오를 것이라고 예상했다.

6. 중식(中食)의 유통채널 확장

중식(中食)은 외식과 내식(집밥)의 중간개념으로 배달과 주문, 테이크아웃, 케이터링 등을 포함한다. 최근에는 가정대용식(HMR)시장의 급성장으로 유통채널에 대한 확장은 더욱 커지고 다양해질 것으로 예상하고 있다. 서 대표는 특히 가정대용식의 경우, 과거 전자레인지에 간편하게 덥혀 먹는 인스턴트식품이나 레토르트 제품에서 벗어나 신선식품과 반조리 식품까지 영역이 확대되고 있다고 전했다.

7. 이색적인 콘셉트, '돈키호테적 발상'의 필요

이미 포화상태라고 일컬어지는 창업시장의 새로운 돌파구를 찾는 것 중 하나는 바로 개성 있는 맛과 콘셉트 그리고 운영방식으로 공략하는 것이다. 서 대표는 일본의 대표적인 잡화 할인매장인 '돈키호테'를 예로 들며 업계의 룰을 엎어버리는 역발상으로 공략해야 한다고 전했다.

8. 독서실, 셰어하우스 등 공간대여

고정관념을 탈피한 공간 프리미엄 전략은 지난해부터 급물살을 탔다. 특히 과거 답답한 독서실의 분위기를 벗고 프리미엄을 입혀 새로운 공간으로 재탄생했다. 서 대표는 프리미엄의 옷을 입은 독서실 외에도 다수가 한집에 살면서 개인적인 공간인 침실은 각자 사용하고 거실과 화장실 등은 공유하는 대신 보증금과 월세를 낮춘 셰어하우스 등도 인기를 얻고 있다며 이러한 아이템에 관심을 가져야 한다고 강조했다.

9. '트레이 콘셉트'에 주목

'트레이 콘셉트'(Tray-Concept)는 즉석 델리와 식재료 마켓이 접목된 형태를 뜻한다. 매장 내에서 고객이 직접 고른 신선한 재료를 셰프가 요리해 주거나 직접 조리해서 먹을 수 있는 형태를 뜻한다. 서 대표는 이러한 트레이 콘셉트는 산지와 유통 과정의 생생함을 그대로 구현하면서 상품의 구매뿐 아니라 고품질의 상품을 체험할 수 있어 브랜드 신뢰도를 높일 수 있다고 전했다.

10. 콜라보레이션, 끊임없는 변화

프랜차이즈 업계의 콜라보레이션은 매출 하락과 신메뉴 개발의 한계를 극복하기 위해 브랜드끼리와의 결합, 외식 브랜드와 주점형 브랜드의 결합, 간식형 브랜드와 식당형 브랜드의 결합 등 다양한 콜라보레이션을 이루어 왔다. 서 대표는 '본죽&비빔밥 카페'를 예로 들며 이러한 콜라보를 통해 메뉴의 다양화는 물론 매장 운영시간에 빈틈을 메울 수 있는 1일 2, 3모작 점포 운영방식으로까지 진화하고 있다고 전했다.

11. 카테고리 킬러 업태의 개발

카테고리 킬러(Category killer)는 하나의 상품군 내에서 구색을 갖추고 고객 선택의 폭을 넓인 업태다. 서 대표는 단순히 상품군을 넓히는 일상적인 카테고리 킬러 매장을 넘어 고객의 디테일한 '취향'을 반영한 판매형태로 진화해야 한다고 강조했다.

12. 무조건적인 무한이 아닌 시간을 팔자

지난해 무한리필은 창업시장의 큰 이슈 중 하나였다. 하지만 무작정 퍼주는 무한리필은 점포의 운영은 물론 제공하는 서비스와 음식 등에도 한계를 가져오게 된다. 서 대표는 일정한 시간 안에 마음껏 먹고 즐길 수 있는 시간 선택 판매 방식인 일본의 '노미호다이 시스템'을 예로 들며 하루 종일 무한리필을 제공하기보다 고객의 수요가 줄어드는 시간 등에만 '노미호다이 시스템' 등을 실시하는 등 매출의 다각화를 위해 사용하는 지혜가 필요하다고 전했다.

〈창업경영신문, 2017.3.14.〉

- 제1절 후보 사업아이템의 선정절차
- 제2절 아이템 선정기준
- 제3절 유망 사업아이템의 선정
- 제4절 창업자에 맞는 사업아이템

Chapter 2

사업아이템 선정

이상윤 스쿨푸드 대표 | 비보이 출신서 '프리미엄 분식' 대부로 변신

이상윤 SF이노베이션 대표는 춤꾼이었다. 가수 박남정, 현진영, 서태지와아이들의 이주노 등이 데뷔하기 전인 1980년대에 그들과 함께 춤을 추던 비보이 1세대다. 1986년 MBC의 한 뮤지컬 드라마에 찬조 출연했고, 1997년에는 4인조 혼성그룹 'C4'로 가수 데뷔도 했다. 그러던 중 갑작스러운 건강 악화로 연예계 활동을 중단해야 했다. 엔터 산업에 관심이 있던 그에게는 뜻밖의 일이었으나 이게 전화위복이 됐다. 2002년 생계를 위해 시작한 분식 배달이 대박 났다.

프리미엄 분식을 내세운 '스쿨푸드'의 성공을 바탕으로 이 대표는 '김작가의 이중생활' '분짜라붐' 등 새로운 콘셉트의 외식 브랜드를 차례로 선보였고, 지금도 미국과 홍콩, 인도네시아, 태국, 베트남 등에서 총 11개 매장을 운영하며 K푸드를 널리 알리고 있다. 2014년에는 미국 최대 중식 프랜차이즈인 '판다익스프레스(Panda Express)'가 아시아 최초로 한국에 진출하는 데 있어 대기업을 제치고 국내 사업 파트너사로 선정돼 화제가 되기도 했다. 2015년과 2018년에 매경 100대 프랜차이즈에 선정됐다.

Q 비보이를 하다 분식집을 창업하게 된 경력이 이채롭습니다.

A 어느 날 결핵에 걸려 비보이를 그만두고 생계를 위해 창업을 해야 했어요. 우연치 않게 장아찌 반찬에 매력을 느꼈던 저는 형과 함께 계란말이 김밥과 장아찌 김밥을 팔기로 했습니다. 가게를 차릴 돈도 없어 반지하 방에서 음식을 만든 뒤 배달을 했어요. 전단지를 만들어 동네 미용실 등에 다니면서 돌리고, 김밥을 갖고 나가서 홍보했죠. 특히 꼬마김밥 형태로 만든 3줄짜리 김밥이 인기를 끌었어요. 당시에는 롤이나 김밥이라 불렀는데 저희는 '마리'라고 이름 붙였죠. 멸치볶음마리, 오징어먹물마리 등 신메뉴도 다 반응이 좋아 2005년 가로수길에 첫 매장을 내게 됐고 가맹점도 모집하게 됐습니다.

Q 스쿨푸드가 인기를 끈 비결은 무엇이었나요.

A 일단 상권에 대한 이해도가 높았어요. 장사를 시작한 논현동은 제가 그동안 비보이 활동을 하던 동네였어요. 비보이 시절 저녁 늦게 활동하던 게 습관이 돼서 오후 4시부터 다음 날 새벽 6시까지 영업했는데, 논현동에 즐비한 미용실과 단란주점에서 야식을 찾는 여성 고객이 많은 게 잘 들어맞았죠. 여성 고객에게 기존 김밥은 크고 양이 많아 먹기 힘든데 꼬마김밥 마리는 부담이 적었어요. 또 김밥은 10여 가지 재료가 뒤섞여 비빔밥처럼 복합적인 맛을 내는 반면, 마리는 4~5가지 재료만 들어가요. 식재료 본연의 맛에 더 집중할 수 있

SF이노베이션은 어떤 회사?

설립연도	2002년
창업주	이상윤
매출	468억원
영업이익	5억원
직원 수	262명

* 2017년 말 기준 * 자료: SF이노베이션 정보공개서

SF이노베이션 브랜드 운영 현황(단위: 개)

브랜드	가맹점 수
스쿨푸드	39
스쿨푸드 딜리버리	34
김작가의 이중생활	30
분짜라붐	21
플랫 바이 에이프릴마켓	6
에그마리 바이 스쿨푸드	5
카페리맨즈	4
판다익스프레스	3
내몸에쌀국수	1
이태원우육미엔	1
합계	144개

* 2018년 11월 기준 * 자료: SF이노베이션

어 신선한 느낌을 준 것 같습니다. 오징어먹물마리, 국물떡볶이도 저희가 당시 처음으로 시도했어요. 밤에 술을 마시고 나면 해장이 필요하리라는 계산에서 개발했는데 적중했습니다.

Q 16년이란 긴 업력에 비해 가맹점 수는 그리 많지 않습니다.

A '프리미엄 분식'을 지향하는 스쿨푸드는 일반 분식에 비해 손이 많이 갑니다. 치킨, 피자처럼 단일 메뉴가 아니고 운영 방식도 복잡해 아무에게나 가맹점을 내주지 않아요. 무턱대고 가맹점을 많이 늘리기보다 매장 하나하나를 완성해가자는 주의입니다.

Q 업계 일각에서 스쿨푸드 매각설이 제기됐는데요.

A 결론부터 말씀드리면 사실이 아닙니다. 사업 확장을 위해 자금을 조달하는 과정에서 지분을 매각하는 것으로 와전된 것 같습니다. 저는 외식업을 하기 위해 태어났다고 생각할 만큼 현 사업에 집중하고 있고 앞으로도 매각 계획은 없습니다.

Q 최근 외식업을 비롯한 자영업 시장이 많이 어렵습니다. SF이노베이션은 어떤가요.

A 스쿨푸드는 브랜드 특징이 명확하다 보니 매출이 오히려 늘고 있어요. 배달앱 분식 카테고리에서 '맛집 랭킹' 1위를 지키고 있죠. 처음부터 배달로 시작했고 배달에 특화돼 있어 확실히 경쟁력이 있다고 생각합니다. 단, 주점인 '김작가의 이중생활'은 타격이 좀 있습니다. 요즘 불황인 데다 회식 수요도 줄어서 소비심리가 많이 위축돼 있어요. 저녁에 반주 한잔만 하고 귀가하거나 커피에 케이크로 회식을 갈음하는 경우도 늘고 있죠. 이런 경향은 앞으로도 더 짙어질 것으로 보여 해법을 모색 중입니다. 20평대 소형 매장에서 점주가 주방을 맡고 아르바이트생이 홀을 맡아 인건비를 절감하고 운영 방식도 간소화하려 합니다. 매장이 넓으면 관리할 부분이 많아져 비용이 증가하거든요. 일본식 '작은 가게'가 국내에서도 확산될 것으로 보입니다.

Q 해외 진출도 적극 하고 있습니다.

A 하노이식 베트남 요리 전문점 '분짜라붐'이 조만간 일본 신바시역 근처에 오픈할 예정입니다. 미국 진출도 논의 중이고요. 김작가의 이중생활도 뉴욕 출점을 논의하고 있습니다. 스쿨푸드는 인도네시아, 베트남, 홍콩 등에 진출했고 최근 호주에서도 관심을 보입니다. 해외에서는 아직 분식에 대한 개념이 없어요. 홍콩에 진출할 때는 '캐주얼 한식'을 표방했죠. 떡볶이의 끈적한 식감이 미국 등 서양에서는 잘 통하지 않는 것 같습니다. 단, 아시아에서는 떡볶이, 마리, 볶음밥, 장조림버터비빔밥 등 다양한 퓨전 메뉴로 진출하면 승산이 있는 아이템이에요. 진출하는 나라의 문화를 이해하고 현지화하는 것이 성공의 열쇠입니다.

Q 점주들과의 상생은 어떻게 하고 있습니까.

A 점주는 우리 브랜드를 제일 사랑해주는 첫 번째 고객이에요. 이들이 장사가 잘돼서 영업을 지속할 수 있게, 돈을 벌 수 있게 돕는 것이 프랜차이즈 본사가 할 수 있는 최고의 상생 정책이라고 생각합니다. 불황에도 점주 수익이 늘어날 수 있도록 꾸준히 노력하고 있습니다. 가령 최근 꼬막비빔밥 트렌드에 맞춰 개발한 신메뉴 '웰빙어간장꼬막비빔밥'이나 '육감샐러드덮밥' '타마고야끼소바' 등이 반응이 좋아 가맹점 매출 상승에 기여하고 있습니다.

Q 향후 경영 계획이 궁금합니다.

A 거창한 계획보다는 현 경영에 충실하려 합니다. 최근 어려운 자영업 경기를 극복해나가는 데 집중할 생각입니다. 불황에도 선방하고 있는 스쿨푸드는 SF이노베이션의 대표 브랜드로서 내년에 더욱 확장해나갈 것입니다. 스쿨푸드만의 색깔을 살린 도시락 형태의 신메뉴를 준비 중인데 기대하셔도 좋습니다. 지난 16년간 고객으로부터 받은 사랑이 지속될 수 있도록 최선을 다하겠습니다.

〈매경이코노미, 제1983호(2018.11.14~11.20) 기사〉

제 1 절 후보 사업아이템의 선정절차

1. 후보 사업아이템 탐색

성공적인 사업아이템을 발견하기 위해서는 될 수 있으면 많은 사업아이디어를 발굴할 필요가 있다. 창업이 가능한 모든 분야에서부터 출발하여 점차 좁은 범위로 옮겨가면서 체계적인 분석을 하다 보면 예비사업 아이디어가 탐색되고 이어서 창업자에게 적합한 후보 사업아이템이 1차적으로 선정된다.

후보 사업아이템을 선정하는 과정 및 절차를 살펴보자.

첫째, 사업아이템 선정의 기본 룰(rule)이라 할 수 있는 창업상품과 시장과의 관계 및 사례별 성공가능성을 살펴볼 필요가 있다. 창업 아이템으로서 가장

표 2-1 창업 아이템과 시장과의 관계 및 성공가능성

구 분	유 형	성공가능성
창업 적합	신상품 (1/2) 기존시장 A형	• 소비자에게 만족을 주는 신상품을 개발하여 수요가 있는 기존시장에 판매 • 성공가능성은 50%~70% 정도
	기존상품 (1/4) 신시장 B형	• 성장기 또는 성숙기에 있는 기존상품을 사업아이템으로 하여 새로운 시장에 참여 • 성공가능성은 25%~50% 정도
창업 부적합	신상품 (1/20) 신시장 C형	• 신상품을 생산하여 새로운 시장에 판매하기 위해서는 소비자의 의식변화가 선행되어야 하며, 비교적 고가 상품임 • 성공가능성은 5% 정도
	기존상품 (1/10) 기존시장 D형	• 기존상품을 기존시장에 판매하기 위해서는 경쟁시 또는 해외상품과 경쟁하여 이겨야 함 • 성공가능성은 10%~30% 정도

적합한 경우는 기존상품을 아이템으로 하여 새로운 시장에 뛰어들 경우와 새로운 상품을 개발하여 기존시장에 참여할 경우이다. 이들 상호간의 관계를 도표로 표시하면 〈표 2-1〉과 같다.

둘째, 성공가능성이 높은 상품유형의 선별이 필요하다. 성공적인 제품 또는 상품이 되기 위해서는 상품으로서 갖추어야 할 몇 가지 요건이 있는데 이를 구체적으로 살펴보면 〈표 2-2〉와 같다.

셋째, 성공가능성이 높은 상품유형과 기본요건을 기준으로 현재 존재하는 기존상품을 조사한다. 성공가능성이 높은 이들 기존상품을 찾는 방법에는 ① 정책적으로 지원하는 중소기업, 즉 중소기업 진흥(제품구매촉진에 관한 법), 중소기업 고유업종 및 계열화 업종(중소기업의 사업영역 보호 및 기업간 협력증진에 관한 법 시행령 별표), 도시형 공장(공업배치 및 공장설립에 관한 법 시행령 제34조 관련 별표1), 벤처기업 업종(벤처기업 육성에 관한 특별조치법), ② 한국표준산업분류표 및 표준산업분류표 해설집, ③ 세계무역박람회, 산업박람회 및 발명품 전시회 등 참관, ④ 제품 아이디어관련 간행물의 활용 등의 방법을 통해 기존상

표 2-2 성공적인 상품의 기본요건

상품유형	기본요건
욕구충족형 상품 (히트 예상 상품)	• 필요성은 인정되나 욕구를 충족시킬 수 있는 제품을 생산하는 방법을 아는 사람이 없다. • 욕구의 인식부족으로 인해 제품이 개발되지 않았다. • 미래 욕구분출 가능성이 있다.
경쟁력이 있는 상품	• 품질향상 – 실용신안 의장등록 – 성능개선 및 특징 추가 – 품질 및 외형개선, 신뢰도 증가 • 원가절감 – 저렴한 원재료개발 – 기술혁신 – 저렴한 가격
일정기간 수요증가 예상상품	• 소비인구의 증가가 지속되는 경우 • 소비자 취향의 변화 • 소비자 의식의 변화 • 국민경제 수준의 증가

품을 조사할 수 있다.

넷째, 기존상품의 응용 및 개선 가능성을 정밀 검토한다. 색깔이나 모양을 변경하거나 순서, 부품, 패턴 등을 재비치하거나 확대, 축소, 대체, 결합 등의 방법을 동원하여 특징이 개선되고 성능이 우수해진다면 창업에 적합한 후보 사업아이템이 예비적으로 선별되어지는 것이다.

2. 후보아이템의 체크 방법

정보기술(IT) 산업에서는 경쟁자가 명확했다. 휴대전화는 노키아, TV는 소니, 이런 식이었다. 스마트 시대로 불리는 지금은 하드웨어(HW)에서부터 소프트웨어(SW)·콘텐츠까지 아우르는 플랫폼 기반의 생태계 간 경쟁양상으로 바뀌고 있다. 이런 산업 생태계는 구글·애플 같은 미국기업들이 주도하고 있다. 우리는 시장에만 맡겨두면 이런 글로벌 기업들과 경쟁하는 데 한계가 있다. 따라서 대기업과 중소기업이 모두 참여해 네트워크·HW·SW·콘텐츠를 포괄하는 스마트 생태계를 조성할 수 있도록 정부의 적극적인 지원과 역할이 필요하다.

스마트 생태계는 스마트폰의 대중화로 PC와 전화기 같은 개별 기기가 통합되는 추세를 바탕으로 한다. 생태계의 혁신은 스마트TV로 이어지고, 앞으로는 스마트카 등 타 산업 분야로도 확대될 전망이다. 이 과정에서 클라우드·근접통신(NFC)·사물인터넷·위치기반서비스 같은 신산업이 창출될 것이다. 스마트 시대의 주도권 확보를 위해서는 이러한 신산업을 활성화해야 한다. 당장 스마트TV가 스마트폰에 이어 미래를 주도할 핵심 플랫폼으로 부상하고 있다. 방송통신위원회는 올해 TV 통합 앱스토어 구축, NFC 시범사업 확대, 클라우드법 제정을 추진하는 한편 관련 기술 개발에 1,500억원을 투입할 계획이다.

스마트 생태계의 또 다른 특징은 '소비자 중심의 정보통신기술(ICT) 시장의 형성(Consumerization of ICT)'이다. 과거에는 휴대전자 제조사 같은 공급자가 신기술을 개발하고 시장의 성장을 주도했다. 앞으로는 검색, 터치 UI, 태블릿PC 등 소비자 중심의 서비스와 기술을 통해 경쟁하게 된다. 스마트 시대에는 아무리 뛰어난 기술이라 하더라도 소비자가 원하고 편리하게 쓸 수 없다면 시장에서 인정받지 못한다. 이처럼 '기술의 인간화'가 글로벌 기업들이 추구해야 할 중요한 가치가 됐다. 이런 추세에 맞춰 정부는 음성·동작인식 등 이용자가 원하는 신기술 개발에 주력할 계획이다.

다음으로, 생태계 경쟁에서 가장 중요한 요소는 애플리케이션과 콘텐츠다. 과거에는 이를 만드는 데 많은 제작비와 인력이 필요했다. 스마트 시대에는 참신한 아이디어와 간단한 장비만 있으면 누구나 콘텐츠를 만들어 인터넷이나 오픈마켓에 올려 판매할 수 있게 됐다. 1인 기업이 많이 생겨날 수 있는 여건이 조성된 것이다. 요즘 취업 문제로 어려움을 겪고 있는 젊은 층에게 1인 창조기업은 새로운 돌파구가 될 수 있다. 그중에서 혁신적 벤처기업도 나올 수 있을 것이다. 이를 지원하기 위해 불공정한 거래 환경을 개선하고, 과도하거나 불필요한 규제는 폐지 또는 완화해 나갈 필요가 있다. 정부의 지원도 기술개발 위주의 연구개발(R&D) 정책에서 아이디어 개발을 지원해주는 I&D(Idea & Development) 지원정책으로 전환해 나가야 한다.

그동안 우리나라는 네트워크와 하드웨어 경쟁력을 중심으로 IT 강국의 위상을 유지해왔다. 앞으로는 이를 바탕으로 SW·콘텐츠·앱 분야의 경쟁력을 강화할 수 있는 혁신적 생태계를 조성해 나갈 필요가 있다. 스마트 시대는 기술과 상상력을 결합하여 혁신적 서비스를 만들어 낼 수 있는 창조경제(creative economy)의 시대다. 기술과 상상력을 겸비한 '이매지니어(imagine+engineer)'들이 1인 창조기업 및 혁신적 벤처로 성장할 수 있도록 다양한 정책적 노력을 기울일 때다. 중앙일보, 2012.1.4

이러한 추세에 맞추어 창업자는 후보아이템의 선정이 끝나면 사업아이템으로서 가능한지를 검토하여야 한다. 후보사업 아이템의 검토 요령은 어떤 특정한 규칙이나 체계가 확립되는 것은 아니다. 창업자의 형편과 사정에 따라 얼마든지 간단한 방법이나 복잡하게도 검토해 볼 필요가 있다. 일반적으로 사업아이템의 검토내용은 다음과 같이 할 수 있다.

(1) 2분류법

창업아이디어를 선별하는 방법 중 2분류법은 대상 아이디어를 예(yes)와 아니오(no)와 같은 절대적 기준에 의해 평가하고자 하는 방법을 말한다. 이 방법은 사업을 수행하는 데 필요한 핵심요소나 조건에 대해 가능한지 아닌지를 개괄적으로 판단해 대상 아이디어의 수를 줄여 나가는 예비선별방법으로 적절하다.

이 방법은 2분류 체크를 위한 다음과 같은 체크리스트를 이용하게 된다.

① 이 사업은 법적으로 금지된 사업인가? (예, 아니오)
② 이 사업은 대기오염, 소음, 하천오염 등 환경에 해로운 영향을 미치는가? (예, 아니오)
③ 이 사업은 수입제한, 외화관리, 고용 등 국가의 산업정책에 위배되는가? (예, 아니오)
④ 이 사업은 사회적으로 혐오의 대상이 될 수 있는 사업인가? (예, 아니오)
⑤ 이 사업은 거대한 자본과 특수설비를 필요로 하는 사업인가? (예, 아니오)
⑥ 이 사업은 특수한 기술과 원자재를 필요로 하는 사업인가? (예, 아니오)
⑦ 이 사업은 경쟁이 치열하고 진입장벽이 낮은 사업인가? (예, 아니오)
⑧ 이 사업은 시장이나 판매조직이 전혀 형성되어 있지 않은 사업인가? (예, 아니오)
⑨ 이 사업은 대체재나 보완재가 존재하는가? (예, 아니오)
⑩ 이 사업에의 진입을 어렵게 만드는 독점적 기업이 존재하고 있는가? (예, 아니오)

이와 같은 문항을 이용하여 체크한 후, 예에 체크된 문항이 많을수록 부적합한 사업으로 평가되며, 아니오에 체크된 문항이 많을수록 매력적인 사업으로 평가된다. 절대적 기준은 아니지만, 보통 아니오에 답한 문항수가 6~7개 이상일 때 일단 해볼 만한 사업으로 간주하게 된다.

이 방법은 간편하며 많은 대상을 비교적 쉽게 평가할 수 있는 장점을 가지고 있으나, 문항의 내용이나 선택이 주관적이고 응답의 범위가 둘로 제약되어 구체적인 내용에 대한 상대적인 평가가 곤란하다는 문제점을 가지고 있다.

(2) 가중치법

이 방법은 창업자가 선정한 아이템에 대해 각 항목에 가중치를 부여할 때, 항목별로 고려해야 할 사항들을 몇 가지 나열하면 다음과 같다.

① 아이템에 대한 지식

창업자가 그 분야에 대해 얼마나 알고 있는가? 창업자가 그 분야에 대해 알기 위해 시간과 비용을 투입해야만 하는가? 창업자가 그 분야에 대해 잘 알지 못하기 때문에 동업할 사람을 영입해야만 하는가?

0 – 그 분야에 대한 지식이 없다.
1 – 그 분야에 대한 간접적인 지식이 있다.
2 – 제한된 지식을 가지고 있다.
3 – 실무지식을 가지고 있다.

② 그 분야에서의 경험

어떤 경우에 창업자가 그 분야에 대해 많은 지식을 가져야 할지도 모른다. 창업자가 예전에 그 분야의 사업을 해 본 경험이 있거나 일을 해본 적이 있는가? 그 분야에 대한 실제경험이 얼마나 되는가?

0 – 경험이 없다.
1 – 간접적인 경험이 있다.
2 – 제한된 경험이 있다.
3 – 그 분야에 익숙하다.

③ 기술 숙련도

만약 창업자가 기술능력이 부족하다면, 그러한 기술능력을 얻는 것이 얼마나 어려운가?

0 – 어렵지 않다.
1 – 제한된 기술
2 – 어느 정도의 기술
3 – 광범위한 기술

④ 사업 진입의 용이성

사업 진입비용과 경쟁장벽에 대해 생각해 보아야 한다. 예를 들면, 창업자의 집에서 운영할 수 있는 사업들은 상대적으로 창업하는 데 비용이 별로 들지 않는다. 그러나 다른 몇몇에 있어 그러한 서비스를 제공하고 있다면 그 분야로의 진입이 어려울 수도 있다.

0 – 진입하기 매우 어렵다.
1 – 제한적으로 진입가능
2 – 크고 작은 경쟁자들의 혼합
3 – 사업의 규모와 상관없이 진입가능

⑤ 독창성

독창성은 문자 그대로 어떤 누구도 동일한 상품이나 서비스를 제공하고 있지 않다는 것을 의미한다. 그러나 여기서 말하는 독창성이란 창업자가 제공하고자 하는 같은 방식으로 상품이나 서비스를 어느 누구도 제공하고 있지 않다는 것을 의미하거나 혹은 창업자가 선정한 분야에서 어느 누구도 상품이나 서비스를 제공하지 않는다는 것을 의미한다.

0 – 제공하고자 하는 상품이나 서비스가 광범위하게 퍼져 있다.
1 – 몇몇 사람들이 현재하고 있다.
2 – 단지 한두 사람이 하고 있다.
3 – 당신이 제공하고자 하는 상품이나 서비스를 하는 사람이 없다.

표 2–3 가중치 부여를 위한 차트

순서	창업 아이템	① 지식	② 경험	③ 기술	④ 진입용이성	⑤ 독창성	합계
1							
2							
3							
4							
5							

위의 차트는 질문항목에 대하여 창업자에게 적합한 창업아이템을 선정할 수 있도록 도와주기 위해 고안된 것이다. 공란을 채우기 위해 다음과 같은 절차를 밟아야 한다.

작성요령

첫째, 맨 왼쪽 창업아이템 항목의 순서대로 당신이 생각하기에 가장 관심을 가지고 고려중에 있는 창업 아이템부터 차례로 적는다.

둘째, 각각의 아이템에 대해 각 영역별 문항의 질문내용에 따라 0~3까지 점수를 부여한다.

셋째, 차트에 기재된 점수의 합계를 낸 다음, 합계가 10 미만을 기록한 아이템은 제거한다.

몇 개의 아이템이 남았는가? 만약 결과가 아무 아이템도 없다면 창업자는 다시 사업아이템 선정을 해야 한다. 결과가 한 개 이상이면 선택은 창업자의 손에 달려 있다. 결과가 오직 한 개면 창업자에게 가장 적합한 아이템을 발견한 것이다.

사례 1

4,000억 자산 운용가에서 4,000원 반찬가게 주인된 남자

서울대 법대 졸업, 미국 워싱턴대 MBA 과정 수료, 4,000억원대 자산을 운용하던 기업 투자 전문가. 서울 옥수동 반찬가게 '셰프찬'을 운영하는 김석헌 대표의 화려한 이력이다. 20년 동안 증권가에서 전문 투자자로 일하던 그가 왜 반찬가게 사장님으로 변신했을까. 이유는 간단하다. 손에 잡히지 않는 남의 돈 4,000억을 굴리는 것보다 손에 잡히는 내 돈 4,000원을 버는 게 더 재미있어서다. 원래부터 음식산업에 대한 관심이 있는 편이기도 했다. 기업 투자전문가로 활약하던 시절, 그는 '생로병사 의식주'라는 7가지 주제에서 한해서 투자를 한다는 원칙을 세웠다.

물론 음식산업에 투자하는 것은 쉽지 않다. 인건비, 임대료 등 높은 원가에 비해 손님이 사가는 물건의 단가는 높지 않다. 손님은 식사시간에만 가게에 온다. 이러한 음식산업을 면밀하게 관찰한 그는 반찬가게가 투자 대비 효율이 높다는 결론을 내린다. 반찬가게는 손님 한 명당 매출이 적은 대신 회전율이 높기 때문이다. 반찬가게는 손님이 머무는 시간이 3분 내외에 불과하기 때문에 가게 문을 열고 있는 시간 내내 장사를 할 수 있다. '옥수동 반찬가게'로 불리는 셰프찬은 지역 명소가 됐다. 옥수동 주민은 물론, 강남, 한남동, 금호동 일대 주민들도 와서 반찬을 사간다. 유명세를 타자 서울 각지에서 퀵 서비스 주문이 쇄도했다. 요즘 김 대표는 배달까지 직접 나간다고 한다.

물론 아무리 운영전략이 뛰어나더라도 음식점은 맛이 가장 중요한 법. 셰프찬의 반찬은 15년 이상 경력의 한식 셰프가 만든다. 가능하면 국내산 재료를 쓰려고 하고 MSG도 쓰지 않으려고 한다. 당일 팔지 못한 음식은 즉각 폐기한다. 반찬도 무려 230여 가지를 판다. 여러 가지 반찬을 팔아야 손님들이 질려하지 않기 때문이다. 셰프찬에선 나물, 국, 찌개 같은 한식뿐만 아니라 함박스테이크, 일본식 카레 같은 반찬도 판매한다. 다른 반찬가게에서는 살 수 없는 반찬들이다. 김 대표는 반찬을 사먹는 것을 부끄러워하는 사회 인식을 깨고 싶다고 했다. 그는 "손님들이 외식을 하는 것처럼 편하게 반찬 가게에 들렀으면 좋겠다"면서 "셰프찬을 '그냥 반찬가게'가 아닌 한국형 델리로 만들고 싶다"는 포부를 밝혔다.

〈지식비타민, 2017.3.24.〉

제2절 아이템 선정기준

1. 아이템 선정의 원칙

어떤 업종을 선택하느냐의 문제는 앞에서도 지적했듯이 창업에 있어서 가장 중요한 사항이다. 따라서 최소한 다음과 같은 업종선택의 기본관점, 즉 아이템 선정의 기본원칙을 고려하여 아이템을 선택하여야 할 것이다.

(1) 업종의 성장가능성은 있는가?

사람이 태어나서 성장하고 성숙하고 노쇠하여 결국 죽음을 맞이하듯이, 상품에도 시장에 도입되어 그 가치를 유지하다가 시장으로부터 소멸할 때까지 도입기 → 성장기 → 성숙기 → 쇠퇴기의 4개 과정을 거치면서 일반적으로 존재한다.

도입기에는 업종이 출현하여 보급되기 시작되며, 성장기에는 수요와 참여 기업이 급증하고, 이익도 급증한다. 성숙기에는 기업간 경쟁격화가 일어나고, 시장의 탈락기업이 출현하고, 이익실현의 감소로 인해 경쟁에서 승리한 일부 기업만이 생존하여 안정을 누린다.

그러므로 신규 창업에 가장 적합한 시기는 성장기 초기 업종이며, 성숙기 후반 뒤늦게 참여할 경우 사업에 실패할 우려가 매우 높기 때문에 피해야 한다.

(2) 경험이나 특성을 활용할 수 있는 업종인가?

아무리 성장성이 높은 업종이라도 다른 사람이 성공했다고 하여 자기도 막연히 성공하리라고 기대해서는 안 된다. 어떤 업종이든 창업자의 경험·지식·기술·특성 등과 결합될 때 성공의 확률이 높은 것이며, 창업자가 창업해서 실패율을 줄이는 중요한 요소가 되는 것이다. 특히 전 직장에서 몸소 배우고 익힌 경험·지식·기술·특성 등이 창업에 있어서 성패의 분기점임을 명심해야 한다. 결국 창업을 대비하여 현 직장에서 열심히 배우고 노력한다는 것은 단기적으로는 현재 몸담고 있는 직장에 충실하게 되며, 미래에 창업할 사업가로서의 자질개발에 더없이 좋은 기회임을 명심할 필요가 있는 것이다.

(3) 인가나 허가를 받아야 하는 업종인가?

아무리 좋은 아이템을 선정하고 사업준비에 만전을 기했다고 하더라도 제도적인 부분에 소홀히 하여, 최적의 창업시기를 놓치는 경우를 종종 볼 수 있다. 법적으로 허가·인가·면허·등록 등이 없으면 창업을 할 수 없는 업종이 있으므로, 창업자는 해당 업종의 법적 요건을 사전에 확인할 필요가 있다. 우리나라에는 이와 같은 인·허가를 요하는 사업분야가 상당수 존재하기 때문에 사전에 이런 내용을 알아야 창업자 자신이 그 업종을 선택할 수 있는지 여부를 결정할 수 있다. 단순히 등록만 하면 되는 경우도 있으나 어떤 업종의 경우에는 창업자 본인이 어떤 자격이나 기능을 가지고 있어야 되는 경우도 있고, 그런 자격이나 기능이 있는 종업원을 채용해야 되는 경우도 있기 때문이다.

(4) 실패의 위험이 적은 업종인가

우리가 흔히 'High Risk, High Return'이라는 것은 위험이 큰 사업일수록 사업의 성공시에 이득이 많다는 것이다. 그러나 이와 같은 업종은 실패율이 성공률보다 훨씬 높다는 데 창업의 한계가 있다. 따라서 이익이 적어서 큰돈을 벌 수 없는 사업이라도 성공만 확실하면, 그 사업을 선택하는 것이 안정적인 사업을 착수할 수 있는 하나의 방법이 되기도 한다.

2. 창업 아이템 선정 십계명(十誡命)

앞에서 개략적으로 살펴본 아이템 선정기준을 토대로 '창업아이템 선정 십계명(十誡命)'을 정리해 보면 다음과 같다.

(1) 누구나 좋다고 생각하는 사업아이템에 현혹당하지 말라

사업이 일시적인 행위가 아니고 장기적인 행위라고 본다면 결코 유망 아이템이라고 쉽사리 단정지을 수는 없을 것이다. 누구나 좋다고 생각하는 사업아이템에는 경쟁자가 곧바로 참여할 수밖에 없고, 경쟁자가 많은 사업은 결국 가격경쟁으로 이어져 저가판매 내지는 할인판매로 실속 없는 장사가 될 수밖에 없기 때문이다. 따라서 누구나 좋다고 생각하는 사업아이템에 현혹당하는 우를 범해서는 안 될 것이다.

유망 사업아이템이란 누구나 좋다고 생각하는 사업아이템이라기보다는 경쟁자 참여가 어려워 소수의 경쟁자만이 존재하여 사업자들의 능력에 따라 분배해 이득을 얻을 수 있는 사업아이템을 말한다. 따라서 예비창업자는 누구나 좋다고 생각하는 사업아이템 선택보다 남들이 감히 모방하지 못하는, 적어도 모방하는 데 시간이 걸리는 사업아이템을 선택함으로써 경쟁자의 대거 참여를 예방할 수 있는 사업아이템에 더 큰 관심을 가질 필요가 있는 것이다.

(2) 사업아이템에도 수명이 있다는 사실을 명심하라

하나의 사업아이템만으로 영속적인 사업을 할 수는 없다. 어떤 사업아이템이든 경쟁자가 있을 수밖에 없으며, 꾸준한 신상품의 개발과 제공, 새로운 아이템 개발 없이는 장래성 있는 사업을 영위해 나갈 수 없다. 따라서 사업가는 창업 시점뿐만 아니라 사업이 번창하고 있는 시점에도 새로운 아이템 개발에 소홀함이 없어야 한다.

'사업성공은 고난의 결과이며, 실패는 방심의 결과이다'라는 창업 격언을 명심하고, 하나의 사업아이템이 수명이 다하기 전에 미리미리 새로운 아이템 개발을 위해 노력하여야만 하는 것이다. 사람의 생명에도 한계가 있듯이 사업아이템에도 수명이 있기 때문이다.

하나의 사업아이템에 의존하다보면 어느 시점부터는 매출이 오히려 감소하게 되고, 고객으로부터 외면당하는 경우도 생기게 된다. 그러므로 창업 시에 선택한 사업아이템이라 하더라도 결코 영원할 수 없다는 점을 깊이 명심하고, 사장에서부터 종업원까지 모두 현재의 사업아이템을 중심으로 발견 가능한 사업아이템이나 주변 점포의 유망 사업아이템 발굴에 모든 정보력을 집중하는 노력이 필요하다.

(3) 현재의 직장을 중시하라

사업을 시작하려고 할 때 사업아이템 정보를 어디에서 얻느냐 하는 점은 매우 중요한 일이다. 정보는 정확성과 신속성이 우선되어야 하며, 신뢰할 수 있는 것이어야 한다. 따라서 사업아이템 정보도 어디에서 입수하느냐에 따라서 그 질이 천차만별이며, 성공가능성도 큰 차이가 난다고 할 수 있다.

대체로 전체 창업자의 절반이 넘는 창업자가 전 근무지의 경험에서 얻은 사업아이템 정보에 의해 사업을 시작하는 것으로 나타나고 있다. 따라서 예비창업자에게 있어서는 현재의 직장이 사업아이템 선정의 주요 통로가 됨을 알 수 있다.

현재 직장은 예비창업자에게 있어서 매우 중요한 의미를 갖는 것이다. 현재의 직장이나 그 거래처로부터 사업아이템 정보를 입수하는 일에서부터 향후 사장이 되었을 때의 업무 수행능력도 바로 현재의 직장에서 습득된다고 봤을 때, 회사원으로서의 경험이 자기사업 성공의 지름길임을 잘 나타내주고 있는 것이다.

(4) 단계를 밟아 사업아이템을 선택하라

창업자는 자신의 실정에 맞는 사업아이템 선정이 필요하다. 같은 업종이라도 창업자에 따라서 큰 차이가 날 수 있기 때문에 창업자의 자기자본 조달 능력, 사업 분야별 적성 등을 고려하여 자기 분수에 맞는 사업 아이템을 선택할 필요가 있다.

또한 비전문가, 경험이 없는 예비창업자라면 관련 아이템을 취급하는 업종을 사전에 일부 경험하거나, 관련 아이템에 대한 정보를 수집한 후 점포 경영에 참여하는 단계를 밟아 사업아이템을 선택하는 지혜가 필요하다.

사업이란 시작하기가 어렵지 일단 시작하면, 다양한 사업아이템과 만날 수 있기 때문에 시작부터 너무 거창하게 규모를 키워서 시작할 필요는 없다고 본다. 사업이란 서서히 키워 가는 맛도 있어야 하기 때문에 처음에는 소규모로, 그리고 사업 경험을 쌓아가면서 조금씩 확대하더라도 결코 늦지 않은 것이다.

(5) 민감한 사업아이템, 미확인된 사업아이템을 경계하라

사업아이템에도 민감한 아이템, 즉 유행성이 높은 사업아이템이 있다. 투기적 요소와 단기적 요소가 어느 정도 존재하고 있어서 위험성이 내재되어 있는 경우가 흔히 있다. 이를테면 어떤 수입업체가 수입해서 보세창고에 보관하고 있는 상품인데, 수입업자의 자금 사정상 처분해야 하기 때문에 싼값에 급히 처분하려고 하는 물건을 매입하여 판매를 하는 식의 아이템 선택은 민감하고 미확인된 사업아이템의 부류에 속한다.

또한 유망 사업아이템이라고 하여 급속도로 늘어나는 사업 아이템 역시 이런 부류에 속하는 아이템들이다. 한참 유행하던 커피 전문점이나 포화상태로 접어든 노래방들이 이런 예이다. 이런 사업아이템들은 당장 유망 아이템으로 느껴질지 모르지만, 자칫 창업시기를 잘못 선택하면 막차를 타는 결과가 되어 점포처분이나 시설이전이 어려울 경우가 생길 수 있다

따라서 사업아이템 선정 시에는 유행에 민감한 사업아이템 내지는 미확인된 사업아이템은 피하는 것이 좋다. 사업아이템 선택시 조급함은 오히려 사기

(詐欺) 등의 사고위험도 높기 때문에 각별한 주의를 요한다.

(6) 하이테크형 아이템보다 하이터치형 아이템을 추구하라

하이테크형 아이템이란 첨단산업 분야의 아이템으로서 특허상품이나 대중들에게 좀처럼 알려지지 않은 새로운 기술상품을 말한다. 반면 하이터치형 아이템이란 기존상품의 일부 성능이나 디자인 등을 개선하여 실생활에서 쉽게 활용될 수 있도록 한 상품들을 말한다.

흔히 유망 사업아이템이라고 하면 무조건 신기능, 신상품만을 얘기하는 것처럼 오해하고 있는 예비창업자들이 있는데, 이는 잘못된 생각이다. 신기능, 신상품 아이템은 성공하면 부가가치도 높고 성장가능성도 크지만, 그만큼 실패 위험이 높고 사업이 본 궤도에 오르기까지 고난도 크다. 특히, 그동안 실제 특허품이나 신기술·신상품 아이템으로 사업을 시작한 많은 창업자들을 살펴본 결과, 특허품 등의 성공확률이 그렇게 높지 않다는 발표가 있었다.

특허상품 등 신기술 상품은 창업자가 가지고 있는 상품에 대한 기본 상식도 충분하지 못하고 숙련된 종업원도 부족할 뿐더러 종업원에 대한 봉급도 비교적 높기 때문에 창업 초기에 어려움을 많이 겪는다. 뿐만 아니라 원만히 생산되어 시장에 출시되었다 하더라도 소비자들로부터 좋은 반응을 얻기까지는 상당한 기간이 소요되기 때문에 그만큼 광고비용과 일반 관리비가 많이 소요되는 것이다.

반면 하이터치 상품은 기존상품의 성능을 추가하거나, 소비자의 기호에 맞는 디자인이나 기능을 추가하기 때문에 소비자에게 쉽게 호소할 수 있는 장점이 있다. 따라서 새로이 창업을 하는 예비창업자가 사업아이템을 선택할 때에는 하이테크한 아이템을 고집하는 것보다 하이터치 상품을 추구하는 것이 더 성공확률이 높고, 짧은 기간 내에 사업을 안정궤도에 진입시킬 수 있어 일거양득의 효과를 얻을 수 있다는 사실을 명심할 필요가 있는 것이다.

(7) 사업아이템은 조급히 결정하지 말라

매사에 조급해서는 득이 될 게 없다. 우리나라 사람들은 '빨리빨리' 의식이 깊게 자리 잡고 있다. 외국 사람들은 이런 의식을 부정적으로 바라보고 있고 사실 급하게 일을 처리해서 나타나는 부작용도 크다. 빠른 경제성장으로 인해 부실 건물이 세워진 것을 예로 들 수 있겠다.

물론 사업 실패가 사업아이템 선택에만 국한된 것은 아니지만, 사업 성패의 50% 정도는 사업아이템 선정에서 결론이 난다고 보아도 과언은 아니다. 사업을 실패했다면 지금까지 투입된 사업자금의 상당한 부분은 이미 손해를 보았을 것이고, 집이나 부동산을 담보로 금융기관으로부터 대출을 받았다면 정말 낭패가 아닐 수 없다. 따라서 사업추진은 신중할수록 좋다고 본다.

사업아이템 선정도 마찬가지이다. 조급한 사업아이템 결정은 실패의 원인이 될 확률이 매우 높다. 어느 사업아이템이 잘된다니까 자신의 경험이나 적성을 전혀 고려하지 않고 선택한다든지, 남의 말만 듣고 맹목적으로 사업아이템을 선정한다면 정말 위험천만한 일이다. 사업아이템은 여러 가지 절차와 과정을 거쳐 선택하는 것이 절대 필요하다. 좀 더 폭넓은 아이템으로부터 창업자의 적성과 경험에 맞는 소수의 사업아이템으로 축소해 오는 과정에서 예비 사업성 검토가 필요하고, 최종적으로 한 개의 사업아이템을 선택했다 하더라도, 그 제품에 대한 시장성·수익성·성장성·장래성, 그리고 창업자와의 적합성 등을 심층적으로 분석하지 않으면 안 된다. 조급한 사업아이템 결정이 사업실패의 원인이 되는 경우가 흔히 있기 때문이다.

(8) 유망 아이템에 대한 선입견을 버려라

유망 아이템이란 보는 관점에 따라 여러 각도에서 조명해 볼 수 있다. 우선 문자 그대로 유망 아이템이란 장래성이 있는 사업아이템을 말한다. 그러나 이 장래성이란 결코 사업성공 가능성과 직결된다고는 볼 수 없다. 아무리 장래성이 있다 하더라도 창업 초기를 잘 견뎌내지 못하면 사업이 본 궤도에 오르기도 전에 도산하고 만다. 따라서 장래성만 있다고 하여 유망한 사업아이템이라 부를 수는 없는 것이다.

엄격한 의미에서 유망 아이템이란 장래성·성장성·시장성·수익성·안정성·성공가능성이 있는 아이템이어야만 온전한 유망 사업아이템이 될 수 있는 것이다. 그러나 세상에는 결코 이런 요소들을 내포하고 있는 사업아이템이 없다고 보아도 과언이 아니다.

따라서 사업아이템을 선택할 때는 우선 유망 사업아이템에 너무 집착할 필요는 없다고 할 것이다. 100% 성공 가능한 안정성 높은 사업은 이 세상에 존재하지 않는다. 아무리 좋은 아이템이라 하더라도 경쟁자가 곧 참여할 수밖에 없으며, 경쟁자가 많은 업종은 실패할 확률도 그만큼 커지기 때문이다.

그러므로 유망 사업아이템에 대한 선입견을 버리는 일이 필요하다. 유망 업종이란 성공이 보장되는 업종이 아니라, 실패율이 비교적 낮은 업종으로서 부가가치가 있는 업종 정도로 정의하는 것이 적절하다고 보여진다. 유망 사업 아이템은 첨단산업 분야뿐만 아니라 사양산업이나 전근대적산업 분야에도 존재하고 있음을 재인식할 필요가 있다.

(9) 사양사업을 무시하지 말라

사업 구조상 사양사업 분야가 있게 마련이다. 사양사업의 주요 원인은 창의적인 아이디어 상품이라도 대중적인 인기가 없어 창업을 하면 항상 실패를 거듭하거나 종업원 임금문제 등으로 인하여 수지를 맞출 수 없는 경우에 흔히 발생한다. 그러나 사양산업으로 분류하고 있는 사업분야에서도 자기 나름대로 경영철학을 갖고 한 우물을 팜으로써 확고하고 안정된 위치를 확보한 창업자들도 적지 않다. 일반적으로 안 된다는 구조불황 업종, 사양사업의 경우에도 경영하기에 따라서는 사는 길이 열릴 수 있으며, 오히려 경쟁이 높은 사업분야보다 안정된 사업을 꾸려나갈 수 있다.

따라서 창업분야의 경우가 사양사업 분야라고 하여 사업아이템 자체가 존재하지 않는다고 생각하거나, 장래성이 없다고 단언해 버리는 일은 삼가야 할 것이다. 사업규모를 적게 하여 실속있게 영위할 수 있는 아이템을 찾아보면 적지 않은 유망사업 분야를 발견할 수 있을 것이다.

(10) 창업자의 적성·경험·능력을 최우선적으로 고려하라

사업아이템 선정에 있어서 가장 중요한 것은 창업자의 경험·적성·능력에 맞는 사업아이템을 선택하는 일이다. 아무리 좋은 아이템이라 하더라도 창업자가 잘 모르는 사업 분야라면 경영에 위기가 닥쳤을 때 대응능력이 부족하고, 경영전략 수립에도 한계가 있기 때문에 특별한 경우가 아닌 한 비전문 분야 창업은 삼가는 것이 좋다.

창업자의 적성은 사업가적 적성뿐만 아니라 사업분야에 대한 적성도 함께 고려해야 한다. 기술적 노하우가 없는 사람이라면 창업자 자신이 예전에 다녔던 직장과 관계된 업종이나 평소에 관심 있었던 사업아이템을 찾는 지혜가 필요하다. 또한 요식업, 의류 전문점, 잡화점, 액세서리점, 체인점, 자판업, IP사업 등 많은 업종이 있는 만큼 이들 분야에 대한 창업자의 적성 여부를 우선 고려해야 한다.

창업자의 사회적 경험이 사업아이템 선정에 중요한 요소로 작용되고 있다는 점도 간과해서는 안 된다. 현재 근무하고 있는 회사 및 그 회사의 취급 상품 내지는 근무부서에 따라서, 그리고 일상생활에서 주로 상대하는 인맥구성 내용 등에 따라 창업자 관심이 달라질 수밖에 없으며, 이와 같은 창업자의 다양한 사회적 경험이 사업아이템 선정과정에서 적극 반영되어야만 사업 성공확률이 높아지는 것이다.

창업자의 능력도 사업아이템 선정시 고려하여야만 할 중요한 항목이어서 사업에 관심이 있는 예비창업자라면 평소에 꾸준히 사업가적 능력개발에 관심을 갖지 않으면 안된다.

결국 사업아이템 선정시에는 다른 요소보다도 창업자의 적성·경험·능력을 우선적으로 고려하여야만 사업실패 확률이 낮고, 점포 경영상 위기가 닥쳐왔을 때도 위기 대처능력이 높아 안정된 사업을 영위해 나갈 수 있다고 하겠다.

제 3 절 유망 사업아이템의 선정

1. 유망 사업아이템의 선정 방법

(1) 유망사업의 판단 기준

창업자들의 가장 큰 고민은 성공가능성이 높은 유망사업을 찾을 수 있느냐 하는 것이다. 창업희망자들을 대상으로 실시한 설문조사 결과를 보면 창업의 최대 문제점은 바로 좋은 아이템을 찾는 일인 것으로 나타났다. 이런 조사결과는 어쩌면 너무나 당연한지도 모른다.

결혼을 함에 있어서 가장 중요한 일은 예식장이나 결혼예물을 고르는 일이 아니라 혼인할 상대자를 찾는 일이듯 창업을 하기 위해서는 무엇보다 먼저 창업할 사업아이템을 찾아야 한다. 또한 행복한 결혼생활의 첫째 조건이 자기의 마음에 꼭 드는 배우자를 선택하는 것이듯 성공적인 창업을 위한 첫째 조건도 자기 마음에 꼭 드는 사업아이템을 고르는 것이다.

현실적으로 볼 때도 창업을 하고 싶어도 창업할 아이템이 마땅치 않아 창업을 못하고 있는 경우가 대단히 많다.

실제로 좋은 창업아이템만 가지고 있으면 창업자금을 지원해 주는 캐피탈이나 금융회사는 많다. 더욱이 이미 그런 자금을 지원 받아 창업하여 내노라하는 기업을 일으킨 경우도 상당히 많다. 한마디로 유망 사업아이템만 가지고 있으면 자금을 지원 받을 수 있는 길은 많다는 것이다. 그러면 과연 어떤 사업이 유망사업일까? 우선 사업아이템을 찾는 일은 결혼상대자를 찾는 일과 매우 흡사하다. 우리는 보통 결혼상대자를 고를 때 감정과 이성이라는 2가지 잣대를 가지고 상대방을 평가하게 된다. 여기서 감정의 잣대라 함은 사랑과 연분의 잣대라 할 수 있고 이성의 잣대라 함은 직장, 학력, 가문, 재산, 건강 같은 현실적 조건의 잣대라 할 수 있다. 이 2가지 잣대는 어느 한쪽도 등한시할 수 없는 것이다. 왜냐하면 행복한 결혼생활은 사랑만으로 이루어지는 것도 아니고 경제적인 조건만으로 이루어지는 것도 아니기 때문이다. 손영일, 1997

(2) 거시적 유망사업과 미시적 유망사업

유망한 창업아이템을 고르는 데도 이와 똑같이 2가지 기준이 있는데 하나는 거시적 관점이라는 기준이고 다른 하나는 미시적 관점이라는 기준이다. 다시 말하면 유망사업에는 거시적 유망사업과 미시적 유망사업이라는 2가지 종류가 있다는 것이다.

먼저 거시적 유망사업이란 시대적 추세로 볼 때 발전가능성이 높은 미래의 사업을 두고 하는 말이다. 예를 들면, 요즈음 신문이나 방송에서 유망사업분야라고 입을 모으고 있는 정보통신분야, 생명공학분야, 우주항공분야 같은 첨단산업분야가 그런 것이다. 이런 사업분야는 현재 모든 사람들에 의해 앞으로 유망사업이 될 것이라고 점쳐지고 있다. 기업들 역시 이런 사업분야로 진출하기 위해 온갖 노력을 다 기울이고 있다.

이처럼 세상 사람들이 다 인정하고 있고 대기업들이 앞다투어 진출하고자 하는 사업분야라면 그것은 분명 유망한 사업분야일 것임이 틀림없다. 그래서 유망사업이 무엇인지 잘 모르는 일반인들은 그런 사업은 내가 하든 남이 하든 누가 해도 좋은 사업이라는 고정관념을 가지는 경향이 있다. 그러나 그런 사고방식은 위험천만한 사고방식이 아닐 수 없다. 왜냐하면 이러한 거시적 유망사업이란 현재의 성공에 무게가 있는 사업이 아니라 미래의 성공에 무게가 있는 사업이기 때문이다.

창업의 역사를 보면 많은 전문가들이 성공을 점쳤던 일이 실패하고 반대로 실패를 점쳤던 일이 성공한 경우가 수없이 많다. 그러나 그처럼 승패가 뒤바뀐 일이 있었다고는 하지만 전체적으로 보면 성공한 자에게는 최소한의 공통적인 성공이유가 있었고, 실패한 자에게는 최소한의 공통적인 실패이유가 있었다. 그러므로 성공하고자 하는 자는 무엇보다도 먼저 창업의 역사가 가르쳐 주는 공통적인 성공요인을 찾고 분석하는 데 앞장서야 할 것이다. 왜냐하면 남들이 공통적으로 성공한 길이라면 나도 그만큼 성공하기 쉬운 길이 있기 때문이다. 손영일, 1997

그런 의미에서 지금부터 창업의 역사가 말해 주는 거시적 관점의 성공요인과 미시적 관점의 성공요인은 무엇인지 살펴보기로 하자.

① 거시적 유망사업

유럽의 한 유명 신발회사가 아프리카 진출을 계획하고 두 번에 걸쳐 현지 시장조사 요원을 파견했다. 첫 번째 시장조사를 마치고 돌아온 직원은 이렇게 보고했다. '아프리카에서는 신발장사는 발상 자체부터가 잘못인 것 같습니다. 신발을 신는 사람이 있어야 신발을 팔 수 있을 텐데 아무도 신발을 신지 않으니 누구에게 신발을 팔겠습니까?'

그러나 두 번째 시장조사를 마치고 돌아온 직원은 다음과 같이 전혀 다른 보고를 했다. '아프리카의 신발시장은 그 가능성이 무궁무진합니다. 아직 단 한 사람도 신발을 신은 사람이 없으니 이들에게 신발을 신도록 한다면 얼마나 큰 시장이 되겠습니까?'

이 이야기는 세월이 흘러가는 상황에 대한 미시적 판단과 거시적 판단이 어떻게 다를 수 있는가를 단적으로 말해 준다. 아프리카에서의 신발장사는 당장 눈앞에 나타난 분명한 현실만을 따지는 미시적 관점에서 보면 어려울 것임이 틀림없지만 미래의 장기적인 전망으로 보면 엄청나게 좋은 시장임이 틀림없다.

창업은 근본적으로 오늘의 성공보다는 내일의 성공을 전제로 하는 일이다. 비록 시작은 보잘것 없더라도 갈수록 성공할 확률이 높은 사업이라면 모든 창업희망자들은 그 길을 선택할 것임이 분명하다.

따라서 창업자는 우선 거시적 관점에서 사업의 기본방향을 제대로 잡아야 한다. 만일 자기가 선택한 사업의 기본방향이 거시적 관점에서 볼 때 도저히 성공할 수 없는 잘못된 방향이라면 성공할 가능성은 그만큼 희박할 수밖에 없다.

그러나 여기서 창업자들이 한 가지 혼돈하지 말아야 할 사실이 있다. 그것은 창업이 아무리 내일의 성공을 전제로 하는 것이고, 그래서 사업아이템을 선정할 때 거시적 관점에서 유망사업을 찾아야 한다 할지라도 대부분의 경우 거시적 유망사업은 기존기업, 특히 대기업을 위한 유망사업은 될 수 있어도 창업 중소기업이나 소상공인을 위한 유망사업은 될 수 없다는 사실이다.

거시적 유망사업은 중소기업이나 소상공인들의 창업에 참고사항은 될 수 있을지 몰라도 현실적으로 선택할 수 있는 유망사업 아이템이라고 보기는 힘든 경우가 많다. 그러면 중소기업이나 소상공업 창업자가 현실적으로 선택할 수 있는 유망사업 아이템은 어떤 것일까? 그것은 바로 미시적 유망사업 아이템이다.

② 미시적 유망사업

미시적 유망사업이란 한마디로 자신이 가진 제반여건을 감안할 때 현실적으로 자기에게 가장 좋은 사업아이템을 말한다. 중소기업이나 소상공인이 창업할 때 선택해야 할 아이템은 바로 미시적 입장의 좋은 아이템이다. 창업에 관한 한 천만 사람에게 좋아도 나에게 나쁘면 그것은 나쁜 아이템이다.

일반적으로 창업도전자들은 이 점을 등한시하는 경향이 있다. 특히 기술분야가 아니고 인문분야에서 일한 경력을 가진 사람들은 이런 점을 무시하는 경향이 높다. 그들은 마치 맛좋은 사과는 내가 먹으나 남이 먹으나 맛좋은 사과이듯 좋은 사업은 내가 하나 남이 하나 좋은 사업이라는 생각을 가지고 있다. 그러나 그런 생각은 미시적 입장의 좋은 아이템이 진실로 나에게 좋은 아이템이라는 창업아이템 선정원칙도 모르는 크게 잘못된 생각이다.

"사업아이템을 고르는 일은 사과를 고르는 일과 같은 것이 아니라 서로 다른 동물들이 먹이를 고르는 일과 같다. 소와 말은 풀을 좋아하지만 사자나 호랑이는 고기를 좋아한다. 객관적으로 보면 고기도 좋은 먹이이고 풀도 좋은 먹이이다. 그러나 육식동물에게는 풀이 소용없는 먹이이고 채식동물에게는 고기가 소용없는 먹이이다. 그러므로 소와 말에게는 고기가 나쁜 음식이고 사자나 호랑이에게는 풀이 나쁜 음식이다. 이처럼 나에게 좋지 않은 것은 아무리 많아도 소용없는 것이다."

따라서 유망 사업아이템이란 창업자 자신의 종합적인 여건에 가장 알맞는 아이템이 유망한 사업아이템이다.

2. 유망 사업아이템의 선정전략

"창업성공을 위해선 자신의 경쟁력이 무엇인지를 알고, 거기에 맞는 창업모델로 가야 합니다." 송기영 아서 디 리틀(ADL) 이사는 3일 서울 웨스틴조선호텔에서 열린 2013 대한민국 창조창업대전에서 글로벌 창업 성공모델을 소개하며 이같이 말했다. 이날 행사는 청년 창업가들에게 창조 창업의 노하우를 제시하기 위해 매경미디어그룹 경제전문 채널 M머니가 컨설팅회사 ADL과 함께 주최했다. M머니와 ADL이 제시한 창업 성공 요인은 기업 비전과 충실한 파트너, 독자적인 기술, 차별화된 사업모델, 기업의 타깃 시장 등 5가지를 꼽았다. 송 이사는 이 중 "비전과 파트너는 어떤 사업모델에서는 반드시 필요하다"고 전제했다. 그러면서 ▸기술에 방점을 둔 기술형, ▸획기적 사업모델을 도입한 혁신형, ▸자기만의 시장을 찾는 틈새형, ▸성공요인을 고루 갖춘 표준형 창업 등 4가지 창업모델을 제시했다. 나노기술과 광디자인에 전력투구한 크루셜텍이 기술형 기업, 여행객과 민박을 이어주는 사업모델을 창조한 미국 숙박서비스 기업 에어비앤비가 혁신형 기업의 대표적인 예로 각각 꼽혔다. 윤종록 미래창조과학부 2차관은 기조연설을 통해 "미국 실업률이 2년 새 9.8%에서 7.4%까지 떨어진 것은 버락 오바마 대통령의 창업국가 정책이 있었기 때문"이라며 창조경제는 박근혜 정부의 정책이 아니라 21세기의 피할 수 없는 패러다임이라고 말했다. 장대환 매경미디어그룹 회장은 창조창업대전은 성장의 벽에 맞닥뜨린 한국경제가 나아갈 방향을 제시하고, 예비 CEO들에게 행동지침을 알려주는 자리라며, 창조경제 실현을 위해선 모두의 혁신과 선구자 정신이 필요하다고 강조했다. 매일경제신문, 2013.12.4

(1) 유망 사업아이템

흔히 사업아이템을 선정할 때 가장 중요시 여기는 부분은 바로 그 사업의 전망이다. 이는 달리 말해 '과연 이 아이템이 유망한가?'라는 문제로 창업의 핵심이 된다. "유망 아이템의 엄격한 의미는 성장성, 즉 장래성이 있고 사업의 궁극적인 목적이라 할 수 있는 수익률이 높은 업종으로서 안정적인 매출 실현이 가능할 뿐만 아니라 자금회전율이 높은 업종이라 할 수 있다."

그러나 현실적으로 이런 유망업종을 찾기란 거의 불가능하다. 만약 이런 사업아이템이 있다면 이미 많은 업체가 성업 혹은 창업 예정 중일 것이 틀림없으며, 그렇다면 오히려 유망 아이템이라기보다는 실패율이 높은 업종으로 분류할 수 있을 것이다. 아무리 좋은 아이템이라 하더라도 경쟁자가 많은 업종은 실패할 확률이 높기 때문이다.

따라서 유망 아이템이란 돈벌이가 확실한 업종이라기보다는 "실패율이 낮은 업종으로서 어느 정도의 부가가치가 있고, 기본시장이 존재하여 향후 수요 확대의 여지가 큰 업종 정도로 해석하는 것이 창업자에게 적절하다고 보여진다." 왜냐하면 창업이란 너무 낙관적이면 방심하게 되고, 사업을 통해 일확천금을 노리다 보면 곧 실패의 문턱에 이를 수 있기 때문이다.

그러므로 사업아이템 선정 시 유행에 휩쓸려 인기 있는 아이템만을 선정하고 사업을 시작하면 결국은 동 업체들과의 지나친 경쟁으로 인해 사업운영이 힘든 경우가 많으므로 시류(時流)에 휩쓸린 섣부른 아이템 선정은 금물이라고 하겠다. 그 좋은 예로 한때 유망 아이템으로 인기를 끌었으나 얼마 지나지 않아 사람들의 기억 속에서 사라진 '생 조개구이 전문점'을 들 수 있다.

(2) 유망 업종의 기본요건

① 작고 실속 있는 업종의 선택

창업을 하려면 장차 거래소 상장이라도 할 만한 업종을 선택하고 싶은 것이 창업자의 욕망이겠지만 사업이란 욕심만으로 되는 것이 아니므로 창업 초기에는 작고 실속 있는 업종 선택이 절대 필요하다.

② 시류에 맞는 업종 선택

시류에 맞는 업종을 선택하면 비교적 쉽게 창업에 성공할 수 있는 길이 열릴 확률이 높다. 시류에 맞지 않는 사업은 창업자가 아무리 열심히 팔려고 해도 매출이 쉽게 늘지 않는 반면에, 시류에 잘 맞는 사업은 창업자가 조금만 노력하여도 고객이 찾아와서 사주는 것이라 생각할 수 있다. 결국 시류에 맞는 업종 선택이 경제적인 창업효과를 거둘 수 있는 이점이 있다는 말이 된다. 시류에 맞는 업종 선택의 첫째 포인트는 정확한 시장 예측력에 있다. 둘째 포인트는 선진국의 산업 흐름과 유망 업종의 국내 상륙 가능 적기를 포착하는 일이다.

③ 대기업이 참여하기 곤란한 새로운 분야의 사업 선택

창업하려고 하는 사람은 먼저 자신의 경험 및 능력과 자금조달 가능 범위 내에서 시작할 수 있는 업종을 우선적으로 고려해야 한다. 해당 사업이 누가 생각해도 유망한 사업이어서는 곤란하다. 대기업이 막대한 자금과 짜임새 있는 조직력으로 성장분야 산업에 참여하는 경우가 흔히 있기 때문이다. 우리나라가 무역적자 걱정이 한창이던 1990년, 91년, 그리고 그 이후에도 외제 소비재 수입에 열을 올린 대기업이 상당수 있었다는 사실만 보아도 짐작이 가는 상황이다. 모처럼 좋은 기회를 포착하여 창업하고, 창업 초기 고생해서 개척한 황금시장을 고스란히 대기업에게 바치게 되는 것은 시간문제인 것이다. 그러면 대기업이 참여할 수 없는 새로운 사업분야 개발 방법에는 어떤 것이 있을까?

첫째로 중소기업을 위해 정책적으로 지원하고 있는 업종으로서 지식경제부장관이 고시한 중소기업 우선 육성업종, 중소기업 계열화업종, 중소기업 고유업종과 공업배치 및 공장설립에 관한 법 시행령에 규정하고 있는 도시형 업종 및 벤처기업 육성에 관한 특별조치법상의 벤처업종 중 자기에게 적합한 업종이나 제품으로 창업할 수 있는 기회를 포착할 필요가 있다.

둘째는 차세대 성장산업의 부수산업, 부품산업 및 아웃소싱 형태로부터 사업 가능성을 찾아볼 필요가 있다.

④ 자본규모에 적정한 업종 선택

아무리 좋은 업종이라도 자금이 뒷받침되지 않은 사업 구상은 허구에 불과하고 결국 실패로 이어질 수밖에 없는 것이다. 따라서 업종 선택은 자금조달이 가능한 자본규모와 연결하여 검토하는 것이 필수적이다

(3) 유망 사업아이템 찾는 법

① 잘 아는 전문분야를 선택하라

창업에 관한 통계수치를 보면 잘 아는 전문분야를 선택했던 창업자의 성공률을 100으로 볼 때 모르는 무관분야에 뛰어들어 성공한 비율은 20%도 채 되지 않는다. 다시 말하면 전문분야를 선택했을 때의 성공률이 무관분야를 선택했을 때의 성공률보다 5배나 더 높다는 것이다.

송충이는 솔잎을 먹어야 산다는 말이 있듯 실제로 대부분의 창업은 자기가 잘 알고 있는 분야에서 행해지고 있으며, 또 당연히 그렇게 되어야 한다.

② 자금회전 기간이 짧은 아이템을 선정하라

중소기업이나 소상공인이 창업하면서 3년, 4년이 지나야 겨우 수입이 생길 수 있는 장기 프로젝트를 가지고 나선다면 이미 실패를 안고 나서는 것이나 마찬가지이다. 적은 돈을 가지고 가장 안전하게 사업을 할 수 있는 최선의 방법은 자금회전율을 높이는 것이다.

기업의 자금은 사람의 핏줄과도 같다. 사람 몸에 피가 제대로 흐르지 못하면 온갖 병이 생기듯 기업이라는 조직체에 자금이 제대로 흐르지 못하면 온갖 문제가 생긴다. 자금회전이 느리고 길면 이는 그 기업체에 자금이라는 피가 제대로 흐르지 않는 것과 같아 십중팔구 큰 문제가 생기고 만다.

③ 시장창출형 아이템을 선택하라

사업아이템 중에는 갈수록 스스로 시장을 잠식해 들어가는 아이템이 있고 갈수록 시장을 창출해 가는 아이템이 있다. 예를 들면, 백과사전의 경우 한 번 구매한 고객은 수십 년, 심한 경우 평생 동안 다시 구매할 가능성이 없다. 그러므로 백과사전 한 권을 팔았다는 말은 고객 한 사람을 영원히 잃어버렸다는 말이 된다. 이런 아이템을 시장잠식형 아이템이라고 한다.

반면 커피나 담배 같은 기호식품은 중독성을 가지고 있기 때문에 한 번 구매한 고객은 두번 세번 연달아 구매하게 된다. 이런 아이템을 시장창출형 아이템이라고 한다. 이처럼 시장창출형 아이템은 하나를 팔고 나면 가만히 앉아 있어도 자동적으로 두개 세개를 팔게 되므로 가급적이면 이런 시장창출형 아이템을 선정하는 것이 좋다.

물론 각 아이템은 수요와 공급의 법칙에 의해 자동 조정되고 있으므로 시장잠식형은 반드시 나쁘고 시장창출형은 반드시 좋다고 말할 수는 없다. 예를 들면, 시장창출형 아이템인 경우는 예외없이 경쟁이 심하고 인위적 시장조작이 심하므로 창업시 이런 점을 각별히 유의하여야 할 것이다.

④ 국내외 초유의 신개발품은 피하라

지금까지 누구도 들어보지 못한 신개발품은 아무리 그 제품의 기능이 좋고 듣기만 하면 안사고 못 배길 것 같은 아이템이라도 그런 제품은 손대지 않는 것이 좋다.

막상 창업을 하려고 보면 사실 손대 볼 만한 아이템이 없음을 절감하게 된다. 옷 장사를 해볼까 하고 시장조사를 해보면 넘치는 게 옷이고 신발장사를 해볼까 하고 시장조사를 해보면 넘치는 게 신발이다.

이것은 서비스업인 경우에도 마찬가지이다. 우리나라도 중진국이 되었다 하여 여행객이 하루가 다르게 늘어나고 있음을 감안하여 여행사를 해볼까 하고 시장을 조사해 보면 넘치는 게 여행사이고, 패스트푸드점이 인기 있다 하여 햄버거 가게를 해볼까 하고 시장을 조사해 보면 눈에 뜨이는 게 햄버거 가게이다. 그래서 뭔가 남들이 하지 않는 것이 없나 하고 수소문을 하게 되고, 그러다 보면 아무도 손댄 일이 없는 신개발품에 귀가 솔깃하게 된다.

그러나 창업의 역사가 말해 주는 결론은 그런 신개발품은 성공률보다 실패율이 훨씬 높다는 것이다. 상식적으로 생각해 보면 그런 신개발 제품, 혹은 특허품은 경쟁자가 없는 완전독점 아이템이므로 사업이 잘 될 것 같아 보이지만 속을 자세히 들여다보면 전혀 그렇지 않다. 이런 신개발품이 실패하는 주된 이유는 제품과 상품이 다르다는 사실을 미처 깨닫지 못하기 때문이다.

제품이란 판매 여부와는 관계없이 이용가치가 있는 일체의 물건을 말하고 상품이란 판매를 전제로 하는 물건을 말한다. 그런데 사업을 하는 한 그것은 판매를 전제로 하는 것이며, 따라서 겉으로 보기에 아무리 멋지고 이용가치가 많아 보여도 고객이 사주지 않는다면 그것은 나쁜 상품이 되고 만다. 신개발품은 바로 이런 점에서 제품으로서는 좋아도 상품으로서는 나쁜 경우가 대부분이다.

그러면 신개발품은 왜 이렇게 제품으로는 좋아도 상품으로는 나쁜 경우가 많은 것일까? 우선 신개발품은 충분히 소비자검증을 거치지 않는 상품이다. 제품개발자 입장에서는 아무리 완벽하게 개발했다고 해도 수천 수만 명이 실제로 사용하다 보면 생각지도 않았던 문제점이 생길 수 있다.

한마디로 신제품은 시제품이라고 보면 된다. 시제품이란 앞으로 수없이 고치고 보완해야 할 제품이다. 그런 시제품을 가지고 사업을 한다는 것은 상품화되어 팔리기 이전에 그 제품의 미비점을 고치고 보완하는 데 세월과 자금을 투자해야 하므로 소규모 창업자로서는 가다가다 결국 배겨내지 못하고 중도에서 손들고 마는 것이다.

그러므로 아무도 손대지 않은 신개발품은 십중팔구 실패할 아이템이라 보아도 무방하며 그런 의미에서 신제품은 신물나는 제품이라고 말하는 사람도 많다.

그러나 여기서 한 가지 의문을 가질 수 있다. 그것은 다름 아니라 신제품은 시제품이므로 성공하기보다는 실패하기 쉬운 아이템이라고 하지만 현실적으로 모든 기업들은 매년 신제품을 개발하여 큰돈을 벌고 있다는 점이다. 물론 기존기업 혹은 대기업에게는 신제품이 신나는 제품임이 틀림없다. 그러나 창업자에게는 분명 그런 논리는 성립되지 않는다.

⑤ 뒤끝이 깨끗한 아이템을 선택하라

이는 한마디로 애프터서비스의 비중이 적은 아이템을 선정하라는 것이다. 방대한 조직을 가진 대기업은 사업성만 있다면 애프터서비스 같은 것은 조금도 문제될 것이 없다.

그러나 소규모 창업기업인 경우 애프터서비스의 비중이 높게 되면 애프터서비스를 위한 새로운 조직을 갖추어야 하며 그러다 보면 물건값보다 애프터서비스 비용이 더 먹힐 수도 있다. 그리고 그렇게 되면 거리가 먼 곳에는 팔고 싶어도 팔 수 없는 경우마저 생길 수 있다. 더욱이 애프터서비스에 대한 불만이 제품 자체에 대한 불신으로 연결되어 근거 없는 비방이 나돌 수도 있다.

⑥ 소비성이 강한 생필 소비재를 선택하라

창업은 물론 전문업 최선의 원칙에 따라 자기가 잘 아는 분야를 창업하는 것이 최선 중의 최선이다. 그러나 만일 그런 특별한 전문분야가 없거나 어쩔 수 없이 전문분야를 포기해야 할 경우라면 생필 소비재분야가 무난하다는 것이다.

중소기업이나 소상공인이 창업을 하면서 내구재 혹은 자본재 사업에 뛰어드는 것은 시작부터 너무 무거운 짐을 지고 나서는 것과 같으므로 중도에서 무너질 가능성이 매우 높다. 왜냐하면 내구재와 자본재는 자금의 회전기간이 길고 상당한 전문지식 없이는 할 수 없는 일이기 때문이다.

그러나 이에 비해 일반소비재는 자금의 회전기간이 짧고 창업자금도 적게 소요되므로 그만큼 부담이 적다. 뿐만 아니라 일반소비재는 사전에 특별한 지식을 가지고 있지 않더라도 평소 생활 속에서 늘 접해 왔던 아이템들이기 때문에 빠른 시간 내에 전문지식을 습득하기가 쉽다.

특히 소비재는 인기 여하에 따라서 매출을 높일 수 있는 가능성이 높다. 기업을 이끌어 가는 견인차 역할을 하는 것은 매출이다. 매출이 높으면 다소 손해가 있어도 당장 망하지는 않는다. 소비성이 강한 아이템은 수요가 많고 회전이 빠르기 때문에 매출을 높이는 데 도움이 된다. 또 의식주 생활과 관련된 소비재 아이템은 기업이 점차 성장할 수 있는 기본 조건이기도 하다.

우리나라든 남의 나라든 대부분의 대기업들은 생필 소비재 아이템으로부터 그들의 사업을 시작했던 회사들이다.

이런 현상은 앞으로 인간의 문명이 아무리 발달해도 크게 달라지지 않을 것이며 또 달라질 수도 없을 것이다. 왜냐하면 인간은 어떤 경우라도 의식주 생활에 필요한 기본적인 물자의 소비 없이는 살 수 없기 때문이다.

그러나 이런 아이템은 경쟁이 심하다는 단점을 안고 있다. 슈퍼마켓이나 백화점에 가보면 넘쳐나는 것이 소비재품목들이다. 그러므로 소비재를 선택할 때는 기본 제품과의 차별화를 시도하는 것이 매우 중요하다. 따라서 차별화에만 성공한다면 소비재 사업분야는 창업자에게 좋은 기회를 안겨 줄 수도 있다.

⑦ 계절성이 지나치게 강한 아이템은 피하라

계절성이 강하다는 말은 사업의 연속성이 보장되지 않는다는 말이다. 한 철은 장사가 잘됐다가 한 철은 장사가 안 되는 그런 사업은 기업의 유동성에 문제를 야기시킬 수 있기 때문이다.

물론 수출시장을 개척할 수 있다면 그러한 계절성을 극복할 수 있겠지만 창업 중소기업이나 소상공인이 수출시장을 개척한다는 것은 그리 쉬운 일이 아니다. 일반적으로 대부분의 중소기업이나 소상공인은 내수시장에서 어느 정도 발판을 굳힌 다음 수출시장의 문을 두드리는 것이 보통이다.

현실적으로 볼 때도 계절성이 강한 아이템은 기업적 성격을 띤 아이템이라기보다는 지역 특산물적 성격 혹은 농어촌의 부업적 성격을 띠는 경향이 높다.

예를 들면, 단양 죽세품, 화개 녹차, 기장 미역, 강화도 화문석, 한산 모시 같은 것은 기업적 성격보다는 특산품적 성격이 강한 아이템들이다. 따라서 이런 제품은 장사적 성공은 가능할지 몰라도 기업적 성공은 기대하기 힘든 아이템들이다.

이 밖에도 물류비가 적게 드는 아이템, 고객층이 넓은 아이템, 유행을 적게 타는 아이템, 재고처리가 용이한 아이템, 장기간 보관이 가능한 아이템 등 많은 고려사항이 있긴 하지만 대부분의 핵심사항만 충족된다면 부수적인 문제는 그때그때 얼마든지 대처해 나갈 수 있을 것이다.

⑧ 업종의 생명주기를 파악하라

창업 업종들은 사람처럼 태어나 성장하고 늙은 뒤 사라진다. 좋은 창업 아이템들은 대부분 업종의 발전단계상 도입기나 성장단계에 있는 것들이라고 할 수 있다. 도입기나 성장기의 업종들은 밀려오는 큰 조류에 올라타 있는 것이나 마찬가지이므로 작은 노력이라도 큰 성과를 거둘 수 있다. 그러나 시장규모가 아직 작은 아이디어성 사업 중에는 생명주기에 따라 업종분류가 힘든 경우도 있다. 때로는 이들 사업의 경우 다른 사업과 병행하면서 시장여건이 성숙하기를 기다려야 하는 특성을 가지고 있는 경우도 있다. 현재 성공할 수 있는 성장업종들을 골라보면 다음 〈표 2-4〉와 같다.

표 2-4 업종의 생명주기

생명주기	업 종
도 입 기	테마형 노래방, 풍선장식사업, 인터넷교육, 순간조형물제작, 즉석대용식전문점, 베트남식 쌀국수, 힙합의류전문점, 맞춤출판, 종합미용살롱, 이미지카페, 이색 골프연습장, 낮잠방, 코믹스토어, 인터넷배달업, 시간제 샤브샤브, 허브숍
성 장 기	컴퓨터사진관, 즉석방앗간쌀집, 스파게티전문점, 온라인인쇄편의점, 제과커피점, 스포츠마사지방, 곱창전문점, 순대전문점, 숯불치킨호프집, 청소대행업, 시스템가구전문점, 캐릭터사업, 서비스형자판기, 도넛전문점, 케이크카페, 초음파셀프미용업, 콜라텍, 중고제품전문점, 수공리본제작업, 케밥전문점
성 숙 기	PC게임방, 화장품할인점, 비디오숍, 사무편의점, 건강이유식점, 패스트푸드점, 도시락전문점, 세탁편의점, 산후조리업, 컴퓨터인쇄업, 아이스크림전문점, 향기사업, 포장이사업, 칼국수전문점, 김밥전문, 도시락 배달업, 꼬치술집
쇠 퇴 기	스티커포토숍, 철물점, 즉석소세지집, 탕수육전문점, 다트전문점, 실내사격장, 영상독서실, 할인서비스업, 빨래방, 양품점, 도서대여점, 제과점, 부동산중개소, 액세서리점, 꽃집

(4) 신사업을 찾는 방법

정보통신 기술의 비약적 발달로 지역 시장의 구분이 무의미해지고, 산업 간 경계가 모호해지면서 전통적인 경쟁 상대 이외에 인접 산업 영역으로부터 새로운 경쟁자가 등장하고 있다. '남이 가지 않은 길'을 찾는 것은 거의 불가능해졌다. 최근 화두가 되고 있는 해외 상품 직접구매(직구)와 이종산업 간의 치열한 경쟁은 이런 상황을 극명하게 보여준다. 소비자들은 이제 전 세계 시장에서 공급되는 상품 및 가격에 대한 정보를 손쉽게 얻고 있으며, 이를 바탕으로 합리적인 소비 활동을 한다. 전 세계 TV 시장에서 1위를 차지한 삼성은 가장 강력한 경쟁상대로 LG나 SONY가 아니라 Google을 꼽고 있다. 어려워진 환경에서 신사업을 효과적으로 육성하기 위해서는 접근 방식을 근본적으로 바꿀 필요가 있다.

첫째, 기업이 보유한 역량을 명확히 정의하고 이를 바탕으로 타 기업에 비해 차별적인 진입이 가능한 사업을 찾아야 한다. 이때 기존의 산업구분에 국한될 필요는 없다.

둘째, 작은 규모의 인수·합병을 적극 고려해야 한다. 농사를 짓기 위해 종묘를 구매하듯, 씨앗이 될 만한 기업을 인수한 후 키워나가는 방식이 신산업에 진출할 시간을 단축하고 성공확률 측면에서 유리할 수 있다.

셋째, '양손잡이 기업문화(Ambid extrous Culture)'를 갖추어야 한다. 대기업 위주의 기업 문화나 프로세스만으로는 애써 틔운 싹을 스스로 죽일 수 있다. 그렇다고 신사업 위주로 기업 문화를 완전히 바꾸는 것은 기존 캐시 카우 사업의 안정성과 수익성을 해칠 수 있다. 두 가지 기업 문화를 조화시킬 수 있어야 한다. 매일경제, 2014.3.17.

사례 2

도매업소 100여 곳 꿰뚫어 좋은 재료 값싸게 받죠

나홀로 점포 창업 성공비결을 보여주는 성공 사례이다. 2009년 8월 28일 영등포구 도림동 소재 횟집 '현대수산'. 식사시간이라고 하기엔 늦은 오후 2시지만 식당 안은 손님들로 가득하다. 잠시 기다린 뒤 자리를 잡고 '점심특선'을 주문하자 참돔·우럭·광어회가 적당한 크기로 썰려 나왔다. 이어 모둠초밥과 살이 도톰하게 오른 청어구이, 튀김, 매운탕, 알밥 등 8가지 수산물 요리가 한 상 가득 차려졌다. 가격은 9,000원으로, 커피 두세 잔 값이면 신선한 수산물 요리로 한 끼 식사를 푸짐하게 즐길 수 있는 셈이다.

사실 현대수산은 인근에서는 소문난 맛집이다. 지하철 2호선 신도림역에서 도보로 10분 남짓 걸리는 곳에 위치해 입지가 좋다고 할 수는 없지만 식사시간이면 자리를 잡으려는 행렬이 문 밖으로 기다랗게 늘어서 있다. 현대수산의 월평균 매출은 무려 7,000만원 선으로 임차료와 재료비, 인건비 등 비용을 제한 순수익은 1,000만원을 훌쩍 넘는다. 외식업의 경우 점포당 월매출이 3,000만원 선이면 성공한 곳으로 보는데, 이곳은 거의 두 배에 달하는 실적을 올리고 있는 것이다. 프랜차이즈 가맹점이 아니어서 본사에서 체계적인 홍보·관리지원을 받지 않았음에도 이처럼 대박 점포를 일군 비결이 뭘까.

강태구 현대수산 대표(39)는 경북 영덕 출신으로 고등학교 졸업 후 돈을 벌기 위해 상경했다. 그는 식당 아르바이트, 막노동 등 갖은 고생을 해 모은 종잣돈으로 고향 친구들과 함께 고깃집을 열었다. 하지만 첫 도전은 완전히 실패했다. 상권조사, 판촉 홍보전략 수립 등 창업 전 해야 할 일들을 하지 않은 상태에서 점포 문을 연 탓에 식당운영이 완전히 엉망이었다. 손님이 없어 파리를 날리기 일쑤였고 미리 확보한 고기, 채소 등 재료가 상해 통째로 버리는 일이 다반사였다. 엎친 데 덮친 격으로 동업하던 친구들마저 짐을 싸 고향으로 내려갔다.

고깃집 경영 실패로 강 대표는 치명타를 입었다. 그동안 모아놨던 돈을 모두 쏟아부었던 터라 수중에 1,000원짜리 한 장 남지 않았다. 점포를 정리하는 과정에서 빚까지 지게 됐다. 강 대표는 순전히 부채를 해결하기 위해 지인 소개로 수산물 유통업에 발을 들여놨다. 이후 강 대표 인생은 완전히 뒤바뀌었다.

그가 한 일은 수산물 도매업으로, 포구나 어촌에 내려가 수산물을 직접 구입한 후 이를 인천 연안부두, 노량진 등에서 소매상에게 넘기고 돈을 받았다. 남는 돈은 무조건 저축했다.

그러기를 수년이 지나는 동안 수중에 어느 정도 돈이 모인 것을 확인한 강 대표는 다시 한번 사업에 도전했다. 2006년 말 도림동 도로변 신축 건물에 보증금 6,000만원, 월세 300만원에 112m2(34평) 규모로 현대수산을 열었다. 프랜차이즈가 아닌 독립점포 창업이었기 때문에 가맹비, 교육비, 판촉비 등을 포함한 1,000만원대 초기 가맹비용이 들지 않았다. 강 대표가 가장 먼저 한 일은 안정적인 유통망 확보였다. 도매상을 해본 경험이 있는 데다 프랜차이즈와는 달리 본사 유통지원이 전무하기 때문에 스스로 유통망을 갖춰야 한다는 판단에 따른 것이었다.

강 대표는 인천 연안부두에 있는 100여 도매업장을 돌아다니며 각각의 특징을 파악했다. 개중에는 도매업자로 활동하던 시절 안면을 튼 이들도 있었고 그렇지 않은 이도 있었다. 일주일 후 그의 노트에는 활어를 사려면 어디를 가야 하는지, 수입산을 구하려면 어느 곳을 통하면 되는지 등 정보가 빼곡히 적혔다. 강 대표는 자신이 필기한 업장들을 돌아다니며 구매의사를 밝히고 거래처를 텄다. 이런 방식으로 그는 안정적인 재료 공급처를 확보했다. 이것이 전부가 아니었다. 강 대표는 매일 새벽 3~4시면 어김없이 연안부두로 나갔다. 이 시간에는 구매자들이 그리 많지 않기 때문에 당일 올라온 싱싱한 횟감 중에서도 품질 좋은 것들을 선별해 구입할 수 있다.

"식당업자들은 대개 노량진 수산시장 등에 나가 재료를 구입하지만 저는 직접 도매업장에 나갔어요. 이럴 경우 비용의 15~20%를 줄일 수 있지요." 강 대표는 "창업 전에 주요 재료 공급처를 미리 확보해야 가게를 열었을 때 재료 수급과 관련한 시행착오를 줄일 수 있다"고 말했다. 공급처와 관계유지를 위한 노력도 필요하다. 강 대표는 거래처 경조사라면 만사를 제치고 챙긴다. 인간적인 관계가 유지돼야 싱싱하고 질 좋은 재료를 꾸준하게 공급받을 수 있다. 좋은 상품을 걸러낼 수 있는 안목을 기르기 위해 공부도 게을리 해서는 안 된다.

나홀로 점포 창업 성공하려면

1. 안정적인 유통망 확보는 기본 중 기본
2. 일찍 일어날수록 좋은 재료를 확보할 수 있다.
3. 거래선과는 친구처럼 지내라.
4. 좋은 재료 선별을 위해 꾸준히 공부해야
5. 매출목표는 조금 낮은 듯한 수준에서 잡아라.

강 대표는 "광어는 머리와 꼬리 살 두께가 일정한지 보고 지느러미 살이 두껍게 붙어 있는지 살핀다. 우럭은 색상이 옅고 투명한 느낌을 주는 것이 싱싱하고 맛이 좋다"고 말했다. 이어 "재료 고르는 법을 스스로 깨우쳐야 한다"며 "전문가에게 조언을 구하고 직접 재료 고르기를 반복하는 것이 필요하다"고 얘기했다.

독립점포 창업일 경우 초반 가게 인지도가 낮기 때문에 프랜차이즈 형태 식당들과 비슷하게 가격을 책정해서는 실패할 가능성이 크다. 강 대표는 "가맹점포가 대개 25% 전후로 마진율을 책정하지만 우리 가게는 15%를 넘지 않는다"며 "맛에 그리 큰 문제가 없다면 가격이 낮을수록 단골을 확보하기가 용이하다"고 말했다. 그는 "독립창업은 가맹창업에 비해 성공 가능성이 떨어지지만 내가 원하는 대로 사업을 펼칠 수 있는 매력이 있다"며 "유통망을 확보하는 것이 가장 중요하므로 창업 전 안정적인 재료 수급 대책을 확보해야 한다"고 강조했다.

〈자료: 매일경제신문〉

제4절 창업자에 맞는 사업아이템

1. 자신의 성격에 맞는 사업아이템 조사

창업을 할 때 업종을 정하는데 창업자 성격의 장·단점이 큰 변수가 된다는 것을 모르는 사람들이 많다. 대다수의 사람들이 창업 시 가장 큰 비중을 두고 고려하는 부분은 '어떤 아이템이 수익이 많이 나는 아이템일까?'라는 점일 것이다. 하지만 자신의 성격에 대한 철저한 분석이 없이 시작한 창업에서 실패의 사례를 우리 주위에서 빈번하게 볼 수 있다. 예를 들면, 소극적인 사람이 판매업에 뛰어든다든지, 그다지 손재주가 없는 사람이 제작업을 한다든지 하는 식이다.

이렇듯 자신의 적성에 대한 고려 없이 무작정 사업성이 좋은 아이템으로 창업하려고 하는 사람들이 많이 있기 때문에 자신의 적성을 잘 파악하는 것이 실패를 방지하는 방법이 된다. 따라서 아이템 선택의 중요성은 나에게 어떤 유형의 아이템이 맞는지 미리 조사하여 둘 필요가 있는 것이다.

2. 성격 유형에 따른 아이템 유형

(1) 외향·사교형

대개 전직 경험이 교직자, 유통관련 근무자, 홍보 및 영업부문 종사자, 보험회사 근무자 등이 이 범주에 속한다. 적극적이고 저돌적인 성격을 가지고 있는 경우가 많으며 주로 유통 판매업, 세일즈 사업 등 대인 접촉이 많은 업종을 택하는 것이 좋다.

(2) 내향·침착형

전직이 사무직 종사자이거나, 전업 주부, 교직자, 예술가 등이 이에 해당된다. 큰 홍보활동 없이도 고객이 꾸준히 찾아오는 생활용품 및 잡화 관련 업종

표 2-5 성격유형에 따른 아이템 유형

성격 유형	적성 아이템 유형
외향·사교형	외판업, 웨딩 이벤트업, 창업 이벤트업, 광고업, 인력공급 및 고용알선업, 여행알선 및 여행 보조업 등
내향·침착형	아동의류, 신발할인 판매점, 완구, 팬시·캐릭터 전문점, 여성의류 전문점, 꽃집, 전통찻집, 숙박업, 정보제공업, 체인학원업, 독서실, 도서·CD·학습교재 대여점, 어린이 놀이방, 컴퓨터 학습방 등
아이디어형	정보통신업, 과학모형기기 전문점, 부가통신업, 소프트웨어 개발 및 공급업 등
우직·원칙주의형	채소 및 과일 택배업, 단체급식 전문점, 음식출장조달 서비스업, 자료전산 처리업, 일반음식 전문점, 소규모 할부금융, 렌탈업, 청소용역업, 자동차수리 및 셀프세차업, 중고컴퓨터, 가전제품 수리업, 통신판매업, 주택수리 및 가구 리폼업 등
저돌·추진력형	레저·오락 이벤트업, 주점업, 이삿짐센터, 레포츠 센터, 운동 및 경기용품 판매업 등

과 문화, 취미, 예술분야의 사업이 적성에 맞다. 또한 아동 및 교육사업·컨설팅 사업 등 지식산업 분야를 택하는 것도 좋을 듯싶다.

(3) 아이디어형

진취적이고 도전정신이 강하다는 것이 큰 장점인 성격의 소유자이다. 주로 지식 기반의 벤처형 사업에 적합하다. 이에 속하는 직업군은 학생, 프로듀서, 과학분야 종사자 등이다. 이들에게 적합한 성격의 사업분야로 발명사업가·벤처사업가 등 모험성이 다소 높은 미래지향적인 벤처사업 분야를 들 수 있다.

(4) 우직·원칙주의형

생산직, 공직 근무자, 기술직에 종사했던 근무자들이 대개 이러한 성격을 소유하고 있게 마련이다. 이러한 성격에 적합한 아이템은 외식업, 사회·가사 및 개인 서비스업 등을 들 수 있다. 또한 개인을 위한 사채금융·전기 전자 제품 및 주택 관련 수리업 등 공급자 중심의 사업이 적합하다.

(5) 저돌·추진력형

건설업 종사자나 일반직에서 고위직의 근무자 등이 이러한 성격을 가지고 있기 쉽다. 건강 및 레포츠 사업, 건설업, 주점업, 이삿짐 센터 등 종업원 컨트롤(control)에 다소 노하우가 필요한 업종이 적성에 맞는다.

3. 아이템별 창업자금 소요금액

(1) 300만원 미만 업종

• 이동형 복합 미니푸드점 • 포푸리 노점판매업 • 손글씨 광고업 • 홍보대행업(팩스) • 닮은꼴 인형제작업 • 재택 비디오방 • 노상 군고구마 체인점 • 즉석 도시락점 • 이동 천냥 마트 • 물오징어 즉석구이점 • 스틱 초코파이 전문점 • 포푸리 매장 • 대구 잉어빵 판매업 • 카트 호떡 전문점 • 향기 인형대리점 • 자동 군밤구이 • 외국인 민박 • 유리 필름코팅업 • 애완 식물-미니포트 사업 • 증명서 확인대행업 • 어린이 영양쌀 판매업 • 가족형 납골분묘사업 • 토종 홍화씨 판매업 • 미니 쇼핑몰 사업 • 소외자 공부방 • 놀이교사 파견대행 • 에피소드 제공업 • 무료 팩스전송기 판매업 • 이지 뱅크폰 판매업 • 사이버 로터리 복권 • 참치 살코기 전문점 • 문 출장수리 전문업 • CD롬 영어교재 부업 • 인재파견대행업 • 콘-도그 간판업 • 비석 청소관리업 • 길거리 간식체인점 • 쏘스 농축액 판매대리점 • 차량용품 체인점 • 재택 광택/세차업 • 악취/냄새 제거업 • 프린터 소모품 재생업 • 차량 펑크방지제 딜러 • 미니마트 • 보모 파견업 • 호떡 전문점 • 무점포 위조지폐 감별사업 • 재택 여주쌀 배달전문점 • 반찬류 D/C마트 • 스피드 구두수선점 • 이동식 한방/마늘 치킨점 • 자동차 용품 체인점 • 빈병 인테리어 판매업 • 선택형 길거리 스낵카

(2) 300~500만원 미만

• 출장식 즉석 금도금업 • 아기사진삽입 동화앨범 제작업 • 개인 음악 CD 제작 • 자동 우산포장기 딜러 • 이동식 피자집 • 로보트 제작 캠프 • 꽃 통신판매업 • 자동 기계어묵 판매업 • 왕순대 떡볶이 전문점 • 계란후라이 자판기 • 향기관리 및 배달 • 이동식 스낵카 • 출장 차량 광택업 • 즉석 동화책방 • 학습용 동식물 판매업 • 교육용 CD-ROM 판매업 • 가판식 명함쿠폰 광고대행업

• 가정집 치킨배달업 • 장보기대행업 • 즉석 복권식행운권 판매업 • 즉석 피자점(이동식) • 전화가입자 모집대행 • 넥타이 판매/대여점 • 즉석 재첩국판매업 • 즉석 요리자판기 • 이동 지물포 대리점 • 아파트 놀이방 • 방문 미술교육업 • 구전 마케팅대행업 • 수입품 매뉴얼 번역업 • 이동형 복권판매업

(3) 500~1,000만원 미만

• 또띠아 전문점 • 방문육아 서비스업 • 다꼬야끼 전문점 • 즉석 어묵전문점 • 목소리카드 자판기 • 원스톱 토탈 편리센터 • 구내식당 경영대리업 • 컴퓨터도자기 팬시전문점 • 야식 전문체인점 • 방문식 인터넷 영어학원 • 재택 사이버 학원 • 조개구이 전문점 • 핫도그 전문체인점 • 방문 미술교육사업 • 초소규모 패스트푸드점 • 차량유리 수선전문점 • 차량내부 세척업 • 이동 성인용품 전문점 • 자동차 종합관리 대행업 • 방문 영어학원 • 노상 도시락 판매업 • 노상 성인용품 판매업 • 노상 도서 판매업 • 보따리 개인무역상 • 성인용품 자판기 • 입시정보 제공업 • 노트북PC 대여점 • 비석 청소대행업 • DIY 도자기 기념품점 • 차량 광택서비스업 • 패션 팬티전문점 • 캔디 뷔페 전문점 • 물품조달 대행업 • 음식물 쓰레기 건조대행업 • 십자수 재료판매업 • 군것질까페 • 가족신문 제작대행

(4) 1,000만원~3,000만원 미만

• 성인용품 체인점(점포형) • 게임 종합전문판매업 • 생선가게 체인점 • 바비큐 전문점 • 크레이프 전문점 • 재택 중고 유아용품 판매/대여점 • 이북순대전문점 • 족발 배달전문점 • 냉자장 전문점 • 쇼핑 대행업 • 중고 가전제품 판매점 • 이사대행 서비스업 • 욕실 특수코팅업 • 전화 연결업 • 셀프 즉석사진 자판기업 • 방범용 가스관 덮개 설치업 • 복제그림 전문점 • 조립 PC 원터치화업 • 라면 전문점 • 스피드건 투구연습장 • 참숯 직화구이 통닭전문점 • 이동 멀티미디어 컴교실 • 손톱관리 및 장식업 • 카페 만화방 • 1분 덮밥 전문점 • 패션양말 전문점 • 즉석명함 전문점 • 간이 패스트푸드점 • 맞춤 항균코팅업 • 기념 동판제작업 • 기원 체인점 • 스포츠 캐릭터 용품점 • 토탈 애

견 전문점 • CD롬 영어학습교재 판매점 • 방문 PC 수리점 • 즉석 인쇄편의방 • 셀프 세차장 • 의류 수선점 • 배낭 여행용품 전문점 • 장난감 대여전문점 • 주방용품 할인점 • 출장 카센타 체인점 • 미키마우스 용품점 • 점포 홍보대행 서비스업 • 구두수선/리폼 전문점 • 게임기 전문판매업 • 생활용품 할인점 • 청바지 전문점 • 문구점 체인점 • 브랜드 내의전문점 • 유아용품 전문점 • 농장직송 고기전문점 • 6천원 의류할인점 • 무점포 라면 유통업 • 닥트청소 대행업 • 패션양말 전문점 • 풍선 장식전문점 • 실속 웨딩전문점 • 인터넷 학습지 제공업 • 컨테이너 미니바 • 장어요리 전문점 • 간판 보수/관리 대행업 • 짜장/돈까스 전문점 • 떡볶이 전문점 • 벽걸이수족관 전문점 • 즉석 인쇄편의점 • 10평 간이호프방 • 참나무 훈제영양란 판매업 • 커튼 전문점 • 사슴요리 전문점 • 만두/냉면 전문점 • 가정 인테리어 전문점 • 복합형 일식 전문점 • 임시 도깨비 장터 • 재택 컴퓨터 수리전문점 • 완구 할인전문점 • 바지락 칼국수 전문점 • 전국 공동배달 서비스업 • 홍어요리 전문점 • 신세대 바비큐 점 • 인터넷 맞춤구두 판매업 • 중고버스 개조물품 판매업 • 남성피부관리 전문점 • 멀티미디어 컴퓨터 피아노학원 • 즉석 김밥 전문점 • 황토구이 전문점 • 활어회 전문점 • 폐백음식 전문점 • 동네 활어횟집 • 아이스크림 전문점 • 영어 전화교육업 • 남성 헤어코디 전문점 • 포토 조각 전문점 • 구간도서 전문점 • 패션시계 전문점 • 컴퓨터 영상학습 CD-ROM 전문점 • 다슬기요리 체인점 • 농협 식품전문점

(5) 3,000만원~5,000만원 미만

• 골동품 전문점 • 미키마우스 캐릭터점 • 어린이 전용사진관 • 황태요리 전문점 • 신세대복합매장 • S/F애니메이션 전문상영관 • 즉석 현수막제작업 • 레코드음반 전문점 • 어린이용품 재활용 전문점 • 과일전문 배달 체인점 • 셀프세탁방 • 뚝배기 곰탕체인점 • 생과일 쥬스 전문점 • 드라이크리닝 편의점 • 성인 팬시점 • 신세대 멀티방 • 생활한복 전문점 • 스포츠선수 캐릭터 전문점 • 1천원 하우스 체인점 • 카페 산소방 • 피자전문점 • 서민형주류 체인점 • 춘천닭갈비 전문점 • 훈제바비큐 전문점 • 복합 팬시꽃집 • 일본식 숯불구이

점 • 직거래 생선/과일 배달전문점 • 남성 미용전문점 • 피부관리 미용실 • 모임/토론용 고급 카페 • 실내 자동차 경기장업 • 코인 골프연습장 • 프레즐 메이커점 • 세탁과 비디오점 • 만화 캐릭터 전문점 • 스포츠 캐릭터 전문점 • 패션양말 전문점

(6) 5,000만원~1억원 미만

• 가상현실 게임전문점 • 유리창 디자인업 • 멕시칸 패스트푸드 전문점 • 배달전문 피자점 • 해산물 전문점 • 어린이 전용 컴퓨터교실 • 화장품 할인점 • 유아용품 전문점 • 주방용품 할인점 • S/F형 노래방 체인점 • 전자오락실 체인점 • 셀프 피부관리실 • 부동산 중개체인점 • 만두 전문점 • 떡커리 전문점 • 다슬기 요리 체인점 • 일식 우동 생면 전문점 • 즉석 생두부 전문점 • 샘물 대리점 • 24시간 편의점 • 맥주 편의방 • 산후 조리원 • 의료정보시스템 판매업 • 멀티미디어 센터 • 여성전용 한증막업 • 인터넷 게임방 • 전통 한방차 전문 체인점 • 샌드위치 전문점 • 우동 생면 전문점 • 생맥주 전문점 • 드라이크리닝 세탁전문점 • 판촉용 지도제작업 • 미용실 체인점 • 컴퓨터 네트워크 게임방 • 솥뚜껑 구이 전문점 • 북한음식 전문점 • 포장판매 전문 패스트푸드점 • 코인 세탁 편의점 • 비만관리 서비스업 • 셀프 세차장 • 꼬치구이 전문점 • 100% 즉석 빵집 • 맥반석 자갈구이 전문점 • 중저가 카페형 요리주점 • 컴퓨터 골프 게임장 • 어린이집 운영업 • 밀크 마트 • 부분 스포츠 마사지방 • 가방 전문점(이스트팩)

(7) 1억원 이상

• 참치회 전문점 • 유명 미용실 체인점 • S/F식 인테리어 노래방 • 피자 전문점 • 맥주 편의방 • 핸드폰 대리점 • 골프 패션웨어 판매전문점 • 24시간 편의점 • 청바지 전문점 • 여성전용 헬스클럽 • 원룸텔 임대사업 • 야외 열차 카페 • 첨단 멀티미디어 컴퓨터 게임방 • 영상독서실 체인점 • 토탈 이사서비스업 • 영상실 장소제공업 • 부엌가구 전문점 • 외국인 전용 주택임대업 • 주택 임대사업 • 미니 골프 연습장

사례 3

고령창업자가 꼭 알아야 할 위험요소

우리나라 신설법인동향을 연령대별로 살펴보면 대부분 40대가 가장 높고 그 다음이 50대 그리고 30대의 순으로 나타난다. 그만큼 창업연령대가 높아지고 있다는 것이다. 2015년 '국세통계연보' 역시 40대가 가장 높은 창업 비율을 보인다. 물론 사업에서 직면하는 위험은 대부분 나이와는 크게 상관이 없다. 하지만 40세 이상의 사업가는 20~30대와는 몸도 다르고 상황도 다르며 직면한 문제를 해결하는 방법도 달라진다. 특히 어쩔 수 없이 나이라는 장벽으로 인해 겪게 되는 위험요소가 발생하게 된다. 과연 고령창업자가 직면하게 되는 위험요소에는 어떠한 것들이 있을까? 린 베벌리 스트랭이 쓴 〈마흔 넘어 창업〉을 통해 알아보자.

1. 건강상태를 점검해야 한다.

나이가 들수록 건강 문제와 일에 방해가 되는 의학적 사건들이 더 많이 발생하게 된다. 특히 창업자의 경우 질병을 앓거나 상해를 당하게 된다면 과도한 의료비로 인해 사업이 어려워지고 개인 자산까지 다 써버리는 이중고를 겪을 수 있다. 따라서 창업에 도전하기 전 내가 가입한 건강 보험에 대해 다시 한 번 점검하고 필요한 것을 채우는 한편, 건강검진을 통해 현재 나의 건강상태를 살펴야 한다.

2. 체력관리에 대한 대책을 세우자.

창업은 정신력도 강해야 하지만 든든한 체력이 기반되어야 한다. 특히 아직 일이 익숙하지 않은 창업 초기에는 자신이 가지고 있는 에너지와 체력보다 훨씬 높은 체력이 필요하다. 단순한 체력뿐 아니라 사업을 진행하다 보면 생활 리듬이 바뀌어 수면 부족에 시달리기도 하고 정신적인 스트레스가 심해지기도 한다. 따라서 헬스나 수영, 자전거, 조깅 등 규칙적인 운동을 통해 체력을 키우는 한편, 스트레스에 대해 어떻게 해소할 것인지 자신만의 스트레스 해소법을 강구해 주기적으로 체력을 점검하고 스트레스를 관리해야 한다.

3. 꼼꼼한 자산관리 플랜을 세워야 한다.

통계청의 자료에 따르면 창업자금 조달 방법의 약 66%가 본인 또는 가족이 마련한 돈이라고 한다. 이를 다르게 본다면 회사 퇴직 후 받은 퇴직금의 비율이 높다는 것일 수도 있다. 문제는 창업이 반드시 성공한다는 보장이 없다는 것이다. 다행인 것은 사업자등록 후 6개월 이내라면 자영업자도 본인이 희망하면 고용보험에 가입할 수 있으며 1년 이상 보험료를 납부하면 폐업 후 실업급여를 받을 수 있다. 또, 각각의 업종에서 발생할 수 있는 사고에 대비한 보험을 알아보고 가입하는 것이 좋다. 주의할 것은 절대 자신의 퇴직금 전부를 투자하지 말라는 것이다. 꼼꼼한 자산관리 플랜을 세워 가장 효율적인 방법을 강구하고 혹 창업에 실패하더라도 대비할 수 있는 최소한의 대비자금은 챙겨두어야 함을 잊어서는 안 된다.

4. 시간적인 한계에 민감하자.

통계에 따르면 우리나라 평균수명(기대수명)은 82.4세라고 한다. 의학과 기술의 진보로 평균수명은 늘어났지만 그만큼 노후에 대한 대책이 필요하다는 뜻이다. 고령의 창업자들이 시간적인 한계에 민감해야 하는 이유는 젊은 창업자에 비해 창업에 투자한 개인 자금을 회수할 시간이 적고 만약 사업에 실패할 경우 새로운 사업에 도전할 시간이 많지 않다는 것이다. 따라서 창업에 도전하기에 앞서 창업아이템을 꼼꼼히 따져보고 시간이 걸리더라도 반드시 사업계획서를 직접 작성해 창업에 대한 플랜을 세워야 하며 혹시 실패할 경우에 대한 대비책까지 미리 마련하자.

〈창업경영신문〉

제1절 제조업 창업절차

제2절 도 · 소매업 창업절차

제3절 서비스업 창업절차

제4절 프랜차이즈업의 창업절차

제5절 소상공인 창업절차

Chapter 3

업종별 창업절차

동아알루미늄, 세계 텐트폴 90% 점유한 비결

동아알루미늄(대표 라제건)은 전 세계 고급텐트에 사용되는 텐트폴의 90% 이상을 점유하고 있다. 종업원이 93명에 불과한 토종 중소기업이지만 매출 272억원 중 86%를 해외에서 벌어들이고, 동아알루미늄의 제품을 독점 공급받고 싶어하는 유명 아웃도어 브랜드들이 줄을 섰을 정도로 독보적인 기술력을 인정받고 있다.

라제건 동아알루미늄 대표는 연세대학교 졸업 후 미국 미시간대에서 경영학석사(MBA)과정을 마친 뒤 미국은행에서 근무하다 귀국해 아버지가 운영하던 동아무역에 입사한다. 아버지를 보며 '나도 한 분야의 최고의 자리에 앉고 싶다'고 꿈꾸던 그는 어느 순간 스스로의 우물을 팔 때가 되었음을 깨닫고 아버지의 회사를 박차고 나온다. 라 대표는 최고의 자리에 앉기 위해 제조업에 도전했지만 돌아보면 지나치게 의욕이 앞섰다고 회고했다. 역사학과 경영학을 전공한 그는 제조에 대해 잘 알지 못했고 제품개발에 서툴렀다. 밤을 새워 개발에 매진하는 등 열정은 충만했지만 제품의 품질은 늘 기대에 미치지 못했고 시장에서도 외면당했다.

거듭되는 실패에도 직원들은 오히려 라 대표를 격려하며 용기를 북돋워줬다. 그 덕에 그는 포기하지 않을 수 있었고, 해를 거듭할수록 높아지는 제품완성도와 함께 거래처도 늘기 시작했다. 라 대표는 직원들에게 보답하는 마음으로 건물 미화 등 복지에 최선을 다한다. "작업자를 위한 친환경공간을 만드는 것이 자사 제품을 세계 1등 제품의 반열에 올려놓는 것 못지 않게 중요하다"는 것이 그의 뜻이다. 또한 '천천히 그러나 단단하게' 나아간다는 신념에 걸맞게 직원복지뿐만 아니라 사회기여에도 힘쓰고 있다. 복지재단에 20년 동안 약 10억원을 지원해 자원봉사자 양성과 배치 재교육 등에 나서는 것은 물론 직원들과 함께 매달 사회복지관과 다문화가정 어린이집 등을 방문해 봉사한다.

동아알루미늄이 세계 1위를 석권할 수 있었던 것은 끊임없는 연구 덕이었다. 바이어와 고객 모두가 가벼운 텐트를 원한다는 것을 알게 된 라 대표는 가벼운 텐트폴 개발에 몰두한다. 폴 무게를 1g이라도 줄이기 위해 여러 해에 걸쳐 300번이 넘는 실험을 한 끝에 강도가 뛰어나면서 무게는 30% 가벼운 TH72M이라는 독자적인 합금개발에 성공했고, 이 소재를 이용한 초경량 텐트폴을 생산하면서 본격적으로 세계시장을 휩쓸기 시작했다. 전문연구원을 둔 자체 기술연구소와 풍동실험실 등을 보유하고 있는 동아알루미늄은 폴뿐만 아니라 폴을 잇고 고정하는 악세사리와 프레임 분야에서도 세계적인 수준을 자랑한다. 라 대표는 "거의 모든 설비들을 우리 제품의 제조공정에 맞게 설계해서 주문 제작해 품질을 유지하고 있다"며 "우리가 개발할 수 있는 것들을 쉼없이 추구하는 것이 혁신전략"이라고 밝혔다.

〈지식비타민, 2018.9.17.〉

제 1 절 제조업 창업절차

1. 제조업의 창업절차

공업이라는 용어로 알려져 있는 제조업은 광업과 함께 제2차 산업군에 해당하며, 제품을 제조·제작·수리·가공하는 업종으로서, 일반적으로 제조업의 창업은 다른 산업에 비하여 어려운 것으로 이해되고 있다.

제조업의 창업이 어려운 것은 제품을 생산하는 분야이기 때문에 기술, 즉 전문지식과 경험을 갖춘 인력이 필요하며, 제품생산을 위한 기계설비와 이를 설치할 공장을 확보하는 데 드는 비용, 즉 초기자금투자가 다른 산업에 비해 많기 때문이다. 특히 공장을 새로 설립하여 창업하려는 경우 그 절차가 복잡하고 공장을 건축하는 데도 상당한 기간이 소요되므로 이를 성공적으로 창업하려면 업종선정·입지선정·시장분석·자금조달계획 등 창업준비사항에 대하여 충분한 기간을 가지고 검토하여야 한다.

제조업의 창업에서 창업자가 특별히 유의해야 할 과제가 공장설립과정인데 창업자의 경우 처음부터 새로운 공장을 건축하여 창업하는 것보다 기존공장을 매입하거나 임차하여 생산활동을 시작하는 것이 오히려 수월한 방법일 수 있다. 기존공장을 매입하거나 임차하는 경우에도 유의해야 할 일이지만, 특히 공장을 새로 신축하려는 창업자는 공장입지에 관련된 규제사항 및 인·허가사항을 사전에 파악하여 공장설립기본계획을 수립하고 계획에 따라 공장설립을 추진하여야 한다.

그리고 제조업의 업종 중에는 허가·신고·등록 등의 인·허가가 필요한 업종과 인·허가 없이도 제조활동을 할 수 있는 업종이 있으므로 창업자는 창업준비단계에서 자신이 창업하려는 업종이 인·허가절차가 필요한 업종인지 여부를 확인하여야 한다. 만약 개별법에 의해 인·허가가 필요한 업종인데도 그 절차를 몰라서 인·허가를 받지 않고 창업하였을 때에는 벌금형 등 제재조치뿐만 아니라 그로 인해 창업이 지연되고 생산활동도 할 수 없는 경우가 발생하기 때문이다.

여기서는 별도 인·허가를 필요로 하지 않는 업종에 대해서는 일반적인 창업절차를 소개함으로써 개개 업종별 절차설명을 생략하고 그 절차를 소개하고자 한다. 제조업 창업의 기본절차는 크게 나누어 ① 창업예비 절차, ② 회사설립 및 신고 절차, ③ 공장설립 및 자금조달 절차, ④ 개업준비 절차의 4단계로 나누어볼 수 있다.

그림 3-1 제조업 창업 기본절차도

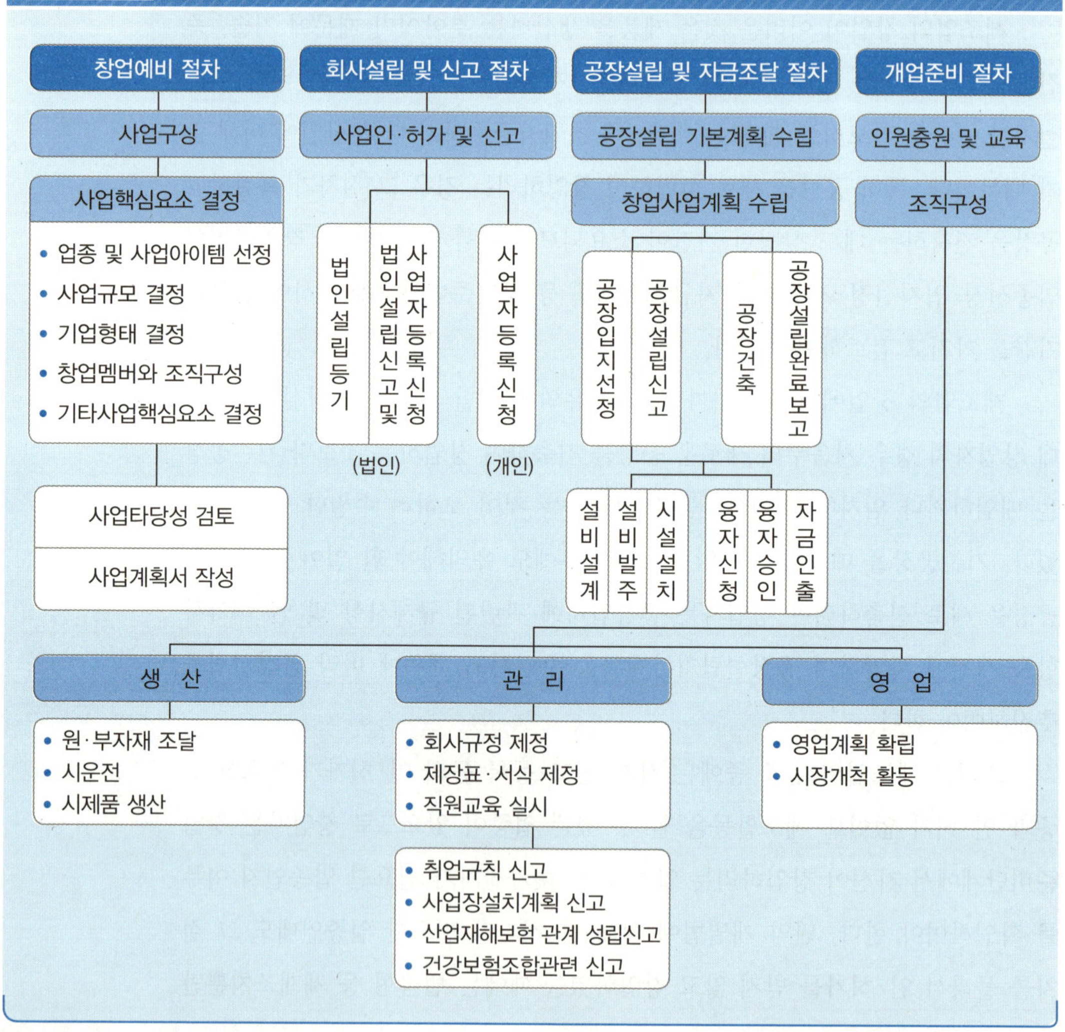

2. 제조업 창업 단계별 핵심 고려사항

(1) 창업예비 절차 수행의 핵심 포인트

창업예비 절차에서 결정되어야 하거나 검토되어야 할 핵심요소는 크게 나누어 ① 사업핵심 요소의 결정, ② 사업타당성 분석, ③ 사업계획서 작성 등이 있다.

사업핵심 요소란 사업을 시작함에 있어서 미리 결정하여야 할 사업의 중요 요소를 말한다. 이들 요소에는 업종 및 사업아이템 선정, 사업규모 결정, 기업형태 결정, 창업핵심 멤버와 경영조직의 구성, 기타 요소의 결정 문제 등이 있다.

사업타당성 분석은 사업 성공가능성을 분석하기 위한 절차로서 주로 창업자의 경영능력·제품의 기술성·시장성 및 판매전망·수익성 등이 분석된다. 타당성 분석을 기초로 한 사업계획서 작성은 사업성공 가능성이 인정된 후 성공 가능한 사업내용을 좀 더 체계화하는 데 목적이 있다.

(2) 회사설립 절차 수행의 핵심 포인트

회사설립은 창업이 구체화되기 위한 제1단계 과정이라고 할 수 있다. 창업예비 절차가 사업계획 단계라고 한다면 회사설립 단계는 법률적으로 정당하게 회사가 설립되는 과정이라고 볼 수 있다. 따라서 회사설립 절차에서 수행하여야 할 핵심요소에는 창업예정 업종에 대한 정부의 각종 인·허가 또는 신고의 이행, 사업을 수행하기 위해 세법에서 규정하고 있는 사업자등록 신청, 그리고 법인설립의 경우 법인설립 등기와 법인설립신고 등의 절차를 이행하여야만 하는 것이다.

(3) 공장설립 및 자금조달 절차 수행의 핵심 포인트

공장 설립시에는 공장건축 공사 이외에 공장건축 공사를 전후해서 소관 관청에 공장설립신고, 그리고 공장설립 완공보고 등 각종검사도 함께 받아야 한다.

또한 공장설립 단계에서는 공장건축과 병행하거나 공장준공예정일에 맞춰 생산설비의 설계, 시설발주 등이 필요하게 되며, 생산설비설치 등에 따라 자기자금 이외에 금융기관을 통한 추가자금 조달이 이루어지지 않으면 안 된다.

(4) 개업준비 절차 수행의 핵심 포인트

개업준비 절차에서는 우선 창업요원 이외에 본격적인 영업에 돌입하기 위해 필요한 관리, 영업, 생산직 직원을 충원하고 훈련하는 일에서부터 체계적인 조직의 구성으로 이어진다. 회사 실정에 맞는 조직이 구성되면 각 분야별로 생산파트에서는 원·부자재 조달, 생산설비 시운전 및 시제품 생산과정을 거친 후, 본격 생산에 돌입해야 한다. 그리고 이어서 공장등록, 공장설립완료보고, 부동산등기 등의 절차도 이행하여야 한다.

관리분야에서는 급여규정, 회계규정 등 각종 회사내규의 제정, 업무에 필요한 각종 장표 및 서식 제정과 더불어 직원연수도 집중적으로 실시해야 한다. 그리고 대외기관에 신고해야 할 각종 사규, 즉 취업규칙신고, 사업장설치계획신고, 산업재해보험관계성립신고, 그리고 기타 대외기관 신고 등을 이행해야 한다.

반면 영업분야에서는 영업체계의 확립, 시장개척 활동 및 시장조사 등을 병행하여 실시함으로써 본격 영업에 대비하여 자사 제품을 홍보하고, 소비자 반응을 체크하여 제품의 성공 가능성을 타진해보는 등 보다 더 좋은 제품으로 발전해갈 수 있도록 다양한 측면에서 소비자 반응을 살피는 일이 중요하다.

3. 제조업 창업절차의 5단계

(1) 1단계: 업종선정 및 사업계획 수립

창업을 하려면 먼저 업종 및 사업 아이템을 선정한 후, 이에 대한 사업타당성조사를 실시하고 사업규모, 기업형태, 창업멤버와 조직구성 등을 포함한 사업계획을 수립하여야 한다.

업종선정

- 업종 및 사업 아이템의 결정
  - 적성에 맞는 아이템 결정
- 사업타당성 조사
  - 객관적인 입장에서 검토

➔

사업계획 수립

- 사업규모 결정
- 기업형태 결정
- 창업멤버와 조직구성
- 기타 사업핵심요소 결정

공장설립이 필요한 때에는 먼저 사업계획 수립단계부터 다음 사항을 검토하여 자신이 설립하고자 하는 공장의 업종·규모 등에 대한 이해를 충분히 한 후에 관계법령에 맞추어 설립절차를 이행하여야 시행착오를 줄일 수 있다. 사업계획 수립단계에서 다음의 사항을 검토 없이 추진하는 창업자는 공장설립시 애로를 많이 겪는다. 따라서 필수적으로 다음의 사항을 검토해야 한다. 공장설립이 필요한 경우 사전검토를 위하여 관련부처, 시·군·구청 또는 중소기업상담회사를 직접 방문하거나 전화 또는 민원문서를 통하여 상담하는 것이 좋다.

공장설립이 필요한 경우 사전검토 사항

① 당해 사업이 한국표준산업분류상 제조업에 해당되는지 여부와 업종명·분류번호
② 설립하고자 하는 공장의 규모: 공장건축면적 및 공장용지면적
③ 제조시설 중 환경관련법에 의한 환경배출시설을 설치하는지 여부
④ 중소기업 창업자에 해당되는지 여부
⑤ 기술도입신고 대상인지 여부
⑥ 세제·금융지원을 받을 수 있는지 여부
⑦ 외국인투자에 해당되는지 여부
⑧ 첨단산업에 해당하는지 여부
⑨ 개별법상의 사업인·허가 대상인지 여부

(2) 2단계: 회사설립 및 사업자등록

사업계획수립 이후부터는 예비창업자가 직접 사업계획을 실행에 옮기는 단계다. 즉 해당업종을 담당하는 관청에서 사업의 인·허가를 받아야 하고 해당관청에 사업자등록 또는 법인설립등기를 하는 단계다.

'개인기업'의 경우에는 사업장을 관할하는 세무서에 사업자등록을 위한 신청서를 제출한 후 사업자등록증을 교부 받음으로써 간단히 설립할 수 있으나 '법인'의 경우에는 관할지방법원이나 등기소에 설립등기를 한 후에 관할세무서에 법인설립신고를 하여야 한다.

그림 3-2 설립절차 흐름도

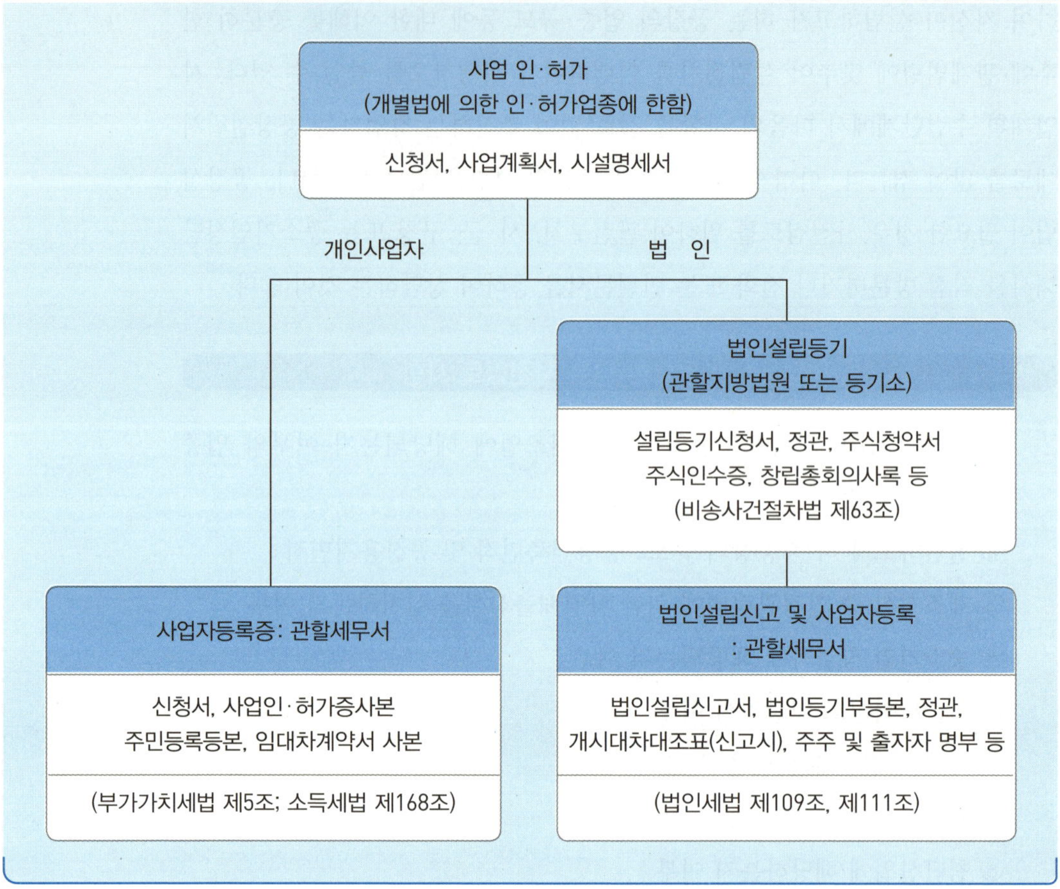

(3) 3단계: 공장입지 선정 및 공장설립 승인

① 공장입지 선정

공장을 설립할 수 있는 지역은 국가공단, 지방공단, 농공단지와 같이 공장을 건설하기 위해 국가 등에서 조성해 놓은 곳(계획입지)이나 「국토이용관리법」 및 「도시계획법」상으로 세분된 개별적인 용도지역(지구) 중 공장설립이 허용되는 지역(자유입지)이다.

계획입지는 「산업입지 및 개발에 관한 법률」에서 정한 목적(국가공단은 국가기간산업 육성분야, 지방공단은 지역개발분야, 농공단지는 농어촌지역개발분야 등)

표 3-1 자유입지와 계획입지 장단점 비교

구 분	자유입지	계획입지
장 점	• 적시·적소 입지선정 가능 • 저렴한 토지확보 가능	• 공장설립 절차 간소 • 기반시설 공유 및 집적경제 효과 • 공장설립시 소요기간 단축
단 점	• 입지 및 개발절차 복잡 • 용도전용의 애로 • 주민과의 마찰 가능(장기간 소요)	• 적시·적소 선택 불가능 • 높은 분양가

에 부합할 경우 신청하여 입주할 수 있으며, 자유입지는 「국토이용관리법」 및 「도시계획법」 등이 허용하는 지역에서 공장설립이 가능하다.

자유입지일 경우 공장설립이 허용되는 지역인지의 여부를 알기 위해서는 해당 군청의 「국토이용계획확인원」, 「지적공부」 또는 해당 시청의 「도시계획확인원」의 열람을 신청하여 확인할 수 있다.

② 공장설립 승인

공장을 설립할 장소를 선정한 후, 관할 시장·군수·구청장에게 공장설립 승인을 얻어야 한다. 계획입지인 공단지역(국가공단, 지방공단, 농공단지)에 공장을 설립코자 하는 경우에는 「공업배치 및 공장설립에 관한 법률」에 의거 공업단지 입주계약을 체결하면, 별도의 공장설립 승인을 받을 필요가 없다.

그러나 「국토이용관리법」 및 「도시계획법」에서 정한 공장설치가 허용되는 지역(자유입지)에서 공장건축 면적 500m^2 이상의 공장을 설립하고자 할 때는 공장설립 승인을 반드시 받아야 한다. 자유입지에서의 공장설립 승인은 공업배치법상 공장설립 승인과 창업지원법상 창업사업계획 승인이 있는데, 창업사업계획 승인을 통하여 공장을 설치하는 경우에는 국토이용계획변경 절차까지도 의제 처리할 수 있어 유리하다. 이때의 공장 건축면적은 수도권에서는 제조시설·사무실·창고의 건축면적이 합산되며 수도권 이외의 지역에서는 제조시설의 건축 면적만을 의미한다.

표 3-2 도시계획법에 의한 공장설립 허용범위

구 분	지역의 구분	공장설립 허용범위
공업지역	• 전용공업지역	• 모든 공장설립 가능
	• 일반공업지역	• 모든 공장설립 가능
	• 준공업지역	• 바닥면적 합계가 5,000m^2 이하인 공장
주거지역	• 전용주거지역	• 공장설립 불가
	• 일반주거지역	• 바닥면적 합계가 500m^2 미만인 도시형공장(공해 배출시설 설치 허가를 요하지 않는 공장)
	• 준주거지역	• 바닥면적 합계가 500m^2 미만인 도시형공장(〃)
상업지역	• 일반상업지역	• 바닥면적 합계가 500m^2 미만인 도시형공장(공해 배출시설 설치 허가를 요하지 않는 공장)
	• 근린상업지역	• 바닥면적 합계가 500m^2 미만인 도시형공장(〃)
	• 중심상업지역	• 바닥면적 합계가 500m^2 미만인 도시형공장(〃)
	• 유통상업지역	• 바닥면적 합계가 500m^2 미만인 도시형공장(〃)
녹지지역	• 자연녹지지역	• 바닥면적 합계가 500m^2 미만인 도시형공장(공해 배출시설 설치 허가를 요하지 않는 공장)
	• 생산녹지지역	• 바닥면적 합계가 500m^2 미만인 도시형공장(〃)
	• 보전녹지지역	• 바닥면적 합계가 500m^2 미만인 도시형공장(〃)

※ 배출시설: 대기환경보전법, 수질환경보전법 또는 소음 진동규제법에 의한 배출시설

③ 공장설립 승인필요 유무

계획입지(공단지역)에서는 공장설립 승인이 필요 없고, 공장용지를 분양받은 기업이 관리기관과 입주계약을 체결하면 시장·군수·구청장에게는 별도의 공장설립 승인을 받을 필요는 없다. 그러나 자유입지(국토이용관리법, 도시계획법상 공장설치 허용지역)에서는 공장설립 승인이 필요하다.

㉮ 공장설립 승인절차(공업배치 및 공장설립에 관한 법률)

제조업을 영위하고자 하는 자가 임의적으로 공장입지를 선정하여 적법절차에 따라 공장을 설립하는 절차는 {공장설립승인 → 건축허가 → 사용승인 → 공장설립완료신고(공장등록)}

표 3-3 국토이용관리법에 의한 공장설립 허용범위

구 분	공장설립 허용범위	문의처
도시지역	• 도시계획법에 의하여 제한적으로 허용(도시계획법에 의한 공장설립허용 범위 참조)	• 건교부 도시관리과
준도시지역	• 취락지구, 시설용지지구 공장설립 허용 • 운동휴양지구는 불가	〃
농림지역	• 용도지역별로 설립가능 공장과 설립할 수 없는 공장을 규정 • 농업진흥지역(농업진흥구역, 농업보호구역), 보전임지는 제한적 허용 • 낙농지대와 초지조성지구는 공장설립 불가	• 농업진흥지역 : 농림부 농지관리과 • 보전임지 : 산림청 산지계획과
준농림지역	• 동 지역은 제한행위로서 설립 불가능한 공장을 규정	• 건교부 : 토지이용계획과
자연환경 보전지역	• 공원보호구역, 상수원보호구역, 문화재보호구역은 공장설립 불가 • 수자원보전지구는 설립 가능한 공장을 규정	• 건교부 : 토지이용계획과

㉯ 창업사업계획 승인절차(중소기업창업지원법)

사업개시일로부터 7년 이내인 창업 중소기업이 공장을 설립할 때 적용되는 절차는 {창업사업계획승인 → 건축허가 → 사용승인 → 공장설립완료신고(공장등록)}

④ 공장설립을 위한 준비절차

표 3-4 공장설립을 위한 준비절차

절 차	내 용	준비서류
1. 부지선정	• 업종의 특성상 유리한 지역선정 • 도로, 전기사용이 용이한 지역 • 민원발생이 적은 지역, 공장밀집 지역	
2. 입지검토	• 창업지원법상 창업해당 유무 파악 • 공장입지 파악(국토이용관리법, 농지법, 산림법 등 30개 법률 검토) • 업종파악, 환경보전법 파악(공해문제)	• 토지이용계획확인원 • 지적도 • 토지대장 • 토지등기사항전부증명서 • 기계시설 내역
3. 부지계약	• 계약금 일부지급으로 토지계약 • 부동산 사용승낙서, 인감증명서 첨부	-
4. 사업계획서 작성	• 창업사업계획서 또는 공장설립 사업 계획서 작성 • 인·허가사항 검토(30개 법률에 의한 62개 인·허가) • 건물배치도, 구적도 작성 • 지형도(약도) 준비	토지이용계획확인원, 지적도, 토지대장, 공시지가확인원, 토지등기부등본, 부지사용승낙서, 인감증명서, 법인등기사항전부증명서
5. 사업계획서 승인신청	• 시지역 중소기업과, 군지역 지역경제과 1차 검토 • 민원실 접수, 처리기간 30일 소요	-
6. 사업계획승인	• 인·허가 관련법률에 의한 법률검토 후 승인(시·군 협의부서: 지역경제과, 환경과, 도시과, 농지과, 산림과, 건축과, 면사무소)	-
7. 대체농지, 입지 조성비 및 각종 부담금 납부	• 승인후 각종 부담금 전용부담금 및 대체농지 조성비, 대체조림 조성비, 각종 국유지 점용료 등 납부 • 창업사업계획승인업체 전용부담금 50% 감면	-
8. 공장건축	• 승인에 의한 공장건축 • 공장건축 완료보고	-

(4) 4단계: 공장건축 및 공장설립

토지를 매입한 후 공장부지 조성을 위하여 각 개별법에서 정하고 있는 토지 형질변경 행위를 위한 개발행위 신고(산림을 훼손하는 작업을 하고자 하는 경우에 작업 착수계를 제출하는 등) 등의 절차가 있는 경우 이를 이행하여야 한다. 또한 부지조성을 완료한 후, 각 개별법에서 정한 준공검사 등 개발행위 완료에 따른 행정절차를 이행하여야 한다.

부지조성이 완료되면 공장을 건축하기 위하여 건축허가를 받아야 하는데, 이때 건축공사를 위한 도로점용, 건축물 안의 수도·전기·소방시설과 환경배출시설 설치허가 등을 동시에 신청하여 건축허가시 한꺼번에 모든 인·허가를 받을 수 있다.

또한 건축허가를 받은 후 착공신고 및 최종 건축완료시 사용승인을 신청하여야 하며, 사용승인 신청시 각종 시설(수도, 전기, 정화조 등)에 대한 준공검사를 동시에 신청하여 한꺼번에 검사를 받을 수 있다.

공장 건축물이 완료되면 기계, 장치 등을 설치한 후 공장설립완료신고를 하면 관할 시·군·구에서 현지 확인을 거쳐 10일 이내에 공장등록증을 교부한다. 또한 환경배출 시설이 설치된 경우에는 가동 개시신고를 한 후 공장을 가동하여야 한다. 공장등록증을 교부 받으면 이제 창업의 절차는 끝나고 본격적인 사업에 착수할 수 있다.

소기업에 대한 공장등록 특례

① 소기업의 개념

㉮ 업종: 중소기업기본법의 규정에 의한 중소기업 중에서 제조업과 대통령령이 정하는 제조업관련 서비스업

㉯ 면적: 공장의 건축면적 또는 이에 준하는 사업장 면적 500m^2 미만으로 건축면적은 수도권은 제조시설+사무실+창고이나 수도권 외는 제조시설만 산정한다.

㉰ 부가가치세법에 따라 사업자등록증을 교부 받은 기업

㉱ 상시종업원 수: 50인 이하(제조업관련 서비스업은 30인 이하)

◆ 제조업관련 서비스업이란?

운송업, 보관 및 창고업, 산업용기계장비 임대업, 정보처리 기타 컴퓨터운용 관련업, 엔지니어링 서비스업, 기술시험·검사 및 분석업, 산업설비 청소업, 패션 디자인업, 폐기물 수집·처리업, 폐수처리업, 영화제작업, 방송프로그램 제작업 등

② 공장등록에 대한 특례

소기업의 사업자등록증은 공업배치법상의 공장등록증으로 본다.

그림 3-3 공장건축 단계도

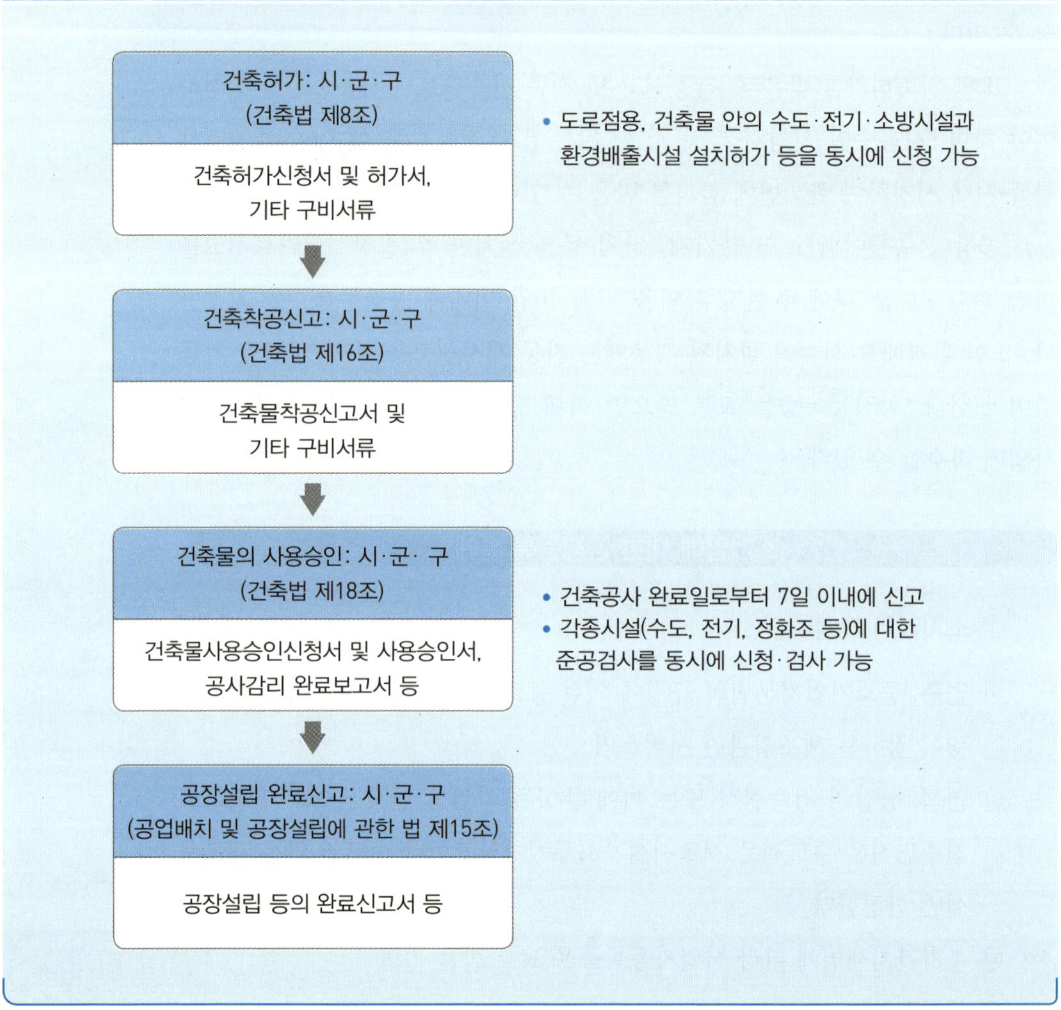

(5) 5단계: 사업개시 및 기타행정 절차

그림 3-4 사업개시 및 기타행정 절차도

절 차	구비서류	법적 근거
부동산 등기 관할 지방법원 또는 등기소	• 신청서 • 등기원인증빙서류 • 주민등록등본(대리인신청시 권한 증빙서류) • 등기의무자의 권리에 관한 등기필증	부동산등기법 제40조
취업규칙신고 노동부지방사무소	• 신고서 • 취업규칙 • 의견서	근로기준법 제96조
사업장설치계획신고 노동부지방사무소	• 신고서 • 건물평면도 • 기계, 설비배치도면 • 설비의 표시도면	산업안전보건법 제48조
산업재해보험관계 성립신고 노동부지방사무소	• 신고서	산업재해 보상보험법 제12조
국민건강보험공단 관련신고 시·도	• 신고서	건강보험법 시행령 제19조
고용보험관계신고 지방노동청(사무소)	• 신고서	고용보험법 제7조

사례 1

당신을 위한 가방을 만들어 드립니다, 로우로우(RAWROW)

나이키, 아디다스, 컨버스… 이름만 들어도 알만한 브랜드 제품들이 넘쳐나는 요즘, '내가 원하는 제품'을 파는 로우로우(RAWROW)가 소비자의 이목을 끌고 있다. 로우로우는 2011년 10월 사업을 시작한 잡화 브랜드로 가방, 안경, 신발을 판다. 6년밖에 되지 않은 신생 브랜드이지만 매출 80억을 바라보는 어엿한 기업이다. 소셜네트워크에서의 인기는 거대 브랜드 못지 않을 정도다. 페이스북 본사의 초대를 받아 미국 현지에 팝업스토어를 열기도 하고, 일본 글로벌 브랜드 무인양품(MUJI)에게 강연을 부탁 받기도 했다. 이렇다 할 사무실도 없이 친구의 스튜디오에서 시작한 로우로우가 소비자와 브랜드 모두를 사로잡은 데에는 어떤 전략이 있었을까?

로우로우 이의현 대표는 어렸을 때부터 자신의 브랜드를 갖고 싶다는 꿈이 있었다. 패션분야에 관심이 많았던 그는 학창시절부터 유명 브랜드의 상품을 국내로 들여와서 팔았다. 군대를 갔다 와서도 학교로 돌아가지 않고 여러 브랜드를 거치며 다양한 경험을 쌓았다. 최연소 과장 등의 타이틀을 달 정도로 성공했지만 어렸을 때부터 갖고 있던 꿈을 위해 회사를 그만두었다. 그리고 친구의 사진 스튜디오 구석에서 로우로우의 역사가 시작되었다. 수중의 돈은 단돈 2,000만원이었다. 이 대표는 작업실을 구하고 캔버스천 재질의 가방을 만들었다. 다음해인 2012년 강남에서 열린 벼룩시장에 자신이 만든 가방 10개를 갖고 나갔다. 가방은 순식간에 모두 팔렸다. 이후 강남 편집숍에 제품을 입점시키며 홍대에 매장까지 열게 되었다.

그가 만든 제품이 인기를 끄는 것에는 이유가 있다. 이 대표가 가방을 제작할 때 가장 중요시 한 것은 디자인이 아니라 '실용성'이었다. 단순한 색, 기본에 충실한 디자인이지만 잡기 편하도록 손잡이를

크게 만들고 가방 안감은 물건이 눈에 확 들어올 수 있도록 흰색으로 했다. 로우로우의 홈페이지에 있는 제품 설명에는 "일상에서 만만하고 편하게 신으려고 만든 신발입니다", "여행을 하는 사람들을 위한, 땅바닥 여기저기 고민없이 내려놓을 수 있도록 했습니다"와 같은 말이 적혀 있다. 멋보다 사용하는 사람의 '편함', '실용성'을 강조한 제품인 것이다.

로우로우의 '고객을 생각하는 제품'이라는 비전이 가장 잘 나타난 것이 대표 제품 '민우 가방'이다. 민우 가방은 이름 그대로 '민우'가 원하는 대로 만들어진 가방을 뜻한다. 이 제품에는 특별한 일화가 있다. 벼룩시장에서 처음 가방을 팔았을 때 그 가방을 구입했던 고객이 매장을 찾아왔다. '이민우'라는 이름의 군인이었다. 우연찮게 홍대에 나왔다가 매장을 보고 반가워서 들어온 것이다. 감동을 받은 이 대표는 그날 페이스북에 '민우님이 제대하는 날, 그가 원하는 가방을 만들어 주겠습니다'고 글을 올렸다. 책과 노트, 필기구를 넣고 손에 들 수 있고 어깨에도 맬 수 있는 가벼운 가방을 원한다고 한 '민우' 씨의 의견을 반영해서 만들어진 것이 '민우 가방'이다. 실제로 민우 가방은 전역한 민우 씨에게 전달되었고 이것이 SNS에 소문이 나 폭발적인 인기를 끌었다.

〈지식비타민, 2018.9.13.〉

제2절 도 · 소매업 창업절차

1. 도·소매업의 범위와 분류

(1) 유통의 개념과 도·소매업

유통업으로도 불리는 도·소매업은 1차산업의 생산물, 즉 농·림·수산물과 2차산업의 광·공업제품을 수요자에게 직접 공급(판매)하기까지의 과정을 맡아서 하는 산업이다. 도·소매업을 창업하려는 자는 경제활동 중에서 유통업이 갖는 경제적 의미와 개념을 먼저 이해할 필요가 있다.

'유통'이라는 말은 생산물이 최종소비자에게 이전되는 과정, 즉 생산물의 경제적, 사회적 이전을 말한다. 여기서 단순한 이전이 아니라 경제적, 사회적 이전이라는 말로 표현되는 것은 생산물의 생산자와 소비자, 생산지와 소비지가 서로 달라야 하는 사회성과 이전과정을 통하여 생산물의 효용이 높아져서 부가가치가 증대되는 경제성이 있어야 한다는 뜻이다. 따라서 집에서 재배한 야채를 부엌에서 요리하여 식탁에 올린다거나 집에 있는 축구공을 학교에 갖고 가서 사용하는 등의 행위는 비록 생산자에서 수요자로, 생산지에서 수요지로 이전하였다 하더라도 경제성과 사회성이 없기 때문에 유통에 해당되지 않는다.

생산물이 소비자에게 이르는 유통경로는 대체로 제조업자(생산자) → 도매업자 → 소매업자 → 소비자(최종수요자)로 이루어지는데 경우에 따라 도매업자가 2개 이상이 될 수도 있다. '유통업'이라고 말할 때는 도·소매업자가 담당하는 범위, 즉 생산물을 매매하고 그 소유권을 이전시키는 활동인 상적 거래와 생산물이 최종 수요자에게 이전하기까지 수송이나 보관의 과정인 물적 유통이 모두 포함되는 개념이다. 그러나 일반적으로 유통경로라고 말할 때는 상적 유통경로를 뜻한다.

(2) 도매업의 구조

도매업은 최종 수요자에게 판매하지 않고 소매업에 생산물을 도매하는 사업자로서 전통적인 형태의 도매상과 무역업자 등이 이에 속한다. 그리고 제조업체의 지점이나 영업소도 도매상이나 소매점을 상대로 영업하기 때문에 엄격한 의미에서는 도매업이라 할 수 있다. 도매업은 기능에 따라 전기능도매업과 한정기능도매업으로, 산업분류 기준에 따라 생산재도매업과 소비재도매업으로 분류하며, 취급하는 상품이 어느 정도인가에 따라 단일품도매, 전문품도매, 복합도매, 종합도매로 나누기도 하고, 상권에 따라 지방도매, 지역도매, 전국도매로 또는 입지기준에 따라 산지도매, 집산지도매, 소비지도매로 분류하기도 한다.

(3) 소매업의 구조

소매업은 생산자 또는 도매업자로부터 매입한 물품을 최종 수요자에게 판매하는 모든 활동을 말하며, 생산자(제조업자)나 도매업자가 최종소비자에게 직접 상품과 이에 부수되는 서비스를 판매하는 행위도 소매행위에 속한다. 따라서 소매상 또는 소매업자는 최종소비자에게 상품과 이에 수반된 서비스를 직접 판매하는 것을 주된 업무로 하는 상인이라고 규정할 수 있다.

특히 소매라고 하여 규모가 작은 판매행위에 그치는 것이 아니고 가격설정, 재고관리, 상품의 매입, 진열, 광고, 판촉활동 등 최종소비자에 상품을 판매하기 위한 모든 활동을 포함하는 개념으로 이해하여야 한다.

소매업도 판매방법에 따른 업태별 분류를 비롯하여 점포의 유무에 따라 유점포와 무점포로, 경영방식에 따라 단독점과 체인점으로, 입지에 따라 단일점포와 집합점포로 분류할 수 있다.

2. 도·소매업의 일반적인 창업절차

(1) 일반적 창업절차

도·소매업은 제조업과 달리 공장설립이나 기계장치 등이 필요 없고 특히 소규모자영업이 대부분으로서 법인형태보다 개인기업으로 경영하기 때문에 창업절차가 비교적 간단하다. 그러나 여기서 간단하다는 것은 제조업에 비해서 그러하다는 의미이며 경영의 초보인 창업자에게는 쉬운 것만도 아니다. 도·소매업이라 하더라도 나름대로 사전준비가 철저하지 않으면 창업 초기에 시행착오를 겪게 되고, 착오가 거듭되면 경영을 제대로 해보지도 못하고 사업에 자신감을 잃게 되기 때문이다.

그림 3-5 도·소매업 창업절차도

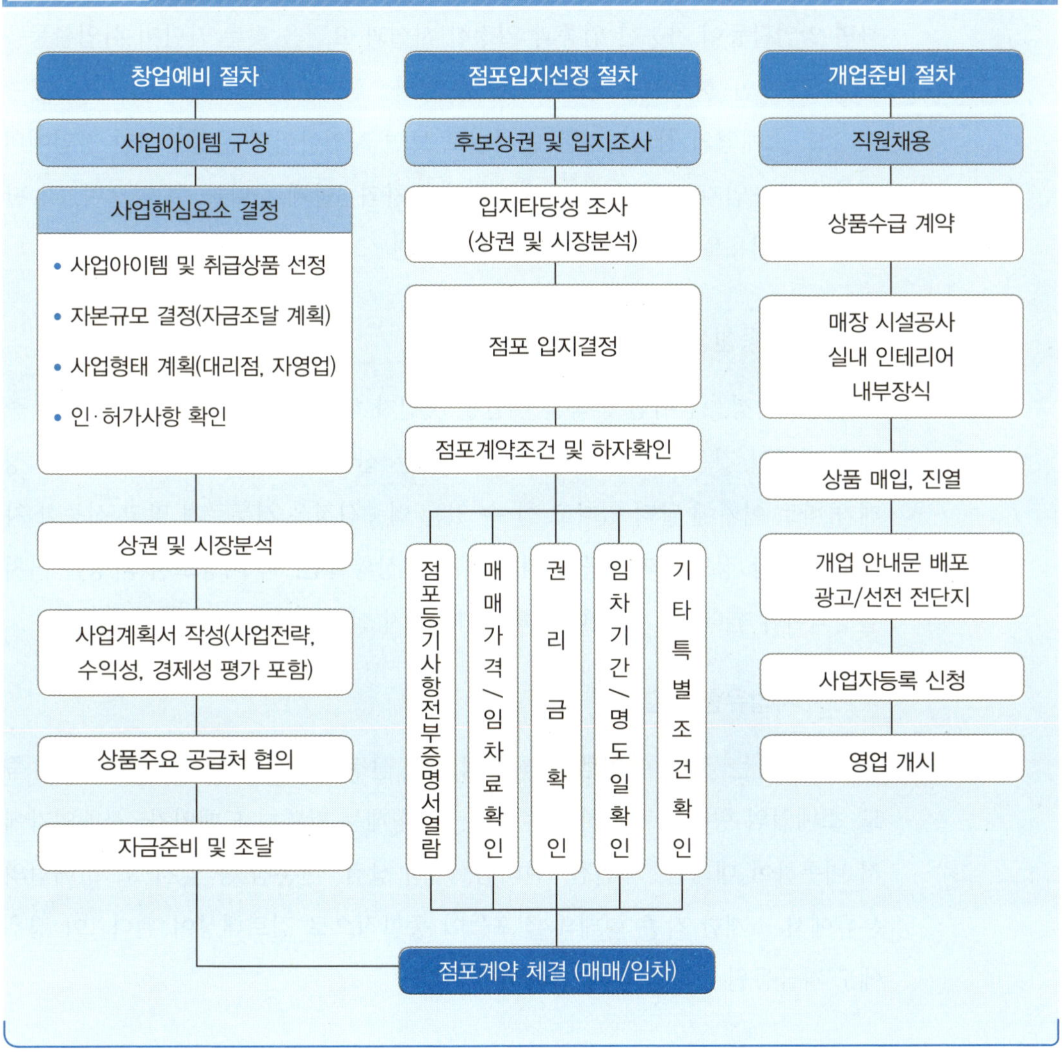

그러므로 도·소매업도 창업을 준비함에 있어 점포의 입지선정, 취급할 품목선정, 자금조달능력 등이 종합적으로 검토되어야 할 뿐만 아니라 이와 함께 상권분석 및 영업방법 등에 대한 충분하고 세밀한 연구가 반드시 필요하다. 예컨대 의류품목을 취급하려면 유동인구가 많은 곳으로, 생필품은 아파트단지 등 거주인구가 많은 장소 등에서 성공할 확률이 높다는 일반적 시장분석은 물론 품목별로 판매대상, 판매장소, 판매시기, 판매방법 등을 복합적으로 검토하여야 한다.

도·소매업도 제조업과 마찬가지로 창업자가 사업자등록이나 법인신고만 하면 영업활동이 가능한 업종과 일정한 시설과 요건을 갖춘 자만이 사업활동을 할 수 있는 인·허가업종으로 구분할 수 있다.

도·소매업의 창업절차를 순서별로 보면 사업아이템 선정단계인 창업예비절차와 점포입지 선정절차 및 개업준비 절차의 3단계로 나눌 수 있으며, 각 단계별 세부내용을 알기 쉽게 도표로 나타내면 〈그림 3-5〉와 같다.

(2) 업종선정과 사업규모 결정

업종선정, 즉 어떤 품목을 취급할 것인가 하는 문제가 창업자에게 가장 중요한 과제인 것은 도·소매업뿐 아니라 모든 산업에 공통된 것이다. 창업의 성패가 바로 여기에 달려 있다고 할 수 있는 업종선정은 서두르지 말고 신중한 자세로 다양한 정보와 자료를 분석하며 실제 상황확인, 즉 시장조사 과정을 거쳐 결정되어야 한다. 할 수 있다면 해외시장까지 살펴보기를 권하고 싶다.

① 사업유형의 결정

창업자는 사업 아이템을 최종적으로 선정함과 동시에 사업의 유형, 즉 도·소매업의 형태를 결정하여야 한다. 그 형태는 당연히 도매인가, 소매인가에서 비롯하여 대리점, 체인점, 편의점, 개인 상점, 전문점 등 앞서 도·소매업의 분류에서 소개한 각종 형태의 점포들이 종합적으로 검토대상이 된다. 이 경우에도 자금동원 능력을 함께 고려해야 한다.

② 사업규모 결정

사업규모는 사업업종 및 사업유형에 따라 결정하되 그 내용이 자기자금 조달능력의 범위 내에서 소요자금의 용도 및 필요시기 등을 고려하여야 한다.

창업 초기의 소요자금은 주로 점포구입비(또는 임대료), 점포권리금, 시설비(필요시), 내/외부 장식 및 레이아웃, 상품구입비, 상품 또는 대리점 보증금 등에 차질 없이 지출되어야 하고 사원임금, 점포유지비, 물류비, 각종 공과세금, 조달자금이자 등 6개월 내지 1년까지의 운영자금을 확보하고 있어야 한다.

(3) 인·허가사항 및 점포용도 확인

창업자는 창업업종이 인·허가가 필요한 업종인지 여부를 확인하여야 하며, 인·허가를 받아야 하는 업종은 인·허가 처리기관 및 처리절차, 소요기간 및 경비, 시설기준 및 자격요건과 구비서류를 정확히 파악하여 소정의 절차에 따라 인·허가를 취득하여야 하며, 인·허가가 필요 없는 업종의 경우는 사업자등록을 함으로서 영업활동을 할 수 있다.

또한 창업자는 점포입지를 선정하는 데 있어서 점포용도를 확인하여 창업업종의 영업활동이 가능한 점포를 선정하여야 한다.

(4) 상권 및 시장분석

도·소매업의 창업자는 자신에게 적합한 업종을 선정할 때 그 업종에 맞는 상권을 선정하여야 한다.

상권이란 상점 또는 집단에 관계된 고객이 분포하고 있는 지리적 범위로서 구체적으로는 당해 상점가가 고객 흡인력이 있고, 취급하는 상품에 대해 상시로 당해 상점에서 구입하는 고객이 분포하고 있는 지역을 말한다.

창업자는 신설 점포의 입지선정 과정에서 기존상권을 선택할 것인가 아니면 스스로 독자적인 상권을 개발할 것인가의 문제에 부딪치는데 그 결심 여하에 따라 경영전략이 근본적으로 달라진다.

따라서 독자적 상권을 개척하기로 결심하게 되면 점포 신설지역에서 창업

표 3-5 상권의 차별성에 따른 경영전략

구 분	독자적 상권 개발	기존상권 선택
기본전략	새로운 경영환경의 창조	형성되어 있는 환경에의 적용
시장전략	마케팅 개척	마케팅 적응
고객전략	고객의 창조와 선별	고객층에 적응
의식과 특성	자율적·동태적·확장성	타율적·정태적·수렴성

품목이나 업종에 대해 새로운 경영환경을 창조하고 고객층을 새로 형성시키기 위한 공격적 마케팅전략을 수립하여 확장 위주의 경영계획을 추진하여야 한다.

그러나 기존상권에 진입하는 경우는 이미 형성되어 있는 상권이 분위기에 적절히 대응하고 고객의 기호나 니즈에 적응하기 위한 마케팅을 통해 기존고객을 신설점포로 수렴해 들이는 전략이 중심이 되므로 신설 점포의 차별성을 부각시키기 위한 점포의 면적, 점포간 거리는 물론 광고, 홍보전략도 달라져야 한다.

(5) 사업계획서 작성

사업계획서는 창업자의 창업계획을 체계적으로 정리한 것으로서 소규모의 도·소매업이라도 창업자 및 업종의 특성에 맞는 창업사업계획서를 작성하여 실행해 나가야 한다.

사업타당성 분석을 바탕으로 작성하는 사업계획서는 사업전략과 사업 수익목표를 구체적으로 제시하는 창업자 자신의 사업에 대한 청사진으로서 창업과정을 계획성 있고 차질 없이 추진할 수 있게 하며, 창업기간을 단축시키고 경비를 줄여주며, 창업성공률을 높여줄 수 있는 가장 중요한 교과서이다.

아울러 사업계획서는 창업에 도움을 줄 제3자, 즉 동업자, 출자자, 금융기관, 매입처, 매출처, 일반고객에 이르기까지 사업과 관련있는 자들의 의사결정 자료로 활동되기 때문에 정확하고 객관적이며, 창업할 업종에 대한 전문적인 지식과 향후 사업추진 내용에 있어서 기존의 점포들과 차별화된 독창성이 있어야 한다.

(6) 점포입지 선정

도·소매업의 기본적인 특성은 소비자와의 직접적인 접촉, 즉 소비자가 점포에 직접 찾아오지 않으면 상품을 팔 수 없으므로 입지선정이 사업성공의 70~80%를 점한다고 할 수 있다.

따라서 점포의 입지는 상권 내에 소비 대상인구가 많고 장래에도 인구가 증가할 것이 예상되며 소득수준 및 소비성향이 높고 구매력이 왕성한 연령층의 거주자, 즉 계획 업종 및 업태에 적합한 소비자가 다수 존재하는 곳을 선택하여야 한다. 또한 도로, 지하철, 버스노선 등 교통체계를 비롯하여 다수의 소비자를 유인할 수 있는 시설이 주변에 존재하고 기존상권이 형성되어 있는 곳이 경험이 적은 창업자에게는 유리하며 도매업인 경우 유사업종 상권이 형성된 곳을 선정하여야 한다.

그러나 최근에 번창하고 있는 인터넷 판매나 통신판매 같은 경우는 사무실만 확보하고 별도 점포를 갖추지 않는 것이 일반적이다.

① 점포입지 결정단계에서 확인할 사항

위에서 설명한 제반 고려사항을 검토한 결과 새 점포 후보지를 확정하게 되면 계약에 앞서 점포의 상태와 소유주의 의도를 파악하는 것이 중요하다. 점포를 완전히 사서 입주하는 경우는 창업자의 의사에 따라 입주 후의 개선이나, 준비절차를 자유롭게 추진할 수 있으나, 전세 또는 월세로 임차하여 입주하는 경우는 점포소유자가 권리금 상쇄를 위한 일시적 임대인지 아니면 인근에 대형 점포를 신축하기 위한 확장이전인지를 확인하여야 한다.

또한 점포의 상태, 즉 전력, 용수, 배수시설, 누수나 침수, 환기, 쓰레기 처리방법 등과 자체 및 고객주차장 확보대수, 광고간판 설치공간 등도 확인의 대상이다.

② 점포계약시의 조건 및 하자확인

점포입지에 대한 계약과정에서 창업자는 점포매매 또는 임차를 위한 조건과 하자의 내용을 확인하여야 한다. 해당 대지와 건물에 대한 법적 주인과 계약체결자와의 관계, 근저당, 가등기 및 가압류 여부를 등기사항전부증명서를 발급받아 확인하고, 도시계획에 따른 용도는 도시계획확인원, 토지대장, 건축물 대장을 발급받아 무허가나 가건물인지의 여부와 함께 도시계획상의 철거대상인지 아닌지를 확인한다.

이와 함께 창업자는 계약조건에 대해서도 철저히 확인하여야 한다. 즉 임차보증금의 조건, 월세액, 각종 공과금 및 세금납부 유무 등이 계약서상에 명시되어야 하며, 계약할 때 인수할 물품과 비품목록, 계약기간, 명도일, 계약기간 만료후 재연장 조건, 향후 사업성패에 따른 업종 변경할 때의 제약조건 여부, 월세금 지불방법, 연체시의 이자, 해약조건, 하자보수 등도 명시하지 않으면 아니 된다.

또한 계약금, 중도금, 잔금, 중개수수료의 액수 및 지급일, 그리고 권리금, 보증금 등을 일괄 인수할 때에 권리승계 및 인증 유무를 명시하고 매도인, 매수인, 중개인의 이름, 주소, 연락처, 날인상태를 확인하여야 한다.

마지막으로 등기부상의 법률상 주인과 바르게 계약한 것인지 주민등록증을 상호간 보여줌으로써 본인 여부를 확인하는 것이 바람직하다.

3. 도·소매업 창업시 고려사항

(1) 계획입지와 계획업종 및 업태와의 적합성

일반적 관점에서 아무리 좋은 입지라도 계획업종 및 업태와 연결되지 않으면 좋은 입지라고 볼 수 없기 때문이다.

(2) 후보지의 환경에 대하여 구체적인 조사

해당상권의 인구수, 인구구성, 세대수, 소비수준, 목표 소비자의 수 등을 창업자가 직접 현장에 나가서 같은 상품 판매처의 고객수 등을 심층적으로 조사, 분석해볼 필요가 있는 것이다.

(3) 후보지의 장래성을 조사

후보입지의 현황만 보고 입지를 선정하는 것은 상당한 위험이 뒤따른다. 후보입지의 장래성은 시가지 형성 상황, 주변 도시의 인구증가 속도, 신도시 계획 및 도시개발 계획의 유무, 도로의 신설·변경, 대형점의 출점 계획 유무 파악

등의 장래 발생할지도 모를 경영환경의 변화를 미리 예측함으로써 사후 실패를 방지할 수 있는 지름길이 될 수 있는 것이다.

(4) 자금조달 능력의 검토

입지선정에서 좋은 점포 입지의 경우 보증금도 많지만 상당한 권리금도 존재하는 것이 현실이다. 따라서 아무리 좋은 입지라 하더라도 거기에 상응한 자금조달 능력이 없다면 그 창업자에게는 그림의 떡에 불과하다.

(5) 사업장 규모의 적합성 및 경쟁성

아무리 좋은 위치라 하더라도 인접한 다른 상점과 비교하여 규모가 작다면 소비자의 심리상 작은 가게에 들어오지 않는다. 따라서 취급하고자 하는 상품을 좋게 진열하고, 판매할 수 있는 정도의 적정규모 확보가 필요하며, 주변 여타 점포에 비해 규모면에서 경쟁력이 있어야 하는 것이다.

4. 인·허가가 필요한 업종의 기준과 절차

도·소매업은 업종의 특성상 인·허가사항이 적으며, 창업절차가 간단하기 때문에 일반적으로 점포를 확보하고 사업자등록을 하면 영업을 할 수 있지만 담배, 양곡과 같이 유통질서 확립이 필요한 제품과 의약품과 같이 전문지식을 필요로 하는 업종 등에 대하여는 개별법에서 시설기준 및 자격요건 등을 규정하고 있다. 따라서 창업자는 업종을 선정하고자 할 때 자신이 창업하려는 업종이 관련법에 의해 허가, 등록 또는 신고가 필요한 업종인지 여부를 파악하여 창업준비를 하여야 한다.

그리고 제조업과 마찬가지로 도·소매업도 개별법마다 약간의 차이는 있지만 일반적으로 피성년후견인 또는 피한정후견인, 파산선고를 받고 복권되지 아니한 자, 금고 이상의 형의 선고를 받고 그 집행이 종료되거나 집행을 받지 아니하기로 확정된 후 1~2년이 경과되지 아니한 자, 각 업종관련 개별법을 위반하여 허가 등이 취소된 후 2년이 경과하지 아니한 자 등이 인·허가 업종의 창업자 또는 법인의 임원이 될 경우 결격 사유자로 인가를 받을 수 없다.

사례 2

말레이시아에서 등장한 '유니콘 기업' 그랩, 우버 누르고 동남아 석권한 비결은?

그랩은 대표적인 유니콘 기업이다. 유니콘 기업이란 설립된 지 10년 이하인 스타트업 중 기업 가치가 10억 달러 이상인 기업을 말한다. 상상 속에서나 존재할 수 있는 존재이기 때문에 '유니콘'이라는 이름이 붙었다. 그랩의 추정 기업가치는 60억 달러로 유니콘 기업의 기준을 훌쩍 뛰어넘는다. 유니콘 기업보다 큰 100억 달러 가치의 데카콘(10을 의미하는 'Deca' + con) 기업도 등장하고 있다. 우버가 대표적인 데카콘 기업이다. 그렇기 때문에 세계 차량 공유 서비스 업계 1위인 우버(Uber)가 말레이시아의 그랩(Grab)에게 동남아시아 사업을 매각하는 협상이 막바지 단계라는 소식은 그랩이 만들어낸 반전의 결과다. 한 때 우버와 그랩은 동남아시아 차량 공유시장에서 치열한 각축전을 벌이던 사이였다. 그랩이 우버와의 경쟁에서 승자로 우뚝 선 비결은 무엇일까?

비결 1: 열정에서 시작되는 끈기이다. 그랩의 창업자 안토니 탄이 그랩 택시의 모태가 된 콜택시 서비스 '마이 택시(My Texsi)'를 개발했을 무렵에만 해도 탄의 미래는 그다지 밝지 않았다. 서비스를 활용해 줄 택시회사를 찾지 못한 것이다. 대형 택시회사는 새로운 기술에 대한 거부감이 있었고 사업의 성공 가능성도 낮다고 보았다. 사업이 시작도 하기 전에 좌초될 수 있는 상황이었지만 탄은 포기하지 않고 직접 택시회사를 돌아다녔다. 마이 택시를 처음으로 채택한 회사는 운영하는 택시가 30대에 불과한 영세 택시회사였다. 탄이 좌절하지 않은 것은 본인이 만든 서비스에 대한 확신이 있었기 때문이다. 확신이 열정을 불러오고 열정이 끈기 있는 자세를 만든다.

비결 2: 현지화로 무장한 글로벌 니치마켓 공략이다. '공룡' 우버와의 경쟁에서 그랩이 이길 수 있었던 것은 역설적으로 우버가 동남아시장에 큰 관심을 쏟지 않았기 때문이다. 바로 옆에 중국 혹은 인도 같은 대규모 시장이 있다 보니 글로벌 기업들은 아시아 시장에 진출하더라도 동남아시아 국가들을 후순위에 분류한다. 동남아 시장에 시스템화된 택시기업이 전무해 이에 대한 수요가 분명히 존재함에도 우버는 중국 대륙에서 현지 기업 디디추싱과 경쟁에 몰두했다. 와중에 그랩은 동남아 시장점유율을 확대해나갈 수 있었다. 경쟁자가 없더라도 공급자와 소비자가 없는 시장이라면 성공하지 못한다. 그랩은 공급자, 소비자 모두에게 이익을 가져다주는 플랫폼으로 성공했다. 새로운 장비와 기술에 익숙하지 않은 택시기사에게는 저렴한 수수료를 받고 신용카드 보급률이 낮은 동남아시아 특성을 고려해 택시고객에게 현금결제 방식을 허용했다.

비결 3: 규제철폐의 산물이다. 한국에서 우버 택시가 한 때 영업한 적도 있었지만 지방자치단체와 정부의 법적 판단 때문에 현재는 찾아볼 수 없다. 정부는 택시업계의 '표'를 의식하지 않을 수 없었을 것이다. 그러나 이는 세계의 흐름에 맞지 않는 성급한 결정이라는 지적이 많았다. 그랩의 성장과정을 보면 해당 주장에 무게가 실린다. 그랩이 각국에 퍼져나갈 때도 불법 여부에 대한 논쟁이 있었다. 그랩은 이 과정에서 각국 정부와 접촉을 지속했고 각국 정부는 그랩에 대한 명확한 판단을 내리지 않았다. 그랩이 소비자들에게 호평을 받자 동남아 국가들은 그랩을 합법으로 승인했다. 그랩이 5년 만에 동남아 7개 국가 55개 도시로 영업을 확대한 배경이다.

〈지식비타민, 2018.3.20.〉

제3절 서비스업 창업절차

1. 서비스업의 범위와 분류

(1) 서비스업의 개념

계속되는 경제발전과 산업구조 고도화로 산업사회가 전문·분업화되고, 국민소득이 향상되면서 서비스산업은 선진국이나 개도국의 구분없이 한 나라의 산업구조에서 가장 큰 비중을 차지하게 되었다. 특히 빠른 속도로 이루어지는 기술혁신과 정보화로 인해 서비스에 대한 소비자의 니즈가 다양화, 고급화, 전문화됨에 따라 서비스산업 자체의 영역이 확대되고 끊임없이 분화되고 있다.

이에 따라 우리 국민경제는 물론 세계경제도 공업화사회에서 탈공업화사회, 즉 서비스산업사회로 급속히 이행되는 과정에 있으며 특히 최근 들어 급진전되고 있는 정보처리기술의 발전은 정보산업 자체뿐 아니라 이를 활용하는 제조업, 금융, 유통, 운수, 건설 등 관련산업의 동반발전을 주도하고 있는데서, 산업혁명에 견줄 만한 정보혁명, 이를 좀 더 확대하여 서비스혁명의 시대로 진입하고 있다. 이제는 제조업을 하더라도 세계적 정보를 활용하여 제품의 디자인, 가격, 품질을 수요자의 니즈(needs)에 인식시켜야 할 뿐 아니라 판매원의 친절, 적기 공급, 양질의 애프터서비스 등 서비스 활동이 고려된 통합적 차원의 경영을 하지 않으면 아니 된다.

이처럼 서비스산업의 영역이 확대되고 비중이 높아지는데, 특히 무엇보다도 소비자의 니즈가 복잡 다양화됨에 따라 신규 창업의 기회도 많아져, 창업자의 창업욕구를 북돋우며 또 그만큼 창업성공률도 높아지고 있다. 우리나라도 소득과 여가시간의 증가에 따라 건강관련서비스업, 외식산업 등이 크게 성장하고 있으며 기업환경의 변화에 부응하여 금융서비스, 정보서비스, 사업관련서비스 등의 수요가 괄목하게 증가하고 있다. 그러나 우리나라는 아직도 선진국에 비해 서비스업의 경쟁력이 매우 낮은 상태로서 서비스시장이 개방됨에 따라 선진기술과 기법을 보유한 외국의 서비스기업들이 국내시장에 진출하여 국내시장 점유율을 확대하고 있는 실정이다.

서비스산업에 신규 참여하려는 창업자는 우선 서비스의 개념에 대한 이해와 서비스산업에는 어떤 업종들이 포함되는지 알아둘 필요가 있다. 서비스라는 용어는 최근에 매우 일반화되어 있으며 일반적으로 서비스는 "소비자의 편익이나 만족을 목적으로 인간 또는 설비와의 상호작용을 통하여 제공되는 무형의 행위"라는 말로 정의하고 있다. 이를 좀 더 구체적으로 설명하면 경제사회에는 유형, 무형의 각종 가치물들이 유통되고 있는데 이 중에서 유형의 가치물을 재화라고 통칭하고 무형의 가치물을 용역 또는 서비스라는 말로 부르고 있다. 재화는 쉽게 말해서 농·림·수산업이나 광공업에서 생산 유통시키는 경제재로 형체가 있는 것이나 서비스는 볼 수도 만질 수도 없고 타인의 이익을 도모하기 위해 제공되는 육체적, 정신적 노력이며, 그 결과 수요자의 요구, 즉 욕망이 어느 정도 충족되었는가에 따라 그에 상응하는 대가를 받는 무형의 행위 또는 과정이다.

따라서 서비스는 형태 없는 활동, 즉 소비자에게 만족을 주기 위해 제공되는 행위와 과정으로서 제공 즉시 사라지며, 누릴 수는 있어도 가질 수는 없고 생산 또는 분배과정에 사람이 개입하기 때문에 그 제공되는 내용과 수준이 사람에 따라 모두 다를 수밖에 없는 특성을 가지고 있다.

(2) 서비스산업의 분류

서비스산업의 범위는 그 다양성과 복합성 때문에 매우 광범위하여 국가 또는 학자들마다 그 분류기준 및 방법이 약간씩 다르다. 또한 경제성장에 따른 생활환경의 변화에 따라 새로운 서비스업이 계속해서 생겨나면서 기존의 분류기준도 변하고 있다. 흔히 서비스업은 기술, 지식, 정보 및 경험을 제공하는 인적 서비스와 기계장비, 부동산 등을 제공하는 물적 서비스로 구분하기도 하고, 수요자가 누구인가에 따라 개인이나 가계의 일상생활을 지원하는 개인서비스, 기업활동을 지원하는 기업서비스, 국가나 공공단체에 의해 이루어지는 공익서비스로도 구분한다. 또한 서비스업은 서비스생산과 소비구조상의 요소를 중심으로 하여 서비스의 효용과 서비스제공자의 특성에 따라 다음과 같이 분류하기도 한다.

① 서비스의 효용에 따른 분류

서비스는 고객욕구의 만족을 궁극적인 목표로 하는 것인데, 이 방법은 서비스를 제공받음으로써 고객이 느끼는 효용, 즉 서비스의 가치측면에서 서비스를 분류하는 것으로 "시간창조형 서비스"와 "자아창조형 서비스"로 구분할 수 있다.

시간창조형 서비스란 고객이 서비스를 제공받음으로써 시간을 절약하는 효과를 가져와 시간적 단축이나 여유를 누리려는 욕구를 충족시켜 주는 서비스를 말한다. 시간창조형 서비스는 특히 돈보다는 여가시간에 더 큰 가치를 부여하는 신세대의 흐름에 부응할 수 있는 서비스로서 새마을열차, 항공기 등 쾌속 운송수단을 이용하는 운송서비스, 패스트푸드점, 택배업, 현금자동지급기 등이 대표적인 경우이다.

자아창조형 서비스란 인간의 물질적인 욕구와 지식, 건강, 문화 등 인간의 자아발전을 위한 정신적·감정적 육체적 욕구를 충족시켜 주는 서비스를 뜻한다. 여기에 속하는 서비스종류로는 음식업, 레저산업, 의료업, 교육업, 금융업, 정보서비스업, 전문서비스업 등이 있다

② 서비스제공 수단에 따른 분류

서비스 제공자 입장에서 서비스를 분류하는 방법은 고객과의 직접적인 상호작용 관계를 유발시키는 대상인 서비스제공 수단에 의해 분류하는 것이다. 이에 따라 서비스를 분류하면 크게 "인간중심형 서비스"와 "설비중심형 서비스"로 구분할 수 있다. 인간중심형 서비스란 체화됨은 물론 숙련된 지식을 이용하거나 단순 육체노동에 의하는 등 주로 사람의 역할을 통해 서비스를 제공하는 것을 말한다. 그 예로 가사서비스업, 의료업, 미용업, 경영자문, 법률자문 등의 전문서비스업, 교육업, 식당업 등을 들 수 있다. 설비중심형 서비스란 서비스의 제공이 주로 설비의 기능에 의해 이루어지는 것으로서 정보서비스업, 금융업, 통신업, 숙박업, 유통업, 운송업 등이 이에 해당된다. 이상의 서비스분류는 정보기술의 발달, 설비기능의 고도화·소프트화 및 고객수요의 고급화·다양화에 따라 엄격한 구분이 점차 어려워지고 있으며, 모든 요소가 결합된 형태

의 서비스수요가 급격하게 증가하고 있는 실정이다. 특히 설비중심형 서비스에 있어서 설비의 소프트한 분야와 인간요소의 중요성이 크게 부각되고 있다.

우리나라에서 서비스산업은 한국표준산업분류에 의거 G. 도소매 및 소비자용품 수리업, H. 숙박 및 음식점업, I. 운수 창고 및 통신업, J. 금융 및 보험업, K. 부동산, 임대 및 사업서비스업, L. 공공행정, 국방 및 사회보장행정, M. 교육서비스업, N. 보건 및 사회복지사업, O. 기타 공공, 사회 및 개인서비스업, P. 가사서비스업과 Q. 국제 및 기타외국기관으로 대분류하고 있다. 동 분류는 서비스의 기능과 형태에 따라 서비스제공자 측면에 중점을 두고 분류되었다.

(3) 서비스업의 특징

생활양식의 변화, 여가시간의 증가, 기대수명의 연장, 생활의 중요성 등에 따라 소비자의 요구수준은 점차 다양화·고급화·개성화되어 가고 있다. 그러므로 서비스업종을 창업하고자 하는 자는 창업업종과 관련된 사회적 환경 및 소비자 생활양식의 변화 등 급속하게 변하고 있는 시대흐름을 잘 파악하여야 한다. 또한 창업자는 서비스업이 갖고 있는 특징을 잘 파악하여 그 특성에 맞게 경영노하우를 개발하고 고객을 창출하기 위한 노력을 끊임없이 하여야 한다. 서비스업에서 가장 중요한 것은 서비스의 질이라고 할 수 있다. 즉, 서비스의 품질을 높이는 것은 고객에게 편리함이나 편익을 제공하는 것을 통해서 고객의 만족감을 극대화하는 것이다. 그러므로 창업자는 성공적인 경영을 위하여 품질 높은 서비스를 제공할 수 있도록 고객만족을 목표로 하는 경영전략을 수립하여야 한다.

서비스업을 창업하기 위하여 서비스업의 특징 등 창업자가 기본적으로 알아야 할 사항을 정리하면 다음과 같다.

첫째, 서비스업은 기계시설보다는 주로 인력에 의하여 서비스가 제공될 뿐만 아니라 생산과 동시에 소비되어 버리는 특성을 가지고 있으므로 서비스를 구입하는 고객은 일반제품을 구입할 경우보다 서비스품질의 파악이 어렵기 때문에 불확실한 입장에 처하게 되므로 서비스내용을 충분히 설명하여야 한다.

둘째, 서비스업은 창업자나 종업원의 경험, 지식을 토대로 하여 소비자에

표 3-6 서비스품질 결정요소

결정요소	내 용
• 서비스의 차별성	– 경쟁업체와 비교하여 서비스는 차별화되어 있는가?
• 서비스의 신뢰성	– 고객이 서비스의 품질을 신뢰할 수 있는가?
• 종업원의 능력과 태도	– 종업원이 서비스를 수행할 능력이 있으며, 능동적으로 서비스를 제공하는가?
• 접근의 용이성	– 고객이 서비스를 쉽게 항상 이용할 수 있는가?
• 예의성	– 서비스는 친절하게 제공되는가?
• 서비스 정보제공	– 고객에게 서비스에 대한 적절한 정보가 제공되는가?
• 서비스의 완전성	– 서비스의 하자나 의심되는 점은 없는가?
• 고객행동의 변화파악	– 고객행동의 변화를 파악하고 있는가?
• 사후서비스(A/S)	– 사후서비스는 적시에 제공되고 있는가?

게 서비스를 제공하는 것이므로 양질의 서비스를 제공하기 위해서는 종업원에 대한 교육을 지속적으로 실시하여야 하며 서비스질의 향상을 위하여 창업자는 창업업종의 특징을 파악하여 차별화된 전략을 수립하여야 한다.

셋째, 서비스업은 창업자의 철학을 필요로 한다. 소비자만족과 종업원을 중시하고 기업의 자세는 창업자의 서비스철학에서 시작되는 것이다. 또한 이러한 경영자의 철학은 고객과 종업원의 만족을 이끌어내어 성공적인 기업경영을 할 수 있는 밑바탕이 된다.

넷째, 서비스업은 서비스수준을 관리하여야 한다. 고객은 일정수준 이상의 서비스를 원하고 있기 때문에 경영자는 고객의 기대와 욕구를 파악하여 자사와 경쟁사와의 서비스수준을 비교하고 고객이 만족할 수 있는 서비스를 유지·관리할 수 있도록 하여야 한다.

다섯째, 서비스업을 창업하여 사업기반이 확립되기까지는 서비스내용 및 서비스수준에 대한 홍보가 지속적으로 이루어져야 한다. 또한 창업자는 서비스업에서 가장 중요한 서비스의 질을 향상시켜 소비자가 제공되는 서비스에 만족할 수 있도록 하여야 한다. 소비자가 서비스의 품질을 평가하는 요소는 서비스의 종류에 따라 다를 수 있지만 일반적으로 다음과 같은 내용의 질문에 대하여는 긍정적인 답변이 나올 수 있도록 하여야 한다.

2. 서비스업의 일반적인 창업절차

서비스업은 이미 별도로 설명한 바 있는 유통업을 비롯하여 표준산업분류표에서 볼 수 있듯이 수리·수선업, 숙박업, 음식점업, 운수업, 창고업, 통신업, 금융·보험업, 부동산업, 임대업, 교육서비스업, 보건업, 사회복지사업, 사업서비스업, 개인서비스업에 이르기까지 그 영역이 광범위하고 다양하여 어느 한 가지 모델을 정하여 창업절차를 설명하기가 용이하지 않다.

예를 들어, 학교나 병원을 설립하려면 제조업의 설립절차나 공장건설, 직원채용보다 훨씬 더 복잡하고 까다로운 절차를 거쳐야 하는가 하면, 음식점이나 여관, 창고업, 자동차수리센터 등을 창업하려는 경우는 도·소매업에서 이미 설명한 점포선정을 비롯한 제반 설립절차와 거의 비슷한 순서로 이루어진다. 그러나 컨설팅사나 부동산중개소, 개인서비스업의 경우는 관련법에 개업의 자격이

그림 3-6 서비스업 창업절차도

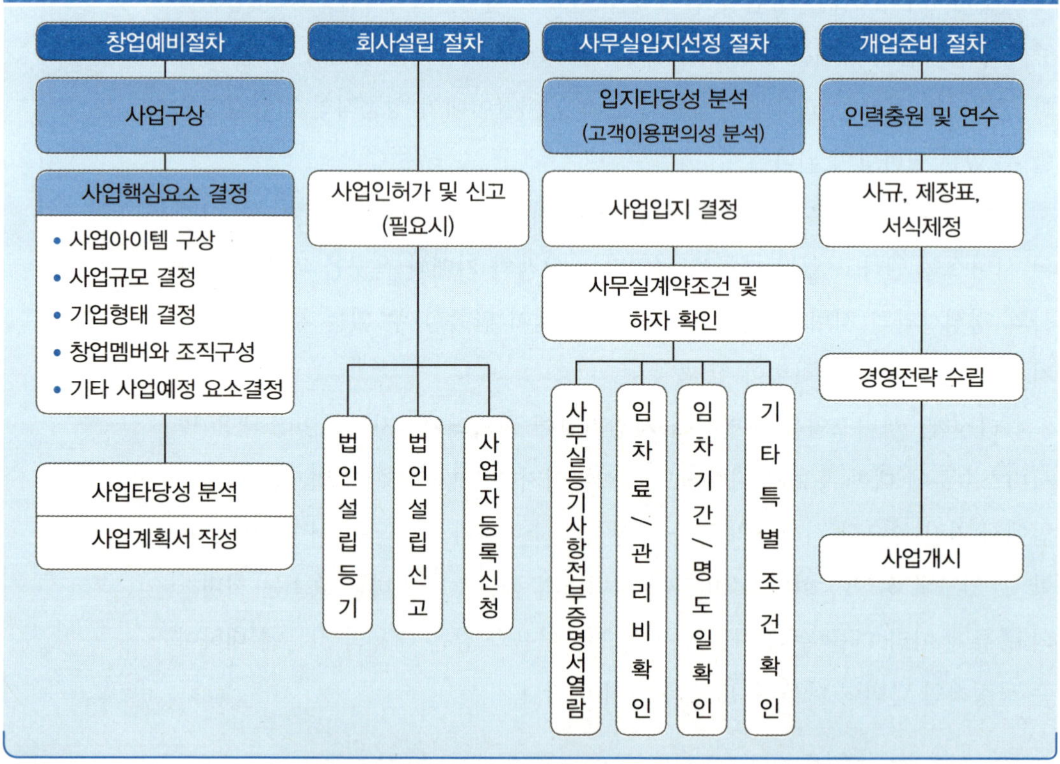

정해진 때는 유자격자가, 그렇지 않은 때는 전문적인 경험이나 아이디어를 갖고 있는 창업자가 사전 준비과정은 하겠지만 건물내 사무실을 임차하여 비교적 쉽게 개업할 수 있다. 여기서는 일반적으로 서비스업종에 공통적으로 적용될 수 있는 창업 예비절차, 회사 설립절차, 사무실입지 선정절차, 개업 준비절차로 구분하여 각 단계별 세부내용을 그림으로 제시하면 쉽게 이해할 수 있다.

그리고 서비스업도 제조업 및 도·소매업과 마찬가지로 창업자가 사업자등록이나 법인신고만으로 영업활동이 가능한 업종과 사업을 영위하기 위해서는 필요한 시설 및 자격을 갖추고 관계 정부기관에 인·허가를 받아야 하는 인·허가업종으로 구분할 수 있다.

특히 서비스업은 정보화 사회가 도래함에 따라 상상할 수 없을 만큼 빠른 속도로 그 영역이 확대되고, 서비스의 니즈도 다양해지기 때문에 지금 단계에서 이를 모두 찾아내거나 예측하여 소개할 수 없는 실무적 어려움이 있다.

3. 서비스업 창업의 특징 및 기본적 고려사항

서비스업 분야의 창업은 여러 가지 특징을 갖고 있으며, 이와 같은 특징 때문에 비교적 창업이 쉬운 반면, 창업시 고려해야 할 사항도 적지 않다. 서비스업 창업의 주된 특징은 다음과 같다.

첫째, 창업자와 가장 밀착된 산업이어야 한다. 따라서 서비스업 창업자는 해당분야에 대한 전문지식이 없이는 창업이 불가능하다.

둘째, 인간이 중시되는 산업이다. 제조업에 있어서는 기계가 기술자의 손을 빌어 제품을 생산해내지만, 서비스업에 있어서는 임직원의 지식을 바탕으로 하여 운영되며, 종업원의 능력에 의해 사업이 번창한다.

셋째, 서비스업의 특징은 무형의 재화를 생산하므로 서비스업이 사업으로 성립하기 위해서는 소비자(이용자)의 동의가 필수요건이다.

넷째, 서비스업은 어떤 특정한 생산설비가 불필요하고, 오직 사무실 개설비만 필요할 뿐이며, 그 이후 관리업무비도 사무실 유지관리비와 인건비가 대부분이다. 따라서 아이템만 있다면 쉽게 창업할 수 있고, 또 쉽게 폐업할 수 있어 신축성이 아주 높다.

다섯째, 경제여건, 경영환경 등에 민감하다. 수주 자체가 불규칙적이며, 용역 건당 수수료(용역비)도 수행내용 및 수주처의 성격에 따라 큰 차이가 나기 때문에 장단기 수지계획이 있도록 대비할 필요가 있다.

여섯째, 창업 초기 영업기반 확보까지 다소 긴 시간이 소요된다. 우선 영업내용을 홍보하고, 이를 이용자가 인식하기까지는 상당한 기간이 필요하며, 종업원의 사무능력 및 업무 추진능력 향상에 많은 시간이 소요되기 때문에 초기 영업기반 확충시까지 자금력이 뒷받침되어야만 성공할 수 있다는 제약이 있다.

4. 인·허가가 필요한 업종의 기준과 절차

서비스업은 도·소매업과 마찬가지로 업종의 특성상 인·허가사항이 적으며, 창업절차가 간단하기 때문에 일반적으로 사무실을 확보하고 사업자등록을 마치면 사업을 영위할 수 있지만 공중위생과 관련이 있는 업종, 사행행위 등 행정규제가 필요한 업종, 전문지식이 요구되는 서비스업 등에 대하여는 개별법령에서 시설기준 및 자격요건 등을 규정하여 국민생활을 보호하고 있다.

그러므로 창업자는 업종을 선정하고자 할 때 자신이 창업하려는 업종이 관련법에 의해 허가, 등록 또는 신고가 필요한 업종인지 여부를 먼저 파악하고 창업준비를 하여야 한다. 인·허가가 필요한 제조업 및 도·소매업과 마찬가지로 서비스업도 개별 법률마다 약간의 차이는 있지만 일반적으로 피성년후견인 또는 피한정후견인, 파산선고를 받고 복권되지 아니한 자, 금고 이상의 형의 선고를 받고 그 집행이 종료되거나 집행을 받지 아니하기로 확정된 후 1~2년이 경과되지 아니한 자, 각 업종별로 개별법을 위반하여 허가 등이 취소된 후 2년이 경과하지 아니한 자 등은 결격 사유자로 인·허가를 받을 수 없다.

사례 3

밀려오는 베이비부머 은퇴…창업 ABC

최근 창업시장에서 최대 이슈는 베이비붐 세대들의 퇴직이다. 한국전쟁 후인 1955~1963년에 태어난 베이비붐 세대 710만여 명 가운데 첫 은퇴 주자인 고급인력 30만~40만 명 중 상당수가 창업시장으로 뛰어들 것으로 예상된다. 하지만 흙 속에서 진주 찾기가 쉬운 일은 아니다. 은퇴 후에도 계속 일하기 원하는 베이비붐 세대들을 노리는 프랜차이즈업계 경쟁도 치열해질 것으로 보인다.

이경희 창업전략연구소장 도움을 받아 나이, 자본금, 성격, 가족관계 등 은퇴자 유형별로 고려해볼 수 있는 창업 아이템을 골라봤다. 20~30년간 직장 생활을 한 뒤 은퇴하는 사람들이 창업시 주의해야 할 점도 살펴봤다.

생계형이냐 대가족이냐 따져봐야

투자비가 1억~1억 5,000만원 미만이고 부부가 함께 전업으로 사업을 운영하면 생계형이라 볼 수 있다. 은퇴자는 사업에 실패하면 재취업이 쉽지 않기 때문에 가용 자본을 전부 투입하지 않고 안전한 선에서 투자하는 대신 부부가 함께 운영하는 형태가 생계형 창업의 특징이다.

자본금 1억 5,000만원 미만으로는 주거지 인근 작은 주점이나 오피스 근처 소규모 한식 음식점, 분식점 등을 겨냥할 수 있다. 예를 들어, 일본 전통면 전문 '하코야'는 1억 5,000만원 선이면 49m^2(15평) 안팎의 점포 창업이 가능하다. 하코야 삼성점을 운영하고 있는 이정우 씨(52)도 금융업계에서 25년 동안 근무한 뒤 지난해 4월 은퇴해 창업한 케이스. 이씨는 56m^2(17평) 매장을 성공적으로 운영하고 있다.

최근 인기를 끌고 있는 '오니기리와 이규동'도 작은 평수에서 빠른 회전율이 가능한 업종으로 검토해 볼 만하다. 동네 부근에서는 수작 요리주점 '꼬지마루'도 66m^2(20평) 내외 규모 점포를 1억 5,000만원 전후 투자로 창업할 수 있다.

당신은 어떤 유형 창업인가요

창업 유형	점포 유형	자본금 ·특징
생계형	동네 인근 49~66m^2 (15~20평) 규모 분식·음식점	자본금 1억~ 1억 5,000만원
대가족형	231m^2(70평) 대규모 음식점	부부·자녀 등 점포운영 가담 자본금 3억~4억원 이상
반부재 사장형	도넛·커피전문점	고령자 창업 점포 운영 매니저 필요
위탁관리형	일부 프랜차이즈	투자금 따라 수익 배분 현 직장인도 가능

자녀도 점포 운영에 도움을 줄 수 있다면 좀 더 큰 규모 점포를 고려해 볼 수 있다. 취업을 포기하고 창업을 택한 자녀가 있다면 자녀의 미래까지 고려한 대가족형 창업을 택하라는 의미다. 대가족형 창업은 가족 인건비를 벌 수 있는 대형 점포가 적당하다. 투자비는 3억~4억원대로 231m^2(70평) 이상 대형 전문음식점이 대상이 된다고 보면 된다.

대표적인 프랜차이즈는 설렁탕 프랜차이즈 '한촌설렁탕'이나 '놀부 항아리갈비', 호프전문점 '치어스' 등. 이들 업체는 설렁탕 원재료를 원팩 시스템으로 공급해 준다거나 호프전문점이지만 신선요리를 판매하는 레스토랑으로 완벽한 주방 교육 서비스를 해주는 등 대가족형 창업에 적합한 요소를 갖추고 있다. 서울 강남 대치동과 잠실 석촌호수 인근에서 '치어스' 매장 2곳을 운영하고 있는 이인섭 씨(56)는 부인은 물론 20대 조카들까지 매장 근무에 동원하고 있다. 대신 주방 인원은 가맹 본사 시스템으로 해결하고 서빙 분야에만 가족이 참여하는 방식을 택했다.

창업하고 싶은데 건강 안 좋다면

투자할 여유자금은 있는데 건강 등의 이유로 직접 운영에 참여하기 어려운 퇴직자들을 위한 창업 유형도 있다. 위탁관리형 창업 제도를 두고 있는 프랜차이즈를 활용할 수 있는 것. 대표적인 곳이 콩나물국밥 전문 완산골명가와 숯불구이전문점 강호동 678 등이다. 위탁관리형은 투자금에 따른 수익금 배분율 등이 달라질 수 있기 때문에 사업 초기에 꼼꼼히 따져봐야 한다.

완산골명가 선릉점을 운영하는 직장인 오만열 씨(43)는 위탁경영으로 8,000만원을 투자해 월 700만원 수익을 올리고 있는 사례다. 프랜차이즈 본사와 점주가 일정 비율로 투자하고 비율에 맞춰 수익금을 나눈다. 매장 운영에는 일절 관여하지 않고 동영상 카메라와 웹을 통해 매장 운영에 대한 정보를 얻는다. 현재 오씨와 같은 형태로 운영되는 매장은 총 14곳이다. 오씨는 "점주 입장에서 대출받지 않고 매장을 열 수 있어 좋았다"며 "본사도 입지가 좋은 상권에 매장을 열어 홍보 효과를 누리니 일석이조"라고 말했다.

위탁관리는 아니지만 사장이 매장을 하루 종일 지키지 않는 게 도움이 되는 유형도 있다. 이른바 '반부재 사장형' 창업이다. 도넛전문점, 커피전문점, 의류전문점 등 고령자가 매장을 운영하면 오히려 불리한 업종이 이에 해당된다. 은퇴자가 이런 업종의 창업을 꿈꾼다면 점장을 채용해 매장 운영을 맡기는 게 바람직하다. 파리바게뜨, 던킨도너츠, 뚜레쥬르, 엔제리너스 등을 예로 들 수 있다.

또 대형몰이나 대단위 주거지 대로변에 창업할 수 있는 의류 대리점도 대표적인 반부재 사장형 창업에 속한다. 이런 업종은 입지 의존도가 높아 2억 5,000만~5억원 투자를 예상해야 한다. 일면식도 없는 타인에게 점포를 맡기기가 부담스럽다면 아내에게 운영을 맡기는 방법도 있다. 자금은 남편이 지원하고 운영은 아내가 하는 형태다.

여성 전용 피트니스클럽 '커브스 코리아'나 영어와 창작놀이학교를 결합한 '젤리빈'은 부부가 함께 운영하지만 주체는 주로 아내가 맡는 업종이다. 영어학교는 여성 학부모를 상대해야 하기 때문에 여성 운영주가 유리한 점이 많다.

〈자료: 매일경제신문〉

제4절 프랜차이즈업의 창업절차

1. 프랜차이즈의 이해

(1) 프랜차이즈란

프랜차이즈(Franchise)란 어떤 상인이 타인의 상호, 상표 등 영업권을 이용하여 상품 또는 서비스를 판매하거나 기타 영업을 할 수 있는 권리를 부여받으며, 그러한 영업권의 소유자로부터 영업에 관하여 일정한 통제 지원을 받고, 이러한 포괄적 관계에 대하여 일정한 대가를 지급하는 계속적 채권관계가 있는 것을 말한다.

프랜차이즈란 불어로 '속박으로부터의 해방'을 의미한다. 또 체육용어로 '야구단의 본거지, 본거지 구장에서 시합할 때의 독점 흥행권'이란 뜻을 갖고 있다. 이 단어가 오늘날에는 경험과 자본이 부족한 사람도 자기의 사업을 소유할 수 있는 기회의 뜻으로 새롭게 해석되고 있다. 즉, 제품을 만들어서 판매하는 제조업체나 판매업체가 본사가 되어, 소매영업을 하는 독립소매점이나 가맹점을 체인화한 사업형태로 본사와 가맹점 간의 협력사업 시스템이다. 프랜차이즈 비즈니스는 곧 최소한의 위험부담과 투자를 가지고 이미 입증된 상품, 서비스와 경영방식을 통해 성공기회를 잡으려는 욕구를 충족시키는 편리하고도 경제적인 수단이다. 이러한 프랜차이즈는 체인본사(Franchisor)가 가맹점(Franchisee)에 조직, 교육, 상품공급, 영업, 관리, 점포개설 등의 노하우를 브랜드와 함께 제공하여 사업을 영위해 나가는 관계를 말한다. 다시 말하면, 프랜차이즈 비즈니스란 제품을 만들어서 판매하는 제조업체나 판매업체가 본사가 되고, 독립소매점이 가맹점이 되어 소매영업을 체인화하는 사업 형태이다.

본사는 가맹점에서 해당지역 내에서의 독점적 영업권을 주는 대신, 본사가 취급하는 상품의 종류, 광고, 점포 인테리어, 서비스 등을 직접 구성하고 관리하는 것은 물론, 가맹점에 교육지원, 경영지도, 판촉지원 등 각종 경영 노하

reference

용어정의

- 프랜차이저(Franchisor): 본사의 기능을 가지면서 가맹사업 관련 권리를 부여하는 자
- 프랜차이지(Franchisee): 가맹점의 기능을 가지면서 동 권리를 부여받은 자

우도 제공한다. 이에 대해서 가맹점은 본사에 가맹비, 로열티 등 일정한 대가를 지불하고, 사업에 필요한 자금을 직접 투자해서 본사의 지도와 협조를 통해 독립된 사업을 영위하는 사업시스템인 것이다. 결국 프랜차이즈 비즈니스(Franchise business)란 본사와 가맹점 간의 수평적인 협력사업 시스템이라고 할 수 있다.

현재 국내에서 활동중인 프랜차이즈 업체의 현황을 살펴보면, 브랜드의 절반은 외식업이고, 가맹점 수는 CU가 3,991개로 국내 최다 가맹점을 보유하고 있다. 국내에서 일반적으로 바라보는 프랜차이즈 사업이란 가맹본부와 가맹점주가 프랜차이즈 계약을 체결, 가맹점주는 본부에 가맹비와 로열티·기술 이전료를 지급하고 본부는 가맹점주에게 상품·기술·교육·영업방식 등 사업에 필요한 모든 물품과 노하우를 제공하는 사업 형태를 말한다. '프랜차이즈(franchise)'라는 단어는 '자유를 주다(to free)'라는 의미의 고대 프랑스어인 'franc', 'francher'에서 유래했다. 이는 중세 가톨릭교회가 세금을 징수하는 관리에게 세금 일부를 갖도록 허용하면서 나머지는 교회에 납부하도록 했던 것에서 기인했다고 보는 것이 일반적이다. 프랜차이즈 사업은 크게 두 가지 형태로 나뉜다.

상품 프랜차이즈(product franchise)와 비즈니스 포맷 프랜차이즈(business format franchise)이다. 전자는 가맹본부가 가맹점주에게 '상품'을 제공하는 것으로, 광의의 프랜차이즈 개념 중 하나이자 초기 형태의 프랜차이즈다. 코카콜라 본사와 콜라 원액을 공급받아 병에 담아 판매하는 업체 간의 관계, 굿이어 등 타이어 제조회사와 타이어 전문점 간의 관계, 포드 같은 자동차 제조 회사와 자동차 딜러 간의 관계 등이 모두 이에 해당한다. 한국에서는 1960~80년대에 흔히 사용되던 '대리점' 개념이 여기에 포함된다.

후자는 '상품' 외에 서비스 및 점포 운영 방식 등 사업에 필요한 '운영 시스템'을 하나의 패키지로 묶어 제공하는 것으로, 협의의 프랜차이즈라 할 수 있다. 오늘날 일반적인 개념의 프랜차이즈 사업은 후자를 의미하는 것으로, 한국 프랜차이즈 산업의 기원을 '롯데리아'가 1호점을 개장한 1979년으로 보는 것도 이를 기준으로 한 것이다.

프랜차이즈와 관련해 '체인(chain)'이라는 단어도 자주 사용되지만, 이는 직영점이나 가맹점에 관계없이 본사가 여러 점포를 통일적으로 관리, 경영하는 사업 방식을 모두 포괄하는 개념이다. 예컨대, '스타벅스'는 체인점이라 불리지만 100% 직영점 체제로 운영되는 회사이기 때문에 '프랜차이즈 체인점'이 아니라 '직영체인점'인 것이다.

한국 프랜차이즈 산업은 79년 10월 '롯데리아'가 서울 소공동에 1호점을 개설하면서 시작됐다. 이후 치킨전문점·커피전문점 등을 중심으로 프랜차이즈 가맹본부가 설립되다가, 89년 편의점 프랜차이즈인 세븐일레븐이 1호점을 열면서 본격적으로 성장했다. 97년 외환위기는 역설적으로 프랜차이즈 산업이 급성장한 계기가 됐다. 실직자와 명예퇴직자들이 대거 창업에 나서면서 프랜차이즈 창업 수요가 급증한 것이다. 그러나 지나친 창업 붐은 2002년 말 자영업자의 공급 과잉을 초래, 수익성 악화와 자영업자 감소로 이어졌고 프랜차이즈 산업은 한차례 위기를 맞았다. 그러나 곧이어 우량 가맹본부를 중심으로 다시 성장하기 시작해 지금에 이르고 있다.

1998년에는 사단법인 한국프랜차이즈협회가 발족하면서 업계의 인적·물적 네트워크를 체계화하기 시작했다. 하지만 이러한 성장에도 불구하고 프랜차이즈 산업 관련 법규와 관할 정부기관은 전무하다시피 했다. 부실 가맹본부의 횡포와 가맹점주의 피해가 발생해도 이를 규율할 아무런 법적 장치가 없어 프랜차이즈 산업 전반에 대한 부정적 인식을 낳기도 했다.

프랜차이즈 산업의 중요성과 규율의 필요성을 인식한 정부는 규제와 육성을 위한 법제도 마련에 착수했다. 그 결과 가맹사업거래의 공정화를 위해 2002년 5월 '가맹사업거래의 공정화에 관한 법률'이 제정됐고, 개정 법률에 따라 지난해 8월부터 '정보공개서 등록 및 일반 공개제도'가 시행됐다. 또 가맹사업의 육성을 위해 2007년 12월 '가맹사업 진흥에 관한 법률'이 만들어졌으며 오는 9월 개정된 법률이 시행될 예정이다.

글로벌 금융위기로 촉발된 경기 침체로 인해 지금 한국 프랜차이즈 산업은 또다시 도전을 맞고 있다. 하지만 다시 한번 불황에 강한 면모를 보이며 국가 경제의 한 축으로 성장할 것이라 기대된다. 실제로 최근 한국 프랜차이즈 산업은 놀라운 잠재력을 보여주고 있다. 그동안 국내 프랜차이즈 시장에서 커피·피자·햄버거 등 몇몇 업종은 외국 글로벌 브랜드 일색이었는데 이제 토종 브랜드들이 외국 글로벌 브랜드들과 당당히 경쟁하고 있음은 물론 해외로도 진출해 외화 획득과 한국 문화 전파에 일조하고 있는 것이다. 현재의 발전 속도라면 향

표 3-7 국내 프랜차이즈 현황(2010년)

분 류	브랜드 수(개)	비중(%)	가맹점 최다 브랜드(가맹점 수)
기타외식	819	58.7	BBQ(1,396)
교육서비스	154	11.0	해법공부방(3,052)
기타서비스	69	4.9	크린토피아(742)
주류	64	4.6	투다리(1,902)
기타도소매	60	4.3	알파(393)
패스트푸드	52	3.7	이삭토스트(852)
제과/제빵	32	2.3	파리바게뜨(1,568)
이미용	27	1.9	박승철헤어스튜디오(159)
편의점	20	1.4	CU(3,991)
컴퓨터관련	18	1.3	로하스PC방(122)
자동차관련	16	1.1	마스터(716)
건강식품	14	1.0	메디팜(985)
유아관련	13	0.9	아이북스쿨(94)
화장품	12	0.9	더페이스샵(420)
스포츠	8	0.6	애슬릿풋(33)
의류/패션	7	0.5	안드레아바냐(24)
농수산	6	0.4	유기농녹색가게 신시(57)
유지관리서비스	3	0.2	바이오미스트(50)
배달서비스	1	0.1	KGB(108)

표 3-8 국내 프랜차이즈 산업 발전추이

연 도	1999	2002	2005	2007	2010(추정)
총매출액(조원)	45.0	41.7	61.3	78.7	114.5
GDP대비 비중(%)	8.5	6.1	7.6	8.7	11.0
가맹본부 수(개)	1,501	1,600	2,211	2,624	3,186
가맹점 수(개)	12만	11만 9,623	28만 4,182	34만 3,860	40만 9,543
고용자수(정규직, 명)	55만 6,000	56만 6,000	83만 1,726	100만 6,388	119만 8,625

후 10년 이내에 한국이 글로벌 시장에서 미국과 경쟁할 수 있는 유일한 나라가 될 것으로 예측하는 전문가들도 있다.

프랜차이즈 산업은 정부 차원에서 전략적으로 육성할 가치가 있는 산업이다. 그 본질상 일자리 창출 기능이 매우 뛰어난 시스템이기 때문이다. 2007년 지식경제부 자료에 따르면 가맹본부 1개가 설립되면 가맹점 75개가 창업하는 효과가 있다. 가맹점 1개당 3명의 종업원을 고용한다고 볼 때, 가맹점 1만 개가 창업하면 4만 명의 고용 창출 효과가 발생하게 된다. 그리고 프랜차이즈 가맹점은 점포 1개당 평균 1억 1,650만원 정도의 투자를 하기 때문에 연간 1만 개의 가맹점이 창업하면 약 1조 2,000억원의 투자 효과를 볼 수 있다.

우량 프랜차이즈 가맹본부는 그 성공 노하우를 그대로 가맹점에 전수할 수 있기 때문에 자영업자의 실패율을 낮추는 데도 크게 기여할 수 있다. 프랜차이즈 가맹본부 자체가 육성, 지원해야 할 중소기업인 셈이다. 그래서 정부는 일반 제조업과 벤처기업에 제공하는 수준의 지원을 프랜차이즈 산업에도 제공할 필요가 있으며 특히 우량 가맹본부를 선별해 집중 육성함으로써 앞으로 프랜차이즈 산업을 국가경제의 원동력 중 하나로 삼아야 한다고 주장하는 사람이 많다.

(2) 세계 프랜차이즈 역사

실제 프랜차이즈의 기원은 19세기 중반 독일 양조업자들이 맥주의 독점적 판매를 위해 선술집 주인들과 계약 체결한 데서 출발하며, 사업형태로 본격적으로 발달한 곳은 미국이다. 미국은 1851년 재봉틀 발명가 아이작 싱어(I. Singer)가 재봉틀을 최종 소비자에게 독점적으로 팔 수 있는 권리를 외판원들에게 부여하여 판매를 독려한 데서 출발한다. 그 후 1952년 KFC, 1955년 맥도날드, 1958년 피자헛 등 미국을 대표하는 프랜차이즈 업체들이 속속 설립되면서 본격적인 프랜차이즈 시대 열리게 되었다. 프랜차이즈 산업이 미국에서 활성화된 요인은 TV광고 등장으로 전국적 브랜드 홍보 가능해졌고, 전국적인 고속도로망의 건설로 소비자 이동과 여행 범위 확대로 전국 어디에서나 동일 품질 가진 제품·서비스 수요가 창출되었기 때문이다.

하지만 여러 가지 부작용도 나타나 예비 가맹점주들의 돈만 가로채는 악덕 프랜차이즈 본부 출현으로 1979년 미 연방통상위원회(FTC)는 정보공개서(UFOC) 등의 제도를 법제화하여 부실 프랜차이즈본부를 대대적으로 정비하게 되었다.

현재 한국 프랜차이즈 가맹본부 수는 2,200여 개로 추산된다. 하지만 공정거래위원회에 정보공개서를 등록한 가맹본부 수는 5월 말 현재 1,400여 개다. 한 개 가맹본부가 여러 개의 브랜드를 등록할 수 있기 때문에 실제 등록 가맹본부 수는 이보다 적다. 등록된 브랜드들을 공정위가 분류하고 있는 19개 대표 업종별로 살펴보면 외식 업종이 압도적인 다수를 차지하고 있다.

치킨·보쌈·삼겹살 전문점 등이 포함된 기타 외식 업종이 전체 브랜드의 58.7%를 차지하며, 2위 교육서비스 업종 11%를 크게 앞질렀다. 기타외식, 주류, 패스트푸드, 제과·제빵 등 4개 외식 업종의 브랜드가 차지하는 비중은 전체 브랜드 수의 69.3%에 달했다.

주요 업종의 대표 브랜드들을 살펴보면 이렇다. 가장 큰 비중을 차지하는 기타 외식 업종에는 비비큐(BBQ), 본죽, 처갓집양념치킨, 배스킨라빈스, 던킨도너츠, 대학로김가네, 원할머니보쌈, 놀부보쌈과 돌솥밥, 행복추풍령 감자탕 & 묵은지 등이 있다. 비중이 큰 만큼 장수 브랜드, 우량 브랜드들이 많다. 1989년 가맹사업을 시작한 (주)놀부는 놀부보쌈과 돌솥밥 외에도 10개의 브랜드를 거느리고 있다.

1991년 가맹사업을 시작한 원할머니보쌈은 놀부와 함께 우리나라를 대표하는 장수 브랜드로서, 특히 가맹본부의 본사 운영시스템과 가맹점 지원시스템이 우수한 것으로 유명하다. 95년 가맹사업을 시작한 BBQ는 외환위기 직후 급성장하여 전 세계 55개국에 진출하는 등 글로벌 브랜드로 성장하는 데 제일 앞서 있다.

편의점 분야의 CU, GS25, 세븐일레븐은 편의점 분야는 물론 전체 브랜드 중에서도 가맹점 수가 가장 많은 브랜드 1, 2, 3위를 차지하고 있다. 파리바게뜨, 배스킨라빈스, 던킨도너츠 등을 운영하고 있는 SPC 그룹은 45년 설립된 식품 전문기업으로서, 대기업으로선 보기 드물게 프랜차이즈 분야에서 큰 성공을 거두고 있다.

패스트푸드 분야에서는 우리나라 프랜차이즈의 효시인 롯데리아가 대표적이다. 교육서비스 분야에서는 2001년 가맹사업을 시작해 6개 브랜드를 거느리고 있는 (주)해법에듀가, 기타서비스 분야에서는 92년 가맹사업을 시작한 크린토피아와 2005년 가맹사업을 시작한 잉크가이가 대표 브랜드다.

신생 브랜드로서 괄목할 만한 성장세를 보이는 곳도 있다. 2005년 가맹사업을 시작한 카페띠아모는 문을 연 지 2년 만에 배스킨라빈스에 이어 아이스크림 전문점 2위 브랜드로 발돋움했다. 지난해 가맹사업을 시작한 커피전문점 카페베네는 론칭 1년 만에 가맹점 50개를 돌파하며 토종 브랜드들은 물론 글로벌 브랜드들과도 치열하게 경쟁하고 있다.

그렇다면 우수 프랜차이즈 가맹점을 내기 위해서는 어떻게 해야 할까. 그 첫걸음은 정보공개서를 꼼꼼히 살펴보는 것이다. 가맹본부의 재무건전성을 파악하고 가맹점의 평균 매출액, 창업 때 부담해야 하는 비용 등을 살펴봐야 한다. 아울러 가맹점주의 의무사항, 배타적 영업지역 보호 여부, 가맹본부 임직원들의 법 위반 여부 등도 점검해야 한다.

가맹점 수가 많은 브랜드일수록 우수한 브랜드이겠지만 보다 중요한 것은 가맹점의 증감 추이다. 정보공개서에는 최근 3년간 가맹점 수의 변동 추이가 기록돼 있으므로 이를 확인해야 한다. 신생 브랜드의 경우 가맹점 평균 매출액, 가맹점 수 변동 추이 등에 관한 정보가 없어 판단하기 어렵겠지만, 차별화된 상품이나 서비스가 있는지, 본사가 충분한 지원 시스템을 갖추고 있는지 직접 확인한다면 굳이 배제할 필요가 없다. 스스로 판단하기 어렵다면 가맹 거래사 등 객관적이면서 전문적인 지식을 갖춘 전문가와 상담하는 것이 좋다.

(3) 체인의 종류

① 레귤러(Regular) 체인

단일자본을 가진 동일경영자가 본부를 만들어 가맹 점포를 모두 직영하는 체인형태를 말한다.

㉮ **특징:** 체인본부의 충분한 자본력과 운영 노하우를 기본으로 본부와 점주는 고용인과 직원의 관계가 된다. 본부와 점포 간 결속력은 아주 높으며 개별 점포에서 갖는 자율성은 거의 없다고 볼 수 있다.

㉯ **장점:** 체인본부의 기본 전략과 방향이 전 가맹점을 통해 일사불란하게 수행된다.

㉰ **단점:** 전 점포의 직영이 가능할 정도의 안정적인 자본력이 요구된다. 점포운영 및 관리를 위한 거의 모든 부분에서 책임부담이 크다.

㉱ **종류:** 피자헛, 코코스, 스카이락, 맥도날드 등 대기업이 중심이 되어 운영하는 형태가 다수이다.

② 프랜차이즈(Franchise) 체인

단일자본을 가진 체인본부가 자본을 가진 가맹점을 모집하여 운영하는 형태의 체인형태를 말한다.

㉮ **특징:** 프랜차이즈 체인본부에서는 상품이나 경영기법 등의 노하우를 패키지(상품, 인테리어. 경영지도 등)로 구성하여 가맹점에 제공하며, 각 가맹점에서는 이에 대한 대가로 로열티를 지불하는 방식으로 운영된다. 일반적으로 가맹시 보증금과 가입비를 내도록 되어 있다. 체인종류 중에서 프랜차이즈 형태가 가장 일반적이라고 볼 수 있다.

㉯ **장점:** 본부에게 이미 개발된 노하우를 쉽게 도입할 수 있어 개별 점포를 보다 쉽게 운영할 수 있는 장점이 있다.

㉰ **단점:** 본부가 충분한 상품력(프랜차이즈 패키지)을 가지고 있지 않으면 자본력이나 규모에 비해 가맹 관리가 소홀해지기 쉽다.

㉱ **종류:** 현재 주종을 이루는 다수의 체인이 거의 프랜차이즈 형태에 속한다.

③ 볼런터리(Voluntary) 체인

자본을 가지고 있는 소매점이 모여서 특정한 기능을 체인본사에 위탁하여 아래서 위로 체인 시스템을 만들어 가는 것이다.

㉮ **특징**: 본부와 가맹점 간의 결속관계가 느슨한 수평적 관계의 체인으로 다른 형태의 체인에 비해 결속력과 본부 자본력이 낮은 편이다. 이에 비해 가맹점은 효과를 상승시킬 수 있는 몇 가지의 최소요소(예: 간판이 아닌 상호, 전체 메뉴가 아닌 기본메뉴 등)만은 통일적으로 운영한다.

㉯ **장점**: 가맹점에서 요구하는 특정부분의 전문성이 요구된다. 체인본부에 최소한의 기본적인 기능만이 요구되기 때문에 부담감이 적다.

㉰ **단점**: 본부가 가맹점의 의결에 따라 움직여지기 때문에 본부 방침 시행 시 설득과 공유의 시간이 많이 소유된다. 또한 가맹점 간의 의견의 폭

표 3-9 각 체인형태의 기교

항 목	Regular Chain	Franchise Chain	Voluntary Chain
주 체	기업본사	프랜차이즈전문기업	개인점포
자 본	단일자본	가맹점(본부와 별도)	가맹점(본부와 별도)
경 영	비독립	독 립	독 립
점포경영	본부에서 위임한 점포경영자	독립한 오너 또는 점포 경영자	독립한 오너 또는 점포 경영자
시 장	새로운 점포개설과 시장확대	신규점포와 기존점포의 가맹으로 확대	기존점포의 가맹으로 점포 확대
계약범위	없 음	경영 전반	경영 일부
가격통제	본부통제	원칙은 본부추천	자 유
지 도	슈퍼바이저가 순회	슈퍼바이저가 순회	이용은 자유
판매촉진	본부에서 통일	본부에서 통일	이용은 자유
본부통제	완전통제	강 함	약 함
본부와의 관계	전부동일	경영이념공동체	임의공동체
점포 이미지	전부동일	전부동일	기본적으로는 이미지 유지
원조	경영매뉴얼을 통해 실시	경영매뉴얼을 통해 실시 (본부의 강력한 지도)	다양한 형태가 있지만 중요 점포에만 실시

- 광의(체인): 직영점, 임의가맹형(자율), 조합형, 프랜차이즈형
- 협의: 프랜차이즈 체인만을 말함

이 타 체인형태에 비해 크기 때문에 이를 조율하는 기준을 결정하는 데 어려움에 따를 수도 있다.

㉣ 종류: 떡 커리, 약국체인 온누리 등

(4) 프랜차이즈 본부의 기능

프랜차이즈 본사는 본사 자신과 가맹점을 위하여 하는 일이 있는데, 이것이 바로 본사가 하는 일, 즉 본사의 기능이다. 그러나 프랜차이즈 본사에서 다음에 설명하는 기능을 반드시 수행하고 있는 것은 아니며, 업종 및 본사와 가맹점 간의 계약관계 등에 따라 다르다. 통상적인 프랜차이즈 본사의 기능에 대한 내용은 프랜차이즈 가맹점을 운영하고자 하는 예비 창업자들이 프랜차이즈 본사를 선정할 때 판단의 기준으로 삼아야 할 중요한 사항이다.

① 시스템 개발

본사의 가장 중요한 기능은 원자재 개발, 제품 및 서비스 개발, 교육·훈련, 지도, 판매촉진, 금융, 정보, 경영관리 등 개개의 기능을 유기적으로 통합하여 프랜차이즈 상품(일명 프랜차이즈 패키지라고 함)을 만들어 내는 일이다. 본사가 시스템을 개발하고 실행하기 이해서는 다음 사항에 특히 유의하여야 한다.

㉮ 본사에서 갖추어야 할 여러 기능을 어떻게 배분해야 하는지, 그리고 각 기능과의 관계를 어떻게 구분할 것인지를 결정해야 한다.

㉯ 모든 상황에 따라 각 기능이 잘 발휘될 수 있도록 본사의 조직이 정비되어야 한다.

㉰ 본사에서 가맹점을 지원할 때 개개의 기능을 어떠한 순서로, 어떠한 방법으로 제시할 것인가를 결정해야 한다.

㉣ 시장환경의 변화, 본사 내부의 변화 등 상황변화에 따라 시스템 전체가 어떻게 대응하고 개개의 기능은 어떻게 변화시킬 것인지를 명확히 해 두어야 한다.

㉤ 본사에서는 시스템이 목표로 한 효과를 올리고 있는지를 평가하고 만약 효과를 못 올리고 있다면 원인을 발견해서 올바르게 개선해 나가야 한다.

② 원자재 개발

경쟁력 있는 제품을 소비자에게 판매하려면 가격, 품질 등 여러 측면에서 원자재가 우수해야 하므로 본사에서는 우수한 원자재를 개발하여야 한다.

그러나 본사에서 직접 모든 원자재를 개발할 수 없으므로 제품과 관련이 크다. 본사가 제조하기에 부담이 큰 1차 원자재는 외부로부터 공급받아 가공하거나 원자재 회사와 공동으로 개발하는 방법을 선택할 수 있는데, 그러한 경우 본사는 원자재 개발에 있어서 나름대로의 독특한 기술적 수준을 유지할 수 있어야 한다. 또 프랜차이즈 시스템의 본사는 지속적으로 질 좋은 원자재를 각 가맹점에 공급해 주어야 하므로 합리적인 원자재 공급체계를 갖추어야 한다.

③ 제품 및 서비스 개발

소비자가 선호하는 독창적인 제품과 서비스체계를 개발하여야 하는 것은 프랜차이즈 시스템의 성공을 위한 제일의 조건이다. 경쟁업체가 없는 제품이나 서비스체계를 갖추게 되면 우수한 가맹점을 확보할 수 있고, 가맹점 또한 많은 고객을 확보하게 됨으로써 안정된 경영이 기능하게 된다. 본사에서 개발하는 제품 및 서비스는 다음 4개항을 포함해야 한다.

㉮ 경쟁업체보다 품질이 훨씬 우수하고 차별화된 새로운 제품을 만들어야 한다.

㉯ 새로 만든 제품을 적절한 가격과 적절한 방법으로 가맹점에 제공해야 한다.

㉰ 경쟁업체와 차별화되어 있는 주력 제품을 중심으로 운영하되 관련 있는 제품을 구색을 갖추어야 한다.

㉱ 소비자의 취향 및 기호변화에 유의하여 품질, 제품구성, 제공방법 등을 개선해 나가야 한다.

④ 교육 및 훈련

프랜차이즈 시스템에 있어서 교육 및 훈련은 주로 가맹점 경영자가 경영 능력 향상과 이익 증대를 목적으로 하는 것이며, 특히 가맹점 경영자가 사업에 경험이 전혀 없는 경우 본사에서 실시하는 교육, 훈련의 내용과 질이 매우 중요하다.

본사에서 아무리 훌륭한 프랜차이즈 상품을 개발하더라도 소비자와 직접 접촉하는 것은 가맹점이므로 가맹점이 소비자에게 확실한 판매활동과 서비스 활동을 실시하지 않으면 아무런 의미가 없다. 따라서 본사는 다음과 같은 교육, 훈련 체계를 갖추어야 한다.

㉮ 상세한 교육 훈련의 내용과 방법이 담긴 교육·훈련 과정을 준비해야 하며, 가맹점이 되어 처음으로 영업을 하는 가맹점 경영자에 대해서 필요한 지식과 기술 등을 몸에 익히게 하는 과정이 있어야 한다.

㉯ 이미 가맹점이 되어 영업을 하고 있는 가맹점 경영자에 대해서 수시로 필요한 지식과 기술 등을 가르쳐주는 과정이 있어야 한다.

㉰ 기대한 만큼의 이익이 오르지 않은 가맹점 경영자를 대상으로 지식과 기술 등을 가르쳐 주는 과정이 있어야 한다.

이러한 교육·훈련 과정은 본사가 가맹점에 제공하는 지식과 기술은 본사의 이념, 상품 및 이에 관련된 지식, 상품의 제조기술, 고객에 대한 서비스, 상품 및 설비기계 등의 관리, 위생관리, 생산관리 및 재무관리, 점포관리, 판매촉진 이용방법, 사고대처 및 처리방법, 사고대처 및 처리방법, 종업원관리, 수용예측 등이 포함된다.

⑤ 판매촉진

본사에서 지원해야 할 여러 기능 가운데 한 가지인 판매촉진 활동은 첫째, 가맹조건에 포함되어 있는 판매촉진 지원활동과 둘째, 가맹조건과는 관계없이 본사의 영업전략과 가맹점의 수시 요구에 의하여 계속적으로 계획되고 실시되는 판촉활동으로 나눌 수 있다.

전자의 판매촉진 지원활동은 점포의 형태, 점포의 레이아웃, 간판, 진열대와 광고물, 통일된 색상유지 등 가맹점 개점과 동시에 지원되는 사항이고, 후자의 판매촉진 활동은 시장환경 변화에 대처하고 영업이득을 높이기 위한 목표와 계획에 의하여 이루어지게 된다. 즉 본사에서 시행하는 판매촉진 활동은 가맹점의 경영이 계획대로 이루어지게 하고, 프랜차이즈시스템 전체의 이미지 상승을 꾀하거나 신제품을 보급시키기 위한 목적으로 전개되는 것이다.

이와 같은 목적 아래 전개되는 판매촉진 활동의 수단으로는 TV, 신문, 라디오 등 대중매체를 이용한 광고, POP광고와 같이 점포에서 이루어지는 광고, 특가상품의 제공, 지역사회의 각종 행사에 협력, 사은행사와 같은 점포별 행사 등을 들 수 있다.

⑥ 금 융

본사가 가맹점에 대한 금융지원 기능을 갖는 것은 프랜차이즈 시스템의 원활한 운영을 위하여 매우 유용한 일이다. 가맹점이 자기자본으로 경영을 하는 것이 원칙이 아니라 하더라도 프랜차이즈를 확장·강화해 나가기 위해서는 본사의 금융지원이 필요한 경우가 많다. 본사의 금융지원은 신규 가맹점의 개설에 필요한 자금의 융자, 기존 가맹점의 내부수리, 장비·비품의 설치 등 시설자금의 융자와 가맹점의 운영자금 융자 등이 해당된다.

2. 프랜차이즈 시스템의 장점과 단점

(1) 프랜차이즈 가맹점의 장점

① 본사에서 개발한 우수제품, 제품포장, 상표 등을 사용하고 점포경영에 관한 교육 및 지도를 실시하고 있기 때문에 사업경험이 없어도 점포 운영이 가능하다.

② 본사에서 시스템을 갖추어 소비자에게 구매력 있는 제품을 개발하여 공급하기 때문에 실패의 위험성이 적다.

③ 본사에서 일괄적으로 영업·광고, 판촉 등을 지원하므로 개별적인 활동보다 훨씬 큰 판촉활동의 효과를 기대할 수 있다.

④ 가맹점 운영에 필요한 설비와 도구 등을 본사로부터 유리한 조건으로 알선받을 수 있으며, 대량구입에 따른 경비절감의 효과를 얻을 수 있다.

⑤ 제품, 소모품 등을 본사로부터 공급받음으로써 개업 초기의 재고투자에 대한 부담이 적어진다.

⑥ 가맹점으로서 성공하여 자금 여유가 생기면 새로운 가맹점을 만드는 등 여러 개의 가맹점을 소유함으로써 사업확대가 가능하다.

⑦ 본사에서 대량구매를 통해 자재를 공급받음으로 가맹점에서는 싼 가격에 제품판매가 가능하며 안정된 품질의 제품을 공급받을 수 있다.

⑧ 시장변화, 소비자 행동의 변화에 따라 본사에서 기존제품을 개선하거나 새로운 제품을 개발하여 계속적으로 가맹점에 제공해 주기 때문에 시장의 변화에 능동적으로 대처할 수 있다.

⑨ 판매활동 이외의 사무처리, 종업원관리 등의 많은 부분을 본사에서 대행해 주기 때문에 판매에만 전념할 수 있다.

⑩ 본사에는 법규, 매장 디스플레이, 경영 등 여러 분야에 전문가를 두고 있기 때문에 이들 전문가의 지도와 도움을 받을 수 있다.

(2) 프랜차이즈 가맹점의 단점

① 본사의 사세가 약화되거나 본사 판매정책의 변화에 따라 본사로부터의 지도와 지원을 충분히 받을 수 없게 될 우려가 있다.

② 본사는 전체적으로 효과를 생각해서 경영정책을 입안하여 실시하고 있기 때문에 특정 가맹점에서는 그 지역특성에 맞지 않을 수도 있다.

③ 본사에서 제품을 개발하여 지도, 원조를 하기 때문에 의타심이 생겨서 가맹점 경영자 스스로의 문제해결이나 경영개선의 노력을 게을리할 우려가 있다.

④ 제품의 원재료, 판매방법, 가격, 인테리어 등이 표준화되어 있고, 통일적인 운영을 원칙으로 하기 때문에 가맹점 경영자가 보다 좋은 방법을 개발하더라도 바로 그것을 이용할 수 없는 경우가 있다.

⑤ 본사와 가맹점의 이해가 상반되는 경우 쌍방 모두 독립된 사업자이기 때문에 본사가 자기의 이익을 위해서 가맹점의 의사를 무시하는 경우가 있다.

⑥ 본사의 방침 변경이 있을 경우 가맹점은 그 의사결정에 참여할 수 없다.

⑦ 가맹점과 본사 간의 계약이 본사의 의사를 따라야 하는 종속계약이기 때문에 계약내용에 대하여 가맹점 희망자가 자기의 요구사항이나 조건 등을 요구할 여지가 없다.

⑧ 불리한 조건의 가맹계약을 체결하여 계약해지시 손해를 입는 경우가 발행할 수 있다.

⑨ 타 가맹점이 실패할 경우 이미지, 신용의 하락 등의 간접적인 영향을 받을 수 있다.

3. 체인본부 선별기준과 검토사항

일반적으로 불황에 강한 프랜차이즈와 장수 프랜차이즈들의 특성을 살펴보면 다음과 같다. 먼저, 브랜드가 관리되는 본사를 선택할 경우 불황에 강한 것으로 조사되었다. 창업자들에겐 장수 프랜차이즈라 하면 오래된 이미지가 있고, 또한 가맹점 수가 너무 많아 수익성이 떨어지지 않을까 하는 조바심도 있을 것이다. 하지만 소비자들에게는 신뢰도 면에서 꾸준한 사랑을 받고 있다. 프랜차이즈 본사들이 수없이 생겼다가 없어지고 있는 요즘 외식업 창업은 꾸준히 유지하기만도 벅찰 만큼 실패율도 많고 경쟁률도 상당하다. 한순간 반짝이는 아이템은 반짝 창업이 되기 일쑤다. 한때 조개구이전문점, 찜닭전문점, 불닭 등이 반짝 창업으로 1,000여 개 이상 생겨났다가 한순간에 없어졌지만 아직도 꾸준히 생겨나고 있다. 하지만 배달형에서 카페형 매장으로 변신한 BBQ의 경우 꾸준히 매출을 증대시키고 있다.

이런 전쟁 같은 창업시장에서도 꾸준히 성장해온 장수 프랜차이즈 브랜드들이 있다. 이들이 브랜드를 알리고, 브랜드를 탄탄하게 성장시켜 소비자들에게 사랑받기까지는 실패를 거듭하며 꽤 오랜 시간이 걸렸다. 꾸준한 관리, 체계적인 시스템 등 장수 프랜차이즈 브랜드들이 꾸준히 신뢰를 얻으며 브랜드를 지켜온 방법이다. 브랜드를 오래 지속하기 위해서는 꾸준한 관리와 홍보가 중요하다. 그래야 소비자들에게 꾸준한 신뢰를 얻을 수 있다. 그렇지만 가장 중요한 건 가맹점주와 본사와의 win-win이 잘 이뤄져야 한다는 것이다. 가맹점주들이 돈을 많이 벌어야 본사가 잘 되는 법이다.

국내 외식 프랜차이즈 역사는 30년 정도로, 롯데리아가 생겨나면서 자리를 잡게 됐다. 특히 IMF 외환위기 이후 프랜차이즈업이 상당한 규모로 성장했다. 하지만 이렇게 10년 이상 꾸준히 성장해온 브랜드들은 의외로 많지 않다. 프랜차이즈업체는 꾸준한 가맹 관리 및 홍보가 필수적인데, 이러한 관리와 홍보가 이루어진 업체들의 경우 대부분 장수브랜드로 남아 있는데, 이들 업체의 장수 비결은 크게 네 가지로 요약된다.

첫째, 대중화된 아이템이다. 대부분의 장수 프랜차이즈들은 닭고기, 돼지고기, 한식 등의 서민적 메뉴가 대표적이다. 맛도 좋고, 부담 없는 가격이라 소비자들에게 여전히 변함없이 사랑받고 있다. 우리나라 육류 소비 중 가장 많은 비율을 차지하고 있는 닭고기는 AI(조류인플루엔자) 때문에 주춤하기도 했지만 여전히 수요층이 넓어 안정적이다. 제너시스의 BBQ를 비롯해, 놀부부대찌개, 원할머니보쌈 등이 대표적이다. 분식전문점 金家네도 '즉석김밥'이라는 새로운 신조어의 콘셉트를 국내 최초로 소개하고 2,000~5,000원 정도의 가격으로 소비자에게 쉽게 접근할 수 있도록 했다.

둘째, 상권을 철저히 보장해준다. 탄탄한 프랜차이즈들을 보면 가맹점을 잘 안 내준다. 그만큼 까다롭게 가맹점을 선정하며, 상권 범위를 철저하게 보호해주기 때문에 성공률이 높고 폐점률은 낮아 가맹점을 내려는 사람들도 많다. 대표적인 예가 '파리바게뜨'다. 회사에선 철저한 상권조사와 점포, 입지조사를 통해 점포 승인을 내준다. 점주 희망자에게도 자격조건 심사를 통해 테스트하고, 가맹점주 교육과 오픈 전 신규점주 교육을 반드시 2주간 이수하도록 한다.

셋째, 장수 프랜차이즈는 체계적인 시스템이 돋보인다. 무리한 확장보다는 철저한 가맹점 수익 위주의 내실 경영으로 탄탄한 사업구조를 만드는 데 역점을 두는 것이 특징이다. 일례로 원할머니보쌈은 모든 협력 업체에 납품대금을 즉시 현금으로 결제해준다. 하지만 검수기준에 미치지 못하면 세 번 경고 후 납품계약을 해지하는 이른바 삼진아웃제를 실시한다. 이는 신선한 원·부재료 공급원칙을 지키기 위함이다.

넷째, 홍보 마케팅이 뛰어나다. 놀부부대찌개는 여성들을 공략하기 위해 인기 드라마 '꽃보다 남자'의 F4를 패러디한 'F4사리'로 신선한 재미를 부각시켜 20대 여성들의 관심을 끌고 있다. 이 CF에는 잘생긴 F4 배우들은 없지만 이들의 콘셉트를 코믹하게 연출해 소비자들의 호응을 얻고 있다. 고객의 눈높이를 맞추는 것이야말로 오래도록 장수할 수 있는 비결이다. 변화하고 각자의 개성이 또렷해지고 있는 소비자들에게 맞추기 위해선 프랜차이즈 회사들도 변해야 산다. 대표적인 예가 BBQ치킨이다. 배달 위주의 매장이 많았지만 최근 카페 형식으로 매장 인테리어를 바꾸는 등 시대의 흐름에 맞춰 좀 더 쾌적한 인테리어로 변신을 꾀하고 있다. 기존 매장이 $33m^2$(약 10평) 정도였다면 규모도 2배 정도 늘리고 분위기도 카페처럼 산뜻하게 꾸미는 등 BBQ 전국 매장 1,850곳 가운데 200곳이 카페로 리모델링해 성업 중이다. 또한 국외 사업에도 박차를 가해 국내 외식업계 최초로 무형의 지식상품을 국외로 팔아 로열티를 받는 등 꾸준한 관리와 마케팅으로 늘 새로운 모습을 보여주고 있다.

지금까지 내실을 다져오며 튼튼하게 성장해온 장수 프랜차이즈라고 해도 위기는 있었다. 최근 한 치킨 브랜드는 가맹점주에게 영업지역을 부당하게 제한해 불공정행위로 적발되는 등 가맹점과 문제가 생기도 했다. 장수 브랜드로 인지도는 높지만 가맹점 수가 많다 보니 가맹점과 가맹점주들 때문에 많은 어려움을 겪기도 한다. 또한 오래된 이미지로 선호도가 떨어지는 브랜드들도 있다. 완벽한 사람일수록 시샘을 받듯 기업들도 그렇다. 고의든 아니든 실패를 겪고 나야 더 단단해지고 높이 올라갈 수 있다.

장수 프랜차이즈를 선택할 때에는 유의점을 꼼꼼히 따져야 한다. 우선 장수 프랜차이즈의 경우 오랜 기간 운영하면서 변함없는 곳들이 있다. 원조나 옛날 맛 그대로 전수해오는 것은 좋지만 너무 옛날 방식이면 문제다. 본사의 아이템이나 시스템들이 너무 옛날 방식 그대로인지, 가맹점 운영이 효율적인지 체크해봐야 한다. 문어발식으로 브랜드를 확장하는 본사가 아닌지도 살펴봐야 한다. 가맹본사의 주 수입원은 가맹비와 로열티다. 유명한 가맹본사들 중 기존 브랜드 인지도를 이용해 신규 브랜드 개설에만 치중하는 경우가 있다. 이렇게 문어발식으로 브랜드를 확장하는 본사라면 기존 브랜드는 관리가 안 되고, 가맹비와 로열티 등의 대부분을 광고비에 쏟아부어 신규 브랜드 개설 이익에만 초점을 맞추는 경우가 있다. 그러면 지나친 광고로 상당한 비용이 들어 가맹비가 비싸짐은 물론, 너무 많은 가맹점 개설로 인해 사후 관리가 잘 안 될 수도 있다. 가맹점 폐점률도 확인해야 한다. 개설 가맹점 수 대비 현재 운영하는 점포와 폐점한 점포의 비율을 보면, 직영점은 성공했지만 가맹사업으로서는 맞지 않는 아이템일 수 있다.

따라서 폐점률의 원인을 본사에서 파악해야 한다. 또한 직영점과 점주 관리가 체계적인지, 가맹점 오픈 후에도 정기적인 교육과 관리체계가 잘 적용돼 있는지 정보공개서를 통해 꼼꼼히 확인한 후 직접 직영점을 찾아가 눈으로 또 확인해야 한다. 다른 창업과 마찬가지로 모든 가맹점은 점주의 능력과 열정에 따라 달라진다. 본사만 믿고 하는 것이 아니라 본사의 도움으로 자신의 장사를 하는 것이기 때문에, 본사의 노하우와 지원을 놓치지 말고 충분히 빼내와 자신의 것으로 만들어야 한다. **매경이코노미, 제1513호(2009.7.8.)**

이와 같은 프랜차이즈 업체의 특성들을 고려하여 체인본부를 선별기준을 설정하고 아울러 검토사항을 살펴보아야 할 것이다.

(1) 우수 체인본부 선별기준

① 본사의 안전성을 확인하기에 앞서 사업의 장래성과 타당성을 고려

업종의 수명이 짧으면 튼튼한 본사라도 문을 닫을 수밖에 없다. 이색업종의 경우 차이를 살핀 후 창업해야 한다. 유행업종인지 유망업종인지도 파악해야 하고 경쟁력이 충분하다고 판단될 때 시작하는 것이 좋다.

② 본사의 재정/운영상태 및 최고 임원진의 적진을 확인

과거 몇 년간의 재무제표를 수집하고, 주거래은행을 통해 재정이 건실한지를 파악해야 한다. 또한 임직원에 대한 경력을 확인, 과거 부실 체인 본부(사기성 체인본부)에 관련되었는지 여부를 파악한 뒤, 확실한 경력과 이력을 알아봐야 한다. 가능한 전직과 연결된 오랜 경험을 가진 경영진이 운영하는 본부를 선택해야 그 노하우를 활용하여 성공률을 높일 수 있다. 또 체인본부가 영세하다면 도산에 직면하므로 여러 경로를 통해 본부의 재정상태를 확인하고 이상이 없을 때 계약을 한다.

③ 반드시 본사의 직영점이 있는 곳을 선택

직영점을 2~3개 운영하고 있는 본사의 경우 체인점주들에게 현장감 있는 지도를 할 수 있고 시설 및 운영상 시행착오를 줄일 수 있다. 직영점은 본사의 모델점포로 본부에 대한 자본력을 가늠할 수 있다.

④ 현재 운영중인 체인점 수 및 사업개시 연도를 확인

체인본부의 경우 20개 정도가 되었을 때 가맹점에 대한 적절한 지원 시스템을 갖출 수 있다. 공동구매력이 높아져 생산원가도 줄일 수 있고 본부의 운영 경영경비도 어느 정도 충당된다. 그러므로 적어도 가맹점이 10개 정도되는 시점에 가맹하는 것이 바람직하다.

⑤ 제조와 물류시스템의 운영상태를 점검

본사는 가맹점과 지속적으로 접촉하므로 상품의 공급이나 서비스 제공에 필요한 용품을 얼마나 원활하게 공급하는지 확인해야 한다. 판매물건의 경우 본부에 제조공장이 있다면 안정적인 공급을 받을 수 있을 뿐만 아니라 가격경쟁에도 우위에 있을 수 있다.

⑥ 체인점 지원항목을 파악

물품 공급 외 직원 및 점주 교육과 판촉활동에 대한 지원 사항과 관련, 얼마나 다양한 지원책을 마련하고 있는지, 판촉 프로그램을 보유했는지 기존 점주들을 통해 파악한다.

⑦ 광고가 단기간에 집중되면 경계

유명 일간지 등에 광고를 단기간 내에 집중적으로 할 경우 자금 압박으로 6개월 이상 버티기가 힘들다. 결국 체인점 모집에만 급급할 경우 재정손실 및 기존 가맹점 관리 미비로 도산하기 쉽다.

⑧ 관련 법규가 없는 신업종

뉴비즈니스의 경우 업종이 먼저 생긴 후 그에 맞춰 법규가 만들어지게 된다. 경우가 따라 도덕적, 사회적으로 무리가 가는 업종들도 많으므로 되도록 법규가 되어 있지 않은 업종의 경우, 입법 후 제재를 받아 피해를 보는 경우가 많다.

⑨ 신규 브랜드를 마구 늘리는 곳

기존 브랜드 관리보다는 신규 브랜드를 늘리는 본사의 경우, 체인점 개점을 통한 이익을 얻기에 급급해서 피해를 보는 사례가 많기 때문에 그러한 체인에 가맹해서는 안된다.

⑩ 가맹비를 체크

프랜차이즈 본사의 주 수입원은 로열티와 가맹비이다. 지원해주는 것도 없이 가맹비를 높게 책정한 본사도 문제가 되지만, 가맹비를 받지 않은 본사는 인테리어나 설비, 초도상품, 도매마진 등에서 회수할 가능성이 크므로 진정한 후견인으로서의 역할이 어려울 것이다.

⑪ 독점 영업권(상권보호)을 확보해 주는지 확인

신규점포를 마구 허가해 주는 경우 경쟁이 치열해질 수 있다. 계약자는 상권을 정확히 요구하고 영업권을 보장해 주는지도 확인해야 한다.

⑫ 기존 점주들을 통한 정보수립

실제 가맹하여 현재 운영중인 가맹점주를 만나 조사해보면 체인본부의 실체를 좀 더 정확하게 파악할 수 있다.

(2) 프랜차이즈 결정시 검토사항

자기 자신에 대한 검토 사항

① 자신의 성격이 판매업종에 적당한 성격이며 리더십은 있는가?

② 자신이 경영자의 소질을 갖고 있는가? 없다면 체인본부의 방침과 경영

방법에 따라 경영할 수 있는가?

③ 아내와 남편, 혹은 자녀들이 전폭적으로 지지하고 있는가?

④ 프랜차이즈 시스템의 장점과 단점을 잘 이해하고 있는가?

⑤ 사업을 시작하는 데 필요한 자기자금 조달 가능금액은 얼마인가?

⑥ 자신이 해당 아이템에 대해 잘 알고 있는가?

⑦ 종업원을 스스로 채용할 수 있는 결정을 할 수 있는가?

⑧ 어떻게 프랜차이즈를 운영하는지 이해하는가?

체인본부 선정시 검토사항

① 고소득보장 등 광고에 현혹되지 않아야 한다.

② 계약을 서두르거나 가계약금을 요구하는 업체는 피한다.

③ 계약 체결 전 본사에 요구할 수 있는 정보 및 자료를 요구한다.

④ 본사에 대하여 사전에 철저한 조사가 요망된다.

⑤ 보증금, 가맹비, 로열티, 인테리어나 설비를 강제하거나 과다한 비용을 요구하는 업체는 피한다.

⑥ 가맹비, 로열티, 보증금이 없다는 파격적인 조건을 내건 곳은 사후관리가 부실할 가능성이 높기 때문에 조심해야 한다.

⑦ 가맹점 수가 너무 적거나 너무 많아도 좋지 않다.

⑧ 본사가 지정해준 가맹점 외에 직접 선택하여 최소 3곳 이상 방문토록 한다.

⑨ 본사의 재정이나 경영상태를 자세히 알아보아야 한다.

⑩ 직영점 수를 체크한다.

⑪ 물류시스템을 확인해야 한다.

⑫ 마진을 제대로 지켜지는지 조사한다.

⑬ 본사 자체의 특별한 노하우가 있는지 점검한다.

⑭ 영업권 보장이 명확히 이루어지는지 점검한다.

⑮ 물품공급, 재고처리, 배달체계, 보증, 분쟁해결 방법, 공증 여부 등 다양한 분야에 대한 점검도 필요하다.

(3) 계약서 작성시 검토사항

프랜차이저(franchise)와 프랜차이지(franchisee) 관계가 되기 위해서는 계약서를 작성하는데, 이 계약서는 프랜차이저가 만들어 놓은 기본 계약서에 당사자간의 합의에 의하여 약간의 수정을 거쳐 서로 서명을 하게 된다. 이 계약서는 주로 프랜차이저의 시각에 의하여 작성되었기 때문에 프랜차이지에게는 불리한 점이 많다. 그 대표적인 것이 로열티, 계약기간, 계약종료의 조건이다.

프랜차이즈사업 계약의 기본조항

유통산업발전법 시행세칙 제37조 2항에는 프랜차이즈형 가맹점 가맹계약 체결시 가맹계약서에 의무적으로 명시해야 하는 기본적인 내용 14개 항목을 규정하고 있다.

① 계약당사자 표시조항
- 계약당사자를 표기
- 계약당사자와의 관계를 표시

② 계약전문
- 계약의 이념과 취지, 목적을 표시
- 계약 해석의 기준 표시
- 계약의 적용범위를 표시
- 권리, 의무표시

③ 본사의 지원, 통제, 경영지도, 교육훈련에 관한 조항

④ 판매촉진 및 광고(비용부담 주체와 가맹점의 협력)에 관한 조항

⑤ 상호, 상표 및 점포입지 관련 조항
- 상표 및 상호 사용에 관한 조항
- 영업지역 구분과 점포입지 선정

⑥ 점포 내·외장 통일사항

⑦ 가맹점의 설비투자, 본사의 자재공급

⑧ 가맹점, 보증금, 수수료, 로열티, 이익배분, 기타(징수액수, 산정방법, 금전성질, 징수시기 방법, 반환조건, 이익배분 내용)

⑨ 영업시간

⑩ 상품공급 조건, 대금결제 방법

- 계약서상에 상품의 종류 및 수량, 공급조건, 배송방법, 발주 및 수령 방법, 대금결제 방법 등에 관한 조항이 명시

⑪ 경리, 회계처리 등 사무관련 사항

- 본사는 가맹점들이 본사가 제시하는 점포경영 정책 및 운영방침을 지키도록 하는 규정을 둘 수 있음

⑫ 계약기간, 갱신, 해제관련 제반사항

⑬ 영업비밀 준수사항

⑭ 기타 프랜차이즈사업 수행에 필요한 사항

- 다른 프랜차이즈 겸업 금지에 관한 조항
- 프랜차이즈 권리의 양도, 환매 등의 가부에 관한 조항
- 가맹점 정책 규정 준수에 관한 조항

계약서 검토 가이드

계약서는 추후 발생할 수 있는 상황을 분쟁 없이 해결할 수 있도록 프랜차이저와 프랜차이지가 맺는 약속이다. 따라서 그러한 약속들이 정당하며 합리적인지, 스스로 약속을 지킬 수 있는지 검토한 후에 계약을 해야 한다. 특히 계약서는 문구나 단어 한 개에 따라 이익과 손해가 교차할 수 있으므로 철저한 검토가 필요하고 이해가 잘 가지 않는 부분은 반드시 전문가들에게 확인해야 한다. 또한 계약서에 애매모호한 표현이 있어 문제가 발생할 경우 뜻밖에 손해를 보기도 한다. 따라서 위에서 밝힌 14개의 기본항목 외에 계약서를 작성할 때 아래 사항을 꼼꼼히 살펴본 후 그 내용을 명시하도록 한다.

① 상표이용 조항

- 상표의 지명도는?
- 상표이용에 대한 본사의 저작권 소유문제?
- 가맹자가 사용할 수 있는 상표, 로고는 무엇인가?
- 상표, 로고를 사용하는 데 있어서 제한은 없는가?

② 관할지역 조항

- 관할지역에 대한 독점권이 명시되어 있는가?
- 관할지역은 사업적으로 이윤이 남을 만한 합리적인 영역인가?
- 관할지역은 구체적으로 언급되어 있는가?
- 주위 경쟁점의 위치는 어떤가?
- 계약기간 동안 관할지역은 변화 없이 보장받을 수 있는가?
- 계약 갱신시 관할지역은 어떻게 재보호받을 수 있는가?

③ 계약기간 조항

- 계약기간은 얼마인가?
- 계약 만료 이전에 계약을 해지할 경우 어떠한 조건과 불이익이 따르는가?
- 계약을 할 경우 어떠한 조건에서 하게 되는가?(가맹비 여부, 관할지역 보호 여부 등)

④ 비용 조항

- 가맹비나 보증금은 얼마인가?
- 가맹비나 보증금의 대가로 내가 받는 혜택은 무엇인가?
- 지불방식과 시기는 어떤가?
- 로열티가 별도로 있는가? 이는 총매출에 대한 비율인가, 순이익에 대한 비율인가, 부가가치세는 포함되어 있는가, 회수와 연체시의 제재사항은 어떤가?
- 계약기간 중 가맹비나 로열티의 인상이 있을 수도 있는가?
- 기타 프랜차이저에게 지불해야 하는 비용이 있는가?
- 기존 프랜차이지와 비교할 때 특별히 더 드는 비용은 없는가?

⑤ 시설설비 지원 및 대여 조항

- 시설설비나 기기 대여에 있어서 본사의 지원이 있는가?
- 대여할 경우 보증금 및 대여비는 어떤가?

- 시설이나 기기의 질은 어떤가?
- 직접 할 경우 비용절감이 되는가?
- 시설설비나 기기 대여가 강제조항이가? 선택조항인가?
- 설비나 기계에 대한 A/S조항은 있는가?
- 초도 물품구입에 있어 어떠한 제한이나 의무조항이 있는가?
- 시설설비나 기기에 대해 본사가 정한 기준은 무엇인가? 이 기준은 어느 정도 융통성이 있는가?

⑥ 프랜차이저의 권리와 의무 조항

이 조항은 프랜차이저가 프랜차이지에게 해줄 서비스 및 지원에 대한 의무조항이다. 계약서에 그러한 사항들이 모두 포함되어 있는지, 그렇지 않은 경우 어떠한 안전장치가 되어 있는지 검토해야 한다.

- 교육에 대한 시기, 장소, 기간, 비용부담 등에 대한 규정이 있는가?
- 운영 매뉴얼의 제공이 명시되어 있는가?
- 본사 부담으로 하는 광고, 홍보는 어느 정도인가?
- 개점 후 본사의 지원사항은 어떤가?
- 각 프랜차이지 관리의 형태와 범위는 어떤가?
- 프랜차이저는 프랜차이지에 대해 어떠한 권리를 가지고 있는가?

⑦ 프랜차이지의 관리와 의무 조항

책임 소재가 명확하고 불이익을 당하지 않기 위해서는 분명히 해야 하는 항목이다.

- 프랜차이지의 의무와 권리 조항이 합리적인가?
- 다른 프랜차이지와 형평성의 문제는 없는가?
- 어느 정도 교육에 참여해야 하는가?
- 프랜차이지의 자율성은 어느 정도인가?
- 영업시간, 영업형태, 판매 아이템, 서비스 등에 대해 어떠한 조항을 명시하고 있는가?
- 본사에 영업 상황을 보고해야 하는 범위와 횟수, 형태는 어떤가?

- 사항을 준수하지 못했을 경우 불이익은 있는가?
- 프랜차이지로서 권리를 침해받을 경우 어떠한 요구를 할 수 있는가?
- 프랜차이지로서의 권리는 자신이 지불하는 비용(가맹비, 보증금, 로열티)에 비해 제대로 책정되어 있는가?

사례 4

동대문 옷 떼다 팔던 구멍가게, 로레알이 4,000억원에 샀다

세계 최대 화장품업체인 로레알그룹은 3일 의류 브랜드이자 온라인쇼핑몰인 '스타일난다'와 뷰티 브랜드 '쓰리컨셉아이즈(3CE)'를 운영하는 주식회사 난다의 지분 100%를 김소희(35) 대표로부터 인수한다고 밝혔다. 이날 오후 서울 마포구 서교동에 있는 스타일난다 본사 건물에서 나오는 김 대표에게 매각가를 묻자, "나중에 기회가 될 때 얘기하겠다. 죄송하다"라고 말했다. 긴 대화는 극구 사양하던 그는 남편이 운전하는 검은색 레인지로버 차량을 타고 사라졌다.

패션업계는 스타일난다의 매출 규모와 본사 건물 등 부동산 자산, 중국에서의 브랜드 인지도 등을 고려하면 매각가가 4,000억원 이상일 것으로 보고 있다. 스타일난다는 김 대표가 지난 2004년 서울 동대문시장에서 보세 옷을 직접 떼다 팔며 시작한 회사다. 인천의 한 상업고교를 나와 전문대도 다녔지만, 그녀의 꿈은 '옷집 사장'이었다. 자신이 입고 다니던 재킷이 예쁘다며 중고로 사겠다는 주변 사람들을 보고, 인터넷에서 8만원에 판매한 것이 시작이었다.

온라인 의류 쇼핑몰이란 개념조차 희박했던 사업 초반, 김 대표는 혼자서 주문을 받고 물건을 떼고 포장·배송하느라 하루 3시간만 잤다. 단 한 번의 외부 투자 없이 이익잉여금으로 판매 규모를 계속 늘렸다. 26세였던 2009년 무작정 화장품 제조사 한국콜마를 찾아가 제품을 10번 넘게 수정해가며 만든 화장품 브랜드 3CE는 현재 전체 매출의 69%를 차지하고 있다. 월 매출 1,000만원이었던 김 대표의 온라인쇼핑몰은 13년 만에 일본·중국 등 7개 국가에 59개 매장을 둔 연 매출 1,641억원 규모 기업이 됐다.

김 대표는 "이번 매각이 난다에 획기적인 돌파구가 될 것으로 본다"며 "로레알의 지원을 바탕으로 스타일난다가 전 세계로 확대돼 뷰티·패션 트렌드를 선도하면 좋겠다"고 말했다. 로레알은 중국 시장 공략을 위해 중국 내 색조화장품 인지도 1위인 스타일난다를 인수한 것으로 알려졌다. 알렉시 페라키스-발라 로레알그룹 시판사업부 사장은 "한국·중국 등 지역에서 커지는 10~30대 여성들의 메이크업 욕구를 3CE가 충족시킬 수 있을 것"이라고 밝혔다. 김 대표는 인수 절차가 완료되는 두 달 후 대표직에서 내려온다. 이후에는 제품을 개발하고 사업 아이디어를 내는 역할인 '최고 크리에이티브 책임자(CCO)'로 스타일난다에 남을 예정이다.

〈조선비즈, 2018.5.4.〉

⑧ 계약내용의 변경 및 종료 조항

- 본사와의 계약사항을 제3자에게 인수시킬 수 있는가? 이러한 경우, 별도의 비용을 부담해야 하는가?
- 사정에 따라 대리인 운영은 가능한가?
- 어떠한 경우에 프랜차이저가 임의로 계약을 해지할 수 있는가?
- 합법적인 사유 없이 프랜차이저가 임의로 계약을 해지할 경우 프랜차이지는 어떠한 보호를 받게 되는가?
- 어떠한 경우 프랜차이지가 임의로 계약을 해지할 수 있는가?
- 합법적인 사유 없이 프랜차이지가 임의로 계약을 해지할 경우 어떠한 불이익이 있는가?
- 도중에 계약내용을 조정할 경우 어떠한 과정을 거쳐야 하는가?

⑨ 분쟁해결 및 소송조항

분쟁 발생 시 해결방법과 소송의 경우 어느 지역 법원으로 할 것인지 확인해야 한다. 또 계약서는 원본 그대로 보존해야 한다.

4. 프랜차이즈 육성에 대한 정부의 정책방향

정부가 서민안정 대책의 일환으로 프랜차이즈를 본격 육성하기로 했다. 창의성과 사업성이 뛰어난 고부가가치 프랜차이즈 100개를 육성하고, 슈퍼마켓과 화물운송업, 택시, 중저가 관광호텔 등의 프랜차이즈화도 추진한다. 또 가맹점 창업이 활성화될 수 있도록 상권정보와 컨설팅을 제공하는 등 관련 인프라를 구축하고, 글로벌 프랜차이즈 육성을 위해 코트라(KOTRA)에 전담창구를 개설하는 등 밀착 지원하기로 했다.

지식경제부는 2010. 4. 29일 청와대에서 열린 17차 국가경쟁력강화위원회에서 이같은 내용의 '자영업자 경쟁력 강화를 위한 프랜차이즈 산업 활성화 방안'을 발표했다. 정부는 프랜차이즈가 다양한 서비스를 소비자에게 제공함으로써 내수시장을 확대하고, 일자리 창출에 기여하는 등 자영업자 경쟁력 제고와 서비스 산업 활성화를 위한 유용한 수단이라며 서민안정 대책의 일환으로 올해부터 프랜차이즈를 본격 육성할 계획이라고 밝혔다.

정부는 이를 위해 가맹점 1,000개 이상을 확보한 건실한 국내 브랜드 100개를 육성하고, 세계 100대 프랜차이즈 기업군에 국내 브랜드 3개 이상을 진입시킨다는 계획이다. 이를 위해 관련 산업의 고부가가치화, 자영업자의 가맹점 창업촉진, 인프라 선진화, 해외시장 진출 등을 중점적으로 추진해 가기로 했다.

'고부가' 프랜차이즈 창업 촉진

정부는 고부가가치 프랜차이즈 기업의 창업과 사업화를 위해 창의성과 사업성이 뛰어난 유망 업종을 발굴해 초기 창업비용의 70%를 5,000만원 한도에서 지원하기로 했다. 또 현재 2개 내외인 프랜차이즈 특화 창업보육센터를 오는 2012년까지 5개로 확대해 사무공간 임대와 경영 컨설팅 등을 중점 지원키로 했다. 아울러 관련 전문인력 양성을 위해 '프랜차이즈 아케데미'를 설립하고, 점포당 100만원 한도로 가맹점 영업지도 비용도 지원한다.

정부는 또 우수한 중소 프랜차이즈 기업을 전략적으로 육성하기 위해 경영혁신역량 등을 종합 판단해 선정된 우수 프랜차이즈 기업에 대해서는 제조업에 준하는 수준으로 인력과 연구개발(R&D) 등의 지원을 강화할 방침이다. 우수기업의 사례집을 발간, 국내 100대 프랜차이즈도 선정해 발표한다. 슈퍼마켓과 화물운송업, 택시, 중저가 관광호텔 등의 프랜차이즈화도 추진하고, 직업소개소나 육아서비스, 청소용역 등 프랜차이즈화가 가능한 업종을 지속적으로 발굴해 지원방안을 마련해 나갈 계획이다.

상권정보 제공 등 가맹점 창업 '활성화'

정부는 가맹점 창업 및 전환 희망자를 대상으로 상권 정보와 컨설팅을 제공하는 등 패키지형 지원을 추진한다. 우선 예비창업자에게 유용한 상권정보를 제공하고, 가맹점 창업 컨설팅과 가맹점 전환 교육을 실시하기로 했다. 또 가맹점 전환시 점포 정비와 인테리어 개선 등 시설개선 자금을 융자하고, 창업 이후 매장관리, 고객서비스 등에 대한 교육과 경영 컨설팅 등을 지원할 계획이다.

이와 함께 가맹점 사업자의 권익보호 강화장치를 미리 마련해 예비창업자의 프랜차이즈에 대한 신뢰도를 높이기로 했다. 이를 위해 모든 가맹본부가 정보공개서를 등록하도록 적극 유도하고, 미등록시 정부 지원사업에서 배제할 방침이다.

이밖에 본부-가맹점간 갈등 방지를 위해 분쟁예방교육을 확대하고 현행 78일인 분쟁조정 기간도 50일로 대폭 단축키로 했다. 현재 외식업 표준약관이 도소매업, 서비스업 등에도 활용되고 있음을 감안, 모든 분야에 업종별 표준약관도 제작해 보급한다.

인프라 확충 등 '親프랜차이즈 환경' 구축

모든 가맹본부에 대해 적용하던 '가맹금 예치제'를 개선해, 현실적으로 적용이 어려운 경우 예치제 적용을 제외하기로 했다. 우수 가맹본부에 대한 예치제 적용 제외도 검토한다. 또 정부, 지자체, 민간 매칭펀드로 자금을 조성해 가맹본부가 공동으로 이용할 수 있는 물류센터 5개소를 단계적으로 건립한다. ERP나 e-SCM 등 프랜차이즈에 특화된 정보시스템을 개발해 업체당 5,000만원 한도로 구축을 지원하고, 관련 법률 등 종합정보 제공을 위한 인터넷 포털도 구축한다.

또한 공정계약, 점포 운영 매뉴얼화 등 프랜차이즈 시스템에 적합한 가맹본부에 대한 인증을 부여하고, 민간 자율인증을 기본방향으로 인증기준과 인증기관등 세부방안을 별도로 마련한다. 범정부적 지원과 정책의 종합, 조정을 위해 관련 부처와 기관을 중심으로 '프랜차이즈 산업 진흥협의회'를 운영하고, 산·학·연·관 전문가로 구성된 '프랜차이즈 리더스 클럽'을 분기마다 개최할 계획이다.

해외시장 진출 지원, 글로벌 브랜드 육성

정부는 프랜차이즈 글로벌 브랜드를 육성하기 위해 코트라(KOTRA)에 전담창구를 개설하고 시장조사에서부터 현지 파트너 모집까지 전 과정에 대한 컨설팅을 제공키로 했다. 2013년 하반기에 개최될 APFC & WFC 서울총회를 차질없이 준비하고, 업체들의 국제 프랜차이즈 박람회 참가도 지원한다. 또 해외시장에 한식 프랜차이즈를 육성하기 위해 해외에 이미 진출한 한국 식당의 프랜차이즈화를 지원하고, 해외 외식 정보 데이터베이스(DB)를 구축키로 했다. 또 프랜차이즈 기업 공동조리시설 설치를 지원하고, 유명호텔 및 조리전문 대학과 연계해 가맹점 조리사에 대한 한식조리 교육을 실시하기로 했다.

해외 1호점 개설을 희망하는 국내 유망 브랜드를 현지의 교포와 연계해 수출 인큐베이터로 활용하는 방안도 모색된다. 이미 5~10개사를 발굴해 시범 사업을 추진 중이다. 정부는 이를 통해 오는 2012년 총매출액은 GDP의 8.6%(113조원)으로, 서비스업의 비중은 18%로 증가하는 등 프랜차이즈 산업이 양적·질적 성장과 더불어 국내 서비스산업이 활성화될 것으로 기대했다.

또 안정적인 일자리 22만 개를 신규 창출하고, 폐업률을 감소시켜 자영업자 등 서민경제 안정화에 기여하고 해외진출 활성화로 수출증대 및 국가 브랜드 가치 제고에도 기여할 것이라고 덧붙였다.

(1) 한국형 맥도날드 육성한다

프랜차이즈 활성화 방안 마련과 대형 프랜차이즈 업체를 2012년까지 100개로 확대하고, 슈퍼마켓, 화물, 중저가호텔, 육아서비스 등으로 프랜차이즈 사업을 다양화할 계획이다.

프랜차이즈(franchise)란 가맹본부가 가맹점에 상호·경영 노하우를 지속적으로 제공함으로써 가맹점을 통해 상품·서비스를 판매하는 사업형태이다. 가맹본부의 차별화된 사업 아이템과 가맹점 창업자의 소자본이 결합하기 때문에 경험이 부족하더라도 비교적 쉽게 창업이 가능하다. 국내에서 대표적인 프랜차이즈 업체로는 문구판매업체인 알파(Alpha), 세탁전문업체인 크린토피아, 죽전문업체인 본죽, 외식업체인 김家네, 24시간 편의점인 GS25 등이 있다. 정부가 영세한 소규모 자영업자들의 경쟁력을 높여주기 위해 세계적 외식체인인 맥도날드와 같은 대형 프랜차이즈를 육성하는 정책을 편다. 대형마트와 기업형 슈퍼마켓(SSM)에 밀리는 슈퍼마켓은 물론, 화물차 지입차주, 택시, 중저가 호텔, 육아서비스까지 공통 브랜드로 묶어 가맹점 1천 개 이상의 대형 프랜차이즈를 현재의 10여 개 수준에서 2012년까지 100개로 늘린다는 계획이다.

지식경제부는 청와대에서 열린 국가경쟁력강화위원회에서 이런 내용을 담은 '프랜차이즈 산업 활성화 방안'을 보고했다. 정부는 지난 5년간 자영업자의 창업 대비 폐업비율이 84.3%에 달할 정도로 영세 자영업자들의 경쟁력이 떨어지는 점을 감안해 개별 자영업자와 중소 서비스 기업의 프랜차이즈화를 적극 유도하기로 했다. 이를 위해 프랜차이즈화를 추진하는 슈퍼마켓들에 점포 개수 및 공동 정보관리시스템 개발 지원비 등으로 내년 89억원을 우선 지원할 계획이다.

또 화물운송 분야의 프랜차이즈 가입대상을 운송사업자와 운송주선사업자에서 차량의 실질 소유주인 지입차주로 넓히기로 했다. 아울러 프랜차이즈 택시용 전국 통합 대표번호를 연말까지 마련하고, 중저가 관광호텔 프랜차이즈에도 직원 서비스 교육비 등을 지원하기로 했다. 이들 업종 외에 직업소개소, 육아서비스, 청소용역 등 프랜차이즈화가 가능한 업종을 계속 발굴해 업종별 지원책을 내놓기로 했다.

정부는 특히 사업성이 뛰어난 유망업종 프랜차이즈에는 5천만원 한도에서 초기창업비의 70%를 지원하고, 시범점포 개설 및 운영자금을 융자해 주는 등 우수 프랜차이즈에 대해서는 제조업에 준하는 지원정책을 펴기로 했다. 물류비용을 줄여주기 위한 공동 물류센터 건립사업도 2012년까지 단계적으로 추진하게 된다.

정부는 가맹점 창업을 원하는 영세 자영업자에게 창업 컨설팅 비용의 50%를 지원하고, 기존 영업점을 바꾸려는 업주에게 점포 정비 비용 등으로 내년에 총 2천억원을 융자해주는 방안을 함께 검토하기로 했다. 이 밖에 영세 가맹사업자 보호를 위해 2천 400여 개 프랜차이즈 본부의 모든 정보를 인터넷에 공개하고, 공정거래조정원의 프랜차이즈 본부와 사업자 간 분쟁조정 기간을 현행 78일에서 50일로 단축하기로 했다.

또 도소매업, 서비스업 등 프랜차이즈 업종별 표준약관을 만들어 보급하고 3년마다 하는 실태조사를 매년 시행할 계획이다. 프랜차이즈 산업의 해외진출을 돕기 위해 해외 코리아 비즈니스센터(KBC) 26곳에 전담인력을 배치하는 한편 해외 첫 점포 개설을 원하는 프랜차이즈 업체에는 현지 교포 등을 소개해 주기로 했다. 특히 해외 한식 프랜차이즈 업체에는 컨설팅 및 시설 자금을 지원하고 유명호텔이나 조리전문대학과 연계해 가맹점 조리사에 대한 교육도 하기로 했다.

지경부 관계자는 "이번 육성책으로 2012년 프랜차이즈 업계의 매출이 국내총생산(GDP)의 8.6%인 113조원에 이를 것"이라며 "일자리 22만 개를 만들고 폐업률을 낮추는 효과가 기대된다"고 밝혔다.

(2) 프랜차이즈 활성화 방안이 효과를 거두기 위한 정책적 방안

지식경제부가 2010년 4월 29일 공개한 '프랜차이즈 산업 활성화 방안'의 핵심은 영세한 프랜차이즈 산업을 체계적으로 육성해 시장 규모를 대폭 키우는 것으로 요약된다. 영세 서비스업자들을 안정적인 프랜차이즈 영역으로 끌어들

표 3-10 프랜차이즈 활성화 방안 주요내용

구분	내용
자영업자 창업지원	• 가맹점 창업 컨설팅비 지원 및 가맹점 전환 지원교육 • 상권정보시스템에 우수 가맹점 정보 제공 • 가맹점 전환시 시설개선 자금 융자
가맹점 사업자 권익강화	• 가맹본부-가맹점 정례협의체 구성 유도 • 정보공개 등록제도 내실화 • 본부-가맹점 분쟁 예방교육 확대 • 분쟁조정기간 78일에서 50일로 단축 • 도소매·서비스업 등 분야별 표준약관 제작 보급
법·제도 규제완화	• 정보공개서 변경사항 제공방법 개선 • 가맹금 예치제 일부 예외 검토
인프라확충	• 종합정보 제공을 위한 인터넷 포털 구축 • 프랜차이즈 기업에 특화된 정보시스템 구축 지원 • 주요 거점 5개소 가맹본부용 공동물류센터 건립
정책지원 기반	• 범정부 프랜차이즈 산업진흥협의회 구성 • 프랜차이즈 시스템에 적합한 가맹본부 인증 • 산·학·연 프랜차이즈 리더스 클럽 개최
해외시장 진출지원	• 재외동포 프랜차이즈 지원 • 코트라 전담창구 개설 • 국제 프랜차이즈 박람회 참가지원 • 한식 프랜차이즈화 컨설팅 자금 10억원 지원 • 해외 외식 정보 데이터베이스 구축

여 안정성을 확보하면서 규제완화와 분야별 맞춤지원을 통해 프랜차이즈 산업을 선진화하는 두 마리의 토끼를 잡겠다는 복안인 셈이다. 그러나 이번 대책으로 프랜차이즈 업계의 고질적 문제로 지적돼 온 불공정 약관과 담합의 문제가 어느 정도 해결될지는 미지수다.

영세업자들 묶어 경쟁력 키운다

이번 대책은 영세한 프랜차이즈 업계의 덩치를 키워 전반적인 영업환경을 개선하는 것에 초점이 맞춰졌다. 현재 프랜차이즈 산업 규모가 작다 보니 가맹점과의 신뢰관계에 문제가 생기고, 가맹점 '고혈짜기'식 관행이 형성된 측면이 크다는 판단에서다. 고부가가치 프랜차이즈를 만들어 가맹본부 역량을 충분히 키우고, 물류 등 인프라를 확충해 초기비용을 줄이는 한편, 공정거래를 위한 기초적 틀을 제공하면 자영업자 상당수가 프랜차이즈 체인에 흡수되면서 경쟁력을 가질 수 있다고 정부는 생각하고 있다.

이런 차원에서 가맹점 보호를 위한 안전장치가 보완됐다. 가맹본부의 재정현황, 가맹점 수, 영업조건 등을 담은 정보공개서의 등록제도를 내실화하고 정보 부족으로 인한 피해를 막겠다는 방침이다. 또 본부–가맹점 간 갈등 완화를 위한 분쟁예방교육을 확대하고, 분쟁조정 기간을 단축하는 등 조정제도를 활성화하기로 했다.

외식, 도소매, 서비스업 등 분야별 표준약관을 만들어 불공정계약 가능성을 차단할 계획이다. 지금까지는 외식약관이 모든 약관에 활용됐다. 그러나 가맹점 창업자가 가맹본부에 지급하는 가맹금을 금융기관에 2개월간 예치하도록 한 '가맹금 예치제'에 일부 예외규정을 두는 등 가맹점 보호에서는 오히려 후퇴했다는 비판도 제기된다. 또 관행으로 굳어진 프랜차이즈 업계의 불공정한 관계를 개선하기가 쉽지 않다는 지적이 나온다.

지경부 관계자는 이에 대해 "제도보다 프랜차이즈 산업이 먼저 생기다 보니 공정하지 못한 음성적 관행들이 존재한 것이 사실"이라며 "체계적인 산업 육성이 이뤄지면 이런 관행들은 자연스럽게 도태될 것"이라고 설명했다. 그는 "자영업자들의 85%가 창업 5년 안에 망하는 상황에서 프랜차이즈를 통해 생존율을 높이는 것이 시급하다"며 맥도날드 같은 프랜차이즈 하나만 육성해도 국가로서는 엄청난 이익이라고 강조했다.

SSM에 대응할 프랜차이즈 뜨나

이번 대책으로 가장 눈길을 끄는 분야는 슈퍼마켓 프랜차이즈다. 대형 유통업체들의 기업형 슈퍼마켓(SSM) 진출로 골목상권이 위협받는 상황에서, 일종의 완충지대로서 슈퍼마켓 프랜차이즈가 기능할 수 있기 때문이다. 정부는 일단 슈퍼마켓들의 자발적인 프랜차이즈화를 유도하기 위해 점포 개설자금을 지원하고, 공동정보관리시스템을 개발해 보급할 예정이다.

또 도매물류 사업자를 중심으로 공동 브랜드를 만들 경우 적극 지원한다는 계획이다. 그러나 당장 실효를 거두기 위해서는 대형 유통업체들이 SSM이 아닌 프랜차이즈로 방향을 전환하는 것이 효과적이라는 지적이 나오지만 유통업계의 분위기는 아직 미온적이다. 한 유통업계 관계자는 검토는 하겠지만 실제로 적용하기는 쉽지 않다면서 기본적으로 투자비가 많이 들고, 검토가 많이 필요한 사항이라며 신중한 입장을 보였다. 지식경제부 관계자는 선진국을 보면 소형 슈퍼마켓 자체는 거의 없고 대부분 기업형이나 프랜차이즈라며 자영업자 입장에서도 무자료 거래가 많았던 시절에는 독자 운영하는 것이 나았겠지만, 현금영수증과 카드 거래 비율이 높은 상황에서는 프랜차이즈에 가입하는 것이 훨씬 이익이라고 지적했다. 이 관계자는 또 몇몇 대형 유통업체가 프랜차이즈 사업에 진출할 계획이 있는 것으로 알고 있다며 대형 업체들이 프랜차이즈 사업에 적극적으로 나설 가능성을 낙관했다.

(3) 창의적 프랜차이즈에 대한 지원정책 강화

고부가가치형 프랜차이즈 창업 및 사업 활성화를 위해 창의성과 사업성이 뛰어난 유망 아이디어로 창업땐 비용의 70%선인 5,000만원까지 지원된다. 자영업자의 가맹점 전환시 점포 정비, 인테리어 개선 등의 시설개선 융자자금이 1억원 한도로 지급된다. 오는 2012년까지 가맹점을 1,000개 이상 갖춘 국내 프랜차이즈기업은 100개 이상 육성된다. 특히 내년 상반기까지 한국가스공사가 독점하고 있는 액화천연가스(LNG)충전소 사업소에 일반도시가스 사업자 등도 참여할 수 있게 된다. 주택분양보증 시장의 독점구조도 개선돼 손해보험사가 진출할 수 있게 된다.

국가경쟁력강화위원회(위원장 강만수)는 2010년 4월 29일 제17차 회의를 갖고 이 같은 '프랜차이즈산업 활성화 방안 및 경쟁제한적 진입규제 개선 방안'을 확정했다. 정부는 일단 유망업종을 발굴해 아이디어 사업화, 시제품 생산 등을 한 프랜차이즈에는 창업비용 70%를 지원하고, 우수 프랜차이즈기업에 대해서는 제조업에 준하는 수준으로 자금, 인력 지원 등을 강화키로 했다. '프랜차이즈 아카데미'가 설립돼 가맹본부 전문인력 양성을 지원하고, 가맹점에 대한 영업지도 비용은 연간 1,000개 가맹점에 100만원 한도로 지급키로 했다. 특히 영세한 택시산업의 규모화 및 브랜드택시 육성을 위해 오는 11월 '택시운송 가맹사업 제도'를 도입할 예정이다.

정부는 또 일반도시가스 사업자 등도 LNG 충전사업을 할 수 있도록 내년 6월말까지 도시가스 소매사업의 범위를 확대키로 했다. 대한주택보증이 독점하고 있는 주택분양보증 업무를 개선, 손보사가 사업에 진출할 수 있도록 올해 12월 말까지 분양보증 업무수행기관 지정요건을 신설키로 했다. 특히 우체국 독점사업인 신용카드 배송업무를 민간에 개방하는 등 공공기관의 독점영역을 축소하고 민간 영역을 넓히는 등 진입 규제를 대폭 없애기로 했다. 정부는 또 경륜, 경정사업의 수탁자범위도 민간기업으로 확대키로 했다.

(4) 정부가 프랜차이즈 카드를 꺼낸 이유

정부는 서민생활 안정 대책 일환으로 영세한 자영업자에 대해 프랜차이즈를 통한 '경제 회생'의 길을 열어줄 계획이다. 이미 최경환 지식경제부 장관은 지경부를 정책기능을 중심으로 한 실물경제의 총괄부처로서 경제 회복을 선도하는 부처로서 역할을 강조한 바 있다. 기업을 지원하는 집행업무에 그치지 않고 산업의 큰 틀을 정하고 실현하는 정책기능에 집중하겠다는 뜻이다. 이를 뒷받침하듯 최 장관은 취임 첫날 "실의에 빠진 중소기업과 소상공인들을 일으켜 세워 서민경제에 생기를 불어넣어야 한다"며 "서민경제의 기반이 되는 '중소기업·자영업·지역경제'에 따뜻한 온기가 돌게 해야 한다. 나아가 새로운 활력을 찾을 수 있도록 해야 한다"고 역설하기도 했다.

결국 정부의 프랜차이즈 산업에 대한 관심은 서민경제와도 직결된다. 지경부에 따르면 최근 5년 동안 자영업자의 창업 대비 폐업 비율은 84.3%, 프랜차이즈 편의점 5년차 폐업률은 25%로 나타났다. 이에 대해 지경부는 프랜차이즈 산업이 자영업자의 창업성공률을 높여줄 것으로 예상하고 기존 자영업자를 조직화하고 규모의 경제를 통한 경쟁력강화에 기여할 것으로 분석했다. 또 다양한 서비스를 소비자에게 제공함으로써 내수시장을 확대하고, 일자리 창출에 기여하는 등 자영업자 경쟁력제고와 서비스산업 활성화를 위한 유용한 수단이라는 것이 정부의 판단이다.

특히 정부는 영세한 개별 자영업자와 중소 서비스 기업에 초점을 두고 프랜차이즈화를 적극 유도할 계획이다. 예를 들면 슈퍼마켓에 대해서는 2010년 프랜차이즈화를 추진하는 점포집단을 대상으로 점포 리뉴얼 자금 융자, 공동정보관리시스템 개발·보급 등의 추진비용으로 89억원을 책정했다.

화물운송의 경우 가맹점 가입대상을 현행 사업자(운송사업자, 운송주선사업자)에서 차량의 실질소유자인 지입차주로 확대했다. 물량확보가 용이한 주선업체의 가맹점 가입비(총 12억원) 50%를 지원할 계획이다. 또 택시의 경우 가맹사업 지원을 위해 전국통합 대표 전화번호(Call 번호)를 확보하고 올 연말까지 세부 운영방안을 마련키로 했다.

중저가 관광호텔에 대해서는 공동브랜드 확산을 위해 가맹호텔에 대한 직원 서비스 교육, 운영 매뉴얼 제공 등 다양한 인센티브를 제공할 계획이다.

정부 관계자는 "프랜차이즈 활성화를 위해 2012년까지 가맹점 1,000개 이상을 운용할 수 있는 국내 브랜드업체 100개를 육성하고 세계 100대 프랜차이즈 기업군에 국내 브랜드 3개 이상 진입을 목표로 할 계획"이라며 "또 산업의 고부가가치화, 자영업자의 가맹점 창업촉진, 인프라 선진화, 해외시장 진출 등도 추진할 계획"이라고 말했다.

(5) 프랜차이즈 활성화에 대한 업계의 입장

정부의 프랜차이즈산업 활성화방안 발표에 업계와 전문가들은 일제히 환영의 뜻을 나타내며, 실질적인 성과로 이어질 수 있도록 지속적인 지원이 이뤄져야 한다고 강조했다. 한국프랜차이즈협회 한상만 상근부회장은 29일 "좀 늦은 감은 있지만 정부가 프랜차이즈산업에 관심을 갖고 지원정책을 발표한 것은 매우 고무적인 일"이라며 "특히 5,6년부터 협회가 주장하고 준비해 왔던 프랜차이즈 인증제를 정부가 도입을 결정해 협회로선 큰 의미가 있다"고 밝혔다.

국내 프랜차이즈 브랜드의 해외 진출에 힘써 왔던 체인정보사의 박원휴 대표는 "그동안 천대시 됐던 프랜차이즈 산업이 공식적으로 산업, 국제화산업으로 위상을 정립하는 계기가 되었다"고 평가했다. 박 대표는 "그러나 비슷한 유형의 발전계획이 여러 차례 나온 만큼 이번에는 정부가 전문인력과 전문기관 양성에 확실하게 지원하고, 부처간 협조가 잘 이뤄지길 바란다"고 당부했다.

창업교육 및 컨설팅 전문기관 한국창업전략연구소의 이경희 소장은 낙후된 프랜차이즈 산업에 과학적 경영기법과 접목되는 계기가 될 것이라며 프랜차이즈 업계도 기업가정신 및 윤리정신이 강화되는 기회로 삼아야 한다고 강조했다.

생맥주 전문점 '쪼끼쪼끼' 가맹본부인 태창파로스의 김서기 대표는 가맹본부에 대한 인증제는 무분별하게 생겨나고 있는 프랜차이즈 본사들의 옥석을 가리는 데 큰 역할을 할 것으로 기대된다며 특히 해외에서 검증 없이 들어오는 브랜드들도 국내 기준에 맞게 인증제를 적용해 소비자의 피해를 막아야 한다고 말했다.

한편, 프랜차이즈 확대업종에 든 화물운송, 관광호텔 업계는 정책의 실효성에 의구심을 나타냈다. 화물운송연합회 관계자는 화물업계는 가맹사업법이 이미 제정되어 가맹업체 5~6개가 사업을 진행 중이라며, 그러나 화물운송업 특성상 가맹본부가 크게 필요하지 않고, 소비자와 공급자 사이에 가맹본부가 끼어들어 물류비용 증가만 초래할 우려가 있다고 밝혔다. 관광호텔 업계도 기존 관광호텔 브랜드 'BENIKEA' 사업에 불신이 높은 상황에서 프랜차이즈 사업 지원은 도움이 안된다는 반응을 보였다.

최재은 한국관광호텔업협회 자문위원은 2006년부터 해마다 22억원 가량 예산을 사용하며 브랜드 사업을 시작했지만 현재는 운영조차 되고 있지 않다며 실질적으로 호텔에 대한 도움이나 지원이 없다고 말했다. 한국관광공사와 한양대 산학협력단이 주관하는 BENIKEA 사업은 총 36개 호텔이 참여, 2006년에 시작해 지난해까지 1기 사업이 끝났다. 올해 2기 사업은 지금까지 미뤄지고 있는 상태다. 9개월 가량 사업공백이 이어지면서 호텔 예약시스템이 막히고 외국인 관광객이 이용하지 못해 가맹호텔들의 불만이 높아지고 있다. 최 위원은 전문성이 떨어지는 정부가 주도하다보니 실질적인 지원이나 사업이 진행되지 않는다며 향후 민간 주도의 체인을 만든다는 목표이지만 민간의 참여를 보장하지 않고 있어 이마저도 불투명하다고 지적했다.

(6) 프랜차이즈 업체의 해외진출 가능성

국내 프랜차이즈 업체가 잇따라 외국에 진출하고 있다. 지금까지는 대표적인 외국진출 성공사례로 꼽히는 제너시스 BBQ 같은 치킨·베이커리 등 외식업체들이 주를 이뤘다면 요즘에는 한식이나 서비스업이 외국 진출에 가속도를 내고 있는 양상이다. 최근 리치푸드가 운영하는 퓨전요리주점 '피쉬&그릴'은 중국 옌타이에 국외 1호점을 열었다. 이곳에서는 중국 젊은 층과 여성을 대상으로 한 퓨전 메뉴 60가지와 칵테일 막걸리를 선보이고 있다.

놀부NBG는 지난 7월 싱가포르 오차드 센트럴 식당가에 매장을 열어 갈비와 김치찜, 냉면 등을 판매하고 있다. 놀부 측은 싱가포르를 교두보로 말레이시아와 베트남까지 매장을 확대한다는 계획이다. CJ는 오는 12월 비빔밥 프랜차이즈를 미국시장에 선보이고, 대명은 고급 떡볶이 전문점 '베거백'으로 일본 도쿄에 진출하기 위해 준비 중이다.

프랜차이즈 업체의 외국진출이 최근 크게 증가한 이유는 포화상태에 달한 국내시장에서 벗어나 외국시장을 새로운 수익 창출원으로 만들려는 의도 때문이다. 이와 함께 한국인 이민자가 늘고 있다는 점을 겨냥한 포석이라는 분석도 나온다. 한국인 이민자들이 손쉽게 할 수 있는 사업 아이템으로 국내에서 성공한 프랜차이즈가 대안으로 급부상하고 있기 때문이다. 이와 관련해 제너시스

표 3-11 해외로 나가는 국내 프랜차이즈 업체

업 체	업 종	해외 매장
제너시스BBQ	치 킨	세계 55개국 350개 매장 운영
본아이에프	죽·비빔밥	미국 4개, 일본 1개, 중국 4개 가맹점
파리바게트	베이커리	미국 11개, 중국 31개 직영점
할리스커피	커피전문점	미국, 말레이시아 매장 운영
롯데리아	패스트푸드	베트남 60개, 중국 5개 매장 운영
리치푸드	요리주점	중국 옌타이에 매장 오픈
놀부NBG	한 식	중국, 싱가포르 한식 매장 운영
박승철 헤어스튜디오	미용실	미국, 중국, 영국 등지에 11개 점포
치어스	생맥주 전문점	올해 안에 중국 내 3개 점포 오픈 계획

BBQ는 예비창업자들과 함께 싱가포르·베트남으로 현지 창업 투어를 정기적으로 진행하고 있다.

이 업체는 최근 국외 가맹점 모집을 본격적으로 확대하고 있다. 제너시스 BBQ 관계자는 “외국 현지 창업 투어를 정기적으로 진행하면서 자녀 유학이나 이민을 고려하고 있는 예비창업자들에게 기회를 제공하고 있다”고 설명했다.

이인호 창업e닷컴 소장은 “창업비용이 저렴한 중국과 동남아를 중심으로 국외 창업에 나서는 사람이 늘고 있다”며 “유통기업이나 프랜차이즈 업체도 사업 트렌드가 수명을 다할 때쯤 트렌드가 늦은 국가를 중심으로 활로를 찾고 있다”고 말했다. 하지만 국내 프랜차이즈 업체가 외국에서 성공한 사례는 그리 많지 않다는 지적도 나온다. 이미 국내에서 사업 경쟁력이 한계에 다다른 시점에 외국 진출을 고려하기 때문에 자칫 현지 트렌드를 따라가지 못하는 사례도 발생한다.

(7) 프랜차이즈의 위력

2011년 11월 15일 매일경제신문의 기사에 따르면, 미국의 힘은 프랜차이즈에서 나온다라는 말은 1974년 미국 프랜차이즈업체 맥도날드가 US스틸의 시장가치를 넘었을 때 정치인들 사이에서 나온 말이다. 당시 미국 정부 관료들 사이에도 프랜차이즈에 대한 경시 풍조는 만연했다. 하지만 1985년 맥도날드는 미국

경제척도나 다름없는 다우존스 공업주가 30개 업체에 당당히 이름을 올린다. 프랜차이즈 산업이 세계 산업시장에서 항공기, 기차, 자동차 등과 함께한 축을 이루기 시작한 순간이었다. 현재 맥도날드는 11개국에 3만 2,000개가 넘는 가맹점을 보유하고 있으며, 매일 6,000만 명이 전 세계 맥도날드 매장을 찾는다.

국내에서도 이 같은 프랜차이즈 산업 전망이 점차 현실화하고 있다. 2011년 10월 공정거래위원회 정보공개서에 등록된 국내 프랜차이즈 업체는 2,784개. 관련 업계는 정보공개서 등록을 준비하는 회사까지 포함하면 실제 국내에 운영 중인 프랜차이즈 업체가 약 2,900개, 가맹점포는 31만 개를 넘을 것으로 추산한다. 프랜차이즈 가맹점 시장(31만 개 업체)은 지난해 국내 전체 소상공인(270만 명)의 11%에 해당할 정도로 비중이 커졌다.

프랜차이즈 시장 규모는 올해 95조원에서 2년 뒤인 2013년에 148조원, 가맹점 숫자는 31만 개에서 48만 개로 급증할 것으로 업계는 전망하고 있다. 프랜차이즈 고용인구도 올해 124만 명에서 2년 뒤 142만 명까지 늘어날 것으로 추산한다. 이는 올해 6월 기준 국내 경제활동인구(약 2,500만 명)의 5.1~5.6%에 달한다. 특히 국내 상위 100개 프랜차이즈(매일경제선정)는 33만 명에게 일자리를 만들어 주고 있고, 34개 기업은 해외시장에도 진출한 것으로 조사됐다. 이경희 한국창업전략연구소 소장은 "프랜차이즈 가맹점에는 재취업이 쉽지 않은 주부와 은퇴한 퇴직자, 기존 자영업 출신 창업자가 많고 매장에 고용된 인력의 경우 전문대졸 이하 청년층이 많이 일하고 있는 점을 감안하면 고용 사각지대에 놓인 경제활동인구의 일자리를 창출하는 데 크게 기여하고 있다"고 말했다.

세계 프랜차이즈 산업의 종주국이라고 할 수 있는 미국에서 프랜차이즈 산업이 자국 경제에서 차지하는 비중은 8.1%에 달할 정도로 성장해 있다. 한국에서도 프랜차이즈 산업의 성장 잠재력은 크다. 2009년 지식경제부는 국내 프랜차이즈 산업을 위한 종합대책 '자영업자 경쟁력 강화를 위한 프랜차이즈 산업 활성화 방안'을 내놨다. 이 방안에 따르면 정부는 2012년까지 가맹점 1,000개 이상 프랜차이즈를 100개 육성하고 세계 100대 프랜차이즈 기업군에 국내 브랜드를 3개 이상 진입시키는 것을 목표로 하고 있다.

최근 국내 100대 프랜차이즈 브랜드는 한국 프랜차이즈 가맹본부 중에서 경쟁력 있는 업체를 뽑는다는 원칙 아래 진행됐다. 매일경제신문은 점포수부터 재계약률까지 다양한 방면을 고려해 '100대 프랜차이즈'를 선정했다. 선정 과정은 신뢰도를 높이기 위해 학계에서 명성을 쌓은 임영균 광운대 교수(한국프랜차이즈학회장), 박주영 숭실대 교수와 전문연구소인 한국창업전략연구소의 이경희 소장이 심사위원으로 참여했다.

100대 브랜드 선정을 위해 먼저 한국표준산업분류상의 다섯 자리 업종 분류코드를 적용해 프랜차이즈 업종을 100개로 분류했다. 이 중 해당 브랜드 수를 바탕으로 외식 도소매 서비스업의 주요 업태별 100대 브랜드 선정 비율을

표 3-12 매일경제 선정 100대 프랜차이즈

브랜드	업종	매장 수	설립연도	브랜드	업종	매장 수	설립연도
옛골토성	구이전문점	50	2006년	치어스	생맥주전문점	162	2003년
오니기리와이규동	삼각김밥전문점	50	2010년	카페베네	커피전문점	376	2008년
오피스넥스	사무용품전문점	29	2007년	커브스	순환운동센터	82	2006년
온누리약국	약국	1.360	1990년	KGB	이사대행서비스	102	1992년
올리브영	드러그스토어	91	2002년	코리안바베큐	치킨전문점	357	2002년
와라와라	퓨전주점	76	2006년	코바코	일식돈가스&초밥전문점	140	1999년
와바	생맥주전문점	246	2001년	크라제버거	햄버거전문점	66	2000년
YBM리딩클럽	교육서비스	850	2003년	크리니트	청소대행서비스	25	2003년
완산골명가	콩나물국밥전문점	88	2003년	크린토피아	세탁서비스	1.434	1997년
왕수학교실	교육서비스	979	2000년	탐앤탐스	커피전문점	227	2004년
원할머니보쌈	보쌈전문점	288	1998년	투다리	선술집	1.899	1988년
윤선생영어교실	교육서비스	938	1994년	파리바게뜨	베이커리	2.716	1986년
이바돔감자탕	감자탕	116	2000년	페리카나	치킨전문점	1.320	1990년
이보영의 토킹클럽	교육서비스	354	1994년	피쉬앤그릴	퓨전주점	472	2002년
장충동왕족발보쌈	보쌈전문점	163	2001년	피자에땅	피자전문점	334	2000년
정관장	건강보조식품판매점	773	1999년	피자헛	피자전문점	308	1991년
정성본	샤브샤브전문점	58	2004년	하꼬야	일본식생라면전문점	50	2007년
죽이야기	죽전문점	297	2004년	한솥	도시락전문점	442	1989년
지엔비영어학원	교육서비스	1.038	2000년	한스델리	캐주얼레스토랑	190	2003년
GS25	편의점	4.983	1971년	한촌설렁탕	설렁탕전문점	22	2006년
지호한방삼계탕	삼계탕전문점	72	2005년	할리스커피	커피전문점	262	2005년
짐보리	유아교육서비스	59	1992년	해법영어	교육서비스	2.844	2007년
쪼끼쪼끼	퓨전주점	382	1992년	헨디페어	청소대행서비스	375	2005년
채선당	샤브샤브전문점	201	2004년	호아빈	베트남쌀국수전문점	80	2003년
초록마을	유기농식품판매점	241	1999년	훼미리마트	편의점	5.345	1994년

순서는 '가나다'순, 자료는 공정거래위원회에 신고한 최신 가맹정보공개서(2009~2010년)를 기준으로 선정. 따라서 점포수·고용인원 등에서 현재 상황과 다소 차이가 있을 수 있음

자료: 매일경제신문, 2011.11.15

할당했다. 경쟁 브랜드 수가 5개 이하인 업태는 제외했다. 단 서비스업과 도소매업은 적어 점유율이 낮아도 산업구조 선진화를 위해 필요하다는 판단으로 할당 비율을 높였다.

최종 브랜드 선정에는 가맹점 수(규모)와 사업기간(업력)을 우선 고려했다. 관련 정보는 공정거래위원회에 등록된 업체별 최신 가맹정보공개서(2009~2010년)를 기준으로 했다. 학술적으로 가맹점 수가 많고 사업기간이 오래될수록 실패 확률이 낮은 것으로 보고됐기 때문이다. 브랜드 출시 후 일정 기간 내 적절한 수의 가맹점을 확보했는지도 따졌다.

사업모델 검증과 생존 가능성 판단을 위해 최소 사업기간은 2년을 기준으로 했다. 다만 가맹점 수가 많고 사업기간이 오래된 브랜드라도 최근 3년간 명의가 변경되거나 해지된 가맹점 수가 총 가맹점 수의 20%를 넘은 경우 재계약률이 낮거나 외부 모집대리인을 동원해 급속히 성장한 브랜드, 최근 3년간 재무제표를 참조해 재무 상황이 열악한 가맹본부는 제외했다. 단 가맹점 수가 적어도 가맹점 중심의 경영으로 견실하다는 평가를 받는 업체는 포함시켰다.

전국 성인을 대상으로 실시한 브랜드 선호도 조사 결과도 참조했다. 최초로 떠올린 브랜드 3곳과 설문 대상자들이 최고로 생각하는 브랜드, 소비자가 주로 이용하는 상위 브랜드에 높은 가산점을 부여했다. 중소기업청에서 실시 중인 '프랜차이즈 수준 평가'에서 상위 등급을 받은 브랜드에 대해서도 가산점을 부여했다.

프랜차이즈의 또 다른 힘은 글로벌 시장에 진출했을 때의 엄청난 폭발력이

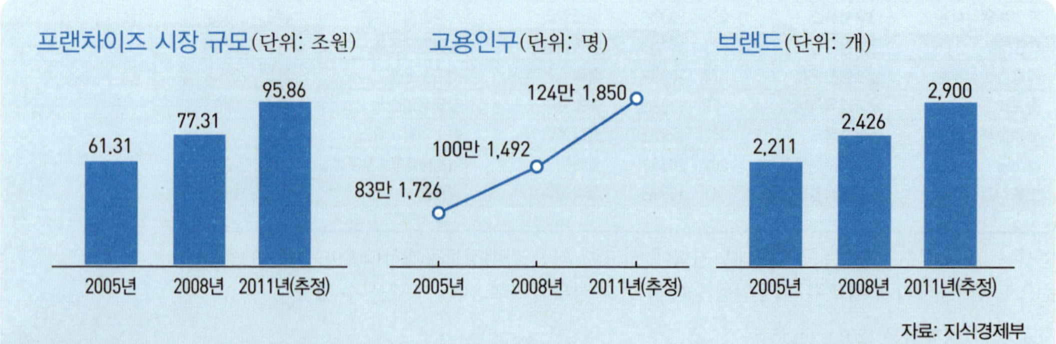

자료: 지식경제부

다. 기초투자비가 적게 들고, 운영시스템 등만 수출해도 로열티를 챙길 수 있다는 점 때문에 다른 산업보다 더 높은 경쟁력을 지닌다. 임영균 광운대학교 교수는 "프랜차이즈는 기본적으로 경험 등 지적요소와 로열티를 기반으로 한다"며 "지식산업이 각광받는 최근 글로벌 트렌드에도 들어맞는다"고 설명했다.

국내 프랜차이즈 업체들의 해외 진출 속도는 매우 빠른 편이다. 약 30년 만에 도입·성장·성숙기를 지나 글로벌 시장까지 바라보기 때문이다. 한국 프랜차이즈가 태동한 것은 롯데리아(1979년)가 등장하면서부터다. 1980년대에는 KFC, 맥도날드 등 해외 프랜차이즈 진출이 활발히 이뤄졌으며, 1990년대에는 BBQ치킨이 등장하며 기반을 다졌다. 이후 2000년대에 들어오면서 국내 프랜차이즈 기업들의 해외 공략이 본격적으로 시작됐다.

매일경제신문사가 선정한 '100대 프랜차이즈 업체'의 해외 사업 현황에서도 이런 경향을 읽을 수 있다. 100개 업체 중에서 해외에 진출한 기업이 34곳에 달했다. 해외에 나간 지 10년 안팎인 곳이 29개(1~5년 11개, 5~10년 18개)로 대부분이지만 10년 이상~15년 미만인 업체가 3개, 15년 이상인 업체도 2개나 됐다.

해외 매장 수를 봐도 국내 프랜차이즈의 해외 진출이 이제 막 궤도에 올랐다는 점을 알 수 있다. 매장 수가 1개 이상~10개 미만인 업체가 21개, 10개 이상~50개 미만인 업체가 6개로 대다수를 차지했다. 하지만 50개 이상~100개 미만이 2개, 100개 이상이 5개에 이르는 등 해외 활동을 활발하게 진행하고 있는 업체들도 일부 확인됐다.

진출 국가는 미국과 중국, 일본, 동남아시아 등에 집중됐다. 25개 업체가 중국(마카오·홍콩 포함)에 진출해 1위를 차지했고, 미국(18개)·동남아시아(15개)·일본(6개)이 뒤를 이었다. 남미(3개), 중동·아프리카(2개) 등 우리에게 생소한 지역에서 활동하는 업체들도 눈에 띄었다. 박주영 숭실대학교 교수는 "한국과 비슷한 문화권인 아시아가 현재 프랜차이즈 해외 공략의 축"이라며 "여기에서 성공해야 다른 문화권으로 뻗어갈 수 있다"고 진단했다.

해외 진출은 BBQ치킨·롯데리아 등 대형 외식업체 위주로 진행되고 있었다. 국내 프랜차이즈 중심에 외식업이 서 있다는 점이 이 부분에도 반영된 셈이다. 2003년 글로벌 사업을 시작한 BBQ치킨은 중국에 176개 매장을 운영하는 등 전 세계에서 350개 매장을 운영하고 있다. 일본·몽골·베트남 등 아시아뿐만 아니라 스페인·에콰도르·브라질 등 비교적 넓은 사업영역을 개척했다.

국내 프랜차이즈 효시인 롯데리아도 1998년부터 해외사업을 적극 펼치고 있다. 베트남에 88개 매장, 중국에 30개 매장을 운영 중이다. 이 회사는 최근 인도네시아에도 매장을 열어 사업영역을 동남아시아로 확대할 기반을 마련했다. 2004년 해외에 처음 진출한 본죽은 미국 4개, 중국 3개, 일본 1개 등 모두 8개 매장을 운영하고 있다.

더페이스샵, 미샤 등 화장품 브랜드숍 돌풍도 주목할 만했다. 2004년 글로벌 시장에 진출한 더페이스샵은 중국·대만 등 20개 국가에서 493개 매장을 운영하고 있다. 같은 해 호주 시드니를 시작으로 해외사업을 시작한 미샤도 홍콩·싱가포르 등 23개 나라에서 970개 매장을 열었다. 이경희 한국창업전략 연구소 소장은 "국내 화장품 중저가 브랜드숍은 품질 경쟁력까지 갖추고 있다"며 "한류 열풍과도 결합될 수 있어 가능성이 상당히 높은 분야"라고 설명했다.

프랜차이즈가 해외에 나갈 때는 대개 세 가지 방식을 사용한다. '직영점 전개'와 '현지 가맹점 계약' '마스터 프랜차이지(master franchisee)'다. 직영점 전개는 시장조사부터 법인 설립, 점포 개설까지 본사 직원을 투입하는 방식이고, 현지 가맹점 계약은 가맹점주가 투자비를 댄 후 본사에서 직원을 파견해 기술·인테리어 등을 전수하는 형태이다. 마스터 프랜차이지는 현지 파트너를 찾아 해외 사업권 자체를 넘기는 방식이다. 초기 계약에 따른 개시 지급금과 계약기간 동안 매출액 2~3%에 달하는 로열티 수입이 대개 약정된다. 가맹점과 지사 등이 생길 때 추가 부가수입이 발생하는 옵션 조항을 달기도 한다. 박주영 교수는 "프랜차이즈의 해외진출 방식 중에서 가장 높은 단계"라며 "솔직히 우리 프랜차이즈 기업이 이 단계에 올라오지는 못했다"고 밝혔다. 하지만 국내 프랜차이즈의 해외진출을 적극 도와야 한다는 목소리가 나오는 이유도 바로 이 부분 때문이다.

윤홍근 제너시스BBQ 회장은 "현재 46개 국가와 브랜드 수출 계약을 했고, 2020년까지 점포 5만 개를 개설해 매출 50조원을 올린다는 계획"이라며 "성공한다면 로열티 수입만 2조원에 이른다"고 설명했다. 윤 회장은 이어 "20여년 만에 사업규모를 이 정도까지 확대할 수 있다는 점이 프랜차이즈 매력"이라며 "삼성전자·현대자동차 등에 못지않은 폭발력을 지닐 수 있다"고 강조했다.

물론 국내 프랜차이즈의 해외 진출이 활성화되려면 넘어야 할 산도 많다. 전무가들은 먼저 해외 점포를 국내 가맹점 하나 더 오픈하듯 접근하면 반드시 실패한다고 조언한다. 문화차이는 상품의 질이나 구색, 브랜드 이미지, 상권 특성에 영향을 미치기 때문에 국내와 다른 사업 환경을 만든다. 해당 나라의 창업과 관련한 법률도 전혀 다르기 때문에 비용 부담도 만만치 않다.

제5절 소상공인 창업절차

1. 소상공인의 개념

1987년 외환위기를 겪으면서 기업들의 정리해고 등에 의한 대량실직이 발생하고, 한국경제 전반에 대한 재검토가 이루어지는 시점이었음에도 불구하고 우리나라의 중소기업 정책은 급변하는 외부환경에도 불구하고 지난 수십 년 동안 한정된 수의 제조업과 중규모 기업에 초점을 두어 왔다. 그러나 경제·사회적으로 처한 현실은 중소 제조업 위주의 지원만으로는 미래의 상황에 적합하지 못하기 때문에, 주종사업 중에서도 좀 더 규모가 작은 모든 업종의 기업에도 지원을 확대해야 한다고 몇몇 학자들은 주장하였다.

먼저 소상공인의 범위를 정함에 있어서 「소기업 및 소상공인 지원을 위한 특별조치법(법률 제6314호)」에 의하면 소상공인은 업종에는 제한이 없되, 광업, 제조업, 운송업, 건설업의 경우 상시 종업원 수가 10인 이하, 도·소매업 및 서비스업의경우에는 5인 이하의 기업을 소상공이라고 칭하고 이들을 지원대상으로 한다고 하였다.

소상공인에 가장 가까운 용어로는 상공회의소에서는 상공업으로 표현하고 있을 뿐 소상공인이란 용어는 없으며, 경영학이나 경제학에서도 사업자를 대기업, 중기업, 소기업으로 분류할 뿐 소상공인으로 표현하지는 않으며, 일반적으로 소기업이라는 용어는 상시 종업원 수를 기준으로 구분하고 있으나 중소기업에 포함하여 정의하고 있다. 소상공인의 개념을 일본에서는 소기업을 의미하는 용어로 사용되고 있다.

과거 우리는 소상공인이라는 대상이 존재해 왔음에도 불구하고, 다른 명칭 속에 포함되어 독특성을 따로 개념화하지 못하였다. 따라서 그와 관련하여 쓰였던 명칭이 중소기업이었다. 중소기업이란 양적·질적으로 대기업의 특성을 가지지 않은 모든 기업 혹은 사업체 모두를 일컫는 포괄적 명칭이다. 소상공인의 개념을 명확하게 정의하기 위해서는 정부의 정책에 의한 법적인 차원에서 그 내용을 살펴보면 다음과 같다.

우리나라에서는 1995년에 개정된 「중소기업기본법」에서 소기업의 범위를 중소기업과 구별하여 규정하고 있다. 1966년 「중소기업기본법」이 제정된 이후 1982년 이전까지는 소기업과 중기업을 구분하지 않고 중소기업이라는 복합적인 명칭 아래 제조업, 광업 및 운송업의 경우 상시종업원 300인 이하 또는 자산총액 5억원의 기준 중 양자 택일하여 중소기업의 범위를 규정하고 있었다. 그러나 1995년 개정 이후 「중소기업기본법 시행령(1995.7.1)」 제2조에서 상시종업원 수를 기준으로 한 요건과 자산총액을 중심으로 한 기준 이내여야 함은 물론 소유와 경영의 독립성을 요구하는 질적 요건을 동시에 적용하여 대기업으로부터 중소기업을 구분하고 있다.

소상공인은 중소기업의 범주 안에 속해 있으면서도 중소기업과 소기업으로부터 구분되는 특징들을 가지는 집단이다. 굳이 정의를 내린다면 소상공인은 개인사업체 및 비법인단체의 기업형태를 가지고 영세적인 규모로 재화와 서비스를 사회에 제공하는 기관이라고 할 수 있다. 현재는 소기업을 보호·육성하자는 차원에서 소기업과 중기업을 구분하고 있고, 1999년 2월 「소상공인지원센터」를 개소하면서 소상공인을 별도로 구분하여 지칭하였다. 소상공인이라는 용어는 「소기업지원을 위한 특별조치법」이 2000년 12월 29일 「소기업 및 소상공인 지원을 위한 특별조치법」(법률 제6314호)으로 개정됨에 따라 소기업지원계획 수립방법, 소상공인지원센터의 설치 및 운영방법 등이 제정되면서 법적으로 그

정의를 내릴 수 있게 되었다.

그 내용에는 「소기업 및 소상공인 지원을 위한 특별조치법」에서 조치법 제1조중 소기업을 소기업 및 소상공인으로 하고, 생산활동을 기업활동으로 한다라고 규정하고, 제2조(소상공인 적용기준)에는

① 소기업 및 소상공인 지원을 위한 특별조치법(이하 "법"이라 한다) 제2조 제2호에서 "업종별 상시근로자수 등이 대통령령이 정하는 기준에 해당하는 자"라 함은 주된 업종별 상시근로자의 수가 다음 각 호의 1에 해당하는 기업의 사업자를 말한다.

1. 광업, 제조업, 건설업, 운수업을 주된 업종으로 하는 경우에는 상시 근로자수가 10인 미만
2. 제1호 외의 업종을 주된 업종으로 하는 경우에는 상시근로자수가 5인 미만

② 제1항에서 "주된 업종"이라 함은 중소기업기본법 시행령 제4조의 규정에 의한 "주된 사업"을 말한다

③ 제1항에서 "상시근로자의 수"라 함은 중소기업기본법 시행령 제5조의 규정에 의하여 산정한 근로자의 수를 말한다.

라고 규정하고 이 시행령은 2001년 6월 30일부터 시행되고 있다. 이처럼 소상공인의 정의는 산업 대분류 17개 업종별로 상이하며, 소상공인 실태조사에서 조사대상으로 선정한 10개 업종에 대한 정의는 〈표 3-13〉과 같이 정리할 수 있다.

소상공인은 〈표 3-13〉에서 보는 바와 같이, 상시 근로자 수를 기준으로 10인 미만인 제조업, 운송업, 광업, 건설업체와 5인 미만인 숙박 및 음식점업, 부동산, 임대 및 사업서비스업, 도·소매업, 교육 서비스업 등의 구체적인 기준은 대기업, 중소기업과 같은 다른 기업의 범주들에 비하여 가장 작은 규모의 기업들을 소상공인 범주에 포함하는 것을 의미한다.

모든 기업의 출발이 영세한 것은 아니지만, 대부분은 영세성을 띠면서 기업의 수명은 시작된다. 소상공인 규모를 기준으로 정의되는 기업의 범주이니

표 3-13 업종 대분류별 소상공인의 정의

업종 대분류	업종 중·소분류	상시근로자수
제조업	15~37	1~9인
전기, 가스 및 수도 사업	40~41	1~4인
건설업	45~46	1~9인
소매업	52(528 제외)	1~4인
음식점업	552	1~4인
운수업	60~63	1~9인
통신업	64	1~4인
부동산 및 임대업	70~71	1~4인
사업 서비스업	72~75	1~4인
교육 서비스업	80	1~4인
오락, 문화 및 운동관련 서비스업	87~88	1~4인
이미용·세탁업	9311, 9391	1~4인

표 3-14 소상공인이 주로 영위하는 업종

업 종	대상업종
개인서비스업	세탁소, 미용실, 목욕탕, 게임방, 비디오, 대여점, 기원 등
숙박 및 음식점업	여관, 음식점, 제과점, 커피전문점, 아이스크림점 등
운수, 창고 및 통신업	여행사, 보관 및 창고업, 주차장 운영업, 부가통신업 등
자동차 수리업	카센터, 자동차 정비업소 등
부동산, 임대 및 사업서비스업	부동산 중개업소, 부동산 임대업, 장비 임대업, 소프트웨어 개발 및 공급업, 자료처리업, 변리사, 세무사 등
교육서비스업	음악학원, 입시학원, 보습학원, 체육관 등
도·소매업	슈퍼마켓, 음식료품 및 담배소매업, 양곡상, 정육점, 어물전, 화장품점, 청과상, 의류, 문구점, 신발소매점, 꽃집, 서점, 음반 및 테이프 소매점 등
소규모 제조업, 건설업, 광업, 운송업 등	

만큼 창업단계에 있으면서 대자본을 투입하지 않는 사업체들은 모두 포함된다. 따라서 소상공인은 소규모로 출발하여 영세성을 계속 유지하며, 소상공인으로 남는 사업체뿐만 아니라, 앞으로 중소기업이 되고 대기업이 될 기업도 창업단계에서는 소자본을 투입하고 사업을 영위하기 때문에 기업을 시작하는 일정기

간 동안 규모를 확장하기 전까지는 소상공인의 범주에 포함되게 된다. 따라서 소상공인은 "소규모의 자본을 투자하고 경영을 담당하는 사람"으로 정의할 수 있다. 이 상공인의 정의는 소규모 사업장을 경영하는 사람으로 소유자이며 경영자인 점을 강조한다.

2. 소상공인의 특성과 현황

소상공인은 소상공인 → 중소기업 → 중견기업 → 대기업으로 성장하기 위한 씨앗 역할을 수행하고 있다. 초기단계에서 중견 및 대기업과의 하청분업 관계에서 부분품을 생산·조립하거나, 생산품의 도소매 등 경제시스템의 하부구조를 형성하고 있고 우리나라 중산층 형성의 중심역할을 수행하고 있다. 이러한 경제적인 기여에도 불구하고 이들은 현실적으로 매우 취약한 경영상태를 가지고 있다. 소상공인의 주요 특성을 정리하면 다음과 같다.

첫째, 영세한 자본규모로서, 소상공인은 자본규모의 영세성으로 사업규모 및 범위가 제한적이다. 그러므로 사업확장 및 업종전환시 금융기관 등 외부자금의 도입이 없이는 경영이 어려운 것이 현실이다. 특히 담보나 신용의 부족으로 제도금융권을 이용하지 못하고, 친인척 및 고리대금업자 등 사채시장의 의존도가 높다.

둘째, 생계형 가족 노동중심의 기업으로, 경영의 목적이 가족의 생계유지에 있다. 소규모 점포 운영을 통해 생계를 해결하고 있음에 따라 경우에 따라서는 점포(기업)와 주거공간이 분리되지 않아 영업공간과 생활공간이 혼재한 경우가 많으며, 배우자나 가족의 사업 관여도가 높은 것이 특징이다.

셋째, 소유와 경영이 동일한데, 외부자본의 참여 없이 소유자가 직접 경영하는 가족주의적인 경영형태를 지니고 있다. 소유와 경영이 분리되는 주식회사의 형태보다는 개인기업의 형태를 취하고 있음에 따라 객관적인 외부 감사나 통제장치가 없어 방만하게 운영되기 쉬운 취약점이 있다.

넷째, 가계자금과 기업자금이 미분리되어 있는데, 기업 운영자금과 가계 생활자금의 구분이 없다. 기업의 수익은 가계의 생활자금으로 그대로 유입되어

표 3-15 업종별·지역별 소상공인 사업체수

구분	제조	전기 건설	소매	음식	운수 통신	부동산	사업 서비스	교육	오락 운동	이미용	합계
서울	62,163	15,522	118,435	97,288	94,259	28,393	18,398	15,968	25,439	28,029	503,894
부산	24,267	4,644	51,915	44,485	29,170	6,868	4,246	6,987	9,123	11,701	193,406
대구	20,933	3,892	32,941	28,962	19,074	4,335	3,054	5,885	6,726	8,518	134,320
인천	16,469	3,188	27,725	24,954	18,781	5,468	1,820	3,420	6,358	6,969	115,152
광주	6,533	2,189	17,815	14,429	10,064	2,192	1,895	3,744	4,566	5,321	68,748
대전	5,765	1,996	17,388	15,187	9,734	2,951	1,650	2,696	3,744	4,499	65,610
울산	3,918	1,535	12,125	13,257	5,965	1,578	877	2,808	3,180	3,298	48,541
경기	65,027	13,283	97,389	96,377	60,155	26,322	7,908	17,722	24,111	25,967	434,261
강원	5,782	3,313	23,081	26,010	9,783	2,823	1,564	3,113	4,124	4,852	84,445
충북	6,629	2,716	18,634	18,452	9,236	2,297	1,371	2,983	3,591	4,266	70,175
충남	9,091	3,304	25,915	24,226	9,897	3,414	1,564	3,248	4,338	5,527	90,254
전북	14,532	4,748	35,414	37,660	15,336	2,976	2,050	5,535	6,586	8,695	133,532
전남	18,691	5,041	39,404	42,733	17,522	5,704	2,583	7,149	7,720	9,085	155,002
경북	8,100	2,713	26,326	18,929	11,838	2,300	1,589	4,103	4,113	5,989	86,000
경남	9,194	3,080	28,776	23,210	9,039	1,588	1,347	3,722	4,160	6,321	90,437
제주	1,848	900	9,087	7,830	5,706	800	498	1,172	1,538	1,981	31,360
합계	278,942	71,794	582,370	533,989	335,559	99,379	52,414	90,255	119,417	141,018	2,305,137

손익의 개념이 희박하여 각종 장부나 서류체계가 미흡하다. 무계획적인 자금관리로 금융기관의 신용도도 낮다.

2007년도에 소상공인진흥원에서 조사한 소상공인 현황을 살펴보면 〈표 3-15〉와 같다. 소상공인진흥원에서 조사한 사업체 기초통계조사의 데이터는 총 28개의 변수로 구성되어 있으며, 기본적인 사업체 정보와 업종 세부 종사자수로 구성되어 있다. 그러나 앞서 살펴본 기준으로 볼 때 소상공인의 규모가 상이하므로 본 모집단 분석에서 정의하는 상시근로자는 자영업 종사자수, 상용종사자수와 임시종사자수를 합한 것을 중심으로 조사한 결과이다.

2007년 말 소상공인 사업체 일반현황을 보면 〈그림 3-7〉과 같은데, 먼저, 소상공인사업체 중 92.1%가 '독립점' 형태로 운영되는 것으로 나타났고, 영업

그림 3-7 사업체 일반 현황

사업체 형태 '독립적'	92.1%
영업기간 평균	8.74년
사업장 입지 유형 '도로변 상점가'	41.2%

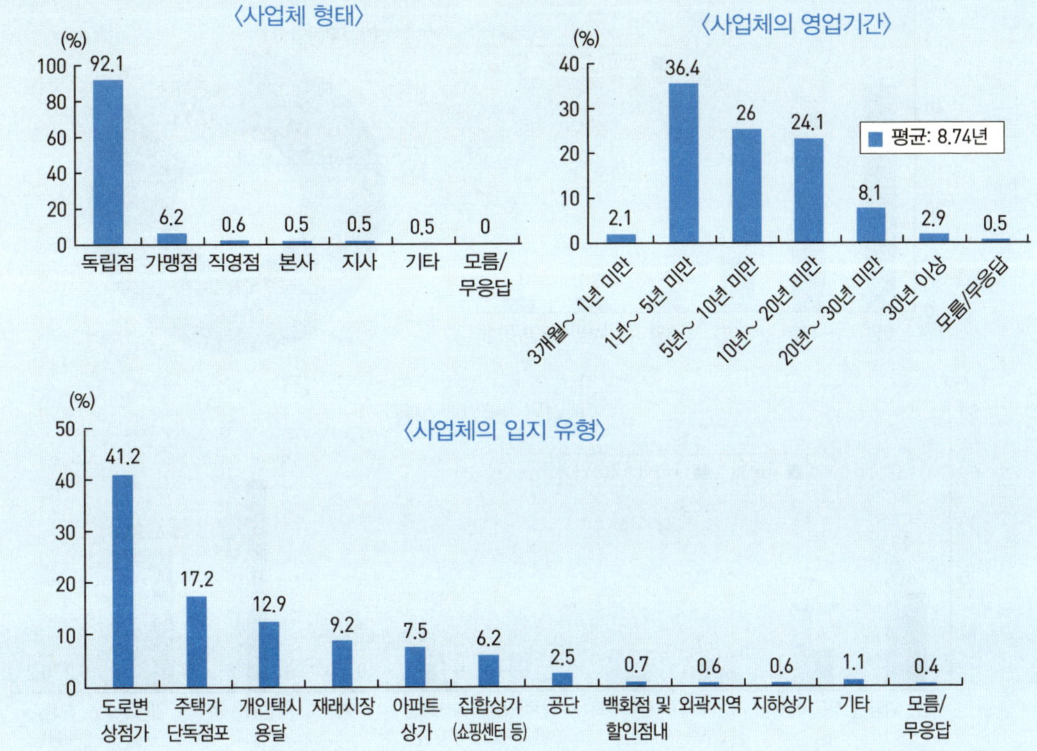

기간은 평균적으로 8.74년이 된 것으로 나타났으며, 1년~5년 미만이라고 응답한 비율 36.4%로 가장 높게 나타났다. 사업장이 위치해 있는 장소는 '도로변 상점가'라는 응답(41.2%)이 가장 높게 나타났으며, '주택가 단독점포'라는 응답이 17.2%로 그 뒤를 잇고 있다.

〈그림 3-8〉은 소상공인들의 종업원 관련사항으로 사업주를 제외한 종업원 수를 질문한 결과, 총 종사자수는 평균 1.05명으로 나타나 소상공인 사업체는 2명 정도의 인원으로 운영되는 것을 알 수 있다.

그림 3-8 종업원 관련 사항

총 종사자 수 평균	1.05명
인력 '부족하다'	13.9%
종업원 관리 애로사항 '높은 임금'	23.5%(1+2순위기준)

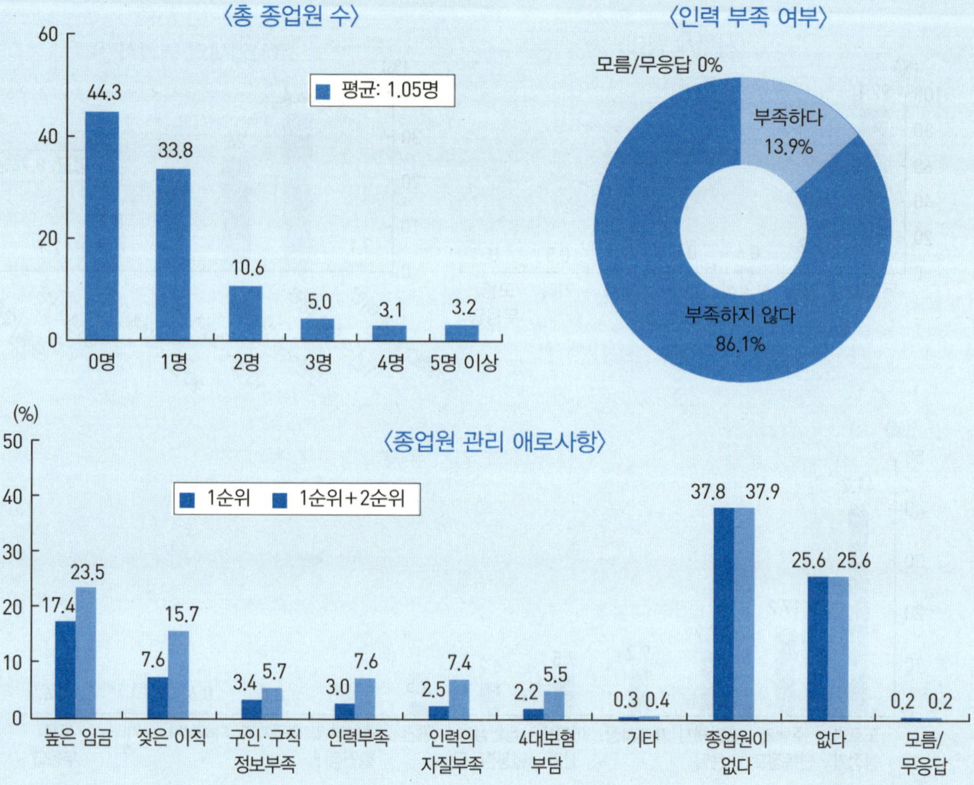

인력 부족 여부를 물어본 결과, 인력이 '부족하다'는 응답은 13.9%로 나타났으며 인력 부족 여부를 업종별로 살펴본 결과, 제조업이 상대적으로 다른 업종에 비해 부족하다는 응답(25.3%)이 높게 나타나 제조업의 인력수급이 어려운 것으로 나타나고 있다. 종업원 관리의 애로사항을 물어본 결과, 종업원이 없는 경우와 애로사항이 없는 경우를 제외하고 가장 높은 응답을 보인 것은 '높은 임금'(23.5%)으로 나타났다(1+2순위 기준).

3. 소상공인의 성장단계별 경영모델

소상공인 사업체가 창업한 이후 폐업할 때까지는 창업기, 안정기, 변화기, 도약기, 쇠퇴기 등 단계별로 이어지는 라이프 사이클을 제시할 수 있다. 이러한 라이프 사이클은 소상공인들이 창업 후 경영관리와 전략수립 시에 많은 영향을 미치게 되는데, 이를 구체적으로 나타내면 다음과 같다.

첫째, 창업기(1단계) 단계로서, 소상공인의 창업시기라고 할 수 있는 시기는 보통 창업에서부터 6개월을 지나 1년까지의 기간을 말할 수 있다. 이 시기에는 대부분의 소상공인들이 창업을 하고 난 후 자신의 점포 및 상품이나 서비스를 지역상권의 고객들에게 보다 많이 알리기 위해서 적극적으로 홍보 및 판촉을 하는 시기라고 할 수 있다. 거의 매일 가두에서 혹은 집집마다 자신의 사업 아이템에 대한 전단지 등을 배포하는 등 홍보·판촉이 주류를 이루고 있다.

점포경영자 또한 창업 초기의 결심을 다지면서 열심히 노력하는 시기라고 할 수 있다. 업종마다 차이는 있겠지만 신규개점 점포라는 인식 때문에 상권 내의 고객들에게 호응을 받을 수 있는 시기라고 할 수 있는데, 통상 이 시기에 창업을 해서 성공했다 실패했다는 평가를 받게 되고 성공의 경우에는 안정기까지 무난히 영업을 해 낼 것이지만 실패의 경우에는 소상공인의 경우 바로 휴·폐업이 속출하게 된다.

이 시기의 주요 전략으로는 ① 치밀하고도 철저한 사전 시장조사, ② 입지와 업종의 적합성 분석, ③ 사업성 검토와 사업계획을 통한 투자효율성 분석이 중요하다고 할 수 있다.

둘째, 안정기(2단계) 단계로서, 소상공인들이 창업 후 창업기 동안의 노력의 결과로 지역상권 내에서 어느 정도 인지도를 가지고 고객들로부터 인정을 받는 단계라고 볼 수 있다. 고정고객들이 많이 생겨난 상태이며 이들이 점포의 매출과 이익에 상당한 기여를 하는 단계이다. 통상 창업기 이후부터 1년 정도의 기간을 말하며 창업 후부터 2년 정도까지의 기간이라고 볼 수 있다.

이 기간 동안 소상공업을 운영하는 소상공인들의 가장 중요한 전략이라면 고정고객의 확보와 유지, 이탈방지 등을 위한 고객서비스의 강화라고 할 수 있다. 매장 내에서의 친근하고도 정감있는 서비스, 고정고객들에 대한 우대 프로그램 시행 등 소위 고정고객 굳히기 전략을 사용하는 시기이다. 특별한 경우를 제외하고는 고객 및 매출이나 이익이 안정적이며, 사업자도 별무리 없이 영업을 해나가는 시점이다.

이 시기의 전략은 ① 고객서비스 프로그램 강화, ② 고객응대 방법 및 접객화법의 숙달, ③ 운영방법의 매뉴얼화 등이다.

셋째, 변화기(3단계) 단계로서, 상권 내에서의 영업환경에 변화가 오는 시기이다. 통상 소상공인의 경우 인기업종의 변화나 새로운 경쟁자들의 출현 등이 2년 정도의 시점에서 발생하게 될 확률이 매우 높은 관계로 창업 후 2년 정도는 되는 시기에는 새로운 영업전략의 모색이 필요하게 되는 시기이다.

물론 꾸준하게 고객들로부터 사랑을 받는 점포도 있겠지만 대부분의 경우에는 이미 지역상권의 고객들이 어느 정도 점포나 상품 및 서비스에 다한 식상함을 느끼게 되어 애착을 두지 않는 경우가 많이 발생하게 된다.

장기적인 사업성공의 갈림길인 변화기에서 소상공인들이 최대의 주안점을 가지고 주력해야 할 것은 바로 고객에 대한 철저한 분석이라 할 수 있다. 고객에 대한 분석은 우리의 고객이 누구인가? 그들이 나의 점포에서 무엇을 원하고 있는가? 불만사항은 무엇인가? 또 그 불만을 해결하기 위한 나의 행동계획은 무엇인가?에 대해서 늘 고심하고 연구해야 하는 것이다.

변화기의 주요 경영전략은 ① 고객 재분석, ② 시장환경(입지, 업종, 경쟁 등)의 재분석, ③ 장기적 영업전략 재정립이라고 할 수 있다.

넷째, 도약기(4단계) 단계로서, 지역상권에서 확고한 위치정립 또는 업종전환이나 이전 등을 통한 사업 확장으로 도약을 하게 되는 경우이며, 이 단계는 고객들에 대한 철저한 분석을 통해서 도약을 하게 되는 경우이며, 이 단계는 고객들에 대한 철저한 분석을 통해서 도약을 위한 영업전략의 방향을 수립한 후에 시장환경, 상권, 경쟁에 대한 분석을 실시해서 구체적인 점포발전 행동계획을 수립하고 시행하여 판매 및 시장확대와 점포관리를 잘함으로써 장기적인 사업의 성공을 달성할 수 있는 단계이다.

도약기에서 제일 중요한 전략이라고 한다면 변화기에서의 고객, 시장환경 등의 재분석 과정을 통하여 장기적 영업전략에 따라서 자신의 점포에 적합한 개별점포 발전전략을 수립하고 시행하여야 한다. 세부적으로는 매출활성화 실행방법을 지속적으로 전개하면서 사업의 확장을 도모하는 전략을 실행해 나간다.

다섯째, 쇠퇴기(5단계) 단계로서, 변화기 단계에서 도약기 단계를 거쳐 쇠퇴기를 맞는 경우와, 변화기 단계에서 쇠퇴기로 바로 가는 두 가지 경우가 있다고 볼 수 있다. 쇠퇴기에는 고객의 감소, 영업 및 매출부진에 접어들면서 영업의 고전을 겪게 되어 결국 폐업의 길로 접어들게 되는 것이다, 이 단계에서는 기존 투자시설의 효율성 유지와 새로운 아이템 모색이 필요하다, 쇠퇴기로 접어들었다면 가장 우선시해야 할 전략은 현재를 잘 마무리하고 다시 미래를 도모하는 전략이라고 할 수 있다. 즉, 현재의 점포와 시설 등을 매각하거나 재활용할 수 있는 방안을 모색하는 등 영업상태를 냉철하게 분석하여 준비하여야 하고, 다시 창업기를 맞는다는 심정으로 입지, 업종, 사업계획 수립 등 창업의 전 과정을 다시 진행해 가야 할 것이다.

소상공인 진흥원에서 2008년도에 조사한 2007년도 말 소상공인사업체의 성장단계에 따른 사업체의 영업현황을 살펴보면 다음과 같다.

소상공인 사업체의 성장단계를 조사해 본 결과, 대부분의 사업체가 '쇠퇴기'에 접어들어 있다고 응답한 사업체가 48.4%로 가장 높게 나타나고 있으며, 월평균 매출액의 경우 '400만원 이하'라고 응답한 경우가 61.9%로 나타나 소상공인의 다수가 400만원 이하의 낮은 매출액을 올리고 있는 것으로 나타나는 것으로 보아 실제 소상공인들의 사업소득이 그렇게 높지 않게 나타나고 있다. 이러한 현상은 난립된 소상공인들 간의 과당경쟁에 따른 수익성악화 및 매출액 저조가 원인으로 지적되고 있다. 또한 매출액 대비 순이익 비율의 평균은 25.8%로 나타나고 있으며, 영업관련 애로사항에 대해 물어본 결과 '수요부족'이라는 응답이 59.6%로 가장 높게 나타났으며, 이를 통해 볼 때 많은 소상공인 사업체들이 손님이 없어서 영업상황이 좋지 않은 것을 알 수 있다(1+2순위 기준).

소상공인 창업에 성공했던 실례를 들어, 성장단계에서 고려해야 할 사항들을 살펴보고자 한다. 십년지기 4인들이 모여 공동으로 창업에 성공한 사례를 살펴보면 다음과 같다. 이들 네 사람은 우선 사업시작 전부터 사업 개시 후까

그림 3-9 소상공인 사업체의 영업 상황

사업체 성장 단계 '쇠퇴기'	48.4%
월평균 매출액 '400만원 이하'	61.9%
순이익 비율 평균	25.8%
영업 관련 애로사항 '수요부족'	59.6%

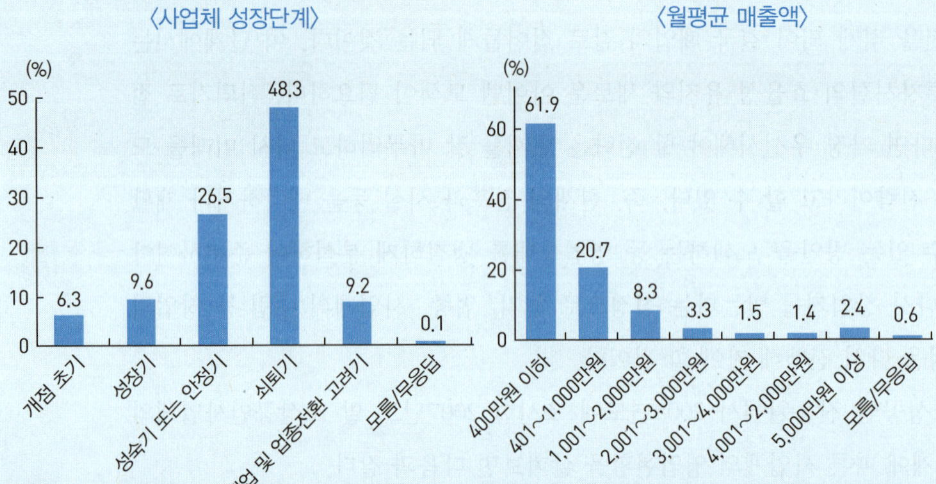

※ 상위 5위 이상

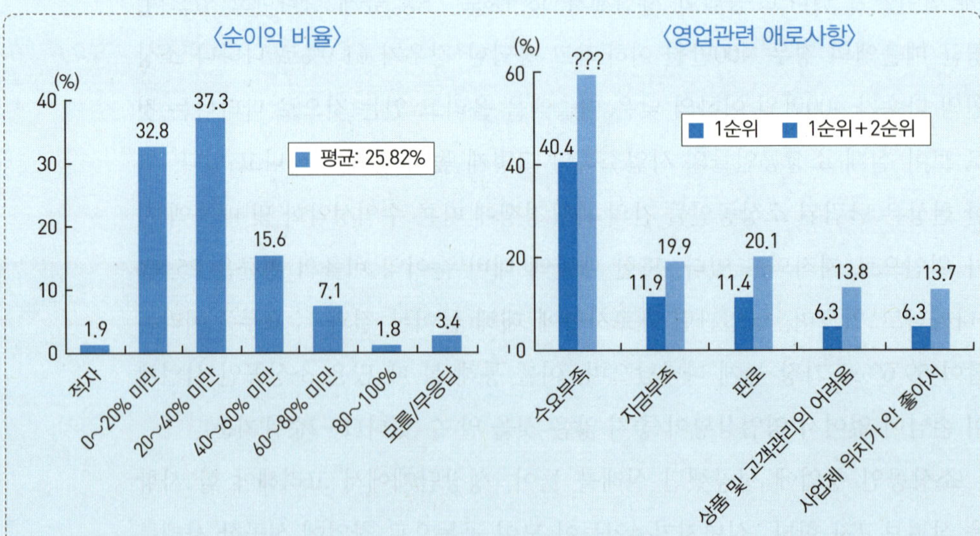

지 공동창업자들 간에 나타날 수 있는 여러 가지 문제들이 발생하면 바로 술한 잔을 하면서 해결하려고 시도하여 위기를 극복하고 있다. 사공이 많으면 배가 산으로 간다는 속담처럼 공동 창업은 결코 쉬운 일이 아니다. 공동 창업자 간에 의견이 충돌하다 보면 그릇된 의사결정을 내리는 경우가 의외로 많기 때문이다. 실제로 친구나 가족이 공동 창업해서 사업도 실패하고 인간관계까지 금이 가는 사례가 많다. 하지만 공동 창업은 단점을 덮을 만큼의 장점도 적지 않다. 우선 투자금을 동업자들이 나누어 부담하기 때문에 위험부담이 상대적으로 감소한다. 또 규모의 경제를 꾀할 수 있어 높은 수익을 기대할 수 있고, 경쟁력도 자연스레 커지게 마련이다.

이와 함께 동업자 간에 분야별로 책임자를 두면서 서로 동기부여는 물론 운영에 따른 부담도 덜 수 있다. 손이 달릴 때도 적절하게 대처할 수도 있다. 2007년 10월 최민규(32), 노현종(32), 김필종(38), 최준형 씨(31)는 전북 전주시 서신동에서 삼겹살 전문점 '떡삼시대'를 공동으로 창업했다. 이들은 2008년 6월 1년 만에 같은 브랜드 매장을 전북대 앞에 하나 더 개점하였다. 237.6m^2 (72평) 규모 서신동 매장에서 월평균 7,000만원의 매출을 올리자 투자 여력이 생겼고, 2억원을 투자해 전북대 앞에 2호점을 열게 되었다. 서신동 매장에서 이들이 올리는 순수익은 월 1,600만원 정도로 3억 2,000만원의 투자금을 4명이 동일한 비율로 투자했기 때문에 수익 비율도 정확하게 4등분한다. 2호점에서 나오는 900만원의 순익을 더하면 1인당 월 550만원 정도의 순익을 얻고 있다.

이들은 모두 10년 이상 알고 지낸 막역한 사이로, 창업을 주도한 최민규 씨와 노현종 씨는 고등학교 1학년 때부터 단짝 친구로 다른 동업자와는 직장·학교 선후배 간이다. 이들은 대형 유통업체에서 10년간 함께 일하면서 친분을 쌓아 왔고, 투자금도 직장생활을 하면서 악착같이 마련했다. 점포·가맹 계약은 최민규 씨 명의로 하고 서로 계약서도 쓰지 않았다. 이들은 "10년 이상 알고 지낸 사이여서 계약서는 필요없다"며 "서로에 대한 신뢰가 계약서보다 앞선다"고 입을 모았다. 설사 계약서가 있다 하더라도 문제가 생기면 별 소용이 없다는 게 그들의 지론이다.

4명이 함께 일하는 만큼 당연히 트러블도 생긴다. 김필종 씨는 "언뜻 생각해보면 금전적인 문제로 트러블을 겪을 것 같지만 업무 때문에 발생하는 문제가 대부분"이라고 말했다. 살아온 세월이 다르고 각자 생각의 차이가 있는 만큼 트러블은 당연하다는 게 이들의 생각이다. 그 대신 문제가 생겼을 때는 반드시 술 한잔 나누며 허심탄회하게 대화를 나누는 방법으로 그때그때 문제를 해결한다는 것이다. 가장 중요한 것 중 하나는 업무 분담이다. 최민규 씨와 최준형 씨는 매장관리를, 노현종 씨는 재무관리와 각종 서류처리를, 김필종 씨는 주방관리를 맡고 있다. 각자 자신이 잘할 수 있는 분야를 찾다 보니 자연스럽게 역할 분담이 이뤄졌다. 2호점을 개점하면서부터는 각 매장에 2명씩 담당 매장을 정했다.

간혹 분위기를 쇄신하기 위해 담당 매장을 바꿔서 운영하기도 한다. 매출이 저조한 매장은 그 원인을 찾고 의견을 공유한다는 차원에서다. 최민규 씨는 "매장 운영을 오래 하다 보니 초기에는 역할을 분담해 처리해야 했던 일들을 혼자서도 충분히 소화할 수 있게 됐다"고 말했다. 이들은 공동 창업이 성공하려면 수시로 대화하고 비전을 함께 공유해야 한다고 입을 모았다. 김필종 씨는 "공동 창업의 성패는 서로를 얼마나 배려하느냐에 달려 있다고 해도 과언이 아니다"며 "서로에게 가장 충직한 직원이 돼주고, 서로에게 가장 든든한 사장이 돼 주는 것이 공동 창업의 장점"이라고 설명했다. 이들과 함께 일하는 직원은 아르바이트를 포함해 20명인데, 직원들은 1년 동안 팀워크를 다져 왔다. 직원들의 전문성을 기르면 같은 수의 직원으로도 서비스의 질을 향상시킬 수 있어 여러 가지 동기부여 방법을 동원하여 장기근속을 유도하고 있다.

현재 4명의 공동 창업자가 안고 있는 당면 과제는 2호점의 매출 증대인데, 1호점의 성공에 힘입어 매장을 하나 더 열었지만 매출이 예상했던 것보다 좋지 않은 편이다. 대학교 앞이다 보니 주고객층인 직장인과 학생들의 유입을 기대했지만 기대에 미치지 못하고 있다. 노현종 씨는 "1호점은 운영한 지 2년 가까이 되기 때문에 단골 고객 위주 마케팅을 진행한다"며 "2호점도 음식 맛과 서비스의 질에 신경을 쓰고 있고, 명함을 추첨해 시식권을 나눠주는 등의 이벤트도 진행하고 있다"고 말했다. **중앙일보, 2009. 6**

위의 공동창업성공 사례에서 보듯이 1인 창업을 위한 소상공인들에게 창업시 필요한 여러 가지 사항들에 대해 원포인트 레슨을 해 준다면, 창업비 1억원 미만인 때는 과일카페나 세탁편의점 등이 적당하다고 생각한다. 예를 들어, 자주 문의되는 내용들을 중심으로 창업포인트를 살펴보면,

Q 일산에 거주하는 52세 직장인이다. 자녀가 셋 있는데 교육비가 많이 들어 창업을 희망한다. 주중에는 아내가 운영하고 주말에는 온 가족이 도울 예정이다. 창업자금 1억원으로 할 수 있는 업종을 추천받고 싶다(이정수 씨·경기 고양시).

A 주부는 창업을 하더라도 집안일을 병행해야 하므로 가족 협조가 중요하다. 또 거주지에서 가까운 곳에 창업하는 게 좋다. 아내가 사업 경험이 없으면 수요가 안정되고 검증된 업종을 택하는 것이 좋다.

투자비 못지않게 중요한 게 소득 목표이다. 희망하는 소득에 따라 영업시간이나 노동의 강도, 투자비 등이 달라진다. 초등학생 대상 소규모 교습소는 안정적이고 주말에 쉴 수 있어 주부에게 적합한 업종이다. 하지만 경쟁이 치열하다는 단점이 있어 학원 운영 경험이 없고, 교육에 관심이 적다면 도전하지 않는 게 좋다. 소액 투자로 안정된 소득을 얻고 싶다면 세탁편의점도 고려해볼 만하다. 역시 경쟁이 심해 고객관리에 각별히 신경을 써야 한다.

아동교육에 관심이 높고, 책 읽는 걸 좋아한다면 어린이 전집도서 판매나 중고 교환사업도 있다. 신도시 등 주거 밀집지에서 도전해볼 만한 사업이다. 다만 도서 종류와 구매·마케팅에 대해 전문가 가이드를 받아야 한다. 외식업이라면 경쟁자가 상대적으로 적은 블루오션 업종이 유리하다. 1억원대 투자, 33m^2(10평) 안팎 점포라면 삼각김밥 카페나 일본 정통면 전문점도 추천 업종이다. 테이크아웃 수요가 많은 삼각김밥 카페는 학원이 밀집된 지역에서 도전해볼 만하다. 일본 정통면은 오피스가·유흥가·주택가 복합 상권이 좋다. 과일 카페도 새로운 업종이다. 일본에서는 오래전부터 인기를 얻고 있는 과일 편의점형 카페인데 과일주스, 조각과일, 포장과일 등을 판매한다. 역세권, 버스정류장 부근이 좋은 입지다. 주택밀착형 업종으로는 최근 식품 안전사고로 인기가 더욱 높아진 유기농 식품점 등이 있다. 이 업종은 고객관리력이 뛰어나야 성공할 수 있다.

국수 전문점도 최근 10평 내외 창업 아이템으로 인기를 얻는 업종으로 유동인구가 많은 입지여야 한다. 최근에는 아이스크림, 와플 등을 함께 파는 카페가 인기인데, 입지에 대한 의존성이 높은 데다 경쟁이 치열해 신중하게 결정

해야 한다. 33m^2 규모라고 해도 프랜차이즈를 택하면 인테리어비 가맹비 집기비품비 등 개설자금이 5,000만~6,000만원선 소요된다. 1억원을 투자한다면 4,000만원이 남는데 이 정도로 목 좋은 점포를 구하기 위해서는 그만큼 발품을 많이 팔아야 한다.

2009년도에 뜨고 있는 창업 아이템으로는 돈가스 들어간 와플·콘피자 등 이색요리 전문점이다. "지금까지 없었던 요리 한번 맛보실래요?" 요즘 패스트푸드 시장에선 '창작요리'로 불리는 새로운 바람이 일고 있다. 햄버거·와플·피자에 식상한 소비자들이 새로운 맛을 찾는 경향이 강해지고 있기 때문이다. 이런 가운데 닭고기나 돈가스를 넣은 와플, 콘 형태로 묶여서 나오는 조각피자 등 지금까지 보지 못했던 새로운 요리를 판매하는 '창작요리' 전문점이 등장하고 있다.

'와플속 돈가스'(www.waffleking.co.kr)와 '요기꺼리'(www.yogiyo.co.kr)가 대표적인 업체이다. 와플속 돈가스는 전통적인 와플을 거부하고 새로운 재료를 넣고 있다. 돈가스, 스테이크, 계란, 불고기, 새우가스, 치킨가스 등의 재료로 와플에 토핑을 가미했다. 또 갓 튀겨낸 수제 돈가스에 신선한 채소와 소스를 가미해 요리하기 때문에 쉽게 질리지도 않는다. 쌀로 만든 와플은 맛도 좋고 소화가 잘돼 비만 등 성인병 예방에도 좋으며 열량도 낮다. 조리법도 간단해 초보 창업자도 쉽게 도전할 수 있다.

또한 테이크아웃과 더불어 배달, 단체주문 등으로 매출 증대가 가능한 점도 장점이다. 대표 메뉴인 '와플속 돈가스' 가격은 2,000원이며, 다른 메뉴 가격대도 1,000~1,700원으로 저렴한 편이다. 16.5m^2(5평) 기준으로 기술지원·교육비·기기설비·주방설비를 포함해 1,300만원이면 창업이 가능하다. 요기꺼리는 대부분 메뉴를 1,000~2,000원에 판매하고 있다. 새로 고안한 콘피자와 밥을 스낵화한 '밥스틱' 등이 주요 메뉴이다. 만들기도 쉽고 먹기도 간편하며, 이밖에 아이스크림 커피 음료 등 모든 메뉴가 1,000~2,000원 수준이다.

메인 메뉴인 '콘피자'는 조리시간이 짧고 간단할 뿐 아니라 아이스크림처럼 먹기도 편해 젊은층 선호도가 높다. 가맹본사는 값비싼 조리기구 대신 자체 개발한 오븐기를 가맹점에 제공해 창업비용을 줄였다. 또 고정비용인 인건비가 적고 작은 점포에서도 운영이 가능해 초기 투자비용도 낮은 편이다. 창업비용은 16.5m^2(5평) 기준으로 점포비를 제외하고 1,490만원 선이며 가맹점 월평균 순수익은 200만~250만원 정도다.

4. 소상공인지원정책

중소기업청이나 소상공인진흥원 등에서 매년 발표하는 소상공인들을 위한 각종 지원정책들이 다양하게 발표되고 있다. 2009년 중소기업청에서 발표된 소상공인지원정책들을 정리해 보면 다음과 같다.

(1) "소상공인에게 희망의 보따리를"이란 제목으로 지원되는 정책내용

'창업 및 경영개선자금'의 활용

○ 융자시기: 2009. 1월~ 자금 소진시까지

○ 신청 대상

- 제조업·건설업·운송업·광업: 상시 종업원 10인 미만 업체
- 도·소매업 등 각종 서비스업: 상시 종업원 5인 미만 업체

* 지원제외 대상: 금융(보험)업, 사치향락적 소비나 투기를 조장하는 업종

○ 융자조건: 5천만원, 5년(거치기간 1년 포함), 금리(4.74%, 분기별 변동금리)

- 상환방식: 1년 거치 후 대출금액의 70%는 4년간 3개월마다 균등 분할상환, 30%는 상환기간 만료 시에 일시상환

○ 융자절차

- 신청·접수: 소상공인지원센터(상담을 거친 후 자금 신청)
- 신용보증서 발급: 지역신용보증재단, 신용보증기금
  - 신청인의 신용·재정상태·경영능력 등을 평가하여 신용보증서 발급

  * 순수신용이나 담보부대출을 하려는 소상공인은 대출은행에서 직접 대출
- 자금대출: 17개 시중은행

○ 문의처: 소상공인지원센터(국번없이 1588-5302)

'지방 전통시장 상인들을 위한 소액 희망대출' 제도

○ 융자시기: 2009. 1월~자금 소진시까지

○ 신청 대상: 지방전통시장 상인회(100개, 상인회당 1억원 한도)

* 개별 점포(상인)는 상인회의 추천을 받아 자금 신청

○ 융자조건: 5백만원 이내, 대출기간 1년(1년 연장가능), 금리 4%

- 상환방식 : 상환기간 만료 시에 일시상환(조기 상환 가능)

○ 융자절차

대출 신청 (상인 → 상인회) ➡ 보증·대출 추천 (상인회 → 지역신보, 대출은행) ➡ 대출 (대출은행 → 상인)

○ 문의처: 전국상인연합회(042-257-5183)

보건복지가족부, 서울시 소액대출사업의 활용

○ 복지부 '저소득가구 마이크로 크레딧'

- 신청대상 : 저소득 개인(1,000명), 자활공동체(75개)
  - 저소득층 : 최저생계비(4인기준 133만원)의 120% 이하인 자
- 대출조건 : 평균 1천만원 이내, 연 2% 내외, 대출기간 5년
- 제도시행 :2009. 1월 말 예정
- 문의 : 복지부 자립지원투자과(02-2023-8449)

○ 소액서민금융재단 '전통시장 소상인 소액대출'

- 신청대상 : 전국 15개 광역시·도의 전통시장 상인회
  - 개별점포는 상인회의 추천을 받아 자금 신청
- 대출조건 : 1 점포당 3백만원 이내, 금리 4.5%, 대출기간 6개월
- 문의 : 소액서민금융재단(02-2084-7930)

* 제도시행: 2009년 상반기 예정

○ 서울시 '서울희망드림 뱅크'

- 신청대상: 기초생활보장 수급자(소득액이 최저생계비 이하인 자), 최저생계비(4인기준 133만원)의 150% 이하 가구
  - 공고일 기준 서울시 거주자(주민등록상) 또는 사업장 소재지가 서울인 자
- 대출조건: 15백만원 이내, 금리 2% 내외, 대출기간 5년
- 대출신청 및 대출시행: 2009. 2월 예정
- 문의: 서울시 복지정책과(02-3707-9083)

○ 강남구 '희망실현 창구'

- 신청대상: 저소득 창업희망자(최저생계비의 200% 이하인 자)
  - 공고일 기준 강남구 거주자(주민등록상) 또는 사업장 소재지가 강남구인 자
- 대출조건: 5천만원, 금리 2%, 대출기간 5년
- 대출신청 및 대출시행: 2008. 10월~ , 2월중 3차 지원대상 모집
- 문의: 사회연대은행(02-2274-9637)

'저신용·무점포상인의 보증지원' 제도

○ 보증대상

- 무등록사업자: 무점포상인(노점상 등), 입점 무등록 상인, 개인용역제공사업자(유제품 배달 등)
- 저신용(개인신용 9등급 이하) 자영업자
- 보증 제한대상: 신용불량자, 확인이 불가능한 무점포 사업자, 지자체 노점행위 집중규제 구역 내의 무점포 사업자, 동일세대원 이중보증자 등

○ 보증조건: 보증비율 100%, 보증료율 1.0%

- 보증규모: 500만원(저신용사업자), 300만원(무점포상인, 입점 무등록자, 개인용역 제공사업자)

보증을 100% 지원하는 '특례보증' 제도의 활용

ㅇ 보증대상: 소기업·소상공인

- 보증대상 제외기업
  - 휴업, 연체·대위변제·부도·금융질서 문란 정보 등 보유기업
  - 보증제한 업종(유흥, 향락, 사치업종 등)을 영위하는 기업 등

ㅇ 보증조건: 2천만원, 보증비율(100%), 보증료율 1%

담보가 부족한 분들을 위한 '신용보증' 제도

ㅇ 보증대상: 중소기업

- 우선 보증대상 기업: 소기업·소상공인 및 재해복구 자금 추천기업
- 보증대상 제외기업
  - 휴업, 연체·대위변제·부도·금융질서 문란 정보 등 보유기업
  - 보증제한 업종(유흥, 향락, 사치업종 등)을 영위하는 기업

ㅇ 보증조건: 4억원(동일기업당), 보증비율 95%, 보증료율 0.5~2.0%

*보증관련 공통문의처: 신용보증 재단(국번없이 1588-7365)

(2) 소상공인의 재창업 또는 재취업에 활력을 제공하기 위한 지원책

재창업(사업전환)을 위한 '폐업 자영업자 전업지원 자금'

ㅇ 융자시기: 2009. 1월~ 자금 소진시까지

ㅇ 신청 대상

- 1년 이상 영업을 하고 폐업한지 2년 이내(자금신청일 기준)의 창업예정자
- 1년 이상 영업을 계속해온(자금신청일 기준)자로서 폐업 후 사업전환을 희망하는 자

* 중기청장이 정한 재창업·사업전환관련 교육 또는 컨설팅 이수자에 한함

○ 융자조건: 5천만원, 5년(거치기간 1년 포함), 금리(4.74%, 분기별 변동금리)

- 상환방식: 1년 거치 후 대출금액의 70%는 4년간 3개월마다 균등 분할상환, 30%는 상환기간 만료 시에 일시상환

○ 융자절차

- 신청·접수: 소상공인지원센터

  *소상공인지원센터에서 '폐업 자영업자 교육·컨설팅 이수 후 자금신청

- 신용보증서 발급: 지역신용보증재단, 신용보증기금

– 신청인의 신용·재정상태·경영능력 등을 평가하여 신용보증서 발급

  *순수신용이나 담보부대출을 하려는 소상공인은 대출은행에서 직접 대출

- 자금대출: 17개 시중은행

○ 문의처: 소상공인지원센터(국번 없이 1588-5302)

'노동부 취업 프로그램'의 활용

① 실업자 직업훈련

- 지원대상: 신규 실업자 등 고용보험 미적용자
- 지원내용: 무상 취업교육 및 교통비(5만원), 식비(6만원) 지원

② 저소득층 취업패키지 프로그램

- 지원대상: 가구소득이 최저생계비 1.5배 이내 가구원(18~64세)
- 지원내용: 무료 취업상담, 직업훈련, 취업 알선

○ 문의처: 고용노동부 고용지원센터(국번없이 1588-1919)

'저신용·무점포상인의 보증지원'제도

○ 보증대상

- 무등록사업자: 무점포상인(노점상 등), 입점 무등록 상인, 개인용역제공사업자(유제품 배달 등)
- 저신용(개인신용 9등급 이하) 자영업자

• 보증 제한대상: 신용불량자, 확인이 불가능한 무점포 사업자, 지자체 노점행위 집중규제 구역내의 무점포 사업자, 동일세대원 이중보증자 등

○ 보증조건: 보증비율 100%, 보증료율 1.0%

• 보증규모: 500만원(저신용사업자), 300만원(무점포상인, 입점 무등록자, 개인용역 제공사업자)

보증을 100% 지원하는 '특례보증' 제도의 활용

○ 보증대상: 소기업·소상공인

• 보증대상 제외기업

– 휴업, 연체·대위변제·부도·금융질서 문란 정보 등 보유기업

– 보증제한 업종(유흥, 향락, 사치업종 등)을 영위하는 기업 등

○ 보증조건: 2천만원, 보증비율(100%), 보증료율 1%

담보가 부족한 분들을 위한 '신용보증' 제도

○ 보증대상: 중소기업

• 우선 보증대상 기업: 소기업·소상공인 및 재해복구 자금 추천기업

• 보증대상 제외기업

– 휴업, 연체·대위변제·부도·금융질서 문란 정보 등 보유기업

– 보증제한 업종(유흥, 향락, 사치업종 등)을 영위하는 기업

○ 보증조건: 4억원(동일기업당), 보증비율 95%, 보증료율 0.5~2.0%

* 보증관련 공통문의처: 신용보증 재단(국번없이 1588-7365)

(3) 2008년 미국의 서브프라임 모기지 사태로 촉발된 금융위기를 성장의 기회로 바꾸기 위한 정책

예비창업자를 위한 '성공창업 패키지 프로그램'

○ 지원내용

- 창업적성진단, 이론·현장실습, 자금지원 등 창업 준비과정을 패키지로 지원 – 창업적성진단(1단계) → 이론교육(2단계) → 현장실습(3단계) → Workshop(4단계) → 자금지원(5단계) → 사후관리(6단계)

○ 추진절차

- 교육기관 선정(1월중) : 교육기관은 홈페이지(www.sbdc.or.kr)를 통해 별도로 공지해 드립니다.
- 교육신청(2월~11월) : 가까운 지역소재 교육기관에 신청
  * 단, 지역신용보증재단 특례보증 지원에 결격사유가 없어야 함

○ 접수 및 문의

- 소상공인지원센터(국번없이 1588-5302),
  소상공인진흥원(042-363-7731~3)

사업개선을 위한 경영개선교육

○ 교육내용

교육명		사업 내용
기초교육		경영개선 동기부여에 중점을 둔 단기교육
소그룹 교육	체험	소그룹 형태의 체험·맞춤형 교육(6시간 내외)
	실전	실전·몰입형 교육(토론, 실습, 역할연기 등, 20시간 내외)

○ 추진절차

- 교육기관 선정(1월중) : 교육기관은 홈페이지(www.sbdc.or.kr)를 통해 별도로 공지 예정

• 교육신청(2월~11월) : 가까운 지역소재 교육기관에 신청

○ 접수 및 문의

• 소상공인진흥원(042-363-7731~3)

경영개선을 위한 '자영업컨설팅' 사업

○ 신청대상: 근로자 5인 미만의 음식 등 생활형 서비스업 영위자

*도박, 안마 등 사치·향락업종은 제외하나, 호프집 등 생계형은 참여 가능

○ 지원내용

• 단기간에 해결이 가능한 과제는 일반컨설팅(3일 이내)으로, 장기간 소요되는 과제는 심화컨설팅(10일 이내)으로 해결

*자영업자는 컨설팅 수행과제(기간)에 따라 차등 부담(5~10만원 이내)

○ 신청방법(2009. 1. 12일부터 신청 가능)

• 홈페이지(www.sbdc.or.kr)에 접속하여 온라인으로 신청하시거나,

• 지역소재 소상공인지원센터를 방문(우편)하여 신청하시면 됩니다.

○ 접수 및 문의

• 소상공인지원센터(국번없이 1588-5302),

소상공인진흥원(042-363-7726)

시간이 부족한 분들을 위한 'e-러닝교육(무료)' 실시

○ 교육내용

과 정	지원과정	시 간	내 용
공통과정	18과정	43	창업과정 중심으로 업종분석, 아이템선정, 고객관리 등으로 구성
전문과정	26과정	80	음식, 슈퍼·체인, 이용, 미용, 자동차정비, 세탁, 화훼의 8개 업종 전문과정으로 구성

○ 교육 사이트: http://edu.sosang.or.kr

○ 문의: e-러닝 콜센터(국번없이 1577-5302)

성공적인 창업을 위해 '상권정보'의 제공

○ 제공내용

- 전국 600개 상권의 점포, 인구, 인구유발시설(아파트 수·위치), 동종·경쟁 업체수 등 정보제공
- 창업절차, 소비자 특성 등 창업전 필수점검 정보 제공(200업종)

○ 상권정보 제공: http://sg.smba.go.kr

○ 문의처: 소상공인진흥원(042-363-7728)

'소상공인공제'의 가입

소기업·소상공인공제(노란우산공제)에 가입하여 생계위협(폐업, 노령 등) 대비 및 생활안정, 전업자금을 마련하세요.

○ 가입대상: 소기업·소상공인(1년 이상 사업을 영위한 자)

○ 가입금액: 최저 5만원부터 1만원 단위로 70만원까지

○ 지원내용

- 공제금 지급: 납입부금에 일정 복리이율 가산금액
  * 기준이율: 폐업 및 사망 4.7%, 노령(60세, 10년 이상 가입) 등 4.4%
- 누적 납입금액을 한도로 대출 지원(12개월 이상 납부시)
- 납부 공제부금에 대해 소득공제 혜택(연 300만원 한도내 추가 공제)
- 상해 사망 및 후유장해 발생시 월부금의 150배까지 지급
- 수급권 보호를 위해 공제금의 압류, 담보 및 양도 금지

○ 가입신청(연중): 중소기업중앙회 본부 및 각 지회(출장소)

○ 문의처: 중소기업중앙회 공제 콜센터(국번없이 1566-8899)

상가보증금, 임대차계약 등의 문제해결을 위한 '무료 법률서비스'의 제공

○ 지원내용

- 소상공인의 상행위 관련 민사사건에 대한 변호사비용, 인지대, 송달료 등 제반 소송비용 지원 및 무료 상담
  - 단, 승소가액 2억원 이상, 근로관계와 대응된 사건은 제외

○ 지원대상: 월소득 260만원 이하 소상공인

○ 신청기간: 연중(자금소진시까지)

○ 처리 절차

신 청 (소상공인 → 법률구조공단)	➡	상담 및 지원결정 (대한법률구조공단)	➡	사건처리 (대한법률구조공단)

○ 문의처: 대한법률구조공단 〈대표전화: 국번없이 132〉

(4) 재래시장이나 전통상점가의 활성화를 위한 정책

고객편의를 위해 '시장(상점가)시설 현대화'의 지원사업

○ 지원내용

- 주차장, 진입도로, 아케이드 등 편의시설 설치
- 전기·가스·소방시설 등의 교체·개량, 노후시설 개선
- 테마거리 조성 및 홍보시설(거리정비, 홍보·상징조형물 등) 설치

○ 지원조건:

- 비용부담: 국가·지자체 90%, 민간(전통시장, 상점가 등) 10%
  - 주차장, 진입로, 공동화장실, 공동전기·가스·소방시설은 민간부담 면제

○ 신청대상

- '재래시장 및 상점가 육성을 위한 특별법'에서 정한 상인회, 상점가진흥조합, 사업협동조합 또는 협동조합, 사단·재단법인

○ 문의처: 지자체 전통시장(상점가) 담당부서

전통(재래)시장에서 '청년상인의 창업' 지원정책

○ 지원내용

- 점포 전세보증금 융자지원(2천만원 이내) : 총 100억원
- 점포 리모델링 비용(5백만원 이내) 보조 및 컨설팅 지원
- 지원조건 : 금리 3%, 신용보증(100%), 대출기간 5년(1년 거치 포함)

○ 신청대상: 전통시장 내의 빈 점포에서 창업하고자 하는 청년상인(40세 미만)

○ 신청절차: '시장경영지원센터'에 직접 신청(우편, 팩스)하여 지원을 받으세요.

○ 문의처: 시장경영지원센터(02-751-0766)

마케팅, 교육 등 '시장 경영혁신' 지원사업

○ 지원내용

- 마케팅 : 공동마케팅, 이벤트 및 시장투어, 우수시장 상품전시회 등
- 교육·연수 : 상인대학, 전문교육, 해외연수, 정보화교육
- 시장관리·점포경영 선진화 : 시장자문·점포지도, 퇴직인력활용 상인조직육성, 인터넷쇼핑몰(에브리마켓)사업

○ 신청대상

- '재래시장 및 상점가 육성을 위한 특별법'에서 정한 상인회, 상점가진흥조합, 사업협동조합 또는 협동조합, 사단·재단법인

○ 문의처

- 중소기업청 콜센터(국번없이 1357), 전국상인연합회(042-257-3875), 시장경영지원센터(02-751-0727, 042-252-1430),

▶ 새희망네트워트(www.hopenet.or.kr)에서는 "신용회복을 위한 채무조정, 금융지원, 취업 및 복지지원 관련 정보"를 찾아보고, 개별상황에 맞는 맞춤형 지원정보를 검색할 수 있습니다.

CONRAD

Chapter 4

상권분석 및 입지선정

신림동 5평 식당서 매출 1,000억 기업 일군 여장부

많은 실패를 자산으로 삼아 성공적인 기업을 일군 7전 8기의 여성기업인이 있다. 23년 전 5평짜리 작은 식당에서 시작해 지금은 세계인의 입맛을 잡는 글로벌 기업으로 성장하겠다는 포부를 키우고 있는 주식회사 놀부의 김순진 회장. 아름다운 리더를 만나보는 머니투데이방송 MTN의 더 리더는 '절대 포기하지 않는다. 고객이 왕이다'라는 경영이념으로 한식 세계화를 알리는 대표적인 기업으로 성장하고 있는 놀부의 김순진 회장을 만나 놀부의 성공비결과 미래 청사진을 들어봤다.

Q 놀부 사업을 시작하신 지가 얼마나 되셨죠?

A '놀부'라는 브랜드로는 2011년 5월 10일이 23주년입니다.

Q 원래 시작하신 게 신림동에서 5평의 작은 곳에서 시작하셨는데, 그 때 시작하게 된 계기가 어떻게 되는지요?

A 그 때는 어려웠기 때문에 오늘처럼 큰 사업을 하게 되는 포부를 가지고 시작한 게 아니고요. 당장 자그마한 식당이라도 내 형편에 맞는 것을 해야겠다는 생각으로 시작을 했죠. 그래서 5평짜리로 시작을 해서 처음에는 아주 어렵게 고전을 많이 했습니다. 12평으로 가게를 확장하고 '놀부보쌈'이라는 상호를 처음으로 걸었었죠.

Q 브랜드가 재밌습니다. 보통 놀부와 흥부하면, 우리 정서상 흥부를 선호하기 때문에 흥부를 하셨을 것 같은데 놀부로 하셨거든요.

A 그런 말씀들을 많이 하세요. '왜 흥부로 안하고 놀부로 지었냐'고 이야기를 많이 하시거든요. 보쌈이라는 순수한 우리 음식하고 분위기도 매치가 잘 되고 한번 들으면 기억할 수 있고, 잊히지 않는 이름이 뭘까 하다가, 전래동화에 나오는 인물이니까 남녀노소가 놀부는 모르는 사람이 없잖아요. 제가 생각할 때는 보쌈이 갖가지 양념과 고기를 쌈에 싸서 먹는 그런 욕심 많은 놀부하고 비슷한 이미지가 연상이 되고, 전통 한국 음식하고 놀부라는 전래동화 이미지도 조화를 이룰 것 같고, 또 한 번 들으면 누구나가 기억할 수 있고 잊히지 않아서 놀부를 짓게 됐는데요. 지금 생각해도 저는 흥부보다 놀부로 지은 것이 잘했다고 생각해요.

Q 결과적으로 매출 1,000억대, 큰 사업을 이루시고 해외에도 진출하시고 그랬는데, 과정을 되돌아보시면 '이 사업이 왜 성공한 것 같다. 내가 이렇게 했기 때문에 성공한 것 같다.' 축약적으로 이야기하신다면.

A 한마디로 말씀드리면, 저는 '고객중심 경영을 했다. 신뢰경영을 했다'라는 말씀을 드릴 수 있을 것 같습니다.

Q 고객 중심이라고 하는 것은 사람들의 마음을 읽고 파고드는 것인데, 실제 음식사업을 하는데 어떻게 접목이 됐을까요?

A 지금도 마찬가지로 저는 직원들 편에 서는 게 아니라 고객님 편입니다. 저도 모르게 자동으로 고객님 입장에서 생각하는 게 습관이 됐어요. 예전에도 마찬가

지로 손님이 한번 들어오시면 한 분이 얼마를 드시고 가든, 얼마 만에 오셨든 관계없이 그 손님한테 제가 할 수 있는 한은 최선을 다했습니다.

Q 신뢰경영 이야기를 하셨는데, 신뢰경영은 어떤 의미로 사업에 접목시키고 있으신지요.

A 제가 옛날에 저희 일하시는 아주머니들한테 메뉴판을 '고객과 우리의 계약서'라고 이야기를 했거든요. 예를 들어서 메뉴에 돼지고기, 소고기가 있으면 1인분에 250g, 4만원 이렇게 우리가 기록을 해놓지 않습니까. 근데 그게 신뢰가 지켜지지 않으면 고객님들은 우리의 모든 것을 믿고 드실 수가 없잖아요.

Q 사업적으로 크게 성공하신 것은 신뢰경영, 고객중심 이야기를 하셨는데. 개인적으로 회장님의 인생철학이나 경영철학이 들어가 있을 것 같은데, 그런 것에 관련해서 이야기를 해주신다면?

A 저는 제 인생관은 '포기하지 말자. 그리고 최선을 다하자'라는 긍정적인 생각을 늘 해요. 저는 무엇을 잘했다기보다는 포기하지 않은 게 저한테는 가장 오늘까지 오게 한 원동력이 아닐까 생각을 합니다.

Q 여러 가지 실패를 경험하셨다고 했는데, 지금 되돌아보시면 한두 가지 사례를 들어주시고 어떻게 극복하셨는지 좀 설명을 해주시죠.

A 자본이 부족해서 제가 가게를 열고 싶은 좋은 상권에서 열지 못하고 변두리, 뒷골목, 주택가 이런 곳으로 들어가서 실패한 경험도 있고요. 때로는 요리에 대한 전문성이나 전문지식이 없어서 제가 요리를 잘 하시는 전문가를 고용할 수 있는 환경이 못 돼서 실패한 적도 있고요. 때로는 상권과 제가 판매하고자 하는 상품이 잘못 맞춰져서 그런 전문성이 부족해서 실패한 요인도 있었고요. 그래도 끊임없이 긍정적으로 언젠가는 성공할 수 있겠지. 그리고 제가 못했던 아쉬운 부분이 늘 머릿속에 남아요. 그러다보니까 결국 내가 실패한 사례들이 내 안에 머물고 있었던 거죠. 실패를 중요한 자산으로 실패의 경험을 간직한다는 것이 남과는 다른 면이 있을 수 있고요. 제가 포기하지 않아서 오늘에 있을 수 있다고 말씀드릴 수 있는 것은, 제가 40이 넘어서 공부를 하지 않았습니까.

초등학교 졸업하고 제가 사회에 나왔으니까. 사실 영업을 하다가 가게가 처음에 2~3개로 불어나고, 10~20개가 되고, 지금 630개가 됩니다만, 공부가 '실제로 내 인생을 살아가는데 정말 절실하게 필요하구나'라는 것을 느꼈습니다. 그래서 제가 공부를 시작을 했는데요. 무려 중고등학교 검정고시를 6년 동안 시험을 봤어요. 그 때는 1년에 두 번 시험을 봤거든요. 6년 동안 그렇게 힘겹게 도전을 할 수 있는 사람은 흔치 않거든요. 나이 50이 다 되어 가는데. 그런데도 제가 어떻게 해서든지 대학을 가야겠다는 꿈을 포기하지 않았어요.

그리고 6년 만에 성공을 해서 97학번으로 대학을 들어가게 됐거든요. 그것을 보면 제가 남보다 머리가 좋은 것도 아니고 공부할 시간이 넉넉해서 한 것도 아니고, 다만 어렵고 힘들고 말할 수 없는 불가능한 조건인데도 불구하고 이룬 것은 제가 포기하지 않았기 때문에 꿈을 꾸고 있었기 때문에 가능했다고 생각을 하는 거죠.

Q 지금 브랜드가 보쌈하고 부대찌개로 시작하셔서 항아리갈비, 진흙구이, 글로벌 푸드 브랜드도 있는데요. 브랜드가 많아지면서 브랜드를 잘 정하고 시장에서 통하고 관리하는 일도 보통이 아닌데요. 그것은 어떻게 해 오셨는지.

A 기업이 성장하는 데는 신상품 개발은 생명과도 같은 것이지요. 그래서 앞으로 백년대계를 보고 지속적으로 성장해나가려면 계속 고객들이 변화하는 만큼 우리도 빨리빨리 좋은 상품을 개발을 해서 개선해나가고

제공해드려야 되는데. 지금까지는 3년 주기로 거의 해왔는데, 저희가 1년 동안에 개발하는 상품들은 무수히 많습니다. 거기에서 한 브랜드가 히트해서 고객님들의 사랑을 받기까지는 너무나 어려운 과제들이 많죠.

Q 신상품 개발을 위해서는 어떤 노력이나 투자를 하고 계신지요.
A 해외로 벤치마킹도 가고요. 늘 모든 사물을 보는 것이 저희 비즈니스하고 연관돼서 이렇게 상상을 하고 생각을 하게 되지요. 지금은 외국뿐만 아니라 국내에도 계속해서 보고, 먹어보고, 느껴보고 이렇게 노력을 정말 많이 합니다.

Q 사람들의 입맛을 잡아야 하는 그런 고민을 하시는 건데요.
A 지금은 맛만 있어서는 고객님들이 사랑해주지 않으세요. 맛도 있어야 하고, 얼마만큼 위생적인 시스템을 갖고 있느냐. 어떤 방법으로 나에게 친절하게 서비스를 해주느냐. 그리고 가격이 적정하느냐. 그것을 다 충족하려고 하다보니까 어려운 점도 많고. 문화산업이죠.

Q 작년의 경우 매출이 1,000억이 넘으신 상태인데요. 한식세계화로 해외에 많이 진출하고 계시는데, 해외에서 발생하는 매출은 비중이 얼마나 되시는지요.
A 해외에서 발생하는 매출이 그 규모를 보면 큰 포지션을 차지하고 있지는 않습니다. 저희 같은 경우는 시작은 굉장히 앞서서 오래됐습니다. 91년도에 말레이시아에 첫 점포를 시작으로 여러 나라에 나가 있고요. 중국도 있고 태국, 싱가포르. 중국에도 다양한 곳에 있으니까요. 북경, 상해 등지에 그렇게 있고. 저희가 하고 있는 한국 음식이 아프리카까지 놀부음식이 나가고 있거든요. 10여 개국이 넘습니다. 저희 한국 음식이 예전에 생각하는 우리 한국에서의 음식이 아니고, 이제는 다른 어떤 나라에 못지않게 한국음식이 건강에도 좋고 실제로도 한국 음식이 맛있고 아름답지 않습니까. 앞으로는 정말 성공할 수 있는 긍정적인 측면이 많이 있다고 생각을 합니다.

Q 21세기 여성 CEO 연합회장, 한국외식산업협회 상임회장. 굉장히 열정적으로 활동하시는 것 같은데 그런 힘은 어디서 나오세요?
A 사업을 처음에 시작했을 때 워낙에 많이 부족하게 시작을 했어요. 시골이 고향이고 시골에서 자라서 서울로 올라왔기 때문에 충청도에서 올라왔거든요. 서울의 다양한 사람을 만남으로 인해서 본받고 배워야 할 것들이 참 많았어요. 많은 분들이 멘토 역할을 해주셨고. 직책을 가졌다는 것은 제가 작게 시작했을 때부터 여성 경제활동에 같이 참여를 했었거든요. 관심을 가지고 배우다보니까 지금까지도 활동을 하게 되었고요.

Q 브랜드가 놀부로 시작하셨는데, 지금 'NBG' 놀부 글로벌로 브랜드를 바꾸신 취지도 한식 세계화, 글로벌 기업으로 성장하겠다는 이런 의미를 담기 위해서 바꾸신 것으로 봐야 되겠죠?
A 한식 세계화라는 실천적인 배경이 있기 전에 해외를 가서 보니까 각 나라마다의 놀부라는 해석이 틀려지는 거예요. 그래서 앞으로는 글로벌 브랜드로 성장을 시켜야 되겠다. 그래서 몇 년 전에 'NBG'라는 새로운 글로벌 브랜드로 디자인을 했죠.

Q 시작을 5평의 작은 가게에서 시작하셔서 큰 회사가 되면서, 가게의 주인에서 경영자로 변신하는 과정도 참 쉽지 않은 과정이었을 것 같은데 어떻게 극복하셨습니까?
A 성장하는 과정에서는 쉽게 이야기하면 눈코 뜰 새가 없었습니다. 그런 생각할 겨를이 없었던 것 같아요. 내가 지금 돈을 얼마를 벌고 있는 건지 얼마만큼 사업을 향해서 달려가고 있는지 그 스피드를 느낄 만한 여

유가 없었어요. 연중무휴니까 공휴일도 없죠. 명절날도 없죠. 문 닫는 시간이 없으니까 계속 손님이 들어오면 언제나 영업하는 시간, 그러니까 잠자리에 잠옷 갈아입고 누워본 적이 없었거든요.

회사가 커지기 전까지는 늘 현장에서 같이 했어요. 인테리어가 되고 있으면 그 현장에 있었고, 보쌈을 만들 시간에는 보쌈을 만드는 현장에 있었고. 영업하는 시간이면 고객과 함께 호흡했었기 때문에 정말 제가 생각해도 큰 병 안 나고 이만큼 건재할 수 있게 살아왔는지 어떤 때는 되돌아보면 감사할 때도 있고 그래요.

Q 여러 가지로 경제여건도 안 좋고 일자리 사정도 안 좋아지면서 창업을 준비하는 사람들이 많이 있거든요. 그런 분들에게 이렇게 준비해야 된다, 이런 것을 조심해야 된다고 해주신다면 어떤 게 있을까요?

A 창업을 준비하는 분들이 정말 중요한 시기이고, 또 본인들이 준비해야 될 소중한 것도 많다고 생각합니다. 누가 해줄 수 있는 것은 아니고. 우선 본인의 적성에 맞는 사업을 시작해야 된다고 생각을 하고요. 내가 무엇을 할 것인가가 결정이 되면, 그 분야에 대해서 끊임없이 정말 많은 정보를 알려고 노력을 해야 된다고 생각해요. 성공한 좋은 케이스들을 보고 벤치마킹할 수 있지만, 사실은 그 분야에서 실패한 사례들도 저는 소중하게 기억을 해야 된다고 생각을 합니다. 무엇보다도 중요한 것은 자기가 목표를 정하고 꿈을 세웠으면 절대로 포기하지 말고 그 꿈을 향해서 긍정적인 성공할 수 있다는 그런 자신감을 가지고 도전을 한다면, 저는 좋은 결과가 있을 것이라고 말씀드리고 싶습니다.

Q 앞으로 이루시고 싶은 꿈에 대해서 이야기해주신다면.

A 제가 이루고 싶은 꿈은 저희 한국 외식문화를 세계에 폭넓게 우수한 아름다운 문화로 자리 잡을 수 있도록 하는 것이 꿈이지요. 그래서 오랫동안 준비해왔고 실패도 해왔고 노력했지만, 그 꿈을 이룩하기 위해서 끊임없이 노력하고 도전을 할 것입니다.

〈자료: 매일경제신문〉

제 1 절 상권의 형성

1. 상권의 의의

상점입지는 개별 점포 입장에서 보면 상점을 개설하기 위한 입지조건이 되지만 소비자의 입장에서 보면 상품을 구매할 수 있는 구매시점이 된다. 이 때문에 소매업이나 외식업 또는 유흥 오락산업은 입지산업으로 불려지며 특정지점에서의 입지선정은 사업의 성공과 실패를 좌우하는 가장 중요한 전략적 과제가 된다.

상권설정이란 특정 점포가 고객을 끌어들이는 지리적 범위가 어느 정도인지를 파악하는 것을 말한다. 상권의 개념에는 거래권이라는 개념과 판매권이라는 개념 두 가지가 있다.

거래권은 주로 도매업에서 사용되는 것으로 거래대상이 되는 고객의 거주지 범위라고 할 수 있으며, 판매권은 소매점이 판매대상으로 삼고 있는 지역을 말한다. 상권과 비슷한 개념으로 사용되는 상세권(商勢圈)이라는 말도 있다. 상세권이란 어느 특정 상업집단(시장 혹은 상점가)의 상업세력이 미치는 범위를 말한다.

상권과 상세권은 동일한 의미로 사용되기도 하지만 상권은 개별상점이 고객을 끌어들일 수 있는 지역적 범위를 말하며, 상세권은 명동이나 남대문 시장과 같은 상업집단이 고객을 끌어들일 수 있는 지역의 범위를 말하기도 한다. 명동에 있는 백화점들이 다른 곳에 개별적으로 떨어져 있다면 각각의 실질적인 상권은 크게 줄어들 것이다. 그러나 명동지역에 있는 백화점들은 명동의 다른 많은 상점들과 함께 하나의 거대한 상업집단을 이룸으로써 전국적인 상권을 가지게 되는 것이다. 이처럼 상권이란 한 점포가 고객을 유인할 수 있는 지역적 범위의 개념이므로, 점포를 운영하기 위한 전략의 수립에 앞서 상권의 범위를 어디까지로 규정할 것인지를 결정해야 한다. 상권은 지역상권, 지구상권,

개별점포상권 등 계층적으로 분류되는데, 지역상권은 행정구역과 거의 일치한다. 새로운 점포를 선정하는 데 있어서 가장 중요한 것은 지역상권의 특성을 파악하는 일이다. 이 하나의 지역상권 내에는 여러 개의 지구상권들이 포한되지만 지방도시의 경우는 지역상권과 지구상권이 거의 일치한다. 상권은 인위적으로 형성되는 것이 아니라 자연적인 흐름에 의하여 형성되며 다음과 같은 특징을 지닌다.

(1) 소매점의 영업범위는 거리적으로 한계가 있다

소매점의 상권 크기는 상품 구색이나 가격, 서비스 등 상점 자체의 요인도 중요하지만 소비자와의 거리가 대단히 중요하다. 일본 후쿠오카시에서 조사한 자료를 보면 점포와의 거리가 멀어짐에 따라 일어나는 소비자들의 점포인지도 변화를 쉽게 알 수 있다. 즉, 500m 이내에서는 95%의 인지도를 갖는 상점이, 1km 이내에서는 45%로, 2km 이내에서는 15%로 낮아지고 있음을 알 수 있다.

이러한 현상으로 보아 상품의 품질이 동일하면서 애프터서비스를 받아야 하는 상품일 경우에 소비자들은 되도록 가까운 곳에서 상품을 구입하려는 경향이 있다는 사실을 알 수 있다. 그렇지만 최근에는 자가용 보유가구의 증가로 소비자들의 구매 이동범위가 점점 더 넓어지고 있다.

(2) 소매점의 영업범위는 각 상점이 가지고 있는 입지조건에 따라 다르다

같은 상품을 취급하는 상점이라 하더라도 고립지역에 있는 상점보다는 시장이나 상점가에 있는 소매점은 상권이 넓고, 주택가에 위치한 소매점의 상권은 좁다. 또한 인근에 강이나 하천, 산, 큰 도로 등이 있으면 이들 위치에 따라서도 상권은 크게 달라진다.

한때 지방도시에 위치한 대형 제과점들은 제조한 과자를 아무런 계약 없이 판매할 수 있었다. 그러나 도로여건이 발전함에 따라 냉동시설이 갖추어지지 않으면 쉽게 먹기 어렵던 아이스크림도 서울에서 만들어진 것을 산간벽지에서도 쉽게 먹을 수 있게 되었다.

이외에도 수도권 주변의 많은 재래시장들이 한결같이 고전을 면치 못하는 근본적인 요인도 교통의 발달로 상권이 크게 변경되었기 때문이다. 인구가 증가하면서 등장한 현대식 대형 쇼핑센터들로 인해 급속히 세력을 잃고 있다.

(3) 소매점 상권은 상품의 종류에 따라 범위가 다르다

같은 위치의 상점이라도 취급하는 상품이 무엇이냐에 따라 상권의 범위는 달라진다. 소비자들의 구매이동에 관한 분석에서 허친슨(Hutchinson)은 가정을 기점으로 발생하는 구매활동은 도시구조에 따라 거주지 부근, 부도심, 도심 등으로 구분된다고 밝혔다. 상품에 따라서 사람들의 이동거리가 다르다는 것은 상품에 따라서 소비자들의 구매패턴이 다르다는 것을 의미한다.

2. 상권의 설정

(1) 1차 상권

1차 상권은 상점고객의 60~70%가 거주하는 상권범위를 말하는데 고객들이 다른 상권의 고객들보다 상점에 가장 근접해 있으며 고객 수나 고객 1인당 판매액이 가장 높은 지역이다. 1차 상권은 식료품과 같은 편의품의 경우 걸어서 500m 이내가 되며, 의류, 화장품 등 선매품의 경우는 버스나 승용차로 15분 내지 30분이 걸리는 지역이 된다.

(2) 2차 상권

이는 상점고객의 15~25%가 거주하는 상권범위로서 1차 상권의 외곽에 위치하며 고객의 분산도가 아주 높다. 편의품일 경우에는 2차 상권지역에서 약간의 고객밖에 흡인하지 못하지만 선매품의 경우에는 크게 보면 편의품의 2차 상권까지가 1차 상권일 수도 있다. 선매품의 2차 상권은 버스나 승용차로 30~60분 걸리는 지역이 포함된다.

(3) 3차 상권

1, 2차 상권에 포함되는 고객 이외의 나머지 고객들이 거주하는 상권범위

로 고객들의 거주지역은 매우 분산되어 있다. 편의품의 고객들은 거의 존재하지 않으며 선매품이나 전문품을 취급하는 점포의 고객들이 5~10% 거주한다. 이 외에 호텔 내의 상점, 쇼핑센터 내의 스낵바와 같은 기생점포는 독자적인 고객 흡인력이 없기 때문에 기생상권을 갖는다. 이러한 상점들의 상권은 호텔이나 쇼핑센터의 절대적인 영향을 받는다. 그리고 업종에 따라 동일한 입지에 있는 상점이라 하더라도 고객 흡인력은 달라지기 마련이다.

사례 1

100% 재택근무에, 순이익 생기면 직원에게 나눠주는 회사

"예? 진짜 직원들이 100% 재택근무를 한다고요?" "네"

"휴가는 알아서 갔다 오는 거고요? 그것도 무제한으로?" "네"

"정년은요?" "자기 다니고 싶을 때까지요."

"회사가 순이익이 매년 '0(Zero)'인데 이게 굴러가긴 하는 겁니까?" "그럼요. 순이익이 생기면 그 해 연말에 보너스로 직원들에게 다 나눠버려요. 매년 새롭게 시작하지요. 그렇게 한 지 19년째인 걸요."

미국 내 3대 세금소프트웨어 솔루션 기업인 택스 테크놀로지스(TTI)의 제이디 최 대표 얘기입니다. 대담을 나누다 기자는 할 말을 잃었습니다. TTI는 쉽게 말해 대기업의 세금만 특화한 소프트웨어를 개발해 감히 다른 기업이 범접하지 못하는 회사로 성장했습니다. 지난해 매출액은 약 1,800만 달러, 우리 돈으로 200억원 정도 합니다. 직원은 미국 본사 80명, 인도 지사 300명 정도 된다네요. 영업이익은 30억원 정도 되는데 정보기술(IT) 시스템 재투자 등에 쓰고 남는 순이익은 모두 직원들 성과급으로 나눠 준답니다.

TTI는 일찌감치 '100% 재택근무'를 실천하는 곳입니다. 미국 본사만 해당하긴 하는데요. 이것도 사정이 있습니다. 인도지사도 재택근무를 시도해보려 했지만 가정마다 컴퓨터를 보유한 직원이 많지 않고 사무환경을 갖추기에 열악한 형편이라 차라리 쾌적한 사무실이 낫다고 현지 직원들이 요구해 사무실 체제로 운영한답니다. TTI는 아예 사무실이 없지는 않답니다. 뉴욕에 작은 사무실이 있긴 하답니다. 그런데 일주일에 이곳을 찾는 이는 최 대표 혹은 최고기술경영자(CTO) 정도라고 하네요. 여러모로 질문거리가 적잖습니다. 서두에 물어봤지만 '진짜 이렇게 해도 회사가 굴러가는 건지'가 가장 궁금했습니다. 이건 최 대표가 패널로 참석한 '컨퍼런스창'에서도 주요 질문 중 하나였습니다.

"많은 분이 궁금해 하시는데 저를 보십시오. 멀쩡하게 돌아다니지 않습니까. 이 시간에도 직원들은 제게 메신저, 스마트폰으로 한국서 발표 잘 하고 오라는 메시지를 수시로 보내주고 있습니다. 멀리 플로리다에서도, 로스앤젤레스에서도요. 이게 저희 회사 경쟁력입니다. 세계 어디에 있는지는 중요하지 않지요. 수시로 소통하고 있기 때문에 업무에 '펑크'란 없습니다. 한 직원은 미국 사람인데 한국 사람처럼 술 먹은 날이면 꼭 제게 전화해서 진심으로 '제이디! 좋은 회사 만들어줘서 고마워, 사랑한다(I love you)'고 술주정을 하기도 해요. 농담인가?(웃음) 이렇듯 꼭 얼굴 마주보지 않아도 그만큼 신뢰가 쌓여 있고 그래서 회사가 굴러가는 겁니다."

좀더 자세한 얘기를 듣고 싶었습니다. 어떤 업무를 하기에 이럴 수 있을까요. 일단 TTI는 사업모델을 기업 전용으로 특화했습니다. 대기업 세금은 매번 규제가 바뀌고 세법이 달라져서 아무나 컨설팅할 수 없답니다. 그만큼 진입장벽이 높다고 합니다. TTI는 여기에 더해 각 기업에 맞는 세금 IT 서비스를 개발해 한번 이 회사 서비스에 발을 담그면 쉽게 빠져 나갈 수 없도록 해놨답니다.

"전사적자원관리(ERP) 아시죠? 기업 내 생산, 물류, 회계, 영업 등 경영 활동 프로세스들을 통합적으로 관리할 수 있는 소프트웨어잖아요. 이런 통합 ERP 회사는 많아요. 그런데 통합 소프트웨어는 세부 사안에서는 구멍이 숭숭 뚫려요. 제가 주목한 건 이 틈새였습니다. 오랜 기간 회계법인을 다니면서 대기업을 상대하는 과정에서 기업 입장에서는 가장 까다롭고 귀찮은 업무이자 대행업체 입장에서는 부가가치가 높은 사업분야라는 걸 알게 됐지요. 당시 다니던 회계법인에서 파트너로 승진을 제안받았는데요. 100만 달러 이상 연봉을 받을 수 있었지만 과감하게 퇴사하고 창업의 길을 택했어요."

"과연 직장생활에서 행복이란 무엇일까 곰곰이 생각해봤어요. 승진, 높은 연봉, 성취감도 좋지만 가족과 함께할 수 있는 시간도 그만큼 소중하잖아요. 아이가 커나갈 때와 같은 인생의 주요 순간과 직장생활을 맞바꿔야 할 때가 사실 많아요. 미국에서는 학생들이 보통 오후 3시 정도가 되면 하교해서 문을 열고 "Mommy, I'm home" 하면서 뛰어들어오지요. 그때 아빠까지 있으면 뛸 듯이 좋아해요. 그런 광경을 저뿐만 아니라 직원들에게도 선사해줘야겠다는 일종의 사명감 같은 게 있었어요."

실제 그의 바람은 19년째 계속되고 있답니다. 미국 시간으로 오후 3시면 일순간 전 직원 메일이나 메신저, 소셜네트워크서비스(SNS)가 조용해지곤 한다는데요. 바로 아이들의 하교, 귀가 시간이라서라는 군요. 그래서인지 이 회사의 이직률은 극히 낮다고 합니다. 2000년 초창기에 입사한 직원들이 지금껏 회사를 다니고 있다니 말 다했습니다. 들어보면 이상적이긴 한데 '그래도 아무리 전문 직종이 모인 회사지만 운영은 쉽지 않을 텐데'란 의문이 계속 들었습니다. 기자처럼 궁금한 사람들은 컨퍼런스장에서도 많았나 봅니다. 여러 질문이 쏟아졌습니다.

조미호 화제인 대표: 소위 갑(대기업)이 와서 얘기 좀 하자, 사무실로 찾아오겠다고 하는 일이 있지 않나요?

최 대표: 저희가 가면 되지요. 이미 신뢰관계는 다 쌓여 있고 시스템문제나 오류가 있으면 저희가 고치면 되는 거지, 굳이 저희 사무실에서 대면할 일이 없어요. 인터넷이나 스마트폰이 얼마나 잘 발달돼 있나요? 얼굴 보고 얘기하면 더 얘기가 잘 통한다고요? 그러면 컨퍼런스콜(영상통화)로 해도 전혀 문제가 없어요.

또 다른 청중: IBM 같은 대기업도 처음에는 재택근무를 장려하다 지금은 포기했는데.

최 대표: 집기가 있고 내 자리가 있어야 일이 꼭 잘 되는 업종이 있습니다. 또 재택근무의 단점도 많이 얘기해요. 소외감과 충성도라고 하는데 저희 일은 업무가 일단 시작되면 그런 생각할 시간이 없어요. 끊임없이 업무 관련 대화, 영상통화, 회의가 이어져요. 물론 원격이긴 하지만요. 근무시간엔 효율을 극대화하는 구조다 보니 좀 얘기가 다르지요. 직원 간 유대요? 제가 직원들을 찾아가서 식사도 하고 여행도 가고 하니 유대감이 딱히 떨어진다는 생각은 안 해봤습니다. 무엇보다 '회사가 꾸준히 나를 인정하고 응원해준다는 점, 또 집에 있지만 경제활동을 하며 살림에 보탬이 되는 존재로 가족에게 인정받고 있다는 점'에서 직원들의 자존감이 높다는

게 다른 곳과 차별화되지 않았나 싶습니다.

참 신통방통한 회사입니다. 그런데 이렇게 해도 위기가 없었을까요. 딱 한번 있었답니다. 2005년 즈음이었나? 회사가 좀 커지니까 은행에서 신용대출을 권하면서 회사를 더 키우라고 부추기더랍니다. 그전까지 돈 벌면 직원들에게 나눠주고 하다 보니 부채는 없었지만 회사 규모를 키울 자금이 당시 없었긴 했답니다. 그래서 부채를 안고 사람들을 추가 고용하면서 매출을 늘렸답니다. 그런데 2008년 글로벌 금융위기가 닥치면서 상황이 달라졌습니다. 대기업도 속속 쓰러졌답니다. 한순간에 고객사가 줄어드니 눈물을 머금고 구조조정을 할 수밖에 없었다네요. 구조조정 후 회사를 재건한 후 경영원칙은 또 하나 더해졌습니다. 은행거래를 하되 절대 부채를 안고 무리하게 사업하지 않는다는 겁니다. 이후 10년간 이 원칙은 지켜졌습니다. 그 덕에 무차입 경영을 하게 된 거지요.

그러면 순이익을 성과급을 나눠줄 때 어떤 기준에 따라 나누는 걸까요. 최 대표는 "아직 칼로 무 자르듯이 전산화되지는 않았다"고 전제하면서도 "직무마다 본인이 정한 목표를 초과 달성했느냐 혹은 데드라인을 지켰느냐, 관련사고 없이 1년간 일을 잘 수행했느냐를 보고 책정한다"고 전합니다. 인사, 총무 부문에서는 성과급 측정을 어떻게 하느냐는 질문에 전체 순익에서 특별히 그해 매출에 기여한 직원에게 좀 더 많이 책정한 후 나머지는 공평하게 근무연수와 직급에 따라 나눈다는 답이 돌아왔습니다. "회사가 돈 벌면 나눈다는 철학이 직원들에게도 전파되다 보니 글로벌 금융위기 이후 사람을 줄이고 월급도 줄였는데도 나가는 직원이나 남은 직원 모두 경영진을 믿어줬습니다. 그러니 이런 경영원칙을 계속 고수할 수밖에 없다는 생각이 더 강해졌습니다."

그런데 지금처럼 사업이 계속 승승장구할 수 있을까요. 혹시 AI(인공지능) 세무회계 컨설팅이 개발된다면? "미국 법이 그리 호락호락하지 않습니다. 세법이 매우 복잡하고 또 논쟁거리가 많아요. 회색지대가 있는 거지요. 그래서 규제마다 실제 적용하는 과정에서 법리 다툼이 굉장히 많아요. 오히려 컨설팅 수요는 더욱 복잡다단하고 많아지고 있습니다. 더불어 회사 성장을 고민하지 않아도 구조조정, 경영컨설팅 전문회사들이 지금은 알아서 제휴하자고 찾아오고 있습니다. 확고한 시장지위를 구축해 놓으면 언제든 성장기회는 찾아온다고 보고 직원들과 계속 소통을 강화하고 있습니다. 물론 원격으로요(웃음)."

〈박수호, 매경이코노미 기자〉

제2절 상권의 특성과 조사방법

1. 상권의 특성

(1) 상권 구성과 업종

상권이란 고객들의 분포지역을 말하는 것으로 고객을 얼마나 끌어모을 수 있는가가 중요하다. 상권은 다시 1차 상권, 2차 상권, 3차 상권, 살아있는 상권, 죽어 있는 상권 등으로 분리할 수 있으며, 고객들의 거주 및 활동지역을 거리로 따져서 가까운 곳을 1차 상권, 조금 먼 곳은 2차 상권, 더욱더 먼 곳은 3차 상권이 된다. 또 고객의 왕래하는 숫자가 많으면 살아있는 상권, 뜸한 편에 속하면 일명 죽은 상권에 들어가는 것이다. 상권이 좋아야 좋은 상점들이 많이 모여들게 되고, 상점들이 많이 모여 있어야 좋은 상권을 유지하게 된다.

상권의 선택이란 개점을 하고자 하는 지역의 통행량이라든가, 주변상점에 대한 분석, 또한 손님들이 찾기 쉬운 위치인가, 상점은 눈에 잘 띄는지, 접근이 용이한지, 상품의 구색을 고루 갖춘 지역인지를 고려하여 결정한다. 또한 취급하는 품목이 다양하고 가격면에서 다른 지역에 비해 저렴한 편인지 등에 대해서도 점검해 보는 것이 좋다. 상권을 입지별 특성으로 나눠보면 주택가, 아파트단지, 대로변 중심상권, 대학가, 지하상가 등으로 구분할 수 있다. 따라서 입지별 특징과 점포 구하는 요령을 연계지어 살펴보면 초심자도 창업 입지분석에 도움을 얻게 될 것이다. 업종을 선택하고 나서 점포자리를 고르다 보면 다른 점포들이 이미 좋은 자리를 차지하고 있는 것을 알 수 있다. 따라서 어떻게 경쟁업자와 시장 쟁탈전을 벌여야 하는가 하는 고민이 생긴다. 중요한 것은 업종과 상권, 즉 입지 간의 관계를 살펴야 한다는 점이다. 나의 업종과 기존의 상권에 형성된 업종들과 호혜관계인가, 아니면 상극관계인가를 정확히 파악하여 결정하면 사업실패율을 낮출 수 있다.

(2) 업종과 상권의 관계

일반적으로 전자제품, 의류 취급점, 가구점 등은 모여야 잘 되는 업종이다. 고객들이 공통점을 가진 업체들이 모인 쇼핑몰을 방문하여 여러 가지 시장 정보를 입수하는 쇼핑 자체로 즐거움을 추구한다는 점이 특징이다. 이는 구입 시 물품가격이 비교적 비싸고 다소 전문적인 성격을 가진 상품들이다. 때문에 이들 업종과 상권은 전국적으로 명성이 자자하다.

또한 서점은 문구점과 완구점, 주점과 노래방은 서로간에 보완, 호혜업종인 반면에 서점과 의류점, 주점 등의 유흥업종은 서로 상극, 경합업종이라 할 수 있다. 그러나 상권이 작은 동네상권에서는 일정한 고객을 놓고 치열한 경쟁을 벌이게 되므로 호혜업종도 경합업종이 되기 쉽다. 그리고 상권이 커지면서 경합업종이 호혜업종으로 변화할 수도 있다.

상권의 성격과 업종의 연관 성격에 따라 사업이 잘 되는 업종과 그렇지 못한 업종이 있다. 때문에 장사가 잘 되는 상권이라 하더라도 낭패를 보기도 하며, 좋지 않은 상권이더라도 업종의 성격에 따라 사업이 잘 되기도 한다.

(3) 변화하는 상권

상권은 변하는 성질을 갖고 있으므로 그 지위도 변한다. 즉, 현재는 권리금이나 임대료가 싸더라도 사업을 정상적으로 올리면 중심상권으로 바뀔 수 있다. 이 경우 많은 노력이 필요하고 실패의 위험도 크다. 권리금이란 주로 토지 또는 건물, 특히 상점에 부수하여 그 부동산이 갖는 장소적 이유의 대가나 그 장소에서의 PR이나 기득권을 성장시키고 자리잡힌 대가로 임차인이 임대인에게 또는 임차권의 양수자인 양도인에게 지급하는 금전이라고 할 수 있다. 그러나 권리금이란 상점을 매입하거나 임차하려는 사람에게 붙었다 해서 언제든지 회수하거나 받을 수 있는 것은 아니다. 한마디로 상권이 악화되거나 쇠퇴하는 지역에서는 권리금의 변동이 심하므로 사업성분석 못지않게 세심한 배려가 필요하다.

새로운 지하철 노선이 생긴다든가 건물이 생기면 주변환경의 변화가 뒤따른다. 따라서 과거의 우세한 업종이 불리한 업종으로 바뀌기도 하며, 그 반대의 경우도 발생한다.

(4) 상품에 따른 상권변화

현실적으로 입지를 생각할 경우 어떤 의미에서건 집적지를 지향하는 것이 일반적이다. 특히 상업시설의 경우, 이러한 집적의 장점을 어떻게 살리는가 하는 것이 입지전략의 생명이다. 입지전략에 따른 상권을 검토할 때 가장 먼저 생각할 것은 상품에 따라 상권의 크기가 다르다는 것이다. 다시 말해서 상권의 형태에 따라서 상품의 형태가 다르게 대응한다.

일반상품은 상권의 크기에 따라 상급품, 중급품, 하급품으로 구분된다. 이처럼 상권의 대소는 소비자의 행동에 따라 결정되는 것으로 어떤 상품에 대해,

① 단가가 큰 상품일수록

② 단위기간 내의 구매횟수가 적은 상품일수록

③ 인구에 따른 판매점 수가 적은 상품일수록

④ 대도시 지향성이 큰 상품일수록

상급품이라 불리운다.

상급품으로는 보석, 귀금속, 고급신사복, 양장, 고급가구 등이 있고, 중급품은 부인복, 아동복, 화장품, 가정용 전기기구 등, 하급품은 식료품, 일용잡화 등이 전형적이다.

하급품은 구매빈도가 큰 것으로 해당지역의 주민의 구매력을 전제로 하는 것이다. 따라서 대개 주택지적 색채가 강한 곳에 입지한다. 상급품은 구매빈도가 적은 것으로 해당지역 주민보다는 다른 지구에서 오는 고객의 구매를 끌어내야 한다. 많은 고객의 흐름을 끌어들이기 위해 중심성이 강한 지역에 입지하는 것이 좋다.

(5) 새로운 상권의 출현

최근 미국에서는 도심의 중심부형 지구에서 떨어진 교외에 상급품을 중심으로 판매를 하는 대규모 소매입지, 이른바 교외형 쇼핑몰이 활성화 또는 일반

화되고 있다. 이처럼 교외입지는 기존 집적지에서 떨어져 상권의 넓이가 넓다는 사고를 바탕으로 한다. 이는 기존 집적지까지도 자기상권에 포함시킬 수 있다는 가능성을 가지므로 상권의 넓이가 기존 집적지를 포함한 그 곳에서의 고객 흡인도 가능하다는 관점이다.

이런 입지방식의 배경은 첫째, 도심부의 과밀화, 둘째, 인구의 외연화, 셋째, 자동차사회로 이행되는 배경에서 소비자의 구매행동이 극단적인 도심부 구심형에서 벗어나는 것이라고 볼 수 있다. 이런 배경하에 교외 입지전략에서의 유의할 점은 다음과 같다.

① 아무리 상권이 넓어도 기존 집적지에 흘러 들어간 정상적 인구 흐름을 무시할 수 없다.

② 교통조건에 대한 재검토가 필요하다. 상업입지는 어느 정도 교통이 편리하면 성공한다. 지하철, 철도, 버스 등 공공교통기관은 개별이동의 자유성을 방해하는 면도 있으나 상업입지로 대량고객을 운반해 오므로 점포에 따라서 유리하다. 반면에 자동차 등의 개별교통기관을 이용하면 그 반대의 특징을 갖게 된다. 자가용의 경우에는 주차장의 완비가 필수적이다.

③ 도시가 외연화하는 지역으로 공공교통터미널 지점에 대규모 입지를 선택한다. 이런 지구의 성격이 주택지형에서 중심부형으로 바뀌는 경우에는 선행입지하는 것이 유리하다.

2. 상권조사 방법

(1) 입지선정 과정과 상권조사 방법

충분한 자금을 준비하고 나서 시작하는 사업은 그다지 많지 않다. 대개는 힘에 벅찬 출자를 하여 여유자금의 운영이 힘든 입장이다. 매출액이 계속 증가하여 인건비, 이자, 점포 임대료, 세금, 적정수익 등을 올리는 데 지장이 없다면 문제가 없겠지만, 처음 창업하는 사업에서는 손익분기점까지 진입하는 데에도 힘이 벅차다.

초기 창업경영에서 가장 큰 부담은 점포의 임대투자금액이 되곤 한다. 상권이 활성화되어 있는 지역에는 많은 금액의 권리금, 시설비 및 임대료가 붙어 있다. 때문에 초심자의 경우에는 준비된 창업자금 한도에서 사업을 시작하려다 보면 다소 입지조건이 취약한 곳에 관심을 두기도 한다. 그러나 입지선정의 성공법에서 3L(Location, Location, Location)이란 용어가 있다. 이는 첫째도 입지(Location)요, 둘째도 입지요, 셋째도 입지라는 말로 상점의 성공은 입지선정에서 출발한다는 의미이다.

모든 사람의 창업성공 단계에서는 여러 가지의 사업경험을 통하여 투자금액이 점차로 증가되어야만 한다. 때문에 초심자의 경우 무리하게 자본을 동원하여 고액의 점포를 구할 필요는 없다. 어느 정도의 사업경험을 쌓아 사업경영 안목을 높인 다음 옮겨도 충분하다.

그러므로 제일 중요한 첫 단계는 점포별 적정매출액의 크기를 잘 계산하여야 한다. 어느 지역의 입지를 중심으로 하여 100m단위의 지도를 통해 수백m 이내에 상권인구는 몇 명인가, 매출예상액은 얼마인가라는 수치가 나와야 한다. 때로는 10m나 20m의 차이가 매출의 커다란 차이로 나타난다. 예상된 매출액에 대해 투자비용을 정확히 계산하지 않으면 엄청난 손실이 발생한다. 이는 외부 조사기관에 맡기지 않고 스스로 연구하는 것이 바람직하다.

그리고 상권 실사에서는 점포주변의 상권을 걸어 다녀야 하는데, 걸어 다니는 시간, 범위, 방법, 관찰해야 할 모든 것이 중요하다. 우수한 전문가의 경우에는 20~30km를 걸어 다니면서 주변상권을 관찰한다. 시간이 많이 걸리기는 하지만 이를 통해 엄청난 성공안목을 터득하게 되며, 계속적인 사업성장 및 사업규모의 확대를 가져다준다.

연간 매출액을 추정하여 크기에 따라 작은 시장, 중간 시장, 큰 시장, 초대형 시장으로 분류한다. 작은 시장 등에서는 통행자가 레저, 패션 등의 여가적 목적을 가진 소일거리로 찾는 또는 배회하는 통행자이며, 그들은 '무엇 때문인지 모르나' '한가롭게'라고 표현할 수 있다. 이런 사각지역은 의외로 고객층에 따라 특수한 시장 잠재성을 가지므로 세심한 주의가 필요하다.

둘째 단계는 점포의 매출액의 크기는 점장, 스태프의 능력차이, 판매방법

차이가 아니라 입지조건과 상권의 차이에서 나온다. 물건의 위치, 입지조건, 통행량을 비롯하여 상권, 장래성 등을 철저하게 분석한다. 매출예상에 관련된 데이터의 수집과 분석은 쉬운 일이 아니다. 단지 데이터를 모아 정리만 하는 작업도 실로 체력과 끈기, 인내가 필요하며 유연한 발상, 아이디어, 사고력마저 요구한다. 개별점포의 평균 월매출액의 크기를 계산하되 일반적으로 개점 초기에는 매출액이 제일 많이 올라간 금액으로 간주한다. 그리고 후보물건의 임대조건 및 구입조건이 엄밀하게 결정된 후, 건축비용을 계산한다. 또 매출과 손익을 정확하게 예측하되 점포계약을 무리하게 하지 말아야 하며, 손익분기점 분석에 의거하여 철수해도 좋다는 사고개념을 당신은 갖고 있는가? 확인해 볼 필요가 있다.

셋째 단계는 상권인구, 상권의 질, 통행량, 영업력, 경쟁성 등을 나타내는 매출예측을 계산한다. 그리하여 모든 입지특성에는 문제점과 장점을 동시에 갖게 된다. 문제점으로는 시장규모가 작다, 시계성이 나쁘다, 토지의 고저에 따라 상권확대가 제약을 받는다 등이 있다. 장점으로는 오랜 영업실적이 있다, 경쟁점이 없다 등이 있게 마련이다. 평일 통행량과 토요일, 일요일, 휴일의 차이가 얼마나 나는가? 또한 학생, 회사원 등은 목적성이 아주 강하여 매출에는 그다지 공헌하지 않는다. 즉, 통행인의 질도 고려해야 한다. 가령 점심시간대라는 매출시간별 점포의 영업력을 계산하여 하루 매상에 차지하는 비율을 계산한다.

넷째 단계는 점포의 외장과 내장에 신경을 써야 한다. 질·양 모든 면에서 다른 경쟁업체와 차별화를 갖춰야 하며, 이는 타점포로부터 매출을 빼앗아 오게 된다. 따라서 누적 적자를 가져다주는 간판점포를 만들어서는 절대로 안 된다. 이는 단순히 금전적 손해에 그치지 않고 기업경영의 사기 및 점포내 분위기에도 커다란 영향을 미치며, 이는 기업성장률과 높은 연관성을 갖게 된다. 또한 매장의 층별 입지에 따라 다른데, 가령 1층을 100% 기준으로 하면 지하층이 약50~70%, 2층이 30~50%의 매출액을 갖게 된다고 말한다. 결론적으로 점포의 매출액의 크기는 영업상황, 점포규모, 점포환경을 모두 고려하여 추정하여야 한다.

상권조사는 일정한 시기에 정해진 스케줄에 의해 행해져야 한다. 점포도착에서 임대결정까지의 스케줄은 다음과 같다. 기존 자료의 수집과 조사대상일로는 평일, 토요일, 휴일의 형태로 통행량과 고객수를 체크한다. 또한 각종 소비자의 특성 내용, 예를 들면 성별, 연령별, 가구별 특성, 주택, 아파트 등의 주거형태, 소득수준, 교육을 중심으로 하여 설문조사 한 자체조사통계를 집계하여 자료통계분석을 실시한다.

(2) 상권지도의 작성

점포주변의 광역상권을 알기 위한 '광역지도'와 점포주변의 세부사항을 파악하기 위한 '세부지도' 2종류를 작성한다. 이 상권지도를 작성하는 목적은 상권으로 설정된 범위의 지리적 조건을 파악하고 고객이 유입되는 지역을 파악하기 위해서이다. 작성순서는 먼저 시중에 판매되는 1/15,000, 1/20,000 지도를 준비한 후 점포주위 세부지도의 작성을 위한 주택지도를 준비한다. 지도는 부동산사무실이나 도서관을 방문하여 구할 수 있다.

- 광역도는 지도에 반경 0.5Km, 1Km, 1.5Km, 2Km의 원을 그리고 반경 2Km부분이 중앙에 위치하도록 B4사이즈로 복사한다.
- 점포를 중심으로 해서 500m 반경 내의 세부도를 준비한다.
- 희망하는 업종과 관계있는 각종 시설은 굵은 사인펜으로 표시한다.
- 개업하려는 업종의 매출액에 영향을 미치는 경쟁점은 굵은 사인펜으로 표시한다.
- 점포 앞 보행자 및 차량의 통행량을 통행방향별로 구분하여 기입한다. 유동인구의 흐름 또는 성격을 선의 굵기, 색 등으로 표시한다.

① 거주인구, 세대 수 조사: 모든 조사절차에서는 관련잡지, 신문, 관련서적 등을 이용하여 동사무소, 구청 민원실, 부동산 관련업소, 지하철 관련사무소 등을 전문가나 경험자에게 전화 또는 상담창구를 탐방하여 이용한다.

② 사무실, 종업원 수 조사

③ 각종 시설(교육기관, 쇼핑센터, 레저시설, 정류장 등) 조사

④ 각종 단체활동 조사

⑤ 경쟁점의 조사: 경쟁업체의 정보 입수는 비교적 상세히 한다. 가령 점포의 규모로는 매출액, 고객 수, 종업원 수, 자본규모 등과 우수경쟁요

인으로는 점포형태, 판매방식 등을 파악한다.

⑥ 점포 앞의 통행량 조사: 요일, 시간대, 고객층별 또는 차종별로 구분하여 통행량을 실측하여 조사한다.

⑦ 상권 내 소비지출의 금액: 소비자의 특징으로 부의 수준, 소비지출 동향 등을 감안하여 구청이나 동사무소, 부동산소개업소 등을 대상으로 자료를 수집, 분석한다.

(3) 상권조사 방법 4단계

① 제 1 단계: 상권내 지역정보 수집

- 관공서의 인구 통계 자료
- 상업 통계 자료
- 특정기관조사정보(방송사, 신문사, 조사업체 자료 등)
- 지역 관련 점포 조사(점포수, 위치 등)

② 제 2 단계: 지역 상권지도 작성

- 지구별 세대수, 인구수
- 소매업종별 점포 표시
- 교통기관별 표시(역, 정류장 등)
- 관련 유통점 표시
- 지형적인 특성
- 집객력이 있는 지역시설(체육관, 금융기관, 관공서 등)
- 경쟁점 표시

③ 제 3 단계: 상권내 지역 도보 관찰

- 연령별로 구분하여 생활방식 표시
- 거주지, 주거형태, 거주연수, 차량 소유 등을 통해 소득수준 파악
- 교통이용 현황을 통한 상권의 넓이 파악
- 혼잡한 점포, 인기 있는 점포 파악

– 쇼핑통로 파악

– 고객들의 생활방식 및 상품의 구매행동 파악

④ 제 4 단계: 그룹 방문에 의한 인터뷰 조사

– 지형특성, 편리함, 차량진입, 주차의 용이성

– 서비스, 접객태도, 영업시간, 종업원 수 파악

– 판촉활동의 영향력 파악

– 이동거리를 늘일 수 있는 방안 심층 조사

– 클레임 처리, 신용도 체크

– 사용빈도 조사

사례 2

위기에 빠진 탐스, 무엇이 문제인가

한때 엄청난 인기를 끌었던 신발브랜드 탐스(Toms)는 2014년에 사모펀드 배인캐피탈(Bain Capital)에게 거액의 돈을 투자 받으며 더욱 많이 성장할 것으로 기대를 받았다. 탐스는 월스트리트에서 떠오르는 기업으로 주목받기도 했었다. 그러나 모든 것은 기대를 빗나갔다. 공격적인 경쟁업체들의 위협, 탐스의 다양화 실패, 그리고 미국 유통업계 내 여러 문제 등이 겹치면서 탐스는 4년 후 빚에 시달리며 새로운 고객들을 유치해야 하는 상황에 이르렀다. 간단하지만 혁신적이었던 사회적 기업의 성공을 보여줬던 탐스는 왜 현재의 경영난에 빠지게 되었을까?

탐스의 창업자이자 CEO였던 블레이크 마이코스키(Blake Mycoskie)가 아르헨티나 여행 중에 신었던 아르헨티나 전통 신발인 알파르가타(Alpargata)를 개량하여 판매한 것이 탐스의 시작이었다. 그는 창업하던 해인 2006년 10월에 1만 켤레를 판매하였고 1만 켤레를 아르헨티나에 기부하였다. 창업 7년 후인 2013년에 탐스가 기부한 신발은 1,000만 켤레를 돌파했다. 이처럼 탐스는 좋은 일을 하면서 이익을 내는 사회적 기업의 성공사례로 꼽혔다. 탐스와 비슷한 모토를 가진 기업들이 등장하며 한 때 사회적 기업 창업 열풍이 불기도 했다. 그러나 자동적으로 CEO가 되어서 CEO직을 수행했던 마이코스키 대표는 사업에 큰 뜻이 없었다. 그는 비즈니스 인사이더를 통해 “어떠한 일을 시작하여 크리에이티브 팀과 일하는 것은 좋아하지만 여러 가지 절차 또는 인사 문제를 겪어야 하는 기업경영에는 소질이 없다”고 밝혔다. 결국 그는 2015년 CEO직에서 물러나며 그의 자리를 스타벅스 사장 출신의 전문경영인 짐 에일링(Jim Alling)이 이어받았다.

창업 이후 탐스의 대표제품이자 사실상 유일한 제품인 54달러짜리 알파르가타 슬립온 외의 제품은 실패했다. 제품개발을 아예 안 한 것은 아니었지만 새롭게 선보였던 끈 운동화, 남성용 스웨이드 브로그 신, 여성용 웨지 힐 등 다른 제품들은 크게 주목받지 못했다. 또한, 대표제품의 수많은 카피제품들이 생겨나는 것을 막지 못했다. 스케처스(Sketchers)는 유사상품인 '밥스(BOBS)'를 시장에 반값에 내놓으며 브랜드 캠페인이었던 '1켤레 사면 1켤레를 기부'하는 탐스의 기부 캠페인도 비슷하게 모방했다. 다이앤 샌드 S&P 글로벌레이팅스 연구원은 블룸버그를 통해 "탐스는 사실상 제품이 '하나'뿐인 기업이었다. 소매업계에서는 이를 '재앙의 레시피'라고 부른다"고 평가했다.

탐스 신발은 2014년에 배인 캐피탈에 지분의 50%를 매각하며 3억 달러(약 3,372억원)의 투자를 받아 기업가치가 6억 달러(약 6,760억원)까지 치솟았다. 배인 캐피탈이 기업의 50%를 인수한 것은 탐스로 하여금 더 빨리 성장하고 더 자주 신발을 기부하라는 의미에서 이루어진 것이었다. 또, 마이코스키 전 대표에 따르면 이는 좋은 전문경영인을 영입하기 위한 결정이었다고 한다. 그러나 인수 이후 늘어난 것은 부채뿐이었다. 사실상 사모펀드의 공식대로 인수 금액의 절반은 탐스 자산을 담보로 빚을 내 조달하였지만 그 부채로 인해 탐스의 회복이 어려워진 것이다. 경영난에 허덕이고 있는 유통업체들은 평균적으로 연수입의 5배~6배가량의 부채를 안고 있다. 그러나 탐스의 경우 약 15배로 총 부채가 3.5억 달러(약 3,943억원)에 달한다. 매출이 부진한 상황에서는 배인 캐피탈의 인수가 탐스에 도움이 되지 않는다는 것이 전문가의 분석이다.

〈지식비타민, 2018.9.21.〉

제3절 상권별 유망 아이템

1. 상권과 업종

예비 창업자들은 창업을 준비할 때 한결같이 어떤 업종을 선택할지를 놓고 고민한다. 업종선정을 잘하면 창업에 성공할 것으로 기대하는 경우가 많다. 그러나 소자본 창업에 성공하려면 업종선택만으로 충분하지 않다. 창업하려는 업종을 동네에서 해야 하는지 시내 중심가로 나가야 할지를 잘 판단해야 한다. 업종선택 이상으로 입지선정이 성공과 실패를 판가름한다. 소자본 창업에서는 20 대 80 정도로 점포의 입지가 더 중요하다. 그것은 목이 좋은 점포를 얻어야 창업에 성공한다고 볼 수 있다.

표 4-1 상권별 유망아이템

입지	특 징	권장업종
아파트 단지	• 600가구를 기준으로 상가형성 • 지하나 2층보다는 1층 점포형 업종이 안정 • 배후지 평형수는 20~30평형이 적당	화장품점, 미용실, DVD숍, 이발소, 치킨점, 세탁소
학교 주변	• 대학을 제외한 초·중·고등학교 근처 • 정문기준 500m 이내 후문기준 300m 이내 • 인·허가 사항은 특별히 조심	문구점, 과학모형기기점, 분식점, CD전문점, 팬시용품점, 캐릭터 전문점
지하철역 주변	• 지하상가를 포함한 500m 이내 역세권 • 환승역은 금상첨화 • 먹거리보다는 판매업종이 유리	CD점, 선물의 집, 꽃집, 스포츠용품점, 캐주얼 의류점, 보세 신발점
주택가 진입로	• 해당점포기준 500m 반경이 1차상권 • 배후지 5천여 가구가 주요고객 • 버스정류장기준 100m 이내가 적당	내의 전문점, DVD 편의점, 사진관, 삼겹살 전문점, 김밥 전문점, 건강식 전문점
사무실 밀집지	• 5층 이상 10개동, 10층 이상 5개동 • 1층 단독점포보다는 건물지하 • 아케이드 음식점 유리 • 음식점 및 서비스업종이 안정	베이커리카페, 추어탕, 국수전골, 사무편의점, 평안도왕만두, 컴퓨터현수막
중심지 대로변	• 대학을 포함한 젊은층 위주의 번화가 • 6차선 이상보다는 2~4차선이 유리 • 주로 패션관련 업종이 성업중	감각패션점, 신발편의점, 청바지 전문점, 패션내의점, 액세서리점, 의류체인점

※ 백화점 7층 이상 쇼핑센터, 종합아파트상가, 재래시장, 가든형 입지 등은 상권에서 제외함.

점포입지가 좋은지를 판단하려면 먼저 상권을 제대로 이해해야 된다. 상권이란 물자거래가 이뤄지는 상업 중심지로 크게 6개 권역으로 나뉘어진다.

아파트단지상가, 주택가, 학교주변, 사무실밀집지역, 지하철상가, 도심번화가 등이다. 재래시장 백화점과 대형 쇼핑센터 등도 단독상권을 형성할 수 있으나 자본이 많이 들고 점포를 구하기도 어렵다.

상권에 따라 성별 연령별 유동인구의 특징이 있고 배후지 고객의 소비성향이 다르기 때문에 어느 상권에 어떤 업종이 좋을지를 철저하게 분석해야 한다. 그래야 창업하고 난 후의 실패 가능성을 줄일 수 있다.

(1) 아파트단지 상가

아파트단지 상가는 초기 자본금이 많이 들지 않아 초보 창업자에게 유리한 상권이다. 소비자들이 점포와 가까운 거리에 거주하기 때문에 업종이 안정적이고 예상수익을 보장받을 수 있는 장점이 있다. 따라서 점포의 입지는 가능한 한 단지주민과 유동인구를 흡수할 수 있는 점포이어야 한다.

아파트 상가는 대부분 6백~1천 가구를 대상으로 지하 1층, 지상 3층 규모로 형성돼 있다. 개점 후 6개월 정도면 손익분기점에 도달하고 1년이면 영업목표를 달성할 가능성이 높다. 배후지 아파트는 20~30평형으로 상가 1층에 10평 규모로 문을 열면 안정적이다. 아파트 상권은 생활패턴이 유사하여 구매형태가 거의 일정하다. 따라서 취급하는 상품은 가격면에서는 고가품이나 사치품이 아닌 일상생활용품을 취급해야 한다. 의류점, 서점, 오락실, 금은방 등은 피하는 게 좋다.

(2) 주택가 상권

주택가는 배후지 세력이 다소 유동적이어서 생활수준 정도를 반드시 관찰하여야 하며, 소비형태가 도보로 이루어지기 때문에 입지가 대단히 중요하다. 상가의 위치는 가능한 한 집적상가 내 위치하고 있어 업종간 협력을 고려해야 한다. 큰돈을 벌기는 어렵지만 생계유지를 위한 고정적인 매출 확보에는 적당한 상권이다. 평균 3천만~4천만원 규모의 초기 자본금으로 월 평균 1백 50만원의 순익을 기대할 수 있다.

이 지역은 상권은 버스정류장을 중심으로 형성돼 점포를 얻을 때 주변 1백m 이내 1층에 10평형 점포나 2층의 30평형 점포가 유리하다. 캐릭터포토, 피부관리, 고시원, 소주방, DVD방 등은 적당하지 않다.

(3) 학교주변 상권

학교주변의 상권은 학생들의 취향과 구매형태를 고려한 전문점이 필요하다. 가격면에서 중저가품을 취급하고 학교의 성격과 잘 부합해야 하며, 학생들이 선택의 폭이 한정적이어서 고객관리가 우선되어야 한다. 특히 업종의 선택에 있어서 인·허가 사항을 사전 체크해야 한다. 무엇보다도 가격에 예민한 점을 감안하여 고가품은 피하는 게 좋다.

(4) 사무실 밀집지역

사무실 밀집지역은 주로 요식업 분야가 50% 이상을 차지한다. 특징적으로 토요일, 일요일에 판매대상이 전혀 없다는 사실도 인지해야 한다. 또 주간업무 인구가 대부분이므로 퇴근시간에 영업을 맞춰야 하며, 지속적으로 변화를 추구하면서 영업을 전개하여야 한다.

5층 이상 건물이 10개 또는 10층 이상 건물 5개 이상이 3백m 주변에 있으면 된다. 이 상권은 점심식사 음식점, 술을 판매하는 서비스업, 놀이문화 서비스업이 제격이다. 이곳에서 창업할 때는 토요일과 휴일에 영업을 하지 않는다는 사실을 고려해야 한다. 서점, 의류점, 신발점 등은 피하는 게 좋다.

(5) 지하철 상가

도심의 교통의 체증현상이 지하철역 상권을 강화시킨다. 지하상가는 화려하게, 노면점포는 청결과 친절을 생명으로 한다. 그리고 통행인구의 습성과 특징을 고려하여 중·저가품을 취급한다. 점포의 크기는 5평 규모로 패션관련 판매업이 주종이다. 요즘은 생활필수품을 파는 점포도 늘고 있다. 이웃나라 일본의 경우 지하철역 상권은 성업 중이다. 지하철역을 끼고 있는 5백m 주변상권도 좋다. 음식점보다는 판매 업종이 유리하고 연령대로는 20대를 겨냥하는 게 좋다. 미니슈퍼, 문구점, DVD숍, 떡집, 당구장 등은 어울리지 않는다.

(6) 번화가 상권

번화가는 도시의 핵심 상권지역이다. 이 상권은 간판, 상품, 진열 등에서 사업장의 특색을 최대한 개성화시킨다. 고객층은 고정고객보다는 유동고객이 대부분이므로 친절을 중요시한다. 10~20대를 겨냥해 대형극장 패스트푸드점 패션용품점 등이 즐비하게 늘어서 있다. 초보 창업자는 이런 상권에 입점해서는 안 된다. 경험부족으로 실패할 위험성이 크다. 장사경험이 많아야 이 지역에서 뿌리내리기 좋다. 서울의 경우 종로, 명동, 신촌, 영등포, 강남, 잠실, 청량리 정도를 꼽을 수 있다. 물건을 구입하고 먹으며 마시고 노는 상권으로 볼 수 있다. 치킨점, 세탁소, 사진관, 정육점 등의 업종은 피하는 게 좋다.

2. 업종에 따른 좋은 상권

아무리 좋은 상권에 좋은 자리라 하더라도 자신이 하고자 하는 업종과 자본규모에 맞지 않는 곳을 선택한다면 그 후의 결과는 뻔하다. 반대로 별로 좋지 않은 상권이라 하더라도 유난히 잘되는 업종이 있다. 상권을 선택할 때 업종과의 연관성에 특히 주의를 기울여야 하는 이유가 바로 여기에 있다.

실례로 중대형 아파트상가에 유아용품점을 차리는 사람이 있다고 하자. 이러한 사람은 십중팔구 실패하게 된다. 판별기준 없이 그냥 판단하면 아무런 문제가 없어 보인다. 그러나 여기에는 큰 걸림돌이 하나 숨어 있는데, 바로 유아용품을 구매할 소비층이 거의 없다는 것이다. 그 이유는 이렇다. 일반적으로 중대형 아파트에 사는 이들은 40, 50대의 중년층이다. 이들의 자녀는 중고생 이상의 결혼을 앞둔 연령층일 것이다. 이들에게 유아용품이 주요 구매품이 될 수가 있을까. 이러한 지역에선 아무리 수완 있고 서비스가 뛰어나도 잘될 리가 없는 것이다. 따라서 유아용품점을 선택했다면 중대형 아파트가 아닌 신혼연령층이 사는 중소형 아파트 단지의 상가를 물색해야 옳은 것이다.

또 중대형 아파트 상가에 돈까스 전문점을 차린다면 어떨까? 언뜻 보기에는 이것 역시 별 문제가 없어 보인다. 그러나 중대형 아파트, 고급 아파트지역에서 돈까스 전문점은 고전을 면치 못하고 있다. 그들의 소득수준에 비해 어울리지 않은 음식이라는 것과 주요 소비층인 어린이들이 많지 않다는 것이 그 이유다. 돈까스 전문점 역시 대형 아파트 단지보다는 중소규모의 아파트단지 상가에 어울리는 업종이라 할 수 있다.

따라서 업종에 적합한 상권을 선택하기 위해서는 몇 가지 판단기준이 필요하다. 즉, 주요고객은 누구인가, 무엇을 파는 업종인가, 고가품인가 저가품인가, 편의품인가 전문품인가, 모여 있어야 좋은 업종인가, 필요한 자본규모는 얼마인가 등이다. 이러한 것을 종합적으로 판단해 보면 자신의 업종이 입지하기에 좋은 상권을 구별해내는 안목도 생기게 된다.

(1) 대중 요식업

① 업종의 특성

대중 요식업은 고급음식점이나 전문음식점과 달리 일반인들이 일상적인 식사를 하는 곳이다. 연령별로 20대~50대, 직업별로는 직장인, 성별로는 남성들이 대중음식점을 이용하는 주요고객이다. 음식의 종류도 여러 가지를 취급하는 경우가 보통이며 가격은 비교적 싼 편이다. 상권의 크기에 따라 다르기는 하지만 기본적으로 동종업종 간에 호혜·보완 업종으로 분류할 수 있다.

② 상권과 입지

사무실 주변, 오피스텔 주변, 중심상가 주변, 역 주변이 비교적 좋은 상권으로 아파트나 주택가를 배후지로 두고 있으면 주말 외식손님도 끌 수 있다. 주택지는 상류층 지역보다는 중류, 혹은 중하류 지역을 택하는 것이 좋다.

기본적으로 편의적 성격이 강하기 때문에 반경 500m 이내를 상권으로 보는 것이 좋으며 입지를 선택할 때에는 접근성을 중요하게 판단해야 한다. 또 업종의 성격상 보완업종이므로 취급식단이 다른 여러 음식점과 함께 자리하는 것이 좋다. 비싼 권리금과 임대료를 부담하면서까지 대로변을 고집할 필요는 없다. 도로에 접한 건물의 뒤쪽 골목이라면 접근성에서 큰 차이가 없을뿐더러 골목길을 마주보며 하나의 상권을 형성하기 쉽기 때문에 오히려 도로에 접한 곳보다 나을 수도 있기 때문이다. 주차공간의 확보라는 측면에서도 뒷골목이 유리하고, 경우에 따라서는 2층이나 3층도 무리가 없다.

(2) 제과점

① 업종의 특성

주요고객은 10대에서 40대의 신세대 여성층으로, 밥을 먹어야 먹은 것 같다는 노년층이나 장년층은 빵에 대한 거부감이 있다. 유명세와 신선도를 중시하며 가까운 곳에서 구입하는 편의품이다. 업종의 성격상 동종업종끼리는 경합업종이다.

② 상권과 입지

아파트단지나 주택가 입구, 유동인구가 많은 중심지 상권이 좋다. 특히 지방 소도시의 경우는 중심지에 자리해야 한다. 통계상 30평 이상의 중규모 아파트단지가 좋고 배후세대는 최소 1,000세대는 되어야 한다. 임대아파트나 중하층지역은 피하는 것이 좋다.

(3) 커피전문점

① 업종의 특성

주요고객은 20, 30대 연령층의 대학생, 학원생, 사무직 직장인으로, 이제는 약속장소로만 아니라 일시적 휴식은 물론 커피 자체의 맛을 즐기기 위해 마시는 경향이 점차 늘고 있다. 특별한 경우를 제외하고는 가까운 곳을 이용하는 품목이다. 업종의 성격상 동종업종끼리 경합업종이나 상권이 큰 경우는 모여 있는 것이 좋다.

② 상권과 입지

오피스가, 대학가, 학원가 상권이 좋다. 평상시 가게 앞을 지나는 유동인구가 최소 5,000명은 넘어야 하고 역이나 직장, 학교, 학원 등에서 반경 5분 안쪽의 거리에 있어야 한다. 커피값을 올리는 데는 한계가 있으므로 비교적 권리금과 임대료 부담이 적은 곳을 선택하는 것이 좋고, 지하나 2층이라도 인테리어나 경영의 노하우로 극복이 가능하다.

사례 3

자영업을 해 보려면 이렇게

경기도 부천의 동네빵집 '프랑세즈과자점'. 바로 옆에 프랜차이즈 빵집 세 곳이 들어왔으나 정작 백기를 든 것은 프랜차이즈 쪽이었다. 이 빵집의 김영완 사장과 부인 서미라 씨는 그 비결을 "맛·정성·고객관리 같은 기본에 더 힘을 쏟은 결과"라고 말했다. 엎어지면 코 닿을 50m 거리 안에 프랜차이즈 빵집이 3개. 그래도 이 동네빵집은 살아남았다. 견디다 못해 보따리를 싼 건 오히려 프랜차이즈 쪽이었다. 김영완 씨는 1981년부터 빵을 만들었다. 부천에 자리 잡은 건 99년. 처음엔 근처에 경쟁 상대가 없었다. 그러다 2005년 바로 옆 건물에 프랜차이즈 빵집이 들어섰다.

하지만 상대는 2년을 버티지 못했다. 프랜차이즈 빵집을 기웃거리던 고객들이 이내 프랑세즈로 되돌아왔다. 상대 빵집은 "재료를 본사에서 받아 천편일률적인 제품을 만드는 프랜차이즈로는 처음부터 끝까지 직접 빵을 만드는 프랑세즈의 맛에 못 당하겠다"며 떠났다고 한다.

2010년 진짜 위기가 닥쳤다. 프랑세즈 길 건너에 두 곳, 뒤에 한 곳, 모두 세 곳의 프랜차이즈 빵집이 생겼다. '포위당했다'고 느낄 정도였다. 그간 프랜차이즈 빵 맛이 좋아졌음인지, 이번엔 손님들 발길이 확 줄었다. 하루 200만원 정도이던 매출이 100만원 아래로 떨어졌다. 심할 때는 하루 50만~60만원 적자가 났다. "보통이라면 인건비와 재료비를 줄이려고 했겠지요. 하지만 그건 '빵쟁이'가 취할 자세가 아닙니다. 그보다는 기본을 충실히 지키는 게 더 중요하다고 봤습니다. 맛, 정성, 그리고 고객관리를 한층 철저히 하는 거지요."

적자를 내는 속에서도 6명 직원은 줄이지 않았다. "일손이 한 명만 줄어도 빵에 가는 손길과 정성이 함께 줄어 맛이 떨어지게 된다"는 지론에 따른 것이었다. 직원에게 넘겼던, 단팥 소 만드는 일은 다시 김 사장 자신이 맡았다. 프랑세즈의 대표 상품인 '단팥빵'을 무기 삼아 경쟁해야겠다는 생각에서였다. 적자 와중에도 '그날 만든 빵은 그날 판다'는 원칙을 고수했다. 하루쯤 지나도 먹는 데는 아무 상관이 없지만, 그렇다고 하루 지난 빵을 파는 건 '빵쟁이'로서 꼭 지키겠다고 마음먹은 약속을 깨는 일이었다.

프랜차이즈 빵 맛을 보던 고객들이 결국에는 프랑세즈의 손을 들어준 것일까. 시간이 지나면서 고객들이 다시 돌아왔다. 지난 4일 프랑세즈과자점에서 만난 주부 신성희(38) 씨는 "집에서 20분 정도 떨어져 있지만 빵집은 이곳을 찾는다"며 "빵이 신선하고 재고를 팔지 않기 때문에 애들에게 안심하고 먹일 수 있다는 믿음이 간다"고 말했다.

1년간의 싸움 끝에 결국 프랑세즈과자점 인근에 들어왔던 프랜차이즈 빵집 3곳이 모두 문을 닫았다. 지난해 초의 일이었다. 김 사장은 "현재 월 매출은 7,500만원, 하루 평균 손님이 250명으로 프랜차이즈가 들어오기 전보다 사정이 나아졌다"고 말했다.

프랑세즈가 경쟁에서 이긴 데는 단골 고객들이 큰 힘이 됐다. 프랑세즈는 약 10년 전부터 회원제도를 운영했다. 회원카드를 만들어 구매한 빵값의 5%를 마일리지로 적립했고, 이따금씩 덤을 얹어줬다. 이렇게 해서 가입한 회원이 지금 1만 4,200명. 한 달에 한 번 이상 찾는 고정 고객만도 1,000명을 넘는다. 부천뿐 아니라 서울·시흥·광명 등지에서 오는 단골도 있다.

김 사장은 프랜차이즈에 밀려 고전하는 동네빵집 경영주들에게 이런 조언을 했다. "프랜차이즈 빵집처럼 종류와 개수를 늘리려 하지 마세요. '동네빵집'이 잘할 수 있는 일에 선택과 집중을 해야 합니다. 가장 잘 만들 수 있는 빵 한두 가지에 특화하세요. 그리고 또 하나 중요한 게 있습니다. 프랜차이즈에 앞서 동네 터줏대감 빵집 노릇을 하면서 이웃들과 쌓은 정(情)을 더 도탑게 쌓아가는 겁니다."

김영완 사장이 전하는 동네빵집 생존 팁

- 반죽 같은 반재료를 사오지 말라. 고유의 솜씨로 승부하라.
- 종업원을 보살펴라. 그들이 빵 맛을 좌우한다.
- 프랜차이즈가 흉내낼 수 없는 대표상품 하나를 만들어라.
- 단골이 생명이다. 프랜차이즈처럼 회원 관리를 하라.
- 신선도가 최고다. 오늘 만든 빵을 절대 내일 팔지 말라.

(4) 유아용품점

① 업종의 특성

주요고객은 결혼 10년 이내의 신혼층으로, 편의품이기는 하지만 제품의 질과 가격을 비교하여 사는 물건에 속한다. 상권의 크기에 따라 다르긴 하지만 업종의 성격상 호혜·보완 업종으로 분류된다.

② 상권과 입지

주택가에 인접한 전철역이나 버스정류장 주변, 대형 유통상가 안이나 입구 등 주택가가 아니라 상가지역에 위치하는 것이 좋다. 아파트 단지의 경우에는 중소형 평수의 아파트 단지가 좋으나 최소 1,000세대는 넘어야 한다. 장난감이나 의류 등 약간의 차이가 있는 점포가 함께 있는 것이 좋다.

(5) 캐주얼용품점

① 업종의 특성

주요고객은 10대~30대의 학생층과 젊은 층으로, 중저가류이기는 하지만

1만원대를 넘는 것이 많아 구입할 물건과 구입장소를 미리 선정해두었다가 사는 경향이 있다. 업종의 성격상 호혜·보완 업종으로 분류된다.

② 상권과 입지

기본적으로 유동인구가 중급 이상의 상권, 대학교나 중고등학교를 한둘 끼고 있는 지역이 좋으며 중류층 이상의 아파트 단지를 배후지로 하고 있으면 더 더욱 좋다. 특히 지방 중소도시의 경우는 중심지에 자리를 잡아야 한다. 소비자의 접근성이 용이한 역세권이나 도로변이 좋으며 구두나 의류 등 비슷한 업종이 모여 있으면 흡인력이 높다.

(6) 인테리어 관련업

① 업종의 특성

주요고객은 집 단장에 특히 관심이 높은 30대~50대 여성이다. 그러나 젊은 층은 장년층에 비해 실질구매력이 적다. 소문과 기술이 중요한 업종이다. 업종의 성격상 경합업종으로 분류된다.

② 상권과 입지

새로 아파트에 입주하는 신도시나 중류층 이상의 주택가가 좋은 상권으로, 주변 2~3km 정도를 대상고객으로 하고 있어 상권이 넓은 편이다. 넓은 도로변보다는 간선도로나 상가건물에 입주하는 것이 좋다. 서울의 중대형 아파트 단지도 좋은 입지점이기는 하지만 상권이 뻗어나는 데 한계가 있다. 유통시설이나 레저 스포츠 시설 등 주부들의 활동무대와 될 수 있는 대로 가까이 위치하는 것이 좋다.

(7) 가구점

① 업종의 특성

주요고객은 중년층으로, 신혼가구도 실질적 구매자는 부모인 중년층이다. 가격이 비싸 가까운 곳보다는 질 좋고 싼 곳이라면 어디든지 마다하지 않는다.

더구나 이모저모 비교하며 사는 품목이기 때문에 같은 업종끼리 모여 있을수록 상권의 흡인력이 커지는 호혜업종이다.

② 상권과 입지

아현동(부산 좌천동)이나 방배동(대연동) 등 기존에 이미 형성된 상권 이외에 신도시(해운대 신시가지)나 신흥개발지를 중심으로 새로운 생겨나고 있는 곳도 좋다. 가게 터가 넓어야 하기 때문에 중심상권보다는 중심상권에서 약간 벗어난 곳에 자리를 잡는 것이 좋지만 무엇보다 주차공간 및 시설, 대중교통의 편리성에 신경을 써야 한다.

(8) 서비스 업종

① 업종의 특성

물건이 아니라 서비스를 파는 업종, 이발소, 세탁소, 예체능학원, 완구대여업 등 여러 가지 대여업이 이에 포함된다. 주고객은 업종에 따라 차이가 많지만 대개는 주변지역에 거주하는 지역주민이다. 서비스 업종은 일정한 시장규모를 나눠 먹기 하는 업종이므로 몰려 있으면 불리하다. 따라서 동종 업간에 경합업종으로 분류된다.

② 상권과 입지

아파트나 주택밀집지역이 좋다. 상점의 인지도만 있으며 굳이 1층이나 요지가 아니어도 된다. 경제적으로는 중류층의 거주지가 적합하며 고급주택가는 피하는 것이 좋다. 노하우와 가게의 시설규모가 뒷받침해준다면 회원제 등으로 상권의 확장성을 가질 수 있다.

(9) 데이트업종, 무드업종

① 업종의 특성

북카페, 비디오방, 카페, 레스토랑 등이 이 부류에 포함된다. 주고객은 젊은 남녀들로 그들의 분위기에 맞는 시설이 필요하다. 이 업종은 여관업과 같이 모여 있어야 잘되는 보완업종으로 분류된다.

② 상권과 입지

중급 이상의 상권으로 학교주변이나 오피스가를 끼고 있으면 좋다. 특히 교통편이 좋아야 하고 도로의 전면보다는 뒷골목이 좋다. 또한 이 업종은 분위기를 타는 업종이므로 모여 있을수록 상권의 크기가 확대되는 특성을 갖고 있다.

3. 상권별 성공가능 업종

(1) 아파트 상가 업종

① 음식점 관련업종: 배달전문 피자점, 치킨점, 중국집, 떡 커리방, 족발전문점

② 서비스 관련업종: 노래방, 미용실(여자), 사우나클리닝센터, 독서실, 탁아텔, 사진전문점, 부동산, 책대여점, DVD대여점, 만화대여점, 컴퓨터게임장, 완구렌탈 및 판매

③ 도·소매 관련업종: 냉장 과일점, 정육점, 슈퍼마켓, 편의점, 문구 팬시점, 약국, 화장품점

(2) 재래시장

① 음식점 관련업종: 중저가횟집, 족발전문점, 치킨점, 만두전문점, 베이커리, 떡집, 호프집

② 서비스 관련업종: 중고용품전문점, 사진관, 클리닝센터, 부동산, 미용실, DVD대여점, 만화대여점, 컴퓨터게임장

③ 도·소매 관련업종: 유기농산물전문점, 즉석식품전문점, 정육점, 냉장과일전문점, 생선전문점, 유제품전문점, 반찬전문점, 생활용품 할인매장, 지물포, 문구점, 서점, 화장품, 귀금속전문점, 꽃집, 편의점, 노브랜드의류점, 언더웨어점, 약국

(3) 신도시

① 음식점 관련업종: 치킨전문점, 떡 커리방, 배달피자점, 생선회 택배점

② 서비스 관련업종: 탁아방, 클리닝센터, 카센터, 애완견센터, 미용실, 부동산, 한의원, 학원, 사진관, DVD대여점, 컴퓨터게임장

③ 도·소매 관련업종: 중고용품 위탁판매점, 멀티팬시점, 준생필품전문점, 반찬전문점, 정육점, 지물포, 서점, 화장품, 약국

(4) 역세권

① 음식점 관련업종: 서서먹는 우동국수집, 2,000원 셀프해장국, 떡방, 김밥전문점, 골뱅이전문호프집, 치킨전문점, 종합분식점, 토스트전문점, 호프집, 이동스낵카, 1,000원 국수집

② 서비스 관련업종: 학원, 의류리폼, 구두세탁소, 남성전용 미용실, 컴퓨터 게임장, 노래방, 인터넷PC방, 월셋방 임대업, 사진관, 소호족미니사무실, 탁아방

③ 도·소매 관련업종: 캐주얼의류, 서점, 공동브랜드편의점, 음식재료 루트카, 화장품할인점, 안경점

(5) 초중고교 앞

① 음식점 관련업종: 라면전문점, 떡볶이전문점, 종합분식점, 김밥전문점, 와플전문점

② 서비스 관련업종: 학원, 미용실, 사진관, 독서실, 인터넷PC방, 만화 대여점, 컴퓨터게임장, 스티커포토숍

③ 도·소매 관련업종: 문구점, 멀티팬시점, 교복전문점, 서점, 편의점, 안경점

(6) 오피스권

① 음식점 관련업종: 골뱅이전문호프집, 순대국전문점, 설렁탕전문점, 보

신탕전문점, 삼계탕집, 생고기전문점, 삼겹살집, 캐주얼횟집, 김밥 전문점, 도시락전문점, 부대찌개전문점, 일식집, 도시락이동판매, 중국집, 치킨호프집, 종합분식점, 막걸리전문점, 빈대떡전문점

② 서비스 관련업종: 사우나, 사설우체국, 카센터, 찻집, 당구장, 월셋방 임대사업, 소호족 미니사무실

③ 도·소매 관련업종: 문구점, 꽃집, 화장품, 안경점

(7) 대학상권

① 음식점 관련업종: 치킨호프, 소주방, 떡커리방, 직영편의점, 김밥전문점, 호프집, 종합분식점, 중국집, 막걸리전문점, 라면전문점, 주점

② 서비스 관련업종: 클리닝센터, 복사전문점, 워드대행업, 미용실, 사진관, 월셋방 임대사업, 포켓볼당구장, 사격장, 인터넷PC방, 스티커포토숍, 화상미팅 커피방, 사주관상 커피점, 노래방, 비디오방, 사이버만화텔, 소호족미니오피스텔

③ 도·소매 관련업종: 서점, 문구점, 멀티팬시점, 편의점, 꽃가게, 안경점

(8) 고시촌

① 음식점 관련업종: 중저가호프집, 소주방, 김밥전문점, 매식 전문식당, 막걸리전문점, 치킨전문점, 종합분식, 중국집

② 서비스 관련업종: 독서실, 고시원, 고시학원, 부동산, 워드대행 및 복사, 월셋방 임대사업, 인터넷PC방, 노래방, 비디오방, 포켓볼당구장, 사이버 만화텔, 컴퓨터게임장

③ 도·소매 관련업종: 슈퍼, 서점, 문구, 베이커리

(9) 건물지하 상가

① 음식점 관련업종: 순대국전문점, 배달전문김밥집, 배달전문종합분식, 쌈밥전문점, 삼계탕, 중국집, 골뱅이호프집, 치킨호프

② 서비스 관련업종: 세탁소, 단란주점, 당구장, 노래방, DVD대여점

③ 도·소매 관련업종: 슈퍼형문구점, 화장품할인점

(10) 학원가

① 음식점 관련업종: 김밥전문점, 종합분식점, 중국집, 라면전문점, 떡볶이 전문점, 커피전문점

② 서비스 관련업종: 컴퓨터게임장, 당구장, 포켓볼, 사이버만화텔, 인터넷 PC방, 노래방, 비디오방, 월셋방임대사업, 독서실, 복사전문점

③ 도·소매 관련업종: 문구점, 서점, 팬시점, 편의점

(11) 동네상권

① 음식점 관련업종: 치킨점, 중저가횟집, 커리떡방, 족발전문점, 분식점, 만두전문점

② 서비스 관련업종: 클리닝센터, 미용실, 카센터, 부동산, 노래방, 컴퓨터 게임장, DVD대여점, 만화대여점

③ 도·소매 관련업종: 편의점, 정육점, 과일전문점, 지물포, 화장품할인점, 토이숍, 노브랜드의류, 약국

(12) 여자대학

① 음식점 관련업종: 와플전문점, 김밥전문점, 종합분식점, 떡볶이전문점, 커피전문점

② 서비스 관련업종: 사진관, 스티커포토숍, 순정만화방, 미용실, 복사 전문점, 워드대행업, 월셋방임대사업, 컴퓨터게임장, 노래방

③ 도·소매 관련업종: 팬시점, 문구점, 캐주얼의류점, 화방, 화장품할인점, 신발가게, 향수전문점, 액세서리전문점, 꽃가게, 편의점

사례 4

전세금 급등기 원룸텔 창업 성공하려면

원룸텔을 창업해서 성공하려면 학원가를 피하고 오피스 지역 인근에 창업하는 것이 핵심이다. 최근 전세금 폭등으로 원룸텔(고급형 생활고시원) 사업에 대한 예비창업자 관심이 커지고 있다. 원룸텔이란 9.9~19.8m^2(3~6평) 규모 방에 화장실, 샤워실과 침대, TV, 냉장고, 서랍장 등 기본시설이 갖춰진 1인용 주거공간을 말한다. 기존 고시원보다 넓고 시설이 좋으며 원룸과 비교해서는 보증금 등 목돈이 들지 않고 이주가 자유로운 강점이 있다. 특히 고시원은 월 입주료 15만원 전후로 고시생들을 대상으로 하는 반면 원룸텔은 40만원 전후로 경제력이 있는 싱글족 직장인을 주요 대상으로 한다는 점이 다르다. 관련업계에 따르면 전세난이 가중된 지난 7월 이후 원룸텔 입주를 묻는 문의가 이전과 비교해 40~50% 늘었다.

임미경 대표(47)는 서울 영등포에서 495m^2(150여 평) 규모 원룸텔인 '코쿤하우스'를 운영하고 있다. 친척인 이현경 대표와 공동으로 창업·운영하는데, 월 매출은 2,000만원 선이며 수익은 각기 500만~600만원 가량 올리고 있다. 코쿤하우스 영등포점은 방 40개에 공동 편의시설인 주방을 갖췄다. 임 대표는 남편 출근 후 오전 11시께 들러 위생 상태와 야간 발생 상황 등을 살피고 밥과 김치 등 기본 밑반찬을 챙긴다. 이후 오후 2~3시께 귀가한다.

입주자들이 아침 일찍 직장 등지로 향하기 때문에 굳이 상주할 이유가 없다고 임 대표는 설명한다. 그는 "총무를 고용해 관리 전반을 맡기면 되기 때문에 종일 매달릴 필요가 없다"고 말했다. 임 대표 역시 창업 이전에는 상계동에 거주하는 평범한 주부였다. 그러던 그가 창업시장에 눈길을 돌린 것은

원룸텔 성공창업 5개명

1. 오피스 밀집지역에 자리를 잡아라
2. 전철역·버스정류장과 인접해 있는지 확인해라
3. 인테리어 등 투자비용을 아끼지 마라
4. 출입구 분위기 조성에도 힘써라
5. 부동산 시장 동향에 기민하게 대응하라

2007년. 남편 퇴직이 코앞인 데다 자녀들이 대학 입학을 목전에 둬 경제적인 부담이 점점 커지고 있었기 때문이다. 하지만 창업 경험이 전무한 터라 어떤 업종을 골라 시작해야 할지 막막했다. 그러던 중 모 대학교 인근에서 고시원을 운영하는 지인에게서 원룸텔 사업에 대한 정보를 접한 후 관심을 갖게 됐다.

임씨는 고시원 업계 관계자들과 상담한 결과 기존 고시원이 포화 상태로 경쟁이 치열하다는 점, 1인 가구가 늘어나는 점 등을 감안해 고시생보다는 싱글족 직장인을 대상으로 한 고급형 1인 거주시설인 원룸텔을 창업하기로 결심했다. 위치는 여의도로 출퇴근하는 직장인을 겨냥해 영등포역 인근으로 정했다.

하지만 창업비용이 문제였다. 원룸텔 사업에 적합한 495m^2 규모 건물이 있었지만 보증금 5,000만원에 내부 공사비만 2억 5,000만원에 달하는 등 창업 부담이 컸다. 임씨는 친척인 이현경 씨와 공동창업해 비용 부담을 줄였다. 또 사업 경험이 없기 때문에 전문가 도움이 필요하다고 판단하고 원룸텔 전문 프랜차이즈 업체인 베스트하우스 도움을 받았다. 임 대표는 "전문가 도움을 받으니 시행착오를 최소한으로 줄일 수 있었다"며 "최근 전세금이 폭

등하면서 싱글족 문의가 빗발치고 있지만 방이 모자라 수요에 부응하지 못하고 있다"고 전했다.

사업 장점

원룸텔 사업은 노동 강도가 높지 않아 운영이 용이하다는 점, 특별한 기술이 필요하지 않다는 점 등이 강점으로 꼽힌다. 하지만 기존 고시원과 차별화하기 쉽지 않고 주변 상황에 따른 매출 부침이 심할 소지도 있다.

먼저 '입지' 선택 시 신중한 접근이 필요하다. 원룸텔 주 수요층이 싱글족 회사원인 만큼 주변에 오피스 밀집 지역이 반드시 존재해야 한다. 또 입주자들이 대개 아침 일찍 나가 밤늦게 들어오기 때문에 주변에 지하철역이나 버스 정류장이 있는지도 살펴야 한다. 임 대표는 "여의도 오피스가까지 지하철로 10분이면 도착하는 등 입지가 좋은 점이 성공에 크게 작용했다"며 "아무리 시설이 좋더라도 입지가 좋지 않으면 한계가 있다"고 강조했다.

창업 시 주의해야 할 점

규모는 적어도 390m^2(118평) 이상 돼야 한다. 이 정도는 돼야 주방 등 공동 편의시설과 각종 인테리어를 설치하기 용이하기 때문. 또 직장인을 겨냥한 만큼 규모가 넓은 방 위주로 구성하는 것이 좋다. 물론 경제력이 뒷받침되는 고시생들이 입주하는 사례도 있지만 이들은 일부임을 잊지 말아야 한다.

특히 경쟁이 치열한 노량진·중계동·신림동 등 학원가 주변은 가급적 피하는 것이 낫다. 인테리어 공사에 과감하게 투자하는 것도 필요하다. 깔끔한 분위기를 내는 인테리어 공사를 통해 편의성과 안전성을 높일 수 있다. 원룸텔은 주요 고객이 젊은 층이기 때문에 대부분 인테리어에 민감하다. 임 대표는 고급 마감재를 사용하고 방과 방 사이를 벽돌로 시공해 방음 처리를 확실히 했다. 비상구, 방범용 카메라 등도 입주자 안전을 위한 필수시설이다. 출입구 분위기를 고급스럽게 꾸미는 것도 중요하다. 출입구 분위기가 전체 이미지를 결정짓는 데 큰 몫을 하기 때문이다. 입구 쪽을 조명 처리한다든지 컬러 유리나 대형 수족관을 설치하면 고급스러운 이미지를 연출하는 데 효과가 있다.

창업전문가들은 실패 시 경제부담이 크고 주변 상황에 따른 매출 부침이 크기 때문에 신중하게 접근해야 된다고 강조했다. 강병오 FC창업코리아 대표는 "전세난이 끝나고 주택시장이 안정될 경우에도 원룸텔 수요가 높을지 확신할 수 없다"며 "창업 전 성공 가능성 등을 꼼꼼히 살피고 창업 후에는 안전관리, 시설보수, 차별화 등에 신경써야 한다"고 주의를 당부했다.

〈자료: 매일경제신문〉

제4절 입지고려 요인과 선정단계

1. 입지고려 요인

기업입지는 기업이 기업활동을 수행하기 위해 자리잡게 될 지리적 위치로 기업의 유지, 성장을 위한 기초적인 의사결정 사항이다. 기업입지는 기업활동의 내용은 물론 기업성패에도 큰 영향을 미치게 되므로 신중하게 선택되어야 한다. 특히 상업활동을 주로 하는 기업의 경우 흔히 '장사는 길목이 중요하다'는 말로 표현되듯이 양호한 입지의 선정은 경영성과 실현에 핵심적인 요인이 되는 경우가 많다.

물론 제조기업의 경우에도 기업입지가 주요한 의사결정이 된다. 즉, 제조기업의 경우 입지를 잘못 선택한 경우에는 더욱 심각한 여러 가지 어려운 문제가 생긴다. 예컨대 공장의 입지가 결정되면 그 자연적, 지리적 조건은 변경하기 어렵고 또한 공장을 이전하기도 어렵다. 공장의 입지가 어떠한가에 따라 생산원가도 크게 달라진다. 일단 입지를 잘못 선정한 경우에는 제품을 저장하거나 앞으로 기업을 확장하려는 경우 그러한 장소를 얻을 수 없거나, 근처의 원료원이 곧 고갈되어 버린다든지 혹은 예상보다 세금이 많아져서 결국 단위당 비용이 높아지는 경우도 많다. 또한 기업입지에는 영구적으로 대규모의 고정자금이 투입되므로 이를 선정할 때에는 이와 관련되는 조건들도 종합적으로 고려되어야 한다.

(1) 경영 외적 고려요인

이는 개별기업의 독자적인 입장에서 자의적으로 선정할 수 있는 요인이 아니라 정책적 내지 사회경제적 관점에서의 타의적인 선정요인들을 말한다.

① 역사적 요인

주로 그 지역에서의 역사적인 전통과 결부된 요인으로서 이를테면 디트로

이트시의 자동차공업, 졸링겐시의 철물공업, 대구의 가내 직물공업 등이 그 좋은 본보기가 된다. 한편 역사적인 유적지나 풍치지구에서는 어떤 기업도 그 입지를 선정할 수 없다는 것도 역사적 요인이라 할 수 있다.

② 입지정책적 요인

주로 지역경제 정책적이며 도시계획적인 성격의 요인을 말하며 공업단지나 산업기지 또는 유통단지가 정책적으로 조성되었을 경우가 그 일반적인 예가 된다. 개별기업의 입장에서는 그러한 단지 내에 입지를 선정하는 것이 입지비용이나 환경조성비용 또는 세제면에서 여러 가지 혜택이 되는 경우가 대부분이다.

③ 사회경제적 요인

역사적인 전통이나 도시 계획적인 관점에서가 아니라 사회경제적인 관점에서 택해지는 입지정책의 하나이다. 이를테면 빈곤한 지역이나 국경과의 인근지역에 입지를 선정하는 기업에 대해서는 세제상의 혜택이나 기타 지정지원을 보장함으로써 그 지역의 빈곤해소 및 실업자구제나 거주지역의 전국적 평준화와 같은 사회경제적 효과를 기하고자 하는 정책이 그 한 예이다.

이상과 같은 경영 외적 고려요인들은 업종이나 사업분야가 어떤 것인가에 관계없이 영향을 미치는 요인이므로 창업자로서는 이들 요인을 신중히 검토할 필요가 있다.

(2) 경영 내적 고려요인

이는 경영 외적 요인의 고려 후에 이어지게 되며 개별기업의 독자적인 입장에서 마음대로 선정할 수 있는 여러 가지 요인들을 말한다.

① 생산지향적 요인: 원료확보의 난이성 여부가 중심이 된다.

② 판매지향적 요인: 제품판매의 유리성 여부가 중심이 된다.

③ 노동지향적 요인: 양질의 노동력을 적정한 가격으로 충분히 확보할 수 있는가의 여부가 중심이 된다.

④ 수송지향적 요인: 수송수단의 확보와 수송 자체의 난이성 여부가 중심이 된다.

⑤ 기업가 지향적 요인: 기업가의 개인적, 심리적 선호가 중심이 된다.

⑥ 기타 지향적 요인: 공업용수, 전력, 가스 등 에너지원의 확보 난이성과 기후, 토질, 주위환경과 같은 자연적 입지조건의 타당성 여부가 중심이 된다.

특히, 상업활동을 주로 하는 경우 아무래도 판매지향적인 요인이 가장 중요한 고려사항이 되며 이를 구체적으로 나타내면 다음과 같다.

첫째, 시장요인으로 여기서는 현재 및 잠재고객의 크기, 소비의 빈도와 질, 소비전통 등이 중요하다.

둘째, 교통요인으로 여기서는 고객의 접근비용, 접근수단의 다양성 등이 중요하다.

셋째, 경쟁요인으로 여기서는 동종 또는 대체품을 판매하는 경쟁업자의 수, 경쟁강도 등이 중요하다.

넷째, 공간요인으로 여기서는 공간능력, 공간비용, 공간확대 가능성 등이 중요하다.

2. 좋은 입지의 조건

점포입지에도 명당이라는 곳이 있다. 일반적인 명당이라는 상권은 잠재고객이 밀집되어 있고 또 가깝고 오기 쉬워 많은 고객을 확보할 수 있는 상업의 중심지를 의미한다. 그러나 좋은 상권의 조건은 이런 외적 요인보다는 내적 요인이 더 크다는 사실을 명심할 필요가 있다. 즉 좋은 상권은 일반적인 상권의 의미보다는 실제 경영하려고 하는 업종과 연관지어 생각해야 한다는 것이다. 이런 의미에서 명당이라는 상권선택의 전제 조건을 다음과 같이 정리해 볼 수 있다.

첫째, 점포입지를 먼저 선택하고 그 입지에 맞는 업종을 선택하는 것이 현실적으로 안전한 개점의 비결이다. 물론 업종을 선택하고 거기에 맞는 점포를 선택하는 것이 일반적이지만, 그럴 경우 경제적 요인 때문에 오히려 사업 착수의 장애요인이 될 수도 있기 때문이다.

둘째, 상권선택은 장기적인 안목이 필요하다. 사업을 시작해서 1~2년 내에 승부를 내보려는 생각처럼 위험한 발상은 없다. 그런 의미에서 아주 외진 곳이 아니라면 신설 상권 또는 신축건물도 좋은 상권으로 가꾸어갈 수 있다. 우선 신축건물이나 새롭게 형성된 상권 내의 점포는 권리금이 없기 때문에 자금을 개점기념품 준비 등 홍보비에 투자한다면 단골 고객 확보가 용이하고, 단골 고객이 늘어나면 자동적으로 좋은 상권이 형성될 수 있다는 것이다.

셋째, 업종에 맞는 상권선택이 중요하다. 업종선택을 하기 전에 점포를 먼저 구하는 것이 현실적이라는 점은 이미 언급한 바와 같다. 그러나 이런 경우도 결과적으로는 업종과 상권이 일치하지 않으면 안된다. 과정이야 어떻든 결국 업종에 맞지 않는 상권은 실패하기 쉽기 때문이다.

넷째, 소매점을 개설하기 위해서는 점포 자체의 영업 능력도 중요하지만, 전체적인 시장세력에도 관심을 갖지 않으면 안된다. 동일업종이 밀집되어 있는 지역에서 장사가 잘 되는 것은 그곳에 바로 전체적인 시장세력이 있기 때문이다. 음식점의 경우에도 동떨어진 곳에 개점하기보다는 같은 업종이 밀집해 있는 곳이 적합하다. 고객의 입맛은 천차만별이기 때문에 '그곳에 가면 누구나 입맛에 맞는 음식을 골라 먹을 수 있다'는 인식을 심어줄 수 있기 때문이다.

다섯째, 상권에 못지않게 중요한 것은 영업전략이다. 고객이 가장 원하는 것은 값이 싸면서도 우수한 상품과 친절함이다.

따라서 높은 품질, 친절과 상품의 구색, 저렴한 가격, 그리고 차별화된 영업전략이 점포입지의 취약성을 보완해 주는 최고의 방법임을 명심할 필요가 있다.

(1) 입지조건의 구성요소

입지조건의 구성요소는 '그곳에 입점하면 얼마 정도 매출을 올릴 수 있을까?' 혹은 '그 점포가 계획사업을 수행하는 데 적합한가?' 등의 의문에 대한 답은 다음과 같은 입지조건의 구성요소에 따라 정해진다.

① 인 구

인구는 그 지역의 행정 인구를 가리킨다. 옛날 나이리와 콘바스라는 2명의 학자와 근대의 하프 등이 주창한 '중심지 이론'에 의하면 거리의 흡입력은 인구와 매장 면적의 합계에 의해 결정된다. 거리의 흡입력도 인구에 비례해서 커진다. 따라서 보다 넓은 면적을 가진 매장일수록 점포 운영에 적당한 인구를 유도할 수 있다. 예를 들어, 상권 인구 5만 명을 예상하고 있는 점포라면 그 지역에서 5만 명 규모의 상권을 형성하는 곳을 찾을 필요가 있다.

② 교통수단

교통수단은 고객이 점포까지 오기 위한 도로망 및 전철, 버스 등을 말한다. '보다 쉽게, 빠르게 도착 가능한 곳일수록 내점률이 높다진다'는 중심지 이론에 따라 교통수단이 편리할수록 고객 흡입력이 높아지게 된다.

③ 상업 중심성

상업 중심성은 인구와 그 지역 내 점포의 매장 면적에 좌우된다. 다시 말해 동일한 조건을 가지고 있을 때 점포 면적의 합계가 5천 평인 상권보다 1만 평인 상권이 흡입력이 더 높다고 할 수 있다.

따라서 그 상권인구도 주변지역 일부를 포함하여 보다 더 크게 형성된다. 계획입지의 조건은 이상 3가지 요소에 좌우된다. 즉, '어느 정도의 상권인구가 형성되는가?' '얼마나 많은 수의 사람이 점포를 찾아올까?' 등의 문제는 기본적으로 위의 3가지 요소에 따라 정해진다고 할 수 있다. 그리고 필요에 따라 소비자 지표인 소득수준, 연령 및 자동차 보유율 등을 추가해서 조사하면 좀 더 자세하게 예측할 수 있다.

(2) 적정한 상권인구

적정한 상권인구란 이미 영업중인 기존점의 상권인구가 아니라 미래에 전개될 최신 표준형 및 신유형점에 필요한 상권인구이다. 이것은 물론 기존점의 상권과 유사하거나 구애받아서 안된다. 어디까지나 이후 새롭게 전개하는 형태에 맞는 이상적인 상권인구여야 한다.

입지는 상권인구에 따라 정해진다. 인구가 10만 명인가, 5만 명인가, 3만 명인가 등에 따라 구하는 입지의 위치와 성격이 크게 달라진다. 따라서 입지선정은 상권에 맞는 바람직한 상권인구를 정하는 것으로부터 시작된다. 그런데 이를 모두 무시하고 입지를 찾으려고 하는 예비창업자가 의외로 많다. 대충 '좋은 장소가 없을까?'라는 식으로 찾게 되면 표준화가 되지 않는 것은 물론 전략적으로 경합을 피할 수 없다.

적정한 상권인구를 정할 때에는 상대적으로 작은 상권이 점포수를 늘리기 쉽고, 경합을 회피할 수 있다는 점에서 큰 상권보다 유리하다.

소상권은 대상권을 포위하는 형태가 된다. 따라서 대상권을 설정하고자 하는 기업은 소상권점을 뛰어 넘어 대상권의 고객을 흡입하기 위한 전략을 가질 필요가 있다. 그렇게 하지 않으면 소상권점에 포위당해서 점차 고객을 빼앗겨 결국 쇠퇴의 길로 접어들게 된다.

적정한 상권인구는 체인점 점포수도 좌우한다. 예를 들어, 대형 백화점처럼 150만 명 상권을 설정한다면 국내에서 설립 가능한 점포수는 최대 26점 정도밖에 되지 않을 것이다. 1992년 미국에서 탄생한 라디오 샤크의 초대형 슈퍼스토어인 인크레디블·유니버스는 전 미국에 50점포를 세우는 것이 목표라고 한다. 목표로 하고 있는 상권인구가 100만 명 이상으로 크게 설정되어 있기 때문이다. 이에 비해서 1만 명 정도로 상권을 설정한다면 운영 가능한 점포의 수는 2만점 이상이 된다.

(3) 입지선정의 8원칙

① 현재 상권 잠재력의 타당성: 한 지역을 설정해서 자신의 점포가 취급하려는 상품의 상권내 소비지출총액과 다른 점포가 점하는 비율을 검토한다.

② 상권 접근 가능성: 상권 내의 잠재력을 자기 점포에 어느 정도 흡인할 수 있느냐 하는 것은 점포 주변을 통과하는 가능성에 의존하게 되는데, 그에 따라 소매업의 업태를 3가지로 나눌 수 있다.

㉮ 고객 창출형: 광고, 상품의 독자성 평가, 판매촉진 수단에 의해서 독

자적인 고객을 흡인하는 형태로써 백화점, 대형 슈퍼마켓, 특수한 전문점 등이다.

㉯ 근린점 고객 의존형: 가까운 점포에 의해 흡인된 고객이 주변의 점포로 구매하러 가는 점포의 형태를 말한다.

㉰ 통행량 의존형: 쇼핑을 목적으로 하지 않는 통근자나 교통기관 이용자 등이 구매하는 경우, 대부분 소매 점포의 매출액은 이러한 3가지 성격의 고객이 혼재되어 있으므로 전체를 고려해야 한다.

③ 성장 가능성: 인구증가와 소득수준의 상승이 기대될 수 있는 상권이냐를 살펴봐야 한다.

④ 중간 저지성: 주거지, 또는 근무지와 기존부터 있던 경쟁 점포, 상점가의 중간에 입지하여 고객을 중간에서 저지할 수 있는 입지인가를 살펴보아야 한다.

⑤ 누적적 흡인력: 같은 종류의 상품을 취급하는 일정 수의 점포는 흩어져 있는 것보다 모여 있는 것이 좋다. 따라서 중간 저지성의 입지를 선택할 것인가, 누적성을 선택할 것인가를 판단해야 한다.

⑥ 양립성: 보완관계에 있는 상품을 취급하는 두 개의 점포가 근접해 있는 경우 양점포를 이용하는 고객수도 늘고 판매액도 늘어난다.

⑦ 경쟁회피: 경쟁점의 입지, 성격, 규모, 형태를 감안하여 입지를 선택하고 매출액을 예측한다. 또한 장래 경쟁점이 들어설 여지도 검토해 봐야 한다. 경쟁을 피하기 위해서는 다른 조건이 같다면 첫째, 가능한 경쟁점이 작은 규모로 들어설 만한 입지를 선택한다. 둘째, 입지를 경쟁점이 이용하는 것을 사전에 막을 수 있도록 해야 한다. 셋째, 경쟁입지가 중간 저지적인 입지가 되지 않는 입지를 선택해야 한다.

⑧ 입지의 경제성: 입지의 비용을 생산성과 관련해서 분석한다.

3. 입지선정 단계

입지선정은 특정상점의 입지를 선정하기 위해 행하는 조사작업으로 특히 유통기업의 경우 입지요인은 판매액에 절대적인 영향을 미치기 때문에 가장 중요한 고려요인이 된다.

입지의 중요성과 선택의 기준은 업종과 영업의 방법에 따라 다르다. 나아가 준비할 수 있는 자금과의 균형이 필요하다. 소매업이나 요식업처럼 점포판매가 중심인 경우, '입지산업'이라 불릴 만큼 사람의 능력보다 입지가 더 많은 영향을 미친다. 왜냐하면 도·소매업의 판매방식은 소비자와의 직접적인 접촉, 즉 소비자가 점포에 직접 찾아오지 않으면 상품을 팔 수 없기 때문이다.

(1) 입지대안의 확인

사업을 전개할 입지를 결정하기 위해서는 우선 가능한 입지대안들을 확인해야 한다. 소매입지의 대안은 크게 두 가지 종류로 나누어 볼 수 있는데 독립입지와 군집입지가 그것이다. 전자는 다른 소매입지들과 지리적으로 격리되어 있는 장소를, 후자는 다른 소매입지들과 지리적으로 인접해 있는 장소를 의미한다. 따라서 창업희망자는 우선 이에 대한 의사결정을 통해 점포입지선정에 따르는 노력을 줄여야 한다.

(2) 입지대안의 평가

입지평가원칙은 크게 기본원칙과 매력도 평가원칙으로 나눌 수 있다.

① 기본원칙

이는 입지 선정시 반드시 검토되어야 하는 필수원칙들로 어느 하나라도 충족되지 않으면 그 입지는 선정될 가능성이 없어지게 된다. 이에는 다음과 같은 것들이 있다.

첫째, 이용가능성으로 이는 고려중인 장소를 실제로 임대 또는 매입할 수 있는가 하는 것이다.

둘째, 적합성으로 이는 장소의 규모 또는 구조 등이 적합한가를 의미한다.

셋째, 수용가능성으로 이는 그 장소를 창업희망자가 임대 또는 매입할 만한 충분한 자원이 있는가의 문제이다.

② 매력도 평가원칙

이는 각 입지의 상대적인 매력도를 평가하는 원칙들로 이에는 다음과 같은 것들이 있다

첫째, 고객차단원칙으로 이는 입지가 고객이 특정지역에서 다른 지역으로 이동할 때에 고객으로 하여금 점포를 방문하도록 하는 입지적 특성으로 사무실 밀집지역, 상업지역, 쇼핑센터 등이 이에 속한다.

둘째, 동반유인원칙으로 이는 유사하거나 보충적인 소매업들이 함께 군집하고 있는 경우가 독립되어 있는 경우보다 더 큰 유인잠재력을 가질 수 있다.

셋째, 보충가능성의 원칙으로 이는 두 개의 사업이 고객을 서로 교환할 수 있는 정도로 인접한 지역에 위치한 사업들 간에 보충가능성이 높으면 높을수록 점포의 매출액이 높아진다.

넷째, 점포밀집의 원칙으로 이는 지나치게 유사한 점포나 보충할 수 있는 점포들이 밀집되어 있어서 고객의 유인효과와 매출액을 감소시키는 현상을 말한다.

다섯째, 접근가능성의 원칙으로 이는 고객의 입장에서 점포를 방문할 수 있는 심리적, 물리적 특성을 의미한다. 즉, 지리적으로 인접해 있다든가 교통이 편리하다든가 등의 요인들이 점포의 매출을 증대시키는 요인이 될 수 있다.

제 5 절 고객분석

부지를 선정해서 입지를 최종적으로 결정하게 되면 계약에 의한 장기투자가 이루어지므로, 개점 후 점포의 수익이 부진하다고 해도 쉽게 이동하거나 폐쇄하기 어려우므로 비용의 수반에 대한 고민을 해보아야 한다. 개업이 가격, 상품, 서비스, 판촉활동과는 다르게 유리한 입지를 선정한다는 것은 경쟁업체가

쉽게 모방할 수 없는 독점적 이익을 가져다주기 때문에 입지선정은 가장 중요한 일의 하나로 인식되고 있다.

입지선정의 중요성에도 불구하고 소규모 슈퍼마켓, 편의점, 의류가게 등은 실무자를 중심으로 한 체크리스트 방법이나 현장방문 등을 통한 관찰법 등에 의존하고 있는 실정이다. 이때 점포의 입지분석에 이용되는 변수들 중에는 매장면적, 상권 내의 주민 거주지, 점포의 이용횟수, 불만사항 등을 조사하고, 설문방법은 주요내용만을 간단하게 작성하는 것이 고객으로부터 피드백을 정확하게 받을 수 있는 방법이며, 통상적으로 10~15개 문항을 넘지 않게 작성하는 것이 유리하다.

점포의 상권을 파악하기 위해 가장 좋은 방법은 내점객을 통한 설문조사이다. 이 방법은 비용이 저렴하며, 쉽게 내용파악이 가능하고, 실제 점포를 이용할 수 있는 예비고객들을 대상으로 하기 때문에 매우 중요한 의미를 갖는다. 내점객 설문을 할 때 가장 중요한 사항은 샘플링(sampling)으로, 모집단 모두를 조사할 수 없으므로 의미있는 표본집단을 선정해야 하는데 이때 표본집단의 선정이 잘못되면 부정확한 정보를 얻을 수밖에 없다. 샘플을 골고루 선정하기 위해서는 시간대별로 내점객 수를 조사하여 그 결과를 바탕으로 샘플을 선정한다. 보통 샘플 수는 내점객의 10~20%가 적당하며, 최저 100명 이상은 되어야 통계적 의미를 가질 수 있다.

샘플링만큼 중요한 작업이 바로 조사일의 선정인데, 매출은 요일이라는 변수에 따라 큰 영향을 받기 때문에 가장 평균적인 매출을 올리는 요일을 선택하는 것이 바람직하다. 날씨의 영향을 받는 날, 비가 눈이 많이 오는 날은 제외하는 것이 좋다.

조사원은 점포와 관련되지 않는 외부사람을 선정하는 것이 좋은데, 이는 낯익은 판매원이 조사할 경우 의미 있는 데이터를 얻지 못할 가능성이 있기 때문이다. 정서적으로 낯익은 판매원에게 점포의 불만사항에 대한 솔직한 의견을 표시하는 것은 어렵기 때문에 외부에 의뢰하는 것이 바람직하다.

내점객을 상대로 한 설문조사의 한계점을 보완하기 위한 방법이 방문조사인데, 주로 자기매장의 상권범위 파악, 자기매장의 시장점유율 측정, 경쟁

매장과의 관계, 고객의 생활수준, 고객의 구매행동 패턴, 매장에 대한 호감도 등을 조사하고 그것을 기초로 하여 판매전략을 세우게 된다. 매장의 상권범위가 어느 정도인지를 파악하는 것이 방문조사의 가장 중요한 목적이므로 방문조사를 실시할 때 상권범위를 전부 포함하는 것이 바람직하다. 하지만 모집단을 모두 조사하는 것이 가장 정확한 방법이기는 하나 비용문제, 시간문제, 기간문제 등을 발생시키므로 전수조사 대신 표본조사를 하는 것이 가장 보편적인 방법이다.

동별, 구별, 단지별 등으로 구분하며, 거주지에 해당하는 가구수는 구청의 홈페이지나 관리사무소에 가면 파악이 가능하다. 조사에 대한 샘플링의 수가 정해지면 어느 한쪽으로 편중되지 않도록 표본을 추출하는 것이 중요하다. 매장을 중심으로 동서남북으로 일정한 거리마다 주민을 표본으로 하는 방법이 바람직하며, 이는 매장과 고객 거주지와의 거리, 기타 조건을 모두 고려하게 되므로 상권내 고객을 분석하는 데 도움이 될 것이다.

사례 5

세계 텐트시장 1위, 1억 달러 수출했던 지누스, 망했다가 매출 6천억 부활 비결

과거 지누스는 전 세계 텐트 시장에서 점유율이 35~40%를 오갔다. 1980년대부터 일찌감치 해외시장에 진출했던 지누스는 텐트제조에서 얻은 이익으로 IT분야에 투자해 '디지털기업으로 변신'을 선언했고 포브스가 '떠오르는 아시아 스타 기업'에 선정되기도 했다. 1995년에는 1억 달러 수출을 하기도 했다. 그러나 2003년, 400억 가까운 순손실을 내더니 법정관리를 신청하고 상장폐지 수순을 밟게 된다. 이렇게 지누스는 과거의 영광으로 사라진 듯했다. 그런데 최근 지누스가 코스닥 상장을 고려하고 있다고 한다. 잘나가던 지누스는 왜 한 순간 추락했던 것이며, 어떻게 다시 재기의 기회를 잡을 수 있었을까.

지누스의 실패는 사업다각화에서 시작되었다. 광통신, 보안장비 등 디지털 분야를 미래의 유망 사업으로 육성하는 계획은 좋았지만 실현과정에서 문제가 있었다. 새로운 사업에 투자하던 와중 외환위기가 발생한 것이다. 당시 지누스는 유동성 위기를 극복하기 위해 핵심 사업이었던 텐트 완제품 제조분야를 미국계 사모펀드에 매각하는 아픔을 겪었다. 비교적 수익성이 낮은 텐트 원부자재 생산을 하면서 꾸준히 디지털 분야에 투자를 계속해 왔지만 실적은 금방 생기지 않았고 설상가상으로 원부자재 분야 역시 값싼 중국제 제품에 밀리면서 매출이 절반 수준인 1,000억원대로 급감했다.

코스닥에서 상장 폐지당하는 수모를 겪으며 지누스가 다시 재기한다는 것은 불가능해 보였다. 그러나 최근 지누스는 한국장외주식시장(K-OTC)에서 1조원대 시가총액을 기록하면서 다시 주목을 받기 시작했다. 2017년에는 매출액 6,027억, 영업이익 872억, 당기순이익 358억을 올렸다. 지난 3월 주주총회에서 2005년 이후 처음 나온 이윤재 지누스 회장은 "올해 안에 상장을 다시 추진할 것"이라고 말했다. 총회장은 뜨거운 격려의 박수가 나왔다.

새로운 먹거리를 찾던 이 회장의 눈에 들어온 것은 침대 매트리스 생산이었다. 디지털 사업처럼 미래 유망하고 폭발적인 성장이 기대되는 사업은 아니었지만 그는 매트리스는 텐트제조를 통해 축적된 압축 기술을 바탕으로 충분히 제조할 수 있을 것이라고 보았다. 2014년 지누스는 아마존, 월마트 등 온라인쇼핑 시장이 성장하고 있다는 것을 알았다. 그래서 북미 지역을 겨냥해 매트리스 부피를 5분의 1 이하로 줄이는 압축 포장기술을 개발했다. 지누스가 매트리스를 압축해 택배로 배달하자 오프라인 매장을 고집하던 소비자들이 온라인 시장으로 돌아섰다. 배달되어온 매트리스를 펴자 원래대로 복귀하는 현상에 소비자는 열광했다. 입소문과 동영상으로 금방 퍼져 나갔다. 지누스가 생산하는 매트리스는 미국 최대 전자상거래 업체 아마존에서 판매 1위를 지키고 있다. 〈지식비타민, 2018.4.16.〉

제1절 사업타당성 분석의 개요

제2절 사업타당성 분석의 기본체계

제3절 사업계획서의 개념 및 필요성

제4절 사업계획서의 용도

제5절 사업계획서 작성

제6절 사업계획서의 문제점

Chapter 5

사업타당성 분석 및 사업계획서 작성

음료 그 이상을 만드는 커피전문점 CEO – 탐앤탐스 김도균

현재 국산브랜드 탐앤탐스의 성공은 김도균 대표가 커피와 탐앤탐스라는 브랜드에 대해 품은 끈질긴 애정과 열정에서 비롯됐다고 해도 과언이 아니다. 아직 커피전문점 시장이 걸음마 단계에 있던 2001년, 김 대표는 점점 커가는 커피 시장의 가능성을 내다보고 서울 압구정에 탐앤탐스. 1호점을 오픈했다. 사업 초기 자금 사정으로 어려운 상황에 처한 적도 있었지만 포기하지 않고 위기를 극복해 냈다. 그리고 2010년 9월 현재 전국 매장 200호 점을 돌파하는 등 남다른 경영과 차별화 전략으로 승승장구해 나가고 있다.

차별화전략 1: 커피를 공간 속으로

탐앤탐스의 차별화된 성공전략 중 하나는 바로 인테리어를 들 수 있다. 김도균 대표는 탐앤탐스 런칭 이전, 인테리어 회사를 경영했던 노하우를 바탕으로 커피와 함께 필연적으로 생기게 되는 매장의 공간에서 남다른 경쟁력을 찾았다. 소비자들이 보다 편안하고 안락한 분위기에서 커피를 마시며 문화를 즐길 수 있도록 다른 커피전문점과는 차별화된 고급스러운 내부 인테리어를 선보인 것이다. 소비자의 동선을 따라 이어진 조명, 비즈니스 룸이나 바, 테라스 등과 같은 소비자의 요구에 맞춘 기능적 공간들은 커피를 마시는 것에 즐기는 문화적 요소를 결합하여 커피 소비의 의미를 한 단계 끌어올려 주었다. 탐앤탐스의 차별화된 공간은 '고객이 원하면 언제든지 이용할 수 있는 준비된 공간'이라는 콘셉트로 국내 커피전문점으로는 처음으로 2005년부터 매장별 상권에 따라 24시간 매장으로 운영되고 있다. 2010년 9월 현재에는 국내 200개 매장 중 60여 개 매장이 24시간 운영 중이다.

차별화전략 2: 경쟁력 있는 메뉴

김대표의 또다른 성공전략 중 하나는 경쟁력 있는 커피의 맛과 다양한 메뉴개발에 있다. 탐앤탐스는 커피의 가장 기본이자 핵심인 '신선도'를 유지하기 위해 경기도에 원두 로스팅공장을 준공하여 로스팅한 지 1개월 이내의 원두만을 사용한다. 해외에서 로스팅된 원두를 수입하여 국내로 들어와 각매장으로 배송하면 신선도가 그만큼 떨어지고 이는 커피의 맛을 떨어뜨린다는 것이 김대표의 생각이다. 이렇게 신선도를 살린 커피를 비롯해 탐앤탐스에는 40여 종의 음료메뉴, 그리고 프레즐 브레드, 또띠아와 같은 제빵류를 자체개발하여 판매하고 있다. 이렇게 브런치를 즐기거나 커피와 함께 간식을 즐기는 소비자들의 요구에 발빠르게 대응한 결과 탐앤탐스는 다른 커피전문점에선 5%에 그치는 사이드메뉴매출이 20%에 달할 정도로 인기를 얻고 있다.

커피문화의 역수출

국내에서 커피전문점브랜드로 입지를 다진 탐앤탐스는 해외시장진출에도 성공했다. 이는 김대표가 직접 세계 각국으로 출장을 다니며 일궈낸 성과이다. 지난해 싱가포르, 호주 시드니에 매장오픈을 시작으로 올해는 호주 시드니 2호점을 오픈하는 등 해외진출에 박차를 가하고 있다. 올 연말에는 미국 LA 매장 오픈예정으로 한국 커피문화 역수출과 동시에 커피전문점 본토에 도전장을 내밀 계획이다. 외국브랜드 일색이던 커피시장에 토종 커피전문점으로 든든한 기둥이 되고 있는 탐앤탐스와 김도균 대표의 지속적인 성장을 기대한다.

스타벅스 하워드 슐츠

뉴욕 브루클린민가에서 태어난 하워드 슐츠는 어려운 가정형편에도 특유의 헝그리정신과 도전의식으로 대학졸업 후 제록스 취직 3년 만에 최고의 세일즈맨으로 등극하고 1979년에는 하마플라스트라는 가정용품 업체에 부사장으로 스카우트되어 남부러울 것 없는 인생을 살아간다. 그러던 중 시애틀의 작은 원두커피판매점에서 눈에 띄게 커피추출기를 많이 구매하는 것을 보고 호기심이 생겨 그곳을 직접 찾아가게 되는데, 그곳이 바로 '스타벅스'였다. 이곳에서 커피사업의 가능성을 발견한 하워드 슐츠는 연봉 7만 달러가 넘는 부사장직을 버리고 스타벅스의 마케팅담당이사로 이직한다. 커피시장에 발을 담근 후 슐츠는 이탈리아로 출장을 갔다가 여유로운 분위기에서 사람들이 모여 대화를 즐기는 노천카페를 본 뒤 미국에도 그와 같은 커피매장을 대중화하고자 아이디어를 제시한다. 하지만 소규모 카페운영을 원했던 스타벅스 창업자들은 받아들이지 않았고 하워드 슐츠는 직접 커피매장을 창업한다.

문화를 파는 커피전문점

하워드 슐츠는 단순히 커피를 판매하는 것이 아니라 사람들이 커피 한잔을 하며 편하게 얘기하고 음악을 들으며 쉴 수 있는 문화공간을 만들고자 했다. 즉 단지 마시는 커피가 아닌 문화로써 커피매장을 운영하고자 했던 것이다. 이런 생각은 80년대 중반까지만 해도 미국에서 커피란 그저 레스토랑 후식으로 여겨지던 인식에 큰 반향을 일으켰다. 이러한 꿈을 안고 창업한 하워드 슐츠의 커피점 '일지오날레'는 이탈리아 밀라노의 '바리스타(Barista)' 시스템을 도입했다. 바리스타는 '음식을 만드는 사람'이란 뜻으로 이탈리아에서는 커피숍에서 바리스타와 손님이 이런저런 이야기를 나누며 친분을 쌓는다. 커피매장을 단순히 커피 마시는 곳이 아니라 재충전과 사교의 장소로 바꾸려는 하워드 슐츠의 의도와 딱 맞아 떨어지는 시스템이었다. 하워드 슐츠의 커피점은 대성공이었고, 1987년 스타벅스가 매물로 나오자 일지오날레와 합병하여 지금의 스타벅스를 키웠다. 이후에도 스타벅스는 문화공간으로서의 커피매장을 강조하며 샌드위치나 커피 이외의 각종 음료를 제공하고 나아가 음악CD를 판매하는 등 현대사회의 하나의 문화적 흐름으로 자리잡게 되었다.

스타벅스에서 일하는 모두가 주인 '사람중심경영'

스타벅스의 중요한 성공요인 중 하나는 '가장 일하기 좋은 직장'으로 꼽힐 만큼 직원들을 생각하는 경영방침이다. 이는 하워드 슐츠의 아버지가 회사로부터 받았던 인간적이지 못한 대우에서 비롯됐는데, 커피원두를 볶는 기술자, 시간제 아르바이트사원부터 최고경영자까지 모두에게 의료보험을 제공하고 스톡옵션을 제공하여 모두가 스타벅스의 직원이라는 사명감을 심어주었다. 이러한 경영방침은 스타벅스에서 일하는 사람들에게 기꺼이 회사를 위해 자신이 가진 최선의 노력과 열정을 바치도록 만들었다. 스타벅스는 이제 단순한 커피매장이 아닌 세계적인 하나의 문화공간이 되었다. 한 사람의 겁 없는 도전정신과 인식의 변화가 이를 만든 것이다. 대표 자리에서 물러났다가 얼마 전 다시 돌아온 하워드 슐츠 그가 보여줄 새로운 도전이 기대된다.

〈자료: 매일경제신문〉

제 1 절 사업타당성 분석의 개요

1. 사업타당성 분석의 중요성

최근 「아이디어는 돈이다」라는 말이 매스컴을 통하여 수없이 흘러나온다. 이것은 아이디어의 중요성을 강조하는 표현일 뿐이다. 아이디어는 아직 돈이 아니다. 아이디어가 돈이 되게 하기 위해서는 여러 중간과정을 거쳐야 하는데, 특히 중요한 것이 사업타당성 분석이다. 대부분 창업자가 사업타당성 분석을 소홀히 하거나 주관적으로 유리하게 생각하고 사업을 하는 경우가 많은데 이 경우가 대부분 실패하는 사례이다.

사업타당성 분석은 창업을 실패로부터 지켜줄 수 있는 좋은 보조장치이다. 중소기업 창업은 물론 아무리 작은 소규모 창업, 심지어 구멍가게의 창업일지라도 필수적으로 꼭 작성해 볼 필요가 있다.

자기가 하고자 하는 사업이 사업성 있는 것인지 없는 것인지를 판단하는 일은 매우 중요하다. 창업은 한번 잘못하면 자기 망하고 집안 망하는 파멸의 길을 걷게 되는 무서운 일이다. 그러므로 만일 사업성 없는 일이라면 아예 시작하지 않는 것이 상책이다.

문제는 사업성이 있는지 없는지를 어떻게 정확히 판단하느냐는 것이다. 실제로 사업에서 실패한 경우를 보면 백이면 백 모두가 사업성을 평가해 보지 않았기 때문이 아니라 사업성을 잘못 평가한 데 그 근본적인 원인이 있다. 평가도 아무리 완벽하게 잘했다고 하더라도 실제로 창업을 하게 되면 많은 차질이 생길 수 있고 따라서 전혀 예측하지 못했던 문제 때문에 실패할 경우도 얼마든지 있다.

흔히 창업자들이 사업타당성 분석과 사업계획서를 동일시하는 경우가 있는데 이것은 엄격하게 구별된다. 사업타당성 분석은 창업성공의 첫번째 단계라 볼 수 있다. 따라서 사업타당성 분석은 선정된 후보사업의 상세한 분석, 즉 시장성 및 판매전망 분석, 제품 및 기술성 분석, 수익성 및 경제성 분석, 사업가능성을 확인하는 과정이라 볼 수 있다.

반면 사업계획서란 사업타당성 분석 후 사업타당성이 인정된 경우에 작성하는 것으로서 사업의 내용, 경영방침, 기술성, 시장성 및 판매전망, 수익성, 소요자금조달 운영계획, 인력 충원계획 등을 일목요연하게 표현한 일체의 서류를 말한다.

2. 사업타당성 분석의 기본과제

① 얼마나 팔리겠는가?: 판매의 추정을 하기 위해 시장조사
② 기술적으로 타당한가?: 생산품의 생산이 기술적으로 실현 가능한지를 조사
③ 소요자금은 얼마인가?: 소요자금에 대한 추정치
④ 수익성은 어떠한가?: 사업에 투자할 것인가 말 것인가 대안의 분석

3. 사업타당성 분석의 필요성

사업타당성 평가항목은 일반적으로 계획사업과 창업자의 적합도, 즉 계획사업의 수행능력 평가, 계획제품의 생산가능성, 품질, 성능 및 하자 여부 등을 검토하는 기술성 분석, 판매시장 환경, 경쟁상태, 시장진입 가능성 및 중장기 수급전망 등을 검토하는 시장성분석, 적정 수익률 확보를 위한 경영요소, 즉 손익분기점 분석, 시설규모, 판매와 일반관리비 등 적절한 비용 분해 등을 검토하는 수익성 분석, 기타 종업원의 조직 적합도, 입지, 상품조달 위험성 등의 위험요소 분석, 중장기경영계획의 실현 가능성 등이 있다.

사업타당성 분석은 창업성공의 첫 번째 단계라 볼 수 있으며, 그 필요성은 다음 네 가지로 요약할 수 있다.

첫째, 창업자 자신의 주관적인 사업구상이 아닌, 객관적이고 체계적인 사업타당성 검토는 계획사업 자체의 타당성 분석을 통해 창업회사의 성공률을 높일 수 있다는 장점이 있다.

둘째, 창업자들이 사업타당성 검토를 통하여 구상하고 있는 기업의 제 형

성요소를 정확하게 파악하여 창업기간을 단축할 수 있고, 효율적인 창업업무를 수행할 수 있다.

셋째, 창업자가 독자적으로 점검해 볼 수 없는 계획제품의 기술성, 시장성, 수익성, 자금수지계획 등 세부항목을 분석/제시함으로써 해당업종에 대해 미처 깨닫지 못한 세부사항을 사전에 인지하여 효율적 창업경영을 도모할 수 있다.

넷째, 기업의 구성요소를 정확하게 파악함으로써 사장의 경영능력 향상에 도움을 줄 뿐만 아니라, 계획사업의 균형있는 지식습득과 보완해야 할 사항을 미리 확인하여 조치를 취할 수 있게 된다.

제2절 사업타당성 분석의 기본체계

사업타당성 분석은 크게 나누어 2단계로 나누어, 예비사업성 분석과 본 사업성 분석으로 분류할 수 있다.

1. 사업타당성 분석의 기본절차

(1) 예비 사업타당성 분석

프로젝트의 선정 전에 다수의 예비프로젝트를 선별해 가는 과정으로 후보사업 아이디어 발견을 위해 사업가능 아이디어 나열하고, 예비사업 아이디어 발견한 후, 예비사업성 분석 및 후보사업 아이디어를 1차적으로 선정한다.

(2) 본 사업타당성 분석

본 사업성 분석은 예비 사업성 분석에서 1차적으로 선정된 후보사업 아이디어를 상세히 분석한 뒤, 아이템 적응성 분석, 시장성 및 판매전망 분석, 제품 및 기술성 분석, 수익성 및 경제성 분석, 재무분석과 일반관리계획 등을 통해 사업성공 가능성을 확인하는 과정이다.

2. 사업타당성 분석 평가

(1) 계획사업 수행능력 및 적합성

① 계획사업의 수행능력 평가

창업자가 기업가로서 갖추어야 할 적성과 자질을 얼마나 갖추고 있는가?를 평가하고, 후천적으로 해당사업 분야와 관련되는 분야에서 경험과 지식의 깊이가 얼마나 되는가?

필수요소인 가정유지 능력, 창업멤버의 구성 및 통제능력, 서비스 및 기술혁신 능력, 국내외의 복잡한 경영·경제적 환경변화 속에서 기업성장에 가장 적합한 결정을 내릴 수 있는 종합분석 및 판단능력이 필요하다.

② 계획사업의 수행능력 평가요소

계획사업은 창업자 자신이 수행한다. 사업아이템 선정에서부터 사업규모 결정권자는 바로 창업자 자신이다. 따라서 창업자가 기업가로서 갖추어야 할 적성과 자질을 얼마나 잘 갖추고 있으며, 후천적으로 해당 사업분야와 관련되는 분야에서의 경험과 지식의 깊이가 얼마나 되느냐에 따라 사업성의 성패가 결정된다고 볼 수 있다.

또한 창업 사업계획을 성공적으로 수행하기 위해서는 창업자에게 업무 수행 능력이 필수적으로 요구된다. 이들 요소는 창업자가 기업가로서의 사명과 책임을 다하기 위해 필요한 요소들로서 가정유지 능력, 창업 멤버의 구성 및 통제능력, 서비스 및 기술혁신 능력, 그리고 국내외의 복잡한 경영·경제적 환경변화 속에서 기업성장에 가장 적합한 결정을 내릴 수 있는 종합 경영분석과 판단능력 등이 있어야 한다.

그러나 이와 같은 창업성공의 필수적 요소인 창업자의 적성과 자질, 경험과 지식 및 업무수행 능력을 완벽하게 구비하고 태어난 창업자는 그리 많지 않을 것이며, 이런 요소를 갖고 있지 않은 창업자라고 해서 반드시 실패한다는 의미는 아니다. 다만 창업성공의 필수요소를 많이 갖고 있는 창업자일수록 사업성공 가능성이 높다는 사실이다.

이런 관점에서 계획사업 수행능력 및 적합성 평가요소는 크게 나누어 창업자의 선천적 적성과 자질, 그리고 창업자의 경험과 지식, 경영능력 등 후천적 자질로 구분할 수 있으며, 이들 요소의 구체적인 평가항목은 다음과 같다.

첫째, 창업자의 선천적 적성 및 자질의 세부 평가 항목으로는 모험심, 가능성에 대한 집념, 스케일, 리더십, 의지력, 기타 창업자의 성격·체질·체력적인 소질로 분류할 수 있다.

둘째, 후천적 경험 및 지식의 세부평가 항목으로는 창업관련 분야에서의 경험, 학문과 지식, 창업자의 자격, 사회적 지위 및 신용, 교제 인물의 폭과 깊이, 창업환경 분석 등의 요소가 있다.

셋째, 업무수행 능력의 세부평가 항목으로는 가정유지 능력, 창업 멤버의 구성 및 통제능력, 서비스 및 기술혁신 능력, 경영·경제적 환경 적응능력, 그리고 경영분석·판단능력으로 분류하여 평가해 보아야 한다.

표 5-1 계획사업의 수행능력 평가요소

평가요소	세부평가 항목
적성 및 자질 (선천적 자질)	① 모험심 ② 가능성에 대한 집념 ③ 스케일 ④ 리더십 ⑤ 의지력 ⑥ 기타 창업자의 성격·체질·체력적인 소질
경험 및 지식 (후천적 자질)	① 창업관련 분야에서의 경험 ② 학문과 지식 ③ 창업자의 능력 ④ 교제인물의 폭과 깊이 ⑤ 창업환경을 둘러싸고 있는 인과관계
업무수행 능력 (경영능력)	① 가정유지 능력 ② 창업 멤버의 구성 및 통제능력 ③ 서비스 및 기술혁신 능력 ④ 경영·경제적 환경적응 능력 및 경영분석·판단능력

(2) 시장성 분석

① 시장성 분석

사업성패의 분수령은 제품의 판매에 있다. 아무리 품질이 우수하고 신제품이라 하더라도 판매가 되지 않으면 결코 사업에 있어서 결실이 맺어졌다고 볼 수 없기 때문이다.

시장성 분석은 사업성패의 갈림길이며, 사업타당성 분석의 핵심요소임에 틀림없다. 창업을 계획하고 창업 예정자에게는 사업성패와 직결되는 만큼 제품의 시장성 분석을 추상적으로 객관적 근거 내지는 실제 조사에 의하지 않고 막연하게 '잘 팔릴 것이다'. '잘 팔리겠지' 하는 안이한 생각으로 사업을 시작한다면 십중팔구 그 사업은 실패하기 마련이다. 시장성 분석의 최종목표는 계획제품에 대한 판매예측, 즉 앞으로 생산할 제품이 시장에서 얼마나 팔릴 것이냐, 향후 수요 증가추세는 어떻게 변할 것이냐를 분석하는 것으로 집약할 수 있다.

시장분석에서 얻으려고 하는 핵심정보는 매출액과 판매비의 추정치이다. 그 외에도 사업의 시작 및 운영과 관련된 시장에 관한 정보를 수집하고 분석하여야 한다. 시장분석에 포함되어야 할 사항은 다음과 같다.

㉮ 시장의 특성: 시장의 지리적 위치, 수송방법, 현재 운임, 유통조직, 대금결제 방법 등 일반적인 거래 관행

㉯ 수요분석: 주된 소비자, 소비량, 소비 총액, 선호하는 제품의 종류 등

㉰ 공급분석: 국내 및 국외의 주요 공급자, 경쟁자 및 그들의 판매 가격, 품질, 판매전략 등

㉱ 매출추정: 이상의 조사를 근거로 하여 생산품에 대한 총수요량, 금액 및 시장점유율 등을 예측한다. 필요에 따라 생산품별, 지역별, 시기별 수요량과 금액을 추정한다.

㉲ 판매비추정: 목표 매출을 달성하기 위한 인건비, 광고선전비 등 판매비를 추정한다.

② 소비자 분석

종전에는 고객에 대한 인식이 '소비자, 즉 고객은 왕이다'라는 시각에서 인식되어 왔지만 일본을 필두로 고객을 신에 비유하여 '고객은 신이다'라고 까지 표현하기에 이르렀다. 고객이 자기회사 제품을 사줄 때만이 제품의 효력이 발휘되는 것이며, 기업성장의 발판이 마련되기 때문이다.

따라서 시장성 분석, 특히 전반적인 시장동향 분석시에는 반드시 소비자 분석이 뒤따라야 한다. 소비자의 구성분포 및 변화추세를 분석함은 물론 제품의 소비형태와 소비단위 및 구매동기와 소비자 수요형태 등에 대해서도 분석해 보아야 한다.

소비자의 구성분포는 지역별, 연령별로 현재의 성향과 변화추세 등을 분석하여야 하며, 제품의 소비형태. 즉 정기적 구매인지, 일시적 구매인지, 또한 재구매의 순환주기는 얼마나 되는지, 1회의 소비단위는 어느 정도 되는지도 분석해 보아야 한다. 그리고 구매가 발생하는 동기, 소비자의 수요 자극 요소 및 경향 등에 대해서도 분석해 보아야 하는 것이다.

㉮ 제품의 라이프사이클

제품의 라이프사이클을 무시하고, 그 시장에 뛰어든 경우에는 사업실패와도 연결될 수 있는 측면이 많기 때문이다. 라이프사이클은 비단 제조업에만 국한된 것은 아니며, 도·소매업 및 서비스업에도 적용된다. 모든 사업에 있어서 라이프사이클은 존재하는 것이며, 이 라이프사이클에 대한 철저한 분석이 없이는 사업성공 자체가 어렵게 되는 것이다. 따라서 계획제품의 라이프사이클이 도입기, 성장기, 성숙기, 쇠퇴기 중 어디에 해당되는지에 대해서도 실제 다음의 충분한 분석이 요구된다 하겠다.

㉯ 제품가격 분석

제품 경쟁력의 제1차적 요소는 제품가격이다. 가격정책을 어떻게 수립하느냐가 마케팅 성공의 지름길이며, 마케팅 성공이 기업성공의 열쇠가 될 수 있기 때문에 결국 시장성분석에 있어서 제품가격 분석을 필수적 항목이라 볼 수 있다. 제품가격 분석은 크게 나누어 제품의 가격정책, 가격 경쟁력 및 가격 추세분석으로 분류할 수 있다. 신제품을 시장에 출현시킬 때는 우선 가격정책을 수립하는 일부터 염두에 두어야 한다.

㈐ 수요예측

일정 기간에 소비자 또는 고객에게 판매되는 상품의 수량 또는 금액을 측정하는 것이다. 즉 시장성 검토에서 가장 중요한 항목은 수요예측이며, 이 수요예측은 예상 매출액으로서 수치화된다. 수요예측이 사업성 분석과정에서 중시되는 이유는 판매계획, 생산계획 및 자금조달 운용계획이 바로 이 수요예측, 즉 예상 매출액의 수정으로부터 출발하기 때문이다.

(3) 기술적 분석

기술적 타당성이란 제품의 생산과 관련되는 제 요소, 즉 제품이 원만하게 생산될 수 있는지를 분석하는 요소이다. 제품에 대한 특성, 화학적 반응, 기계적 기능, 생산시스템, 공정 등 생산제품에 대한 철저한 조사·분석과 더불어 공장입지, 시설계획 및 생산시설 규모, 생산능력 및 조업도, 원재료조달 및 개선 가능성 등을 종합적으로 분석하여야 한다.

흔히 특허나 실용신안 등 공업소유권에 의한 창업의 경우에는 이론과 실제와의 격차가 어느 정도인지, 또 예상되는 불량률 및 하자발생의 가능성은 없는지를 세밀하게 검토하여야 한다. 특히, 실험실 내에서의 검증만으로는 불충분하며 실제 산업현장에 적용해 보지 않으면 예상 외로 사업실패확률이 높은 분야가 특허나 실용신안 등 공업소유권에 의한 창업이다. 왜냐하면 공업소유권은 기술 자체의 평가이지 사업 성공가능성의 확인이 아니기 때문이다. 아무리 훌륭한 제품이라도 소비자를 위해 상품화되지 않으면 그 사업은 성공할 수 없는 것이다.

기술적 타당성 분석은 사업계획의 기술적 타당성과 원가 추정을 위한 기초자료를 제공하고, 사업에 영향을 미치는 여러 가지 요인을 고려하여 기술적 대안을 비교, 검토하는 단계이다.

기술적 타당성 분석에서는 시장분석의 결과에 의거하여 설정한 매출수량을 만족시키기 위한 생산활동의 기술적 실현가능성과 제품원가의 추정치이다. 이러한 정보를 얻기 위해 조사해야 하는 내용은 다음과 같다.

① 제품의 특성: 제품의 용도, 물리적, 화학적 특성

② 제조공정: 채택하고자 하는 공정, 채택이유, 세부적인 공정 흐름분석

③ 기계와 장비: 구입하고자 하는 규격, 성능, 신뢰성, 제조자, 가격, 대금지불 방식, 애프터서비스, 예비 부품조달, 인도방식과 일정 등

④ 원자재: 종류, 가격, 수량, 공급자, 공급자 위치, 공급방법, 물리화학적 특성 등

⑤ 건물: 필요한 건물의 크기 및 특성, 건축비 등

⑥ 대지 및 위치: 필요한 대지의 크기, 가격, 위치 등

⑦ 동력과 용수: 전기 가스, 공업용수 수요량과 조달 방법, 비용 등

⑧ 폐기물: 폐기물의 종류, 수량, 처리방식, 관련비용, 규제 등

⑨ 일정: 공장건설에 필요한 기간

⑩ 인력: 직접·간접 노동력, 기술수준, 임금 등

⑪ 원가 및 설비투자 비용 추정: 제품의 제조원가 추정 및 설비 투자액 추정

(4) 수익성·경제성 분석

수익성·경제성 타당성 분석의 평가항목은 크게 나누어 ① 수익전망, ② 손익분기점 분석, ③ 투자수익 및 계획사업의 경제성 분석 등으로 분류할 수 있다.

첫째, 수익전망은 창업 후 3년 내지 5년간의 추정 손익계산서(제조원가 명세서 포함), 추정 대차대조표 및 자금수지 예상표를 작성한 후, 이를 근거로 기준시점 이후 3년 내지 5년간의 수익전망(당기순이익) 및 흑자실현 가능 시점 등 수익성을 검토한다.

둘째, 손익분기점 분석은 손익분기점 매출액, 즉 기업이 영업활동에서 발생하는 수익과 비용이 일치하는 매출액과 비용은 어느 정도이며, 어느 시점에 실현 가능한지를 중점적으로 분석한다. 또한 부수적으로 손익분기점 산출 후 판매수량, 금액, 고정비, 변동비 등이 균형을 이룰 수 있는지도 검토되어야 한다.

어느 정도의 매출을 실현하여야만 이익도 손실도 아닌 분기점에 도달할 수 있으며, 분기점 도달 시점은 영업개시 후 언제가 될 것이냐가 분석의 핵심과제가 되는 것이다.

손익분기점 분석은 이와 같이 사업성패의 관건인 동시에 자금수지계획의 지침이기도 하다. 매출이 손익분기점에 이르기 전까지, 그리고 손익분기점에 이른 후에도 일정기간 동안은 자금의 투입만이 이루어지기 때문에 동기간 동안 소요될 자금을 미리 확보하지 않으면 사업이 본 궤도에 오르기 전에 도산하고 마는 결과를 가져올 수 있는 것이다. 따라서 손익분기점 분석은 자금조달계획을 미리 수립하기 위한 척도로서 활용할 수 있다.

손익분기점(break even point, BEP)

일정 기간(1년)의 총수익(매출액)과 총비용(고정비, 변동비)이 일치함으로써 이익도 손실도 발생하지 않는 매출액점이라 한다. 이 점을 파악함으로써 최소한의 매출목표(판매예산)를 수립할 수 있으므로 이익관리를 위한 이익계획을 위해서는 손익분기점의 측정이 필요하다.

【특징】

① 매출액이 이 점보다 많으면 이익이, 적으면 손실이 발생한다.
② 이 점의 위치가 높을수록 수익성이 낮고, 낮을수록 수익성이 높다.
③ 매출액이 전혀 없으면 고정비만큼 손실이 발생한다.

【공식】

① 손익분기점(개수) $= \dfrac{F}{P-V}$

② 손익분기점(매출액) $= \dfrac{\text{고정비}}{1-\dfrac{\text{변동비}}{\text{매출액}}} = \dfrac{F}{1-\dfrac{V}{S}} = \dfrac{\text{고정비}}{1-\text{변동비율}}$

③ 목표이익 분기점 $= \dfrac{F+\text{목표이익}}{1-\dfrac{V}{S}}$

▶고정비(Fixed cost): 생산량의 증감에 관계없는 비용

㉠ 지급지대 및 이자, 건물 임차료, 감가상각비, 경영자층의 급료, 연구개발비

▶변동비(Variable cost): 생산량의 증감에 따라 변동하는 비용

㉠ 원료, 보조원료, 동력비, 운송비, 외주비, 판매수수료

(5) 재무분석과 일반관리 계획

재무분석을 실시하기 위해서는 먼저 판매계획, 생산계획 및 일반관리계획을 수립해야 한다. 재무분석에서 수행되어야 할 조사와 분석은 다음과 같다.

① 총소요자금 추정: 창업사업의 사업성 분석과 사업계획에 있어서 총소요자금 추정은 매우 중요하다 사업실패의 주요원인 중의 하나는 자금부족인데, 자금부족을 초래하는 원인 중의 하나가 소요자금 추정의 부정확하기 때문이다.

② 자금조달 계획: 총소요자금이 추정되면, 자금조달 계획을 수립하여야 한다. 자금조달 방법에 따라 지불될 이자의 크기 등이 결정되며, 이에 따라 사업의 수익성도 영향을 받게 된다.

③ 추정재무제표 작성: 추정재무제표를 작성해야 한다. 특히, 추정손익계산서, 추정대차대조표 등은 보통 3~5년의 미래에 대하여 작성한다. 추정재무제표를 작성하기 위해서는 추정제조원가, 판매비 추정치, 일반관리비 추정치, 지급이자 추정치 등이 필요하다.

④ 수익성지표 계산: 사업의 내부수익률(internal rate of return), 프로젝트의 현가 등 사업의 전체적인 수익성을 나타내는 지표를 구하여 사업의 수익성을 평가하여야 한다. 이와 같은 수익성을 계산하기 위해서는 관심대상이 되는 기간에 대한 현금흐름표를 작성하여야 한다.

⑤ 미래의 경영상태 지표 계산: 미래의 사업 경영상태를 나타내는 지표들, 예를 들면 유동성비율(유동비율, 당좌비율 등), 수익성 비율(총 자본이익률, 자기자본 이익률 등)을 구하여 미래의 경영상태를 검토하여야 한다.

3. 사업타당성 분석의 평가요소

사업타당성 분석의 평가요소는 다음과 같다.

표 5-2 사업타당성 분석의 세부평가항목

평가요소	세부평가 항목
사업수행 능력 및 적성분석	• 사업적성 및 자질(적성 또는 흥미, 추진력, 건강 등) • 경험과 지식(창업분야 관련) • 사업수행 능력(아이디어, 기획능력, 영업력, 상황판단, 지속적인 친절 능력 등) • 기타 창업자의 경영능력
시장성 분석	• 사업 아이템의 국내·외 동향, 잠재수요 • 동업계 현황 및 실적분석(유사상품 포함) • 시장규모 추정 및 특성분석 • 유통구조 및 특성분석 • 동업계 판매조직 및 판매전략 • 예상 소비자 특성 분석(소득수준, 구매형태, 변화추세, 고객의 해당 상품 수용가능성 등) • 상권분석(수요예측, 통행인구, 소비형태, 점포분포 현황, 교통조건, 경쟁점포 수, 공공기관, 잠재고객, 불시계획 등) • 점포 및 입지여건(건물상태, 주변환경, 주거환경, 지형지세, 동선 적합 여부) • 판매전망
기술성 분석	• 기성제품에 대한 비교우위성 • 시설계획 및 생산시설 규모 • 생산능력 및 조업도 • 원재료 조달 및 원단위 사정 • 기술 및 기능인력 확보 • 예상 불량률 및 개선 가능성
수익성/경제성 분석	• 투자비용 분석 • 자금조달 능력 검토 • 수익전망 • 손익분기점 분석 • 단기, 장기 채산성 분석
재무분석	• 소요자금의 조달 가능성 • 자금조달, 운용계획표 작성 • 차입금 상환능력 검토 • 사업계획에 대한 위험요소 분석 • 성장 가능성

사례 1

창업 10년 만에 기업가치만 17조원, 인도의 아마존, 플립카트

현재까지 많은 석학들이 "성장 가능성을 높이고 싶다면 개도국에 주목하라"고 말해왔고, 지금까지는 중국이 그 역할을 수행해왔다. 하지만 최근 들어 수많은 글로벌 IT 기업이 중국 외에 눈독을 들이는 국가가 있다. 바로 인구만 12억5,000만 명에 달하는 인도다. 중국에 이어 세계 2위의 인구 규모를 자랑하는 인도는 현재 소득 수준 및 중산층 비율이 크게 늘어나며 신 소비시장으로 각광받고 있다. 특히나 글로벌 기업들은 인도 최대 온라인 쇼핑몰을 운영하는 '플립카트(Flipkart)'라는 회사와 손을 잡길 원하는데, 실제로 이곳은 회원 수만 1억 명을 보유하고 있으며, 창업 10년 만인 올해 기업가치만 17조원에 달할 정도로 영향력이 어마어마한 기업이다. 스타트업으로 시작해 인도 내에서 아마존과 패권을 다툴 정도로 성장한 이 회사는 처음에는 도서 판매로 시작했지만 뒤 이어 전자제품, 문구, 생활용품 등으로 판매군을 확대해 가며 어엿한 인도 대표 온라인 쇼핑몰이 됐다.

1. 아무도 걷지 않는 길을 가라. 스타트업에 불과했던 플립카트가 10년 만에 미국 경제전문지 포춘도 주목하는 10대 유니콘 기업에 이름을 올릴 수 있었던 성공비결 중 첫 번째는 선점효과에 있다. 플립카트가 창업될 당시만 해도 인도 내 인터넷 사용률은 단 5%에 불과했다. 온라인 쇼핑몰이 무엇인지 감조차 잡지 못하는 사람들이 대부분이었고, 거래는 주로 현금으로 하는 게 일상이었다. 이 같은 상황에서 온라인 쇼핑몰에 발을 들인다는 것은 일종의 모험과도 같은 상황이었지만, 플립카트 창업자이자 인도 명문 인도델리공과대(IITD) 동창인 '사친 반살'과 '비니 반살'은 과감히 관련 사업에 뛰어든다. 이 같은 모험정신 덕분에 플립카트는 인도의 국민기업이 될 수 있었던 것이다.

2. 현지 사정 잘 아는 기업이 승리자이다. 현지 사정 파악에 어떤 기업보다 능했던 것도 이들이 빠르게 성장할 수 있었던 비결이다. 하지만 현지 사정을 잘 알고 있다는 것만으로는 충분치 않다. 현지 사정을 바탕으로 고객이 어떤 서비스를 원하는지 적절히 유추해낼 수 있어야 비로소 의미가 있기 때문이다. 두 청년은 현금 거래에 익숙한 인도 사람들이 온라인 결제를 신뢰하지 못하고 있다는 점을 재빠르게 파악해 업계 최초로 '착불서비스'를 시작했고 이것이 폭발적인 현지 반응을 일으키며 플립카트의 성공 기반이 된다.

3. 적극적인 인수 합병을 하라. 스타트업이라는 한계에도 불구하고 적극적으로 인수 합병(M&A)에 나섰던 것도 이 회사의 성장 비결이다. 창업자들은 사업 초기부터 회사와 시너지 효과를 낼 수 있는 기업들 중 성장 가능성이 있는 관련 기업들을 골라 비교적 저렴한 가격에 인수 합병을 추진했다. 미국 서적 사이트인 위리드를 비롯해 콘텐츠 사이트, 온라인 가전업체, 의류 쇼핑몰까지 분야를 가리지 않고 적극적인 합병을 추진해갔고, 결과적으로 이는 플립카트가 종합 온라인 쇼핑몰로 성장하는 데 큰 기반이 된다. 아울러 이는 다양한 소비자의 니즈를 만족시킬 수 있는 동력이기도 했다.

〈지식비타민, 2018.1.15.〉

제3절 사업계획서의 개념 및 필요성

1. 사업계획서의 개념

사업계획은 고려하고 있는 사업을 하기 위해 앞으로 실행할 일련의 활동에 대한 계획이다. 사업계획을 기록해 놓은 서류를 사업계획서라고 한다. 사업계획과 사업계획서는 같은 의미로 사용되기도 한다. 영어 Business Plan은 '사업계획' 또는 '사업계획서'를 의미한다. 환언하면, 계획한 사업과 관련된 제반사항 즉, 창업자의 인적사항 및 자질, 사업특성 및 성장가능성, 고객의 특성, 시장확보 가능성과 경영전략, 적정투자 규모 등의 자금계획, 제품 판매계획 등의 마케팅 계획, 종업원 수급계획 등이 구체적이고 체계적으로 기술되어 있는 문서를 의미한다.

사업계획과 사업타당성 분석의 연관성에 대해서 살펴보면, 사업타당성 분석은 고려중인 사업의 성공 가능성을 조사하는 일이다. 한편, 사업계획은 실행계획이다. 그러므로 먼저 사업타당성 분석을 실시하여 그 결과가 긍정적이면 실행계획, 즉 사업계획을 수립하는 것이 순서이다. 그러므로 사업계획과 사업타당성 분석은 서로 다른 것이다. 하지만 사업계획을 수립하자면 사업타당성 분석에서 수집했던 자료와 획득했던 정보를 많이 사용하게 된다. 따라서 사업타당성 분석과 사업계획은 서로 다른 것이기는 하지만 실제에 있어서는 대단히 밀접한 관계를 가지고 있다.

사업계획서는 사업의 실현을 위한 행동계획서이다. 그러므로 사업계획서는 조리 있게 준비되어야 한다. 아무리 좋은 사업이라 하더라도 그 실행계획이 잘 작성되지 못하면 성공하기 어렵다. 또, 아무리 짜임새 있는 계획을 구상하였다 하더라도 그것이 사업계획서에 잘 표현되지 못하면 관계자로부터 그 사업의 우월성을 인정받지 못하게 될 것이다. 사업계획서는 점포경영의 효율성을 높여 비용과 시간을 절약시켜 줌과 동시에 사업의 성공청사진을 제시하여 줌으로써 외부자금의 조달 및 동업자선정, 고객확보 등에 결정적 도움을 준다. 특히 자금 조달을 희망하는 창업자에게는 사업계획서를 잘 작성하여야 하는데, 예비창업자들의 경우 구체적인 실적이 없기 때문에 잘 작성된 사업계획서야말로 성공의 전단계가 되는 것이다.

사업계획서는 창업자 자신을 위한 것이다. 사업계획을 '타인에게 보이기 위한 것', '실제 내용보다는 형식을 위한 것'으로 생각하는 소극적인 태도는 버려야 한다. 사업계획은 자금동원이나 동업자를 구할 목적으로 작성하여 관계기관에 제출하거나 관계자에게 보이는 경우도 많은데 그런 경우에도 그것은 남을 위한 것이 아니고 자신을 위한 행위라는 점을 인식해야 한다.

아무리 간단해 보이는 사업이라 하더라도 계획을 세우지 아니하고 즉흥적으로 행동하면 성공하기는 어렵다. 그러므로 창업자 단독으로 사업을 추진하는 경우라 하더라도 사업계획은 작성하는 것이 좋다.

사업계획은 문서화하는 것이 좋다. 머릿속에 작성한 사업계획만으로도 훌륭히 사업을 성공시킬 수 있는 능력을 갖춘 사람도 있다. 그러나 대부분의 사람은 그러하지 못하며, 사업은 그 규모가 커지면 창업자 자신뿐만 아니라 타인을 움직이어야 하므로 기록으로 표현된 행동지침인 문서화된 사업계획이 필요하다.

2. 사업계획서의 필요성

사업계획은 구체적이고 객관적이어야 하며, 상대방으로 하여금 신뢰성을 주는 사업계획서가 작성되어야 한다. 어떤 형태이건 창업기업은 5년 이내 70%가 도산한다는 통계를 감안해 보더라도 사업계획의 수립은 철저히 조사되고, 가능성만이 아닌 실질적인 실천계획서로 작성되어야 한다.

일반적으로 창업자의 실패원인은 외적 요인과 내적 요인으로 구분하여 볼 때 90% 이상이 내적 요인에 의한 실패이며, 이러한 요인제거를 위한 최우선과제는 무엇보다도 정확한 사업계획의 입안에 있다. 창업은 한 개인의 운명을 좌우할 수 있는 실로 중대한 일이기 때문에 결단에 앞서 사전에 충분한 검토과정과 계획을 거치지 않으면 안 된다. 따라서 사업계획서의 필요성을 요약해보면 다음과 같다.

첫째, 창업자 자신이 창업 및 발전전략을 설계해 보는 기회가 되고, 주관적인 사업구상이 아니라, 객관적이고 체계적으로 사업을 검토할 수 있다.

둘째, 창업에 필요한 제반 요소를 점검하고, 부족한 부분을 파악함으로써 효율적으로 창업과정을 수행하고 창업 성공률(survival rate)을 높인다.

셋째, 창업과정에서 어떠한 전략을 취할 것인가를 세밀하게 분석하여 결정할 수 있다.

넷째, 창업자가 외부로부터 자금조달을 원하는 경우, 창업자가 자신의 '기회'를 외부투자가(엔젤, 벤처캐피탈)에게 체계적으로 설명하기 위해서 필요하다.

제4절 사업계획서의 용도

1. 창업자 입장에서의 용도

사업계획의 수립은 고려중인 사업을 성공으로 이끄는 데 많은 도움이 되는 것으로, 사업계획의 용도는 다음과 같이 정리할 수 있다.

(1) 사업의 성공 가능성 타진

사업계획서를 작성한다는 것은 사업의 성공 가능성을 점검할 수 있는 좋은 기회가 된다. 계획을 작성하는 과정에서 사업의 문제점을 발견하게 되는 경우도 많다. 사업타당성 분석을 별도로 실시하지 아니하고 사업계획을 작성하는 경우는 사업계획 작성과정에서 사업성을 검토하게 된다.

(2) 의사소통의 수단

사업계획은 고려하는 사업에 참여할 투자자, 동업자, 간부급 인사들과 의사를 교환할 때 중요한 보조자료가 된다. 대부분의 사업은 구두로만은 충분히 설명하기 어려울 정도로 복잡할 뿐만 아니라, 제안 사업을 구두로 설명하려면 관계자들로부터 충분한 이해를 얻기 어렵다. 짜임새 있게 작성된 사업계획은 주변의 사람들을 움직이는 중요한 수단이 된다.

(3) 초기의 행동지침

사업계획은 창업 초기의 업무 추진계획이다. 사업이 일단 시작되면 처리해야 할 업무가 많고 시간이 부족하여 가능한 여러 가지 대안들을 검토하고 세부적인 계획을 수립하는 일에 많은 시간을 보낼 수 없게 되는데, 이때 사업계획은 유용한 행동지침이다.

2. 투자자 입장에서의 용도

(1) 투자사업의 타당성을 판단하는 자료

사업계획은 투자자가 투자에 관한 의사결정을 하는 데 사용하는 가장 기본적인 자료이다. 사업계획은 사업 제안자와 투자자가 직접적이나마 최초로 접촉하게 하는 매개물인 경우가 많다. 사업계획이 어느 정도 가능성을 시사해야 사업 제안자와 투자자를 직접 만나서 사업을 논의할 수 있게 될 것이다. 미국의 벤처 비즈니스에 관한 연구결과를 보면 벤처캐피탈리스트(venture capitalist)에게 제출된 사업계획의 80~90퍼센트가 1차 심사에서 기각된다고 한다. 물론 이것은 사업계획서가 잘못 작성되었기 때문만은 아니고 다른 이유로 예를 들면, 사업내용이 투자자의 관심분야가 아니기 때문인 경우도 있다. 하여튼, 사업계획은 사업평가의 가장 기본적인 자료이다.

(2) 창업자와 경영진의 능력평가 자료

투자자들이 사업계획서를 통하여 가장 관심을 가지는 사항은 창업자와 경영진이 계획사업을 성공시킬 능력을 가졌는가이다. 또 투자자들은 사업계획서에 나타난 여러 가지 내용들, 예를 들면 업계의 동향, 시장의 추이, 경쟁상태,

사업의 독창성, 소요자금, 대상기업의 현재 재무상태 등에 대하여 사실 확인을 하고 사업의 타당성을 평가한다.

3. 사업계획서의 종류

사업계획서는 그 형식, 포함된 내용의 완벽성 등에 따라 다음과 같이 몇 가지로 나누어 볼 수 있다. 사업계획서의 형식이 고정되었는지 여부에 따라 고정형식 사업계획과 자유형식 사업계획으로 나눌 수 있다.

(1) 고정형식 사업계획

고정형식 사업계획이란 사업계획의 형식이 미리 정해져 있는 사업계획서를 말한다. 즉, 창업투자 회사, 금융기관, 정부기관 등에서는 사업계획 형식을 미리 작성해 놓고 신청자들로 하여금 주어진 형식에 따라 사업계획을 작성하도록 하는 경우가 많다.

(2) 자유형식 사업계획

자유형식 사업계획은 사업계획 작성자가 임의로 결정한 형식에 따라 작성한 사업계획을 말한다. 즉, 자유형식 사업계획을 작성하는 경우에도 사업계획서에 포함되어야 할 내용은 고정형식 사업계획서의 경우와 유사하다. 자유형식 사업계획서를 작성하는 경우에 포함되어야 할 내용과 형식은 그 구성형식에 따라 약식 사업계획서와 완전 사업계획서로 구분할 수 있다.

① 약식 사업계획서: 약식 사업계획서란 사업계획의 모든 내용을 자세히 포함하지 아니하고 요점만 간략히 정리한 사업계획서를 말한다.

② 완전 사업계획서: 완전 사업계획서는 사업계획의 모든 사항을 상세히 포함하는 사업계획을 말한다.

제5절 사업계획서 작성

1. 사업계획서 작성의 기본절차

사업계획서는 그 목적, 용도 및 제출기관에 따라 내용상 차이가 있으며, 분량과 첨부서류에도 큰 차이가 난다. 따라서 사업계획서 작성 전에 미리 기본계획과 작성순서를 정하여 작성하여야만 시간과 노력을 절약할 수 있으며 내용도 충실해질 수 있다. 효율적인 사업계획서 작성을 위해 사업계획서를 실제 작성하기 전에 미리 준비할 사항과 사업계획서 작성의 기본순서를 알아두는 것이 필요하다.

제1단계: 사업계획서 작성의 목적에 따라 기본방향을 설정한 다음, 기본목표와 방향을 정하여 사업계획서의 초점을 잡는다.

제2단계: 사업계획서 작성 목적 및 제출기관에 따라 소정양식이 있는지 미리 알아보아야 한다.

제3단계: 사업계획서 작성 계획의 수립으로, 대부분의 사업계획서는 사업계획 추진 일정상 일정기한 안에 작성해야 할 필요성이 있다.

제4단계: 사업계획서 작성에 직접 필요한 자료와 첨부서류 등을 철저히 준비한다.

제5단계: 작성해야 할 사업계획서의 폼(form)을 결정한다.

제6단계: 실제 사업계획서를 작성하는 일이다. 사업계획서 작성자는 사업계획서 작성요령을 미리 숙지하여 둘 필요가 있다.

제7단계: 마지막으로 사업계획서의 편집 및 제출이다. 사업계획서는 내용도 중요하지만 그 내용을 포괄하고 있는 표지 등 편집도 대단히 중요하다.

2. 사업계획서 작성 절차 흐름도

- 제1단계 — 사업계획서 작성의 목적에 따라 기본방향을 설정
- 제2단계 — 사업계획서 작성 목적 및 제출기관의 소정양식 검토
- 제3단계 — 사업계획서 작성계획의 수립
- 제4단계 — 사업계획서 작성에 직접 필요한 자료와 첨부서류 등 검토
- 제5단계 — 작성해야 할 사업계획서의 폼(form)을 결정
- 제6단계 — 용도에 맞는 사업계획서 작성
- 제7단계 — 사업계획서 편집 및 제출

3. 사업계획서 작성요령

사업계획서만 읽으면 누구나 창업하고자 하는 사업의 내용을 알 수 있도록 구체적으로 작성하는 것이 좋다. 내용에 실현 가능한 계획을 수립하고, 가급적이면 전문적인 용어를 피하고 단순하고도 보편적으로 설명을 해나가는 것이 좋다. 근거가 불충분한 자료 또는 비논리적인 추정은 피한다. 사업의 잠재된 문제점, 발생 가능한 위험요소를 기술하고 그에 대한 대안을 제시함으로써 변화에 대한 대처능력을 표현하는 것이 바람직하다. 창업의 목적이 개인적인 이익만을 추구하는 것이 아니라 공공의 이익을 아울러 추구한다는 것을 알리는 것이 좋다.

(1) 사업계획서 작성기준

① 결론에 대한 자신감 및 명료성: 사업계획의 종합 결론으로서 설득력 있는 내용으로 간단명료하게 작성한다.

② 주요 내용의 강조 및 핵심성: 주된 생산제품만 기술하며, 부수적이고 다양한 생산제품에 대한 기술은 가급적 피한다.

③ 장래성: 향후 기술개발 가능성과 사업의 발전 잠재력을 강조한다.

④ 사업 주체의 경영능력 강조: 인력 및 경영진의 이력을 기술한다.

⑤ 제품 및 기술의 이해 가능성: 전문적인 용어의 사용은 피하며, 단순하고 보편적인 설명으로 이해시킬 수 있도록 한다.

⑥ 객관성 기준: 근거가 불충분한 자료 혹은 비논리적인 추정은 피한다.

⑦ 위험 대처능력 및 탄력성: 계획사업의 잠재된 문제점과 향후 발생 가능한 위험요소를 기술하고, 그에 대한 대안을 제안한다.

⑧ 정확성과 자금조달 가능성: 자체조달 가능 자금의 내역과 규모를 정확히 표현한다.

(2) 사업계획서 작성기법

사업계획서 본문 제일 첫 부분에는 계획하고 있는 사업의 총괄적인 내용을 요약, 표시하여 계획내용을 정리한다.

총괄요약은 어떤 사업을 하려고 하며, 사업성공을 위하여 어떠한 방식으로 계획내용을 구성하고 있는가를 이해관계자들에게 종합적으로 보고하는 총괄표이다. 총괄요약은 사업계획의 전체내용을 포함하고 있으므로 편집 및 정보제공 기능상 맨 처음에 위치하는 형식을 취하고 있으나 실무적으로 모든 사업계획수립이 완료된 다음에 각 부문별 계획서를 바탕으로 맨 나중에 작성되는 것이다.

따라서 전체계획을 한눈에 알아보고 계획사업의 전체적인 윤곽을 그려볼 수 있도록 함축적인 어휘와 숫자로 요약 기재하되 숫자의 단위를 분명히 표시하여 이용하는 사람이 혼동되지 않도록 유념할 필요가 있다.

ㅇ 사업명: 사업명칭을 간략히 기재한다.

ㅇ 생산계획 관련내용

- 생산 품목명: 주요 생산품 1~3가지에 대한 품목명을 기재한다.
- 생산능력: 상기 제품의 연간 생산능력을 기재한다.

- 생산계획: 주요 제품의 생산량과 금액을 생산계획에서 발췌하여 기재한다.
- 점유율 및 가동률: 생산능력기준 점유율과 가동률을 기재한다.
- 경쟁업체: 주요 품목별 경쟁업체 1~2개를 적고, 그 업체의 생산능력 기준 점유율을 기재한다.

○ 판매계획 관련내용

- 판매계획: 창업 초기 연도 판매수량과 총매출액을 국내 판매(내수)와 수출로 구분·기재한다.
- 시장점유율: 판매계획 기준 시장점유율을 내수와 수출로 구분, 산출하여 기재한다.
- 총자본이익률: 경영상태 분석을 통하여 총자본이익률(순이익/총자본)을 매출액 순이익률(순이익/매출액)과 총자본회전율(매출액/총자본)로 분해하여 기재한다.
- 제품가격: 사업계획에 반영된 주요 제품의 각종 가격을 조사하여 기재한다.

○ 입지계획 관련내용

- 입지: 입지관련 정보를 간략히 기재한다(공장, 사무실, 영업소 등의 규모와 소재지를 기록).
- 건설기간: 공장, 사무실, 영업소 등의 건물 신축의 경우 건설기간을 명시한다.

○ 인원계획 관련내용: 종업원 수를 사무직과 기술직으로 구분·기재한다.

○ 자금계획 관련내용: 자금계획에 의거 소요계획과 조달계획을 원천별로 구분하여 금액 단위로 요약·기재한다.

○ 원재료 조달계획 관련내용: 주요 원재료 조달계획을 조달원천별로 구분, 수량, 단가, 금액을 기재한다.

○ 기타 특기사항: 위의 기재내용 이외에 계획사업과 관련하여 특별히 제공할 만한 내용이 있으면 기타 특기사항에 요약·기재한다.

4. 사업계획서 작성시 유의사항

(1) 사업계획서 작성의 기본 요점

사업계획이 자신을 위한 것이되 타인과 접촉하는 수단이라는 점에서 그것을 작성할 때는 기본적으로 신뢰성, 능력, 창의성을 보여야 한다. 이들에 대하여 간단히 설명하면 다음과 같다.

① 신뢰성: 사업계획서는 그것의 독자가 그 내용을 믿을 만한 것이라는 생각을 갖도록 작성되어야 한다. 이를 위해서는 참고자료, 자료의 출처, 권위 있는 후견인 등을 동원할 수 있다.

② 능력: 창업자 및 경영진은 사업을 성공적으로 경영할 수 있는 능력이 있음이 나타내도록 하여야 한다. 과거의 경험, 학위, 발명, 수상경력 등을 밝힐 수도 있다.

③ 독창성: 사업계획서는 계획사업이 기존의 다른 사업과 다른 점을 설명하여야 한다. 예를 들면, 특허, 제품의 성능, 경영방법, 표적시장 등에서 기존의 사업과 다른 점을 명시하여야 한다.

(2) 세부적인 유의사항

① 계획하는 사업과 그 사업의 잠재력에 대한 서술을 가능한 짧게 한다. 투자가의 관심을 끌 수 있는 내용만 사업계획서에 포함시키고 2차적인 내용은 면접 때로 미룬다.

② 계획사업의 내용을 지나치게 다양하게 하지 말라. 관심을 한두 가지의 주요 생산품과 주요 시장으로 집중시킨다. 신설기업은 여러 기회를 모두 이용할 능력이 부족하므로 노력을 한정된 대상에 집중한다.

③ 경영진에 공석을 두지 않는다. 투자가들은 경영진에 대하여 처음부터 확실히 알고 싶어 한다.

④ 생산품과 공정을 설명할 때 전문적인 용어나 전문가만이 이해할 수 있는 방법을 사용하지 않는다. 투자가는 그가 이해하지 못하는 사업에 투자하려 들지 않는다.

⑤ 근거가 불충분하거나, 애매한 표현을 하지 않는다. 이러한 표현은 기업가를 생각이 천박하고 멍청한 사람으로 보이게 한다.

⑥ 계획사업의 현재 또는 잠재적인 문제점을 밝히고 그것을 설명한다. 투자가가 발견한 문제점에 대하여 명쾌한 설명이 없으면 기업가는 신용을 잃게 된다.

⑦ 창업자는 사업계획을 작성하는 사내 경영진의 활동뿐만 아니라 법적인 내용이나 재무, 회계상의 내용과 관련되어 외부의 도움을 받는 경우에도 참여한다.

(3) 사업계획서 작성 보조자료

사업계획서를 작성하려면 다소간의 전문지식과 보조자료가 필요하다. 창업자가 이러한 조건을 모두 갖추고 있지 못한 경우에는 기술이나 자료의 측면에서 주위의 도움을 받는 것이 좋다. 특히, 중소기업상담회사나 컨설팅회사, 소상공인지원센터 등을 방문하면 도움을 받을 수 있다.

5. 사업계획서 주요항목 및 목차

(1) 사업계획서 주요항목

① 일반사항: (가칭)상호, 업종, 창업자(대표자)인적사항, 사업장의 (예상) 위치 및 주소, 주주(발기인)현황, 경영인, 기술진 인적사항

② 사업의 개요: 사업의 내용과 목적, 사업의 기대효과(고용효과, 소득 증대효과, 자원 활용효과, 수출 증대효과, 부대사업 촉진효과, 수입 대체효과, 기타)

③ 생산제품의 소개: 주생산품 소개, 기타 생산품, 제품설명

④ 제품의 시장현황: 동종업계의 전반적인 현황(제품의 시장현황, 주요 국내경쟁업체 현황, 주요 해외경쟁업체 현황, 수출입 동향), 총예상 시장규모, 예상시장 점유율, 시장진입 방법

⑤ 생산계획: 생산공정, 자체 생산계획, 외부 생산계획

⑥ 판매계획: 판매방법, 가격책정, A/S계획, 내수 판매계획, 수출계획

⑦ 설비투자계획: 생산, 기계설비 내역, 기계설비 구입내역

⑧ 인력수급계획 및 조직표: 업무수행 체계도와 조직편성도, 부서별, 직책별 소요인원, 고용계획

⑨ 원·부자재 조달계획: 국내 조달계획, 해외 조달계획

⑩ 재무계획: 추정손익계산서, 추정대차대조표, 추정현금흐름표, 추정제조원가 명세서, 손익분기점 분석, 추정감가상각비 명세서

⑪ 자금수급계획: 총소요자금의 내역, 자금조달계획, 차입금상환계획서

⑫ 공해방지시설 계획: 폐수처리계획, 공기정화계획, 소음방지계획

⑬ 사업계획추진 일정표

(2) 사업계획서 목차

현재 사용되고 있는 각종 사업계획서의 내용은 그 해당 용도에 따라 여러 가지의 계획내용을 포함하고 있으나 종류별 사업계획서의 형식은 전체적으로 거의 유사하다고 볼 수 있다. 또한 이러한 여러 종류의 사업계획서내용들은 공통적으로 객관적인 관점에서의 충분한 이해와 관심을 엿볼 수 있도록 표현되어야 한다.

다음에 열거하는 사업계획서의 목차와 내용은 일반적인 것이며 경우에 따라 적절한 변화를 취하여 사용하면 무난하리라 본다.

기본 사업계획서 목차

1. 일반현황

가. 창업자(대표자) 현황

나. 회사 일반현황(이사진 현황 포함)

2. 계획사업의 개요

가. 개발동기

나. 사업내용

다. 생산제품의 특성

라. 기대효과

3. 시장현황

가. 동종업계 현황

나. 시장의 규모와 전망

다. 시장점유율과 경쟁관계

라. 계획제품의 침투가능성

4. 판매계획

가. 판매전략 및 판매형태

나. 가격정책

다. A/S계획

라. 국내 판매계획

마. 수출계획

5. 생산계획

가. 제조공정도

나. 자체 생산계획

다. 외주 생산계획

6. 설비투자계획

가. 적정규모의 제조설비 및 검사설비 내역

나. 구입처, 수량, 가격

7. 인원 및 조직계획

가. 업무흐름별 조직체계도

나. 직무별·직위별 소요인원

8. 원·부자재 조달계획

가. 국내 조달계획

나. 수입자재 조달계획

9. 재무계획

가. 추정손익계산서

나. 추정대차대조표

다. 현금흐름표

라. 손익분기점분석

10. 자금계획

가. 총 소요자금내역

나. 조달계획 또는 차입계획

다. 차입금상환 계획

11. 사업추진 일정계획

12. 부속자료

가. 인건비 명세서

나. 감가상각비 명세서

다. 제조원가 명세서

라. 경영진 이력서

마. 제품설명서

바. 특허권 사본

사. 제공가능 담보물내용

아. 설비구입 견적서

사례 2

대박 상품의 공통점

전쟁이나 스포츠에서는 경쟁자를 패배시키고 승리를 쟁취하는 게 지상과제다. 하지만 기업 경영에서는 꼭 그렇지 않다. 전쟁에서 승리하고도 경쟁자와 공멸할 수 있고, 패하지 않고도 작지 않은 영토를 확보할 수도 있다. 심지어 경쟁자를 초토화시키지 않는 게 더 나을 수도 있다. 게임 이론은 이런 역학관계를 잘 보여준다. 공급자, 고객, 대체자, 보완자 등 4가지 유형의 경기자들과 게임을 벌이고 있다는 관점에서 경쟁을 봐야 한다는 것이다.

새로운 경기자… 3DO, 하드웨어업체 참여시켜 SW 판매 '쑥'

비디오 게임업체인 3DO는 차세대 32비트 CD롬 게임을 위한 하드웨어와 소프트웨어 기술을 보유하고 있었다. 이 회사는 소프트웨어 제작 하청업체들에 3DO 게임 개발권과 상표 사용권을 개당 3달러에 판매하려고 했다. 문제는 소프트웨어를 구동할 하드웨어가 충분히 보급되지 않았다는 게 걸림돌이었다. 이 회사는 새로운 경기자들을 게임에 참여시켜 이 문제를 해결했다. 3DO는 하드웨어 생산권을 무상으로 제공해 파나소닉, LG, 산요, 도시바 등의 새로운 하드웨어 생산업체들을 게임에 진입시켰다. 심지어 하드웨어가 한 대 팔릴 때마다 생산업체들에 주식 2주를 주는 인센티브까지 제시했다. 이 결과 소프트웨어의 보완재인 하드웨어의 가격을 현격히 낮추는 데 성공했다. 3DO는 이렇게 확보한 하드웨어 기반을 토대로 소프트웨어 개발업자와 협상을 벌여 로열티를 개당 3달러에서 6달러로 올릴 수 있었다. 하드웨어 시장의 출혈을 소프트웨어를 통해 보상받은 것이다. 이 회사는 '보완재는 우호적 관계'라는 통념을 깨고 보완재 시장에 경쟁을 일으켜 부가가치를 창출했다.

부가가치 창출… 닌텐도, SW 배타적으로 공급해 경쟁사 차단

기업은 자신의 부가가치를 높이거나 다른 경기자들의 부가가치를 떨어뜨리는 식으로 협상력을 조정해 게임의 주도권을 잡을 수 있다. 1998년 닌텐도는 3,300만 개의 게임을 판매했는데, 이는 시장의 수요(약 4,500만 개)를 크게 밑도는 것이었다. 닌텐도가 의도적으로 공급을 줄였기 때문이다. 매출액을 희생하는 대신 유통업체와의 수입배분에서 더 큰 파이를 얻는 전략을 택한 것이다. 이 회사는 또 게임을 자체 개발하되 일부만을 단계적으로 외부에 맡기는 식으로 소프트웨어 개발자의 협상력도 약화시켰다. 또 마리오라는 자체 게임 캐릭터를 개발해 외부 유명 캐릭터에 대한 의존도도 줄였다. 닌텐도는 또 넓은 사용자 기반과 배타적 소프트웨어 공급방식을 통해 잠재적 경쟁자들의 시장 접근을 차단했다. 하지만 신기술인 스마트폰을 대체자로 인식하는 데 실패하자 1947년 창사 이래 최대의 위기가 닥쳤다. 지난해 닌텐도의 순이익은 전년의 3분의 2로 떨어졌다. 반면 애플은 경쟁자에 집중하는 전통적 방식에서 벗어나 시장의 역학구도를 디자인하고 자사에 최적인 '가치그물'(애플의 표현으로는 생태계)을 구축해 강력한 시장 지배력과 협상력을 발휘하며 큰돈을 벌고 있다.

새 게임의 법칙… 서울우유,
제조일자 표기해 경쟁판도 바꿔

게임의 법칙은 게임이 어떻게 수행되고 어떤 대응이 가능한지를 규정한다. 서울우유는 소비자의 우유 구매 기준이라는 습관적인 게임의 법칙을 재편했다. 서울우유는 관찰을 통해 소비자들이 유제품 구매 시 유통기한에서 구매일자를 차감해 그 차이를 신선도의 척도로 삼는다는 것을 발견했다. 그러나 제조업체마다 유통기한이 다르기 때문에 소비자들이 이런 방법으로 신선한 우유를 고르기는 쉽지 않았다. 서울우유는 기존 유통기한에 제조일자를 병기하는 시도를 했다. 소비자들에게는 신뢰를 주고, 시장의 경쟁판도를 재편할 수 있다는 계산이었다. 이후 우유 시장의 게임의 법칙은 생산 후 얼마나 빨리 제품을 유통하느냐로 재편됐다. 새로운 변화에 맞춰 생산, 유통, 운영을 준비했던 서울우유의 하루 평균 판매량은 이후 800만 개에서 1,000만 개로 25% 늘었다.

전술의 재설정… 할리데이비슨
'기계 아닌 꿈'으로 포지셔닝

1970년대 초반 할리데이비슨은 미국의 대형 기종 오토바이 시장에서 70%라는 압도적인 시장 점유율을 확보하고 있었다. 그러나 이후 저렴한 데다 고장률도 낮은 일본 경쟁업체들이 시장에 진입하면서 점유율이 20%대로 떨어졌다. 할리데이비슨은 소비자 인식을 바꾸는 대대적인 마케팅 캠페인을 시작했다. 할리데이비슨을 기능적인 기계제품이 아니라 잃어버린 야성과 꿈에 대한 동경을 충족시켜주는 라이프스타일 제품으로 포지셔닝한 것. 소비자들이 경쟁의 본질을 '일본의 값싸고 품질 좋은 오토바이 대 할리데이비슨의 비싸고 고장이 잦은 오토바이'로 인식하는 구도에서 벗어나 '일본의 기계 대 할리데이비슨의 라이프스타일'로 인식하도록 유도했다. 이 결과 일본 경쟁자들이 쉽게 따라할 수 없는 독창적이고 강력한 브랜드를 구축해 고가의 프리미엄 전략을 고수하면서도 잃어버린 시장을 성공적으로 탈환할 수 있었다.

경쟁범위 확대… 굿이어,
수명경쟁서 벗어나 안정성으로 승부

1990년대 초반 타이어 생산업체 굿이어와 미쉐린은 미국 시장에서 치열한 기술 경쟁을 벌였다. 한 회사가 2만 마일 수명의 타이어를 개발하면 다른 회사가 막대한 연구개발비를 투입해 4만 마일 수명의 타이어를 내놓았다. 그러면 다시 다른 회사가 6만 마일 수명의 타이어를 개발하는 식의 경쟁이 반복됐다. 이 결과 고객들의 제품 구매 주기는 더 길어졌고, 매출과 수익에 악영향이 우려됐다. 그렇다고 기술 경쟁을 멈출 수도 없었다. 굿이어는 타이어의 수명 경쟁이라는 게임의 범위를 확대하기로 했다. 빗길에서 제동거리를 줄여주고 주행 안정성을 높인 '아쿠아트레드'라는 신제품을 내놓는 방식으로 숨 막히는 수명경쟁에 마침표를 찍었다.

제6절 사업계획서의 문제점

사업계획서를 작성하는 과정 속에서 간과하기 쉬운 것이 사업계획서를 작성하는 사람들의 지나친 주관적인 생각으로 인해 사업의 실제 모습과는 다르게 작성될 가능성 등이 많은데 이에 따른 몇가지 문제점을 지적하면 다음과 같다.

첫째, 사업아이템의 불명확성으로 인한 사업의 개시가 어려울 수 있다. 이럴 경우 사업계획서 자체가 치명적인 문제점을 가질 수 있는데, 사업아이템은 명확하고 구체적이어야 한다. 추상적으로 길게 글을 늘여 쓰거나 하고자 하는 사업아이템에 대한 명확한 설명이 없으면 사업을 개시한다고 하여도 어려울 수 밖에 없다. 사업계획서를 보는 사람이 머리에 이것이다 할 정도로 명확하게 떠오르도록 작성하여야 한다.

둘째, 수익모델이 분명해야 한다. 하고자 하는 사업이 무엇이며, 팔려고 하는 제품이나 서비스가 어떤 것인지가 구체적이어야 하며, 또 어느 정도의 가격에 시장에 진입할 것인지에 대한 생각들이 정리되어 있어야 한다. 사업의 핵심을 명확하게 잡지 못하고 이것저것 자기 생각에 돈 될 만한 것들은 전부 수익모델로 잡는 경우가 있는데, 이러한 경우에도 사업의 우선순위와 중요도를 고려하여 조정하는 절차를 가져야 할 것이다.

셋째, 목표고객을 명확하게 할 필요성이 있다. 고객이 명확하게 고려되지 않으면 시장조사가 제대로 이루어지지 않았다는 증거이고, 기업의 고객이라면 종업원 수, 매출액, 업종 등에 따라 목표고객을 선정하여야 하며, 개인이 고객일지라도 소득수준, 연령, 성별, 학력, 지역특성 등을 고려하여야 할 것이다.

넷째, 사업화전략의 불충분성을 들 수 있다. 조직을 어떤 형태로, 언제까지 설립할 것인가?, 홈페이지 구축은?, 납품 및 공급업체는?, 마케팅 방법은? 등을 단순하게 항목별 일정표를 보여주는 것으로 대신하는 경우가 많다. 하지만 아이템을 사업화하기까지는 보다 치밀하고 구체적인 사항까지 정의해 놓을 필요가 있다. 해결해야 할 기본항목과 더불어 보다 세부항목을 정의하고 그것을 담당하는 사람, 일정, 정보원천 등을 어디에서 찾을 것인지가 정의되어야 한다.

제1절 기업형태의 결정

제2절 개인기업과 법인기업 간의 비교

제3절 개인기업 설립

제4절 법인기업 설립

제5절 1인 창조기업

제6절 사회적기업과 협동조합 설립

Chapter 6

창업기업의 설립

특정상품 온라인 쇼핑몰 성공방법

수영전문 쇼핑몰 "아쿠아몰" 정선봉 대표는 지난해 대비 해외판매 실적이 300% 늘었다. "IMF가 터져 취업은 하늘의 별 따기였죠. 졸업 후 몇 년 동안 백수로 지내는 친구들도 많았어요. 다행히 대기업에 입사했지만 제가 원하는 부서로 발령받지 못했고, 즐겁게 일하지 않으면 성공할 수 없다는 생각에 과감하게 사표를 던졌죠." LG그룹 엔지니어 생활을 그만두고 창업에 도전, 지난해 연매출 20억원을 기록한 아쿠아몰 정선봉(41) 대표의 말이다. 1999년 정 대표는 단돈 300만원으로 친구가 운영하던 PC방 한켠을 사무실 삼아 수영용품 전문 쇼핑몰 창업에 도전했다.

수영선수 못지않은 실력을 가진 그는 유럽과 미국에서 생활 스포츠가 활성화되는 분위기를 보고 사업 아이템 아이디어를 얻었다. 하지만 당시 국내에는 '쇼핑몰' 또는 '생활 스포츠'에 대한 인식과 기반이 전무했다. 막상 쇼핑몰을 오픈했지만 판매는 전혀 이루어지지 않았다. 정 대표는 낮에는 보험사 직원으로 밤에는 쇼핑몰 CEO로 투잡을 시작했다. "번듯한 직장을 다니다 보험사 직원으로 일하는 것이 쉽지 않았습니다. 하지만 남들보다 더 일찍 출근하고, 더 늦게까지 일했어요. 주말도 반납하며 바쁘게 살았습니다. 투잡으로 성공하려면 두 배의 노력이 필요합니다."

쇼핑몰 성공 열쇠는 해외시장 개척, 모니터링을 하라고 조언한다. 정 대표에게도 기회가 왔다. 주5일제가 시행되면서 스포츠센터 및 각 지자체의 구청까지 전국적으로 수영장이 우후죽순 생겨났다. 그는 "생활 스포츠 시장이 활성화되면서 수영인이 폭발적으로 늘어났지만 수영 영법 및 지도방법, 각종 대회 기록, 수영용품 관리 요령 등 정보를 공유할 제대로 된 장이 없었다"며 "국내 최초 수영커뮤니티 아쿠아솔루션을 운영했다. 현재 6만 명의 회원들은 아쿠아몰을 대박 쇼핑몰로 만든 숨은 주역이다"고 말했다.

아쿠아몰은 11년 동안 꾸준히 성장세를 기록해 지난해 수영복 전문 쇼핑몰 1위에 올랐다. '남보다 한 발 빠른 도전과 열정'이라는 경영철학을 지킨 값진 결과다. "해외 고객들도 지난해부터 조금씩 반응을 보이기 시작했어요. 올 상반기까지 해외에서만 4,000여 개의 상품이 팔렸습니다. 이는 지난해 같은 기간보다 3배 늘어난 실적이죠." 해외 고객들은 화려한 디자인을 선호한다.

정 대표는 4년 전부터 고도몰 솔루션 이용해 별도의 영문 쇼핑몰을 직접 운영하며 해외시장에 진출했다. 영문 쇼핑몰을 통한 해외 매출은 지난해 대비 300% 이상 크게 증가했다. 그는 매경닷컴과의 인터뷰에서 "국내 쇼핑몰의 노하우는 전 세계 최고다. 이제는 국내시장이 아닌 해외시장을 공략해야 할 시점이다. 국내 쇼핑몰은 포화 상태다. 해외 진출은 쇼핑몰 성공의 열쇠다"고 강조했다. 이어 "쇼핑몰은 해외시장에서 성공할 가능성이 높다. 전 세계 어디라도 제품 판매가 가능하고 소비자와 직접 커뮤니케이션이 가능하다는 최적의 조건을 갖추고 있기 때문이다"며 "곧 국내 시장을 넘어 해외시장에서 성공한 쇼핑몰이 나올 가능성도 높다"고 설명했다.

국내외 바이어들은 정 대표를 '도전자'라고 부른다. 남들이 가지 않는 길을 개척하고 새로운 기회를 찾는 것을 좋아해 생긴 별명이다. 정 대표는 "해외 진출에 성공하려면 두려움보다 자신감, 그리고 철저한 준비가 필요하다"고 말한다. 정보와 트렌드에 민감하게 반응하려면 정보 수집을 게을리 하면 안 된다는 것. 그는 해외시장도 국내시장과 별반 차이 없다고 말한다. 영어를 능숙하게 잘하면 큰 도움이 되는 것이 사실이지만 현실에서는 정형화된 영어를 많이 사용하기 때문이다. "쇼핑몰에서 주문, 배송을 확인하고 해외로 보내는 것은 똑같죠. 다만 언어가 안 되면 모두 어렵다고 생각하죠." 정 대표는 5년 전부터 해외진출을 염두하고 직접 해외 유명디자이너를 끈질기게 섭외, 상품디자인을 맡기거나 호주, 미국에서 촬영을 진행하는 등 해외 진출을 위해 준비해 왔다.

그는 "해외 판매에 있어 반품은 곧 손해로 이어진다. 반품이 발생하지 않도록 철저한 대비가 필요하다"며 "제품의 품질을 갖추는 것뿐 아니라 정확한 사이즈 표기가 중요하다. 특히 북미권은 각각의 사이즈에 맞는 이미지를 하나씩 올려줘야 소비자들이 헷갈려 하지 않는다"고 말했다. 정 대표는 해외진출을 준비하는 쇼핑몰 운영자들에게 "'내가 어떻게 해외 판매를 하나' '나는 못해'라는 생각을 버려라. 자신의 한계를 스스로 단정 지으면 절대로 벗어날 수 없다"며 "부딪히고 극복하려는 적극적인 자세를 가져야만 해외 시장에서 살아남을 수 있다"고 조언했다.

쇼핑몰 해외 진출에 대한 오해

1. 반품이 많다? 소비자들도 해외에서 구매한 제품을 반품하면 배보다 배꼽이 더 크다는 사실을 알고 있다. 그래서 의외로 해외 반품이 많이 발생하지는 않는다. 단 사이즈는 정확하게 표시해야 한다.
2. 영어를 능숙하게 사용해야 한다? 영어를 능숙하게 할 수 있으면 정말 좋다. 하지만 반드시 영어를 능숙하게 할 필요는 없다. 생활영어 수준만 공부하면 해외 진출도 어렵지 않다.
3. 해외 시장은 트렌드에 민감하지 않다? 해외 소비자들이 트렌드에 민감하지 않다고 생각하지 말아라. 절대 아니다. 그들은 국내 소비자들보다 과감하고 다양한 디자인의 수영복을 즐긴다. 하루가 다르게 변화하는 소비자의 심리를 반영하기 위해서는 반드시 모니터링을 통해 반응을 살피자.
4. 해외홍보는 어렵다? 해외 판매에서도 홍보는 기본이다. SNS나 유튜브를 이용하면 광고비를 들이지 않고도 충분히 소비자의 흥미를 이끌어 낼 수 있다. 해외 시장을 공략할 수 있는 다양한 홍보 전략을 세워라.

제 1 절 기업형태의 결정

1. 기업형태 결정의 중요성

기업형태의 결정은 창업에 있어 매우 중요하다. 60~70년대, 그리고 80년대와는 달리 최근의 기업환경은 매우 복잡하고 다양하다. 60~70년대에는 사장의 개인능력에 따라 회사가 경영될 수 있었다. 국내 경쟁업체도 그리 많지 않았고, 제품이 만들어지면 큰 판매활동 없이도 순조롭게 매출이 신장되었으며 마진폭도 컸다. 뿐만 아니라 오늘날과 같은 종업원 부족이라는 경영환경은 전혀 생소한 경우였다.

그러나 최근의 기업환경, 특히 창업환경은 옛날과 무척 다르다. 종업원의 직업관이 점차 변화되어 가고 있다. 사장의 지시만 있으면 밤낮 없이 열심히 일하던 종업원의 근무태도에도 많은 변화가 일어났으며, 보다 좋은 환경, 보다 좋은 복리후생제도, 여가시간이 많은 직장을 선호하는 경향으로 점차 바뀌어 가고 있다.

기업환경 변화도 마찬가지이다. 경쟁관계에 있는 회사도 60~70년대에는 국내 일부 기업에 불과했지만, 이제는 세계의 기업이 모두 경쟁대상이 되었다. 시장개방에 따라 세계 모든 나라의 상품이 국내에서 아무런 제한 없이 판매될 날도 멀지 않았다. 국산품 애용만을 고집하던 시대는 지났다. 국가 번영을 생각하기 전에 개인의 실리에 따라 싸고 품질이 좋으면 외국 상품도 생각 없이 사는 것이 요즈음 소비자의 경향이다.

이런 상황에서 기업형태의 결정은 큰 의미를 지닌다. 거의 모든 기업경영 책임을 사장 한 사람이 감당하면서 영업, 자금조달, 종업원 관리, 생산관리 등 기업 전반에 걸쳐 만능 경영을 하여야 하는 개인기업 형태의 창업을 할 것이냐, 조직을 갖추어서 회사업무의 대부분을 능력있는 종업원에게 분담시켜 전체를 통괄할 수 있는 법인형태로 창업을 할 것이냐의 결정은 창업 기업의 기초 확립에도 매우 중요하다. 또한 약간 다른 시각에서 요즘 같이 종업원 구하기가 어려운 상황에서 비교적 많은 종업원을 필요로 하는 법인기업 형태보다 마음이 맞는 몇 사람만을 확보하여 짭짤한 장사를 할 의도로 조그마한 개인기업 형태를 선택할 수도 있을 것이다. 물론 반드시 규모가 크고 종업원이 많으면 법인형태로 설립하고, 규모가 작으면 개인기업 형태로 출발해야 한다는 의미는 아니다.

모든 상황이 경영자의 능력과 조직의 필요에 의해서 회사형태는 달라질 수 있는 것이다. 기업형태에 관한 법률상의 규정은 기업의 자본모집과 기술·경영 능력의 보완, 그리고 거래의 활성화에 도움이 되는 체계를 만드는 데 목적이 있기 때문에 창업에 있어서는 하나의 형식요건이 되는 것이다.

그러나 실질적으로 우리나라에서는 많은 기업이 법률상으로는 주식회사이면서 운영은 가족회사와 마찬가지의 형태로 경영되고 있는 경우가 허다하다.

이와 같은 현상은 비록 자본과 경영이 분리되지 않은 경우라 하더라도 상법상으로 주식회사의 설립요건을 갖추고 있으면, 정부는 이를 권장하여 기업이 필요한 자본을 널리 일반으로부터 모집하여 현대적 개념의 기업이 성장할 수 있는 조건을 마련할 수 있도록 상법·증권거래법·세법상 각종 혜택을 주어 이를 장려하는 것이다.

따라서 창업자는 여러 가지 기업환경과 경영능력, 그리고 개인기업과 법인기업의 장·단점을 비교 평가하여 자기 실정에 맞는 기업형태를 선택할 필요가 있는 것이다. 왜냐하면 이런 장·단점에 대한 비교 없이는 어느 쪽이 자기에게 합당한 형태인지 판단할 수 없기 때문이다.

2. 기업형태의 결정기준

창업자는 창업자의 특수한 사정이나 선호하는 경향과 성격에 따라 두 형태 중 한 가지 형태로 회사를 설립할 수 있다. 특수한 사정이 없는 경우에는 양 제도를 비교 평가하여 이득이 큰 쪽을 선택하는 것이 바람직할 것이다. 즉, 창업자의 입장에서 어느 쪽이 절세효과가 더 큰지를 비교 평가함으로써 개인기업과 법인기업 선택의 기준을 삼는 것이 타당할 것이다. 기업이 내는 세금은 세무조정 후 과세표준이 되는 이익에 따라서 달라지는데 세제 정책상 개인기업보다 법인기업이 더 유리하다.

과세표준이 약 3~4천만원일 경우에는 개인기업이든 법인기업이든 크게 상관없으나, 소득 규모가 그 이상을 초과할 때는 개인기업보다 법인형태인 주식회사가 더 절세 효과가 큼을 알 수 있다. 따라서 창업자는 자기가 경영하려고 하는 사업의 소득규모가 어느 정도 될지, 얼마 후에 누적 결손을 보전하고 이익실현이 가능할지를 판단하여 기업형태 결정기준으로 삼아야 할 것이며, 회사 설립시부터 이런 점을 종합적으로 검토하여 기업형태를 결정하는 것이 현명할 것이다.

참고적으로 최근의 기업설립 형태를 보면 법인설립이 점차 늘어나고 있는 추세이다. 최근의 기업수준으로 보아 아무리 영세한 소규모 도·소매업이라 하더라도 세무상 연간소득이 3~4천만원 이하인 경우는 드물기 때문에 법인, 즉 주식회사 형태가 절세효과가 높다. 또한 창업시 개인기업으로 설립하였다 하더라도 규모가 조금 커지면 법인전환 등의 복잡한 절차를 밟음으로써 새삼스럽게 복잡한 절차가 필요할 뿐만 아니라, 비용도 추가로 들기 때문에 처음부터 법인으로 출발하는 것이 유행처럼 되어가고 있는 것이다.

제 2 절 개인기업과 법인기업 간의 비교

1. 개인기업과 법인기업의 장·단점

기업의 법률적 형태에 있어서 중요한 것은 개인기업과 회사형태의 기업이다. 개인기업은 기업이 완전한 법인격이 없으므로 소유자에게 종속되는 기업이고, 회사형태의 기업은 완전한 법인격을 가지고 스스로의 권리와 의무의 주체가 되며 기업의 소유자로부터 분리되어 영속성을 존재할 수 있는 기업이다.

우리나라의 일반적인 회사의 형태는 주식회사이며 합자회사, 합명회사 및 유한회사는 거의 없다고 보아도 무방하다. 그러나 회사의 개념에는 들어가지 않으나 개인사업자 형태의 개인기업이 우리나라에는 많이 존재한다. 따라서 개인기업과 법인기업의 대다수인 주식회사의 장단점을 비교하여 예비창업자에게 사업계획 검토단계에서 기업의 형태를 결정하는 데 도움을 주고자 한다.

일반적으로 기업의 영속성·성장성 측면에서 주식회사 형태의 기업을 창업하는 것이 유리하다. 주식회사는 개인기업보다 대외공신력과 신용도가 높기 때문에 신주 및 회사채 발행을 통한 자금조달이 용이하고, 영업수행에 있어서도 기업의 이미지가 제고되어 유리한 점이 많다. 특히, 벤처기업을 창업하는 경우에는 개인기업보다는 주식회사의 형태로 하는 것이 더욱 유리하다고 할 수 있다.

표 6-1 개인기업과 법인기업의 장·단점

구분	개인기업	법인기업
장점	• 기업이윤 전부를 기업주가 독점할 수 있음 • 설립등기가 필요 없고 사업자등록만으로 사업개시가 가능하므로 기업설립이 용이 • 창업비용과 창업자금이 비교적 적게 소요되어 소자본을 가진 창업자도 창업가능 • 일정규모 이상으로는 성장하지 않는 중소규모의 사업에 안정적이고 적합함 • 기업활동에 있어 자유롭고, 신속한 계획수립, 계획변경 등이 용이 • 개인기업은 인적조직체로서 제조방법, 자금운용상의 비밀유지가 가능	• 일정규모 이상으로 성장 가능한 유망사업의 경우에 적합 • 주식회사는 신주발행 및 회사채 발행 등을 통한 다수인으로부터 자본조달이 용이 • 대표자는 회사운영에 대해 일정한 책임을 지며, 주주는 주금납입을 한도로 채무자에 대해 유한책임을 짐 • 사업양도시에는 주식을 양도하면 되므로 주식양도에 대하여 원칙적으로 낮은 세율의 양도소득세가 부과됨. 또한 주식을 상장 후에 양도하면 세금이 없음 • 대외공신력과 신용도가 높기 때문에 영업수행과 관공서, 금융기관 등과의 거래에 있어서도 유리
단점	• 대표자는 채무자에 대하여 무한책임을 지며, 대표자가 바뀌는 경우에는 폐업을 하고, 신규로 사업자등록을 해야 하므로 기업의 계속성이 단절됨 • 사업 양도시에는 양도된 영업권 또는 부동산에 대하여 높은 양도소득세가 부과됨	• 설립절차가 복잡하고 최소한 5천만원 이상의 자본금이 있어야 설립이 가능 * 벤처기업의 주식회사 설립시 자본은 2천만원 이상임 • 대표자가 기업자금을 개인용도로 사용하면 회사는 대표자로부터 이자를 받아야 하는 등 세제상의 불이익이 있음

2. 세제상의 특징 비교

개인기업은 소득세법의 적용을 받으므로 과세기간은 매년 1월 1일부터 12월 31일까지이며, 과세소득은 총수입에서 필요경비를 공제한 금액이 되며, 대차대조표 공고의무가 없다.

이에 반해, 법인은 법인세법의 적용을 받고, 그 과세기간은 정관과 규칙에서 정하는 회계기간에 따라 달라지며 과세소득은 익금총액에서 손금총액을 공제한 금액이다. 대차대조표의 공고의무가 있으나, 세부담은 여러 가지 상황에 따라 차이가 있을 수 있다. 세율측면에 있어서는 개인기업(9%~36%로 누진)보다 법인기업(15%, 27%)이 유리하다.

세무사의 의견을 종합하면, 세부담 측면에서 기업을 설립한 후 연간 매출총액이 5억원 이상으로 예상되면 법인기업으로 하는 것이 유리하다.

표 6-2 개인기업과 법인기업의 세제상의 특징

내 용	개인기업	법인기업
과세근거법	소득세법	법인세법
과세기간	매년 1월 1일부터 12월 31일까지	정관에 정하는 회계기간
과세소득	총수입금액－필요경비	익금의 총액－손금의 총액
과세범위	특정 소득에 대해서는 종합과세를 하지 않고 원천징수만으로 분리과세	분리과세가 인정되지 않음
이중과세 여부	하나의 원천소득에 대해 이중과세가 되지 않음	법인에게 법인세 과세 후, 주주의 배당에 대해 소득세 과세
세율구조	세 율 : 9%~36%로 누진적용 주민세 : 소득세의 10%	세 율 : 15%, 27% 주민세 : 법인세의 10%
납세지	개인기업의 주소지	법인등기사항전부증명서상의 본점 / 주사무소
기장의 의무	수입금액에 따라 일기장의무자, 간이장부의무자, 복식부기의무자로 구분	수입금액에 관계없이 복식부기의무자
외부감사제도	적용되지 않음	자산총액이 60억원 이상인 경우, 공인회계사의 감사를 받음
대차대조표 공고	대차대조표 공고 의무가 없음	법인세 신고기간 내에 일간신문에 공고의무가 있음(외부감사 대상법인)

사례 1

온라인 장터서 일감 거래 매출 쑥쑥

서울 마포구에 사는 IT 개발 프리랜서 조성남 씨. 그는 요즘 안방에 앉아서 기다려도 밀려드는 일거리로 잔뜩 신바람이 나 있다. 얼마 전 중소기업청이 1인 창조기업들을 위해 구축한 아이디어 비즈뱅크에 등록하면서 대기업이나 중소기업에서 잇단 러브콜이 들어와 짭짤한 수익이 발생하고 있기 때문이다. 조씨는 "그간 일거리를 찾기 위해 가까운 지인들에게 발품, 전화품을 팔면서 가뭄에 콩 나듯 일감을 구할 수밖에 없어 불안정한 생활 형편으로 고충이 이만저만한 게 아니었다"며 "중기청의 아이디어 비즈뱅크 덕분에 고민을 덜 수 있게 돼 그저 고마울 따름"이라고 말했다.

블로그를 이용한 정보서비스 제공 1인 기업인 유영진 씨 역시 매출 상승으로 콧노래를 부르고 있다. 중기청 '1인 창조기업 민간비즈니스센터'에 입주하면서 안정적인 프로젝트 수행으로 월 500만원 정도 매출은 너끈히 올리고 있기 때문이다. 유씨는 "최근 센터 내 전문매니저를 통해 컨설팅 및 정보도 제공받고 공용 회의실과 컴퓨터를 무료로 이용하는 등 많은 지원을 받으면서 사업에 탄력을 받고 있다"고 말했다.

이들 두 1인 기업은 모두 중소기업청이 지원하는 프로그램을 통해 성공했다. 이런 1인 기업이 매달 수십 개씩 쏟아진다. 중기청이 운용하는 '1인 창조기업 지원사업'이 1인기업의 사업화를 돕는 첨병 노릇을 톡톡히 하고 있다. 기존 아는 사람을 통해 수주하는 원시적 시장구조를 탈피하고 막혀 있던 공공시장 참여 통로를 열고 창업공간·자금지원 등으로 1인 기업의 사업화 성공률을 높였기 때문이다.

중기청에 따르면 지난 6월 구축한 지식거래 온라인장터인 'e-서비스 거래몰(www. ideabiz.or.kr)'에는 9월 말 현재 1인 창조기업 1,164명과 대·중소 수요기업 95개가 등록해 활동하고 있으며 매달 약 50% 이상 증가세를 보이고 있다.

실제로 이 거래몰에서는 1인 창조기업과 중소기업 간에 매달 30여 건의 서비스거래 계약이 이뤄지고 있다. 이형철 중기청 사무관은 "1인 창조기업에 프로젝트를 발주한 중소기업들에 계약비용의 10%,

아이디어 비즈뱅크 서비스 거래몰 흐름도

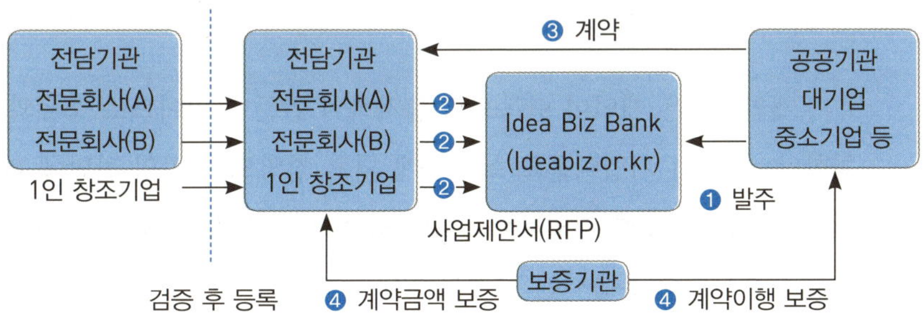

최고 300만원(12회)까지 '지식서비스 구매 바우처'를 지급하는 한편 1인 창조기업의 계약 불이행으로 프로젝트를 수행하지 못하면 손실을 보전하는 이행보증도 함께 실시되면서 갈수록 e-서비스 거래몰이 활성화되고 있다"고 말했다.

중기청은 지난 3월부터 미국·독일 등 선진국처럼 청년실업 문제를 해결하고 신규 일자리를 창출할 수 있는 대안으로 보고 1인 창조기업 활성화를 위해 창업공간 제공, 창업자금 지원 등 전방위적 지원책을 내놨다. 업종별로 차별된 세미나·포럼 등 교육서비스, 세무·회계·법률·마케팅 등 전문가 상담 등의 서비스를 무료로 지원하는 전국 19곳의 '민간비즈니스센터'도 지난 9월에 문을 열었다. 2011년 7월 1인 창조기업 자금 애로를 해결하기 위해 기술보증기금을 통해 마련한 '1인 창조기업 특례보증'으로는 지난달까지 62개 기업이 총 36억원을 지원받았다.

1인기업 지원 내용

구 분		지원 조건	지원 내용	지원실적
1인 창조기업 비즈니스센터		1인 창조기업	• 개인 사무실 최대 50% 할인 • 공동 작업공간, 회의실	• 민간비즈니스센터 전국에 19개 지정 • 공공비즈니스센터 2개 지정
교육 프로그램	멘토링	초기 1인 창조기업	• 집합교육	• 40명
	골드카드	우수 1인 창조기업	• 1인당 수업료 50% • 80만원까지 지원	• 20명
특례 보증지원		사업자 등록을 한 1인 창조기업	• 기업당 3억원 한도	• 62개 기업 • 36억원 지원

※ 기타 자세한 내용은 아이디어비즈뱅크 (www.ideabiz.or.kr) 공지사항 참조

제3절 개인기업 설립

1. 개인기업의 특성

개인기업은 개인이 단독으로 출자하여 만든 기업이므로 소유와 경영이 일치한다. 따라서 기업이윤도 독점하게 되고 경영도 개인의 판단에 따라 자유롭게 할 수 있다. 또한 기업비밀을 확실히 유지할 수 있고 법적인 제재가 많지 않으므로 행동이 자유롭다는 장점이 있다.

그러나 개인기업은 한 개인의 자본만으로 운영되므로 기업의 규모가 작아 대외신용도가 낮고 독단적 경영으로 경영위기에 대처하기 힘들며, 특히 장부

기장에 대한 법적 제재가 약하다는 점을 악용하여 장부를 체계적으로 정리하지 않는 경향이 있어 합리적 경영이 어려우며, 이익금을 자유롭게 쓸 수 있으므로 주머니 돈인지 회사 돈인지 구분하기 힘든 때가 많아 기업의 실체를 파악하기 어렵다는 단점이 있다.

특히 개인기업인 경우에는 기업에 문제가 생길 경우 기업주 혼자서 전적인 무한책임을 져야 하며, 기업주의 유고시 대안이 없으므로 기업주의 신상에 변화가 있을 경우 곧바로 기업이 영향을 받게 되는 단점도 있다.

2. 개인기업의 설립절차

개인인 경우에는 등록절차가 아주 간단하다. 해당 세무서에 가면 사업자등록 신청서라는 서식이 있는데 이 신청서와 그것에 첨부할 간단한 서류만 준비하여 제출하면 보통 늦어도 일주일 이내에 사업자등록증이 나온다.

그리고 만일 관계기관의 인·허가가 필요한 사업일 경우에는 먼저 해당관청에 인·허가 승인을 신청하여 승인을 받은 후 사업개시일로부터 20일 이내에 사업장 소재지 관할세무서에 사업자등록을 신청하여 사업자등록증을 교부 받음으로써 설립된다.

(1) 인·허가의 취득(개별법에 의한 인·허가 업종에 한함)

법령에 의하여 인·허가, 등록 및 신고를 득해야 사업을 개시할 수 있는 업종은 미리 당해 업종을 주관하는 주무관청 또는 지방자치단체에서 인·허가를 취득하여야 한다.

그림 6-1 개인기업의 설립절차도

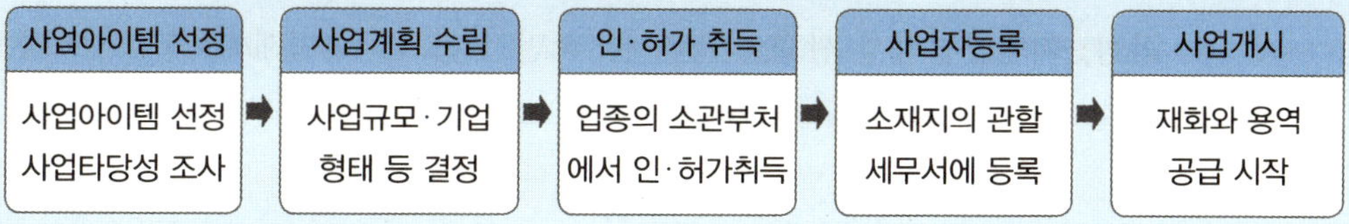

(2) 사업자등록

신규로 사업을 개시하는 자는 사업장마다 사업개시일로부터 20일 이내에 사업장소재지 관할세무서 민원봉사실에 신고하여 사업자등록을 하면 된다. 또 신규로 사업을 개시하고자 하는 자는 사업개시일 전이라도 등록이 가능하며, 사업인·허가 전에 등록하는 경우에는 사업인·허가증사본 대신 사업허가신청서 사본이나 사업계획서를 제출하면 된다.

① 사업자등록 신청시 구비서류

- 사업자등록신청서 1부
- 사업장 임대차계약서(원본에 1만원의 수입인지 첨부) 1부
- 사업인·허가증 사본(법령에 의한 인·허가 업종에 한함) 1부
- 주민등록증 또는 주민등록등본
- 사업 허가전에 등록하고자 하는 경우에는 사업허가신청서 사본이나 사업계획서
- 2인 이상이 공동으로 사업을 하는 경우 공동사업 사실을 증명할 수 있는 서류(동업계약서)

② 사업자등록증 교부

신청일로부터 7일 이내에 사업자등록번호가 기재된 사업자등록증을 교부받는다.

(3) 사업개시 및 기타 신고사항

사업자등록이 끝나면 법적으로 사업을 시작할 수 있는 절차가 완료되나 기타 행정절차를 요하는 경우에는 신고를 하여야 한다. 근로자명부와 임금대장의 작성, 취업규칙작성 신고, 국민연금·국민건강보험·산업재해보험 및 고용보험 신고 등의 신고절차를 하여야 한다.

제4절 법인기업 설립

1. 법인기업의 특성

법인기업은 다수의 출자자가 참여하는 기업형태이므로 대형자본을 동원할 수 있고 대부분의 경우 모든 참여자는 유한책임만 지므로 기업의 문제가 개인 가정의 문제로 확대되는 것을 막을 수 있다. 또 자본과 경영이 분리될 수 있어 합리적인 경영이 가능하며 대외 신용도가 높아 외상거래나 외부자금의 차입이 용이하다는 장점이 있다.

그리고 법적으로 장부기장 의무를 강제하고 있는 등 각종 제재가 많아 경영의 투명성이 보장되므로 기업의 실체를 파악하기가 용이하며, 따라서 위험을 사전에 감지할 수 있고 그에 따른 대책을 사전에 강구할 수도 있다. 더욱이 주머니 돈과 회사 돈이 명확히 구분되어 책임한계가 분명해지고 사장의 유고시에도 즉각 대처할 수 있는 장점이 있다.

그러나 만인의 책임은 무한책임이라는 말이 있듯이 책임의 한계가 모호하고 기업의 비밀유지가 어려우며 법적 및 사회적 제약요소가 많아 임기응변적 경영이 불가능하다는 단점이 있다.

특히 세무, 회계문제와 관련하여 어수룩한 구석이 없어 절세와 이익금의 사용에 대한 운신의 폭이 좁다는 단점이 있다. 이러한 법인에는 주식회사, 유한회사, 합명회사, 합자회사라는 4가지 형태가 있다.

(1) 주식회사

주식회사란 자기가 인수한 주식의 금액을 한도로 회사에 대하여 출자의무를 질 뿐 회사채권자에 대하여는 전혀 책임을 지지 않는 사원(간접유한책임사원), 즉 주주로만 구성되는 회사를 말한다. 주식회사는 자본, 주식 및 주주의 유한책임 등 세 가지의 특성을 가지고 있는 회사로서, 법인형태 중 가장 대표적인 형태이다.

(2) 유한회사

유한회사는 주식회사와 기능은 비슷하면서 발기인이 2명 이상 50명 이하면 되고 자본도 1천만원 이상이면 되므로 가족형 법인으로는 바람직한 법인형태이다.

우리나라에서 설립되고 있는 대부분의 중소기업이 법적으로는 주식회사의 형태를 취하고 있지만 사실상은 가족회사 내지 1인회사인 경우가 많음을 감안한다면 외형만 화려하게 갖추기 위해 무리하게 주식회사를 만들기보다 실속 있는 유한회사를 설립하는 것도 좋을 것이다.

더욱이 유한회사는 주식회사보다 설립수속이 간단하고 주식회사와는 달리 경영상태를 공개할 의무가 없기 때문에 기업비밀을 유지하는 데도 큰 도움이 된다.

(3) 합명회사

합명회사는 2인 이상의 무한책임사원만으로 구성되는 회사이다. 이 형태는 사원의 개성이 중시되는 기업형태이므로 현실적으로 구성원수가 그렇게 많은 경우는 별로 없다.

합명회사는 사원 모두가 무한책임을 져야 하므로 소유와 경영이 분리될 수 없으며 법적으로도 사원은 회사의 업무집행권과 회사대표권을 동시에 가진다. 또 이 법인형태는 인적요소를 중시하므로 출자에 관해서는 현금, 현물, 노무, 신용 등 광범위하게 허용되며 출자의 이행책임에 있어서도 아무런 제한이 없다. 이들은 문자 그대로 무한책임사원들이기 때문에 회사의 채무에 대하여 무한책임을 져야 한다. 따라서 서로 믿을 수 있는 관계라면 이런 형태의 법인을 설립해 보는 것도 무방할 것이다.

(4) 합자회사

합자회사도 인적요소가 강한 법인형태로서 2인 이상의 구성원으로 설립되며 합명회사와 모든 면이 비슷하다. 다만 유한책임사원과 무한책임사원이라는 두 부류의 사원으로 구성되는 점이 합명회사와는 다르다.

표 6-3 법인형태별 특징

형태 \ 구분	주식회사	유한회사	합명회사	합자회사
기업규모	대·중기업	중소기업	소기업	소기업
기업성격	물적회사	준물적회사	인적회사	준인적회사
책임한계	유한책임	유한책임	무한책임	유·무한책임
발기인수	3인 이상	2인 이상 50인 이하	2인 이상	2인 이상
출자형태	현금, 현물	현금, 현물	현금, 현물, 노무, 신용	유한책임사원 : 현금, 현물 무한책임사원 : 현금, 현물, 노무, 신용
소유형태	주식	지분	지분	지분
최저자본금	5천만원	1천만원	없음	없음
의결기관	주주총회 (1주 1의결권)	사원총회 (1구좌 1의결권)	무한책임 사원의 동의	무한책임 사원의 동의
대표자	대표이사	대표이사와 각자 대표권	업무집행 사원	업무집행 사원
업무집행기관	이사회	이사(이사1명 이상, 임기제한)	각 사원 대표기관	무한책임 사원
감 사	1명 이상	임의기관	규정에 없음	규정에 없음
주주와 사원의 이동	원칙적으로 자유 정관에 제한가능	사원간 양도는 자유, 사원외 양도시는 사원 총회의 결의요	전 사원의 동의요	무한책임 사원의 동의요

무한책임사원은 업무집행권과 회사대표권을 동시에 가지며 유한책임사원은 업무감시권만 있을 뿐이다. 따라서 사실상 무한책임사원이 경영과 관련된 일체의 권한을 행사한다고 볼 수 있다. 또 출자시에도 무한책임사원은 합명회사의 경우와 같이 다양한 방법이 허용되지만 유한책임사원의 경우는 재산출자만 가능하다. 그렇기 때문에 책임의 한계도 서로 다르다. 무한책임사원은 합명회사의 사원과 같이 전적인 무한책임을 져야 하지만 유한책임사원은 자기의 출자한도 내에서만 책임을 진다.

위에서 살펴본 바와 같이 개인기업과 법인기업은 각각 서로 다른 장단점을 지니고 있으므로 무조건 어느 한쪽이 좋다고 말할 수는 없다. 그러므로 자신이 계획하고 있는 창업규모나 사업내용을 잘 생각해 보고 보다 합당하다고 판단되는 형태를 창업자가 알아서 선택해야 할 것이다.

일반적인 관점에서 보면 소규모 창업인 경우에는 개인기업으로 시작하는 것이 좋고 중규모 이상인 경우에는 법인기업으로 창업하는 것이 좋다. 현재 상법상 법인을 만들려면 당장 창업비만 해도 상당한 자금이 들고, 수속도 상당히 복잡하므로 두세 명이 할 수 있는 일이라면 굳이 법인을 만들 필요가 없다. 한마디로 점포적 수준의 사업이라면 개인기업 형태가 좋고 기업적, 회사적 수준의 사업이라면 법인기업 형태가 좋다고 말할 수 있다.

2. 법인기업의 설립절차

법인인 경우는 설립절차가 상당히 까다로우며 그래서 보통 법무사 같은 전문가에게 법인등록 서류를 대행시키는 것이 일반적이다. 그러나 아무리 등록서류를 대행시킨다 해도 반드시 창업자가 알고 있어야 하고 직접 해야 할 일이 몇 가지 있다.

법인설립 절차에 대해서는 좀 더 상세히 설명하면, 우선 법인에는 앞서 설명한 바와 같이 주식회사, 유한회사, 합명회사, 합자회사라는 4가지 형태가 있지만 현실적으로 등록되고 있는 법인형태의 대부분은 주식회사 형태이므로 여기서는 주식회사의 설립절차에 대해서만 설명하도록 하겠다.

(1) 주식회사의 설립 개요

법인형태 중 가장 대표적인 형태이다. 주식회사를 설립하는 데는 발기설립과 모집설립이라는 2가지 방법이 있다. 발기설립은 법원이 선임한 검사인이 법인설립 사항을 조사하고 법원에 그 결과를 보고하여 법원이 필요한 조치를 취할 수 있도록 상법에 규정하고 있으므로 설립절차가 다소 복잡하고 비용과 시간이 많이 드는 단점이 있기 때문에 대부분의 경우 모집설립 방법을 선호하고 있다.

주식회사란 자기가 인수한 주식의 금액을 한도로 회사에 대하여 출자의무를 질 뿐 회사채권자에 대하여는 전혀 책임을 지지 않는 사원(간접유한책임 사원), 즉 주주로만 구성되는 회사를 말한다. 주식회사는 3인 이상의 발기인이 발기인조합을 구성하여 상법이 정하는 바에 따라 정관작성, 주식인수 및 주금납입 등 일정한 절차를 거쳐 법원에 설립등기를 함으로써 설립된다.

주식회사는 전형적인 자본단체로서, 회사의 소유와 경영이 분리되는 현상이 가장 뚜렷하다. 즉 주식회사는 주주의 변동이 회사의 존재 및 경영에 미치는 영향이 가장 적은 회사형태로서 항구적인 사업을 경영하기 위하여 흔히 이용된다. 주식회사는 주주의 지분이 주식으로 세분화되어 그 양도가 자유로워 주주는 언제든지 주식의 양도로서 투자한 자본을 용이하게 회수할 수 있다. 주주는 유한책임을 지기 때문에 회사가 해산하는 경우, 종국에 가서 주식을 포기함으로써 더 이상의 책임을 지지 않으므로 오늘날 주식회사는 합리적인 투자대상이 되고 있다.

따라서 기업을 설립하고자 하는 경우에 약간은 복잡한 절차가 수행되지만 주식회사를 설립하는 것이 여러모로 유리하다. 주식회사는 주식과 사채를 발행하여 불특정 다수인으로부터 큰 자본을 조달할 수 있어 회사설립 후 지속적인 성장을 위해서는 주식회사로 설립하는 것이 유리하다.

우리나라에서는 보통 법인을 주식회사로 이해하는 경우가 많다. 그 이유는 법인을 설립한다고 하면 대부분 주식회사를 설립하기 때문이다. 통상적으로 법인이 개인기업보다 유리한 점이 많기 때문에 최근에는 주식회사를 설립하는 경향이 높다. 정부(중소기업청)는 주식회사 형태의 벤처기업 창업을 촉진하기 위하여 「벤처기업육성에 관한 특별조치법」을 개정하여 벤처기업의 경우 주식회사 설립자본금을 5천만원 이상에서 2천만원 이상으로 인하하였다.

그러나 2001년 7월 1일부터 소기업 및 소상공인의 경우 「소기업 및 소상공인지원을 위한 특별조치법」 제8조의2에 의거 소정의 양식에 소기업 또는 소상공인임을 중소기업청으로부터 확인받아 주식회사를 설립할 때에는 1인 이상의 발기인과 자본금 5천만원 미만으로도 주식회사 설립이 가능하다.

「소기업 및 소상공인지원을 위한 특별조치법」 제8조의2 【주식회사 설립 등에 관한 특별 등】 ① 유한회사인 소기업을 주식회사로 조직변경하거나 소기업인 주식회사를 설립하는 경우에는 상법 제288조 및 제329조 제1항의 규정에 불구하고 1인 이상의 발기인, 자본 5천만원 미만으로도 할 수 있다.

발급번호 제 호

<table>
<tr><td colspan="4">소기업 확인(신청)서 (기존 기업용)</td></tr>
<tr><td>용 도</td><td colspan="3">동 확인(신청)서는 소기업 및 소상공인지원을 위한 특별조치법 제8조의2의 규정에 의한 주식회사설립등기시 제출용도 외에 다른 용도로 사용할 수 없음</td></tr>
<tr><td>업체명</td><td></td><td>사업자등록번호</td><td></td></tr>
<tr><td>대표자명</td><td></td><td>업 종</td><td></td></tr>
<tr><td>취급품목</td><td></td><td>설 립 법 인 명</td><td></td></tr>
<tr><td>주 소</td><td></td><td>전화번호</td><td>( )</td></tr>
<tr><td>상시근로자수</td><td>명</td><td>자본금해당액</td><td>천원</td></tr>
<tr><td>매출액</td><td>천원</td><td>사 업 연 도</td><td>년도</td></tr>
<tr><td colspan="4">소기업 및 소상공인지원을 위한 특별조치법 제8조의2의 규정에 의한 주식회사설립특례를 적용받고자 하오니 소기업 및 소상공인지원을 위한 특별조치법에 의한 소기업임을 확인하여 주시기 바랍니다.

년 월 일

신청인 (인)

(발급기관장)귀하</td></tr>
<tr><td colspan="4">상기업체는 소기업 및 소상공인지원을 위한 특별조치법 제8조의2의 규정에 의한 주식회사설립특례가 적용되는 소기업임을 확인합니다.

년 월 일

(발급기관장)귀하</td></tr>
</table>

발급번호　　제　　　　호

<table>
<tr><td colspan="4">소기업 확인(신청)서 (창업자용)</td></tr>
<tr><td>용 도</td><td colspan="3">동 확인(신청)서는 소기업 및 소상공인지원을 위한 특별조치법 제8조의2의 규정에 의한 주식회사설립등기시 제출용도 외에 다른 용도로 사용할 수 없음</td></tr>
<tr><td>업체명(예정)</td><td colspan="3"></td></tr>
<tr><td>대표자명</td><td></td><td>업 종</td><td></td></tr>
<tr><td>취급품목</td><td></td><td>설립법인명</td><td></td></tr>
<tr><td>취급예정품목</td><td colspan="3"></td></tr>
<tr><td>주소</td><td></td><td>전화번호</td><td>(　　)</td></tr>
<tr><td>상시근로자수
(예정)</td><td>명</td><td>자본금(예정)</td><td>천원</td></tr>
<tr><td rowspan="6">등재 예정
이사 현황</td><td>성 명</td><td>주민등록번호</td><td>연락처</td></tr>
<tr><td></td><td></td><td></td></tr>
<tr><td></td><td></td><td></td></tr>
<tr><td></td><td></td><td></td></tr>
<tr><td></td><td></td><td></td></tr>
<tr><td></td><td></td><td></td></tr>
<tr><td colspan="4">소기업 및 소상공인지원을 위한 특별조치법 제8조의2의 규정에 의한 주식회사설립특례를 적용받고자 하오니 소기업 및 소상공인지원을 위한 특별조치법에 의한 소기업임을 확인하여 주시기 바랍니다.

년　　월　　일

신청인　　　　(인)

(발급기관장)귀하</td></tr>
<tr><td colspan="4">상기업체는 소기업 및 소상공인지원을 위한 특별조치법 제8조의2의 규정에 의한 주식회사설립특례가 적용되는 소기업임을 확인합니다.

년　　월　　일

(발급기관장)귀하</td></tr>
</table>

제출서류

1. 소기업 확인신청서 2부
2. 사업자등록증 사본1부(해당하는 경우)
3. 직전사업연도 사업장별 소득세 원천징수이행상황신고서 또는 소득세 징수액집계표(12개월분) 사본 1부(해당하는 경우)

☞ 2개 이상의 사업장이 있는 경우 본사 소재지관할 기관에 신청함

※ ① 공정거래위원회로부터 대규모 기업집단소속회사로 지정된 회사는 소기업에서 제외한다.

② 위 제출서류 중 소득세 원천징수이행상황신고서, 소득세징수액집계표 등은 공인회계사, 세무사, 경영지도사 등의 확인을 받아 제출한다.

(2) 설립절차

주식회사를 설립하기 위해서는 제일 먼저 3명 이상의 발기인을 선정해야 한다(소기업인 경우는 제외). 3명 이상인 경우는 숫자에 제한이 없지만, 2명 이하인 경우는 법적 조건이 미비하므로 주식회사를 설립할 수 없다. 그런데 3명의 발기인을 선정할 때도 집안사람들로만 구성하면 독과점 주주에 해당되어 세금을 낼 때 중과세를 물어야 하는 불이익이 있으므로 가급적이면 인척관계가 없는 친구 등의 타인으로 구성하는 것이 좋다. 그러나 정히 발기인 구성이 어려우면 우선 회사를 설립해 놓고 나중에 주주를 추가시킬 수도 있으므로 친인척으로 3명을 구성해도 상관은 없다.

다음으로 정관을 작성해야 하는데 이 정관은 표준양식이 있으므로 정관 자체의 작성은 문제될 것이 없으나, 그중 회사명, 발행할 주식의 총수 1주의 금액, 자본의 총액, 이사, 감사, 대표이사의 선정 등은 창업자가 결정해야 할 사항이므로 이런 문제에 대해서는 발기인들과 미리 의논해 두는 것이 좋다.

특히, 사업목적을 정하는 데는 사전에 알아 두어야 할 사항이 몇 가지 있다. 우선 상호를 정할 때는 반드시 동일상호 혹은 유사상호가 이미 등기되어 있는지 없는지 미리 조사를 해보아야 한다. 왜냐하면 법인인 경우 특별시나 광역

시, 도 단위의 동일 행정구역 내에서는 동일한 상호 혹은 유사상호를 사용할 수 없도록 법으로 규정하고 있기 때문이다. 같은 상호를 누가 미리 사용하고 있는지 없는지는 법원의 등기소에 가면 간단히 컴퓨터로 조회해 볼 수 있다.

사업목적은 원칙적으로 창업자가 마음대로 선택할 수 있다. 열 가지를 적어 넣어도 좋고 백 가지를 적어 넣어도 좋다. 그러나 전혀 추진할 생각도 없는 사업목적을 억지로 적어 넣을 필요는 없다. 사업목적은 언제라도 해당절차를 밟아 추가시킬 수 있으므로 필요할 때 추가시켜도 문제가 없다. 하지만 조속한 장래에 시작할 일이라면 적어 넣는 것이 좋다. 왜냐하면 법인인 경우 글자 한

그림 6-2 법인기업의 설립절차도

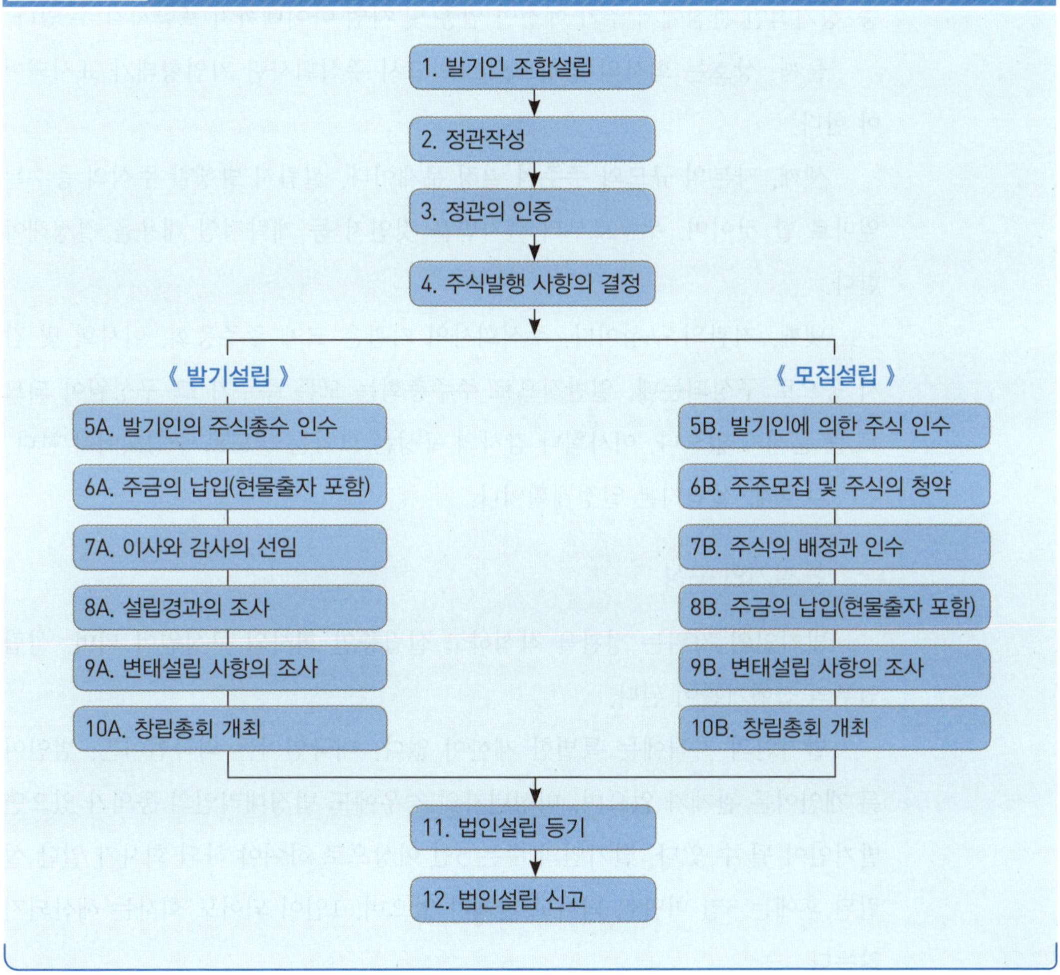

자만 바꾸려고 해도 법률이 정한 모든 절차를 밟아야 하며, 그런 절차를 밟기 위해서는 그때마다 복잡한 서류를 준비해야 하고 최하 수십만원씩 비용을 써야 하기 때문이다.

(3) 주식회사 설립 절차별 처리내용

① 설립 기본계획 수립

회사설립 기본계획 내용에는 일반적으로 사업의 목적, 상호, 자본의 규모 및 설립방법, 기관의 구성, 설립일정 등을 포함하는 것이 좋다.

첫째, 사업의 목적은 설립과 동시에 시행할 수 있는 목적사업 이외에 중·장기적인 관점에서 추가 예정인 업종 및 사업 아이템까지 포함시킬 수 있다.

둘째, 상호는 회사의 명칭으로서 반드시 주식회사란 기업형태가 표시되어야 한다.

셋째, 자본의 규모와 주주의 결정 문제이다. 설립시 발행할 주식의 총수는 얼마로 할 것이며, 누구로부터 출자받을 것인지 등 개략적인 내용을 결정해야 한다.

넷째, 기관의 구성이다. 주식회사의 기관은 크게 주주총회, 이사회 및 감사 등으로 구성되는데, 일반적으로 주주총회는 모든 주주가 그 구성원이 되므로 큰 문제가 없으나, 이사회나 감사의 구성은 그와는 별도로 구성되어야 한다.

다섯째, 설립기본 일정계획이다.

② 발기인 구성

발기인의 지위는 정관을 작성하고 설립중인 회사의 구성원이 되며, 설립 업무의 집행기관이 된다.

발기인의 자격에는 특별한 제한이 없다. 내국인이든 외국인이든, 법인이든 개인이든 관계가 없으며, 미성년자의 경우에도 법정대리인의 동의가 있으면 발기인이 될 수 있다. 발기인의 수는 3인 이상으로 하여야 하되 회사가 일단 설립된 후에는 3인 미만이 되어도 관계가 없으며, 1인이 되어도 회사는 해산되지 않는다.

③ 정관의 작성 및 공증

정관은 형식적으로는 회사의 조직과 운영에 관한 기본규칙을 기재한 서면을 가리키지만, 실질적으로는 회사의 조직과 활용에 관한 기본규칙 자체이다. 따라서 회사의 제 규정, 즉 이사회 규칙, 급여 및 인사규정, 회계규정, 생산 및 품질 관리규정 등 회사의 모든 규정 중 최상위의 기본규칙이라 볼 수 있다. 정부의 각종 법률과 비교한다면 정관은 헌법에 해당하는 것이다.

정관의 절대적 기재사항은 ① 사업의 목적, ② 상호, ③ 회사가 발행할 주식의 총수, ④ 1주의 금액, ⑤ 회사가 설립시 발행하는 주식의 총수, ⑥ 본점 소재지, ⑦ 회사의 공고 방법, ⑧ 발기인의 이름과 주소 등이다. 이들 사항은 하나라도 누락되면 정관 자체가 무효이므로 세심한 주의를 요한다.

④ 주주 확정 및 출자의 이행

회사설립 기본계획에 의거 발기설립으로 할 것이냐, 모집설립으로 할 것이냐가 결정되면 각 방법에 따라서 주주를 확정하고, 소정절차에 따라 출자를 이행하여야 한다.

⑤ 발기인총회, 창립총회 개최 및 경과 조사

주식회사 설립 절차상 내부의 최종 절차가 바로 발기인총회 또는 창립총회 개최와 설립경과의 조사이다. 이들 절차는 발기설립이냐 모집설립이냐에 따라서 서로 차이가 난다.

발기설립의 경우에는 ① 발기인총회 개최 및 이사와 감사 선언, ② 회사설립 경과의 조사, 설립경과의 조사를 위한 절차로서 법원에 검사인 선임 신청, ③ 검사인의 설립경과의 조사 등을 이행하여야 한다.

또한 모집설립의 경우에는 출자의 이행이 이루어지면 전체 주주가 참가하여 창립총회를 개최함으로써 회사 실체 형성절차를 이행할 수 있게 된다. 창립총회는 주식 인수인들로 설립중인 회사의 최고 의사결정기관이 된다. 창립총회는 성립 후 회사의 주주총회에 해당하므로 주주총회에 관한 규정이 준용된다.

⑥ 설립등기

정관작성과 공증, 출자이행 및 발기인총회 또는 창립총회가 개최되고, 이사와 감사의 선임, 그리고 설립경과 조사·보고가 완료되면 주식회사로서의 실체가 형성되지만, 엄격하게는 회사 설립등기를 하여야만 완전한 회사설립절차가 완료된다.

설립등기는 발기설립인 경우에는 검사인의 설립경과 조사 및 법원의 변경처분에 따른 절차 완료일부터 2주간 내에 이사의 공동신청에 의하여 본점 소재지 관할등기소에 등기를 하여야 한다.

⑦ 법인 설립신고와 사업자등록 신청

법인 설립신고는 설립등기를 한 날로부터 30일 이내에 본점 소재지 관할 세무서에서 하여야 한다. 법인 설립신고서에는 소정의 법인 설립신고서와 함께 소정의 첨부서류를 구비하여 제출하여야 한다.

법인기업의 사업자등록 신청서류

- 사업자등록 신청서(소정양식) 1부
- 법인등기부 등본 1부
- 정관 1부
- 개시대차대조표 1부
- 사업허가증(해당 법인에 한함)
- 주주 또는 출자자명세서
- 사업장 임대차계약서(원본에 1만원의 수입인지 첨부)

제5절 1인 창조기업

1. 개 념

1인 창조기업이란 지식서비스업 및 제조업(전통식품 제조, 공예품 등) 분야에서 창의적인 아이디어, 전문기술 및 지식, 지식재산권을 사업화하는 프리랜서와 개인사업자 또는 법인으로서 대표자를 포함한 종사자가 1명인 기업을 말한다. 단, 가족기업과 도제기업은 대표자를 포함한 종사자가 4명까지 가능하다. 2011년 10월부터는 공동창업도 1인 창조기업의 범주에 포함되는 것은 물론, 개인 상시 근로자를 고용하더라도 3년간 각종 지원혜택이 유지된다. 이에 따라 10월부터는 1인 창조기업 창업시 지원되었던 조세특례와 각종 자문, 교육서비스 및 사무실 이용혜택이 있는 창업과 기업운영이 가능해진다. 이러한 1인 창조시업의 설립도 기존 기업들의 설립절차와 동일하다.

1인 창조기업에서 가용되는 아이디어는 대국민으로부터 공모한 창의성 있는 기초지식부터 전문지식까지 포함하는 아이디어들을 의미하며, Idea Biz Bank(www.ideabiz.or.kr)에 등록된 지식에 대하여 평가하여 선정된 우수과제들도 1인 창조기업의 대상이 된다.

표 6-4 달라지는 1인 창조기업 혜택

개정안 이전	개정안 내용	개선방안
공동창업이 1인 창조기업에 해당하는지 불명확하며, 상시 근로자 고용시 지원대상에서 제외	1인 창조기업 공동창업 허용, 인정기준 완화	공동창업도 1인 창조기업 범주에 포함하고 규모 확대해도 3년간 자격을 유지할 수 있도록 인정하는 특례제를 도입
R&D 지원 시 1인 창조기업과 중소기업을 같은 기준으로 평가해 1인 창조기업이 상대적으로 불리	1인 창조기업 정부 R&D 사업 참여기회 확대	1인 창조기업 전용 R&D 예산 신규지원(2012년 20억원 지원추진)
기술, 경영분야 퇴직인력 컨설턴트를 활용한 멘토링 지원은 일반 중소기업에 집중되어 1인 창조기업에 대한 지원은 거의 배제되고 있는 상태	1인 창조기업에 대한 멘토링 지원사업 확대	1인 창조기업에 대한 멘토링 지원대상 확대

전문기술 및 지식이란 국가가 관련산업의 보존·전수 등을 위해 지정한 인증자 및 국가자격자가 보유한 기술을 말하며, 국가인증자란 무형문화재, 명인, 명장, 기능전승자 등을 지칭하며, 자격보유자는 국가자격기술법에 의거한 기술사·기능장 등을 지칭한다. 지식재산권이란 산업분야의 창작물과 관련된 산업재산권과 문화예술분야의 창작물과 관련된 저작권을 의미하며, 여기에는 발명, 실용신안, 상표, 디자인, 신품종, 영업비밀, 저작 등을 포함한다.

정부는 1인 창조기업 지원을 통해 연간 2만 개 이상의 일자리창출을 유도하겠다고 밝혔다. 지식경제부는 2011년 6월 19일 제26차 국가경쟁력강화위원회에서 '규제개선을 통한 일자리창출 방안' 계획을 관계부처와 공동으로 발표했다. 지식경제부는 이 자리에서 ▸1인 창조기업 지원, ▸외국인투자 지원, ▸융합 신제품 형식승인 기준 제정 등 총 5개 과제를 보고했다.

지식경제부는 공동창업도 1인 기업 범주에 포함하고 상시근로자 고용시에도 3년간 1인 창조기업 지원을 유지하고, 1인 창조기업에 대한 R&D 예산을 신규 지원하며, 1인 창조기업에 대한 기술·경영 분야 멘토링 확대를 추진한다고 말했다. 또한 외국인투자 촉진을 위해 레저, 숙박, 레스토랑, 컨벤션센터 등 종합 서비스를 갖춘 항만시설인 마리나개발 외투기업에 국공유지 수의계약을 허용하기로 했다. 그리고 전기자동차 상용화 촉진을 위해 전기자동차 충전시스템과 전력량계가 융합된 신제품에 대한 관련 기준·규격·요건 등 형식승인기준을 2012년까지 마련하기로 했다. 지식경제부의 서성일 규제개혁법무담당관은 "이번 조치의 효과가 산업현장에서 조속히 가시화될 수 있도록, 관련법령개정 등 후속조치를 금년 하반기 및 내년까지 완료할 계획"이라고 밝혔다.

실제로 1인 창조기업을 창업하여 성공한 사례와 이와 관련된 지원기관들의 실제 사례를 찾아보면 쉽게 1인 창조기업을 이해할 수 있을 것이다. 아이폰 애플리케이션(앱) 개발 기업인 리얼바이트 박동기 대표가 31살이던 2010년 1월 아이폰을 처음 접했을 때 '바로 이거다'라는 생각을 했고, 아이폰 앱에서 수많은 사업기회가 있음을 직감적으로 느낀 그는 앱 개발에 필요한 PC와 아이폰 관련 서적을 샅샅이 훑었다. 그리고 바로 앱 개발사업에 뛰어들었다. 그가 앱 개발에 쉽게 뛰어들 수 있었던 것은 삼성전자 휴대폰 관련 부서에서 일했던 경험도 적지 않은 도움이 됐다. 박 대표가 개발한 앱은 '편한 가계부'. 문자 붙여넣기를 기본 기능으로 편리한 가계부 작성이 가능하도록 만든 게 핵심이다. "남자들이 가계부를 안 쓴다고 생각하지만 '편한 가계부 앱' 사용자 절반이 남자입니다. 저도 가계부를 정리하면서 절약하고 있습니다." 남자로서 어떻게 가계부 앱 만들 생각을 했느냐는 질문에 그는 이렇게 명쾌하게 대답했다. 박 대표는 모든 사업을 혼자 시작했다. 디자인은 외부 업체를 통해 진행했지만 기획·개발에서 영업, 홍보, 재무 등을 모두 알아서 하는 말 그대로 '1인 창조기업'이다. 그가 만든 편한 가계부 앱은 2010년 10월 출시 이래 경제 카테고리 1위를 지키고 있다. 가계부 앱은 게임과 달리 유행을 타지 않아 지속적인 판매량을 유지할 수 있다는 장점이 있다. 박 대표는 "출시 이후 3억원 매출을 달성하긴 했지만 아직 멀었다"면서 "연말까지 글로벌한 형태로 가계부 앱을 가다듬고 자체 콘텐츠를 담은 앱을 개발할 생각"이라고 말했다.

1인 창조기업이 뜨고 있다. 10년여 전 닷컴 버블이 꺼진 이후 잠잠했던 창업 열풍이 다시 불며 혈혈단신으로 기업을 일으키는 이가 늘어나고 있다. 정부에서도 이들에 대한 지원을 늘리며 똑똑한 벤처기업 길러내기에 여념이 없는 모습이다. 중소기업청에서는 1인 창조기업 비즈니스센터, 팀 기술개발 지원, 앱 창작터, 글로벌 앱 지원센터, 지식서비스 분야 아이디어 상업화 사업 등을 통해 1인 창조기업 지원에 적극 나서고 있다. 1인 창조기업 비즈니스센터에서는 사무공간 제공은 물론 세무·법률 등 전문가 상담, 교육, 정보제공 등 경영지원을 하고 있다. 서울 당산동에 있는 당산소호비즈니스센터를 비롯해 30여 개 비즈니스센터에서 1인 창조기업들을 돕고 있다. 앱 창작터에서는 모바일 플랫폼(애플, 안드로이드, 윈도, 바다)에 대한 기본·전문 개발자 과정 교육을 무상으로 지원한다. 이 밖에 글로벌 앱 지원센터는 앱 번역·홍보물 제작, 국외 전문컨설팅, 지식재산권 보호, 외국 유명 행사 참가 등을 돕는다.

시스템 소프트웨어 개발업체 주재넷은 사업에 어려움을 겪다가 중기청 지원으로 다시 살아난 1인 창조기업이다. 송유관공사에서 14년간 근무하면서 중앙통제 시스템 구축을 책임지던 시스템통합(SI) 전문가였던 박종호 주재넷 대표는 2008년 창업해 웹사이트 구축 등 다각도로 사업화 방안을 모색했다. 하지만 별 소득은 없었다. 이런 상황에서 기술력 있는 기업들과 창업자들을 연결해 기술개발을 하게 하는 중기청 연계형 기술개발지원 사업을 통해 마침내 기회를 잡게 됐다. 당시 그는 닷넷소프트라는 소프트웨어 솔루션 업체와 함께 소프트웨어 개발에 나섰고 그 결과 모바일 오피스 솔루션을 개발해 창업 기반을 다질 수 있었다. 그가 개발한 모바일 오피스 솔루션은 아이폰, 안드로이드폰 등 기종과 상관없이 사내 인트라넷과 같은 오피스 시스템을 이용할 수 있는 제품이다. 지난해 주재넷 매출액은 5,000만원. 올해 예상 매출은 1억원 정도다. 박 대표는 "향후 교육 관련 모바일 앱 등 앱 개발에 힘을 쏟을 예정"이라고 말했다.

음향 디지털콘텐츠 개발업체 에쓰앤아이 백재성 대표는 많은 인력을 고용하면서 사업을 시작했다가 지금은 혼자서 기업을 이끌고 있는 사례다. 대학에서 작곡을 전공하면서 음향 콘텐츠 사업에 관심을 가지고 있던 그는 2008년 5명을 데리고 대구에서 창업을 했다. 하지만 지역업체로서 수요처 발굴 어려움과 기존 수요처 유지가 어려워지면서 사업이 기울기 시작했다. 이 때문에 백 대표는 과감히 직원들을 정리하고 1인 창조기업으로 돌아섰다. 그는 현재 중소기업진흥공단에서 운영하는 청년창업사관학교에 입교해 기술개발 자금을 지원받아 사업 확대에 노력 중이다. 그가 주력으로 개발·판매하는 제품은 자동차, 스마트TV 등 음향장치 성능을 향상시켜 주는 소프트웨어다. 지난해 매출액은 6,800만원이었고 올해는 1억원 정도를 바라보고 있다. 이 중 80% 정도가 순이익이라고 백 대표는 설명한다. 백 대표는 "매출이 3억원 정도는 돼야 직원들을 고용할 수 있을 것 같다"며 "작업시간이 자유롭긴 하지만 혼자 모든 것을 다 해야 하니 제품개발에만 집중할 수 없다는 게 1인 창조기업 단점"이라고 말했다. 그는 지난해 중기청이 주관한 앱창작터 경진대회에서 중소기업청장 대상을 받을 정도로 기술력과 사업성을 높게 평가받고 있다.

화장품 경영·OEM 컨설팅을 하는 윤수만 화장품경영코칭연구소 윤수만 대표는 나드리화장품에서 해외사업팀장으로 일했던 경험을 바탕으로 컨설팅 연구소를 차렸다. 회사 재직 중 화장품 업계 마케팅 전략과 유통 경로, 외국시장 동향에 대한 외부 자료 수집과 칼럼을 작성한 후 사이트를 개설했고 3개월 만에 회원 가입자 1,500명이 발생하는 것을 보고 사업에 뛰어들었다. 현재 카페, 블로

그, 세미나 등 온·오프라인을 총동원해 컨설팅과 강의를 하고 있다. 사업 초기 세미나 진행 시 참석 인원이 적어 진행이 곤란한 사례도 있었으나 페이스북, 트위터 등을 통한 홍보를 강화해 사업 진행이 탄력을 받게 됐다. 그는 주로 화장품 유통·제조업체 CEO나 실무자들을 대상으로 컨설팅과 강의를 하고 있다. 지난해 매출은 800만원에 그쳤으나 올해에는 홍보를 통해 매출액이 3,000만원까지 늘어날 것으로 보고 있다. 내년 1월에는 서울 가산동에 단독 강의실을 만들어 다른 강사들과 연합해 강의를 진행할 예정이다. 윤 대표는 "앞으로 매출이 급증할 텐데 아무래도 강의실을 관리할 인원을 뽑아야 할 것 같다"며 활짝 웃었다.

중소기업청 관계자는 "개인 창조성에 기반한 콘텐츠 기업 육성과 일자리 창출을 위해 1인 창조기업 지원을 하고 있다"며 "지난 2년 사이에만 1인 창조기업 수가 3만 2,000개 가량 증가하는 등 성과를 나타내고 있다"고 말했다.

매일경제신문, 2011.9.21

2. 1인 창조기업 지원시책

표 6-5 1인 창조기업 지원시책

정책방향	추진과제	주요내용(세부과제)
아이디어 발굴 및 창조문화 확산	Idea Biz Bank 구축	• 창의성 및 상업화 가능성이 높은 아이디어 발굴 및 수집 → 등록 및 보호 → 거래시스템 • 서비스 거래몰 오픈
	아이디어 거래 활성화	• 아이디어 활용 촉진을 위해 이행보증제도, 대체인력제도, 수요자 평가결과 오픈 • 지식거래 알선회사 활용
	사회적 창조문화 확산	• 법·제도적 지원근거 마련, 1인 창조기업협회·만화가협회 등을 1인 창조기업연합회로 구성 • 1인 창조기업 성공포럼 주기적 개최, 1인 창조기업거리조성
창업활성화를 위한 제도혁신	1인 창업촉진을 위한 규제완화	• 최저자본금(5천만원) 및 감사선임 의무 폐지 등 소규모법인 설립절차 간소화 • 식품위생법, 식품산업진흥법 등의 개정을 통해 식품제조 1인 창조기업 창업 촉진
	세제/보험 지원 강화	• 대도시 등록세 3배 중과제도 제외 • 고용보험 중 실업급여도 1인 창조기업 임의가입을 인정, 노란우산공제제도 가입 유도

성장기반 확충	초기 수요창출	• 공공구매 진입장벽(직접생산 확인기준, 참여요건 등) 완화 • 지식서비스 분야 1인 창조기업 활용 중소기업에 지식서비스 구매 바우처 지원 • 국내외 아웃소싱 수·발주 정보제공 및 해외 전시회 참가, 비즈니스 매칭 상담회 등 지원
성장기반 확충	자금·인력 지원	• 창업자금 우선배정, 1인 창조기업 특례보증제도 마련 및 벤처투자회사 프로젝트 투자대상에 패션디자인 등도 포함 • 1인 창조기업 견습생제도 도입 • 맞춤형 교육프로그램 운영: (초기기업)교육멘토링, (우수기업)자기개발 Gold-Card 지원
성장기반 확충	경영지원	• 1인 창조기업 지원센터 운영, 공공기관 유휴공간의 제공 등 • 1인 창조기업 전용 R&D인 C&BD(Creativity & Business Development) 도입 • 산업재산권, 특허서비스 및 특허 출원비용 지원, 저작권 등록비용 지원, 부가판권 범위 확대 등

3. 1인 창조기업 비즈니스카드 지원사업

지원사업의 내용은 '1인 창조기업 비즈니스카드'를 활용하여 자기계발 교육비를 수요자맞춤형으로 지원하는 것으로, 1인 창조기업이 희망하는 교육기관(교육프로그램)을 직접 선택·활용 후 일정 비용을 바우처 방식으로 지원받을 수 있는 원 포인트 서비스 카드를 의미한다.

지원대상은 아이디어비즈뱅크 정회원 중 초기(예비) 및 성장유망 1인 창조기업이며, 구체적으로 내용을 검토해 보면,

① 초기(예비)기업: 1인 창조기업 지원사업에 참여 중이거나 참여한 경험이 있는 예비 및 3년 미만의 1인 창조기업으로, 지식서비스분야 아이디어상업화, 지식서비스 구매 바우처, 팀 기술개발(연계형 기술개발), 앱 창작터, 맞춤형 교육(자기계발 Gold-Card 등), 특례보증, 1인 창조기업 비즈니스센터 등에 관련된 지원을 하며, 3년 미만 1인 창조기업은 2008.1.1 이후 창업기업을 의미한다.

② 성장유망 기업: 창업(프리랜서 활동) 후 3년 이상의 1인 창조기업으로, 3년 이상 1인 창조기업은 2008.1.1 이전 창업기업을 의미한다.

신청기간은 자기계발 교육지원의 경우 수시로 접수하여 요건검토 후 적합하면 카드를 발급해준다. 지원내용은 1인 창조기업비즈니스카드에 교육 지원비를 적립하여 지원해 준다.

구 분	자기계발 교육 지원
초기(예비)기업 ①	교육비 80%, 70만원 이내
성장 유망 기업 ②	교육비 80%, 100만원 이내
내 용	지정된 교육기관에서 수강 시(열린마당-공지사항에서 확인가능)

신청방법은

① 아이디어비즈뱅크(www.ideabiz.or.kr)에서 정회원 승격: 로그인 후 회원정보변경페이지에서 정회원 신청(승인처리기간 약 3~4일)

② 지원사업-교육-비즈니스카드에서 '신청하기' 선택

③ 아래의 서류를 우편으로 제출: 아래서류를 반드시 제출해야 요건검토 및 평가 진행가능(미제출시 요건검토 전에 탈락).

초기기업(3년 미만)	성장유망기업(3년 이상)
제출서류 1. 사업자등록증 사본 1부(해당자에 한함) 2. 1인 창조기업 증빙서류(건강보험자격득실 확인서 11년도 발급 등) 3. 1인 창조기업 지원사업*에 참여한 증빙서류 4. 경력관련 증빙서류(경력증명서, 자격증, 프로젝트 확인서 등) 각 1부 * 지식서비스 아이디어상업화, 지식서비스구매바우처, 연계형기술개발(C&D), 앱창작터, 교육, 1인창조기업 비즈니스센터 등	제출서류 1. 사업자등록증 사본 1부(해당자에 한함) 2. 1인 창조기업 증빙서류(건강보험자격득실 확인서 11년도 발급 등) 3. 경력관련 증빙서류(경력증명서, 자격증, 프로젝트 확인서 등) 각 1부 4. 1인 창조기업 지원사업*에 참여한 증빙서류 * 지식서비스 아이디어상업화, 지식서비스구매바우처, 연계형기술개발(C&D), 앱창작터, 교육, 1인창조기업 비즈니스센터 등 ※ 3, 4번 중 하나만 제출

자세한 내용은 자세한 내용은 아이디어비즈뱅크(www.ideabiz.or.kr)의 공지사항을 참조하면 된다.

비즈니스 지원카드 사용방법은 먼저, 신한카드사에서 카드발급 개별 연락(신용카드, 체크카드 중 선택)하며, 둘째, 카드발급(10~14일 소요) 후 지정된 교육기관에서 비즈니스카드로 결제 시 지원내용의 금액만큼 차감되어 청구된다. 자세한 내용은 전담기관인 중소기업기술정보진흥원(02-3787-0436)에 문의하면 된다.

4. 1인 창조기업 해당업종(괄호 안 번호는 산업세세분류번호임)

(1) 제조업(10-33)

수산동물건조 및 염장품 제조업(10212), 떡류제조업(10711), 장류제조업(10743), 탁주 및 약주 제조업(11111), 청주제조업(11112), 기타 발효주 제조업(11119), 장식용 목제품 제조업(16293), 나전칠기 가구 제조업(32022), 모조귀금속 및 모조장신용품 제조업(33120), 국악기 제조업(33204)

(2) 지식서비스업(출판, 영상, 방송통신 및 정보서비스업: 58-63)

① 출판업(58): 교과서 및 학습서적 출판업(58111), 만화출판업(58112), 기타 서적 출판업(58121), 잡지 및 정기간행물 발행업(58122), 정기 광고물 간행업(58123), 기타 인쇄물 출판업(58190), 온라인 모바일 게임 소프트웨어 개발 및 공급업(58211), 기타 게임 소프트웨어 개발 및 공급업(58219), 시스템 소프트웨어 개발 및 공급업(58221), 응용 소프트웨어 개발 및 공급업(58222)

② 영상 오디오 기록물 제작 및 배급업(59): 일반영화 및 비디오물 제작업(59111), 애니메이션 영화 및 비디오 제작업(59112), 광고 영화 및 비디오물 제작업(59113), 방송 프로그램 제작업(59114), 영화, 비디오물 및 방송프로그램 제작 관련 서비스업(59120), 음악 및 기타 오디오물 출판업(59201), 녹음시설 운영업(59202)

③ 컴퓨터 프로그래밍, 시스템 통합 및 관리업(62): 컴퓨터 프로그래밍 서비스업(62010), 컴퓨터시스템 통합 자문 및 구축 서비스업(62021), 컴

퓨터시설 관리업(62022), 기타 정보기술 및 컴퓨터운영 관련 서비스업(62090)

④ 정보서비스업(63): 자료 처리업(63111), 호스팅 및 관련 서비스업(63112), 토털 및 기타 인터넷 정보매개 서비스업(63120), 뉴스 제공업(63910), 데이터베이스 및 온라인정보 제공업(63991), 그 외 기타 정보서비스업(63999)

(3) 연구개발업(70)

물리, 화학 및 생물학 연구개발업(70111), 농학 연구개발업(70112), 의학 및 약학 연구개발업(70113), 기타 자연과학 연구개발업(70119), 전기 전자공학 연구개발업(70121), 기타 공학 연구개발업(70129), 경제학 연구개발업(70201), 기타 인문 및 사회과학 연구개발업(70209)

(4) 전문 서비스업(71)

광고대행업(71310), 옥외 및 전시 광고업(71391), 광고매체 판매업(71392), 광고물 작성업(71393), 그 외 기타 광고업(71399), 시장조사 및 여론조사업(71400), 경영컨설팅(71531)

(5) 건축기술, 엔지니어링 및 기타서비스업(72)

건축기술, 엔지니어링 및 기타서비스업(72), 도시계획 및 조경설계 서비스업(72112), 건물 및 토목 엔지니어링 서비스업(72121), 환경컨설팅 및 관련 엔지니어링 서비스업(72122), 기타 엔지니어링 서비스업(72129), 물질성분 검사 및 분석업(72911), 기타 기술 시험, 검사 및 분석업(72919), 측량업(72921), 제도업(72922), 지질조사 및 탐사업(72923), 지도 제작업(72924)

(6) 기타 전문, 과학 및 기술 서비스업(73)

인테리어 디자인업(73201), 제품 디자인업(73202), 시각 디자인업(73203), 기타 전문 디자인업(73209), 인물사진 및 행사용비디오 촬영업(73301), 상업용

사진 촬영업(73302), 사진 처리업(73303), 번역 및 통역 서비스업(73902), 사업 및 무형 재산권 중개업(73903), 물품감정, 계량 및 견본 추출업(73904), 그 외 기타 분류안 된 전문과학 및 기술 서비스업(73909)

(7) 사업지원 서비스업(75)

전시 및 행사 대행업(75992)

(8) 창작, 예술 및 여가관련 서비스업(90)

연극단체(90121), 무용 및 음악단체(90122), 기타 공연단체(90123), 공연 예술가(90131), 비공연 예술가(90132), 공연 기획업(90191), 공연 및 제작관련 대리업(90192), 그 외 기타 창작 및 예술관련 서비스업(90199)

사례 2

통계로 본 창업생태계 제2라운드 연구

한국의 창업소요기간은 4일이다(세계은행). 10년 전만 해도 22일(세계 116위)이던 창업절차가 초고속으로 이뤄지며 창업붐은 사상최대를 기록 중이다. 하지만 창립 3주년을 넘기는 기업은 38%에 그친다. 민간투자를 받아 새로운 도전에 나서기도, 판로확보도 어렵기 때문이다. 이른바 '창업 꽃길 지나니 성장흙길'이다. 대한상공회의소는 16일 '통계로 본 창업생태계 제2라운드' 보고서를 통해 "지난 10년간 초고속 창업절차, 진입규제 완화 등에 힘입어 '3만 벤처시대'가 열리는 등 창업 1라운드는 성공을 거뒀다"며 "하지만 벤처투자 생태계 미비, 판로난 등으로 창업기업의 62%는 3년을 못 버티는 것으로 나타났다"고 평가했다. 실제로 지난 10년간 창업장벽은 크게 낮아졌다. 세계은행의 국가별 기업환경 보고서에 따르면(2006년~2016년 기준), 창업 등록단계는 12단계에서 2단계로 축소됐고, 소요시간은 22일에서 4일로 줄었다. 스타트업 천국 미국의 5.6일도 앞질렀다. 우리나라 창업부문 경쟁력 순위도 116위(175개국 대상)에서 11위(190개국)까지 껑충 뛰었다. 이 같은 창업지원 인프라에 힘입어 벤처기업 수는 사상최대치인 3만 개를 넘어섰다. 하지만 창업 3주년을 넘기는 기업은 전체의 38%에 불과했다. 10곳중 6곳 이상의 창업기업이 다음 라운드에 오르지 못한 채 좌절하는 셈이다. OECD 비교에서도 스웨덴(75%), 영국(59%), 미국(58%), 프랑스(54%), 독일(52%) 등에 크게 뒤처져 조사대상 26개국 중 25위를 기록했다.

2라운드 진입의 장벽은 '민간중심 벤처투자 생태계 미비', '판로난'이었다. 실제로 민간 벤처투자를 나타내는 '엔젤투자' 규모는 2014년 기준 834억원으로 미국(25조원)의 0.3%에 그쳤는데 이에는 투자금 회수환경이 불리한 점이 주된 요인으로 분석됐다. 보고서는 "미국 나스닥 상장에는 6.7년 걸리지만 한국 코스닥 상장에는 평균 13년이 걸린다"며 "법인사업자의 80% 이상이 10년 안에 문 닫는 상황에서 13년 후를 기대하며 자금을 대는 투자자를 찾기 힘들 수밖에 없다"고 말했다. 또 벤처기업은 일반적으로 기술역량은 높지만 제조역량과 마케팅역량이 낮다. 그래서 선진국에서는 기술상용화 가능성만으로 창업한 후 시장출시를 전후해 대기업 등에게 지분을 매각하는 방식으로 투자자금을 조기 회수하는 것이 일반적이다. 그런데 이러한 M&A를 통한 자금 회수비중이 유럽에선 51%에 달하지만 우리는 1.3%에 불과하다. M&A 거래규모도 한국은 875억 달러로 미국의 1/22에 불과하다.

신현한 연세대 교수(대한상의 자문위원)도 "미국의 경우 대기업이나 벤처캐피탈 등으로부터 민간투자를 받은 벤처기업들이 더 혁신적이라는 연구가 있다"며 "국내 대기업이나 해외 다국적기업의 투자를 통해 민간자본에 대한 접근성을 높여야 성장에 필요한 자원이 지속적으로 공급되어 보다 성공적인 벤처가 나올 것"이라고 조언했다. 해외에서 본 한국벤처의 투자매력도 역시 낮은 수준이다. 전 세계 '벤처시장 매력도'를 발표하는 스페인 나바다 경영대학원이 M&A시장, 금융시장 성숙도 등으로 벤처투자 매력도를 평가한 결과에 따르면 한국은 미국의 80% 수준에 불과했다.

전국적인 유통망이나 해외수출경험 부족도 문제다. 실제로 벤처기업의 65.6%가 국내판로 개척에 어려움을 겪고 있다고 응답했고 74.9%는 '해외에 수출하지 않는다'고 말했다. 〈벤처기업 실태조사〉 송의영 서강대 교수(대한상의 자문위원)는 "기업가 정신을 꽃피우려면 창업 자체만 촉진하는 방식보다 시장에서 끊임없이 가치를 창출해내는 기업들을 다수 육성하는 것이 더 효과적이다"며 "정부정책방향을 이제 스타트업(start-up)에서 스케일업(scale-up)으로 레벨업할 때"라고 말했다. 판로개척뿐 아니라 IPO 규제 간소화, M&A 활성화 등 선진적인 민간 투자환경을 구축해야 한다는 것이다. 이동근 대한상의 상근부회장은 "창업 소요시간이 여권 발급시간보다 빠를 정도로 창업환경이 개선돼 기술력 높은 혁신벤처들이 시장에 쏟아져 나오고 있다"며 "대기업은 M&A를 통해 미래 신기술·신제품을 수혈받고, 벤처기업은 민간투자를 바탕으로 새로운 사업에 도전할 수 있는 대기업-창업기업 상생의 혁신생태계가 시급하다"고 말했다.

〈대한상의, 2017.2.21〉

제6절 사회적기업과 협동조합의 설립

1. 사회적기업

사회적기업은 취약계층에게 사회서비스 또는 일자리를 제공하거나 지역사회에 공헌함으로써 지역주민의 삶의 질을 높이는 등 사회적 목적을 추구하면서 재화 및 서비스의 생산·판매 등 영업활동을 수행하는 기업으로써 고용노동부장관으로부터 인증을 받은 기업 또는 사람(사회적기업육성법 제2조)을 의미한다.

2. 사회적기업 인증절차

인증계획공고(고용노동부) → 신청기관 상담 및 컨설팅(통합지원기관) → 인증신청서제출(한국사회적기업진흥원) → 형식적 요건 심사 및 현장실사(진흥원, 통합지원기관) → 중앙정부 및 광역지방자치단체 추천(진흥원 → 부처, 광역자치단체) → 검토보고서 등 제출(진흥원 → 고용노동부) → 인증심사소위원회 사전심사(고용노동부, 진흥지원) → 사회적기업육성 전문위원회 심의(고용노동부) → 고용노동부장관 인증(고용노동부) → 인증서교부(고용노동부)

3. 사회적기업 인증요건

정 의	인증요건	법 률
사회적 목적을	취약계층에게 사회서비스 또는 일자리를 제공하거나 지역사회에 공헌함으로써 지역주민의 삶의 질을 높이는 등 사회적 목적의 실현을 조직의 주된 목적으로 할 것	사회적기업육성법 제8조 제1항 제3호
	사회적기업으로 인증을 받으려는 자는 다음 각 호의 사항을 적은 정관이나 규약 등을 갖출 것	사회적기업육성법 제8조 제1항 제6·9호
	회계연도별로 배분 가능한 이윤이 발생한 경우에는 2/3 이상을 사회적 목적을 위해 사용할 것	사회적기업육성법 제8조 제1항 제8호
우선적으로 추구하면서	서비스 수혜자, 근로자 등 이해관계가 참여하는 의사결정 구조를 갖출 것	사회적기업육성법 제8조 제1항 제4호

영업활동을 수행하는	유급근로자를 고용하여 재화와 서비스의 생산·판매 등 영업활동을 할 것	사회적육성법 제8조 제1항 제2호
기업 및 조직	영업활동을 통하여 얻은 수입이 대통령령으로 정하는 기준 이상일 것	사회적육성법 제8조 제1항 제5호
	민법에 다른 법인·조합, 상법에 따른 회사 또는 비영리 민간단체 등 대통령령으로 정하는 조직형태를 갖출 것	사회적기업육성법 제8조 제1항 제1호

4. 예비사회적기업

예비사회적기업은 사회적 목적 실현, 영업활동을 통한 수익창출 등 사회적기업 인증을 위한 최소한의 법적 요건을 갖추고 있으나 수익구조 등 일부 요건을 충족하지 못하고 있는 기업을 지방자치단체장이 지정하여 장차 요건을 보완하는 등 향후 사회적기업 인증이 가능한 기업을 말한다.

(1) 목　적

- 지역친화적인 사회적기업 발굴을 위하여 광역자치단체의 조례를 근거로 지역특성에 맞는 지역형 예비사회적기업을 지정·육성
- 광역지방자치단체장에게 지역사회에서 사회적 목적을 실현하는 기업 중 사회적기업 인증을 위한 최소한의 요건을 충족한 기업을 예비사회적기업으로 지정할 수 있는 권한 부여
- 지역 특성에 맞는 예비사회적기업 모델을 발굴·육성하여, 복지·환경·문화·지역개발 등 지역별 전략분야를 중심으로 취약계층 일자리 창출 및 지역주민의 삶의 질 향상 도모

(2) 지정요건

사회적기업육성법 제8조, 제9조 제1항 및 같은 법 시행령 제8조, 제9조, 제10조에 따른 사회적기업 인증요건 중 아래의 요건을 갖춘 기업(사회적기업 인증매뉴얼 참조, 광역자치단체장이 지역특성을 감안하여 요건을 추가로 설정할 수 있음)

(3) 추진체계

사회적기업 육성·지원을 위한 조례 및 시행규칙 제·개정 등(광역자치단체, 기초자치단체) → 지역형 예비사회적기업 육성계획 수립(광역자치단체) → 지역형 예비사회적기업 지정공모(광역시자치단체) → 지정신청접수(기초자치단체) → 사회적기업육성 전문위원회 또는 심사위원회 구성(광역자치단체) → 지정심사 및 지정(광역자치단체) → 지역형 예비사회적기업 관리 및 지원(자치단체, 고용노동부, 한국사회적기업진흥원, 사회적기업 지원기관)

(4) 유 형

① 사회서비스제공형: 해당조직으로부터 사회서비스를 제공하는 사람 중 취약계층의 비율이 50/100(2013. 12. 31까지는 30/100)일 것

② 일자리 제공형: 전체 근로자 중 취약계통의 고용비율이 50/100(2013. 12. 31까지는 30/100)일 것

③ 지역사회 공헌형: 해당조직이 지역에 거주하는 지역취약계층의 고용비율이나 해당조직으로부터 사회서비스를 제공받는 사람 중 지역취약계층의 비율이 20/100 이상일 것

④ 혼합형: 전체근로자 중 취약계층의 공용비율과 전체 서비스 수혜자 중 사회서비스를 제공받는 취약계층의 비율이 각각 30/100(2013. 12. 31까지는 20/100) 이상일 것

⑤ 기타형: 사회목적의 실현 여부를 위의 기준으로 판단하기 곤란한 경우에는 고용노동부 지정 사회적기업 지원기관 등 전문가의 의견을 들어 지역형 예비사회적기업 지정심사위원회에서 판단

5. 마을기업

마을기업은 마을 주민이 주도적으로 지역의 각종 자원을 활용한 수익사업을 통해 지역공동체를 활성화하고 지역주민에게 소득 및 일자리를 제공하여 지역발전에 기여하는 마을단위의 기업을 의미한다. 마을기업은 행정안전부에서

자립형 지역공동체 사업의 하나로 2010년부터 시행에 들어간 제도로, 2011년 3월에 사업명을 마을기업 육성사업으로 변경되어 시행되고 있다.

(1) 배 경

외환위기 이후 계속된 고용없는 성장의 구조화, 재정건전화 기조 속에서 새로운 대안 및 blue ocean, 주민 주도로 내실있는 경영을 통해 지역문제와 과제 해결, 자치단체중심으로 지역 거버넌스를 통해 지역특성에 맞는 사업을 육성할 수 있도록 사업 패러다임 전환을 목적으로 도입되었다.

(2) 대상사업

① 지역자원 활용형 마을기업: 지역특산품·자연자원 활용사업, 전통시장·상가 활성화사업, 공공부문 위탁사업

② 친환경·녹색 에너지 마을기업: 쓰레기·폐기물 및 자원재활용 사업, 자연생태관광·자전거 활용 등 녹색에너지 실천사업

(3) 지원내용

① 지원기간: 최장 2년(1+1) 지원

② 지원내용: 2년간 8천만원 이내(1년차 5천만원+2년차 3천만원), 교육 및 컨설팅

③ 사업규모: 410개 마을기업 육성지원(신규지정 260개, 재선정 150개)

④ 사업예산: 200억원(국비 100억원, 지방비 100억원)

(4) 사업 수행단체

① 민법이 따른 법인, 영농조합, 협동조합, 상법에 따른 회사 등 조직형태가 법인인 자

② 지역주민이 5인 이상이 출자하여 참여하여야 하며, 지역주민 비율이 70%가 넘어야 함(지역범위는 군의 경우는 '면'을 기준으로, 구의 경우는 거주지 또는 직장주소가 '구'를 기준으로 함)

③ 특정 1인과 그 특수관계인의 지분의 합이 50%를 넘지 않아야 함

〈특수관계인〉

- 당해 개인과 친족관계에 있는 자
- 당해 개인과 그 친족이 50% 이상을 출자하고 있는 법인
- 당해 개인과 그 친족이 이사의 과반수이거나 출연금의 50% 이상을 출연하고 그중 1인이 설립자로 되어 있는 비영리법인

마을기업과 사회적기업의 비교

구 분	마을기업	사회적기업
조직형태	민법에 따른 법인, 영농조합, 협동조합, 상법에 따른 회사 등 법인체	민법상 법인·조합, 상법상회사, 비영리단체
사업목표	마을 단위의 안정적 일자리 창출, 지역공동체 활성화 및 지역발전	취약계층을 위한 사회서비스 및 일자리 제공
사업주체	사업화가 가능한 지역특화자원 발굴·활용	사회적 사업가 중심의 취약계층 고용
지역성	지역공동체를 중심으로 한 지역 단위사업	지역개념이 없음
지원내용	2년간 최대 8천만원 사업비 지원, 교육 및 컨설팅제공	취약계층에 최대 5년간 지원(예비사회적기업 2년, 사회적기업 3년), 기타(경영컨설팅, 사업개발비) 지원
요 건	• 법인 지역주민 5인 이상 출자하여 참여, 비율 70% 이상 특정 1인과 그 특수관계인의 지분의 합이 50% 미만 • 선정심사기준 공동체구성 및 사업계획의 적절성 재정의 건전성 및 자부담(총사업비의 10% 이상 자부담) 자립경영 및 지속적인 수익창출 가능성, 안정적인 일자리 창출	• 법인, 조합, 주식회사, 비영리민간단체 등 • 유급근로자 채용 • 취약계층 고용 등 • 민주적 의사결정 • 수입>노무비의 30% • 정관, 규약보유 • 이윤의 2/3 이상 사회환원

6. 협동조합

(1) 협동조합

재화 또는 용역의 구매·생산·판매·제공 등을 협동으로 영위함으로써 조합원의 권익을 향상하고 지역사회에 공헌하고자 하는 사업조직을 의미한다.

(2) 사회적 협동조합

협동조합 중 지역주민들의 권익·복리증진과 관련된 사업을 수행하거나 취약계층에게 사회서비스 또는 일자리를 제공하는 등 영리를 목적으로 하지 아니하는 협동조합을 의미한다.

(3) 협동조합의 7대원칙

첫째는 자발적이고 개방적인 조합원제도이고, 둘째는 조합원에 의한 민주적 관리이며, 셋째는 조합원의 경제적 참여가 보장되며, 넷째는 자율과 독립을 기본으로 한다. 다섯째는 교육, 훈련 및 정보제공의 기회를 균등히 가지며, 여섯째는 협동조합 간의 협동을 도모하며, 마지막으로는 지역사회에 대한 기여를 원칙으로 한다.

(4) 설립절차

① 협동조합설립절차: 발기인모집(조합원 자격을 갖춘 5인 이상) → 정관작성(목적, 명칭, 조합원 등 14가지 필수항목 기재) → 설립동의자모집 → 창립총회(설립동의자 과반수 출석, 2/3 이상 찬성) → 설립신고(시·도지사) → 사무인수인계(발기인 → 이사장) → 출자금납입(조합원 → 이사장) → 설립등기(관할등기소) → 협동조합(법인격부여)

② 사회적 협동조합설립절차: 발기인모집(조합원 자격을 갖춘 5인 이상) → 정관작성(목적, 명칭, 조합원 등 14가지 필수항목 기재) → 설립동의자모집 → 창립총회(설립동의자 과반수 출석, 2/3 이상 찬성) → 설립신고(중앙행정기관의 장) 및 인가 → 사무인수인계(발기인 → 이사장) → 출자금납입(조합원 → 이사장) → 설립동기(관할등기소) → 협동조합(법인격부여)

협동조합과 사회적 협동조합의 비교

구 분	협동조합	사회적 협동조합
법인격	(영리)법인	비영리법인
설 립	시·도지사 신고	관계부처 인가
사 업	업종 및 분야 제한 없음	공익사업 40% 이상 수행
경영공시	의무사항이 아님(조합원 수 200인 이상 또는 자기자본 30억원 이상)	의무사항
법정적립금	잉여금의 10/100 이상 (자기자본의 3배에 이를 때까지)	잉여금의 30/100 이상 (자기자본의 3배에 이를 때까지)
배 당	배당가능	배당금지
청 산	정관에 따라 잔여재산 처리	비영리법인·국고 귀속 등
감 독	관련내용 없음 (상법 등에서 준용)	필요시, 기획재정부장관(관계부처) 업무상황, 장부, 서류 검사 등/인가 요건 위반 시 인가 취소

7. 베니피트 기업(Benefit Corporation)

과거 1970~1980년대 정부 주도의 고도성장기에는 정부가 성장드라이브를 걸면 일자리가 늘어나는 선순환이 가능했다. 그러나 최근 우리 경제는 저성장의 문제에 직면했고 양질의 일자리가 생각만큼 창출되지 않는 두 가지 문제를 동시에 안고 있다. 박근혜 정부는 창조경제 활성화를 통한 중산층 복원을 국정운영의 주요 목표로 삼고 있다. 그리고 중산층 복원 달성을 위한 하부 정책목표로 고용률 70%를 제시했다. 역대 정부는 일자리를 만들어내기 위하여 막대한 재정의 투입이나 대기업에 대한 투자 독려를 정책수단으로 고려했다. 그러나 재정의 투입은 증세를 수반할 수밖에 없고 결국 국회를 통한 입법과 같은 정치적 장애물들을 돌파해야 하는 문제점이 수반된다. 글로벌 경제에서 경쟁하고 있는 대기업들도 대통령 앞에서는 투자를 약속하지만 실제 투자가 집행되는 실적을 보면 대기업의 투자를 통한 일자리 창출에도 한계가 있다.

따라서 사회적 금융(Social Finance)을 통해 고용을 높이는 방법을 고려할 필요가 있다. 사회적 금융은 사회적기업이나 협동조합 등과 같은 경제적 이익보다 고용창출과 같은 사회적 가치를 추구하는 기업에 대한 대출이나 출자를 말한다. 현재 금감원이 금융기관들로 하여금 사회적기업을 위한 대출이나 투자 상품을 만들고 사회적기업을 통한 구매를 늘려서 사회적 금융을 활성화한다고 하나 이는 과거 정권에서 추진했던 녹색금융을 이름만 바꾸어서 추진하는 것에 불과하다. 사회적기업을 대상으로 새로운 금융상품을 만들어도 사회적 기업으로 추가적인 자금이 흘러들어 가는 것이 아니기 때문이다.

사회적 금융 활성화를 위해서 거시적인 패러다임의 변화가 선행되어야 하기 때문에 다음과 같은 두 가지 정책을 제안한다. 첫째, 2010년 미국 메릴랜드주에서 도입된 베니피트 기업(Benefit Corporation) 제도를 우리나라에 도입할 필요가 있다. 현재 미국 19개주가 이 제도를 도입해 시행하고 있다. 이윤을 추구하는 일반기업과 사회적기업의 중간에 위치하는 기업이다. 정관에 이윤의 창출과 사회적 기여를 동시에 추구해야 하는 것이 들어가 있어야 하고, 사회적 기여 활동을 백서를 통해서 외부에 발표해야 하며, 독립된 인증기관으로부터 백서의 내용을 인증받는 것을 특징으로 한다. 사회적 기업의 자금 조달은 태생적으로 국내 대기업의 사회공헌활동(CSR)의 예산범위를 벗어나는 규모로 이루어질 수 없다. 그러므로 베니피트 기업 제도 도입을 통해서 고용창출을 하는 기업으로 더 많은 자금이 흘러들어 갈 수 있는 구조를 만들어주어야 한다. 둘째, 중소기업이 우리나라 고용의 88%를 책임지고 있다. 그래서 고용을 증대시키기 위해서는 중소기업에 대한 정책금융의 패러다임에 사회적 금융의 개념을 적용할 필요성이 있다.

중소기업에 대한 연구개발(R&D) 지원이 결국은 납품가격 하락을 통하여 대기업의 가격경쟁력으로 이어진다는 비판이 있다. 중소기업에 정책금융을 지원하면 대주주의 모럴 해저드로 인하여 대주주의 개인적 이익만 늘어난다는 설명도 설득력이 있다. 그러므로 일자리를 창출할 수 있는 기업에 중소기업의 정책금융이 흘러들어 갈 수 있도록 정책금융 배분에 중소기업의 고용창출 같은 사회적 기여를 고려하는 패러다임의 도입이 필요하다. 이 같은 제도가 도입되면 우리 경제의 만성적인 고용 없는 성장 구조에서 벗어나 고용과 성장을 균형 있게 추구할 수 있는 경제 패러다임으로 변화할 수 있는 기반이 조성될 것이다. 매일경제신문, 2013.9.27.

사례 3

헤드폰 기업인 리슨(LSTN)

헤드폰 기업인 리슨(LSTN)은 헤드폰 하나를 팔 때마다 가난한 나라의 청각 장애인들이 보청기를 살 수 있도록 돈을 기부한다. 여기까지는 신발회사 탐스와 비슷하다. 탐스 역시 신발 한 켤레를 팔면 가난한 나라 어린이에게 신발을 기부한다. 그러나 보청기는 신발보다 훨씬 비싸다. 그저 기부만 하면 리슨은 망할 수밖에 없다. 그래서 리슨은 헤드폰 원가를 낮추기 위한 혁신을 했다. 가구에 쓰인 폐원목을 재활용해 고가의 헤드폰을 만든 것이다. 결과는 일거삼득이었다. 저렴한 폐원목을 쓰니 당연히 원가는 낮아졌다. 게다가 폐원목으로 만든 헤드폰은 비슷한 게 없었다. 폐원목마다 사용된 환경에 따라 분위기와 느낌이 제각각이었기 때문이었다. 덕분에 리슨 고객은 세상에서 하나뿐인 헤드폰을 소유하는 셈이 됐다. 마지막으로 재활용에 따른 환경보호는 당연한 덤이었다. 이 같은 리슨의 헤드폰 사업은 전형적인 공유가치 창조(CSV: Creating Shared Values) 사례로 꼽힌다. 단순 기부에 그치는 탐스와 달리 제조원가를 낮추는 혁신을 통해 가난한 사람들을 돕고 환경 보호에 기여하는 사회적 가치를 창조했기 때문이다. 매일경제 MBA팀은 브리짓 힐턴 리슨 최고경영자(CEO)에게 공유가치 창조의 비즈니스를 하게 된 배경과 그 비결을 물었다. 그는 "기업을 운영하는 것은 선행을 가장 강력히 오래 지속할 수 있는 유일한 방법이기 때문"이라고 말했다. "소비자 마음을 움직일 좋은 제품을 만드는 기업은 선행을 무한히 확장시킬 수 있다"는 그의 말이 가슴을 울린다. 다음은 힐턴 CEO와 일문일답한 내용이다.

Q 어떤 계기로 헤드폰 회사를 창업하게 됐나.

A 청각장애가 있는 사람들에게 보청기를 나눠줄 수 있는 방법을 생각하다가 2년 전 리슨을 창업했다. 내 인생에서 너무나도 중요했지만 당연하게 여겨졌던 음악이 청각장애인 3억6,000만 명에겐 당연하지 못한 즐거움이란 걸 알게 됐다. 그런데 더 놀라운 건 그들 대부분이 가난한 나라에 살고 있어서 보청기 도움을 못 받는다는 것이다. 청각장애인 중 95%는 보청기가 있으면 소리를 들을 수 있다고 한다. 그들에게 음악을 들려줄 수 있게 보청기를 기부할 돈을 벌어야 한다는 생각이 사업의 시작이었다.

Q 그런데 청각장애 문제를 해결하려는 사람은 보통 기부를 하거나 스타키 보청기 재단 같은 곳에서 일하고자 할 것이다. 왜 리스크가 있는 사업을 시작했나.

A 사업은 선행을 하기 위한 가장 강력하고 지속적인 도구다. 비영리재단을 운영한다면 기부에만 의존할 수밖에 없다. 그런데 남들에게 일관성 있는 기부를 기대하기란 사실 불가능하다. 그렇기 때문에 스타키 보청기 재단에 계속 안정적으로 돈을 주기 위해 우리는 그냥 훌륭한 제품을 팔아보고자 한 것이다.

사업엔 리스크가 분명히 있지만 나는 이 일을 시작해 행복하다. 우리 회사는 내가 가장 중요하게 생각하는 세 가지, 즉 음악 · 환경 · 자선의 덧셈이라고 생각한다.

Q 많은 사회적기업 중에서 리슨은 그래도 짧은 시간에 성과를 보여준 축에 속한다. 그 이유가 뭐라고 생각하나.

A 물론 이상을 현실로 옮기는 것이 쉽진 않았다. 나는 조 허프(Joe Huff)란 훌륭한 동업자와 함께 일했기 때문에 가능했다. 그는 패션계 구루(guru) 같은 사람이었는데 사회적 기업가로 전향했다. 그가 리슨의 헤드폰 디자인을 담당했기 때문에 우리 헤드폰이 단순히 '착한 제품'에 머물지 않을 수 있었다. CEO가 착한 성품을 가지고 기부를 한다는 것만으론 소비자들에게 어필할 수 없다. 우리는 빈티지 헤드폰이란 새로운 장르를 만들었다. 지금까지 헤드폰 재질은 플라스틱이나 금속이 대부분이었다. 우리는 나무를 재료로 썼다. 바이올린처럼 나무를 재료로 하는 악기가 훨씬 소리울림이 좋다는 데서 착안한 것이다. 덕분에 훨씬 고풍스럽고 스타일리시한 헤드폰을 만들 수 있었다.

Q 제품 재료를 낡은 마룻바닥이나 가구에서 채집한 폐원목으로 했다. 고급 프리미엄 헤드폰을 만들고자 하면서 폐원목을 활용한 이유는 무엇인가.

A 이유는 두 가지다. 일단 환경 친화적인 방식을 사용하고 싶었다. 다시 쓸 수 있는 원목을 놔두고 새로운 원목만 고집한다면 자원은 낭비되고 열대우림을 파괴하게 된다. 두 번째 이유는 비용 측면이다. 우리는 헤드폰을 팔아 이윤을 남기고 비싼 보청기까지 기부할 돈을 마련해야 하는 두 가지 과제를 안고 있다. 비용을 줄이지 않고선 해결할 수 없는 문제다. 게다가 열대 원목 가격은 꽤 비싸다. 열대우림 보존을 위한 사회적 목소리가 높아지고 환경 규제가 강해질수록 가격은 계속 올라갈 것이다. 우리는 그 절반도 안 되는 가격에 폐원목을 구입함으로써 비용 문제를 해결했다. 폐원목은 구하기도 어렵지 않다. 폐원목의 장점이 하나 더 있다. 일반적인 원목으로 만들면 재질이 거의 균일한 헤드폰이 나온다. 그러나 폐원목은 사용된 환경과 기간에 따라 각자 다른 느낌이 난다. 이 때문에 리슨에서 만들어지는 헤드폰은 어느 하나라도 똑같은 게 없다.

Q 사회적기업은 이미 많이 있다. 그런데 리슨처럼 빈티지 헤드폰이란 틈새시장을 겨냥한 곳은 많지 않다. 보편적인 아이템이 아니기 때문에 시장에서 외면을 받을 수 있다는 생각은 하지 않았나.

A 전 세계 헤드폰 시장 규모는 80억 달러(약 8조 원) 정도다. 그리고 스마트폰과 태블릿PC 때문에 그 수요는 더 늘어나고 있다. 우리는 이러한 큰 시장에서 리슨 헤드폰이 유니크(unique)한 자리를 차지할 수 있다고 생각했다. 흔한 헤드폰으론 시장을 비집고 나가기 힘들다. 그러나 시장이 크다면 유니크한 아이템이 안전하다.

Q 헤드폰 가격은 어떻게 책정했나.

A 헤드폰을 한 대 팔 때마다 재단에 지원해주는 보청기 값을 더해 비싸게 제품을 내놓으면 소비자들에게 외면을 받을 것이다. 그리고 창업 목적 중 하나는 사람들이 음악을 즐기도록 하는 것이었기 때문에 너무 비싼 가격은 우리 목적에 어긋난다. 일단 품질이 비슷한 헤드폰과 비교해 비싸지 않게 가격을 책정했다. 그러고도 보청기를 기부할 수 있는 돈을 마련한 비결은 우리에게 배당되는 몫을 줄이고 폐원목을 활용해 원가를 낮췄기 때문이다.

Q 리슨 사업을 계속 헤드폰에 한정할 계획인가.

A 우리의 주된 상품은 헤드폰이고 앞으로도 그럴 것이다. 그러나 산업군이 변화하고 있는데 계속 하나만 고집할 순 없다. 선한 목적을 가진 기업이라 하더라도 트렌드를 따라가지 못하면 외면받는다. 음악을 듣는 사람 중 많은 수요가 웨어러블 기기로 옮겨가고 있다. 리슨도 포트폴리오를 확장해 음악을 기반으로 하는 IT 제품을 내놓을 계획이다.

Q 지금까지 리슨이 이룬 업적들을 얘기해 달라.

A 우리의 시작은 미약했다. 인턴 몇 명과 18평짜리 사무실에서 리슨 역사가 시작됐다. 사실 지금도 회사 외형에는 그다지 신경 쓰지 않는다. 리슨은 목적이 이끄는 회사지 사무실이 중요한 회사가 아니다. 그렇기 때문에 우리는 2년간 페루 우간다 등에서 청각장애를 겪는 1만5,000명에게 소리를 찾아준 일을 더 가치 있게 생각하고 있다. 우리가 도울 수 있는 사람들은 더 늘어날 것이다.

Q 청각장애인을 돕는 것을 마케팅 수단으로 생각하는 사람들도 있다.

A 우리는 이것을 목적으로 생각하지 수단으로 생각하지 않는다. 그러나 누군가를 돕는 것이 사업을 키우는 일이란 건 부인할 수 없는 사실이다. 사회적기업의 제품에 대한 수요는 폭발적으로 늘어나고 있다. 한 해 동안 팔리는 윤리적 제품의 총가치는 400억 달러(약 40조원)에 달한다. Y세대 중 85%는 '목적이 있는 브랜드'에서 물건을 사기를 원한다는 조사 결과가 있다.

Q 창업을 하는 사람들에게 무엇이 필요하다고 생각하나.

A 비용을 줄이자는 태도다. 창업 초기에는 펀딩이 너무나도 힘든 작업이다. 그렇기 때문에 최대한 절약하려는 자세가 필요하다. 사무기기는 렌트를 하고 가능하다면 오피스도 최소화하라. 아예 없는 것도 괜찮다. 초기 스타트업 단계에서 직원들은 오피스에 머물지 말고 현장에서 고객을 만나고 시장조사를 해야 한다. 우리도 초기엔 사무실이 그냥 방 한 칸이었다. 비행기나 기차, 자동차를 '움직이는 사무실'로 생각했다. 절약은 재정적인 측면에서도 유익하지만 창조성도 키울 수 있다. 불필요한 사업 준비를 가지치는 과정에서 새로운 아이디어가 떠오르기도 한다.

Q 리슨의 파트너십이 회사 성장에 도움이 됐나.

A 물론이다. 음악 스트리밍 서비스회사인 스포티파이(Spotify)나 링컨자동차같이 안정된 파트너와 손을 잡으며 리슨의 브랜드 인지도가 크게 올라갔다. 물론 리슨이 맺은 파트너십의 핵심은 스타키 보청기 재단이다. 리슨 헤드폰 한 대 팔아서 남는 돈으로 보청기 하나를 기부할 수는 없다. 그 모자란 돈을 스타키 보청기 재단에서 채워주기 때문에 보다 많은 사람들이 소리를 들을 수 있게 됐다. 덕분에 내 꿈이 이뤄졌다.

who she is… 브리짓 힐턴(Briget Hilton) 리슨(LSTN) 창립자 겸 CEO는 19세에 유니버설 뮤직에서 근무하기 시작한 뒤 줄곧 음악산업에서 경력을 쌓았다. 워너뮤직에서 일하던 중 창업에 대한 꿈을 가지고 2012년 헤드폰 회사 LSTN을 창립했다. 미국 USC대와 UCLA대에서 사회적기업 경영에 대해 강의하고 있다.

제1절 창업자금 조달전략

제2절 소요자금 조달계획서 작성요령

제3절 창업자금 조달방법

제4절 자금지원제도

제5절 기타 자금지원제도

Chapter 7

창업자금 조달과 운용계획

10년차 가정주부 꼬치점 열어 월 4,500만원

성공 창업 ABC

창업 준비의 기본은 아이템 선정이다. 세탁소, 미용실, 슈퍼마켓, 음식점 등 업종이라 할 수 있는 큰 카테고리를 정한다고 해도 이 안에서 또 내 몸에 꼭 맞는 아이템을 잡기란 여간 어려운 일이 아니다. 이경희 한국창업전략연구소 소장은 "아이템이 정해지면 창업 준비의 절반이 끝났다고 볼 수 있다"며 "그에 맞는 점포를 구하고 사업계획서를 짜서 실행하면 창업 준비는 거의 완료된 셈"이라고 말했다.

창업 전문가들의 조언을 얻어 카테고리 선정부터 최종 아이템 선정까지 얼마의 시간을 투자해야 하고, 또 어떤 과정을 거쳐야 하는지 꼼꼼하게 짚어봤다. 창업 컨설턴트들이 실제 활용하는 타임스케줄도 함께 실었다.

아이템 선정에 6개월 투자는 기본

2009년 10월 길음뉴타운 상가에 112m^2(34평) 규모 꼬치전문주점 꼬지마루를 오픈한 주부 이혜숙 씨(37). 10년 동안 육아에 매진해온 이씨는 아이들 사교육비를 마련할 목적으로 2008년 초 재취업 자리를 알아봤다. 막상 구직에 나섰지만 아이들을 마냥 내팽개칠 수 없었고 10년 동안 집안일만 해온 그녀의 경력으로는 제대로 된 취업자리 구하기가 사실상 불가능해 보였다.

결국 창업을 대안으로 선택한 이혜숙 씨의 경우, 창업에는 몇 가지 전제조건이 있었다. 우선 낮시간에는 아이들과 시간을 보낼 수 있어야 하고, 남편과 시동생의 도움도 적극 활용할 수 있는 업종이어야 한다. 마지막으로 남편이 퇴직 후 운영할 수 있는 점포여야 한다는 세 가지 조건이었다. 이씨는 "처음에는 화장품가게, 영어유치원, 커피숍 등도 생각했지만 너무 막막해 창업 강의부터 들었다"며 "이를 통해 육아와 병행하려면 집 가까운 곳이 유리하고, 초보자는 중심가보다 유행을 덜 타는 주택가가 안전하다는 조언을 얻었다"고 말했다.

이씨는 우선 집 근처에서 운영할 수 있는 음식업과 관련한 다양한 아이템을 모색했다. 후보군 중 유기농 전문점이나 떡집은 집 가까이에서도 할 수 있다는 장점이 있었지만 남편과 시동생의 도움을 받을 수 없다는 점에서 제외했다. 남은 후보는 주점, 분식업, 샤부샤부 음식점. 샤부샤부 음식점은 대부분 규모가 커 큰 투자금을 필요로 했고, 분식업은 노동 강도가 높아 이른 시간부터 종일 사업에 매달려야 했다. 분식업은 인근에 경쟁점도 많았다. 이씨가 6개월 만에 최종적으로 선택한 업종은 주점. 이씨는 주점 가맹 본사 10여 곳을 직접 찾아다녔다. 그러던 중 분당 정자동 주택가에서 높은 매출을 올리는 주점이 있다는 얘기를 듣고 매장을 직접 방문했다. 꼬치전문 주점이었다.

메뉴가 신선했음은 물론 인테리어 또한 어둡고 칙칙한 기존 꼬치점과 달리 원목과 파벽돌을 소재로 해 세련된 느낌이 풍겼다. 이씨는 "정부 컨설팅과 교육 내용, 인터넷 정보 등을 바탕으로 사업설명회에 참가하고 매장 분위기 등을 직접 비교해 봤다"고 말했다. 이씨는 1년 이상 준비한 끝에 점포 구입비를 제외한 창업준비

창업자 이혜숙 씨의
업종 선택 피라미드

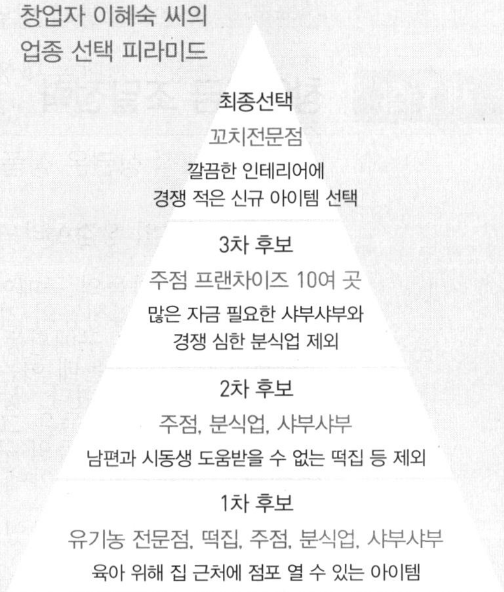

금 7,500만원을 투자했고 요즘은 하루 매출 150만원을 올리고 있다.

점포가 집과 5분 거리여서 수시로 집을 드나들며 초등학생, 유치원생 두 자녀 양육도 소홀하지 않았다. 시동생과 남편의 도움으로 오후 3시에 가게문을 열고 새벽 2시에 문을 닫지만 이씨는 저녁 8시부터 12시까지 매장이 붐비는 시간에만 근무한다. 창업준비금 7,500만원과 전단 마케팅에 월 30만원씩을 투자했다.

소자본 투자는 1년 내 회수 노려야

물론 이씨 사례처럼 첫 번째 창업에 성공을 거두기란 쉽지 않다. 하지만 분명한 점은 이씨가 창업 준비 과정에서 아이템 선정만큼은 정석을 그대로 지켰다는 것. 창업 준비기간은 짧게는 3개월, 길게는 1년 이상으로 잡는다. 이경희 소장은 "이 중 절반 이상을 업종 선정에 그리고 나머지 절반을 점포 구입과 사업계획, 시설 진행, 종업원 채용 등에 투자한다"며 "업종 선정이 너무 오래 걸리면 사업계획을 짜는 시간이 짧아져 전문성 부족으로 실패하기 쉽다"고 조언했다. 일반적으로 창업 아이템 선정에서 필수적으로 꼽히는 과정으로는 정보 수집, 기존 종사자와 면담, 트렌드 분석, 사업타당성 분석 등이다.

정보 수집을 위해서는 박람회나 사업설명회에 참가하는 것은 물론 인근 상권을 직접 탐방하거나 소비자로서 체험하는 등 실질적이고 구체적인 활동이 뒷받침돼야 한다. 최근에는 창업 관련 강의를 활용하면 위 과정을 손쉽게 해결할 수도 있다. 하지만 이런 모든 과정 전에 창업자 본인만의 기준을 확정하는 게 중요하다. 업종 선정 기준으로는 자금, 적성 등을 들 수 있다. 창업 투자비는 시설비 등 초기 개업비와 점포 구입비, 운영자금으로 분류된다. 결과적으로 자본금은 제한돼 있는데 화려한 인테리어 등 시설투자를 과다하게 하면 운영자금이 빠듯할 수 있다. 동일한 일본라면 전문점을 2억원으로도 창업할 수 있지만 1억원으로도 열 수도 있다.

강병오 FC창업코리아 소장은 "똑같은 자본을 투자하더라도 최대 수익이 예상되는 업종을 선택해야 한다"며 "특히 5,000만원 이하 소규모 사업자는 자금력이 부족하므로 창업 후 6개월 내 손익분기점에 도달하고, 창업 1~2년 안에는 투자비 회수가 가능해야 한다"고 말했다. 아이템 선정시 창업자가 친근하고 잘 아는 업종을 선택하는 것은 물론 도움이 된다.

한솥도시락 서경대점을 운영하고 있는 홍성우 씨(29)는 대학 시절 본인이 즐겨 찾던 매장을 직접 창업한 사례다. 홍씨는 "1억원 투자로 하루 80만원 이상의 매출을 올리고 있다"고 말했다. 이인호 창업e닷컴 소장은 "적성, 성격, 경험 등을 고려해 자신과 궁합이 잘 맞는 아이템을 찾아내는 게 중요하다"고 조언했다.

제 1 절 창업자금 조달전략

1. 창업자금의 중요성

창업자의 창업성공의 기본적인 조건과는 다른 의미로 창업을 성공케 하는 결정적인 요인이 있는데 이는 바로 창업자금이다.

대부분의 창업자들은 그들이 창업하는 분야에 있어서 이미 전문가인 경우가 많다. 대부분 전문분야에서 10년, 20년을 지내온 경험을 가지고 있어 그들이 맡고 있는 일은 차이가 있을 수 있지만, 그 일에 대해서는 웬만하면 알 건 다 안다고 자부하는 사람들이다.

그러나 불행히도 통계자료에 따르면, 창업을 한 후에 3년 이내 문을 닫는 업체가 70%를 넘는다고 한다. 도대체 그 이유는 무엇일까? 창업자의 경영관리 미숙과 시장확보의 실패 또는 급변하는 사업환경에 능동적으로 대처하지 못한 여러 가지 사유가 있을 수 있겠지만, 결정적인 사업실패의 원인은 창업자금의 부족에 있다.

주변을 둘러 창업자들을 살펴보면 빠듯한 창업자금, 아니 오히려 적정규모에 모자라는 창업자금으로 사업을 시작하는 창업자들을 볼 수 있다. 숙련된 기술과 정열적인 노력으로 작업장이나 거래처를 열심히 뛰어다녀 보지만 사업 초기는 모든 것이 뜻대로 되지 않는 경우가 많다. 며칠을 기다리던 결제가 지급기일이 3개월 만기인 추심하기도 어려운 어음으로 들어오는 경우도 있다. 이럴 경우에는 기술이나 신용이 없어서 혹은 물건을 못 팔아서가 아니라 몇 개월 버틸 수 있는 많지 않은 자금이 치명적일 수 있다.

창업기간 내에 회사를 움직이게 하는 핏줄과 같은 창업자금의 경화증은 그 동안의 꿈과 노력을 헛되게 만들 수도 있는 것이다. 따라서 성공적인 창업이 되기 위해서는 충분한 창업자금의 확보가 선행되어야 하며, 이는 곧 성공창업의 결정적인 요인이 된다.

통상적으로 창업자금을 관리하는 데는 70% 대 30% 법칙이 적용되는데, 이는 창업시에 자기자본과 차입자금의 비율이 70% 대 30%가 매우 이상적임을 의미한다. 자기자본이 100%일 경우 지나친 의욕과 자신감으로 위기감이 적어 신중하지 못한 판단으로 위기를 자초할 가능성이 높고, 반대로 자기자본보다 외부차입금이 많으면 자금압박과 초조함으로 인한 심리적인 압박감이 높아져서 잘못된 판단을 할 가능성이 높아진다. 그래서 적정한 자금분배가 필요한데, 현실적으로 또는 숫자가 주는 심리적 요인을 감안할 때 창업 전문가들은 70% 대 30%의 자금비율을 가장 이상적이라고 지적한다.

차입자금에서 점포를 창업할 때와 일반적인 사업을 할 때의 차입자금에 대한 비율은 엄연히 다르게 적용되어야 한다. 우리가 잘 알고 있는 대기업의 부채비율은 일반인의 상상을 뛰어 넘는 엄청난 수치지만 개인의 점포 창업에서는 기업과 같은 그런 차입자본 비율이 되어서는 절대적으로 곤란하다. 기업은 적어도 수십 년을 계획하고 일을 벌이고 기업의 경영성패의 범위도 대단히 광범위하다. 그에 반해 점포는 수년의 짧은 운영 기간으로 목표하는 것이 일반적이어서 자금을 갚아야 하는 시기가 상대적으로 짧다는 점을 명심해야 한다.

더 구체적으로 이야기하면 기업은 부채도 자산이라는 개념을 통해 보다 큰 이익을 추구하지만, 점포창업은 부채를 갚는 것만으로도 제법 돈을 벌었다는 평을 듣게 된다. 차입자금을 갚으면 점포에 투자된 돈은 100% 점주의 몫이 되는데, 이는 빌린 돈 만큼을 벌었다는 의미이고 이후의 수익과 양도시 발생하는 권리금도 모두 점주의 몫이 된다.

기업이든 개인이든 간에 차입금을 빨리 갚을수록 이익의 폭은 커지기 때문에 무리하게 많은 차입금을 빌리는 자세보다는 1, 2년 안에 갚을 수 있을 만큼의 적당한 차입금을 빌리는 것도 지혜로운 창업 준비자세이다.

100% 자기자본으로 창업을 하는 경우의 상황은 두 가지로 볼 수 있다. 창업자금으로 쓰기 위해 모든 재산을 다 투자한 경우가 하나일 수 있고, 또 하나는 재산의 잉여분(날려도 그만인 재산?)을 아낌없이 투자한 경우이다. 이때 가능한 예측은 후자에 대한 관점이 더 가깝지만 내용을 살펴보면 다음과 같다. 먼저 자기 재산을 다 투자한 경우라면 사실 창업을 금해야 한다. 장사란 뚜껑을 열기

전에는 아무도 장담할 수 없거니와 설혹 성공을 한다 하더라도 차후에 생기는 경쟁점으로 인해 많은 고생을 해야 하는 것이 바로 장사이기 때문이다. 결국 장사가 잘 되어도 꾸준한 재투자가 요구되기 때문에 모든 재산을 내건 창업은 누구라도 금해야 한다.

두번째 경우는 넘쳐 나는 자본으로 창업을 한 경우인데 장사가 잘 되어 돈을 벌어도 그 가치를 절실하게 느끼지 못하는 경우가 많다. 때문에 초기의 왕성한 의욕은 사라지고 종업원에게 점포를 맡기고 외출하는 일이 잦아지고, 색다른 큰 돈벌이에 관심을 쏟게 되는데 이런 경우 종업원을 기막히게 잘 둔 경우를 제외하곤 대부분이 폐점의 길로 접어든다. 장사란 고객과 주인의 얼굴 상대가 많은 비중을 차지하는데 주인이 등한시하는 점포는 일단 고객도 외면하기 때문이다.

오래된 단골은 항상 주인의 안부를 묻는다는 우리네 정서를 떠올리면 답은 쉽다. 그래서 잉여자본으로 창업 자금을 다 소화하는 경우일수록 배수진을 친 각오로 창업에 임해야 하고, 돈을 벌기보다는 사업으로 키운다는 거시적 관점으로 점포를 통찰할 필요가 있다.

자기자본보다도 많은 차입금이 사용되어진 경우도 마찬가지다. 장사를 시작한 것은 내가 먹고 내 식구가 잘 먹고 살기 위한 치열한 생존 수단으로 결정한 일이다. 그런데 차입금이 많아 매달 벌어서 이자 갚고 원금 갚는데 다 쓴다면 도대체 이게 뭐하는 일인가 하는 자괴감에 빠지기 쉽다.

물론 원금을 다 갚고 나면 완전한 본인의 점포가 되는 결과를 얻지만 실제 영업을 하면서 수중에 쥐어지는 돈이 적으면 마음이 심란해지고 금세 초조함을 느끼게 된다. 꾸준하게 의욕을 가지고 점포를 경영해도 성공이 요원한데 주인의 마음이 심란하면 그 결과치는 불을 보듯 뻔하다.

차입자금 출처의 출처를 살펴보면, 대부분의 예비 창업자들은 정부에서 지원하는 생계형 창업 자금을 무턱대고 많이 받기 위해 노력하는데 이처럼 차입자금이 지닌 창업 환경을 파악하면 무작정 받고 보자는 식의 자세는 피하게 된다. 또 자신이 감당해 낼 수 있는 자금만 요청하기 때문에 의외로 대출의 문턱을 손쉽게 넘어 설 수도 있다. 더 나아가 차입자금은 관이나 은행에서 받는 일보다는 주변 인맥을 통해 조달하는 것이 더 효과적이다.

자신을 믿고 빌려준 인간적 도의로 장사에 전념함은 물론 향후 실패한 창업이 되더라도 금세 신용 불량자로 낙인찍히는 일은 면할 수 있기 때문이다. 영업 사원을 길러내는 원칙 중의 하나가 바로 첫 오더는 부모나 형제에게 받으라는 것이다. 그래야 그 신뢰에 대한 보답을 하기 위해 어려운 고비가 있더라도 슬기롭게 풀어 가기 때문이다. 차입금도 마찬가지다. 더불어 기간을 두고 갚을 수 있을 만큼의 자금을 융통하는 자세를 지녀야 함을 거듭 반복한다. 총 자본의 30% 이내만 빌리면 1년 정도는 긴장감을 지니고 성실히 영업을 하게 되는 결과를 얻는다. 창업경영신문, http://www.sbiznews.com

2. 창업 소요자금의 종류

(1) 소요자금의 분류

창업자금, 즉 창업에 필요한 자금은 시설자금과 운전자금으로 구분이 된다. 시설자금은 사업장을 확보하는 비용과 필요한 집기비품의 구입비, 그리고 제조업일 경우 제품생산에 필요한 생산설비의 구입비 등이며, 운전자금은 사업을 개시한 후 물건을 팔아서 회사에 현금이 들어올 때까지 회사운영에 필요한 재료비, 인건비, 경비 등이다.

일반적으로 사람들은 시설자금에 대해서는 어느 정도 근접하게 예상금액을 뽑아낸다. 여기저기 전화를 해서 가격도 알아보고 견적서도 받아서 비교해

그림 7-1 소요자금의 분류

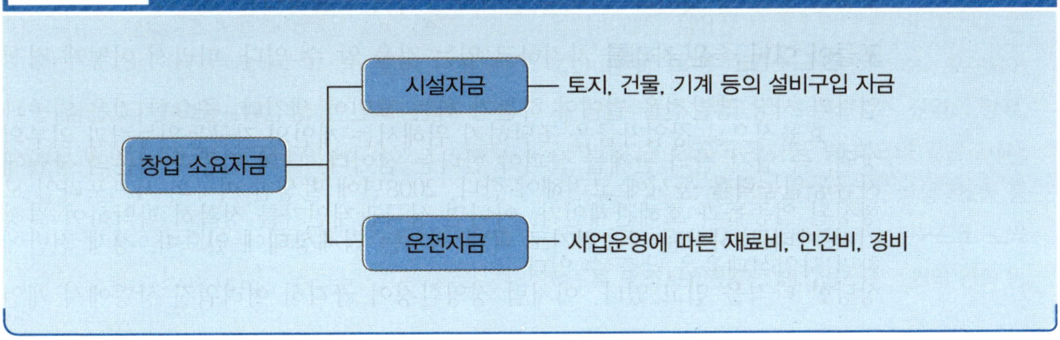

보고 적정한 가격으로 시설리스를 뽑아본다. 그러나 중요한 것은 운전자금에 있다. 사업을 시작한다고 해서 곧바로 회사에 돈이 들어오는 것은 아니다. 제조업의 경우 제품을 만들어서 납품을 해야 하고 다음 달에 결제되는 자금은 3개월 후에야 돈으로 만져 볼 수 있는 어음일 수도 있다. 그래도 사업을 시작하면서 곧바로 제품을 팔 수 있다는 것은 상당히 준비된 회사이다. 판매시장도 개척해야 하고 개발제품의 완성에 또 손이 가야 된다면 자금회수일까지의 기일은 더 걸릴 것이다. 유통업, 서비스업, 무역업 등도 마찬가지이다. 시작하는 회사이니만큼 이름도 좀 알려져야 하고, 깔린 미수금이 조금씩 들어오려면 적지 않은 시간이 필요하다. 이렇게 영업활동으로 인하여 정상적인 자금유입이 이루어지기까지의 시간, 즉 1회전 운전자금의 기간을 일반적으로 제조업은 3개월, 기타 유통·서비스업 등은 1~2개월로 보고 있으나 여러 가지 원인으로 인해 그 기간이 더 길어질 수 있다. 그럼에도 불구하고 창업자들은 운전자금 소요기간을 짧게 잡거나 아니면 대충 얼마 정도 필요할 거라는 주먹구구식 자금계획을 잡는다. 비용항목을 세부적으로 나누어 만든 자금계획이 아닌 경우 생각하지 못한 자금지출은 창업자를 당황하게 할 것이다.

(2) 소요자금표의 기본구성

창업 소요자금표는 하고자 하는 사업의 규모, 종류에 따라서 그 형태나 비용항목들이 다 다르다. 일반적으로 자금의 성격(용도)을 기준으로 하여 첫째, 자산을 구입하는 자금(시설자금), 둘째, 경비로써 지출되는 자금(운전자금), 셋째, 예비자금으로 구분이 된다.

3. 창업자금 조달계획

효율적으로 창업자금을 조달하기 위해서는 개인의 자금동원능력과 외부의 자금동원능력을 동시에 고려해야 한다. 2008년에 발생한 미국의 서브프라임 모기지 사태로 시작된 금융위기로 국내 경기는 침체상태에 있으며, 경제 전반에 상당한 타격을 입고 있다. 이처럼 경영환경이 급격히 어려워진 상황에서 개인이 자체적으로 조달가능한 자금을 제외한 추가적인 부분은 여러 가지 대내외적 상황을 고려하여 운영자금 및 시설자금에 대해 효율적인 조달전략을 세워야 한다. 즉, 자금조달과 운영계획을 철저히 수립하고, 기업에 적합한 정부 정책자금을 선정하는 것이 바람직하다.

자금조달을 효율적으로 하기 위해서는 사전 준비 작업을 철저히 해야 한다. 즉, 담보가 없는 기업이 보증서를 발급받아 대출을 신청할 경우에는 신용창출에 필요한 요소를 준비해야 한다. 신용창출 요소인 영업실적(매출액), 재무구조(재무제표의 부채비율 등), 기술력(기술인력 및 기술관련 인증 보유 현황 등), 경영자(업력, 학력, 신뢰도, 경영진/주주 현황 등)에 대해서 심사기관에 맞게 철저히 준비를 해야 한다. 이를 구체적으로 살펴보면 다음과 같다.

첫째, 매출액에 대한 근거를 제시해야 한다. 영업실적(매출액)은 계속 성장 기업으로서의 가능성 판단과 부가가치 창출의 척도로 간주하기 때문에 매출액에 대한 근거를 회사자료와 함께 제시해야 한다. 창업 초기 회사와 계속 기업인 경우에는 차이가 있겠지만, 창업초기 기업은 기술개발, 시제품생산, 양산 및 사업회 단계에 따라 영업활동의 결과를 제시해야 한다. 그리고 시장에 대한 폭넓은 이해와 시장조사는 필수사항이며 목표시장에 대한 마케팅 전략이 수립되어야 한다. 또한 매출실적이 저조한 경우에는 영업진행 상태에 따른 판매계약, 수출계약 등을 제시해야 한다.

둘째, 재무구조에 신중을 기해야 한다. 재무제표는 기업의 재무상황과 경영성과를 나타내는 보고서이다. 재무제표는 과거자료를 검토하기 때문에 기업평가에 한계가 있지만, 대출 및 상환 시 의사결정의 중요한 요소로 작용하며 기업신용평가의 가장 기본적 자료로 기업이 성장할수록 그 중요성이 확대되고 있다.

특히 경영자는 주요 재무제표에 대한 기본적인 이해를 가지고 있어야 하며, 부채비율, 유동비율, 차입금의존도, 금융비용부담률, 매출액영업이익률, 영업현금흐름 등에 대해서도 자사와 업계의 평균 수치를 알고 있어야 한다.

셋째, 기술력 및 기술관련 인증 등에 대한 준비가 필요하다. 기업경쟁력의 원천은 제품의 품질 및 가격, 서비스 등에서 나타나며, 주요 기술력과 기술관련 인증 등은 중요한 평가요소가 된다. 주요 기술력은 기술인력, 기술개발조직(연구소/연구전담부서 보유 유무), 기술개발비 및 연구 개발실적 등으로 파악하며, 기술관련 인증 등은 산업 및 지적재산권의 보유 및 관리, 기술인증(NET. NEP, ISO 등) 보유, 정부의 주요 정책적 연구과제 수행 실적, 정책 인증(벤처, 이노비즈, 경영혁신)으로 나타난다.

넷째, 경영자 및 경영진에 대한 평가이다. 중소기업의 성공 여부는 경영자의 자질(업력(경험), 학력, 신뢰도 등)에 따라 성패가 가늠되어지기도 한다. 예를 들어 제조업일 경우, 개발 및 생산, 그리고 마케팅에 대한 전반적인 사고가 확립되어 있어야 되며, 잘하는 분야에 선택과 집중을 하여 핵심역량을 차별화시키는 능력이 있어야 한다. 서비스업일 경우 잠재고객을 어떻게 구매고객으로 전환시킬 것인가에 대한 마케팅능력이 요구되며, 부족할 경우 대체 전문인력이 있어야 한다.

정부 정책자금을 100% 활용하기 위해 필요한 사전 지식과 정부 유관기관인 중소기업진흥공단, 신용보증기금, 기술신용보증기금, 지역신용보증재단이 취급하는 업무에 대해서 간단히 언급하고자 한다.

정책자금을 조달하는 창구를 정부유관기간별로 간단하게 설명하면, 중소기업진흥공단은 자금을 집행하는 기관이며, 신용보증기금, 기술신용보증기금, 지역신용보증재단은 보증서를 발급하여 주는 기관이다. 즉, 대출신청자는 발급기관으로부터 보증서를 받아 중소기업진흥공단 및 거래하는 은행에서 대출을 받으면 되는 것이다.

중소기업진흥공단은 자체적으로 신용대출과 보증서 등을 담보로 직접대출을 하기도 하며, 은행을 통하여 대리대출을 하기도 한다. 신용보증기금의 보증서 발급대상은 업종제한이 없으며, 심사기준은 사업의 계속성 여부를 판단하며 보증한도는 전년도 매출액의 1/4범위 내에서 발급된다. 기술신용보증기금의 보증서 발급대상은 신기술 사업업종이며, 심사기준은 기술의 우수성 여부를 판단하며 보증한도는 기술가치 평가한도 내에서 발급된다. 지역신용보증재단의 보증서 발급대상은 소기업·소상공인이며, 심사기준은 창업의 타당성 여부를 판단하며 보증한도는 5천만원 이내에서 발급이 된다.

마지막으로 효율적인 자금조달은 중소기업마다 사정이 다르므로, 회사 실정에 맞는 자금전략을 세워야 하며, 특히 제조 관련업종은 무이자 성격인 출연자금(기술개발자금)에 많은 관심을 가지고 도전해볼 필요가 있다. 또한 예비창업자나 창업 3년 미만인 초기 창업자들은 우수한 아이디어만 있으면 상품화와 마케팅을 한꺼번에 지원받을 수 있는 '아이디어 상업화 지원사업'에 도전하는 것도 중요한 전략이 될 수 있다. **창업경영신문, http://www.sbiznews.com**

이를 보다 구체적으로 살펴보면 다음과 같다.

(1) 예상업종에 따른 소요자금을 예측한다

창업하는 사람의 입장에서 창업에 소요되는 총자본을 정확하게 예측하기란 쉬운 일이 아니다. 아무리 작은 소규모 사업이라도 거기에 맞는 자금을 예측하고 계획대로 집행하는 일은 대단히 중요하다.

일반적으로 창업에 필요한 자금은 창업준비자금, 고정자금, 운전자금 등으로 나눈다. 창업준비자금은 업종과 입지를 정하고 본격적으로 사업을 개시하기 이전까지의 자금을 말한다. 여기에서는 우선상담 및 사업성분석 지출자금이 들어간다. 어느 사업을 하든지 간에 '무조건' 그 사업을 택하는 사람은 없다. 모두 저마다의 이유가 있게 마련인데, 그것을 확실하게 뒷받침해줄 수 있는 근거가 객관적인 조사결과다. 이것 역시 결론에 도달하기까지의 방법은 천차만별이겠지만, 가능한 한 충분한 검토와 과학적인 검증만이 사업의 성공을 가져다줄 수 있을 것이다.

따라서 자신의 사업에 대한 소요자금을 추정하는 과정에서 사업개시 전에 소요되는 분석조사 자금도 염두에 두어야 할 필요가 있다. 창업준비자금으로는 이 밖에 점포소개비와 개점행사비, 그리고 선전물 준비비 등이 있을 수 있다.

창업을 한 후에 드는 자금은 고정자금과 운전자금이 있는데 고정자금은 점포에 드는 비용, 즉 점포 임대비, 신축비, 구입비 등이다. 이 밖에 점포준비비, 내부 장식비, 바닥, 도색, 조명, 벽, 집기, 외부준비, 입구, 간판, 진열비 등이 준비되어 있어야 한다. 운전자금은 월 임대료, 종업원 인건비, 재고비, 광고비, 접대비와 각종 공과금이 있을 수 있다. 이 밖에 업종에 따라 별도로 들어가는 자금의 규모를 산출할 수 있다.

(2) 자금조달은 장기적인 계획하에서 준비한다

사업과정에서 상품의 구입이나 일상적으로 지출하는 인건비나 관리비 등의 자금조달은 사업운영 과정에서 적자가 발생하지 않는 이상 어렵지 않게 해결할 수 있다. 그러나 점포가 오래되어 인테리어가 현재의 감각에 맞지 않아 새롭게 내부시설을 단장할 필요가 있거나 취급하는 상품이 조만간에 가격이 오르거나 품귀현상이 예견될 때 사업주의 입장에서는 많은 상품을 확보해야 한다. 이와 같이 일상적인 지출이 아닌 일시적인 지출이 필요할 때 그러한 자금의 여유가 있는 사업주는 그리 많지 않은 것이 보통이다. 그래서 사채를 빌리거나 은행대출을 이용하게 되면 차입금 이자라는 또 하나의 원가상승 요인이 발생하여 경쟁력이 약해질 수 있다.

그렇기 때문에 인테리어의 교체나 점포의 확장 등 어느 정도 예견이 되는 자금소요를 대비해 장기자금을 쌓아둘 필요가 있다. 장기자금을 형성할 때 가장 쉽고 기본적인 것은 금융기관을 통한 적금의 형태가 있을 수 있다.

(3) 창업자금은 2~3배 이상 준비한다

창업자금은 사업을 위해 마련한 자기자금과 타인으로부터 빌려쓰는 차입금이 있다. 이 중 자기자금은 대개 그동안 저축한 예금이거나 그동안 다니던 직장으로부터 받은 퇴직금과 부분적으로 토지 등의 부동산이나 일부 동산의 매각비도 포함될 것이다.

차입금은 대개 부모나 친지 혹은 친구 등으로부터 마련한다. 이러한 방법은 창업을 준비하는 많은 사람들이 손쉽게 택하는 방법 중에 하나다. 하지만 그리 넉넉한 형편들이 아니고 또 사람이 하는 일이니 만큼 언제 어떻게 돈이 융통될지 모르기 때문에 실제 돈을 빌리려면 생각처럼 쉽지만은 않다. 약속한 사람이 다른 사정이 생기면 금액이 적어지기도 하고 전혀 못 빌려주기도 하는 일이 우리 주변에서는 흔히 일어난다.

그래서 다음으로 찾는 곳이 금융기관이다. 그러나 금융기관으로부터 융통을 받는 것도 어렵기는 마찬가지다. 소자본 창업을 꿈꾸다가도 자금마련과정에서 벽에 부딪쳐 사업을 포기하는 사람이 많은 것도 이러한 이유에서다.

그러나 이러한 난관은 얼마든지 헤쳐나갈 수 있다. 문제는 창업을 꿈꾸었을 때부터 사업자금계획을 함께 수립하여 차근차근 준비해나가는 데 있다. 자금조달에 어려움을 겪는 사람일수록 사업시작에 임박해서야 모자라는 자금을 구하느라 허둥대는 사람들이다. 몇 년 후의 사업계획을 세워놓고 자금마련을 위한 준비를 그때부터 시작해 들어간다면 아무리 개인적 여건이 좋지 않다고 해도 점포개업에 필요한 자금융통의 방도는 나오게 되어 있다. 은행대출을 위해서 최소한 상당기간 은행과의 거래를 해야 하고 자금을 주변에서 빌리기 위해서도 사전작업이 필요하다. 그런데 이러한 과정을 무시하고 자금을 융통하려 들면 벽에 부딪히는 것도 당연한 일이다.

또 필요한 자금규모를 너무나 빠듯하게 준비했다가 낭패를 당하는 경우도 있다. 실제로 사업을 시작해보면 미처 생각지도 않았던 비용지출이 발생하고 정상화되기까지의 시간이 길어지면 어느 정도의 여유자금이 필요하기 때문이다. 이러한 낭패를 당하지 않기 위해서는 약간 넉넉한 정도의 자금을 예측하고 준비할 필요가 있다. 한번 자기사업을 펼친 경험이 있는 사람의 대부분이 준비하는 자금규모는 업종에 따라 다르지만 필요자금의 2~3배 정도는 준비해야 한다고 한다.

(4) 최소한 사업장의 임대는 자기자본으로 한다

최소한 사업장을 구하는 자금은 자기자본으로 하라. 이것은 소자본창업을 하는 이들의 한결같은 이야기다. 부동산경기가 좋아서 하루가 다르게 집값이 오르고 상가의 가격은 물론 권리금이 오르는 때에는 부동산투기의 목적으로 돈을 끌어대는 사람들도 있으나, 그것은 어디까지나 소자본사업과는 무관한 영역이다.

소자본창업을 시작하는 사람이 최소한 사업장임대만은 자기자본으로 해야 하는 이유는 간단하다. 매월 지출되는 사업장임대료에 점포를 얻기 위해 빌린 돈의 이자부담까지 더 해진다면 손익을 맞추기가 결코 쉽지 않다. 여기에다 운영자금까지 남의 돈을 빌려 써야 한다면 그야말로 설상가상인 격이다. 물론 이러한 모든 부담을 안고서도 엄청난 수익을 낳는 사업이라면 얼마든지 남의 돈을 이용해야 하겠지만, 소자본사업은 황금알을 낳는 거위가 아닐 뿐더러 소자본사업을 처음 시작하는 사람에게 이러한 모험이 그리 바람직하지도 않다.

소자본사업을 시작할 때 최소한 사업장은 자기자본으로 얻어 이자부담을 줄여야 한다. 그래야 사업이 안정기를 맞이할 때까지 궁색하지 않을 수 있고, 설혹 그 기간이 다소 길어지더라도 어려움을 견뎌낼 내항력을 가질 수 있는 것이다.

제2절 소요자금 조달계획서 작성요령

1. 창업 소요자금표의 기본구성

창업자는 사업자금을 생각할 때에 '돈을 어떻게 마련할까?' 하고 고민부터 한다. 그러나 자금 조달방안을 생각하기 전에 먼저 어느 곳에 얼마만큼의 돈이 들어갈 것인지에 대한 정확한 「소요자금표」를 만들어야 한다.

소요자금표의 작성은 쉬울 듯하지만 의외로 까다롭고 작성하기도 어려우며, 일이 시작되면 그 예측이 빗나가는 경우가 많다. 미처 생각하지 못했던 곳에 돈이 들어갈 수도 있고, 예상한 비용이었으나 생각보다 많이 들어가는 경우도 있다.

그러므로 다소 시간이 들더라도 일정한 형식을 갖춘 표를 만들어, 창업에 필요한 세부적인 비용 항목들을 열거한 후에 정확하게 추정하는 것이 필요하다. 정확한 소요자금표의 작성은 창업한 후에 돈 때문에 쫓아다니는 고생과 시간을 많이 덜어줄 것이다.

창업 소요자금표는 하고자 하는 사업의 규모, 종류에 따라 그 형태나 비용 항목들이 다 다르다. 일반적으로 자금의 성격(용도)을 기준으로 하여 ① 자산을 구입하는 자금(시설자금), ② 경비로써 지출되는 자금(운전자금), ③ 예비자금으로 구분이 된다.

표 7-1 창업소요자금 총괄표

구 분	비용항목	금 액
① 시설자금	유·무형고정자산 및 기타자산 매입비	
② 운전자금	재료비, 경비 등	
③ 예비자금	(시설, 운전자금의 10% 정도 계산)	
계		

2. 소요자금 내역서 작성요령

(1) 시설자금 내역서 작성

시설자금은 회사의 유·무형 고정자산이나 기타자산을 매입하는 데에 필요한 자금으로 나중에 대차대조표를 만들게 되면 일정한 감가상각을 제외한 뒤 회사의 자산가치로 남게 되는 자금이다. 대부분 회사 외부로부터 매입하는 것이기 때문에 예상 매입처와의 계약서나 견적서를 바탕으로 하여 금액을 산출하는 것이 바람직하다.

표 7-2 소요시설자금 내역서

구 분		금 액	비 고
시설자금	대지매입		세금 포함(취득세, 등록세, 각종 부담금)
	건물건축		인·허가비용 설계비용 포함
	부대공사		전기, 통신, 상·하수도, 냉·난방 구축물 포함
	(사업장 매입)		세금 포함(취득세, 등록세)
	(임차보증금)		건물수선비용 포함
	생산설비		(생산설비내역서 기준)
	부대시설		전·후방 관련시설, 공·기구, 소모품 포함
	차량운반구		(견적서 기준)
	사무집기 비품		(세부내역서 기준)
	가맹비		(계약서 기준)
	인테리어비		(공사내역서 기준)
	기술사용료		(계약서 기준)
	회사설립비		주식발행비, 등록세 등 세금 포함
소 계			

(2) 운전자금 내역서 작성

운전자금은 창업 초기에 사업을 운영하는 데에 들어가는 비용으로 크게 인건비, 재료비, 경비로 구분이 되는데 경비는 다시 여러 가지의 세부비용으로 나누어진다.

영업활동으로 인하여 회사에 정상적으로 자금이 유입할 때까지의 기간, 즉 1회전 운전자금의 기간은 업종에 따라 다를 수 있으므로 창업자는 이를 감안하여 그때까지 필요한 운전자금을 사전에 확보해야 할 것이다.

표 7-3 소요운전자금 내역서

구 분		금 액	비 고
운전자금	인건비		기본급, 상여금, 수당 등
	재료비		초도상품비, 원·부자재비 등
	경비		
	• 임차료		임대사업장인 경우
	• 관리비		전력비, 수도광열비 등
	• 외주가공비		하청업체 수수료
	• 운반비		포장하역비 포함
	• 교통비		차량유지비 포함
	• 세금과 공과		각종 공과금
	• 보험료		회사재산에 대한 보험료
	• 복리후생비		종업원 건강보험, 식대, 국민연금 등
	• 소모품비		공·기구, 집기비품
	• 기타경비		도서인쇄비, 연구개발비, 접대비 등
소 계			

3. 자금조달 계획표의 기본구성

창업에 따른 소요자금표가 작성이 되면 이제 이를 조달할 수 있는 방안을 강구해야 한다. 창업자금의 조달은 크게 자기자금과 타인자금으로 구분할 수 있으며, 현금이 아니더라도 현물이나 시설을 빌려와서 쓸 수도 있을 것이다.

자기자금은 창업자, 그리고 동업자가 있다면 그들이 가지고 있는 현금이나 현물을 의미하며, 타인자금은 자기자금 이외에 외부로부터 조달하는 모든 차입

표 7-4 자금조달 계획 총괄표

구 분	비용항목	금 액
① 자기자금	자본금, 동업자 출자금, 기타 투자자금	
② 타인자금	금융기관 차입금, 개인사채 등	
계		

금을 말한다. 이러한 차입금은 이자나 원금상환 등의 조건이 붙어 있어 꼬박꼬박 이자도 내야 하고 정해진 날에 원금을 돌려줘야 하는 부담이 있는 돈이기에 자금조달계획을 수립할 때부터 차입규모나 방법에 있어 신중을 기해야 한다.

자금조달 계획표는 창업자의 자금조달 여건이나 능력에 따라서 그 세부 내용이 여러 가지로 나타날 수 있는데 그 기본구성은 ① 창업자 또는 동업자가 가지고 있는 자금(자기자금), ② 외부로부터 빌려오는 자금(타인자금)으로 구분하여 작성한다.

4. 창업자금 조달 내역서 작성요령

(1) 자기자금 내역서 작성

표 7-5 자기자금조달 내역서

구 분		금 액	비 고
자기자금	보유현금		
	예금		
	적금		
	퇴직금		
	유가증권 매각		주식, 채권
	부동산 매각		주택, 토지, 기타 부동산
	동업자 출자금		공동경영자가 투자한 현금, 현물
	주주 출자금		주식인수자가 납입한 현금
	기관투자 자금		창업투자회사 등 투지기관의 출자금
	후원금		친·인척 등 주변인의 후원금
	보유현물		사업장, 설비, 차량 등
소 계			

창업자는 사업을 구상하게 되면서부터 먼저 자기호주머니 사정을 살핀다. 한꺼번에 목돈을 만들려다 보니 적금도 해약을 하게 되고, 가지고 있던 부동산도 팔 궁리를 하게 된다. 자기자금내역서는 이렇게 창업자 또는 동업자가 가지고 있는 자금의 출처를 중심으로 그 내역서를 만드는 것이다.

(2) 타인자금 내역서 작성

전체 소요자금 중에서 자기자금을 제외한 나머지 모두 타인자금으로 조달을 해야 한다. 보통 타인자금은 금융기관의 대출이나 개인적으로 아는 사람을 통한 사채가 일반적인데, 차입처에 따라 돈을 빌려주는 조건이 다 다르다. 타인자금내역서는 차입금 상환계획을 수립할 때 기준이 되는 자료이므로 차입금별로 구체적인 차입조건을 명기하는 것이 좋다.

표 7-6 타인자금조달 내역서

구 분		금 액	비 고
자기자금	정책자금		창업지원자금, 운전자금, 시설자금
	은행		시중은행, 지방은행
	보험회사		
	저축은행		
	신탁회사		
	리스사		시설대여
	사채		친·인척 동료, 사(私)금융
	기타자금		조합, 계, 현물대여
소 계			

5. 담보제공 계획서 작성요령

한편, 타인자금을 조달할 경우에 돈을 빌려주는 측에서는 채권의 안전한 확보를 위해 창업자에게 빌려주는 돈에 상응하는 담보를 요구한다. 물론 창업자의 신용을 믿고 무담보로 돈을 꿔주는 고마운 경우도 있겠지만, 대부분 보증기관에서 발급하는 신용보증서나 부동산 근저당설정을 통한 담보대출을 하기 때문에 타인 자금조달계획을 수립하면서 담보제공계획도 같이 세워야 한다.

(1) 담보제공 방법

표 7-7 담보제공 계획서

구 분	부동산				예·적금 등		보증서
	대 지	건 물	주 택	기 타	예·적금 및 상호부금	상장유가증권	
자체담보							
타인담보							

(2) 담보제공 내용

① 부동산

표 7-8 부동산 담보제공 계획서

담보의 종류	소유자	소재지	면적·수량	타권리 여부	최근 감정액
대 지					
건 물					
주 택					
기 타					

② 예·적금 등

표 7-9 예·적금 담보제공 계획서

담보의 종류	소유자	발급처	금 액	선순위 질권저당 여부
예·적금 및 상호부금				
상장 유가증권				

③ 보증서 등

신용보증서(기술신용, 지역신용보증재단 포함), 은행지급 보증서, 보증보험 증권 및 부동산신탁, 수익증권 발급계획 등을 기재한다.

사례 1

소자본에 어울리는 편의점 창업

소자본 창업자가 당당히 점포를 운영할 수 있는 방법 중의 하나가 편의점을 경영하는 것이다. 좋은 길목과 산뜻한 시설, 게다가 대형 브랜드를 쉽게 채용할 수 있다는 점에서도 매력적이고 더 나아가 창업비용도 소액인 편이다. 본사에서 직영으로 운영하던 점포를 인수해 경영을 대신하고 수익을 본사와 나누어 갖는 위탁 편의점은 3,000만원대 창업자금이 소요될 뿐이기 때문이다.

편의점과 슈퍼: 편의점과 슈퍼를 비교분석하면 상품구색 면에서는 차이가 없지만 슈퍼는 가격할인이 필요하고 편의점은 정상가 판매가 가능하다는 점이다. 물론 영업시간의 차이도 있다. 슈퍼가 수천 가지의 상품을 개인 스스로 구색하는 데 힘이 든 반면 편의점은 제품 구색에도 거의 어려움이 없다는 장점도 지니고 있다. 이런 간단 비교를 통하더라도 편의점은 상당히 매력적인 아이템이라 할 수 있다. 창업에 있어 기본이 되는 좋은 목과 좋은 시설, 좋은 브랜드를 갖는다는 일은 절반의 성공을 의미하기 때문이다. 그러나 분명 그에 따른 고단함이 만만치 않음을 이해할 필요가 있다.

편의점의 어려움: 가장 큰 어려움은 연중무휴로 24시간 문을 열어야 한다는 점이다. 때문에 종업원이 반드시 요구되고 이 말은 사람 관리의 피곤함이 있다는 뜻이다. 편의점은 부부나 가족과 함께 해야 하는 사업이다. 가족간의 교대 근무로 버텨야만 상품 로스와 고객관리에 소홀하지 않을 수 있다. 둘째가 본사의 지침대로 따라야 하는 운영방식이다. 편의점은 시스템이 튼튼한 프랜차이즈 가맹사업이다. 때문에 다른 업종의 가맹점에 비해 피해를 입을 확률이 극히 적다. 그러나 본사의 수직적인 관리 감독을 받아야 하기 때문에 운영의 묘에 제한이 있을 수 있다. 나머지가 저마진과 마진의 분배다. 순수 가맹점이 아닌 위탁 가맹점은 본사가 점포를 구입하고 시설을 갖춰 실제 안정화까지 직원들이 경영한 상태이기 때문에 당연히 이익금의 분배는 따라야 하지만 시간이 지나면서 본사 직원들과 마찬가지로 월급쟁이 사장이 아닌가 싶은 마음이 드는 것도 사실이기 때문이다.

특히 편의점은 많은 아르바이트생 고용과 잘 정돈된 상품진열로 분실사고가 잦다. 심한 경우 순수익에 버금가는 상품 로스가 일어나기도 한다. 이 정도라면 파는 일보다 분실을 막는 일이 더 중요해진다. 게다가 편의점은 정상가 판매이기 때문에 대형 슈퍼나 할인점이 주변에 있다면 매출에 심한 타격을 입는다. 실제 대형 상권의 편의점은 낮 시간대의 컵라면 판매와 밤 시간대 주류 판매가 고작인 경우도 있을 정도다.

편의점의 가능성: 국내에 편의점이 도입된 것은 88 서울 올림픽 때부터로 20여 년이 되어간다. 각 브랜드마다 수백 개에서 천 개 이상의 점포를 운영하고 있다. 시장은 절대 불리하지 않다. 그러나 수익이 그다지 많지 않음을 먼저 명심해야 한다. 특히 본사가 60% 이상의 수입을 가져가기 때문에 기대치가 높아서는 곤란하다. 4,000~5,000만원대의 적은 자본으로 점포 사장님이 된다는 매력에 집중할 필요가 있다. 또 편의점은 아무리 점포가 작아도 수천 가지의 상품을 취급하기 때문에 유통의 맥도 일부 배울 수 있다. 잦은 아르바이트생 채용으로 경영 수업도 가능하다. 이런 가능성에 창업 시각을 맞춰야 한다. 슈퍼를 차려 고생할 각오라면 차라리 편의

점이 나을 수 있다.

위탁 편의점 창업: 편의점은 위탁 가맹점 형태로 창업하는 것이 유리하다. 처음부터 무리한 투자를 계획할 이유는 없다. 앞선 지적대로 편의점은 대형 슈퍼에 비해 가격 경쟁력이 크게 떨어지기 때문이다. 위탁 가맹점을 고를 때는 본사 직원들이 오랫동안 경영해 평균 매출이 안정적이고 주변에 대형 마트가 없는 직영점을 인수해야 한다. 이때 살펴보아야 할 것은 고객 방문 숫자다. 그래서 객단가가 높은 점포인지를 판단하는 일이 중요하다. 편의점의 기본적인 우수 입지로는 대학가 주변과 유흥업소가 많은 곳이 좋으므로 이도 참고할 만하다.

편의점 창업은 부부 또는 형제간의 창업이어야 한다. 혼자서 24시간 근무는 불가능하므로 교대근무를 믿고 해줄 수 있는 가족 구성원의 창업이어야 한다. 그래야 로스 상품이 적어지고 점포가 건실해진다. 가능하다면 직영점 상태에서 일한 아르바이트생의 인계도 필요하다. 인수 전 본사의 교육을 받지만 2주 정도는 익숙치않아 우왕좌왕하기 쉽다. 특히 상품 발주에 있어 어떤 제품이 잘 팔리는지를 몰라 재고율을 높이는 경우도 있는데 이때 기 아르바이트생을 정직원으로 채용해 활용하면 많은 도움을 받을 수 있다. 체력이 좋아야 함은 필수적이다. 낮의 12시간 근무에 비해 밤의 12시간 근무는 체력저하를 일으킨다. 편의점을 2년만 하면 원하는 만큼 살을 뺄 수 있을 정도다.

위탁 경영인만큼 본사에서 부담하는 점포 관리 비용이 어디인지 꼼꼼히 계약해야 한다. 통상 본사는 임대료와 전기료, 수도료를 책임진다. 점주는 인건비와 통신비 정도만을 부담하게 된다. 상품 로스의 인정 부분도 중요한 사항이다. 매출액의 몇 %를 인정 로스로 정해주는지도 살펴야 한다.

제3절 창업자금 조달방법

기업경영의 중요한 업무 중의 하나가 자금관리이다. 자금관리란 자금을 운용하고 조달하는 것을 주요 내용으로 한다. 즉 필요자본을 끌어들이고 적절하게 배분하여 투자하고 수입을 효과적으로 관리하여 더 많은 이익을 내는 등의 업무이다. 자금관리를 잘하고 못하고에 따라 경영활동의 결과는 크게 달라진다.

1. 창업자금 조달의 개요

창업에 따른 소요자금 규모가 결정되면 이제 이를 조달할 수 있는 방안을 강구해야 한다. 창업자금의 조달은 크게 자기자금과 타인자금으로 구분할 수

그림 7-2 창업자금 조달방법

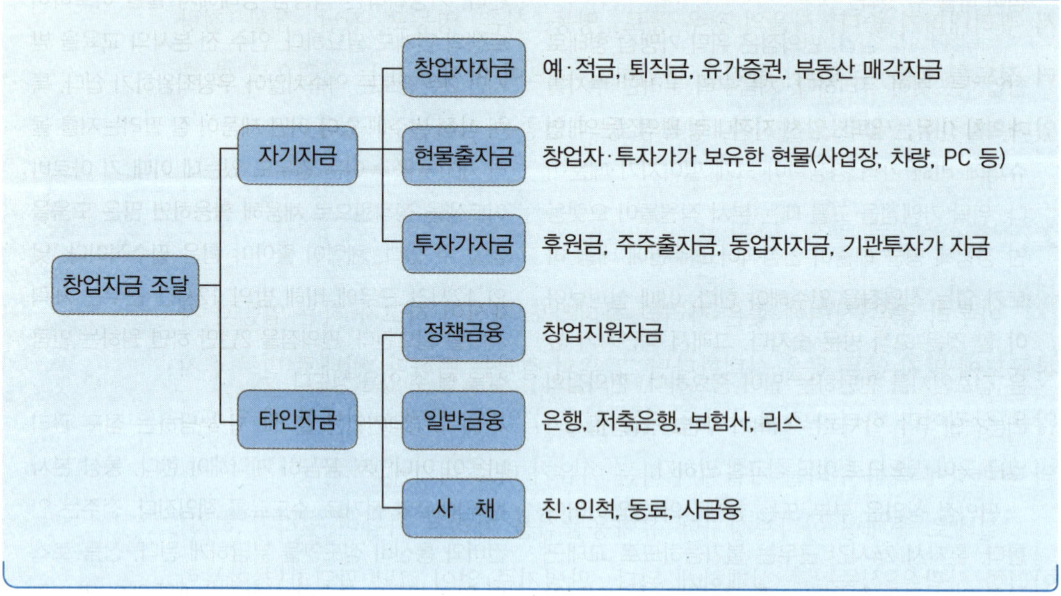

있으며, 현금이 아니더라도 현물이나 시설을 빌려와서 쓸 수도 있을 것이다.

자기자금은 창업자, 그리고 동업자가 있다면 그들이 가지고 있는 현금이나 현물을 의미하며, 타인자금은 자기자금 이외에 외부로부터 조달하는 모든 차입금을 말한다. 이러한 차입금은 이자나 원금상환 등의 조건이 붙어 있어 꼬박 꼬박 이자도 내야 하고 정해진 날에 원금을 돌려줘야 하는 부담이 있는 돈이기에 자금조달계획을 수립할 때부터 차입규모나 방법에 있어 신중을 기해야 한다.

2. 창업자금 조달방법과 조달원 선정

(1) 자금조달 방법

창업자가 자금을 조달하려면 크게 두 가지 방법을 통하여 조달할 수 있다. 하나는 스스로 보유한 자금으로 충당하는 것이고, 또 하나는 대외적인 신용을 밑천으로 외부로부터 조달하는 방법이다. 따라서 창업자는 사업을 개시하는 데 필요한 자금이 얼마 정도인가를 산정하고, 그 다음에 자기가 준비할 수 있는 자금은 어느 정도인가를 검토하고, 친형제·친척·친구 등으로부터 얼마나 조달할 수 있는가를 검토한다. 그리고 마지막으로 금융기관에서 얼마를 빌려야 하는지, 빌리기 위해 어떻게 해야만 하는지를 검토한다. 자금계획은 사업을 결심했을 때의 예상금액과 실제로 사업준비를 해나가며 소비되는 구체적인 금액을 비교하여 재차 산정해 간다.

또한 자금흐름에 대한 예측도 필요하다. 이를 위해 우선 조사를 통해 예상고객 수와 한 사람당 매출액을 산정하고 매출전망을 계산한다. 그 다음 매출전망에 따른 매출원가와 경비를 예측하고 매월 순자금 유입의 크기를 계산한다. 그리고 그 이익금으로 차입금의 원리금을 상환해 가는 것이 가능하다면 일단 전망은 밝은 것이다. 3년부터 5년 사이에 자기자금의 회수가 가능할 정도가 되면 가장 이상적이라 할 수 있다.

나아가, 돈을 관리하는 계획을 세우는 것도 중요한 과정이다. 나가는 돈은 확실한데 들어오는 돈은 불확실하다는 것이 사업의 현실이다. 외상매출금의 회수가 가능한지 어떤지 알 수 없고 매출이 증가해도 돈의 회전이 원활하지 않게 되면 어찌할 도리가 없게 된다. 외상매출금, 외상매입금, 미지급금, 현금을 관리하는 데 어떤 계획을 세우면 좋을지 또 자금회전은 어떤 방법으로 하는 것이 좋을지에 대한 충분한 검토와 학습이 필요하다.

① 금융기관을 적절하게 이용

지금과 같이 금융자율화가 시행중인 상태에서는 각 금융기관들의 상품이 다양해져 자신에게 유리하게 거래하는 은행과 상품을 선택하여 집중적인 거래를 해야 나중에 자금이 필요할 때 우대금리를 적용한 대출을 받을 수 있다. 각 금융기관마다 자신들의 상품을 선전하고 있으나 현재 나와 있는 상품들은 대동소이하다. 입출금이나 단순한 적금가입뿐 아니라 은행의 입장에서 필요한 세금이나 관리비 등의 자동납부나 종업원 급여의 자동이체 등을 통하여 신용도를 쌓아두는 것이 유리하다.

② 대출 받을 금융기관 확인

사업하는 사람들에게 은행은 가깝고도 먼 곳이다. 은행을 잘 활용하면 대출에서부터 자금관리까지 여러 가지 혜택을 받을 수 있지만 모르면 어려울 때 아무런 도움도 받지 못한다. 창업자들에게 필요한 금융기관을 살펴보면 다음과 같은 것이 있다.

- 은행
- 창업투자회사
- 신기술사업 금융회사
- 저축은행
- 보험회사
- 신용보증기금
- 기타 금융기관(새마을 금고 등)
- 리스회사
- 종합금융회사
- 기타 특수기관(생산기술연구원의 창업자금 등)

(2) 자금조달원의 선정

창업을 위한 자금조달은 회사 내·외부의 여러 가지 자금조달원으로부터 이루어질 수 있다. 기업이 자금을 조달할 경우에는 필요한 자금의 용도와 규모, 그리고 자금이 필요한 시기와 회사의 자금동원능력 및 담보제공능력 등 종합적인 여건을 감안하여 최적의 자금조달원을 선정하여야 할 것이다. 간혹 보면 자신의 실정에 맞지 않는 자금조달원을 선정하여 이를 진행하다가 결국은 필요한 자금을 조달하지도 못하고 시간낭비와 쓸데없는 비용을 지출하는 경우를 본다.

자금 조달시에 사업자가 고려해야 할 사항은 크게 ① 자금조달비용, ② 자금조달의 안정성, ③ 자금조달의 난이도, ④ 정책자금의 조달 등이다.

① 자금조달비용

자금조달비용을 구성하는 가장 큰 요소는 자금조달에 따르는 차입금리 또는 주식의 배당률이나 회사채 등의 발행금리이다. 이외에 자금조달시 수반되는 인지대, 감정수수료, 등기비용, 지급보증료 등의 부대비용과 함께 차입에 따라 대응되는 구속성 예금의 가입이 요구되는 경우에는 차입금리와 예금금리의 격차 역시 금융비용으로 고려되어야 한다.

② 자금조달의 안정성

자금의 안정성이란 자금의 상환기간의 장·단과 관계가 있다. 예를 들면, 공장을 짓거나 생산시설투자를 하는 데 필요한 자금을 단기 차입금으로 조달하였다면 고정자산에 투하된 자본의 회수 전에 차입금의 상환기일이 도래하게 되고, 기업은 자금의 상환이 어려워지게 되므로 자금조달의 안정성은 떨어지게 된다.

따라서 재료비, 인건비, 경비 등의 유동자금은 단기차입금에 의해 조달을 하고 시설투자 등의 고정자산은 장기차입금에 의해 조달하는 것이 좋다.

③ 자금조달의 난이도

자금조달에는 융자절차 등에 있어 여러 가지 단계를 거쳐야 하고 여하한 경우에는 자금조달의 제약이 있을 수 있으므로 각 자금별로 조달상의 난이도를 감안하여야 한다. 사채발행의 경우에도 발행회사의 재무면에 있어서의 발행한도에 제한을 두고 있으며, 일반 금융기관에서의 차입금 대출시에도 기업의 신용도, 담보제공능력을 본다. 특히 정책자금의 경우에는 신청회사의 업력, 업종, 생산품목, 기타 사업여건 등에 있어서 일정조건을 갖추어야 하기 때문에 자금조달이 더욱 까다로운 편이다.

④ 정책자금의 조달

자금조달 시에 검토해야 할 사항 중에서 그래도 우선순위를 택한다면 자금조달에 따른 비용을 먼저 생각하게 된다. 대출절차가 다소 복잡하고 자격요건이 까다롭다고 하더라도 상환기간이 긴 저리의 자금을 받을 수 있다면 기업경영에 많은 도움을 줄 수 있기 때문이다. 이러한 면에서 정책자금은 기업체 입장에서 최적의 자금이다.

3. 타인자금 조달시 검토사항

(1) 필요한 차입금의 규모는 정확히 계산하였는가?

① 자금의 용도에 따라 기업에서 필요한 자금의 규모를 객관적으로 산출하여 제시한다.

② 구속성 예금을 계산에 넣는다.

③ 금융정세에 따라 증액신청을 할 수도 있다.

(2) 담보나 보증이 가능한가?

타인자금을 조달할 경우에 돈을 빌려주는 측에서는 채권의 안전한 확보를 위해 빌려주는 돈에 상응하는 담보를 요구한다. 물론 차입자의 신용을 믿고 무담보로 돈을 꿔주는 경우도 있겠지만, 대부분 보증기관에서 발급하는 신용보증서나 부동산 근저당설정을 통한 담보대출을 하기 때문에 담보가 필요한 외부자금의 차입시에는 반드시 담보제공능력을 검토하여야 한다.

(3) 상환목표가 수립되어 있는가?

① 상환할 자금을 어떻게 조달할 것인가

② 구속성예금은 상환자금이 된다.

③ 구체적인 차입금 상환계획을 제시한다.

(4) 금융기관의 선택은 적절한가?

일반적으로 금융기관은 예금통화 창출 기능이 있으면 통화금융기관, 없으면 비통화금융기관으로 분류가 된다. 통화금융기관으로는 한국은행을 비롯하여 시중은행, 지방은행 등이 해당되고, 비통화금융기관으로는 증권회사, 보험회사, 신탁회사, 신용금고 등이 여기에 해당된다. 흔히 제1금융권, 제2금융권으로 부르기도 한다. 그러나 자금을 조달하고자 하는 차입자 입장에서는 금융기관을 분류하는 성격이 중요한 것이 아니라, 어느 은행이 더 거래하기가 좋고 안정적이며 필요한 자금을 쉽게 대출받을 수 있는가가 관심사이다.

(5) 차입이유를 은행에 납득시킬 수 있는가?

차입을 신청할 때에는 은행에 대해 차입을 필요로 하는 이유를 확실하게 나타낼 수 있어야 한다. 예를 들어, 생산설비를 증강하기 위해 공장을 신설하는 것이라면 소요자금 중 어느 정도를 자기자금으로 조달하고, 어느 정도를 차입에 의존하는지를 세부적으로 설명할 수 있어야 한다. 더불어 계획의 세부적인 내용(용지면적, 건물면적, 주요 기계장치명세서 등)을 설명할 수 있는 구체적인 자료가 필요하다.

(6) 차입시기와 차입기간은 적당한가?

① 사전 자금계획에 의한 차입시기 선택
② 차입금의 상환기간을 신중하게 협의하여 결정

(7) 은행대출 상담시 필요한 기본서류

① 법인등기사항전부증명서(법인인 경우)
② 사업자등록증 사본
③ 공장등록증 사본(소기업은 임대차계약서 사본)
④ 최근 연도 결산 재무제표
⑤ 부가가치세 과세표준증명원
⑥ 사업현황서 또는 사업계획서
⑦ 해당 관청의 인가서 또는 허가서

(8) 은행대출의 일반적인 절차도

그림 7-3 은행대출 절차도

대출상담	• 대출상담에 필요한 서류를 갖추어 대출담당자와 융자상담을 한다.
대출신청	• 대출조건과 자격이 인정되면 차용신청서에 구비서류를 첨부하여 대출신청을 한다.
신용조사	• 은행에서는 대출신청자의 개인 또는 기업신용을 조사한다.
담보평가	• 부동산담보부 대출인 경우에 담보로 제공되는 부동산(대지, 건물, 공장 등)의 평가를 한다.
대출결정	• 자금의 용도(사업계획), 신용 및 담보평가서를 바탕으로 한 여신심사과정을 거쳐 대출 여부를 결정한다.
약정계약	• 대출결정이 되면 은행과 여신약정 및 계약을 체결한다.
대출실행	• 은행은 제공되는 부동산에 담보권을 설정하고 대출을 실행한다.

제4절 자금지원제도

1. 중소·벤처 창업자금

중소·벤처기업의 창업을 촉진하고 벤처기업가 정신의 우수한 창업자를 발굴하고 지원하기 위하여 아이디어, 신상품, 신기술 등을 사업화하는 창업중인 예비창업자나 창업기업이 필요로 하는 창업자금(startup financing)을 지원한다.

I 기술신용보증기금을 통한 창업자금 지원

(1) 지원대상

중소기업창업지원법 제2조 제1호의 규정에 의한 창업을 준비중이거나 중소기업창업지원법 시행규칙 제3조에 의한 사업개시일로부터 3년 이내에 있는 기업(신청접수일 기준)으로서 중소기업창업지원법 및 '벤처기업에 관한 특별조치법'상의 업종

【예시】

- 대학·우수 연구기관 등의 추천을 받은 창업자
- 발명가, 특허권, 실용신안권 등 보유자
- 해외유학생, 해외기업 및 연구기관에 근무하는 한국인
- 창업보육센터에 입주하거나 졸업자 중 창업하려는 경우
- 기타 기술성이 있고 창업한 지 3년 이내인 기업 등

(2) 지원조건

① 지원한도: 동일기업당 5억원 한도(단, 운전자금은 3억원 한도)

② 상환조건: 5년 이내(2년거치 3년분할 상환)

③ 대출금리: 연리 5.90%(시중실세금리 추세에 따라 변동될 수 있음)

(3) 지원신청 접수

① 신청 및 접수처: 기술신용보증기금(이하 "기술신보"라 함) 기술평가센터 및 전국소재 각 영업점

② 신청서류(소정양식)

㉮ 신청서(소정양식) 3부

㉯ 첨부서류 각 3부: 사업계획서 등

(4) 심사·평가 보증서 발급(기술신보의 기술평가센터)

① 심사·평가기준: 신청자의 기술성·사업성, 타당성 및 신용보증 가능 금액 등을 중심으로 기술신보에서 별도의 자체 업무지침으로 운영

② 평가 후 보증가능 금액을 사전에 심사하고, 중소기업진흥공단(이하 "중진공"이라 함)에 통보

※ 평가수수료: 보증서발급 대상자에 한하여 건당 평가수수료 30만원을 평가기관에 납부 최종지원 결정(중진공)

중진공이사장은 기술신보의 평가내용 및 보증가능금액을 근거로 지원금액, 분할지급시기, 방법 등을 정함

(5) 지원추천 및 자금지원

① 중진공이사장은 최종 지원결정사항을 창업자 및 기술신보에 즉시 통보하고, 금융기관에 융자 추천

② 기술신보는 신용보증서 발급신청일 이후 특별한 결격사유가 없는 경우 15일 이내 신용보증서 발급(다만, 예비창업자는 사업개시일 이후 대출신청 가능)

③ 자금대여는 중진공과의 약정계약을 체결한 대출 취급기관을 통하여 지원

(6) 사후관리

① 지방중기청장 및 중진공이사장은 창업지원자금을 받은 자에 대하여 자금의 사용 여부 및 경영상황의 확인 등을 위하여 필요한 경우 관련 서류를 제출하게 하거나 소속직원으로 하여금 현장 점검하게 할 수 있다.

② 중진공이사장은 창업자금을 지원받은 자가 허위 또는 부정한 방법으로 지원을 요청한 사실이 발견되거나 지원된 창업자금을 다른 목적으로 사용한 것이 확인되는 경우 즉시 지원중단 및 지원자금 회수 등 필요한 조치를 취할 수 있다.

(7) 융자절차

그림 7-4 기술신용보증기금을 통한 자금지원 절차도

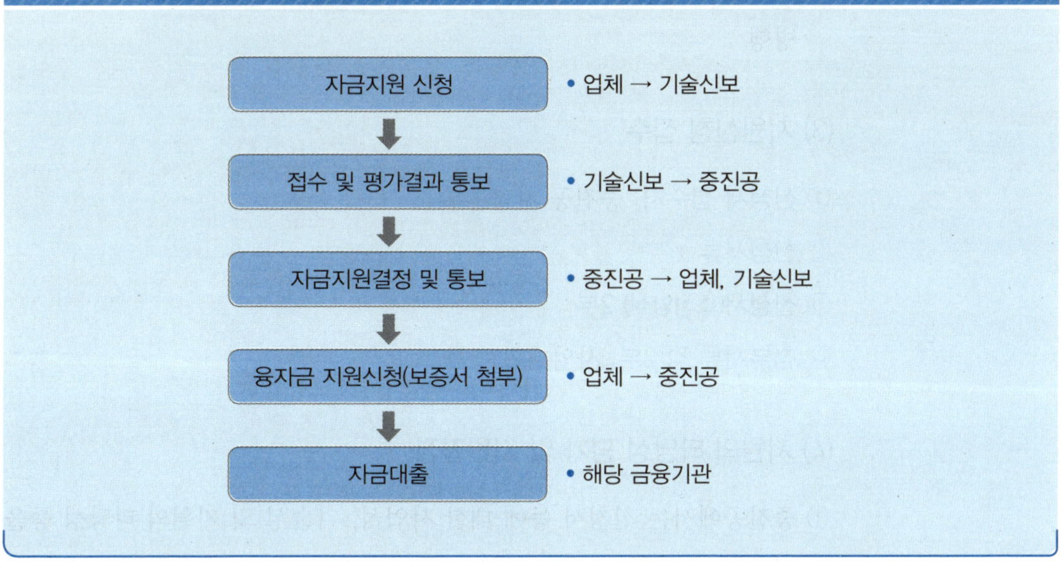

II 중소기업진흥공단을 통한 창업자금 지원

1. 중소기업진흥공단을 통한 창업자금 지원

(1) 지원대상

중소기업창업지원법 제2조 제1호의 규정에 의한 창업을 준비중이거나 중소기업창업지원법 시행규칙 제3조에 의한 사업개시일로부터 3년 이내에 있는 기업(신청접수일 기준)으로서 중소기업창업지원법 및 '벤처기업육성에 관한 특별조치법'상의 업종

(2) 지원조건

① **지원한도**: 동일 기업당 5억원 이내(단, 운전자금은 3억원 이내)

② 지원기간: 5년 이내(2년거치 3년 분할상환)

③ 대출금리: 연 5.90%(시중실세금리 추세에 따라 변동될 수 있음)

④ 대출방법: 담보대출, 신용 또는 보증부 대출(보증기관과의 부분 보증제도) 병행

(3) 지원신청 접수

① 신청서 접수처: 중진공 지역본부

② 신청서류

㉮ 신청서(소정양식) 2부

㉯ 첨부서류 각 2부: 사업계획서 등

(4) 지원의 타당성 평가 및 지원결정

① 중진공에서는 신청서 등에 대한 사업성, 기술성 및 지원의 타당성 등을 평가(세부사항은 중진공이사장이 별도 제정). "벤처기업육성에 관한 특별조치법"상 중소기업청장으로부터 확인받은 벤처기업은 중진공이사장이 지원의 타당성평가를 별도로 제정하여 신속히 자금지원 결정함

② 신청자(업체)에 대한 평가 및 지원금액을 검토하기 위하여 중진공 각 지역본부에 「자금지원심의위원회」 설치·운영, 「자금지원심의위원회」 구성·운영과 심사 등에 관한 세부사항은 중진공에서 별도 제정함

(5) 지원추천 및 자금지원

① 중진공이사장은 「자금지원심의위원회」 심의결정 사항을 창업자 및 해당 기업, 신용보증기관 및 대출 취급기관에 즉시 통보

② 자금대여는 중진공이 직접 대출하거나 선정된 대출 취급기관을 통하여 지원

(6) 사후관리

① 지방중기청장 및 중진공이사장은 창업지원자금을 받은 자에 대하여 자

금의 사용 여부 및 경영상황의 확인 등을 위하여 필요한 경우 관련 서류를 제출하게 하거나 소속직원으로 하여금 현장을 점검하게 할 수 있음

② 중진공이사장은 창업지원자금을 지원받은 자가 허위 또는 부정한 방법으로 지원을 요청한 사실이 발견되거나 지원된 창업자금을 다른 목적으로 사용한 것이 확인되는 경우 즉시 지원중단 및 지원자금회수 등 필요한 조치를 취할 수 있음

(7) 융자절차

그림 7-5 중소기업진흥공단을 통한 지원(담보부, 신용, 보증부)

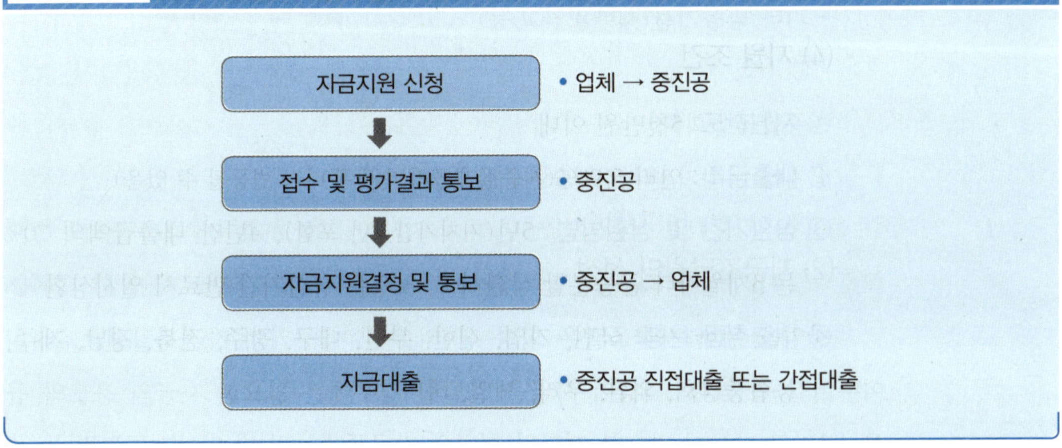

2. 소상공인 창업 및 경영개선지원 자금

(1) 지원목적

소상공인에 대한 창업 및 경영상담 기능과 자금지원을 연계함으로써 소상공인 지원효과를 극대화하여 신규 고용창출 및 산업간에 균형적인 발전을 도모시키는 데 목적이 있다.

(2) 지원대상 및 요건

① 다음의 각호의 1에 해당하는 소상공업을 창업하고자 하는 자

㉮ 제조업, 광업, 건설업, 운송업: 상시종업원 10인 이하

㉯ 전기·가스 및 수도사업, 도·소매업 및 소비자용품 수리업, 숙박 및 음식점업, 운수·창고 및 통신업, 부동산 임대 및 사업서비스업, 교육서비스업, 개인서비스업: 상시종업원 5인 이하

② 소상공업을 영위하는 자로 경영개선을 하고자 하는 자

(3) 지원 제외 대상자

① 사치성향적 소비나 투기를 조장하는 업종

② 금융기관의 불량거래자 또는 불량거래처로 규제중인 자

(4) 지원 조건

① **지원한도:** 5천만원 이내

② **대출금리:** 연리 5.90%(시중실제금리 추세에 따라 변동될 수 있음)

③ **상환기간 및 상환방법:** 5년(거치기간 1년 포함), 4년간 대출금액의 70%는 3개월마다 균등분할 상환하고, 30%는 상환기간 만료시 일시상환

④ **대출취급 은행:** 국민, 기업, 신한, 부산, 대구, 광주, 전북, 경남, 제주, 농협중앙회, 외환, 우리, 제일, 하나

(5) 지원절차

① 대출추천 신청 등

㉮ 신청·접수기관: 전국 50개 소상공인지원센터

㉯ 신청기간: 자금 소진시까지

㉰ 구비서류

- 자금추천신청서, 사업계획서(양식: 소상공인지원센터에 비치)
- 사업자등록증 사본

② **평가 및 추천:** 필요시 현장 방문하여 확인

- 소상공인지원센터의 창업 및 경영상담을 거쳐 자금추천신청서, 사업계획서 등을 평가하여 종합평점 55점 이상인 경우에 추천

그림 7-6 소상공인자금 지원절차도

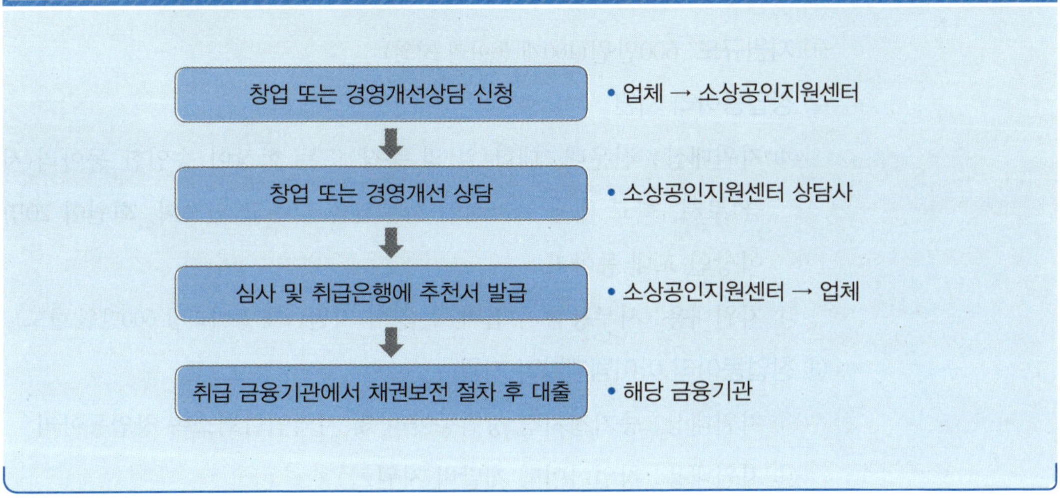

- 신청인의 경영능력
- 사업계획의 실현가능성 등
- 자금조달능력, 신청금액의 적정성 등

③ 추천 심사시 우대조건: 여성창업자 및 소상공인에게 가점 5점 부여

④ 자금추천 처리기간: 자금지원 신청서 접수일로부터 7일 이내

⑤ 대출: 신용대출 또는 채권보전 절차를 거쳐 대출

⑥ 은행 채권보전 방법: 부동산 담보, 신용보증서, 순수신용

(6) 자금지원 후 사후관리

대출을 받은 소상공인이 지원자금의 유용 또는 불법사용 등의 사실이 있거나 부적격 지원대상임이 확인되었을 경우 대출자금 조기회수 등의 조치를 취한다.

3. 대학생 창업동아리 지원

대학내 창업동아리 결성 및 활동을 지원하여 대학 재학중 창업에 관한 연구 및 조사를 통해 조직적인 창업준비가 이루어질 수 있도록 한다.

(1) 사업내용

① 지원규모: 600만원(100개 동아리 지원)

② 창업동아리 지원

㉮ 지원대상: 전문대, 대학(원)의 총장 또는 학장이 승인한 동아리(서클)로서, 학교 내에 독자적인 사무실을 갖추고 있으며, 회원이 20명 이상인 교내 동아리

㉯ 지원내용: 사무용품 구입비, 운영비 지원(1개 동아리당 600만원 한도)

③ 창업동아리 아이템개발비 지원

㉮ 지원대상: 중기청지정 창업동아리 및 지역연합회소속 창업동아리

㉯ 지원내용: 창업아이템 개발비 지원

(2) 지원절차

그림 7-7 대학생 창업동아리 지원절차

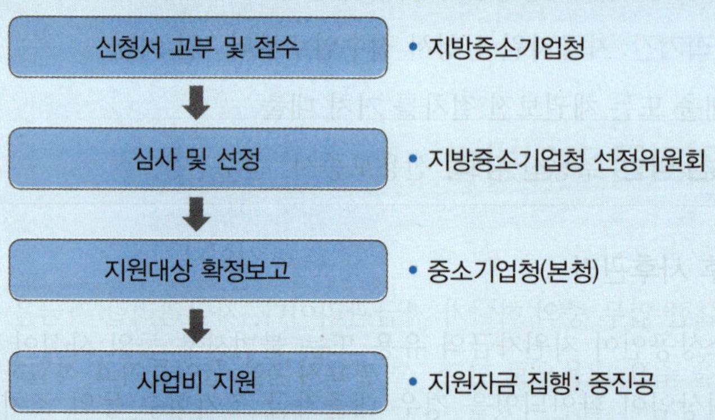

제5절 기타 자금지원제도

1. 나에게 꼭 맞는 정책자금 어디에 있을까?

베스트셀러 해리포터의 작가 조앤 롤링은 2008년도 Harvard대학교 졸업식 축사에서 "어두운 터널의 끝이 어디인지 알 수 없을 때 실패한 나 자신을 그대로 받아들이게 되었다. 극도로 몸을 사리고 조심하면 실패를 면할지 몰라도 그렇게 사는 것은 삶이 아니다. 실패가 두려워 아무 시도도 하지 않는다면, 실패한 것이 없어도 삶 자체가 실패이다"라고 말했다. 여기 실패를 두려워하지 않는 도전정신을 바탕으로 창업에 나설 때 가장 중요한 토대가 되는 창업자금은 어떻게 구할 수 있는지 찾아보면 다음과 같다.

(1) 청년전용창업자금

우수 아이디어를 보유한 청년층의 창업촉진을 목적으로 창업자금과 교육, 컨설팅을 패키지로 지원한다. 자금 신청·접수와 함께 교육·컨설팅 실시 및 사업계획서 등에 대한 평가를 통해 융자 대상을 결정한 후 직접 대출하는데 중소기업진흥공단에서 직접 운영하는 융자상환금 조정형과 취급은행에서 운영하는 민간금융 매칭형이 있다. 다만 창업 및 기업경영에 소요되는 운전자금에 한해서 1개 기관을 통해 지원받을 수 있다. 연 2.9% 고정금리에 상환기간은 5년(2년 거치 포함)이다.

- 신청대상: 신청일 현재 만 39세 이하인 자로서 지식서비스업, 문화콘텐츠업, 제조업을 영위하려는 예비창업자 및 창업 3년 미만인 기업
- 융자규모: 2천억원, 융자상환금 조정형(중소기업진흥공단을 통해 신용융자) 1천억원, 민간금융 매칭형(시중 은행을 통해 보증서부 융자) 1천억원
- 신청기간: 융자상환금 조정형: 매월 1~5일
- 민간금융 매칭형: 연중 수시(2월~)

• 신청방법: 융자상환금 조정형은 중소기업진흥공단(www.sbc.or.kr) 온라인 신청, 민간금융 매칭형은 시중은행 전국 지점
• 문의: 중소기업진흥공단 청년창업센터 02-6678-4141~9

(2) 이공계 창업꿈나무 과제

이공계 대학생 등 공학기반 예비 창업자를 대상으로 우수 아이디어를 보유한 잠재적 기술창업자에게 기술개발자금 및 기술창업 멘토링을 지원한다. 중소기업청이 기술창업형 기업군 육성을 위해 올해 신규 도입한 '이공계 창업꿈나무 과제'(48억원, 100개 내외 지원)는 아이디어가 창업으로 연계될 수 있도록 창업 맞춤형 토탈 서비스가 제공되며, 기술개발자금 및 멘토링 비용 등 최대 5천만원까지 지원한다. 지원내용을 보면 창의적 아이디어를 구현하기 위한 기술개발 자금, 기술·경영·특허·법률·회계 등 기술 및 창업 멘토링 비용(과제당 500만원 이내), 비즈니스모델 개발을 위한 창업교육, 사업화 및 투자유치를 위한 벤처케피탈 매칭 등이 담겨 있다. 대상자는 분야별 산·학·연·전문가로 구성된 평가위원회의 서면·대면평가를 통해 아이디어의 창의성·도전성, 기술개발 역량 및 사업화 가능성 등을 종합적으로 평가해 선정한다.

• 신청대상: 이공계 전공자 및 타 분야 재학·졸업생 등 2인 이상 창업팀. 단, 창업팀의 50% 이상이 해당 대학의 대학(원)생이어야 하며, 대학(원)생의 50% 이상을 이공계 대학(원)생으로 구성
• 신청기간: 3월 17일(월)~4월 18일(금)
• 신청방법: 온라인 시스템(www.smtech.go.kr)을 통해 사업계획서 신청
• 문의: 중소기업청 기술개발과 042-481-4445, 중소기업기술 정보진흥원 042-388-0212, 정보통신진흥원 042-710-1375

(3) 창업기업 자금융자

우수 기술력과 사업성을 보유한 7년 미만의 창업기업을 대상으로 시설자금 및 운전자금을 지원한다. 중소기업창업지원법 시행령 제3조의 규정에 의해 사

업개시일로부터 7년 미만(신청·접수일 기준)인 중소기업 및 창업을 준비 중인 예비창업자(최종 융자시점에는 사업자등록 필요)는 지원이 가능하다. 융자범위는 시설자금과 운전자금의 형태로 분류되는데 시설자금은 생산설비 및 시험검사장비 도입 등에 소요되거나 정보화 촉진 및 서비스 제공, 공정설치 및 안정성 평가, 유통 및 물류 시설, 사업장 건축자금, 토지구입비, 임차보증금 등 사업장 확보 등에 소요되는 자금을 말한다. 운전자금은 창업소요 비용, 제품생산 비용 및 기업경영 등에 소요되는 자금을 말하며, 대출한도는 연간 5억원이다. 중소기업진흥공단이 자금 신청·접수와 함께 기업평가를 통해 융자대상을 결정한 후, 중소기업진흥공단(직접대출) 또는 금융회사(대리대출)에서 대출받을 수 있다.

- 신청대상: 예비창업자 또는 창업 후 7년 미만인 기업
- 융자규모: 1조 1,100억원
- 융자조건

구 분	대출금리	대출한도	대출기간
시설자금	변동금리 (2014. 1/4분기, 3.14%)	업체당 연간 45억원 (운전자금은 5억원)	8년 이내 (거치기간 3년 포함)
운전자금			5년 이내 (거치기간 2년 포함)

- 신청기간: 매월 1~10일
- 신청방법: 중소기업진흥공단(www.sbc.or.kr) 온라인 신청
- 제출서류: 융자신청서, 사업계획서 등
- 문의: 중소기업진흥공단 지역본부 02-6678-4127

(4) 엔젤투자 매칭펀드

창업 초기기업의 창업활성화 기반을 구축하기 위해 엔젤투자자 및 정부가 매칭투자를 활용, 창업 초기기업을 지원한다. 엔젤투자자 양성을 통해 건전한 벤처생태계 선순환 환경을 조성하고 창업 초기기업의 사업화 성공률 제고를 위

해 종잣돈(seed-money) 기능을 수행하는 것이다. 창업 후 7년 이내 기업에 엔젤 투자자가 투자할 경우 정부가 1:1 매칭을 통해 필요한 자금을 투자형태로 제공한다.

• 자격기준

	투자대상기업 자격기준	매칭한도
기본 요건 (A&B)	A. 중소기업창업지원법 시행령 제4조에서 정의하는 '창업에서 제외되는 업종'을 영위하지 아니하는 업종의 예비창업자나 창업 초기기업 B. 기업가치(post-money기준)가 50억원 이하인 기업 * post-money valuation : 주당 발행가×(금번 투자완료 후의) 총발행주식수	1회 2억원 이하. 1회에 한해 추가 투자 허용(총투자 3억원 이하)
창업 초기 기업 요건	A. 설립 3년 이내인 중소기업 또는 B. 중소기업창업지원법 제2조 제2호에 의한 창업자로서, 직전연도 매출액이 10억원 이하면서 연구개발비가 매출액의 5% 이상인 기업(단, 직접연도 매출액 5억원 미만인 경우 연구 개발비가 2,500만원 이상인 기업)	

• 운영기관: 한국벤처투자(주)
• 신청기관: 연중수시
• 신청방법: 엔젤투자지원센터 또는 지역엔젤관리기관에서 온라인신청
• 제출서류: 엔젤투자 매칭신청서
• 문의: 한국벤처투자 엔젤투자팀 02-2156-2012, 한국엔젤 투자협회 경영기획 팀 02-2156-2145

2. 무보증·무이자, 정부 R&D자금을 주목!

2014년도 중소기업청 기업지원사업은 금융부문에서 3조 8,432억원, 신용보증을 통해 76조원, R&D 지원사업으로 8,537억원을 확보해 창업과 기술개발 중소기업에 중점 지원한다. 이러한 지원자금을 활용하려면 자금의 규모가 1~5억원인 무보증·무이자·출연금 형태의 R&D자금을 우선적으로 신청하고, 시설자금과 운영자금은 정부융자금을 활용하는 것이 필요하다.

● 활용 전략 Tip

① 적합한 사업 아이템 확보
② 자금의 필요성과 사업타당성 검증
③ 사업모델, 사업의 효과성 제시(고용창출 등 제시)

(1) R&D 지원 출연금 활용전략

정부는 R&D자금을 기업의 혁신역량 및 성장단계에 따라 선택과 집중, 기술개발 저변확대, 기술개발 인프라 사업으로 지원하고 있다. 선택과 집중은 기술혁신개발, 상용화 기술개발, 시장창출형 창조기술개발이 있고, 저변확대 사업은 창업성장기술개발, 산학연 협력 기술개발 사업이 있다. 또한 인프라구축 사업으로 R&D 기획역량 제고, 연구장비 공동활용, 기술개발인력 활용사업도 있다. 정부지원종합정보는 비즈인포기업마당(www.bizinfo.go.kr)과 중소기업청 비즈니스지원단(☎1357)에서 전문가가 상담해 준다. 사업별 추진일정에 따라 중소기업기술개발종합관리시스템(www.smtech.go.kr), 한국산업기술평가관리원(www.kaiari.or.kr)에서 온라인 접수받는다.

● 활용 전략 Tip

① 대면평가: 기술성 30%, 사업성 30%, 사업계획 30%, 경영자 능력 10%
② 과제기술평가: R&D 경영기반 20%, R%D 역량-조직, 인력, 장비, 지적재산권, 실적 등 50%, 사업계획-개발 타당성, 사업비용 등 30%

(2) 정부 융자금 활용(중소기업진흥공단 www.sbc.or.kr)

자금신청 시기는 창업기업지원자금, 개발기술사업화자금, 신성장기반자금*은 매월 1~10일이고(청년전용 창업자금*은 매월 1~5일), 재창업자금,* 협동화 및 협업사업,* 사업전환자금,* 투융자복합자금,* 수출금융자금, 소공인특화자금은 매월 11~20일이다. 수도권지역은 신청 기업이 많아서 사전에 상담과 건강진단신청서, 자금활용계획서 등을 작성하고, 기업등록도 해서 매월 접수 첫날 신청해야 한다('*'표시한 자금은 사전상담 필요.)

그림 7-8 융자 절차도

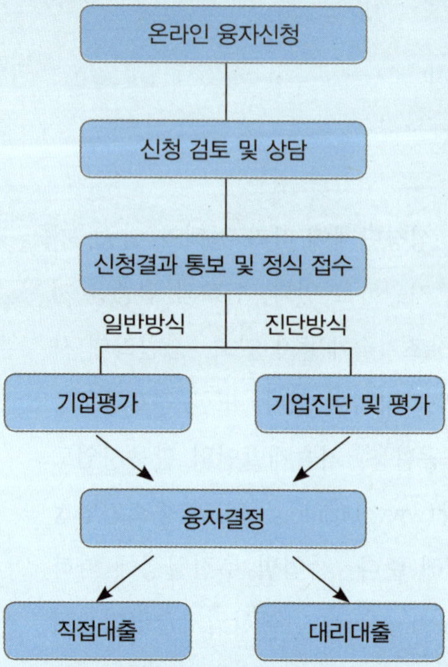

- 중소기업 → 중진공 홈페이지
  - 건강진단신청서, 정부자금계획서 동시 온라인 신청
- 중진공
  - 지원대상 여부 검토 및 상담
- 중진공 → 중소기업
  - SNS로 신청결과 통보
  - * 지원대상 적합 시 정식 접수
- 중진공 → 중소기업
- 중진공 → 중소기업
  - 지원 및 지원검정금액 통보
- 중진공 → 중소기업(직접대출)
- 금융회사 → 중소기업(대리대출)

● 활용 전략 Tip

① 기업평가: 기술성, 사업성, 미래가능성, 경영능력, 사업계획 타당성으로 기업평 가등급 산정, 청년전용창업 및 소공인특화자금 별도 운영

② 업력 3년 미만 기업은 기술 사업성 평가 등급으로 기업평가 등급 산정

3. 시행중인 창업프로그램

'기가 막힌 아이디어가 떠올랐는데 이게 과연 팔릴까? 창업, 결심은 했는데 어디서부터 시작해야 할까?' 걱정도 의문도 많은 예비창업자들을 위해 창업 사업화를 지원하는 정부지원책을 종합해 보면 다음과 같다. 우선 지원대상에 해당되는지 꼼꼼히 파악하고, 대체로 연 1회씩 모집하고 있으므로 기회를 놓치지 않도록 하여야 한다. 접수 중인 사업은 창업넷(changupnet.go.kr)에서 확인할 수 있다.

(1) 청년창업사관학교

이름에서 알 수 있듯 창업계획 수립부터 사업화까지 창업 전 과정을 집중적으로 지원하는 프로그램이다. 고용 및 부가가치 창출이 높은 기술집약업종(제조업 및 지식 서비스업)이 해당되며, 예비창업자와 창업 후 3년 미만 기업을 대상으로 한다. 지원이 안 되는 기업을 따로 명시하고 있으므로 선발 관련 안내문을 숙지하여야 한다. 지원은 A트랙(최초지원, 중기청 창업사업화 사업에 참여 경험이 없는 자)과 B트랙(후속지원, 중기청 창업사업화 사업에서 성공판정을 받고 기업을 유지중인 자)으로 나뉘어 진행된다. 선발되면 과제당 최대 1억원(총사업비의 70%)의 사업비를 지원받게 되며 이외에도 창업공간, 1대1 코칭, 체계적 창업교육, 제품설계 및 시제품제작에서의 기술자원, 정책자금·투자·보증·판로·입지 등의 연계지원이 제공된다. 혜택이 많은 만큼 서류, 면접, 심층심사를 거쳐 선발하고 있다.

- 지원대상: 만 39세 이하인 예비창업자(팀), 창업 후 3년 미만 기업의 대표자
- 신청기간: A트랙은 2월 7일 기마감, B트랙은 4월 중 별도 공고
- 신청방법: 창업넷 ⇒ 지원하기(startbiz.changupnet.go.kr)
- 신청서류: 참여신청서, 사업계획서, 가정증빙서류 등
- 문의: 청년창업사관학교수도권(안산)031-250-3020, 대구경북(경산) 053-819-5011, 부산경남(창원)055-548-8050, 충남(천안)041-589-0831/0832

(2) 실천창업리그-슈퍼스타V

'실천창업리그-슈퍼스타V'는 성공창업을 꿈꾸는 예비·초기 창업자들이 시제품 제작, 멘토링 등의 치열한 경선과정을 거쳐 상금과 인센티브 등을 지원받는 대한민국 최대 규모의 창업경진대회이다. 먼저 창업진흥원에서 운영기관을 선정하면 운영기관별로 창업경진대회를 개최해 전국예선을 치른다. 이후 전국본선, 전국결선, 왕중왕전을 개최하며 각 단계별로 상금과 부상이 수여된다. 사업공고일 이전에 타 창업경진대회에서 수상한 아이템이거나 중소기업청 창업

사업화 지원사업에 선정된 경우라면 지원할 수 없으니 주의하여야 한다. 상금 이외에도 시제품 제작 지원, 멘토링, 대한민국 벤처·창업박람회 전시지원, 해외 창업연수, 창업맞춤형사업 연계지원 등이 제공된다.

- **지원대상:** 예비창업자 및 창업 1년 미만 기업(운영기관별 신청분야가 상이하므로 숙지한 후 해당 기관에 참가신청)
- **신청기관:** 2014년 2~12월 중
- **신청방법:** 창업넷 → 지원하기(startbiz.changupnet.go.kr). 운영기관별 신청기간 및 사업계획서 양식 등이 상이할 수 있으므로 신청 전 확인 후 제출
- **문의:** 창업진흥원 글로벌창업팀 042-480-4336~7

(3) 글로벌 청년창업 활성화 지원

해외진출에 뜻이 있는 창업기업이라면 글로벌 청년창업 활성화제도를 이용하자. 지난해 실시된 국가 및 업종을 살펴보면 미국 실리콘밸리(IT업종), 중국 상하이(전 업종), 베트남 하노이 또는 호치민(전 업종)이다. 선발이 되면 현지기업문화 및 법률·세무 교육 등을 포함하는 국내연수를 받고, 이후 현지에서 사무공간·멘토링 등이 포함된 보육 프로그램을 제공받는다.

- **지원대상:** 예비창업자 또는 창업 5년 미만 기업
- **신청기간:** 2014년 4~5월 예정
- **신청방법:** 창업넷 ⇒ 지원하기(startbiz.changupnet.go.kr)
- **신청서류:** 참가신청서, 창업사업계획서 등
- **문의:** 창업진흥원 글로벌창업팀 042-482-4331~2, 4334

(4) 창업맞춤형 사업화 지원

정부는 우수한 아이디어와 기술을 보유한 창업 초기사업을 발굴해 체계적인 사업화를 지원한다. 예비창업자 또는 1년 이내 창업기업인 경우 신청 가능하지만 채무불이행 상태이거나 국세·지방세 체납으로 규제 중인 경우, 타 창업사업화 지원사업에 선정돼 사업을 수행중인 경우는 지원에서 제외되니 주의하

여야 한다. 지원은 자금부문과 교육부문으로 나뉘며 자금의 경우 시제품 제작, 기술정보활동(지재권 확보, 제품인증 등), 마케팅 등 창업사업화에 필요한 자금을 최대 5천만원(총 사업비의 70%) 한도에서 지원한다. 교육지원은 회계, 법률, 경영 등 창업기본 교육과 창업단계별 맞춤형 교육으로 구성된다. 신청은 모든 세부 지원프로그램에 걸쳐 단 1회만 가능하며, 선택한 지원프로그램은 변경이 불가능하다.

- 지원대상: 예비창업자 및 창업 1년 미만 기업
- 신청기간: 2014년 3월 4째주 공고 예정. 수시발굴 연계 프로그램은 연간 4회 (3~6월)에 걸쳐 신청 가능하며 매회 별도 모집공고 예정
- 신청방법: 창업넷 ⇒ 지원하기(startbiz.changupnet.go.kr), 희망 프로그램 선택 후 신청서 및 사업계획서 업로드
- 문의: 창업진흥원 창업멘토링센터 042-480-4342~8

(5) 선도벤처연계 창업 지원

(예비)창업자에게 선도벤처기업의 성공 노하우를 전수해 성공적인 창업을 유도하는 지원제도이다. 선도벤처기업과 (예비)창업팀 간 매칭을 통해 창업준비공간, 전담 멘토링, 사업기획 및 기술 지원, 국내외 마케팅 및 홍보 등을 지원한다. 80개 창업팀(1차연도 65개사, 2차연도 15개사)을 선발하며 사업비는 9천만원(총 사업비의 70%) 한도에서 지원한다.

- 지원대상: 사업공고일 기준 창업 3년 미만 창업자 또는 (예비)창업자. (예비)창업자의 경우 2인 이상으로 신청
- 신청기간: 2014년 3월 4째주 공고 예정
- 신청방법: 창업넷 ⇒ 지원하기(startbiz.changupnet.go.kr)
- 신청서류: 사업계획서 등
- 문의: 중소기업청 벤처정책과 042-481-8920, 창업진흥원 창업멘토링센터 042-480--4342/4349

(6) 지자체, 청년창업 일등 도우미

- 서울시, '청년창업센터' 우수팀 최장 3년간 추가지원
- 경기도, 창업지원금 최대 1,500만원까지
- 부산시, 창업활동비와 청년창업 특례자금 융자
- 대전시, 창업지원금 최대 2천만원까지

최근 청년창업에 대한 관심이 높다. 하지만 막상 창업을 준비중인 청년들의 고민은 만만치 않다. 대표적 고민 중 하나가 창업공간이다. 반짝이는 아이디어로 지인들과 의기투합했지만 창업공간이 없다면 아이디어는 사장될 수밖에 없다. 법률적 지식 역시 예비 청년창업가들의 애로점 중 하나다. 창업을 준비하는 과정에서 의외로 부딪히는 난관이 많기 때문이다.

지방자치단체들은 이 부분에 주목하고 있다. 지자체들이 창조경제 생태계 조성에 '도우미 역할'을 자처하며 경제력을 나타낼 수 있는 부분이기도 하다. 최근 몇 년 사이 각 지자체들이 경쟁적으로 청년창업 지원에 나서는 이유다. 청년창업 지원에 가장 적극적인 곳은 서울시다. 서울시는 2009년 '청년창업센터'를 개소해 운영하고 있다. 청년창업센터는 매년 한 차례씩 만 20~30세의 예비창업가를 선발해 지원한다. 창업공간 제공과 함께 창업교육, 창업컨설팅 등이 주요 지원내용이다. 센터는 서울 강남과 강북 두 곳에 자리 잡고 있으며 지원기간은 1년이다. 1년간의 창업지원 후 추가적인 지원을 받을 수 있는 방법도 있다. 서울시는 창업지원을 받은 기업 중 우수팀을 선발해 '청년창업플러스센터' 입주 자격을 부여한다. 이들을 1년간 추가 지원을 받게 된다. 1년이 흐른 후 우수팀으로 또다시 선정되면 지원기간은 1년 연장된다. 이렇게 최장 3년까지 지원을 받을 수 있게 된다. 청년창업센터가 어떻게 지원한 팀은 지난해까지 총 4,224곳이다. 이 중 1,516곳이 실제로 사업체를 운영하고 있다. 지적재산권으로 출원 중이거나 등록된 것만 2,037건에 이른다. 무엇보다 사회 문제로까지 부각된 청년실업 해소에도 기여를 했다. 서울시는 청년창업센터로 인한 고용효과가 지난해까지 5,116명에 이르는 것으로 추산하고 있다.

경기도 역시 2009년부터 'G-창업프로젝트'라는 프로그램을 운영 중이다.

G-창업프로젝트는 예비 창업자와 경기도 소재 창업 1년 미만 초기창업자를 대상으로 공동창업실입주, 창업교육 등을 지원하는 프로그램이다. 이 프로젝트에 선정되면 최대 1,500만원의 창업지원금도 받을 수 있다. 경기도는 G-창업프로젝트를 통해 954명의 예비창업자를 지원했다. 이 중 561명이 실제 창업에 나섰으며 지적재산권도 776건 등록됐다. 일자리창출 효과는 1,267명으로 집계됐다.

광역시들도 청년창업 지원에 적극적이다. 부산시는 2010년부터 다른 지자체의 청년창업 지원 프로그램과 비슷한 '창업지원센터'를 운영 중이다. 지원대상은 만 18~39세의 부산 거주자다. 부산 창업지원센터는 현재 부산대, 경성대, 동아대 등 5개 대학 내 창업센터의 입주를 지원한다. 지원사업에 선정되면 창업활동비와 청년창업 특례자금 융자까지 받을 수 있다.

대전시는 2010년부터 '대학 및 청년창업 500 프로젝트'를 진행하고 있다. 지원내용은 다른 지자체와 비슷하다. 지원금은 등급별로 차등을 두고 있지만 최대 2천만원까지 받을 수 있다. 이 프로젝트를 통해 지금까지 청년기업 365개가 탄생했다. 고용창출 효과는 595명이다. 지적재산권도 194건 등록됐다. 지자체들의 창업지원 분위기만 따져보면 창업생태계는 이미 구축되고 있는 셈이다.

(7) 창업선도대학 육성사업 통해 스타기업 속속 배출

- 교육·멘토링·사업화 등 창업 全 주기 지원
- 대학 창업동아리의 77%가 아이디어 '사업화'
- 창업교육 확대 기대: 이공계열 → 인문사회·예체능
- 창업 친화적 학사제도 속도 내야

미 스탠퍼드대는 웬만한 선진국의 경제력과 맞먹는다. 2012년 10월 윌리엄 밀러 스탠퍼드대 경영대학원 교수와 찰스 이슬리 공과대학원 교수가 발표한 보고서에 따르면 이 대학 졸업생이 만든 기업만 해도 3만 9,900개에 이르며, 일자리는 540만 개를 창출했다. 이들 기업의 연간 매출액은 무려 2조 7천억 달러(약 3천조원)이다. 1조 2천억 달러인 우리나라 국내 총생산(GDP) 의 두 배가 넘고 세계 경제규모 5위인 프랑스의 GDP(2조 7,700억 달러)와 비슷한 수치다. 소위 잘나가는 대학 하나가 나라경제를 살린 격이다. 우리도 창업선도대학을 중심으로 '제2의 스탠퍼드대'를 만들어가고 있다. 중소기업청이 주관하는 창업선도대학 육성사업은 우수 창업자를 발굴·육성하기 위해 교육부터 보육, 멘토링, 사업화에 이르기까지 창업 전 주기를 지원한다. 현재 21개 대학이 이사업을 수행하고 있으며 대부분 창업지원단을 통해 운영하고 있다. 언론을 통해 잘 알려진 위자드웍스(대표 표철민), 시지온(대표 김미균), 딜라이트(대표 김정현) 등은 연세대 창업지원단이 배출한 스타기업이다. 2011년부터 시작한 창업선도대학 육성기업은 대학의 분위기를 확 바꿔버렸다. 지난해 8월 중소기업청과 창업진흥원이 발표한 '대학 창업인프라 실태조사' 결과에 따르면 창업동아리수는 7월 말 기준 190개 대학 1,833개(회원수 2만 2,463명)로 2012년 같은 기간 182개 대학 1,222개(회원수 1만 8,027명)보다 50%나 늘었다. 특히 정부의 각종 창업지원 사업에 참여하는 동아리가 1,413개(77%)에 달해 상당수 동아리가 아이디어를 사업화한 것으로 나타났다. 이같이 다시 부는 벤처붐이지만 우려의 목소리 또한 높다. 창업에 대한 부정적인 인식이 여전히 존재하는 상황에서 청년취업률을 높이기 위한 퍼주기식 지원은 위험하다는 지적이다. 창업·기업가정신 교육의 필요성이 대두되는 이유다. 이광형 KAIST 미래전략대학원장(바이오 및 뇌공학과 교수)은 3월 12일 한국과학기술기획평가원에서 열린 포럼에서 "창업 초기에 회사나 기술을 매각하는 교육을 할 필요가 있다"고 주장하기도 했다. 이는 이민화 KAIST 교수가 발언한 '가벼운 창업'과 일맥상통한다.

또 현재 이공계열 중심의 창업교육을 인문사회·예체능 분야로 확대할 필요가 있다는 주장도 제기된다. 중소기업 연구원에서 지난해 12월 교육부 특성화 사업 및 중소기업청의 대학창업교육패키지 사업을 지원받은 전문대를 분석한 결과 주로 이공계열 중심으로 창업교육이 이뤄지고 있다. 이는 4년제 대학 역시 마찬가지로 공학계열을 중심으로 과목이 개설되고 운영되고 있는 것으로 나타났다. 김주미 중소기업연구원 선임연구위원은 "교육의 효율성 측면에서 학교 특성화를 창업교육 특성화와 연계해 특성화 계열이나 학과를 창업교육과 연계시킬 필요가 있다"며 "대학 전체의 시너지를 위해 학과 위주가 아닌 단과대학 또는 계열별 창업 과목으로 운영해야 한다"고 말했다.

창업 친화적 학사제도도 속도를 낼 필요가 있다. 정부는 2013년 9월 대학 창업교육 5개년 계획을 발표하며 창업휴학제, 창업 대체학점 인정제, 창업 학점교류제 등을 도입한 바 있다. 하지만 현재까지 이를 받아들인 대학은 손에 꼽을 정도다. 특히 창업 부전공 신설에 난색을 표하는 대학도 더러 있다. 지금은 성장의 한계에 직면해 있는 우리 경제의 돌파구를 찾기 위한 대학의 역할이 무엇인지 고민해봐야 할 때다. 그리고 대학이 기존의 교육과 연구중심에서 '교육-연구-창업'의 삼위일체(三位一體)가 돼야 한다. 우리나라라고 스탠퍼드와 같이 '대박' 치는 대학이 나오지 말란 법은 없다.

4. 창업 관련 정보안내

(1) 창업안내 사이트

- 창업넷 www.changupnet.go.kr: 창업교육·보육
- 창업선도대학 www.sundo.kised.or.kr: 21개 전국 창업선도대학 정보 제공, 교육 프로그램 소개
- Bi-net(창업보육센터 네트워크시스템) www.bi.go.kr: 창업보육센터 소개, 검색, 입주신청
- 한국테크노파크협의회 www.technopark.kr: 전국 18개 테크노파크 정보
- 청년아카데미 www.myjobacademy.kr: 대학생 및 일반인 대상의 창업 강좌 운영
- 서울시 창업스쿨 www.school.seoul.kr: 예비·초기 창업자를 위한 실전 교육
- 예스리더스특강 www.yesleaders.com, blog.yesleaders.com: 창업 관련 특강과 멘토링, 일정, 프로그램 안내

(2) 창업자금 안내

- 중소기업청 www.smba.go.kr
- 중소기업진흥공단 www.sbc.or.kr

- 소상공인진흥공단 www.kmdc.or.kr
- 창업진흥원 www.kised.or.kr
- 사회연대은행 www.bss.or.kr

(3) 관련기관 및 협회

- 소상공인지원포털 www.seda.or.kr
- 한국소호진흥협회 www.shokorea.or.kr
- 한국프랜차이즈협회 www.ikfa.or.kr
- 대한가맹거래사협회 www.fea.or.kr

(4) 기타 정보

- 중소기업청 기업마당 www.bizinfo.go.kr
- 온라인 법인설립시스템(온라인재택창업시스템) www.starbiz.go.kr: 창업에 필요한 주요 행정절차를 온라인으로 간편하게 처리
- 기업지원플러스 www.g4b.go.kr: 기업민원, 기업애로, 사업내용 변경 등 기업업무 일괄처리 지원
- Bi-Trade www.bitrade.or.kr: 창업기업과 제품을 해외 바이어에게 홍보

(5) 모집안내

○ 창업진흥원 2014년 '창업 맞춤형 사업' (예비)창업자 모집

- (예비)창업자 신청접수 공고 예정일: 2014년 4월 3일(목) 오후 1시
- 대상: (예비창업자)신청일 현재 사업자등록(개인, 법인)을 하지 않은 자로서 협약종료일로부터 2개월 이전에 창업이 가능한 자
- 신청방법: 창업넷(www.changupnet.go.kr)을 통한 온라인 신청
- 문의: 창업진흥원 창업멘토링센터 042-480-4363

○ 1인 창조기업 비즈니스센터 오퍼스이앤씨 입주자 모집

- 대상: 1인 창조기업 및 예비창업자(3개월 이내 창업예정자)

- 기간: 2014년 4월 30일까지(1차)
- 문의: 오퍼스비즈플라자 02-6221-2022

○ 창업선도대학(21개) 지원기업 모집

- 대상: 예비창업자 또는 창업 1년 이내 기업
- 기간: 2014년 3월 24일(월)부터
- 신청방법: 창업넷(www.changupnet.go.kr)을 통한 온라인 신청

○ 2014년 창업박람회

박람회명	주최	일정	장소	홈페이지
제15회 부산창업 박람회	선인커뮤니티	2014. 4. 24. ~4.26	부산 벡스코	www.bexco.kr
대한민국 벤처·창업 박람회	중소기업청 (벤처정책과)	2014년 6~7월 중 예정	미정	www.startup.or.kr
2014년 귀농귀촌 창업박람회	농림축산 식품부	2014. 6. 20. ~6. 22	서울무역 전시장	www.returnfarmexpo.com
광주 창업·프랜차이즈 창업박람회	광주전남벤처 기업협회 外	2014. 6. 27. ~6.29	광주 김대중 컨벤션센터	www.fitex.kr
제32회 프랜차이즈 산업박람회	한국 프랜차이즈 협회 주관	2014. 9. 25. ~9. 27	서울무역 전시컨벤션 센터	kfaexpo.kr
2014 대전소상공인 창업박람회	대전광역시	2014년 10월 예정	대전 컨벤션센터	www.djexpo.or.kr

사례 2

바다 쓰레기로 만든 착한 운동화…아디다스의 패션 혁명

'쓰레기가 패션이 된다.' 글로벌 스포츠브랜드 아디다스가 혁신적인 발상으로 패션계를 뒤흔들고 있다. 아디다스는 2015년부터 해변에 버려진 해양 플라스틱 폐기물로 만든 제품 등 환경과 공존하는 패션을 선보여왔다. 아디다스는 해양환경 보호단체 '팔리 포 더 오션(Parley for the Oceans)'과 함께 플라스틱 쓰레기를 수집한 물질로 만든 혁신적 재료인 '오션 플라스틱'을 개발하고, 이를 러닝화와 축구 유니폼, 수영복 등 다양한 제품에 적용했다. 2016년 러닝화 '울트라 부스트 언케이지드 팔리'와 축구클럽 레알 마드리드의 홈 유니폼을 선보였는데 러닝화는 국내에서 완판됐다. 지난해에는 스니커즈 'EQT 서포트 ADV'를 내놨다.

업사이클을 통해 패션은 소모적이고 일시적인 것이 아니라 친환경적이며 지속 가능할 수 있다는 인식의 전환을 불러온 시도다. 아디다스 관계자는 "해양 폐기물을 활용한 소재로 만든 제품을 구매하는 것만으로 소비자가 환경 보호에 참여할 수 있도록 하는 것은 매우 뜻깊은 일"이라면서 "2016년 한정판이 완판된 이후 소재뿐만 아니라 기술적·디자인적으로도 매우 뛰어난 제품이 출시되고 있다"고 설명했다.

아디다스는 '스포츠로 세상을 변화시킨다(Through sport, we have the power to change lives)'는 신념에 기반해 브랜드를 이끌고 있다. 해양 폐기물로 만든 제품을 내놓는 것도 이 같은 철학에 기반한 사회공헌활동의 일환이다. 아디다스에 사회공헌은 제품과 멀리 떨어져 있는 것이 아니라 제품 그 자체에 녹아들어 있다. 아디다스가 이 같은 시도를 하는 이유는 한 가지다. 세계적 브랜드로서 기업의 이윤 추구도 중요하지만 사회공헌을 통해 세상을 변화시키고 기업과 사회가 함께 성장해야 한다는 철학을 갖고 있어서다. 아디다스는 이 철학을 해외 각지에서 실천에 옮기고 있다.

아디다스코리아 역시 한국에서 사회공헌활동을 통해 커뮤니티 발전에 기여하고 있다. 많은 글로벌 브랜드가 한국 시장에서 제품 판매에만 전념하고 소비자 서비스나 사회공헌에는 무관심한 것과 상당히 대조적인 행보다. 아디다스코리아의 사회공헌은 팔리와의 협업처럼 우리 사회를 위험으로 몰고가는 환경 문제를 해결하는 방식과 스포츠를 경험할 수 없는 어려운 환경에 놓인 이들에게 경험의 기회를 제공하는 두 가지 방식으로 이뤄진다.

국내에서는 '아디다스 마이드림FC(Foundation Class)'를 진행하고 있다. 전문적인 스포츠 교육을 받기 어려운 처지에 놓인 지역 아동을 위해 아디다스가 전문적인 스포츠 교육을 지원하는 활동이다. 2013년 축구를 시작으로 매년 이어져온 이 활동은 지난해부터 피트니스와 농구로 종목을 확장해 운영하고 있다. 초등학교 3~6학년 학생 200여 명이 5~11월 매주 정기적인 스포츠 교육과 인성 교육을 함께 받는다.

봉사자로 참여하는 임직원들로 구성된 '드림코치'는 프로그램에 참여하는 아이들과 매달 한 번씩 스포츠를 함께 즐기고 아이들 멘토가 돼 준다. 지역 아이들의 신체적인 발달뿐만 아니라 정서적인 성장에도 도움을 주고 있다. 이 프로그램에 참여하는 점주들인 '드림 서포터즈' 역시 드림코치와 마찬가지로 스포츠를 통해 아이들 성장을 지원한다. 지난해에는 임직원·매장 점주 80여 명이 참여했다. 아디

위기 몰린 환경 살리자

해양 플라스틱 폐기물로
혁신적인 신재료 개발
레알 마드리드 유니폼
수영복·러닝화 제작 인기

소외계층에 스포츠 경험

축구 '마이드림FC' 이어
농구·피트니스로 확대
올해 350여명 교육 지원
노후 체육시설 개보수도

다스코리아 관계자는 "올해는 인원이 105명으로 크게 확대될 예정"이라고 말했다. 아이들이 스포츠 교육을 받을 수 있는 장소를 뜻하는 '베이스캠프'도 해마다 숫자가 늘어나고 있다. 지난해에는 베이스캠프 6곳에서 아이들 200명이 교육을 받았는데 올해는 베이스캠프가 10곳 이상, 교육 인원은 350명으로 대폭 늘어난다.

아디다스 철학에 동조하는 축구 스타들도 함께 힘을 보태고 있다. 지난해 분데스리가 소속 축구선수인 구자철 선수는 초등학교 4~6학년 학생 90여 명에게 기본 훈련법부터 드리블, 패스 등 실전 기술을 가르쳐줬다. 또 구 선수는 페널티킥에 성공하면 한 골당 1,000원을 적립해 '2018 아디다스 마이드림FC' 후배들에게 지원금을 주는 이벤트에도 참여했다.

구 선수는 "스포츠를 통해 아이들에게 용기와 꿈을 준다는 아디다스의 취지에 깊이 공감해 참여하게 됐다"면서 "이런 좋은 프로그램을 통해 한국을 대표할 미래의 축구선수가 나오면 좋겠다"고 전했다. 또 아디다스코리아는 우수한 실력을 보여준 아이들에게는 프로선수가 될 수 있도록 제품과 엘리트 교육을 지원하는 장학생 프로그램을 운영하고 있다. 아디다스코리아는 서울시와 손잡고 2020년까지 서울시가 보유한 체육시설에 안전장비를 설치하고 낙후된 시설을 손보는 활동도 함께한다. 에드워드 닉슨 아디다스코리아 대표는 "아디다스는 스포츠를 통해 세상을 긍정적으로 변화시킬 수 있다는 신념으로 사회공헌 사업에 동참하고 있다"고 말했다.

〈매일경제신문〉

Chapter 8

창업기업 세무

자라·망고 글로벌 전략에서 배워라

자라(ZARA)와 망고(MANGO)는 스페인을 대표하는 글로벌 패션브랜드다. 이 두 브랜드가 유명해지기 전 스페인은 패션산업에서는 프랑스, 이탈리아 등에 한참 뒤처진 유럽 변방국가에 불과했다. 그러나 최근 10년 새 자라와 망고가 전 세계 패션시장을 주도하는 패스트패션의 선두 브랜드가 되면서 스페인은 일약 신흥 패션강국으로 떠올랐다. 국내에도 자라와 망고처럼 빨리 만들어 빨리 소비시키고, 대량생산의 박리다매식 판매방식을 앞세운 브랜드가 없었던 게 아니다. 자라(1975년)에 이어 망고(1984년)가 만들어진 비슷한 시기에 국내에서는 이랜드(1980년)가 박리다매를 통한 저가옷으로 돌풍을 일으켰다. 2000년에도 이랜드는 국내 최초의 패스트패션이라 할 수 있는 '후아유'를 론칭해 내수시장에서 선진 패션유통을 선도했다. 현재 세계 패션시장은 자라와 망고, 그리고 일본의 유니클로 같은 패스트패션이 주도하고 있다.

한국은 이랜드 후아유, 베이직하우스 등 토종 패스트패션을 앞서 보유하고 있었음에도 불구하고 이제는 글로벌 경쟁자들에게 주도권을 완전히 뺏겼다. 이유는 명백하다. 글로벌화라는 큰 흐름을 읽지 못하고 내수에만 안주해서다. 그렇다면 스페인의 자라와 망고가 10년여 만에 글로벌 패션브랜드로 우뚝 선 성공비결은 무엇일까.

자라에 가면 모든 상품이 있다 연간 1만 개 새 디자인 내놔

자라는 1975년 스페인에서 론칭했다. 그러나 현재 70여 개국에서 4,000여 매장을 운영하는 세계 1위 글로벌 패션브랜드가 되기까지 '자라' 원산지가 스페인인지 사람들은 잘 몰랐다. 뉴욕 맨해튼 매장, 파리 샹젤리제, 도쿄 긴자, 서울 명동 등 어느 매장을 가봐도 스페인스러운 분위기는 일절 없다. 국내 기성복 매장 10개 정도를 묶어 놓은 대형 매장에는 아시아풍, 유럽풍, 아프리카풍, 그리고 명품스타일부터 편안한 원마일 웨어(집 근처 외출 시 입을 수 있는 실내복)까지 갖춰 놓고 있다.

외국 출장을 자주 다니는 외국계 은행원 김 모씨(35)는 "자라 매장에 가면 아시아 국가들이 만든 제품을 고른다. 아무래도 작은 아시아인 체형을 고려해 만든 옷이라 '메이드 인 벨기에'나 '메이드 인 모로코'보다는 잘 맞기 때문"이라고 말한다. 자라는 어느 특정 고객층을 겨냥하지 않고 남녀노소 모두를 대상으로 한 브랜드 정책으로 유명하다. 패션 신조어로 '자라 인생'이란 말이 나올 정도다. 자라 인생이란 '자라키즈'를 입고 자라서 '자라걸'을 입고 '자라맨'을 입은 남자와 만나 아이를 낳고 '자라키즈'를 입혀서 키운다는 것. 심지어 자라 매장에선 가방과 구두, 액세서리는 물론 실내용 인테리어 소품까지 판매한다.

자라 경쟁력은 여러 개 브랜드, 수많은 제품을 15일만에 초고속으로 생산해 일주일에 두 번씩 전 세계 매장에 공급하는 데 있다. 이렇게 하기 위해 세계 곳곳에서 디자이너 100여 명이 최신 트렌드를 반영한 디자인을 한 해에 1만 개 이상 쏟아내고 있다. 국내 자라 매장에도 매주 화·목요일 두 번씩 신상품이 들어온다. 한 달에 한두 번만 제품을 교체해도 자랑거리로 여기는 국내 브랜드와는 신선도 측면에서 경쟁이 되지 않는다. 자라는 스페인 패션유통업체인 인디텍스가 보유한 브랜드로 전 세계 70여 개국에 4,000여 개 매장을 갖고 있다.

망고의 글로벌 전략은 전 세계 멋을 아는 여성에 있다

자라와 유니클로 등 글로벌 브랜드들이 여성에서 시작해 남성 아동 생활용품 액세서리 등으로 패션영역을 넓혀가는 데 비해 망고는 오로지 여성만을 겨냥하고 있다. 전 세계 패션을 좋아하는 20·30대 젊은 도시 여성을 핵심 고객층으로 삼고 있다. 아이삭 할폰 망고 사장은 "20년 전 바르셀로나에서 1개 매장으로 시작한 망고가 오늘날 93개 국가에서 1,200여 개 매장을 운영하는 글로벌 브랜드로 도약한 성공 비결은 바로 고객"이라며 "세계 각국 패션에 민감한 20·30대 젊은 도시 여성을 타깃으로 삼은 것이 주효했다"고 말한다.

이를테면 고객층이 확실하기 때문에 두바이 20대 여성에게는 종교적 이유로 좀 더 긴 스커트를 만들어 파는 식이다. 그 다음 전략은 전 세계에 동일한 망고 이미지를 가져가기 위해 누구나 공감하는 톱모델 전략을 구사함으로써 확고한 브랜드 아이덴티티를 정립하는 것이다. 망고는 세계적 톱모델인 클라우디아 시퍼, 나오미 캠벨, 페넬로페 크루즈 등 톱스타를 모델로 기용하는 광고전략으로 유명하다.

또 망고는 독특한 물류시스템을 갖고 있다. 정확한 데이터와 정보에 의한 기획, 매장 판매 추이에 따라 신속하게 대처할 수 있는 'MLS(Mango Logistics System)' 판매시스템을 갖고 있는 것. 자체 개발한 이 시스템은 시간당 3만 피스 옷을 매장별로 분류할 수 있다. 망고는 터키 출신 이민자인 아이삭 할폰 사장과 나만 안딕 형제가 1984년 설립했다. 현재 전 세계 93개국에서 1,200여 매장을 운영하고 있다.

제1절 세금의 종류

세금은 국세와 지방세로 나누어지는데, 국세는 중앙정부에서 부과 및 징수하는 세금으로 내국세와 관세로 구분된다.

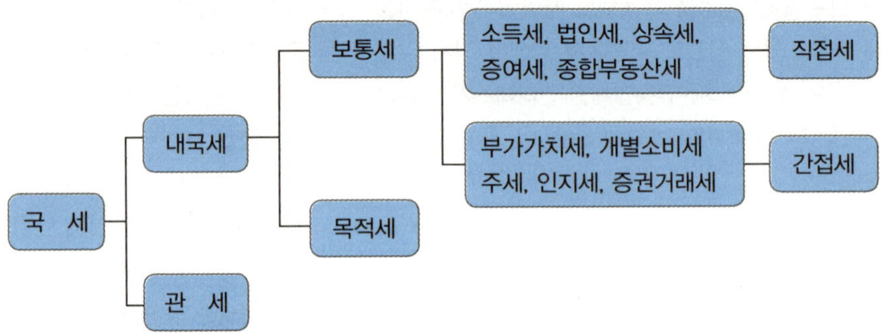

지방세는 지역의 공공서비스를 제공하는 데 필요한 재원으로 쓰기 위하여 지방자치단체별로 각각 과세하는 세금이다. 지방세에는 특별(광역)시세에 해당하는 취득세, 레저세, 담배소비세, 지방소비세, 지방교육세, 지방소득세, 자동차세, 지역자원시설세 등이 있고, 자치구세에는 등록면허세, 재산세, 주민세 등이 있다. 모든 사업자는 세금을 납부해야 하며, 일정 이상의 소득이 발생하는 사람들도 사업체와 마찬가지로 세금을 납부해야 한다.

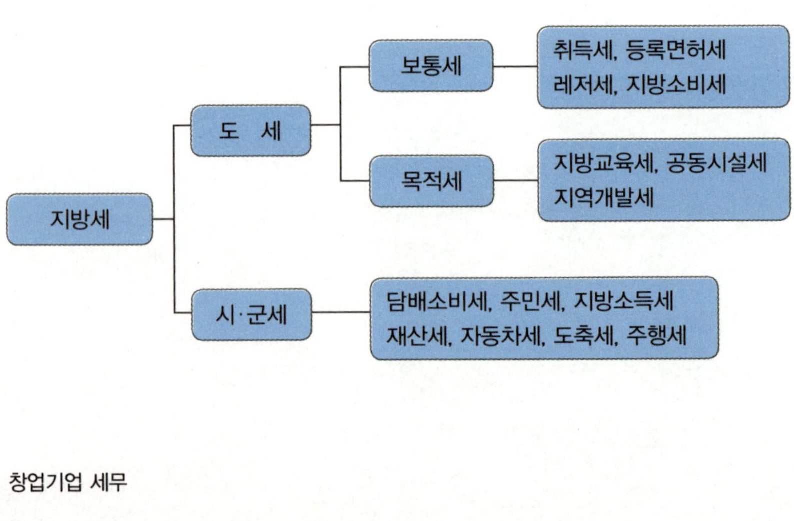

제2절 부가가치세

1. 부가가치세란 어떤 세금인가?

부가가치세란 상품(재화)의 거래나 서비스(용역)의 제공과정에서 얻어지는 부가가치(이윤)에 대하여 과세하는 세금이며, 사업자가 납부하는 부가가치세는 매출세액에서 매입세액을 차감하여 계산한다. 부가가치세는 물건값에 포함되어 있기 때문에 실지로는 최종소비자가 부담하는 것이다. 이렇게 최종소비자가 부담한 부가가치세를 사업자가 세무서에 납부하는 것이다.

부가가치세 = 매출세액 - 매입세액

2. 부가가치세 과세기간과 계산

(1) 부가가치세 과세기간

부가가치세 과세기간은 1년을 2개의 과세기간으로 나누어 매 6개월을 하나의 과세기간으로 하고 있다. 부가가치세 과세기간은 1월 1일부터 6월 30일까지를 제1기로 하고, 7월 1일부터 12월 31일까지를 제2기로 하여 각 과세기간의 사업실적에 대하여 그 과세기간이 끝나는 달의 다음달 25일(7/25, 1/25)까지 사업장 소재지 관할세무서에 부가가치세를 확정신고서를 제출하고 그 세액을 납부해야 한다.

또한 각 과세기간 중 앞 분기 3개월 동안을 예정신고 기간으로 하여 그 기간 동안의 사업실적에 대하여 그 분기가 끝나는 달의 다음달 25일(4/25, 10/25)까지 부가가치세를 신고, 납부하여야 한다. 다만 개인사업자는 원칙적으로 예정신고할 필요 없이 관할세무서에서 예정 고지된 세액을 납부하면 되고 세액이 없는 경우나 당해 과세기간에 신규로 개업한 사업자는 부가가치세 예정신고 납부를 하여야 한다. 부가가치세를 신고, 납부할 때는 소정의 [부가가치세 신고서] 외에 [매출매입처별 세금계산서 합계표]와 [기타 관련 서류]도 함께 관할세무서에 제출하여야 한다.

(2) 부가가치세 계산법

부가가치세 납부세액은 자기가 공급한 재화용역에 대하여 거래 상대방으로부터 징수한 부가가치세액에서 자기가 공급받은 재화·용역에 대하여 거래 상대방으로부터 징수당한 부가가치세액을 차감하는 방식으로 계산되며 그 거래증빙으로 세금계산서를 주고받아야 한다.

사업자가 재화용역을 공급받는 경우 그 공급가액의 10%만큼이 부가가치세로 과세된다. 따라서 매출의 경우 재화용역을 공급하는 사업자는 공급가액의 10%를 부가가치세 매출세액으로 하여 거래 상대방으로부터 징수하고, 반대로 매입분에 대해서는 매입금액의 10%만큼을 부가가치세 매입세액으로 징수당하게 되는데 부가가치세 신고 시 납부할 세액은 매출세액에서 매입세액을 공제(차감)한 금액으로 계산하게 된다. 여기서 주의해야 할 점은 매출분에 대해서는 소매업 또는 음식·숙박업, 사회 및 개인 서비스업 등의 경우에서와 같이 세금계산서를 발행하지 않을 경우에도 부가가치세 매출세액을 거래 징수하여 부가세 납부세액 계산 시 매출세액에 포함시켜야 하지만 매출세액에서 공제(차감)되는 매입세액은 세액이라 할지라도 업무무관지출, 비업무용 소형승용차의 구입 및 유지에 관한 지출, 접대비 관련 지출, 면세사업관련 지출 등에 관한 매입세액은 부가세 납부세액 계산 시 매입세액으로 공제되지 않는다.

(3) 부가가치세 과세유형과 영세율 적용

① 과세유형

가. 일반과세 사업자

㉮ 납부(또는 환급)할 세액=매출세액－매입세액

㉯ 총매출세액 = 공급가액(세금포함 안된 총매출액)의 10/100(단, 영세율 대상자는 “0”) 또는 공급대가(세포함 총매출액)의 10/110 (단, 영세율 대상자는 “0”)

㉰ 총매입세액 = 매입시 부담한 세액(세금계산서 등을 받은 것에 한함), 의제매입세액

* 의제매입세액공제는 부가가치세가 면제되는 농·수·축·임산물을 구입하여 부가가치세가 과세되는 재화 또는 용역을 공급하는 사업자만이 대상이 되며 공제세액은 다음과 같다.

총면세로 공급받은 농·수·축·임산물의 매입가액×2/102(음식업은 3/103)

나. 간이과세사업자

납부할 세액 = [공급대가(세 포함 총매출액)×업종별 부가가치율 (20%~40%)×10%]−[매입세액 합계액×(20%~40%)]

② 부가가치세 영세율 적용

영세율이 적용된다 함은 매출하는 공급가액에 대한 세율을 영(zero)으로 한다는 의미로서 영세율이 적용되는 공급가액에 대해서는 부가가치세액이 영이므로 부가세 매출세액을 징수하지 아니한다. 따라서 영세율 사업자가 매입과 관련하여 받은 세금계산서상의 부가가치세액, 즉 매입단계에서 부담한 부가세액은 부가가치세 신고 시 전액 환급받게 된다.

영세율 대상은 세법상 정해져 있는데 수출재화, 국외제공용역, 기타 외화획득 재화용역 등이 있다.

(4) 소규모 개인사업자의 간이과세제도

공급대가가 연간 4,800만원 미만의 소규모 개인사업자가 간이과세자로 사업자등록을 하게 되면 일반과세자에 비하여 부가가치세 업무를 다소 간편하게 처리할 수 있는데 간이과세자는 자기의 매출분에 대하여 거래증빙으로 세금계산서를 발행할 수 없고 일반 영수증을 발행해야 한다. 또한 부가가치세 납부세액 계산에 있어서도 일반과세자는 매출세액에서 매입세액을 공제하는 방법으로 부가세를 납부하게 되지만 간이과세자는 자기가 공급한 공급대가의 일정률을 부가가치세 납부세액으로 하고 매입단계에서 교부받은 세금계산서상의 매입세액은 납부할 세액에서 공제되지 않는다.

한편 간이과세제도는 소규모 영세사업자를 위한 조세정책상의 제도이기 때문에 연간 매출이 4,800만원 미만인 경우라도 업종과 지역에 따라 간이과세 등록이 배제되는 경우도 있으며 법인사업자는 공급대가 규모에 관계없이 일반 과세자가 된다.

① 간이과세 적용대상자와 제외자

㉮ 1년의 공급대가가 4,800만원 미만인 개인사업자

㉯ 적용제외 대상자

- 광업, 부동산매매업, 도매업(고물상은 가능)
- 제조업(과자점, 떡방아간, 도정업, 제분업 등은 가능)
- 변호사업, 변리사업, 법무사업, 공인회계사업 등
- 특별시, 광역시 및 시 지역에 소재하는 과세유흥장소
- 서울과 6대 광역시의 아래의 102개 업종
  - 초기투자비가 높은 43개 업종: 골프연습장, 헬스클럽 등
  - 사업자와 거래하는 26개 업종: 건설, 정보처리업 등
  - 고가품 취급 27개 업종: 골프장비, 고급가구 소매업 등
  - 거래가액이 큰 10개 업종: 피아노, 컴퓨터, 청소기 등
  - 신종 호황 16개 업종: 산후조리원, 게임방, 피부비만관리업, 음식출장조달업 등

② 간이과세자의 업종별 부가가치율

최저 20%에서 최고 40%까지 업종별로 정함.

표 8-1 간이과세자 업종별 부가가치율

업 종 \ 연 도	2001년	2002년	2003년	2004년
제조업, 소매업, 전기가스, 수도업	20%	20%	20%	20%
건설업, 부동산임대업, 기타서비스업, 농수임어업	22.5%	25%	27.5%	30%
음식업, 숙박업, 운수, 창고업, 통신업	25%	30%	35%	40%

(5) 부가가치세 면세사업자와 면세 대상

① 면세사업자

부가가치세 면세사업자는 부가가치세 납세의무자가 아니므로 자기 매출분에 대하여 부가세를 거래 징수할 의무가 없으며 세금계산서도 발행하지 않는다. 따라서 면세업자는 소득세법상의 [계산서]를 발행해야 한다. 또한 면세사업자는 직전 연도의 사업수입명세금액 등을 기재한 [사업장 현황 보고서]를 매년 1월 31일까지 관할 세무서에 제출해야 한다.

② 부가가치세 면세대상

부가가치세 면세대상은 기초생필품, 국민후생용역 등으로 그 범위가 한정되어 있는바 좀 더 구체적으로 살펴보면 농·수·축산물 등 미가공 식료품의 공급, 병원 등 의료보건용역, 금융보험용역, 학교·학원 등 문화관련용역, 주택임대업 등이다.

(6) 신용카드 매출 세액공제

최종소비자를 대상으로 하는 개인사업자가 신용카드로 매출한 경우에는 연간 5백만원 한도 내에서 발행금액의 2%가 부가가치세 납부세액에서 공제되며, 이 경우 부가가치세 신고 시 신용카드 매출전표 발행 집계표를 함께 제출해야 한다. 그러나 법인사업자의 경우에는 신용카드 매출세액공제 제도가 적용되지 않는다.

※ 신용카드 발행금액에는 부가가치가 포함되어 있으므로 일반과세자의 부가가치세 과세표준은 발행금액×1/1.1이고 간이과세자는 발행금액이 과세표준이다.

(7) 부가가치세 사업자별 비교

표 8-2 부가가치세 사용자별 비교

<table>
<tr><th>구 분</th><th>일반과세자</th><th>간이과세자</th></tr>
<tr><td>과세대상</td><td colspan="2">사업자가 공급하는 재화 또는 용역과 재화의 수입
• 재화 : 재산적 가치가 있는 유체물, 무체물
• 용역 : 재산적 가치가 있는 역무, 기타행위</td></tr>
<tr><td rowspan="2">납세의무자</td><td colspan="2">사업자 독립적으로 재화 또는 용역을 공급하는 사업자</td></tr>
<tr><td>• 간이과세자 이외의 모든 과세사업자</td><td>• 직년도의 공급대가가 4,800만원 미만인 개인사업자
• 간이과세 배제업종 : 광업, 제조업, 도매업, 부동산 매매업, 기타 국세청장이 정하는 업종 등</td></tr>
<tr><td>과세기간</td><td>〈확정신고 과세기간〉
• 제1기: 1월 1일~ 6월 30일
• 제2기: 7월 1일~12월 31일</td><td>〈예정신고〉
• 제1기: 1월 1일~3월 31일
• 제2기: 7월 1일~9월 30일</td></tr>
<tr><td>사업자등록</td><td colspan="2">• 사업개시일로부터 20일 이내에 사업장마다 신고
• 등록내용 변경시 정정신고
• 미등록의 경우 개인 1%, 법인 2% 가산세 부과
• 사업자등록 전의 매입세액은 불공제함</td></tr>
<tr><td>영세율</td><td colspan="2">• 수출 등 외화를 획득하는 재화나 용역을 공급하는 경우 부가가치세의 세율을 "0"으로 하므로 매출세액이 "0"이 되어 매입세액을 환급받게 되는 제도임</td></tr>
<tr><td>면 세</td><td colspan="2">• 사업자가 공급하는 재화나 영역에 해당하는 것 중 법률이 정한 경우 부가가치세의 납세의무를 면제하는 것임. 따라서 부가가치세가 과세되지 아니하는 동시에 매입세액도 공제되지 아니함

영세율과 면세의 차이점
<table><tr><th>구 분</th><th>영세율</th><th>면 세</th></tr><tr><td>• 사업자 여부</td><td>부가세법상의 사업자임</td><td>부가세법상의 사업자 아님</td></tr><tr><td>• 과세표준신고, 납부</td><td>○</td><td>×</td></tr><tr><td>• 세금계산서 교부</td><td>○</td><td>×</td></tr><tr><td>• 매입세액공제</td><td>○</td><td>×</td></tr></table></td></tr>
</table>

<table>
<tr><th>과세표준</th><th>공급가액〈거래금액〉</th><th>공급대가
〈거래금액에 부가세 포함됨〉</th></tr>
<tr><td>매출세액</td><td>공급가액×10%</td><td>공급대가×업종별 부가가치율
×10%
<table>
<tr><th>구 분</th><th>2001</th><th>2002</th><th>2003</th><th>2004</th></tr>
<tr><td>제조, 전기가스, 수도, 소매</td><td>20</td><td>20</td><td>20</td><td>20</td></tr>
<tr><td>농업, 수렵, 임업, 어업,
건설업, 부동산임대업,
기타서비스업</td><td>22.5</td><td>25</td><td>27.5</td><td>30</td></tr>
<tr><td>음식·숙박, 운수창고, 통신</td><td>25</td><td>30</td><td>35</td><td>40</td></tr>
</table></td></tr>
<tr><td>납부세액</td><td>매출세액−매입세액=
• 불공제
• 자가용관련매입세액
• 접대비관련매입세액
• 토지관련매입세액 등</td><td>매출세액−매입세액×업종별 부가율=
• 당기공급대가가 1,200만원 미만인 경우 납세의무 면제</td></tr>
<tr><td>세금
계산서</td><td>• 발행의무 있음
• 다음의 자는 발행의무 면제
☞ 택시운송, 노점, 무인판매기, 소매업,
목욕, 이발, 미용업 등</td><td>• 발행의무 없음</td></tr>
<tr><td>신고 및
납부</td><td>
<table>
<tr><th>구 분</th><th>법 인</th><th>개 인</th></tr>
<tr><td>1기예정
1기확정
2기예정
2기확정</td><td>4/25 신고
7/25 신고
10/25 신고
1/25 신고</td><td>고지
7/25 신고
고지
1/25 신고</td></tr>
</table></td><td>• 예정신고기간분은 고지납부
• 확정신고는 기간종료 익월 25일한 신고납부</td></tr>
<tr><td rowspan="2">가산세</td><td>구 분</td><td>가산율</td></tr>
<tr><td>• 미등록가산세
• 세금계산서 미교부 및 불명가산세
• 매출처별 세금계산서합계표 불성실
• 영세율 불성실
• 신고불성실가산세
• 납부불성실가산세</td><td>공급가액의 개인 1%, 법인 2%
공급가액의 개인 1%, 법인 1%
공급가액의 개인 0.5%, 법인 1%
공급가액의 1%
세액의 1%
과소납부세액의 연 18.25%</td></tr>
</table>

(8) 부가가치세 신고·납부는?

① 일반사업자

- 부가가치세는 6개월을 과세기간으로 하여 신고·납부하게 되며 각 과세기간을 다시 3개월로 나누어 중간에 예정신고기간을 두고 있다.

과세기간	과세대상기간		신고납부기간	신고대상자
제1기 1. 1~6. 30	예정신고	1. 1~3. 31	4. 1~4. 25	법인사업자
	확정신고	1. 1~6. 30	7. 1~7. 25	법인·개인사업자
제2기 7. 1~12. 31	예정신고	7. 1~9. 30	10. 1~10. 25	법인사업자
	확정신고	7. 1~12. 31	다음해 1. 1~12. 31	법인·개인사업자

※일반적인 경우 법인사업자는 1년에 4회, 개인사업자는 2회 신고

- 개인사업자 중 사업부진자, 조기환급발생자는 예정신고와 예정 고지세액 납부 중 하나를 선택하여 신고 또는 납부할 수 있다.

② 간이과세자(1년에 1회 신고)

과세대상기간	신고납부기간
1. 1~12. 31	다음해 1. 1 - 1. 25

※간이과세자도 사업부진자 등은 7.1~7.25까지 예정고지·납부와 신고 선택가능

◎ 일반과세자·간이과세자의 구분

구 분	기준금액	세액계산
일반과세자	1년간의 매출액 4,800만원 이상	매출세액(매출액의 10%) − 매입세액(매입액의 10%) =납부세액
간이과세자	1년간의 매출액 4,800만원 미만	(매출액×업종별 부가가치율×10%) − 공제세액=납부세액 ※공제세액=세금계산서에 기재된 매입세액 ×해당업종의 부가가치율

※매입 시에 세금계산서를 받지 않으면 그 세액을 공제받지 못하므로 세부담이 그만큼 늘어난다.

제3절 소득세 및 법인세

1. 소득세(법인세) 신고 납부

사업자는 1년 동안 벌어들인 소득에 대하여 소득세를 신고 납부하여야 한다. 이때 개인사업자가 납부하는 세금은 종합소득세라고 하며, 법인사업자가 법인소득에 대해서 납부하는 세금은 법인세라고 한다.

종합소득세는 직전 연도(1. 1~12. 31)의 소득에 대하여 원칙적으로 사업운영으로 인하여 그 해에 벌어들인 사업소득은 물론 부동산 임대소득 및 근로소득과 일정한 요건을 갖춘 배당소득, 이자소득, 기타소득, 일시재산소득 등을 모두 합산하여 매년 5월 31일까지 신고 납부해야 하며, 법인세는 법인이 벌어들인 모든 소득에 대하여 정관상 정해진 사업년도 종료일 후 3개월 내에 신고 납부해야 한다. 종합소득세 관할세무서는 개인사업자의 주소지 관할세무서이며 법인은 본점 소재지 관할세무서다.

2. 소득세 및 법인세의 계산방법

(1) 소득세

소득세는 장부기장 사업자와 무기장 사업자는 다음의 순서로 계산한다. 종합소득이 있더라도 다음의 경우에 해당되면 소득세를 신고하지 않아도 된다.

- 근로소득만이 있는 사람으로서 연말정산을 한 경우
- 직전연도 수입금액이 7,500만원 미만인 보험모집인 또는 방문판매원 등으로
- 소속회사에서 연말정산을 한 경우
- 비과세 또는 분리과세되는 소득만이 있는 경우
- 연 300만원 이하인 기타소득이 있는 자로서 분리과세를 원하는 경우

지방소득세 소득분도 함께 신고하여야 한다. 소득세신고서에 지방소득세 소득분 신고내용도 함께 기재하여 신고하고, 세금은 별도의 납부서에 의하여 5.31까지 납부하면 된다. 소득세는 사업자기 스스로 본인의 소득을 계산하여 신고·납부하는 세금이므로, 모든 사업자는 장부를 비치·기장하여야 한다.

① 장부기장 사업자

총수입금액－필요경비＝소득금액

② 무기장 사업자

㉮ 수입금액－주요경비(매입비용＋임차료＋인건비)
－(수입금액×기준경비율)

㉯ (소득금액－소득공제)

㉰ 산출세액－(세액공제＋감면세액)＝결정세액

㉱ 결정세액－이미 납부한 세액＝자진 납부할 세액

(2) 법인세

법인세 납세의무가 있는 자는 국내에 본점이나 주사무소 또는 사업의 실질적 관리장소를 둔 법인(내국법인)은 국내·외에서 발생하는 모든 소득에 대하여

※"외국법인"의 분류기준 명확화(영 §1의2)

외국법인이란 외국에 본점 또는 주사무소를 둔 단체로서 아래 기준의 어느 하나에 해당하는 단체

1. 설립자국의 법률에 따라 법인격이 부여된 단체
2. 구성원이 유한책임사원으로만 구성된 단체
3. 구성원과 독립하여 자산을 소유하거나 소송의 당사자가 되는 등 직접 권리·의무의 주체가 되는 단체
4. 그 밖에 동종 또는 가장 유사한 국내의 단체가 「상법」 등 국내의 법률에 따른 법인에 해당하는 단체

☞2013. 1. 1. 이후 최초로 개시하는 사업연도분부터 적용

법인세 납세의무가 있으며, 외국에 본점 또는 주사무소를 둔 법인(외국법인)은 국내에서 발생하는 소득 중 법에서 정한 것(국내원천소득)에 한하여 법인세 납세의무가 있다.

① 어떤 소득에 법인세가 과세되는가?

사업연도마다 법인에 귀속되는 소득에 대하여 "각 사업연도의 소득에 대한 법인세"가 과세되며, 법인이 합병·분할하는 경우에도 피합병법인·분할법인에게 "각 사업연도 소득에 대한 법인세"가 된다. 다만, 내국법인이 해산하거나 2010.6.30. 이전 합병·분할의 경우에는 "청산소득에 대한 법인세"가 과세된다. 지정지역에 소재하는 주택(부수토지 포함)·비사업용 토지를 양도하는 경우도 "토지 등 양도소득에 대한 법인세"를 추가로 납부하여야 한다. 다만, 법인의 소득 중에는 조세정책적 또는 사회정책적 목적을 위해 되어 있으므로, 해당 법인은 신고 전에 이를 충분히 검토하여야 한다.

법인구분별 납세의무의 차이는?

법인의 종류		각 사업연도 소득에 대한 법인세	토지 등 양도소득에 대한 법인세	청산소득
내국법인	영리법인	• 국내·외 모든 소득	○	○
	비영리법인	• 국내·외 수익사업에서 발생하는 소득	○	×
외국법인	영리법인	• 국내원천소득	○	×
	비영리법인	• 국내원천소득 중 열거된 수익 사업에서 발생한 소득	○	×
국가·지방자치단체	납부의무 없음			

☞ 국세기본법 제13조 제4항에서 규정하는 "법인으로 보는 단체"의 납세의무는 비영리 내국법인의 납세의무와 같습니다.

② 영리법인

상법에 의하여 영리를 목적으로 설립된 주식회사, 합명회사, 합자회사, 유한회사와 특별법에 의하여 영리를 목적으로 설립된 법인을 말한다. 영리법인은 내국법인과 외국법인으로 다시 나누어지는데, 내국법인은 국내 또는 국외에서 발생한 모든 소득에 대하여 "각 사업연도의 소득에 대한 법인세"의 납세의무에 있으며, 법인세는 다음 순서로 계산한다.

개인과 법인의 세제상 주요 차이

구 분	개인기업	법인기업
납부세금	소득세	법인세
세율구조	6~38%(5단계)	10~22%(3단계)
납세지	사업자 주소지	본점·주사무소 소재지
기장의무	간편장부/복식부기	복식부기
외부감사제도	없음	직전 자산총액 100억원 이상 법인 등

① 익금총액－손금총액＝각 사업연도 소득

② 각 사업연도 소득－(이월결손금＋비과세 소득＋소득공제)＝과세표준

③ 과세표준×세율＝산출세액

④ 산출세액－(세액공제＋감면세액)＝결정세액

⑤ 결정세액－이미 납부한 세액＝자진 납부할 세액

3. 소득공제

소득공제란 소득세의 과세에 있어서 과세소득에서 미리 일정한 금액을 공제하는 것이며 이러한 공제는 최저 생활을 유지케 하는 데 그 목적이 있다.

(1) 기본공제: 가족 수 1인당 150만원씩 공제(본인 포함)

(2) 추가공제: 기본공제 외에 해당금액을 곱하여 계산한 금액을 추가로 공제

① 70세 이상인 경우 100만원, 장애자인 경우는 200만원

② 6세 이하의 직계비속이 있는 경우는 100만원

③ 배우자가 없는 여성으로 부양가족이 있는 세대주는 50만원

(3) 표준공제: 근로소득 외의 종합소득만 있는 경우 60만원

4. 소득세 및 법인세 세율과 절세

개인사업자의 경우 사업규모가 커지면 법인으로 전환하는 것이 유리할 수 있다. 개인기업의 사업규모가 일정규모 이상이 되면 대외 신용도를 제고하기 위하여 또는 자금조달의 원활화를 기하기 위하여 법인전환 여부를 고려하게 된다. 세금부담 면에서 볼 때도 과세소득이 3천만원을 초과하여 사업소득세가 450만원을 넘을 것으로 예상되는 경우에는 미리 법인으로 전환해 주는 것이 절세상 유리할 수 있다.

개인사업자는 사업소득세(종합소득세)율 체계가 9%~36%까지 4단계 누진세율로 되어 있는 반면, 법인의 세율체계는 과세표준 1억을 기준으로 15%, 27%로 2단계 누진세율로 되어 있을 뿐만 아니라 최고세율도 개인이 법인보다 훨씬 높기 때문이다.

신규창업자의 경우에도 사업초기부터 과세소득이 3천만원을 초과할 것으로 예상된다면 창업시부터 아예 법인으로 출발하는 것도 고려해 볼 만하다(여기서 과세소득이란 총 매출액에서 경비, 일반관리비 등을 차감한 순소득을 말한다).

(1) 종합소득세율표

표 8-3 종합소득세율표

종합소득과세표준	세 율
1천만원 이하	과세표준의 100분의 9
1천만원 초과 4천만원 이하	90만원+1천만원 초과금액의 100분의 18
4천만원 초과 8천만원 이하	630만원+4천만원 초과금액의 100분의 27
8천만원 초과	1,710만원+8천만원 초과금액 100분의 36

(2) 법인세율표

표 8-4 법인세율표

과세표준금액	세 율
1억원 이하	과세표준금액의 100분의 15
1억원 초과	1,500만원+1억원을 초과하는 금액의 100분의 27

(3) 세부담비교

표 8-5 세부담 비교

구 분 \ 과세표준	소득세		법인세	
	세 액	평균세율	세 액	평균세율
1천만원	900,000	9%	1,500,000	15%
2천 5백만원	4,500,000	15%	4,500,000	15%
4천만원	6,300,000	16%	6,000,000	15%
8천만원	17,100,000	21%	12,000,000	15%
1억	24,300,000	24%	15,000,000	15%
5억	168,300,000	34%	123,000,000	25%

5. 기준경비율제도

장부를 기장하지 않는 사업자 등의 소득금액을 추계로 결정하여 경정하는 경우, 수입금액(매출금액)에서 필요경비를 공제하여 소득금액을 계산함에 있어 사업자라면 당연히 증빙서류를 받아야 할 사업에 기본적인 비용인 주요 경비(매입비용, 임차료, 인건비)는 증빙서류에 의해 인정되고, 나머지 비용은 정비가 정한 기준경비율에 의해 필요경비를 인정하는 것을 말한다. 다만, 소규모 영세 사업자는 단순경비율에 의해 소득금액을 계산할 수 있습니다.

(1) 기준경비율의 구조

<table>
<tr><th colspan="5">수 입 금 액</th></tr>
<tr><td colspan="3">주 요 경 비</td><td rowspan="2">기준경비</td><td rowspan="2">소득금액</td></tr>
<tr><td>매입비용</td><td>인건비</td><td>임차료</td></tr>
</table>

※ 업종별 수입금액에서 공제되는 주요 경비를 제외하고 나머지는 경비에서 차지하는 비율을 기준경비율로 산정함.

(2) 경비율에 의한 소득금액 계산법

① 기준경비율에 의한 소득금액 계산법

소득금액 = 수입금액 − 주요경비(매입비용 + 임차료 + 인건비)

− (수입금액 × 기준경비율)

※ 다만, 기장능력이 부족한 소규모 사업자는 소득세 신고의 불편이 없도록 단순경비율에 의해 소득금액을 계산

② 단순경비율에 의한 소득금액 계산법

소득금액 = 수입금액 − (수입금액 × 단순경비율)

(3) 기준경비율 또는 단순경비율 적용 대상자

① 기준경비율 적용 대상자

직전년도 수입금액이 다음의 기준표 금액 이상인 사업자로서 장부를 기장하지 않는 사업자는 기준경비율 적용대상자가 된다.

기분경비율 적용대상 업종

업종구분	기준금액 (직전연도 수입금액)
가. 농업 및 임업, 어업, 광업, 도매업 및 소매업, 부동산 매매업, 아래 '나' 및 '다'에 해당하지 아니하는 업	6천만원
나. 제조업, 숙박 및 음식점업, 전기·가스·증기 및 수도 사업, 하수·폐기물 처리·원료재생 및 환경복원업, 건설업, 운수업, 출판·영상·방송통신 및 정보서비스업, 금융 및 보험업	3천 6백만원
다. 부동산임대업, 서비스업(전문·과학·기술·사업시설·관리·사업지원·교육), 보건 및 사회복지사업, 예술·스포츠 및 여가관련 서비스업, 협회 및 단체·수리 및 기타 개인서비스업, 가구 내 고용활동	2천 4백만원

※ 2011.1.1. 이후 신규로 사업을 개시한 사업자의 해당 연도 수입금액이 복식부기의무자 기준 금액 이상이면 기준경비율 대상자임.

적용예: 한식점을 운영하는 사업자의 2010년 귀속 수입금액이 5천만원인 경우 2012년 5월(2011년 귀속분) 신고 시 직전연도 수입금액, 즉 2010년 귀속 수입금액이 3천 6백만원 이상이므로 기준경비율 적용 대상임.

표 8-6 단순경비율 적용 연도 및 대상업종

업종구분 \ 연도별	2002년~2003년 귀속	2004년~2005년 귀속	2006년부터 귀속
농업, 임업, 도·소매업, 어업, 광업, 부동산매매업	1억 5,000만원	9,000만원	7,200만원
제조, 숙박·음식, 전기, 가스·수도사업, 통신업, 금융업	9,000만원	6,000만원	4,800만원
부동산임대업, 사업서비스업, 교육서비스업	6,000만원	4,800만원	3,600만원

② 단순경비율 적용대상자

직전연도 수입금액이 기준표 〈표 8-6〉의 금액에 미달하는 사업자와 당해연도 신규사업자는 단순경비율 적용대상자에 해당된다(다만, 의사, 약사, 변호사, 변리사 등 전문직사업자 및 현금영수증 미가맹 사업자는 직전연도 수입 금액 및 개업일에 상관없이 기준경비율 대상자임).

(4) 주요 경비의 범위

① 매입비용

매입비용은 재화(상품, 제품, 재료, 소모품, 유체물과 동력, 열 등)를 관리할 수 있는 자연력의 매입과 외주가공비 및 운송업의 운반비이다. 따라서 음식료, 보험료, 수리비 등 용역(서비스)을 제공받은 금액은 매입비용에서 제외된다.

② 임차료

임차료는 사업장에 직접 사용하는 건축물, 기계장치 등 사업용 고정자산의 임차료를 말한다.

③ 인건비

인건비는 종업원의 급여, 임금 및 일용근로자의 임금과 실제 지급한 퇴직금을 말한다.

(5) 증빙서

① 매입비용과 임차료는 세금계산서, 계산서, 신용카드매출전표 등 정규 증빙서류를 수취하여야 하며, 간이세금계산서나 일반영수증을 수취한 금액은 "주요경비지출명세서"를 제출하여야 한다.

② 인건비는 원천징수영수증, 지급조서를 세무서에 제출하거나 지급관련 증빙서류를 보관하여야 한다.

(6) 기준경비율 적용시 유의사항

① 기준경비율 적용대상자들에게 장부작성을 유도하기 위해 표준소득률 제도를 폐지하고 기준경비율제도를 시행하게 되므로 지출한 비용을 필요경비로 인정받아 수입금액에서 공제받기 위해서는 매입비용, 임차료, 인건비는 물론 가능한 모든 거래의 증빙서류를 받아 보관하여야 한다.

② 직전년도의 수입금액이 4,800만원 이상인 사업자가 기준경비율 비율에 의해 소득세를 신고하면 무기장가산세 10%(복식부기 의무자는 20%)가 부과되는 반면 간편장부대상자는 장부를 기장하면 10%의 기장세액공제를 받게 되므로 이처럼 장부를 기장하면 세금을 줄일 수 있다.

(7) 추계 소득금액 계산방법

- 기준경비율에 의한 소득 금액은 다음과 같이 계산합니다. (①, ② 중 적은 금액)

① 소득금액 = 수입금액 – 주요경비 – (수입금액 × 기준경비율*)

② 소득금액 = 〔수입금액 – (수입금액 × 단순경비율)〕 × 배율

* 복식부기의무자는 기준경비율의 1/2을 곱하여 계산

※ 2013년 귀속배율 : 간편장부대상자 2.4배, 복식부기의무자 3.0배

(8) 원천징수 납부

① 원천징수는 누가, 어떤 경우에 해야 하나?

원천징수는 원천징수 대상이 되는 소득이나 수입금액을 지급할 때 이를 지급하는 자(원천징수의무자)가 하여야 한다. 원천징수 대상소득은 봉급, 상여금 등의 근로소득이나 이자소득 및 배당소득, 퇴직소득 및 연금소득, 상금이나 강연료 등 일시적 성질의 기타소득, 인적용역소득(사업소득), 그리고 공급가액의 20%를 초과하는 봉사료 등이 포함된다.

② 원천징수 세액의 납부

원천징수한 세액은 다음달 10일까지 은행·우체국 등 가까운 금융회사에 납부하고, 원천징수이행상황신고서는 세무서에 제출하여야 한다. 관할세무서장으로부터 반기별 납부 승인 또는 국세청장의 지정을 받은 자는 상반기 원천징수한 세액을 7.10까지, 하반기 원천징수한 세액을 다음해 1.10까지 납부하면 된다(※'원천징수이행상황신고서'도 반기별로 제출하면 된다).

③ 반기별 납부

반기별 납부대상자는 직전 과세기간 상시 고용인원이 20인 이하인 사업자(금융보험업 제외)로서 세무서장의 승인 또는 국세청장의 지정을 받은 자이며, 신청기간은 상반기부터 반기별 납부를 하고자 하는 경우: 직전연도 12. 1~12. 31까지이고, 하반기부터 반기별 납부를 하고자 하는 경우: 직전연도 6. 1~6. 30까지이다.

④ 기타소득의 원천징수

- 원천징수할 세액 = (지급액 − 필요경비) × 20%
- 필요경비
  - 지급금액의 80%를 인정하는 경우
    - 일시적 인적용역(강연료, 방송해설료, 심사료 등)

- 지역적·지상권 설정대가
- 공익법인이 주무관청의 승인을 얻어 시상하는 상금·부상
- 다수가 순위 경쟁하는 대회에서 입상자가 받는 상금·부상
- 창작품에 대한 원작자로서 받은 원고료, 인세 등
- 상표권, 영업권, 산업상 비밀 등의 자산이나 권리의 대여금액

• 기타 : 수입금액을 얻기 위하여 지출한 비용

⑤ 사업소득의 원천징수

원천징수대상 사업소득을 지급할 때에는 지급금액의 3%를 원천징수하여야 한다. 원천징수 대상 사업소득은 전문지식인 등이 고용관계 없이 독립된 자격으로, 직업적으로 용역을 제공하고 받는 대가와 의사 등이 의료보건용역을 제공하고 받는 대가 등이 포함된다.

⑥ 봉사료의 원천징수

사업자가 음식·숙박용역 등을 제공하고 그 대가와 함께 봉사료를 받아 자기의 수입금액으로 계상하지 아니하고 이를 접대부 등에게 지급하는 경우로서, 그 봉사료금액이 매출액의 20%를 초과하는 경우 등이 대상이 된다. 원천징수세액은 봉사료 지급액의 5%를 원천징수하여야 한다.

⑦ 지방소득세 소득분의 원천징수

소득세를 원천징수할 때는 원천징수세액의 10%를 지방소득세 소득분으로 함께 원천징수하여 납부하여야 한다.

(9) 현금영수증·신용카드 이용 안내

① 현금영수증·신용카드 이용 혜택

현금영수증 수취금액과 신용카드 등의 사용금액이 총급여액의 25%를 초과하는 경우 그 초과금액의 15%를 소득공제 받을 수 있고 직불카드 등과 대중교통·전통시장 사용분은 그 초과금액의 30%를 소득공제 받을 수 있다. 공제대

상은 현금영수증, 신용카드·직불카드·기명식 선불카드의 사용금액, 학원비 지로 납부금액 등으로, 공제대상 금액에는 연간소득금액 100만원 이하인 근로자의 배우자 및 생계를 같이하는 직계존·비속(배우자의 직계존속 및 입양자 포함)의 사용금액도 포함된다.

② 가맹점 세액공제(개인사업자)

현금영수증이나 신용카드 등의 발행금액 13%(2014.12.31까지)를 연간 500만원 한도로 부가가치세에서 세액공제 받을 수 있다(음식 또는 숙박업을 영위하는 간이과세자는 2014.12.31까지 2.6%). 신용카드 단말기에 현금영수증 발급장치를 설치한 현금영수증 가맹점은 거래건별 5천원 미만의 현금영수증 발급건(전화망을 사용)에 대하여 건별 20원의 소득세 세액공제를 받을 수 있다. 공제대상은 현금영수증, 신용카드·직불카드·전자화폐·기명식 선불카드 매출분 등이 포함된다.

사례 1

세계 최강 면도기 골리앗 질레트 무너뜨린 스타트업

세계 면도기 시장의 최강자 115년 전통의 '질레트'. 1800년대 후반, 일자면도기 대신 안전면도기를 처음 만들어 보급하면서 업계의 혁신을 주도해왔던 질레트가 최근 고전을 면치 못하고 있다. 2010년 70%였던 시장점유율은 2016년 54%로 떨어졌고 온라인 시장에서의 점유율은 20%밖에 되지 않는다. 위기감을 느껴서일까. 콧대 높던 질레트가 최근 제품 가격을 20% 인하하겠다고 발표했다. 더 놀라운 사실은 업계 최강자의 콧대를 꺾은 이가 2011년 설립된 스타트업이라는 점이다. 그 주인공은 바로 '달러 쉐이브 클럽(Dollar Shave Club)'. 이 회사는 어떻게 업계 최강자를 상대로 승기를 잡을 수 있었을까?

온라인 면도기 시장 점유율

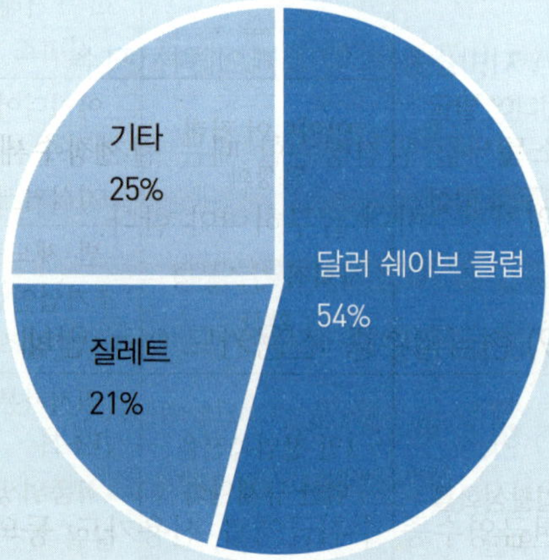

자료: 유로모니터(2015년)

바로 '틈새'을 노렸기 때문이다. 달러 쉐이브 클럽 창업자들이 생각한 질레트의 빈틈은 높은 가격이었다. 질레트는 교체용 면도날을 끊임없이 신형으로 개발하고 수백억원의 마케팅 비용을 들여 이를 판매해왔다. 질레트가 광고에 들이는 비용만 연간 679억원이었는데, 이는 고스란히 소비자들이 떠안아야 할 가격이었다. 이에 달러 쉐이브 클럽은 "시간과 돈을 깎자"라는 모토를 세우고 독특한 마케팅을 시도한다. 매달 정액을 내고 면도기 종류를 선택하면 집으로 면도날이 배달되는 방식이었다. 예를 들면 2중날 면도기는 5개에 $1, 4중날 면도기는 4개에 $5의 가격을 받는 식이다. 질레트 면도기의 절반도 안 되는 가격이다. 이 회사 창업자 마이클 두빈은 광고에서 "면도기에 진동 핸들과 10중날이 정말 필요한가요? 쓸데없는 면도기 기능에 돈 쓰지 마세요. $1만 내면 면도날을 보내 드립니다" 라고 자신만만하게 말한다. 아울러 달러 쉐이브 클럽은 광고비용도 최저가를 고수한다. 창업자 두빈이 도발하듯 내놓은 광고도 500만원짜리 광고에 불과하다. 광고비에 쏟아붓는 질레트와 비교할 수 없을 만큼 적은 금액이지만 소비자들은 500만원짜리 광고에 더 열광했다. 저가 광고를 위해 달러 쉐이브 클럽은 SNS를 적극 활용한다. 또 면도기를 사용하는 층이 고정돼 있다는 특징을 활용해 특정 소비자층만을 겨냥한 타깃광고를 내보낸다. 아울러 온라인 유통 방식을 통해 중간소매상에게 가는 돈을 아낀다. 이렇게 아낀 돈으로 달러 쉐이브 클럽은 더 저렴한 면도날을 만들어 내고, 소비자들은 비슷한 품질에 더 싼 면도날을 편하게 배달받는 Win-Win 경험을 하게 된다. 이 같은 달러 쉐이브 클럽의 선전을 두고 전문가들은 '개발자 경험에 대한 소비자 경험의 완벽한 승리'라는 평가를 내렸다. 즉 질레트가 자신들(개발자)의 하이테크놀로지에 심취한 나머지 소비자들의 욕구를 읽지 못한 반면, 달러 쉐이브 클럽은 소비자들이 더 간소하고, 간편한 제품을 원하고 있다는 점을 간파해 소비자 경험을 재빠르고 완벽하게 충족시켰다는 것이다. 현재 달러 쉐이브 클럽의 회원은 320만 명에 달하며 연 매출만 2,662억원에 달한다. 이 같은 성과로 이 회사는 2016년 7월 거대 다국적기업 유니레버에 10억 달러의 거액으로 인수되기도 했다.

〈지식비타민, 2017.4.25.〉

제4절 장부작성 비치

1. 복식장부

사업자는 원칙적으로 매일매일 발생하는 거래에 대하여 증빙을 갖추고 복식 부기원리에 따라 모든 거래 사실이 객관적으로 파악될 수 있도록 장부에 기록 관리하여야 하며 소득세, 법인세 신고 시에는 소득세, 법인세 신고서와 함께 기장에 의하여 작성된 대차대조표, 손익계산서, 합계잔액시산표 및 조정계산서와 기타 세법이 요구하는 명세서를 첨부하여 관할세무서에 제출하여야 한다.

이와 같이 복식부기원리에 따라 기장하고 신고하여야 하는 사업자를 복식부기 의무자로 하는데 복식부기 의무자가 기장을 하지 않거나 소득세, 법인세 신고 시 재무제표를 첨부하지 않는 경우에는 무기장 가산세와 신고불성실가산세 등이 부과되어 높은 세금을 부담하게 되는 불이익을 받게 된다.

2. 간편장부

직전연도 수입금액이 일정금액 미만인 개인사업자는 복식부기에 의한 기장을 하지 않더라도 국세청장이 정하는 간편장부에 의하여 거래사실을 기록하고 관련 증빙을 보관하는 경우에는 기장의무를 이행한 것으로 보게 된다.

간편장부란 복식부기에 의한 기장능력이 취약한 중소개인사업자가 장부를 쉽고 간편하게 작성할 수 있도록 국세청장이 고시한 약식장부를 말한다. 간편장부에 의한 기장방법은 거래일자, 거래내용, 거래처, 수입(매출)란, 경비란, 고정자산 매입란 등 6가지로 구분하여 매일 매일의 거래내용을 날짜 순으로 기록, 관리하고 관련증빙을 보관하면 되기 때문에 복식부기 의무자처럼 대차분개에 의한 전표를 발행한다든지 총계정원장이나 기타 부속 보조장부를 만들어야 할 의무는 없다.

물론 간편장부 대상자인 경우에도 사업자의 형편에 따른 다른 장부를 추가해도 되고 기타 목적으로 복식부기에 의한 기장을 해도 무방하다.

3. 장부의 비치·기장

소득세는 사업자가 스스로 본인의 소득을 계산하여 신고· 납부하는 세금이므로, 모든 사업자는 장부를 비치·기장하여야 한다.

- 간편장부 대상자는 해당연도에 신규로 사업을 시작하였거나 직전연도의 수입금액이 아래에 해당하는 사업자를 말한다.

업종구분	직전연도 수입금액
가. 농업 및 임업, 어업, 광업, 도매업 및 소매업, 부동산매매업, 아래 '나' 및 '다'에 해당하지 아니하는 업	3억원 미만
나. 제조업, 숙박 및 음식점업, 전기·가스·증기 및 수도사업, 하수·폐기물 처리·원료재생 및 환경복원업, 건설업, 운수업, 출판·영상·방송통신 및 정보서비스업, 금융 및 보험업	1억 5천만원 미만
다. 부동산임대업, 서비스업(전문·과학·기술·사업시설관리·사업지원·교육), 보건 및 사회복지사업, 예술·스포츠 및 여가관련서비스업, 협회 및 단체, 수리 및 기타 개인서비스업, 가구 내 고용활동	7천 5백만원 미만

※ 단, 전문직사업자는 2007.1.1. 이후 발생하는 소득분부터 수입금액에 상관없이 복식부기 의무가 부여됨.

- 복식부기 의무자는 간편장부대상자 이외의 모든 사업자는 재산상태와 손익거래 내용의 변동을 빠짐없이 거래시마다 차변과 대변으로 나누어 기록한 장부를 기록·보관하여야 하며, 이를 기초로 작성된 재무제표를 신고서와 함께 제출하여야 한다.

- 장부를 기장하지 않은 경우의 불이익
  - 복식부기의무자는 신고를 하지 않는 것으로 간주하여 산출세액의 20%(부당 무신고는 40%)와 수입금액의 0.07%(부당 무신고는 0.14%) 중 큰 금액을 가산세로 물게 된다.
  - 간편장부대상자는 산출세액의 20%를 가산세로 물게 된다(직전연도 수입금액이 4,800만원 미만인 사업자는 제외).
  - 결손이 났더라도 이를 인정받지 못한다.

◎ 소득금액 계산

- 장부를 비치·기장하고 있는 사업자는 총수입금액에서 필요경비를 제공하여 계산한다.
- 장부를 비치·기장하지 않은 사업자의 소득금액은 다음과 같이 계산한다.

(1) 기준경비율 적용 대상자(①, ② 중 적은 금액)

① 소득금액＝수입금액－주요경비－(수입금액×기준경비율*)

* 복식부기의무자는 기준경비율의 1/2을 곱하여 계산

② 소득금액＝〔수입금액－(수입금액×단순경비율)〕×배율

※ 배율: 간편장부대상자 2.4배, 복식부기의무자 3.0배

(2) 단순경비율 적용 대상자

소득금액＝수입금액－(수입금액×단수경비율)

◎ 신고를 하지 않는 경우의 불이익

- 각종 세액공제 및 감면을 받을 수 없다.
- 무거운 가산세를 물게 된다.
  - 신고불성실 가산세＝산출세액×20%(부당 무신고 시 40%)
  - 납부불성실 가산세＝미납부세액×0.03%×경과일수

4. 업종별 장부비치 기장의무 기준(직전연도 수입금액 기준)

표 8-7 업종별 장부비치 기장의무 기준

구 분	간편장부 의무자	복식부기 의무자
도매업, 소매업, 광업, 어업, 축산업, 부동산매매업	3억원 미만	3억원 이상
제조업, 건설업, 음식·숙박업, 전기가스 및 수도사업, 운송통신업, 창고업, 금융보험업, 소비자용품수리업	1억 5천만원 미만	1억 5천만원 이상
부동산임대업, 사회서비스업, 보건 및 사회복지사업, 사회 및 개인서비스업, 가사서비스업	7,500만원 미만	7,500만원 이상

제5절 영수증

개인이나 법인의 소득을 계산하는 가장 기본적인 요소는 매출액과 매출원가 및 기타 경비로서 소득은 매출액에서 매출원가 및 일반관리비 등 경비를 차감하여 계산하는 것이다. 따라서 소득을 정확하게 계산하기 위해서는 거래증빙을 확실하게 갖추어 놓아야 한다. 거래 증빙을 보관하고 있으면 동 금액은 세법이 허용하는 범위 내에서 경비로 인정받음으로써 세금을 절세할 수 있으며, 복식부기에 의한 기장의무를 이행하면 당해 연도에 비록 결손이 나더라도 지난해 납부한 소득세에서 결손금액에 해당되는 세액만큼을 환급받을 수 있을 뿐만 아니라(중소기업 사업소득 결손금 소급공제), 다음 사업연도 이후 5년간 발생하는 소득에서 결손금액을 차감하여 과세소득을 계산하게 되므로(결손금 이월공제) 그만큼 세금을 절약할 수 있다.

1. 거래증빙의 종류

(1) 세금계산서

부가가치세 과세사업자 중 일반과세자가 재화·용역 등을 공급할 때 발행하는 거래증빙으로 여기에는 공급하는 자와 공급받는 자의 사업자등록번호, 상호, 주소, 대표자명 및 업태, 종목과 공급가액, 부가가치세액, 거래명세 등이 기재되어 있다.

(2) 계산서

부가가치세 면세사업자가 재화·용역 등을 공급할 때 발행하는 거래증빙으로 그 기재내용은 세금계산서와 거의 동일하지만 부가가치세가 과세되지 않는 거래이므로 부가가치세액란은 없다.

(3) 신용카드 매출전표

신용카드 가맹사업자가 발행하는 거래증빙으로 공급하는 자에 관한 사항(상호, 주소, 대표자명, 업태, 종목 등)은 기재되어 있으나 일반적으로 공급받는 자에 관한 사항과 부가가치세액은 별도로 기재되지 않는다.

(4) 영수증

부가가치세 과세사업자 중 간이과세자가 재화, 용역을 공급할 때 발행하는 거래증빙으로 여기에도 공급하는 자에 관한 사항은 기재되어 있으나 공급받는 자에 관한 사항과 부가가치세액은 별도로 기재되지 않는다(일반과세자의 경우에도 소매, 음식·숙박업 등과 같이 최종 소비자를 대상으로 재화, 용역을 공급하는 자는 세금계산서 대신 영수증을 교부할 수 있다).

2. 법정 영수증

법인 및 복식부기의무자인 개인사업자가 경비로 인정받기 위하여 지출증빙을 수취할 때는 원칙적으로 세금계산서 또는 계산서, 신용카드매출전표를 교부받아야 한다.

거래증빙으로 일반 영수증을 교부 받게 되면 경비로 인정되기는 하나 영수증 금액의 2%만큼의 증빙불비가산세로 부과되어 그만큼 세금을 더 내는 불이익이 있다. 다만 거래 건당 금액이 5만원 미만인 경우나 기타 세법이 정하는 경우에는 예외적으로 일반 영수증 수취가 인정된다.

따라서 경비지출 시 세법상 불이익을 받지 않기 위해서는 가능한 일반 영수증이 아닌 세금계산서와 계산서 또는 신용카드매출전표를 받는 것이 절세에 도움이 된다.

접대비 건당 지출금액이 5만원 이상의 경우에는 지출증빙으로 신용카드전표나 세금계산서, 계산서 등을 교부받아야 한다.

3. 현금영수증 발급 의무화를 시행

전문직, 병의원, 일반학습원, 예술학원, 골프장업, 장례식장업, 예식장업, 부동산중개업 사업자 등은 현금영수증 가맹점에 가입하여야 한다. 대상 가맹점에 포함되지 않더라도 30만원 이상 거래금액(부가세 포함)에 대하여 그 대금을 현금으로 받은 경우 소비자가 요청하지 않아도 현금영수증을 발급하여야 한다. 〈사업자에게 (세금)계산서를 발급하는 경우 제외〉

※ 예시: 거래금액 30만원 중 신용결제 10만원, 현금결제 20만원 → 현금영수증 발급 의무 20만원

◎ 적용대상 업종

전문직종	변호사업, 회계사업, 세무사업, 변리사업, 건축사업, 법무사업, 심판변론인, 어업경영지도사업, 기술지도사업, 감정평가사업, 손해사정인업, 통관업, 기술사업, 도선사업, 측량사업, 공인노무사업
의료업종	병원, 의원, 치과병원, 한의원, 수의업 등 * 다만, 의료보험적용 진료거래는 과태료 부과대상에서 제외
기타업종	일반교습학원, 예술학원, 골프장업, 장례식장업, 예식장업, 부동산중개업, 일반유흥주점(단란주점 포함), 무도유흥주점, 산후조리원

- 소비자가 현금영수증 발급을 요청하지 않아 인적사항을 확인할 수 없는 경우 국세청 지정번호(010-000-1234)로 현금영수증을 자진 발급하여 소비자에게 교부하여야 한다.
  - 소비자는 현금영수증 홈페이지 자진발급 사용자등록에서 해당 현금영수증 거래금액 등을 입력 후 등록하면 소득공제를 받을 수 있다.

◎ 발급 의무 위반에 대한 과태료 부과

- 과태료 부과
  - 현금영수증 발급 의무를 위반한 자에 대해 현금영수증 미발급 금액의 100분의 50에 상당하는 과태료를 부과한다(국민건강보험금에 따른 보험급여 제외).

※ 자세한 내용은 'http://현금영수증.kr', 스마트폰 'http://m.taxsave.go.kr' 또는 국세청 126 세미래 콜센터(☎국번없이 126)로 문의하면 된다.

추 가 (10개 업종)	시계 및 귀금속 소매업, 피부미용업, 기타 미용관련 서비스업, 실내건축 및 건축 마무리 공사업(도매업만 영위하는 경우 제외), 결혼사진 및 비디오 촬영업, 맞선주선 및 결혼상담업, 의류임대업, 포장이사 운송업, 관광숙박업, 운전학원

4. 전자세금계산서 제도

◎ 전자세금계산서를 발급해야 하는 사업자

- 법인사업자는 2011년부터, 직전연도 공급가액 10억원 이상 개인사업자는 2012년부터 전자세금계산서를 발급
- 전자세금계산서 발급의무자가 전자세금계산서를 발급하지 않거나 전송하지 않는 경우 가산세 부과

◎ 전자세금계산서 발급방법

- 국세청에서 운영하는 'e세로' 홈페이지에서 발급
- 전자세금계산서 시스템 사업자(ASP), ERP를 통한 발급
- 기타 발급방법(인터넷 사용이 어려운 경우)

※ 전화ARS(☎126-내선3)로 발급, 세무서 방문하여 대리발급 신청

- 전세금계산서 미발급 가산세(공급가액의 2%), 지연발급 가산세(공급가액의 1%)
- 미전송가산세(공급가액의 0.3%), 지연전송가산세(공급가액의 0.1%)

◎ 전자세금계산서 발급 · 전송기한

- 발급기한: 재화 또는 용역의 공급일이 속한 달의 다음달 10일
- 전송기한: 전자세금계산서 발급일의 다음날

◎ 전자세금계산서 발급 · 전송 혜택

- 전자세금계산서 발급건당 200원(연간 한도 100만원)의 세액공제

- 세금계산서 보관의무 면제
- 부가가치세 신고 시 합계표 개별명세 작성 불필요

5. 절세와 탈세는 어떻게 다른가?

세금은 국가나 지방자치단체가 그 재정수요를 충당하기 위하여 개별적인 보상 없이 국민으로부터 강제적으로 징수하는 것이다. 따라서 세금을 징수당하는 국민의 입장에서 보면 가능한 한 세금을 적게 내거나 좀 더 줄여서 내고 싶은 것이 모든 사람들의 솔직한 심정일 것이다. 그렇다고 무조건 적게 낼 수는 없는 노릇이다. 왜냐하면 국민으로서 마땅히 지켜야 할 법을 위반하게 될 수도 있기 때문이다.

절세와 탈세는 모두 납세자가 자기의 세금부담을 줄이고자 하는 목적에서 행해진다는 점에서는 같다고 할 수 있다. 그러나 그 방법이 세법이 허용하는 범위 내에 있을 때는 '절세'라고 할 수 있으나, 사기, 기타 부정한 방법으로 세금부담을 줄이는 것은 '탈세'로서 조세범처벌법에 의하여 처벌을 받게 된다.

(1) 절세(Tax Saving)

'절세'란 세법이 인정하는 범위 내에서 합법적, 합리적으로 세금을 줄이는 행위를 말한다. 절세에 특별한 비결이 있는 것은 아니며, 세법을 충분히 이해하고 법 테두리 안에서 세금을 줄일 수 있는 가장 유리한 방법을 찾는 것이 절세의 지름길이다. 사업과 관련된 세금을 절세하려면

- 평소 증빙자료를 철저히 수집하고 장부정리를 꼼꼼하게 하여 안내도 될 세금은 최대한 내지 않도록 하고,
- 세법에서 인정하고 있는 각종 소득공제·세액공제·준비금·충당금 등의 조세지원 제도를 충분히 활용하며,
- 세법이 정하고 있는 각종 의무사항을 성실히 이행함으로써 매입세액 불공제나 가산세 등의 불이익 처분을 받지 않도록 하여야 한다.

(2) 탈세(Tax Evasion)

'탈세'란 고의로 사실을 왜곡하는 등의 불법적인 방법을 동원해서 부담금을 줄이려는 행위를 말한다. 탈세의 유형은 여러 가지가 있으나 그중 대표적인 것을 살펴보면

- 수입금액 누락
- 실물거래가 없는데도 비용을 지출한 것으로 처리하는 가공경비 계상
- 실제보다 비용을 부풀려 처리하는 비용의 과대계상
- 허위계약서 작성
- 명의위장
- 공문서 위조 등

이 있다.

탈세행위는 국가재정을 축내는 행위이기도 하지만, 더욱더 중요한 것은 탈세로 축낸 세금은 결국 다른 사람이 부담해야 하기 때문에 성실한 납세자가 피해를 볼 수도 있다는 점이다. 따라서 정부에서는 신용카드가맹점 확대, 주류구매전용카드제 시행, 입장권전산발매시스템 및 「과세자료제출 및 관리에 관한 법률」 도입 등으로 과세근거를 자동적으로 포착할 수 있도록 하고 있으며, 부가가치세 과세 특례제도 폐지, 금융소득종합과세 재실시, 실지거래가액에 의한 양도소득세 과세 등을 통하여 탈세 행위를 근절시키기 위한 다양한 노력을 기울이고 있다.

(3) 조세회피(Tax Avoidance)

'조세회피'란 세법이 예상하는 거래형식을 따르지 아니하고 우회행위 등 이상한 거래형식을 취하여 통상의 거래형식을 취한 경우와 동일한 효과를 거두면서 세금부담을 줄이는 것을 말한다. 조세회피는 사회적 비난의 대상은 될 수 있으나 세법상 처벌대상이 되지는 아니한다. 「상속세 및 증여세법」이 개정되기 전의 전환사채를 이용하여 사실상 주식을 증여하는 행위 또는 비상장주식을 증

여한 후에 상장하여 시세차익을 얻게 하는 행위 등이 '조세회피'에 해당된다.

정부에서는 문제가 있을 때마다 세법을 개정하여 조세회피를 방지하는 규정을 새로 만들지만 「소급과세금지」 규정 때문에 이미 지나간 사안에 대하여는 과세를 하지 못하고 있는 설정이다. 절세가 합법적인 조세절약 행위라고 한다면 조세회피 행위는 합법적인 탈세라고 할 수 있다. 따라서 정부에서는 자본거래에 대한 포괄적 과세제도를 도입하는 등 조세회피 행위를 방지하고 공평과세를 실현하기 위해 다양한 노력을 기울이고 있다.

세금절약을 위한 10가지 비법

1. 지출증빙을 챙기자! 영수증은 돈이다.
2. 현금영수증은 무조건 받아라.
3. 가짜 세금계산서는 쳐다보지 않는다.
4. 거래대금 지급은 금융거래를 이용한다.
5. 사업자등록 명의를 빌려주지 않는다.
6. 세금을 내지 못해도 신고기한은 반드시 지킨다.
7. 손해난 사실을 인정받으려면 기장을 해야 한다.
8. 세금혜택을 찾아라.
9. 세금과 관련된 일이면 무조건 세무전문가와 상담한다.
10. 억울한 세금은 조세불복제도를 활용한다.

사례 2

세계 최고의 빵집은 무엇이 다른가?

2002년 샌프란시스코 건물 모퉁이에 간판도 달지 않고 문을 연 115㎡의 빵집 '타르틴 베이커리'. 규모도 크지 않고 대형 체인을 보유하고 있지도 않지만, 타르틴 베이커리는 외식업계 최고 권위의 자갓 서베이(ZAGAT survey)가 추천한 '샌프란시스코 최고의 베이커리'이자 뉴욕타임스가 선정한 '세계 최고의 빵집'이다. 매일 오후 5시, 가게 앞은 타르틴 베이커리의 대표 빵인 8.5달러 '타르틴 브레드'를 사려는 줄로 북적인다. 세계 각국 관광객도 미국에 오면 꼭 먹어봐야 할 음식으로 타르틴 브레드를 꼽는다. 간판도 없던 동네빵집이 세계에서 손꼽히는 유명 빵집이 될 수 있었던 비결은 무엇일까.

첫 번째 비결은 개방성이다. 타르틴 베이커리는 주기적으로 자신들의 빵 레시피를 담은 요리책을 펴내고, 동영상, 신문 등을 통해 빵 굽는 방법부터 이를 응용한 요리법까지 공개한다. 이 때문에 샌프란시스코를 넘어 뉴욕·시애틀·시카고 등지까지 타르틴 브레드와 비슷한 빵들이 만들어지기 시작했고, 일각에선 이를 하나의 '운동(Movement)'이라고 칭하기도 한다. 타르틴 베이커리의 창업자 채드 로버트슨(Robertson)은 레시피를 공유함으로써 누리게 되는 장점이 비법을 뺏길 때의 단점보다 훨씬 많고, 레시피 공유로 사람들이 아이디어를 모두 알고 있다는 사실이 스스로를 더 채찍질해 더 맛있고 질 좋은 상품을 만들어내게 한다고 말한다.

두 번째 비결은 엄격한 품질관리다. 로버트슨은 품질관리를 충분히 할 만한 팀이 만들어지지 않는 이상 점포를 확장하지 않았다. 첫 2호점도 창업 14년 만인 작년 8월 본점에서 1.2km 떨어진 곳에 생겼다. 2호점에서 일하는 사람들도 본점에서 3~4년 동안 직접 일하며 실력과 신뢰를 쌓은 직원들이다. 또 그는 빵집이 문을 닫은 밤부터 문을 여는 새벽 여섯시까지 일하던 미국 제빵사 근무 시간 관행을 과감히 깨고 근무 시간을 이른 아침부터 저녁까지로 바꿔 손님들에게 갓 구운 빵만 제공한다. 물론 미리 만들어 놓고 빵을 팔면 가게 입장에서 편리하겠지만 기꺼이 돈을 지불하고 빵을 사러 온 손님에 대한 예의가 아니라는 판단에서다. 로버트슨은 현재 팔리고 있는 여러 종류의 빵들은 편리함만을 추구한 나머지 빵의 기본인 건강을 도외시하고 있다며, 편리함이 우선이 되면 풍미가 희생된다고 우려했다.

아울러 로버트슨은 세계 여러 스타 셰프들과 아이디어를 교환하는 것으로 유명하다. 중식 셰프와 만날 때는 마파두부 피자를 만들고, 푸드트럭에서 고기를 파는 한국계 셰프와는 함께 건강식 햄버거 프로젝트를 진행하기도 한다. 레시피를 공유하고 새로운 음식을 만들어내는 과정에서 스스로 또 다른 아이디어를 생각해낼 수 있다는 믿음에서다. 로버트슨은 이런 점에서 스스로를 '사람들의 도전을 보고 새로운 영감을 얻는 셰프'라고 칭한다. 그는 '최고의 빵을 만들고 있다'고 생각하지 않고 '좋은 빵'을 만들고 있고 있다고 생각하면 계속해서 성장해 나갈 수 있는 동력을 얻을 수 있다고 말한다.

〈지식비타민, 2017.2.21.〉

CONRAD

Chapter 9

창업경영자의 경영전략

핑크박스로 디저트계 파란 일으킨 르 브레드 랩

국내 디저트시장이 가파르게 성장하고 있다. 2013년 3천억원에 불과했던 시장은 2015년 1조 5천억원으로 5배나 커졌고 디저트를 찾는 소비자들의 눈과 입도 훨씬 더 까다로워졌다. 이 가운데 SNS를 통해 입소문이 나며 촉망받는 창업아이템으로 떠오른 디저트 가게가 있다. 바로 '르 브레드 랩'이다. 르 브레드 랩은 생딸기 오믈렛, 바나나 오믈렛, 치즈 오믈렛 등 눈에 확 띄는 비주얼로 소비자들의 호기심을 자극했고, 이 덕분에 일부 지역에선 줄 서야 맛볼 수 있는 수제 디저트가게가 됐다. 창업전문가들은 르 브레드 랩의 급성장을 두고 "치열한 창업 시장에서 자신만의 경쟁력으로 입지를 굳건히 했다"는 긍정적인 평가를 내린다. 치열한 국내 디저트시장에서 르 브레드 랩이 내세운 '자신만의 경쟁력'은 무엇이었을까?

첫째, 르 브레드 랩은 '가성비'라는 현 시대 트렌드를 정확히 읽어냈다. 이 곳에서 파는 디저트는 24개에 1만원이 조금 넘는 가격이면 맛볼 수 있다. 지갑이 얇은 학생들 및 가성비를 중시하는 가정주부들의 니즈를 충족시키기 위한 전략이었다. 전략대로 이 곳을 찾는 손님 중엔 학생과 주부가 대다수다. 하지만 가격이 저렴하다고 외형까지 저렴해 보이는 것은 아니다. 르 브레드 랩 창업자 차은주 대표는 싼 가격이지만 '사진 찍고 싶을 만큼 예쁜' 디저트를 만들어내고 싶었고 그래서 노릇한 빵, 새하얀 생크림, 생과일까지 얹은 오믈렛을 생각해냈다. 예상한 대로 반응은 폭발적이었다. 분홍색 박스에 소품처럼 예쁘게 담겨져 나오는 르 브레드 랩의 디저트들은 실시간으로 SNS를 통해 공유됐고 가성비를 중시하는 젊은 층 사이에서 빠르게 소비되기 시작했다. 맛집의 음식을 스마트폰으로 찍어 자신의 SNS에 올리고 자랑하는 라이프스타일에 맞춰 공략한 것이다.

둘째, 아무리 장사가 잘 되어도 매장 수를 일정 수준 이상으로 늘리지 않는 것도 르 브레드 랩의 사업전략이다. 실제 르 브레드 랩 매장은 인천, 천안, 용인, 부산 등을 포함해 전국에 10개가 채 되지 않는다. 양적인 성장 대신 지속적인 성장, 점주들과 함께 하는 성장을 이루고 싶다는 차 대표의 경영철학이 반영된 결과다. 이 때문에 아무리 창업 문의가 쇄도해도 차 대표는 권역별로 1개 이상의 매장을 두지 않는다. 궁극적으로 폐점율 0%를 만드는 게 차 대표의 목표다.

셋째, 차 대표의 또 다른 경영철학은 스스로 사업가가 아닌 빵 만드는 사람이 되자는 것이다. 즉 창업가가 스스로를 사업가로 포장하면 결국 돈 버는 것에 집중할 수밖에 없지만, 반대로 제품 만드는 사람으로 생각하면 제품의 품질에 집중할 수밖에 없다는 얘기다. 당연한 이야기처럼 들리지만 차 대표는 이 같은 기본을 지키는 게 롱런할 수 있는 기초 체력이 될 수 있다고 확신한다. 그는 "누구나 손쉽게 다가올 수 있는 디저트 브랜드를 만드는 게 꿈"이라며 "앞으로도 사업하는 사람이 아닌 빵 만드는 사람이 되고 싶다"고 말한다.

〈지식비타민, 2017.10.23.〉

제 1 절 창업경영자의 기업가정신

1. 기업가정신의 정의

경제환경의 변화에 따라 창업에 대한 일반인뿐만 아니라 학생들의 관심이 증가하면서 기업가정신(entrepreneurship=企業家情神)이란 용어를 자주 접하게 된다. 창업은 기업가(entrepreneur)의 꿈과 아이디어로부터 시작하여 기업가정신에 의해 구체화된다. 기업가는 원래 수행하다, 시도하다, 또는 모험하다 등을 의미하는 프랑스어 'entreprendre'에서 유래되었다. 초창기의 기업가는 모험심이 강한 군인, 탐험가, 건축가, 상인들이 대부분을 차지했는데, 이 기업가정신의 개념은 지금까지 많은 연구자들에 의해 사용되어 왔으나 아직 공통된 정의는 없는 실정이다. 다만 지금까지 연구자들이 내린 정의들을 검토해 보면 크게 두 가지로 나눌 수 있다.

하나는 기능적 접근에 의한 정의로서 기업가정신의 경제적 기능에 초점을 맞추고 있다. 예를 들면, 18세기 캔틸론(R. Cantillon)에 따르면 기업가정신은 불확실한 가격에 상품을 구입하여 불확실한 가격으로 판매함으로써 발생하는 위험부담으로 정의하였고, 19세기에 세이(J. B. Say)는 이러한 정의에 생산기능을 첨부하였다. 즉 기업가는 자본가와 달리 생산기능을 담당함으로써 이윤(利潤)을 창출한다고 보았다. 즉, 제품혁신, 생산공정혁신, 시장혁신, 생산요소혁신, 조직혁신 등 다양한 혁신을 담당하는 것이 기업가의 핵심역할이라고 보았다.

둘째는 기업가의 특징으로서 기업가정신을 정의하였는데, 이러한 정의는 개인 기업가의 사회 심리적 특성에 초점을 맞춘 것이다. 예를 들면, 성취욕구, 자유실천 의지, 위험감수 성향 등 심리적 특성을 강조하기도 하지만, 가정환경과 교육수준 등 사회적 요인도 중시하였다. 하지만 두 가지 정의는 각기 장점과 단점을 모두 가지고 있으며, 어느 한 접근 방법이 우월하다고 할 수 없다. 실제로 기업가정신을 기업가의 인간적 특성을 배제한 채 경제적 기능만으로 정의하

표 9-1	기업가정신에 대한 정의
연구자 (연도)	정 의
Knight(1921)	미래를 성공적으로 예측할 수 있는 능력
Suhumpeter(1934)	새로운 결합을 수행하는 것
Cole(1968)	이윤지향적 사업을 시작, 유지, 개발하기 위한 목적을 가진 활동
Leibenstein(1978)	자신의 경쟁자보다 현명하게, 그리고 열심히 일할 수 있는 능력
Stenenson, Robert & Grousbeck(1985)	현재 통제할 수 있는 자원보다는 기회의 지각에 의해 움직이는 것
Gartner(1985)	새로운 조직의 창조
Lo & Macmillan(1988)	새로운 기업의 창조

자료: 원종하, 벤처창업의 이해, 도서출판 대명, 2004, p.72.

기에는 문제가 많다. 또한 기업가의 개인적 특성만으로 기업가정신을 이해하기에는 복잡한 현실을 충분히 설명하기 어렵다. 그래서 여기서는 최근의 정의가 창업과정을 중시하는 경향이 있으므로, 기업가정신을 "자원이나 인력의 제약을 기꺼이 감수하고 기회를 포착하여 사업화하려는 행위 또는 과정"으로 정의하기로 한다.

창업기업의 활성화를 위해 가장 중요한 요소는 사업기회를 포착하여 추진하는 기업가적 활동에 있다. 창업가는 단순히 사업을 새로 시작하는 사람이 아닌 기업가정신을 가진 사람을 뜻하는데, 창업가가 가져야 할 특성은 창의성과 혁신성뿐만 아니라 효율적인 경영관리기법도 필요하다. 이러한 기업가적 활동의 출발은 단기간에 이루어지는 것이 아니고 장기간에 걸쳐 형성되는 것으로 시대에 따라 그 정도가 달라진다. 건전한 기업가적 활동이 왕성해지는 것은 사회 전반의 분위기에 달려 있고, 구체적으로는 사회적 인센티브시스템에 달려 있다. 그러므로 사회적 인센티브시스템의 적절한 개선을 통해 기업가적 활동을 보다 적극적으로 유도할 수 있다.

2. 기업가적 활동

기업가란 사업을 조직하고 운영하며 이익을 위해서는 위험을 감수하는 사람으로 정의할 수 있다. 즉 일정한 수익을 기대하면서 위험을 무릅쓰고 사업을 일으키고 경영하는 사람을 의미하며, 기업가적 활동이란 무로부터 가치있는 무엇인가를 창출하고 구축하는 것을 뜻한다. 즉 기업가적 활동은 현재 갖고 있는 자원에 상관없이 사업기회를 창출하거나 획득하여 사업을 추구하는 과정을 의미한다. 또한 이는 개인, 집단, 조직 및 사회에 대한 가치와 편익을 정의하고 창출하며 배분한다는 의미도 지니고 있다.

근본적으로 기업가적 활동은 인간의 창조적 활동으로 단지 관찰하고 분석하고 묘사하는 것보다도 기업 또는 조직설립을 통해 개인적 에너지를 발산하는 것을 뜻한다. 기업가적 활동은 다른 제3자들(동업자, 고객, 공급자, 종업원, 투자자)에게 비전과 열정, 헌신을 전달하는 것이 핵심이다. 기업가적 활동은 보완적 스킬과 재능을 가진 사람들로 팀을 구성하는 일, 다른 사람이 혼란스럽게 여기는 상황에서 사업 기회를 감지하는 일, 사업 기회를 성공으로 연결시키기 위해 자원을 발견하고 찾아내어 활용하는 일, 현금흐름 관리를 통해 자금이 바닥나지 않도록 하는 일 등을 포함하고 있다.

기업 성장과정에서 중요한 요소는 기술, 인력, 자본 등이 있으나 그중에서도 인력, 특히 창업가가 가장 중요하다. 혁신기술이 중요한 벤처기업에 있어서는 창업가가 차지하는 역할은 기술보다 우위이다. 그랜트는 25명의 미국 전문 벤처캐피탈리스트와의 인터뷰를 통해 무엇이 창업의 성공을 결정하는가에 대해 조사하였는데, 5가지 가장 중요한 요인 중에서 1~4번째가 모두 창업가와 경영팀의 자질이 차지하였으며, 5번째가 시장잠재력(market potential)으로 나타났다. 그만큼 창업과 벤처비즈니스의 성공에서 인적요소가 차지하는 비중이 높다는 것은 의미한다.

〈그림 9-1〉에서 보는 바와 같이 기업가는 창의력과 혁신성, 경영기술과 노하우를 모두 겸비하여야 한다. 창의력은 뛰어나지만 경영기술이 부족한 사람은 벤처기업을 창업하여 기업가가 되기보다는 발명가에 그칠 가능성이 높다. 반면에 경영기술은 뛰어나지만 창의력이 부족한 사람은 정부조직의 행정가나 관료적 기업의 관리자가 될 가능성이 높다. 한편 흥행사는 이러한 두 가지 수단이 모두 부족해도 성공할 수 있다. 물론 성공적인 이벤트 주최나 흥행을 위해서는 번쩍이는 아이디어나 노하우가 필요하지만, 그것은 상대적으로 지속적이지

그림 9-1 창업가와 기업가적 특성

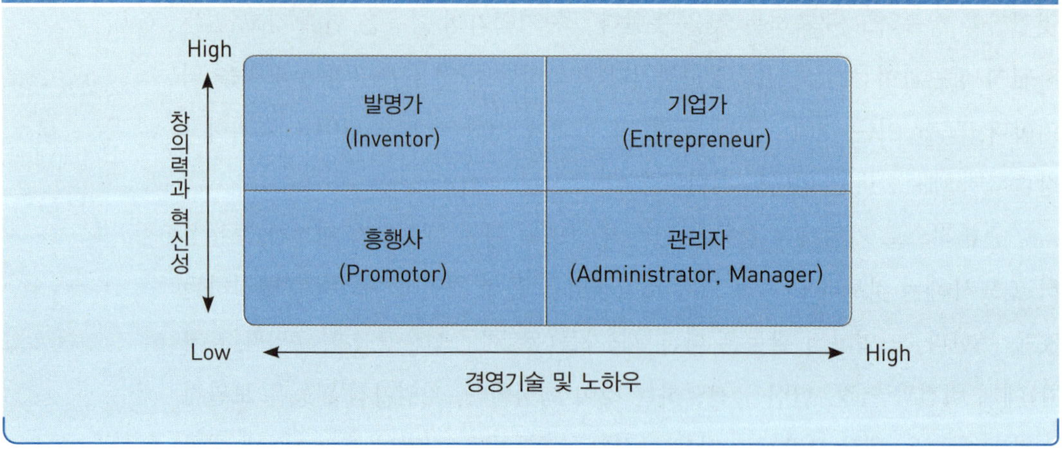

자료: Timmons, *New Venture Creation*, 1994, p.25.

못하고 부분적이기 때문에 창의력과 경영기술이 다소 부족하여도 성공할 수 있는 가능성이 있다.

3. 기업가의 과업과 능력

(1) 기업가의 과업

기업가가 수행하는 일이란 궁극적으로 기회를 감지하고 필요한 인적·물적 자원을 동원하여 기회를 실제 결과로 전환시키는 것이다. 이러한 기업가의 과업은 다음과 같은 네 가지로 나누어 볼 수 있다. 첫째는 기회의 포착과 사업구상인데, 남들이 인지하지 못하는 사업 기회를 감지해 내고 사업화하기 위한 아이디어를 만들어 낸다. 이러한 일을 위해서는 기업가의 창조적 사고력과 통찰력 경험 등이 요구된다. 둘째는 사업의 실제 수행으로, 사업의 실제 운영을 위한 실무를 담당한다. 이를 위해서는 실무에 관한 지식과 활동능력이 필요하다. 셋째는 대인관계 및 네트워크의 구축능력인데, 부족한 자원 및 정보를 얻기 위해서는 은행, 대학, 정부 등으로부터 도움을 받아야 한다. 또한 생산 및 판매와 관련하여 고객과 공급자 등 외부 이해관계자들과도 원만한 관계를 유지해야 한다. 마지막으로 리더십의 발휘인데, 직원을 고용하여 사업을 하는 경우 이들에게 비전을 제시하고 주고 사업목표에 적합한 일을 열정적으로 할 수 있도록 동기부여를 해 주어야 한다. 환언하면 직원들의 잠재력을 최대한 이끌어 낼 수 있도록 리더십을 발휘해야 한다.

(2) 기업가의 능력

사업성공을 위해서 기업가 개인이 갖추어야 할 능력은 다음과 같다. 첫째는 강한 의욕을 가져야 하는데, 기업가의 강한 의욕은 사업과 일에 열정적으로 몰입하는 데 도움을 준다. 특히, 벤처기업의 경우 새로운 기업을 설립하고 운영하는데 많은 노력과 열정이 필요하기 때문에 이러한 개인적 특성은 대단히 중요하다. 둘째는 정신적 능력으로, 기업가의 정신적 능력이란 지능(IQ)과 지적 능력, 창조적 사고력, 분석적 사고력 등을 의미한다. 기업가는 이러한 정신적 능력에 의하여 사업의 당면문제를 체계적으로 분석해 내고 창조적인 문제 해결책을 제시하며 합리적인 일처리를 할 수 있다. 이러한 능력은 기회를 포착하여 현실화하는 데 중요한 역할을 한다. 셋째는 인간관계를 원만하게 할 수 있는 능력으로, 인간관계 능력을 주로 정서적 안정성, 대인관계의 기술, 사교성, 타인에 대한 배려, 감정이입 등의 능력을 의미한다. 기업가는 궁극적으로 고객이나 종업원 등 이해관계자들과 좋은 관계를 유지해야 하기 때문에 인간관계 능력은 사업 성공에 중요한 열쇠이다. 넷째는 의사소통 능력으로, 의사소통 능력은 문서, 또는 말로써 자신의 의사를 효과적으로 전달하는 능력을 말한다. 기업가는 사업을 원활하게 운영하기 위하여 고객, 종업원, 공급자, 주주 등과 효과적으로 의사소통을 하여야 한다. 특히 사업에 대해 설명을 할 경우 의사소통 능력은 중요한 성공요소라 할 수 있다. 다섯째는 기술적 지식인데, 사업이 성공하기 위해서는 궁극적으로 소비자가 원하고, 시장에서 판매될 수 있는 제품과 서비스를 창출해야 한다. 이러한 기술적 지식은 고객이 원하는 제품과 서비스를 만들어 판매하는 과정에서 필요한 기술과 기법을 포함한 개념이다. 예를 들면 제품제조기술, 설비가동기술, 판매기법, 재무분석기법 등이 그것이다. 여섯째는 의사결정 능력으로, 기업가가 사업운영과 관련하여 정확한 의사결정을 시기적절하게 내리는 것은 사업성공에 중요한 영향을 미친다. 특히, 벤처기업의 경우 누가 먼저 시장에 진입하느냐 하는 것이 대단히 중요하기 때문에 의사결정이 적절한 시기에 이루어지지 않을 경우 매우 큰 손실을 가져올 수도 있다. 일곱째는 개념적 능력으로, 개념적 능력은 복잡한 현상의 핵심을 간파하고 그것을 간결한 형태로 재구성함으로써 더욱 효과적인 문제해결책을 제시할 수 있는 능력을 말한다.

위에서 제시한 일곱 가지 능력을 다 갖추었다 해도 성공이 보장되는 것은 아니다. 그것은 그 능력을 다 가지고 있다 해도 외부환경과 같은 상황요인이 중요한 영향을 미치기 때문이다. 그럼에도 불구하고 이러한 능력을 갖춘 기업가는 그렇지 못한 기업가에 비해 성공할 확률이 그만큼 더 높다고 할 수 있다.

4. 현대 기업가의 본질

기업가란 시대와 국가에 따라 많은 차이를 보이며 복잡하고 다양하게 변천되어진 개념이다. 이러한 기업가의 본질을 전통적이고 고전적인 본질과 현대적으로 추가할 수 있는 본질로 나누어 볼 수 있다. 즉 전통적 자수성가형 본질인 창업(start-up), 혁신(innovation), 위험을 감수하고 일을 해내는 정신(can do spirit)과 현대적 기업가의 본질인 우수기업의 창조와 육성, 인재양성이 그것이다. 창의와 혁신은 기업가의 본질적 특징이다. 따라서 '자수성가'형 소규모의 기업가에서부터 재벌기업을 경영하는 많은 전문경영자에 이르기까지 창의와 혁신은 기업가정신의 근본적인 요소이다. 창의와 혁신이란 창업하는 신생기업뿐만 아니라 성장·발전함에 있어 기본적인 요건이다. 창의 및 혁신은 지속적으로 꾸준히 추진되어 신상품뿐만 아니라 상품의 개량과 조직개발을 위한 경영의 혁신까지도 포함하는 확대적 포괄개념이 되어야만 한다는 것이 현대의 본질 특성이다. 기업이 성장·발전을 위해서는 꾸준한 조직변신이 있어야 하며 기업가적 경영이란 이러한 혁신운동이 기업문화에 정착되는 것을 말한다. 기업발달사에서 찾아볼 수 있는 경영 혁신의 구체적인 사례로는 GM 사례를 들 수 있다. 1910~1920년까지 자동차 산업에서 세계시장을 지배하던 Ford사의 추종기업의 하나였던 GM사가 1930년대 이후 당당한 일류기업, 즉 세계적 우수 대기업으로 성장하게 된 근본원인은 다음과 같다. 첫째, 포드가 개량과 혁신과정에서 진취성을 잃고 경영 혁신을 하지 않았다는 점, 둘째, GM이 슘페터 개념의 창의와 혁신을 과감히 실천하고 우수한 인재를 모아 조직개발을 감행한 점 등을 들고 있다. 이는 창의와 혁신의 지속성이 우수기업을 만들어 낸다는 기업가정신의 새로운 개념을 증명하고 있는 것이다. 또한 제2차 세계대전 이후의 일본의 경제성장 전략도 소위 zaizen(개선) 전략을 철저히 실천한 일본기업들의 창의와 혁신의 신개념을 보여주고 있다. 다시 말해, 마쓰시다의 추종자 전략(followership strategy)은 꾸준한 개선과 개략에 두었던 혁신이었던 것이다. 특히, 이러한 혁신은 산업국가의 새로운 지도자인 전문 경영자들에게는 기업가정신을 권장시키는 기업가적 경영혁신을 이룩할 책임을, 자수성가형 창업 기업자들에게는 기업의 성장·발전을 위해 전문경영자와 협동하는 기업 문화와 기업 내의 구성원 모두가 자발적으로 창의와 혁신을 할 수 있는 기업 문화를 육성해 가는 새로운 창의성 개발이 필수적인 요건이 된다는 것을 의미한다. GM의 최고경영자인 슬론(Sloan)은 바로 이러한 '기업가적 전문경영자'로서, 창업기업가들이 기업을 '내 기업, 내 마음대로' 식의 독선적 인식을 갖는다면 그 기업은 자수성가형 기업가 이상으로 성장·발전할 수 없다는 것을 보여주고 있다. 그는 '내 기업, 내 마음대로' 식의 생각을 가지고서는 리더로서 협동심을 갖도록 하는 일에도 실패할뿐더러 세계적 우수기업으로 성장하기도 어렵다고 주장한 바 있다.

기업가의 또 다른 본질적인 특성은 모험심과 자신감, 용기 그리고 실패를 극복할 수 있는 인내심과 집념 등을 들 수 있다. 창의와 혁신이란 현실에 만족하지 않고 새로운 변화를 추구하는 진취성을 말하며, 이들 모두가 모험을 감수하지 않고는 이루어 낼 수 없다. 창업하는 기업들을 '모험 기업'이라고 칭하는 이유는 확실히 성공한다는 보장이 없기 때문이다. 1903년에 발족한 헨리포드의 포드 자동차 회사도 두 번이나 실패한 다음 새로운 투자자의 도움으로 다시 출발한 회사이다. 기업가의 본질적 특성의 하나는 모험을 뚫고 나가는 자신감과 추진력 그리고 성공에 대한 믿음, 즉 승리에 대한 자신감이 강한 사람들이라는 점이다. 실패하더라도 좌절하지 않고 다시 일어나 해내고야마는 굳은 집념과 인내는 이들에게 주어진 자산이기도 하다. 따라서 기업가는 죽음을 각오하고 몰입하는 투사이며, 실패하면 죽는다는 각오와 악착성이 있는 실천가이며, 행동가이다. 즉 이들은 불가능은 없다는 것이 특징이다. 이러한 기업가의 자신감 및 행동 지향성에는 합리성(合理性)보다는 직관성이 보다 큰 영향을 미치는지 모른다. 즉 합리성보다는 자신들의 직감적 결단력과 자신감에 더 큰 비중을 두는 사람들이다. 이것이 바로 창업의 고전적 본질 개념이며, 경제학 개념에서 말하는 이윤이 바로 모험에 대한 보상이라는 것을 뜻하기도 한다. 기업가들의 '불가능은 없다'라는 모험감수의 정신에는 창조의 기쁨만이 아닌 금전적 보상 역시 따르게 마련이다. '일확천금'의 꿈을 실현하려고 기업가적 모험을 통한 도박을 하면 이것은 투자가들의 투기심리와 같다. 다만 기업가는 투자가와는 달리 창조와 성취의 기쁨이 첫째이고, 금전적 보상은 부수적이라고 보는데 차이가 있다. 확대된 현대적 개념의 기업가적 특징은 이러한 위험부담을 최소화시키는 여러 가지 장치를 개발하게 되었으며 그것이 바로 사내 기업가정신(intrapreneurship)이다. 이것은 위험성의 분산과 많은 사람으로 하여금 기업 도산의 위험없이 기업가정신을 사내(思內)에서 발휘하고 창업하고 책임질 수 있도록 촉진시키는 제도적 장치를 갖도록 함으로써 기업가 정신의 영속성을 유지할 수 있는 방안이기도 하다. 드러커(P. F. Drucker)는 이러한 제도적 기업성장 지향의 기업가정신을 일컬어 조직적 기업가정신(systematic entrepreneurship)이라 하였다. 현존 기업도 자수성가형 창업적 기업가정신을 성장전략의 바탕으로 해야 한다는 것이 고전적 본질 개념과 비유되는 현대적인 본질 개념이다. 이것은 우수기업 경영의 특징에서 말하는 책임경영제도 혹은 소사장(小社長) 제도의 형태로 채택되어온 특징이기도 하다. 아무리 적은 것이라 하더라도 새로운 아이디어와 발명을 통하여 꾸준히 기업발전에 참여하는 것이 국제경쟁시대의 치열한 경쟁에서 현대기업들이 승리할 수 있는 길이며, 이는 기업가정신의 르네상스 시대를 의미하기도 한다. 비대한 기업의 관료조직(官僚組織)을 과감히 일소시키며 모든 것을 바꾸자는 기본적 전략은 계층조직 개념을 버리고 사업별 수평조직과 매트릭스형의 조직으로의 이행추진과 기업가정신을 권장·실천하도록 하는 신조직 이론으로서의 전환을 요구하고 있다. 기업가(企業家)란 일을 좋아하고 일을 사랑하며 일을 위하여 불타는 정열을 모두 쏟아내는 사람들을 말한다. 세기의 사업가이자 미국을 현대화시켰다고 자칭하는 자동차 왕 헨리 포드는 기계에 대한 천재로서 당대 가장 우수한 자동차를 만들어 내는 데 성공한 기술자 기업자(craftsman-entrepreneur)였다. 가난한 농부의 아들로 태어나 겨우 소학교를 졸업했던 헨리 포드는 기계 만지는 것을 좋아하며 어려서부터 시계만 보면 분해·조립하곤 하였으며, 한때는 시계수리공으로 수입을 얻기도 했다. 그가 자기집 창고에서 처음 자동차를 만들었을 때 일에 너무 열중한 나머지 창고의 문이 작다는 사실도 잊고 자동차를 만들어 결국에는 창고를 부수고 자동차를 끌어냈다는 일화는 유명하다. 일을 너무 좋아하고 일 없이는 못하는 사람들을 흔히 '일 중독자(workholic)'라고 부른다. 그래서 서양에서는 기업가들을 '꿀벌'이라고 부르기도 한다. 기업가란 쉬지 않고 벌집을 지어 나가는 꿀벌처럼 열심히 일을 하며, 혼과 정신을 다하여 열정적으로 일을 하는 정열적인 사람들이다. 맥클리랜드(McClelland)는 가업가의 자질에 에너지와 추진력을 들고 있으며, 그들을 창조의 기쁨뿐만 아니라 성취 내지 내재적 만족, 즉 금전적 보수보다는 성취욕을 충족시키는 자기 만족에 강하다는 것이다. 이러한 정열적 삶과 성취 만족의 기쁨이 아마도 기업가들의 수명을 길게 하는지도 모른다. 예를 들어, 헨리 포드는 83세, 혼다는 84세 그리고 마쓰시다는 86세, 이병철 회장은 78세의 고령으로 생애(生涯)를 마친 점을 보면 일하는 재미가 수명과도 관계가 있는 것이 아닌가 하는 생각이 들기도 한다.

사례 1

방가네소고기국밥수육' 프랜차이즈 방승재 대표의 창업 이야기

"프랜차이즈 사업의 매력은 소비자뿐만 아니라 가맹점주에게도 도움이 되는 사업이라는 점입니다. 생계를 위해 창업한 가맹점들이 돈을 벌고 미래의 희망에 행복해 할 때 가장 큰 보람을 느낍니다."

정통 소고기국밥수육 전문점 '방가네소고기국밥수육'의 방승재(48) 대표는 우리나라 프랜차이즈 산업의 미래를 짊어질 차세대 리더 중 한 명이다. 원할머니보쌈, BBQ, 김가네, 놀부 등 1세대 프랜차이즈 창업주들이 우리나라 프랜차이즈 산업의 양적, 질적 성장을 이끌어 왔다면, 방 대표와 같은 2세대 리더들은 지금 가맹본부와 가맹점의 상생구조를 정착시키고 우리나라가 프랜차이즈 선진국으로 도약하도록 앞장서고 있다. "대기업과 중소기업 간의 동

반성장 목소리가 높습니다. 저는 이러한 사회적 분위기가 프랜차이즈 분야에까지 확산되어야 한다고 생각하고, 가맹본부와 가맹점 간의 상생을 기업경영의 최우선 목표로 삼고 있습니다."

다소 작은 체구지만 건강하고 다부진 체격에 부드러운 눈빛을 지진 방 대표의 말과 몸짓에서는 중년의 경험과 포근함, 청년의 열정이 함께 묻어난다. 하지만 진지한 그의 표정에서는 창업자의 애환과 절박함을 이해하는 심정을 읽을 수 있다. 그는 "한때 창업 실패로 밑바닥까지 가 본 경험도 있어, 자영업자들의 아픔을 이해할 수 있게 됐다"고 말했다. 방 대표는 11년 전 닭발전문점 '본초불닭발' 프랜차이즈 사업을 시작했다. 닭발은 두터운 마니아 고객층이 있고, 소자본으로 시작할 수 있는 아이템이다. 여기에 중독성이 강한 차별화된 소스 맛과 신선하고 위생적인 닭발 맛, 신 메뉴 개발 등으로 경쟁력을 높였다. 본사에서 모든 메뉴를 100% 손질하고, 수제 직화로 구운 후 완제품 형태로 진공 포장하여 각 가맹점에 공급해주면서 가맹점 노동력을 줄였다. 내실 있는 창업을 원하는 초보 창업자도 가맹점을 열면서 탄탄한 성장을 해왔다. 작년에 100호점을 돌파하고 올해도 꾸준히 점포가 생기고 있다.

방가네는 본초불닭발의 성공 노하우를 바탕으로 지난해 론칭한 브랜드다. 역시 대중적인 국밥과 수육에 위생과 식재료의 품질 등 고급스러움을 더했다. 일반적인 국밥 브랜드들이 수육국밥, 순대국밥, 콩나물국밥, 소머리국밥, 해장국국밥 등을 육수사골만 끓인다든가, 분말 사골육수를 넣어 뚝배기에 넣어 고기만 넣는다든가, 혹은 콩나물만 넣는다든가 하는 방법으로 1~2번 정도의 공정을 거치지만 방가네는 가마솥에서 수제로 끓이는 것 외에 일련의 공정 과정이 4~5단계의 과정을 거쳐야만 똑같은 맛을 유지할 수 있는 정통 소고기국밥이다.

"값비싼 소고기로 소고기 비율, 무 비율, 우거지 비율, 육수 비율 등 각각의 식재료 비율에 맞게 수작업으로 일정하게 맛을 유지하고 있지요. 메뉴 하나하나마다 정성을 다해 일일이 4~5단계의 공정을 통한 수작업으로 하고 있는 점이 방가네의 장점 입니다."

방가네는 불황기 퍼플오션(대중성 차별성) 업종으로 부상하고 있다. 메뉴는 이미 시장에서 가성비와 가심비 모두 높다는 평가를 받고 있다. 점포 매출이 크게 증가하고 있다는 증언이 여기저기서 들릴 정도다. 방 대표의 상생철학 또한 브랜드의 확장성을 뒷받침하고 있다. 그는 일대일 맞춤형 창업을 가이드하는 대표적인 프랜차이즈 사업가로 알려져 있다. 이번에도 취급점, 업종전환, 신규창업 상품을 선보이고, 창업자 각자의 형편과 니즈에 맞게 창업을 지도하고 있다. 취급점은 일종의 린스타트업 창업 상품이다. 초기 메뉴 판매에 필요한 준비에 드는 185만원이면 방가네 국밥 메뉴를 취급할 수 있다. 취급점 점포의 매출 증가가 뚜렷하다는 시장의 전언이다.

간판까지 방가네로 바꿔 다는 업종전환 창업은 380만원이면 된다. 취급점 후 업종전환을 하면 추가적으로 190만원만 내면 된다. 큰 리스크 없이 매출이 두세 배 뛴다는 입소문이 나면서 매출이 부진한 음식점들의 창업문의가 이어지고 있다. 덩달아 창업비용 대비 수익률이 높은 업종을 원하는 신규 창업자 문의도 증가하고 있다. 방 대표는 "경쟁이 치열한 외식업 창업시장에서 가맹점주들이 안정적인 수익을 유지하도록 하는 것이 목표"라며, "끊임없는 신 메뉴 개발과 다양한 가맹점 지원 프로그램으로 불황에도 가맹점주가 웃을 수 있는 브랜드가 될 수 있도록 최선을 다할 것"이라고 말했다.

〈매일경제신문, 2018.7.10.〉

제2절 창업경영자의 리더십

1. 리더십이란

리더십(leadership)이란 기업의 목표를 달성하기 위하여 종업원들에게 영향력을 행사하는 능력, 즉 조직에서 권력을 사용하여 다른 사람의 업무와 관련된 행동에 영향을 미치려는 과정이라고 말할 수 있다. 그러면 이러한 경영자의 리더십은 어디에서 얻어지는가? 전대미문의 인기를 누린 미국의 TV시리즈 〈스타트랙〉에는 죽음의 한계를 넘나드는 인류 최고 전사들의 긴박감 넘치는 모험과 승리가 펼쳐진다. 그 빛나는 승리의 뒤에 리더십, 조직관리, 인간경영, 위기관리전략 등 무궁무진한 경영비법이 숨겨져 있다. 우주연방 함선인 엔터프라이즈호라는 조직과 그곳을 구성하고 있는 다양한 인종과 개성의 조직원들, 그리고 그들을 일사불란하게 관리하는 피가르 함장의 지도력 등은 지금 각 기업들이 고민하는 리더십 전략과 부합되는 부분이 많다.

〈스타트랙〉의 교훈과 위기대응전략은 모든 조직의 일상적인 상황에 적용할 수 있는 것이다. 특히 잔 루 피가르라는 함장의 언행과 판단력은 집중력, 결단력, 효과적인 의사소통, 팀워크 등 숨가쁜 위기상황에 대처하기 위해 리더가 반드시 갖추어야 할 자질들을 선명하게 보여주고 있다.

리더십이란 기업의 목표를 달성하기 위해 종업원의 의욕을 고무시키고 적극적인 활동을 촉진하여 조정하는 기술의 영향력이다. 최근에는 성공적인 리더가 되기 위해서는 남들과 다른 자질이 있어야 한다는 '자질이론'이 리더십의 중요한 관심사가 되고 있다.

〈스타트랙〉 시리즈 중 가장 핵심적인 아홉 가지 에피소드를 소개하는 〈스타트랙 병법〉은 바로 이런 자질이론에 입각한 것이다. 리더의 자질 중 첫째는 '위기상황에 강해야 한다'는 것이다. 결단의 순간에 돌격을 외칠 수 있어야 한다. 그리고 이러한 뛰어난 결단력은 집중력에서 오고, 그 집중력은 투철한 사명

표 9-2 스타트랙 리더십

1. 진정한 리더는 결단의 순간에 강하다.
2. 뛰어난 결단력은 사명감과 집중력에서 온다.
3. 권한을 이양하고 책임을 부여해라.
4. 물고기를 주지 말고 잡는 법을 가르쳐라.
5. 가장 강력한 힘은 지식이 아니라 그것을 활용하는 능력이다.
6. 위기의 해결사는 의사소통능력이다.
7. 공포와 불신이 조직의 암세포다.
8. 최악의 순간에도 자신에게 정직하라.
9. 공생의 규칙을 따르는 겸손한 협력자가 되라.
10. 일등보다는 이등이 리더로 성공한다.

감에서 온다. 권한을 공유하면서 각 조직원들에게 책임을 부여하는 것도 리더의 자질에 속한다. 가장 강력한 힘은 지식에서 오는 것이 아니라 활용하는 능력에서 온다는 사실도 중요하다. 또 위기의 해결사는 다름 아닌 '의사소통'이다. 정의라는 이름 아래 권한을 남용해서는 안 된다는 것도 현대의 리더에겐 중요한 교훈이다. 리더의 가장 강력한 힘은 바로 '정직함'이다. 최악의 순간에도 자신에게 정직하고 겸손한 지도자만이 성공할 수 있다.

〈스타트랙〉에서 배우는 마지막 교훈은 결과적으로 일등보다는 이등이 리더로서 성공할 확률이 높다는 것이다. 과거의 조상들이 삼국지나 손자병법에서 리더십을 배웠다면 미래의 창업자들이 〈스타트랙〉을 통해 리더십을 배우는 것도 의미 있는 일이다.

2. 경영자의 지휘활동

기업이 목표를 세워 세부적인 추진계획을 수립하고 이를 수행하기 위한 조직화활동이 이루어지면 이를 효과적으로 수행할 수 있는 지휘활동이 요구된다. 지휘활동이란 기업의 목표를 달성하기 위해 종업원들의 열정과 헌신적 노력을 이끌어 내는 경영자의 활동을 말한다. 또한 창업자의 비전 제시와 함께 종업원들의 노력을 기업목표 달성을 위한 방향으로 결집시킬 수 있을 때 효과적인 지휘가 이루어질 수 있다.

지금부터 약 500년 전후하여 일본에 특출한 지도자가 3명 있었다. 20대의 젊은 무장인 오다 노부나가와 그의 말지기 출신으로 일본을 통일한 도요토미 히데요시, 그리고 그 뒤를 이은 도쿠가와 이에야스이다. 이들 3명에게 '울지 않는 새가 있다면 어떻게 처리할 것인가' 하고 물었다. 불같은 성미의 오다 노부나가는 '그 자리에서 즉시 베어 버린다'고 이야기했고, 도요토미 히데요시는 '어떻게 하든 울도록 만들겠다'고 했으며, 도쿠가와 이에야스는 '울 때까지 기다리겠다'라고 하였다. 즉시 새를 베어 버린다던 노부나가는 20대에 부하의 칼에 요절하였고, 어떻게 하든 새를 울게 만들겠다던 도요토미 히에요시는 일본 천하를 통일하는 위업을 이루었으나 일대(一代)에 그쳤으며, 울 때까지 기다리겠다던 이에야스의 가문은 그 후 300년 간의 일본을 다스렸다는 이야기이다.

이 이야기는 기업에 있어서도 최고경영자의 리더십에 따라 기업의 운명은 엄청난 변화를 가져올 수 있음을 시사하고 있다. 기업은 결국 사람의 모임으로 이 인적자원을 어떻게 움직이느냐가 성패를 가름할 것이다. 사람을 모아서 어떠한 틀(조직)을 짜고 그러한 틀 속의 사람을 기업의 목표에 따라 움직이게 하는 능력이 기업의 조직관리와 리더십 문제이다.

그러나 좋은 조직의 틀이 짜여졌다고 해서 꼭 기업의 경영목표가 보장되는 것은 아니다. 구성원들의 역량이 조직목표를 달성하기 위해 집약되어야 하는데, 이때 조직에 요구되는 것이 지휘활동이다. 지휘활동을 효과적으로 수행하기 위해서 경영자가 해야 할 일은 다음의 3가지이다.

① 리더십을 발휘하여 종업원들을 지휘하는 활동
② 동기부여를 통해서 종업원들을 지휘하는 활동
③ 종업원 간에 의사소통을 원활하게 하도록 지휘하는 활동

보유한 자원이 열세에 놓여 있는 창업기업이라 할지라도 경영자의 리더십이 훌륭하면 경쟁우위를 유지할 수 있을 것이다. 따라서 창업기업에 있어서 리더십은 국면 전환에 있어서 매우 중요한 요소가 된다. 또한 리더십은 조직 내 다양한 인재들을 한 방향으로 모아주는 나침반 역할을 한다고 할 수 있다. 오늘날 기업은 평범한 종업원보다 특정 분야에 비범한 인재를 필요로 한다. 그런

데 이러한 인재들에게 비전 제시 및 활동의 조정과 결합을 유도하는 리더십이 발휘되지 않는다면 조직은 무질서하고 혼란스러워질 것이다. 또한 리더십은 조직의 다양한 인적자원을 활성화시키고, 상호 연결시켜서 상승효과(synergy effect)를 유발시킬 수 있으므로 리더십이 결여된 조직은 실패한 조직이라고 볼 수 있다.

제3절 창업경영자의 경영전략

1. 경영전략이란

오늘날 기업에서 가장 널리 사용되고 있는 경영용어 중의 하나는 경영전략이다. 전략이란 용어는 원래 군사병법에 근원을 두고 있다. 전략(strategy)은 그리스어 strategos에서 나온 말로서, 이 용어는 군대를 의미하는 statos와 이끈다(lead)는 의미를 가진 -ag가 합쳐진 용어이다. 따라서 글자 그대로 군대를 승리하도록 이끄는 방법이 전략인 것이다.

우리는 전략이라고 하면 흔히 손자병법을 연상하게 되는데 손자병법하면 '지피지기 백전백승(知彼知己 百戰百勝)'을 연상하게 된다. 이는 상대편이 가지고 있는 강점과 약점을 잘 알고 자신의 능력과 한계를 잘 알면 자신의 능력을 활용하여 상대방의 약점을 공략하는 전략으로 승리를 거두게 된다는 것이다. 손자의 이러한 군사전략은 경영활동에서도 그대로 적용된다. 그러면 이처럼 군사용어에서 비롯된 전략의 개념을 접목시킨 경영전략이란 무엇인가?

경영전략(strategic management)이란 기업이 설정한 목표를 달성하기 위해 각종 전략을 수립하고 이를 통해 자원을 전략적으로 배분하는 경영활동을 말한다. 즉 경쟁기업과 비교해서 어떻게 지속적으로 상대적 경쟁우위를 획득할 수 있는가를 추구하는 경영활동이라고 할 수 있다.

2. 경영전략의 유형

(1) 기업전략

기업전략(corporate strategy)은 그룹 또는 기업 전체를 총괄하는 차원에서 수립하는 전략으로 사업영역이나 제품종류를 결정하고, 새로운 사업개발이나 사업축소 등을 결정하며, 자원조달과 배분을 결정하며, 상승효과를 올릴 수 있는 대책을 마련하는 것을 말한다. 즉, "우리의 사업은 무엇인가?" "우리의 고객은 누구이며, 고객이 원하는 것은 무엇인가" 등에 대한 해답이 전제가 된다.

(2) 사업전략

사업전략 또는 경쟁전략(business strategy)은 사업부별 차원에서 수립하는 전략이다. 사업전략은 다음과 같은 질문에 대한 대답이 전제가 된다. "우리가 속해 있는 특정사업영역에서 경쟁기업과 비교해서 지속적으로 경쟁우위를 확보하고 유지하기 위해서 어떻게 경쟁할 것인가?"

(3) 기능전략

기능전략(functional strategy)은 생산, 마케팅 등 기능 부서별로 수립하는 전략을 말한다. "기능영역의 전문성을 어떻게 효과적으로 효율적으로 적용할 수 있을 것인가?"에 대한 해답이 그 전제가 된다.

3. 경영전략 수립과정

전략을 수립하는 데 있어서는 다음의 각 과정을 거치게 된다. 즉 기업사명의 설정, SWOT 분석, 전략수립 및 실행 과정을 거치게 된다.

(1) 기업사명(이념) 설정

기업의 사명 또는 이념은 기업의 존재이유를 밝히는 것을 말한다. 즉 우리의 사업은 무엇인가, 우리의 사업은 미래 어떤 방향으로 나가야 하는가 등을 명시하는 것을 포함한다. 또한 고객에 초점을 두어야 하며, 실행 가능해야 하고, 구체적이고 동기부여가 되고 경쟁기업과 구분이 되어야 한다. 예를 들면, 대우그룹의 세계경영, LG그룹의 고객을 위한 가치창조, 인간존중의 경영 등이다.

(2) 기업목표 설정

기업목표는 기업사명(이념)을 실형한기 위한 장기적으로 달성해야 할 구체적 실행목표를 말한다. 따라서 조직의 기대이익수준, 시장지위, 명성 등 측정 가능하고, 구체적이고, 명확하고, 실행 가능하도록 목표를 설정하여야 한다. 예를 들면, 우리 회사의 목표는 향후 5년 간 15%의 연간투자수익률을 달성하는 것이다.

(3) SWOT 분석

SWOT(strength, weakness, opportunity, threat) 분석은 환경으로부터의 기회와 위협을 파악하고 또한 조직능력의 상대적 강점과 약점을 파악하는 데 유용한 방법 중의 하나이다.

이러한 SWOT 분석을 통해 외부환경으로부터의 기회와 위협을 분석하고 기업 내부의 능력을 정확히 파악하여 기회를 최대한 이용하고 위협요인은 회피할 수 있는 전략을 제시하여야 한다. 특히 자사의 강점과 약점을 분석할 때 주

그림 9-2 SWOT 분석

	강점(S)	약점(W)
기회(O)	기회를 활용하기 위해 강점을 활용	약점을 보완함으로써 기회를 활용
위협(T)	위협을 최소화하기 위해 강점을 사용	약점을 보완하고 위협을 최소화

그림 9-3 SWOT 분석을 통한 전략 결정

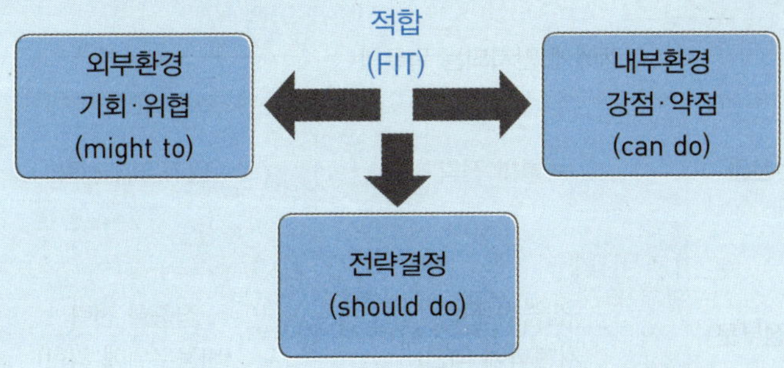

의해야 할 것은 항상 경쟁자와 비교한 상대적인 개념이라는 것이다. 즉 경쟁자에 비교해서 우리의 강점과 약점은 무엇인가에 초점을 두어야 한다. 또한 외부환경을 분석할 때는 산업에 따라 성패를 결정지을 수 있는 주요 요인인 핵심성공요인(key success factors)에 초점을 두어야 한다. 예를 들면, 소기업에 있어서의 핵심성공요인은 고객이 원하는 상품을 원하는 시간에, 원하는 장소에, 원하는 가격에 제공하는 것이라 할 수 있다.

4. Porter의 경쟁전략 유형

포터(Michael E. Porter)는 기업이 경쟁우위를 확보할 수 있는 본원적인 경쟁전략으로 원가우위 전략, 차별화 전략, 집중화 전략 등 세 가지 실행 가능한 전략을 제안하였다.

(1) 원가우위 전략

원가우위 전략(low strategy)은 경쟁제품에 비해 품질은 그다지 손색이 없지만 경쟁업체보다 가격을 낮게 매기는 전략이다. 이때 원가상의 우위를 확보하기 위한 구체적인 방법으로는 규모의 경제를 달성할 수 있는 설비의 건설, 경험에 의한 원가절감의 추구, 원가의 총비용에 대한 엄격한 통제, 한계고객과의 거래회피, R&D·서비스·판매·광고 등에 있어서의 원가최소화 등을 생각할 수

그림 9-4 포터의 경쟁전략 유형

		전략적 이점: 고객에게 인지되는 독특함	전략적 이점: 저원가
전략적 목표	전산업	차별화 전략	원가우위 전략
	특정부문	집중화 전략 (차별화에 의한)	집중화 전략 (비용우위에 의한)

있다. 그러나 더 저렴하게 생산할 수 있는 경쟁자가 나타나면 곧 고객을 잃게 되는 것이 취약점이다.

(2) 차별화 전략

차별화 전략(differentiation strategy)은 기업이 제공하는 제품이나 서비스를 경쟁기업과 차별화시킴으로써 소비자로 하여금 그 기업이 독특하다고 인식할 수 있도록 어떤 이미지를 창조하는 전략이다. 이러한 차별화의 방법으로는 고객에 대한 서비스, 디자인, 상표이미지와 기술, 포장 및 기능 등 여러 가지가 있을 수 있다. 그러나 차별화 전략을 채택한다고 해서 비용을 무시해도 좋다는 뜻은 아니고, 다만 비용이 제일의 전략적 목표가 아니라는 것이다.

(3) 집중화 전략

집중화 전략(focus strategy)은 특정시장, 즉 특정 구매자 집단이나 제품라인의 일부분, 또는 특정지역을 집중적으로 공략하는 것이다. 비용우위전략이나 차별화 전략이 산업의 전반적인 목표를 위한 전략인 것에 반하여 집중화 전략은 특정시장에만 역량을 집중하는 전략이라고 할 수 있다. 집중화 전략은 광범위하게 경쟁하는 경쟁기업보다 좁은 전략시장을 중점적으로 공략하는 것이 보다 효율적이고, 효과적임을 전제로 한다. 따라서 기업은 특정시장을 대상으로 하여 이들의 욕구를 만족시키는 차별화 전략을 채택하든지 아니면 원가를 낮춤으로써 그 특정시장에 대한 원가우위로서의 위치를 갖게 된다.

(4) 어중간한 상태(stuck-in-the-middle)

전략대안의 선택에 있어서 가장 유의해야 할 점은 여러 전략들 중에서 가장 적합하다고 생각되는 하나의 전략을 충실히 수행하여야 한다. 서로 배타적인 것이 아닌 두 가지 전략적 대안을 동시에 수행할 수 있지만, 만약 기업이 충분한 여력이 없어서 그중 어느 하나도 제대로 수행하지 못하게 되면 어중간한 상태가 되어 오히려 위험에 빠지게 될 수도 있다. 이처럼 어중간한 상황에 처하지 않기 위해서는 기업이 근본적인 전략적 의사결정을 내려야만 한다. 비용우위를 통해 시장점유율을 높이든지, 아니면 시장점유율을 다소 포기하더라도 기업의 차별성을 살려서 경쟁기업과 차별화를 시도해야 한다.

사례 2

'창업신화'의 몰락.. 그들은 어떻게 무너졌나

주먹밥 프랜차이즈 봉구스밥버거가 네네치킨에 매각됐다. 가맹업주들이 사전고지 없이 매각된 데 대해 반발하면서 오세린 봉구스밥버거 전 대표의 도덕성 문제가 또다시 도마에 올랐다. 한때 성공한 청년사업가로 꼽힌 오 전 대표의 신화가 이렇게 무너지는 데 대한 아쉬운 목소리도 나온다.

2018년 10월 3일, 관련업계에 따르면 봉구스밥버거는 지난 9월 회사를 치킨 프랜차이즈 네네치킨에 매각했다. 봉구스밥버거 홈페이지의 대표자 명의도 현철호 네네치킨 대표로 수정됐다. 봉구스밥버거 가맹점주협의회는 본사를 가맹거래법 위반 등의 문제로 공정거래위원회에 신고한 것으로 알려졌다. 가맹점주협의회 측은 봉구스밥버거 본사와 점주들 간에 남아 있는 채무 문제가 있는데, 이를 네네치킨에서 해결해줄지 여부를 알 수 없다며 반발하는 상태다. 이에 따라 오세린 전 봉구스밥버거 대표의 도덕성이 다시금 입길에 올랐다. 앞서 오 전 대표는 2015년 5월~2016년 10월 3차례에 걸쳐 졸피뎀 등 향정신성의약품을 투약하고 마약을 지인들에게 제공한 혐의로 지난해 징역 1년6월, 집행유예 3년을 선고받아 브랜드이미지에 큰 타격을 줬다. 2015년 958곳에 달했던 봉구스밥버거 가맹점은 현재 650여 개로 감소했다. 당시 오 전 대표는 "갑작스러운 젊은 날의 성공을 담을 그릇이 아니었고, 순간 일탈로 이어졌다. 그 순간(마약 투여와 제공 등)을 지금도 후회하고 있다"며 사과했는데, 청년신화가 무너진 데 대한 충격이 크다는 반응이 나왔다.

오 전 대표는 주먹밥 노점상을 전국 1,000개에

달하는 가맹점을 지닌 프랜차이즈로 키워낸, 성공한 청년사업가로 꼽혀왔다. 오 전 대표는 25세던 2009년, 창업비 10만원으로 주먹밥 노점상을 시작했다. 부모님 몰래 대학교 등록금을 환불받아 전국을 떠돌며 분식장사를 했지만 연이어 실패했고 마지막으로 남은 10만원으로 수원 동원고와 동우여자고 앞에서 주먹밥 노점상을 시작했다. 학생들을 중심으로 밥버거가 큰 인기를 끌면서 프랜차이즈 사업으로 확장했다. 봉구스 밥버거는 2015년 기준 958곳의 가맹점을 보유하며 성공신화의 대표 사례로 꼽혔다. 하지만 잦은 음주와 흡연, 회사경영에 대한 압박감으로 오 전 대표는 2014년 2월 뇌졸중을 앓았다. 이어 지난해 마약투약 사실이 적발돼 내리막길을 걷기 시작했다. 오 전 대표의 무너진 성공신화에 대해 안타깝지만 놀랍지 않다는 반응이 나온다. 이전에도 유사한 사례들이 있었기 때문이다.

지난해 6월 호식이두마리치킨 최호식 전 회장이 20대 여직원 성추행 사건에 휘말리며 경영 일선에서 물러났다. 최 전 회장은 1999년 호식이두마리치킨을 창립, 한 마리 가격에 두 마리 치킨을 제공한다는 콘셉트로 업계신드롬을 일으켰다. 호식이두마리치킨은 창립 17년 만에 가맹점 1,000호점을 돌파하고 일본 등 해외에도 지점을 냈다. 그는 정직한 기업, '고객감동과 체인점주님 감동 그리고 소외된 이웃과 함께'를 핵심가치로 두고 '상생경영'을 실천한다며 프랜차이즈 업계의 성공신화로 꼽혔지만, 끝내 좋지 않은 일로 회장 자리에서 내려와야 했다.

이어 지난해 7월 채소·과일 전문 프랜차이즈 '총각네 야채가게' 이영석 전 대표도 가맹점주들에게 욕설과 폭행 등 도를 넘은 행위를 했다는 게 보도되면서 홈페이지에 사과문을 발표했다.

가맹점주들은 이 전 대표가 자신들을 향해 욕설, 폭력, 금품 상납 요구 등의 갑질을 했다고 폭로했다. 갑질을 제보한 점주들은 이 전 대표가 스쿠터를 사달라고 요구하고, 2주에 한번 열리는 점주교육에서 욕설을 했다고 주장했다. 일부 점주는 이 전 대표가 영업자세를 강조한다며 교육 중 점주의 따귀를 때린 적도 있다고 제보했다. 이 밖에 이른바 '똥개 교육'으로 불리는 500만원을 내고 받는 유료교육도 있었다고 주장했다. 당시 이 전 대표는 사과문을 통해 "고등학생 시절부터 생존을 위해 밑바닥부터 치열하게 장사를 하다 보니 부족한 점이 많았다. 욕부터 사람을 대하는 태도까지 무지했고 무식했다"고 밝혔다. 그는 "다른 기업들의 갑질 논란이 남 얘기인 줄 알았는데 (이렇게 된 것은) 나의 오만함이 불러온 결과다. 문제가 됐던 모든 부분을 전면 수정하고 최선을 다해 방안을 마련하겠다"고 말했다. 이후 이 전 대표는 경영일선에서 물러나 현재까지 자숙 중이다. 현재 총각네야채가게는 강명균·윤석재 공동대표 체제로 전환됐다. 총각네야채가게는 이 전 대표가 행상으로 시작해 연매출 400억원대 업체로 키워낸 채소·과일 전문 프랜차이즈로, 성공신화의 대표사례로 꼽힌 만큼 큰 충격을 줬다. 이 전 대표의 성공담을 소재로 뮤지컬, 드라마도 제작된 바 있다. 〈다음, 2018.10.4.〉

제4절 창업경영자의 마케팅관리

1. 마케팅의 개념

과거에는 기차를 탄다는 것이 큰 재미거리였다. 시커먼 괴물 같은 쇳덩어리가 흰 연기와 요란한 소리를 내면서 빠른 속도로 움직인다는 것은 신기한 일이었다. 비행기를 탄다는 것도 빠르게 목적지로 옮겨다닌다는 것 이외에 하늘을 난다는 흥분이 있었다. 그러나 오늘날 기차와 비행기 등은 이용하는 데에는 이러한 기대감보다는 일정 가치에 비해 얼마나 빨리, 안전하게, 그리고 편안하게 목적지에 도달할 것인가가 이용자의 주요 관심사이다.

이제 우리 기업들도 고객중심(customer-oriented)의 사고를 외치고 있다. 기차 여행이라는 상품이 있으면 고객이 찾아오던 제품중심(product-oriented)의 시대는 이미 지나고 고객만족을 위한 고객중심을 부르짖고 있다. 부산에서 서울로 가는 항공시장을 두고 대한항공과 아시아나항공만이 경쟁하고 있지 않다. KTX, 새마을호, 무궁화호 등 여러 종류의 기차와 우등고속버스, 일반고속버스, 관광버스 등 그 외에도 자가운전까지 다양한 대체 수단이 경쟁하고 있을 뿐만 아니라 가공할 속도의 초고속전철마저 추진되고 있다. 이것은 환경변화가 가져온 결과이다.

소비자들은 기업에서 생산하는 제품들을 구입하여 사용하지만 많은 기업에서 생산하는 제품을 모두 다 구매하지는 않는다. 소비자들의 욕구나 필요에 맞는 제품만을 구입하여 사용한다. 따라서 기업들은 소비자들에게 자신들이 만든 제품을 보다 더 좋은 이미지로 인식시키고, 보다 더 많은 제품을 판매하려고 노력하게 된다. 이러한 기업들의 노력을 마케팅활동이라고 한다.

과거에는 마케팅을 단순히 생산한 제품을 판매하여 이익을 극대화시킨다는 소극적인 판매(selling)의 개념으로만 생각하였다. 그러나 최근의 마케팅(marketing)의 의미는 소비자들의 욕구나 필요를 충족시키기도 하지만 이들의 욕구나 필요를 불러일으키도록 하는 개념까지 포함하게 되었다. 또한 이러한 마케팅 개념을 기업활동에서뿐만 아니라 정부, 병원, 학교 등 여러 분야에서 응용하면서 그 중요성이 더욱 크게 부각되고 있다.

최근의 마케팅 개념은 고객지향(customer orientation), 즉 소비자가 원하는 욕구가 무엇인지를 정의하는 작업에서 마케팅활동이 시작되고 이러한 욕구가 충족될 때 마케팅활동이 종료된다는 관점에 바탕을 두고 있다. 따라서 마케팅은 생산자와 소비자 사이에서 제품과 서비스를 단순히 판매한다기보다는 교환하는 활동이라고 할 수 있다. 즉 목표고객을 선택하고 마케팅 조사를 통해 이들 고객들의 욕구를 올바로 이해하여 차별적인 가격결정, 유통, 촉진 등 마케팅 수단을 개발하여 전달함으로써 고객만족을 실현하게 하는 과정이라고 할 수 있다.

2. 마케팅전략

오늘날 마케팅활동은 생산·판매 지향적 입장에서 벗어나 고객으로부터 시작하여 고객으로 끝난다는 관점에 기초를 두고 있다. 현대적 의미와 마케팅이란 고객이 무엇을 원하고 있는가를 미리 파악해서 그것에 부응하는 제품이나 서비스를 만들어 고객에게 공급하는 일련의 활동이라고 할 수 있다. 다시 말하면 마케팅의 기본적 역할은 고객이 원하는 제품이나 서비스를 필요로 하는 수량만큼 원하는 장소와 시간에 공급하는 것을 의미한다.

고객지향적 마케팅의 개념은 기업이 고객의 욕구를 파악하여 이를 충족시키기 위한 마케팅활동이라는 점을 강조했다. 그러나 이러한 활동은 우리 회사만 하는 것은 아니고 경쟁기업도 똑같이 하고 있다. 따라서 경쟁사와 차별화시킬 그 무엇이 필요하게 되는데, 여기에 전략의 개념이 필요하게 된다. 고객의 욕구를 충족시키기 위한 마케팅개념과 경쟁에 대처하기 위한 전략의 개념을 접합시켰을 때 마케팅전략이 나오게 된다.

마케팅전략(marketing strategy)은 고객지향적 마케팅개념과 전략적 사고를 결합시킨 것으로 고객의 욕구를 충족시키고 시장경쟁에서 경쟁기업에 이길 수 있는 지속적인 경쟁우위를 확보하기 위한 활동, 즉 마케팅믹스(marketing mix)

(4P's)로서 제품, 가격, 유통, 촉진을 효율적으로 통합하는 활동을 뜻한다. 마케팅전략의 수립에 있어서 중요한 세 가지 요소는 고객, 우리회사, 경쟁기업이다. 마케팅전략 수립의 출발점은 고객의 분석에서부터 시작된다. 고객이 누구이며, 어떤 욕구를 갖고 있는지를 파악해야 한다. 여기에 직면하는 사실은 고객들은 다양한 욕구를 갖고 있다는 점이다. 따라서 분석은 고객세분화, 시장세분화부터 시작된다.

다음은 여러 세분화된 시장 중에서 어떤 고객층을 주요 표적으로 선택할 것인가를 결정해야 한다. 표적고객(target market)이 선택되고 이들의 여러 특성이 파악되면, 다음에는 이들 고객에게 우리 회사를 어떻게 경쟁기업과 차별화시켜 알릴 것인가 하는 과제, 즉 포지셔닝(positioning)에 직면하게 된다. 모든 기업은 고객에게 일정한 가치를 공급하고 대가를 받으려고 한다. 이 가치는 구체적으로 마케팅믹스로 나타난다. 기업들은 마케팅믹스를 통하여 경쟁기업과 차별화하려고 노력하며, 성공적으로 제품차별화가 이루어지면 이는 곧 경쟁우위로 연결된다. 제품차별화란 고객이 특정회사의 제품이나 서비스가 경쟁기업보다 더 우수하다고 믿고 있는 상태를 가리킨다. 즉 제품차별화는 고객들의 마음속에 경쟁우위를 확보하고 있음을 뜻한다.

그림 9-5 마케팅전략의 3C's와 STP

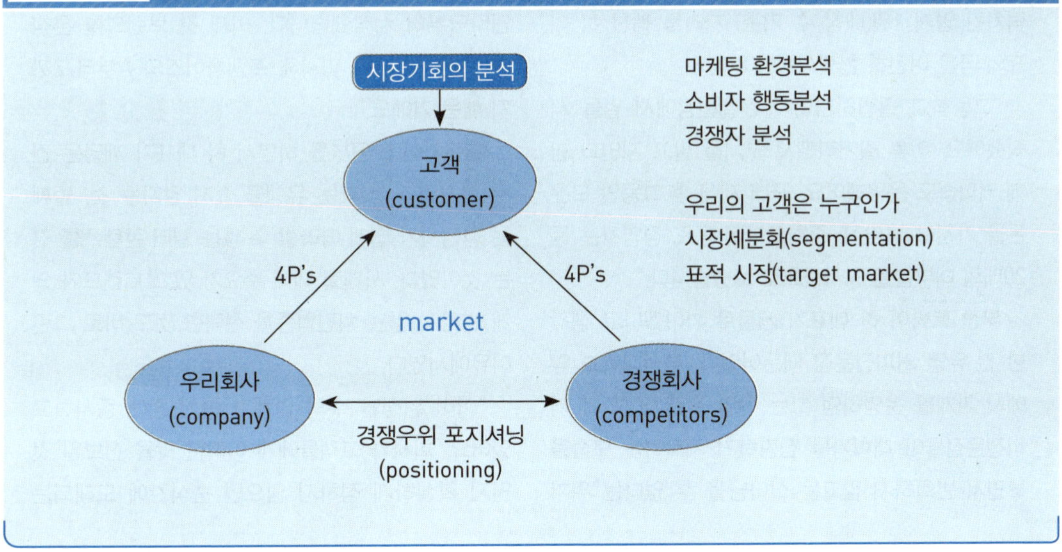

고객들은 여러 경쟁제품이나 브랜드 등을 나름대로의 기준, 즉 개별적인 속성에 의해서 평가하고 있다고 할 수 있다. 만약에 고객들이 구매시에 중요시 하는 기준이 무엇이며, 또한 경쟁제품들이 그런 기준에 의해서 어떻게 평가되는지를 파악할 수 있다면 자사의 브랜드가 고객의 마음속에 어떻게 포지셔닝 되는지도 알 수 있다.

그러므로 마케팅전략의 마지막 단계는 제품이나 브랜드를 표적고객에게 원하는 특성을 가진 제품이나 브랜드임을 인식시키는 활동, 즉 포지셔닝으로 집약된다. 결국 현대적 개념의 마케팅전략은 고객세분화(segmenting), 표적시장 선택(targeting), 포지셔닝(positioning)등 STP의 단계로 진행된다.

사례 3

막노동꾼서 화덕치킨 '리더'로 우뚝

서울 가락동 시장 인근엔 국내 치킨 업계 1위 BBQ 본사가 자리 잡고 있다. '부산 사나이' 하병욱 화르화르 대표(35)는 20대 후반 서울로 올라와 이 업계 최고가 되는 것을 목표로 세웠다. 그래서 첫사무실도 BBQ 본사 간판이 보이는 가락동에 열었다. 가맹사업을 시작한 지 불과 1년 만에 화덕치킨 업계 1위(매장 수 기준) 자리를 꿰찬 하 대표의 꿈은 여전히 현재진행형이다.

"고등학교 졸업하자마자 건설현장에서 일을 시작했어요. 이후 길거리에서 꼬치를 팔고 지인과 함께 커피숍도 운영했어요. 군대 제대 후 그동안 모은 돈을 가지고 보쌈집, 중화요리집 등도 경영하는 등 20대의 대부분을 장사꾼으로 보냈습니다."

부산 토박이 하 대표가 서울로 가야겠다고 생각한 건 유명 커피전문점 때문이었다. 부산대학교 앞에서 가게를 운영하던 그는 유명 프랜차이즈와 커피전문점들이 대학가를 점령하기 시작하는 모습을 보면서 변화하지 않고는 살아남을 수 없다는 위기의식을 느꼈다.

"스타벅스, 레드망고 같은 유명업체들이 대학가에 들어오면서 공부하고 배우지 않으면 살아남을 수 없다고 느꼈습니다. 공부가 필요했어요. 프랜차이즈 사업을 배우기 위해 서울로 올라온 거죠. 그때가 28세였습니다. 집도, 아는 사람도 없는 곳에서 맨바닥부터 시작했습니다. 이제 갓 브랜드를 론칭하는 신생회사에 입사해 프랜차이즈의 A부터 Z까지 배운 거예요."

프랜차이즈 공부를 하면서 하 대표가 깨달은 건 두 가지였다. 첫째는 유행을 좇지 말자는 것. 둘째는 경쟁사가 쉽게 따라할 수 없는 킬러 콘텐츠를 갖는 것이었다. 사계절 내내 수요가 있고 트렌드가 쉽게 변하지 않는 치킨업종을 선택한 것도 바로 그런 이유에서였다.

"이미 엄청난 수의 업체가 이 업종에 종사하고 있어요. 회사가 고객들에게 어떠한 맛을 선보일 것인지 확실하게 정하지 않으면 순식간에 도태되는 시장입니다. 프랜차이즈 사업을 배우면서 내내 고민한 것이 바로 '어떤 경쟁력 있는 제품을 소비자들에게 선보일 것인가'였어요. 그래서 결정한 게 화덕치킨이었고요."

그러나 지난해 하 대표가 사업을 시작할 때쯤엔 화덕치킨을 주메뉴로 내세운 경쟁 업체들이 약 20여 군데나 존재했다. 이들과 차별화를 두기 위해 그가 택한 건 오리지널 화덕의 맛을 내는 것. 하 대표는 이 맛을 내기 위해 이탈리아에서 직접 고가의 화덕을 들여왔다. 기존에 국내에서 사용하던 화덕은 제빵용 화덕으로 치킨을 굽기엔 적합하지 않다는 게 하 대표의 설명이다.

"무늬만 화덕이 아닌 '진짜' 화덕으로 치킨을 구워야겠다고 생각한 거예요. 이미 외국에선 화덕으로 조리한 음식이 최고급으로 통하거든요. 이탈리아 화산석을 사용하는 화덕을 독점으로 수입했어요. 화덕을 이용하면 닭 내부와 외부에서 동시에 열이 가해지기 때문에 맛을 차별화시킬 수 있었어요. 삼겹살을 센 불에 구워야 맛있는 것처럼 치킨도 비슷한 원리인 겁니다."

20개 안팎의 화덕치킨 업체가 경쟁하고 있는 상황에서 화르화르가 론칭 1년 만에 가장 많은 매장 수를 확보할 수 있었던 건 바로 이 차별화된 맛 때문이라고 하 대표는 전했다. 그는 현재 58개인 매장 수를 3년 안에 500개까지 확장해 확고한 화덕치킨 1위 업체가 되는 것을 목표로 내세웠다.

건설현장에서 막노동을 하던 20대 청년에서 치킨 프랜차이즈 대표가 된 그는 2030 예비 창업인들에게 "자기가 하고 싶은 일을 공부하고 준비하는 데 시간과 노력을 아끼지 말라"고 조언했다.

"자신이 이루고자 하는 목표와 그에 따른 결과물을 내기 위해선 끊임 없이 노력하고 철저히 준비하는 자세가 필요해요. 조직에 들어가서 월급을 받는 것과는 달리 창업을 하면 쉬는 날도 마음 편히 자는 날이 거의 없어요. 창업을 통해 쉽게 큰 돈을 벌고자 생각한다면 오산인 거죠. 성공적인 결과를 내기 위해선 뼈를 깎는 노력이 필요합니다."

〈한국경제신문, 2013.10.24〉

제5절 고객가치와 고객만족

1. 고객가치

고객은 최대의 가치를 제공하는 기업으로부터 제품이나 서비스를 구매한다. 고객가치(customer value)란 고객이 특정 제품이나 서비스로부터 기대하는 여러 가지 혜택과 지불하게 될 총비용 사이의 차이를 의미한다.

고객가치=고객이 기대하는 혜택−고객이 지불하는 가격

위의 공식이 시사하는 점은 우리 회사와 경쟁기업 사이의 상대적 위치 평가와 기업이 고객에게 상품이나 서비스에 대한 전달가치가 상대적으로 취약한 경우 총가치를 향상시키거나 고객의 부담을 경감시키는 방안을 강구해야 한다는 것을 알려준다.

2. 고객만족

고객만족(customer satisfaction)이란 고객의 제품이나 서비스에 대한 사전기대와 구매 후 제품이나 서비스의 지각된 실제성능을 비교함으로써 나타나는 심리적 상태를 의미한다.

$$\underset{\text{(perceived value)}}{\text{인지가치}} = \underset{\text{(actual value)}}{\text{사용가치}} - \underset{\text{(expected value)}}{\text{기대가치}}$$

제품이나 서비스의 지각된 성능이 고객의 기대보다 낮은 경우 고객은 불만족을 느끼게 되고 고객들은 이탈하게 된다. 또한 제품이나 서비스의 지각된 성능이 고객의 기대에 충족시킨 경우에 고객은 만족하게 된다. 이에 더하여 제품이나 서비스의 지각된 성능이 고객의 기대보다 큰 경우 고객은 감동하게 된다.

표 9-3 고객만족과 가치

고객의 인지 상태	가 치 상 태
고객 불만족	기다가치>사용가치
고객 만족	기대가치=사용가치
고객 기쁨	기대가치<사용가치
고객 놀라움	기대가치≪사용가치

자료: 김형길 외(2001), 벤처기업의 창업과 경영.

3. 고객유지

고객이탈을 5%를 줄이게 되면 25~85%의 이익을 증가시킬 수 있다. 또한 신규고객의 개발이나 유치를 위하여 소요되는 비용은 기존고객의 유지비용보다 5배나 더 든다. 따라서 신규고객의 창출을 위한 공격적 마케팅전략을 사용할 것인가 아니면 기존고객 유지를 위한 방어적 전략을 사용할 것인지를 기업들은 결정해야 한다. 고객과의 연속적 관계, 즉 고객유지(customer retention)를 위하여 두 가지 과제는 다음과 같다.

① 고객이 이탈하지 못하도록 장벽을 높게 세우는 것: 전환으로 말미암아 높은 자본비용과 탐색비용을 지불하게 되거나, 할인혜택이 감소하게 되는 경우, 고객은 다른 경쟁업체로 전환하기가 쉽지 않은 것이다.

② 높은 고객만족을 꾸준히 제공하는 것: 이러한 경우 고객은 경쟁업체의 단순한 저가제공 혹은 전환권유 등으로 인하여 기존 관계를 이탈하지는 않게 된다.

따라서 고객과의 연속적 관계에 초점을 둔 관계마케팅(relationship marketing)이란 이와 같은 보다 강력한 고객충성도(customer loyalty)를 창출하고 유지하는 과업을 의미한다. 기업이 관계마케팅을 수행할 경우, 기업과 고객 사이의 가능한 관계를 다음의 5가지 수준에서 파악할 수 있다.

① 초보적 관계: 판매원이 제품이나 서비스 판매를 하지만 그 고객을 또다시 접촉하지 않는다.

② 고객 반응적 관계: 판매원이 제품이나 서비스를 판매하고, 고객이 궁금해 하거나 불평이 있을 경우 이를 고객에게 알려주도록 권유한다.

③ 점검 위주의 관계: 판매원이 제품이나 서비스 판매 직후 제품이나 서비스가 고객의 기대에 부응하는지의 여부를 점검한다.

④ 선행적 관계: 판매원이 고객에게 수시로 전화를 걸어서 개선된 제품이나 서비스 사용법을 알려 주거나 고객에게 도움이 될 만한 새로운 제품이나 서비스를 소개한다.

⑤ 동반자적 관계: 기업은 고객과 더불어 고객의 노력을 절감시킬 수 있게 하고 고객제품이나 서비스의 보다 나은 기능수행을 돕기 위한 방안을 지속적으로 모색한다.

4. 전략적 마케팅관리

전략적 마케팅관리는 시장점유율, 매출액, 상표선호도 등 마케팅목표를 설정하고, 이를 달성하기 위하여 필요한 활동들을 계획하고 통제하는 과정이다.

(1) 사업기회의 탐색

모든 기업은 시장성이 있는 새로운 기회를 포착할 수 있어야만 계속기업으로서 존속할 수 있다. 이렇게 사업기회를 포착하기 위해서는 우선 마케팅환경을 분석해야 한다. 마케팅환경이란 기업이 제품을 생산하고 판매하는 등의 경영활동에 영향을 미칠 수 있는 모든 환경을 말한다. 따라서 마케팅환경 분석에 직접적으로 영향을 주는 원자재 공급업자, 경쟁업자, 유통업자, 고객 등 이해관계자뿐만 아니라 정치적 환경, 경제적 환경, 기술변화 등 제품에 영향을 미칠 수 있는 각종 환경을 분석하는 것을 말한다.

또한 마케팅환경분석과 함께 소비자들의 행동이 어떠한지를 분석해야 한다. 이는 소비자의 구매심리가 어떻게 변화하는가를 파악하는 것이다. 또한 개인소비자뿐만 아니라 제품을 대량으로 구매하는 회사, 학교, 정부, 소매상 등 단체소비자에 대해서도 고려해야 한다. 그리고 경쟁기업이나 경쟁제품에 대한 분석도 해야 한다. 우리 기업의 주요 경쟁기업은 어느 기업인지, 주요 경쟁제품은 어떤 것인지, 경쟁기업이 취하는 전략은 무엇인지, 마케팅전략은 어떻게 변화하고 있는지 등에 대한 상세한 분석이 이루어져야 한다.

마케팅을 실천하기 위해서는 표적 고객들이 원하는 바를 충족시키되 그것도 경쟁자에 비하여 보다 효과적으로 충족시켜야 한다. 그 이유는 고객들은 마케팅믹스를 평가하는 데 있어서 항상 경쟁자와의 상대적인 가치를 고려하기 때문이다. 따라서 기업은 상표나 기업수준에서만 경쟁을 인식하는 근시안적인 마케팅에서 탈피하여 기본적인 욕구의 수준에서도 경쟁을 인식함으로써 새로운 기회와 시장잠식의 가능성을 조기에 포착하고 대응할 수 있어야 한다.

이와 같은 여러 가지 분석을 통해서 해당제품이 사업기회를 가지고 있는지, 즉 시장성이 있는지를 판단하게 된다.

(2) 표적시장 결정

소비자의 욕구가 다르므로 한 제품으로는 모든 소비자의 욕구를 동시에 충족시켜 줄 수 없다는 전제 아래, 소비자의 욕구를 충족시키기 위해서 전체 시장을 일정한 기준에 따라 세분화하여 각 세분시장별 고객특성과 이들의 욕구를 이해해야만 올바른 마케팅전략의 수립과 실행이 가능하다. 따라서 시장세분화는 매우 중요한 개념이다. 소비자행동을 연구하고 마케팅조사를 실시하는 이유도 전체시장을 효과적으로 세분화하기 위한 기초자료를 얻기 위한 것이다.

기업은 상황분석을 통하여 시장을 세분화하여 평가한 후 그 가운데에서 표적시장(target market)을 선정하게 된다. 표적시장을 선정하는 것은 그 기업의 제품이나 서비스를 구매할 만한 고객들이 누구인가를 찾아내는 것을 말한다. 따라서 시장세분화란 욕구가 유사한 소비자집단별로 전체시장을 나누고(segmenting), 기업의 목적달성에 가장 적합한 표적시장을 선택하며(targeting), 표적시장에서 지속적 경쟁우위를 위하여 상품이나 서비스를 적절하게 위치시키는(positioning) 전략을 개발하는 과정을 의미한다. 표적시장을 결정하고 나면 선정된 표적시장 내에서 소비자들을 대상으로 자사제품이 경쟁제품과 비교하여 우위를 갖도록 여러 가지 마케팅믹스활동을 하게 된다. 이러한 마케팅믹스활동은 제품(product), 가격(price), 유통(place), 촉진(promotion), 즉 4P에 대하여 이루어지게 된다. 마케팅관리의 주요 대상인 4P는 기업이 표적시장으로부터 원하는 반응을 창출하기 위해 통제할 수 있는 마케팅 대상을 의미한다.

따라서 마케팅믹스활동인 4P는 전체적인 측면에서 적절하게 혼합하여 결정하여만 효과적일 수 있다. 이러한 요인들은 별개의 요인으로 보고 의사결정을 내리는 것이 아니라 제품의 특성에 맞도록 가격, 유통, 촉진 등 모든 요소들이 조화를 이루도록 하여야 기업의 목표를 달성할 수 있을 것이다.

(3) 제품전략

소비자의 욕구를 충족시키기 위한 제품이나 서비스의 제공은 기업의 마케팅활동에서 가장 중요한 요소이다. 아무리 가격을 잘 결정하고 최적의 유통경로를 선택하여 홍보를 잘 한다 하더라도 제품이나 서비스가 없는 마케팅활동은 있을 수 없다. 따라서 기업이 어떠한 제품이나 서비스를 생산할 것인가 하는 결정은 마케팅믹스의 기본이 된다.

마케팅믹스에서의 제품전략(product strategy)이란 무엇인가? 제품전략을 이야기하기 전에 먼저 제품이란 무엇인가 살펴볼 필요가 있다. 좁은 의미의 제품이란 고객의 기본적 욕구와 욕망을 충족시키기 위해 제공하는 물리적이고 기능적인 제품이나 서비스뿐만 아니라 브랜드, 포장, A/S, 판매장소의 분위기 등을 포함한다. 이 때 제품의 유형성 측면에서만 제품의 정의를 내리는 근시안적 마케팅에서 벗어나 제품을 넓은 의미로 이해하는 것이 시장에서 경쟁우위를 점할 수 있는 위치를 확보하는 데 도움이 될 것이다. 따라서 제품전략이란 고객을 만족시키기 위한 물리적이고 기능적인 제품 결정뿐만 아니라 거기에 수반되는 브랜드, 포장, 이미지 등을 결정하는 것을 말한다.

① 제품믹스

제품믹스(product mix)란 기업이 판매하는 모든 제품계열을 어떻게 결정하는가를 말한다. 여기서 제품계열이란 소비자의 욕구, 사용용도, 판매처, 가격범위 등에서 서로 연관성이 있는 제품의 집단을 말한다. 제품믹스를 구성하는 데 있어서 고려해야 할 사항은 다음과 같다.

㉮ 폭 : 한 기업이 취급하는 제품계열의 수

㉯ 깊이 : 각 제품계열에 속한 제품품목의 개수

㉰ 길이 : 제품믹스 내에 있는 전체의 수

㉱ 일관성 : 제품계열의 유사성

② 브랜드

브랜드(brand)는 제품이나 서비스에 붙여진 이름, 상징, 도안 등을 말한다. 브랜드는 보통 브랜드명과 브랜드 마크로 구분되는데 브랜드명은 브랜드 중에서 말로 부를 수 있는 이름을 말하고, 브랜드 마크는 상징이나 도안 등과 같이 시각적으로 보여지는 부분을 말한다. 이 때 브랜드는 특정제품이나 서비스의 고유 이름이므로 같은 이름이 둘 이상이거나 유사한 이름이 있어서 소비자가 혼돈을 일으키게 되면 안되기 때문에 브랜드를 법적으로 보호할 수 있도록 하기 위해서 브랜드를 등록하여야 한다.

소비자는 일반적으로 높은 브랜드 선호도를 가지고 있는 제품이나 서비스를 구매하게 되며 경쟁제품이 더 낮은 가격으로 판매하거나 많은 광고에도 쉽게 끌리지 않는다. 따라서 많은 기업들은 자사 브랜드에 대한 인지도와 선호도를 높이기 위해서 막대한 투자를 아끼지 않고 있다.

③ 포 장

포장(packaging)이란 제품을 싸거나 담을 용기나 포장지를 만들고 디자인하는 활동을 말한다. 이러한 포장은 과거에는 단순히 제품을 보호하기 위한 수단으로 인식되었으나 최근에는 포장의 형태, 색상, 재질 등으로 제품의 이미지를 형성하여 소비자들의 욕구를 불러일으키도록 하고 있다. 따라서 경영자는 포장을 '말없는 세일즈맨'이라고 인식할 필요가 있다.

④ 신제품 개발

오늘날 소비자들의 욕구와 기술 및 경쟁양상이 급격하게 변화하기 때문에 기업들이 기존제품에만 의존해서는 살아남을 수 없게 될 것이다. 포스트잇(Post-it) 메모지로 잘 알려진 3M사는 신제품을 강조하는 회사로 유명하다. 현재 6만여 가지 제품을 판매하는 이 회사는 매년 200가지 이상의 신제품을 출시하고 있으며, 매년 25% 정도의 매출이 최근 5년 내 출시된 제품들로부터 나오고 있다. 신제품개발이 이처럼 중요하지만, 문제는 신제품의 실패율이 소비재 40%, 산업재 20%, 그리고 서비스업 18%라고 한다. 또한 다른 조사에 의하면 매년 시장에 도입되는 2,500여 신제품 중 90%가 3년 이상을 버티지 못한다고 한다.

신제품의 성공률을 높이기 위해서는 개발과정을 효과적으로 관리해야 한다. 보통 신제품개발은 아이디어 창출 → 제품개념 개발 및 테스트 → 마케팅전략 개발 → 사업성분석 → 제품이나 서비스 개발 → 시험마케팅 → 시장에 출시 등의 8단계를 거치는 것으로 볼 수 있다.

⑤ 제품수명주기

경영자는 제품전략의 수립에 있어서 제품은 일종의 수명주기를 가지고 있다는 사실을 인식해야 한다. 인간의 일생과 마찬가지로, 제품은 일반적으로 도입기, 성장기, 성숙기, 그리고 쇠퇴기의 4단계를 거치게 된다. 제품수명주기(product life cycle: PLC)에 있어 단계별로 제품이 처한 시장상황, 경쟁, 수요 등이 변화하기 때문에 경영자는 이러한 변화된 각 상황에 적합한 마케팅믹스전략을 수립할 필요가 있다. 또한 제품수명주기 개념을 토대로 수명주기의 새로운 형태를 재구축하기 위한 전략을 수립할 수 있다. 예를 들면, 기계식 전화기에서 전자식 전화기로, 그리고 무선전화기 등으로 발전시킴으로써 전화기에 대한 제품수명주기를 연장하여 왔다.

표 9-4 제품 수명주기의 단계별 마케팅전략

측면 \ 단계	도입기	성장기	성숙기	쇠퇴기
경쟁기업	중요하지 않음	소수의 경쟁업자 등장	많은 경쟁업자가 시장에 있음	거의 없음
전반적 전략	시장확보, 제품 사용을 위한 초기사용자 설득	시장침투, 자사제품을 선 호하도록 소비자 설득	브랜드 위치 방어	취약제품폐기 준비, 가능한 모든 이익률 고려한 철수
이 익	낮은 생산성과 높은 마케팅비용으로 적자	고가격과 수요 증가로 흑자경영수준에 도달	성장률 둔화	마이너스 성장
가 격	고가격	고가격(소비자의 집중적)	경쟁대응가격 설정, 저가격	저가격
유 통	선택적 유통(유통경로 구축단계)	집중적 유통 구축	집중적 유통구축	선택적 유통
광고전략	초기 사용층 목표	대중시장에서의 상표 이점의 인식	유사브랜드 차이점 부각	재고제품 감소를 위한 저가격 강조
광고강조	높음	보통(구전광고)	보통	제품폐기를 위한 최소의 비용
촉 진	과다지출(견본, 쿠폰 및 기타 유인물 제공)	보통(상표선호도 창출)	과다	최저수준

(4) 가격전략

① 가격전략

마케팅믹스에서 가격전략(price strategy)이란 제품이나 서비스를 구입하기 위하여 소비자가 지불해야 하는 금액을 결정하는 것을 말한다. 제품이나 서비스의 가격은 기업의 입장에서는 수익과 이익의 유일한 원천인 반면, 소비자가 지불해야 할 제품이나 서비스 구매의 대가이기 때문에 촉진의 한 수단이면서, 동시에 경쟁의 도구 역할을 한다. 또한 기업이 결정한 제품의 가격수준에 따라 다른 마케팅활동의 실행수준이 결정되기 때문에 가격은 다른 마케팅믹스전략의 기초가 된다.

② 가격결정

기업이 가격을 결정하는 데 있어서 흔히 사용하는 방법은 원가중심적 가격결정 방법이다. 즉 제조원가에 일정한 이익을 가산하여 가격을 결정하는 방법이다. 이에 더하여 기업은 제품이나 서비스의 가격결정에 있어서 경쟁기업을 고려하여 다음의 두 가지 전략을 사용한다.

초기 고가격전략을 사용하기도 하고 저가격 침투전략을 사용하기도 한다. 초기 고가격전략은 고소득층 시장을 노리고 초기에 가격을 높게 책정하는 것이다. 즉, 초기에 높은 가격을 책정하고 고소득층을 대상으로 판매촉진을 하여 투자비용을 조기에 회수하고 그 후 경쟁기업이 들어올 때는 낮은 가격으로 경쟁력을 확보하는 경우라고 할 수 있다. 이 가격전략은 주로 신제품의 경우에 상당수의 소비자들이 현재의 수요를 지속적으로 창출하는 경우, 높은 가격의 제품 이미지를 돋보이게 하는 경우 등에서 효과적이다.

저가격 침투전략은 많은 소비자층을 대상으로 초기에 낮은 가격으로 단기간에 시장점유율을 높여 경제규모와 생산성을 달성함으로써 단위당 비용을 낮추어 목표 이익을 달성하고 경쟁기업의 시장진입을 저지하는 전략이다.

(5) 유통전략

① 유통전략

마케팅믹스에서 유통전략(place strategy)은 제품이나 서비스를 생산자로부터 최종소비자인 고객에게 전달하는 과정을 결정하는 것을 말한다. 다시 말하면 제품이나 서비스가 표적고객들이 바라는 시점과 장소에 적절한 양만큼 공급될 수 있도록 전달하는 과정을 결정하는 것이다. 이러한 유통활동은 도시가스관과 같은 파이프라인으로 비유할 수 있다.

전통적으로는 대부분의 생산자들은 최종소비자에게 직접 제품을 판매하지는 않는다. 생산자와 최종소비자 사이에는 여러 가지 기능을 수행하는 많은 중간상이 존재한다. 따라서 마케팅믹스활동에서 유통전략의 주요 관심대상은 유통경로를 결정하고 운송방법을 결정하고, 적정재고를 결정하는 것이다.

② 유통경로

유통경로(channel of distribution)는 제품이나 서비스를 최종소비자에 이를 때까지 통과하게 되는 경유노선을 말한다. 경영자는 각 제품이나 서비스의 유통경로 상에서 중간단계의 수를 얼마로 할 것인가, 그리고 각 단계에 있어서 판매자의 수를 얼마로 할 것인가에 대한 결정을 하게 된다. 가장 효율적인 유통경로란 상품이나 서비스를 고객들이 원하는 시간과 장소에 최소의 비용으로 전달하는 것이다.

효율적인 유통경로를 구축하는 데는 오랜 시간과 상당한 자금이 소요되며, 일단 유통경로가 구축되고 나면 이를 변경하기란 대단히 어려우므로 유통경로의 설계와 관리는 마케팅의 성공 여부에 매우 중요한 영향을 미치는 의사결정 중의 하나이다.

③ 물 류

최근 들어 기업은 물류(physical distribution, logistics)에 대한 관심이 높아지고 있다. 우리나라의 경우 물류비용이 가격의 15% 가까이를 차지함에 따라 물류비용을 관리해야 할 필요성이 크게 부각되고 있다. 물적 유통, 간단히 물류란 원자재, 재공품, 완제품 및 관련정보를 생산지점에서 소비지점까지 효율적이고, 효과적으로 이동되도록 계획, 실시, 통제하는 과정으로, 고객서비스, 수송, 창고 및 보관, 공장의 위치선정, 재고관리, 유통정보, 조달, 원료취급, 부품 및 서비스 지원, 폐품처리, 포장, 반품처리, 수요예측 등의 활동을 포함한다. 효과적이고 효율적인 물류관리는 가장 낮은 비용으로 소비자가 원하는 시간에 적절한 장소에서 물자를 획득할 수 있게 하여 소비자를 만족시키고 기업의 경쟁력을 키워나가는 가치창출 활동이다.

④ 적정재고 결정

재고(inventory)를 얼마로 하는 것이 적정한지도 유통상의 중요한 결정사항이다. 특히 계절상품이나 유행상품인 경우에는 재고를 어느 수준까지 확보할 것인가 하는 문제가 매우 중요하다. 따라서 적정재고 수준을 합리적으로 결정하기 위해 다양한 방법을 연구할 필요가 있다.

(6) 촉진전략

① 촉진믹스

촉진전략(promotion strategy)이란 기업이 제공하는 제품이나 서비스에 대한 정보를 소비자에게 제대로 전달하기 위하여 주요 4가지 촉진유형의 수단을 활동하여 촉진의 노력을 기울이게 되는 것을 말한다. 이는 기업의 제품이나 서비스를 소비자가 구매하거나 계속적으로 구매하도록 유도할 목적으로 이루어진다. 이에 따라 제품의 장점을 알리고 잠재구매자들이 실제로 제품이나 서비스를 구매하도록 설득하는 방향으로 활동이 이루어지게 된다. 촉진믹스(promotion mix)는 기업이 마케팅목표를 달성하기 위하여 촉진전략을 시행하기 위한 여러 가지 촉진 유형(광고, 인적판매, 판매촉진, 홍보 등)의 결합을 위미한다.

② 광 고

광고(advertising)는 TV, 라디오, 잡지, 신문, 옥외간판 등을 활용하여 소비자들이 제품이나 서비스에 대해 인식하도록 하는 비인적인 매체를 통한 촉진방법이다. 소비자들은 많은 광고에 노출되지만 대부분의 경우 소비자들의 관심을 끌지 못하고 사장되어 버린다. 따라서 기업은 소비자들이 관심을 끌 수 있는 광고를 개발하기 위하여 많은 노력을 기울여야 한다. 소비자의 심적 상태의 변화과정을 설명하는 모형 중에서 대표적인 것은 AIDMA 모형이다. 즉 인지(awareness) → 흥미(interest) → 욕구(desire) → 기억(memory)의 과정을 통해서 소비자는 구매행동(action)을 한다.

③ 인적판매

인적판매(personal)는 세일즈맨과 예상고객 또는 기존고객이 직접적인 대면관계를 통해 이루어지는 인적 촉진활동이다. 인적판매는 세일즈맨이 고객에게 직접 정보를 제공하고 설득하기 때문에 고객이 마음을 정하도록 하는 데 효과적이다. 인적판매의 접근방법에서 대표적인 모형은 AIDAS 모형이다. 세일즈맨들은 가상고객의 주의(attention)를 모으고, 관심(interest)을 유발하고, 제품이나 서비스에 대한 욕망(desire)을 자극하고, 구매행동(action)을 일으키고, 거래에 대한 만족(satisfaction)을 구축하는 5단계를 거치게 된다.

④ 판매촉진

판매촉진(sales promotion)은 기업이 자사의 제품이나 서비스의 판매를 늘리기 위하여 중간상이나 최종소비자를 대상으로 단기적으로 벌이는 마케팅활동을 말한다. 여기에는 가격할인, 쿠폰, 무료견본, 경품 등이 주요 수단이 된다, 경쟁이 치열할 때는 가격할인이나 행사개최와 같은 판매촉진이 효과적이지만 너무 자주 사용하게 되면 오히려 그 브랜드에 대한 이미지와 선호도를 저하시키게 된다. 주로 사용하는 수단에는 푸시마케팅(push marketing) 전략과 풀마케팅(pull marketing) 전략이 있다. 푸시마케팅 전략은 도매상, 소매상 또는 세일즈맨에게 판촉물을 제공함으로써 제품이 판매상의 경로에 도달하도록 할 뿐만 아니라 판매를 증대시키는 목적으로 수행하는 촉진활동으로, 예로는 초기가격공제, 광고비용 공제 등이 포함된다. 풀마케팅 전략은 생산자가 주로 제품광고나 소비자 판매촉진에 의존하는 전략이다.

⑤ 홍 보

홍보(publicity)는 TV, 라디오, 신문, 잡지 등은 언론매체에 뉴스 등의 형태로 자사제품이나 서비스에 관한 기사를 다루게 함으로써 수요를 자극하게 하는 마케팅활동으로 가자회견, 제품홍보, 기업홍보, 로비활동, 카운슬링 등의 수단이 있다. 이와 같은 여러 가지 촉진활동은 소비자의 욕구를 자극하여 계속적인 구매활동을 유발시키게 된다. 따라서 경영자는 시장의 성격, 제품이나 서비스의 성격, 비용 등을 고려하여 광고, 인적판매, 판매촉진, 홍보활동 등을 적절히 결합하여야 한다.

5. 빅데이터 마케팅(big data marketing)

빅데이터 마케팅은 요즘 경영계의 큰 관심거리 가운데 하나로, 국내 유통업체들도 빅데이터를 마케팅에 활용하고 있다. 그러나 대부분 온라인 구매기록이나 신용카드 사용내역 등 고객정보를 제한적으로 사용하는 데 그친다. 예를 들어, A라는 고객이 일주일에 한 번씩 온라인으로 과자를 대량 구매하고, B 고객은 중저가 브랜드 옷을 자주 구매한다면 A 고객에게는 과자 할인쿠폰을 보내고, B 고객에게는 '3일간 의류브랜드 30% 할인이벤트' 이메일을 보내는 식이다. CJ오쇼핑도 비슷한 방식으로 고객정보를 활용한다. 하지만 고객의 소비내역을 동적으로 포착해 고객의 범주를 좀 더 다양한 방식으로 세분한다는 점에서 진일보한 방식이다. 이른바 'DLS(Dynamic Lifestyle Segment)' 시스템이다.

CJ오쇼핑 신성철 CRM팀(고객관계 관리팀) 부장은 이렇게 설명했다. 고객의 데이터를 분석해 보니 무슨 이유에서인지는 몰라도 밤늦은 시간에만, 그것도 홈쇼핑 방송이 아니라 휴대폰을 통해서만 물건을 사는 소비층이 있다는 사실을 발견했다. 이들은 어린 자녀를 재우고 난 뒤 늦은 밤에 아이가 깰까 봐 조심조심 휴대폰으로 물건을 사는 부모일 수 있다. 아니면 휴대폰을 한시도 손에서 놓지 않고 늦은 시각까지 잠을 자지 않는 20대일 수도 있다. 이들은 직업이나 성별, 나이, 가족 구성 등은 다를지 몰라도 모두 스마트폰에 익숙하고, 밤에 온라인을 많이 이용한다는 공통점이 있다. CJ오쇼핑은 이런 가상고객을 모바일 린백(lean back)족(族)이라고 정의했다. 늦은 시각 안락의자에 편하게 기대앉아(lean back) 휴대전화로 물건을 구입하는 고객의 이미지를 따서 붙인 이름이다. 이 회사는 밤 9시부터 12시까지 3시간 동안 스마트폰을 이용한 쇼핑에만 쓸 수 있는 쿠폰을 만들어 모바일 린백족 3,900명에게 발송했다. 처음 이벤트를 기획했을 당시 CJ오쇼핑 내부에서도 과연 고객들 반응이 좋을까 하고 걱정하는 직원이 많았지만, 우려와는 달리 쿠폰발행 이후 3시간 만에 주문액이 2,200만원을 넘겼다. 같은 시간대 평균매출액(700만원)의 3배를 넘는 수치다. 1인당 객단가(11만원) 역시 홈쇼핑 이용자 평균 객단가보다 20% 정도 높았다.

단순히 기저귀나 게임용품 같은 한 상품 카테고리 안에서만 고객정보를 분석할 경우 모바일 린백족 같은 소비자집단을 상상해 내기 어렵다. 그렇기 때문에 CJ오쇼핑 바이어들은 수시로 모여서 자기들이 맡고 있는 특정 카테고리의 고객정보를 공유하며 가상 고객모델을 그려 나갔다. 예를 들어 속옷바이어가 남성속옷 중 트렁크 팬티보다 삼각팬티를 주로 사는 30~40대 고객이 있다는 사실을 알아내면 남성복 바이어는 이런 고객층이 몸에 착 달라붙고 세련된 남성복을 살 것이라는 가정 아래 삼각팬티 구매자와 고급 남성복 고객 사이에 접점이 있는지 구매 데이터를 통해 확인해 보는 것이다. 이런 탐색을 다른 상품 영역으로도 확장해 패션에 관심이 많고, 적극적으로 남성용 화장품을 사는 등 자신을 가꾸는 데 시간과 노력을 많이 들이는 30~40대 남성 고객층인 삼각팬티 입는 남자라는 고객층을 가려낼 수 있었다. CJ오쇼핑은 향후 이 소비층을 겨냥한 상품군을 더욱 많이 개발할 계획이다.

CJ오쇼핑은 지난 3월부터 이런 방식으로 고객그룹을 분류하기 시작했는데, 지금까지 100가지에 이른다. 인구통계와 단일항목 내 상품 구매자료를 기반으로 노년의 행복(중장년층 소비자), 깐깐한 폼생폼사(저렴한 가격으로 질 좋은 제품을 구매하고자 하는 소비자) 등 여덟 가지로 나눴던 기존 고객 분류방식보다 10배 이상 세밀해진 것이다. CJ오쇼핑은 외국사례를 따라 하지 않고 독자적 노하우와 우리만의 축적된 정보로 만든 방법이라고 밝혔다. 이런 방식으로 나눈

100가지 고객그룹 중에는 요리를 싫어하지만 인스턴트식품에는 만족하지 못하고, 먹는 데 쓰는 돈을 아끼지 않는 '내 집 안 빕스(CJ의 패밀리레스토랑)족'도 있다. 이런 특화된 고객을 위해서는 익히기만 하면 조리가 완성되는 백립 스테이크 같은 고급 반(半)조리 식품할인권을 제공한다. 또 나이보다 한 살이라도 어려 보이려고 피부관리에 정성을 쏟는 '나오미(Not Old Image)족'에겐 철갑상어 알로 만든 고급화장품이 출시됐음을 알리는 메일을 보낸다.

지난 7월 섭씨 30도가 웃도는 무더운 날씨가 계속되는 가운데 이 회사는 양털 모피와 솜이 들어간 원피스나 밍크 모자 같은 한겨울 상품을 판매해 일반 기획 판매전 때보다 3배 높은 매출을 올렸다. 여름에 상대적으로 저렴한 모피를 구입하고 겨울에 수영복을 사는 등 실제 계절과 상반된 상품을 알뜰하게 구매하는 '철(계절) 없는 사람들'이라는 고객층이 있다는 사실을 파악했기에 가능한 일이었다.

CJ오쇼핑은 DLS 외에도 또 다른 빅데이터 활용방식으로 지난 4월 '스플렁크(Splunk)' 시스템을 도입했다. 온라인에서 발생하는 데이터를 실시간 수집, 분석할 수 있는 빅데이터 분석 전문장비다. 예를 들어 누군가 특정 홈페이지에 접속한다면 스플렁크는 이 사람이 어떤 메뉴를 열어보고 무엇을 열람하는지 실시간 점검할 수 있다. 보통 실시간 기상 상황분석이나 온라인 보안에 이용되는 시스템이다. CJ오쇼핑은 스플렁크를 이용해서 온라인 구매사이트에 접속한 고객이 홈페이지의 어떤 메뉴를 얼마나 오랫동안 검색하고, 뒤이어 어느 항목으로 이동하는지를 실시간 분석해 고객의 실제 쇼핑목적을 예측한다. 예를 들어 고객 C씨가 온라인 구매 사이트에서 유모차를 20여 분간 검색하다가 기저귀 항목으로 이동해서 10분 정도 상품을 살펴본 뒤 아기 기저귀를 한꺼번에 10개 주문했다고 가정해 보자. 스플렁크는 C가 검색한 상품들을 실시간으로 추적한 뒤 다음과 같은 결론에 도달했다. '고객 C는 기저귀가 필요한 어린아이를 둔 엄마일 것이다. 20여 분간 유모차를 검색한 것으로 보아 C는 유모차를 사고 싶어 하는 모양이다. 하지만 유모차를 사지 않고 다른 항목을 산 이유는 아마도 가격이나 디자인이 마음에 들지 않아 지금 망설이는 중일 것이다.' 그 뒤 CJ오쇼핑은 고객 C씨에게 이메일이나 휴대폰으로 메시지를 날린다. '엄마들 사이 소문 1

위, △△브랜드 반짝 20% 할인 세일 시작. 홈페이지에서 기획 이벤트코너를 둘러보세요.' 이런 메시지는 구매를 망설이는 고객들의 심리를 자극해 실제 구매 행위로 이어지도록 하는 역할을 한다. 배가 출출해지는 오후 4~5시쯤 간식을 먹으러 갈지, 조금만 참았다가 저녁을 먹으러 갈지 망설이는 사람 앞에 갓 구운 따끈한 피자 한 판이 배달될 경우 눈앞의 유혹을 뿌리치기 힘든 것과 비슷한 이치다. 앞서 설명한 DLS가 기존 고객의 과거 구매데이터를 바탕으로 고객의 소비 행위를 예측한다면 스플렁크는 온라인상에서 실시간으로 고객의 움직임을 좇아가며 소비 행위를 예측한다는 데 차이가 있다. 하지만 전문가들에 따르면 CJ오쇼핑의 방식을 진정한 의미에서 빅데이터를 활용한 마케팅 방식이라고 보기는 어렵다. 김영걸 KAIST 경영대 교수는 "빅데이터 마케팅이란 사내 데이터뿐 아니라 사외 데이터까지 포괄적으로 분석해 마케팅으로 활용할 수 있어야 하는데, 아직 국내외 업체 가운데 그러한 사례는 극소수"라고 말했다.

CJ오쇼핑의 빅데이터에 기반한 고객 분류

철 없는 사람들	여름엔 겨울 용품, 겨울엔 여름 용품을 저렴하게 구입하는 소비층
모바일 린백(lean back)족	늦은 밤 시간에 모바일로 쇼핑하는 사람들
삼각팬티 입는 남자	삼각팬티를 입고 세련된 패션 스타일을 추구하는 30~40대 남성
내 집안 빕스족	요리를 귀찮아하지만 고급 식생활을 추구하는 사람들
옷 입혀 주는 여자	감각적으로 남편 패션 스타일을 지도하는 여성
그루밍족	외모에 관심이 많아 의류와 미용품을 자주 구매하는 남성
쇼루밍족	오프라인 매장에서 물건을 보고 온라인에서 비슷한 물건을 구매하는 사람들
나오미족(Not Old Image)	자신을 위한 투자에 적극적이고, 한 살이라도 더 젊어 보이기 위해 노력하는 중장년 여성
스칸디맘	교육에 목매달기보다 아이들과의 공감을 중시하는 관대한 부모
할머니맘	며느리나 딸 대신 손주를 키우며 대부분의 시간을 보내는 50~70세 할머니
모바일 출퇴근족	출퇴근 때 집중적으로 모바일 기기를 사용하는 사람들

자료: CJ오쇼핑

최근 월마트의 온라인 사업을 담당하는 계열사 월마트랩이 김 교수가 말한 빅데이터 마케팅에 부합하는 사례가 될 수 있다. 한 여성이 무라카미 하루키의 '밸런타인데이의 무말랭이'라는 에세이를 읽고 난 뒤 자기 페이스북에 "무말랭이가 정말 좋아!"라는 글을 남겼다. 그러자 월마트랩은 5분 뒤 그녀의 남자친구에게 알림 메일을 보냈다. "곧 여자친구 생일입니다. 방금 당신 여자친구가 하루키의 '밸런타인데이의 무말랭이'가 좋다는 글을 남긴 것으로 보아 하루키의 다른 책 '채소의 기분, 바다표범의 키스'를 선물하는 건 어떨까요." 월마트랩은 SNS의 데이터와 자사 고객정보를 연계해 고객이 원할지도 모르는 것을 예측해 제시한 것이다. 김 교수는 "이 마케팅은 월마트가 페이스북에 글을 남긴 여성이 월마트 고객이라는 사실을 알았기에 가능한 것"이라며 "빅 데이터를 활용하고자 하는 기업들은 사내외의 방대한 데이터를 연계할 수 있는 방법을 찾는 데 노력을 기울여야 한다"고 말했다.

사례 4

"실패를 하고 다시 사업을 시작하기까지 10년 이상의 시간이 걸렸습니다."

"집을 짓기 위해서는 설계도가 필요하듯 사업을 할 때 사업계획서가 꼭 필요합니다. 매출 의지치, 근거없는 시장규모, 막연한 자금운영 계획은 피해야 합니다." ㈜펍플 박종한 대표는 세번째 법인을 설립하기 전 파산을 겪기도 하고 신용불량자가 된 적도 있다고 합니다, 창업시장에서 쓴한 고배를 마시면서도 자신만의 철학을 지킨 박종한 대표의 이야기를 K-스타트업에서 공유했습니다.

1. (주)펍플은 어떤 아이템을 창업 중인 기업인가요? ㈜펍플은 교과서, 교재 등을 디지털콘텐츠로 변환해주는 변환 툴과 뷰어를 제공하는 디지털콘텐츠 인쇄소라고 생각하시면 됩니다. PDF만 있으면 디지털교재를 자동으로 만들어주고 만들어진 콘텐츠를 바로 활용할 수 있는 뷰어까지 제공하기 때문에 제작비용과 시간을 획기적으로 절감시켜주는 국내최초의 벡터기반의 Epub3전자출판 솔루션입니다.

2. 펍플 서비스가 교육 유통 플랫폼을 전문으로 개발하는 기업과는 다른 경쟁력은 무엇인가요? 유통 플랫폼은 크게 생산, 유통, 소비 단계로 나누어지는데 저희는 그중에 생산과 소비에 필요한 솔루션을 공급하고 있습니다. 특히 저희회사의 경우 규모는 작지만 원천기술 특허와 차별화된 핵심기술인 PDF(EPS) to EPUB3 벡터 변환기술과 벡터이미지 텍스트 인식기술 보유하고 있습니다. 본 기술은 전자출판을 위한 혁신적인 기술로 인쇄용PDF(EPS)만 있으면 왜곡 없이 벡터방식의 전자책을 출판할 수 있습니다. 또한 변환된 벡터그래픽에 포함된 텍스트를 폰트처럼 인식하여 검색, 복사, 하이라이트 등이 가능하며 인쇄용 콘텐츠와 동일한 레이아웃을 유지하면서도 확대나 축소 시 깨지지 않아 가독성이 매우 우수합니다.

그리고 별도의 퍼블리싱작업이 필요 없기 때문에 단행본의 경우 90% 이상 디지털교과서의 경우 20% 이상 제작비용도 절감할 수 있습니다.

이와 같이 가독성을 개선하고 제작비용을 절감할 수 있는 벡터방식의 디지털출판솔루션인 SDPS1.0(Smart Digital Publishing Solution)은 자사가 보유한 차별화 특허기술입니다.

3. 창업에서 실패했지만 다시 재도전을 하셨는데요, 다시 사업을 시작하면서 이전 창업과는 다르게 특별히 신경 쓰셨던 부분이 있다면? 지금 생각하면 이전 창업은 실패할 수밖에 없었다고 생각합니다. 물론 여러 가지 원인이 있겠지만 제가 생각하는 가장 큰 실패요인은 사업계획 부재였다고 생각합니다. 집을 짓기 위해 설계도가 필요하듯 사업을 할 때 사업계획서가 꼭 필요합니다. 사업계획서에는 매출 의지치, 근거없는 시장규모, 막연한 자금 운영 계획은 피해야 합니다. 정확한 시장규모와 예상매출 그리고 1년 이상의 자금계획이 있어야 하고 본인이 세운 목표는 1년 단위로 최소 80%수준 이상은 달성 가능해야 합니다. 시장을 예측하지 못하고 자금계획을 장기적으로 세울 수 없다는 이야기는 그 시장에 대해 모른다는 이야기와 같습니다. 잘 알고 있어도 성공하기 힘든 시장에서 사업계획 없

이 한다는 건 정말 어려운 일입니다. 그래서 저도 다시 창업을 하면서 특별히 신경쓴 부분도 사업계획서 부분이었습니다.

4. 재창업을 꿈꾸는 지인에게 재도전 성공패키지 지원사업을 추천한다면 그 이유는 무엇일까요? 저는 특히 시제품 개발지원금과 멘토링지원부분에 많은 도움을 받았습니다. 창업을 시작하면서 금전적인 지원뿐만 아니라 각 분야의 전문가를 활용한 멘토링을 통해 필요한 정보를 1:1맞춤형으로 제공받아 사업의 성공률을 높여주고 위험요소를 사전에 찾아내어 예방할 수 있습니다. 재도전 성공패키지 사업은 재창업을 준비하는 대표님들께는 꼭 추천을 드리고 싶습니다. 시제품개발자금 외에도 사업적으로 궁궁한 부분이 많은데 1:1멘토링을 지원받아 필요한 분야의 전문가컨설팅을 활용하면 사업에 많은 도움이 됩니다.

5. 재창업 성공패키지 지원사업 이후 펍플의 매출액과 성과가 궁금합니다. 성공패키지 지원사업 선정전에는 매출 1억5천에 직원이 3명으로 시작하여 지금은 계약직포함 직원도 4배 매출도 4배 이상 늘었습니다. 가장 큰 성과는 올해 4월에 용역사업이 아닌 저희 솔루션을 동아출판사에 공급계약을 1차 밴더로 체결했다는 것입니다. 올해 3월까지만 해도 2차, 3차 밴더로 납품을 했는데 원천기술을 보유하고 고객사와 바로 계약을 하고 우리 회사 제품이름으로 공급을 한다는 겁니다. 현재 국내 Epub3 콘텐츠 제작은 3위 정도에 불과하지만 올해 연말까지 R&D를 하여 내년에 2.0버전이 나오면 현재 이야기되고 있는 대형 출판사들도 시장반응이 좋아 국내 시장에서 1위를 선점할 수 있을 것으로 예상됩니다. 2018년 국내시장 선점 후 2019년부터는 해외 국제도서전에 참가하여 해외시장으로 사업을 확대할 예정입니다.

저도 실패를 하고 다시 사업을 시작하기까지 10년 이상의 시간이 걸렸습니다. 사업을 다시 한다는 건 힘든 일이지만 실패의 경험이 쌓여 성공에 좀더 가까이 다가갈 수 있을 거라고 생각합니다. 그리고 정부도 성실하게 사업을 하다가 실패한 분들의 재기를 돕기 위해 많은 제도를 만들어 지원하고 있으니 창업하실 때 자신에게 맞는 창업지원 정책들을 꼭 찾아보시고 활용해 보도록 하세요. 도전하지 않으면 실패도 성공도 없습니다.

〈K-Start Up, 2017.6.30.〉

제6절 창업경영자의 종업원관리

프레드 터너 맥도날드 명예회장의 최종학력은 무엇일까? 이 넌센스 퀴즈의 정답은 '햄버거대학 학사'이다. '햄버거대학' 졸업은 터너 명예회장뿐만 아니라 맥도날드에 근무하는 모든 임직원의 공통된 최종학력이다. 이들에겐 공통점이 또 하나 있다. 임직원 절반 이상이 매장 아르바이트 사원에서 출발했다. 매장에서 햄버거를 내주고 돈을 받는 시간제직원들이 경력을 쌓아 정식직원으로 올라서게 되는 경우가 50%를 넘는다. 시간제직원들의 평균 근무기간도 6개월 이상으로 다른 업체에 비해 훨씬 길다. 맥도날드가 세계 곳곳에 햄버거왕국을 건설할 수 있었던 무기는 두 가지이다. 하나는 '맛'이고 다른 하나는 '교육'이다. 맛은 기술에서 나오지만 교육은 경영철학에서 나온다. 맥도날드의 경영에는 햄버거를 만들어 파는 장사이기에 앞서 '사람에 의한 사업(People Business)'이라는 철학이 깔려있다. 맥도날드의 직원교육은 세계 114개국 2만 4,500여 개의 매장에서 똑같이 이루어진다. 맥도날드의 유니폼을 입는 순간부터 모든 사람들은 학습자가 되어야 한다.

시간제 직원에게는 비디오교재를 사용한 기초교육을 실시하고 전담트레이너를 붙여 한 달 동안 일대일 직무훈련(OJT)을 실시한다. 매장사원들은 단순한 학습자의 위치에서 벗어나 조직 전체의 생산성을 높일 수 있도록 서로 코치를 해주는 교육자도 된다. 이런 훈련과정을 통해 경력을 쌓은 시간제 직원들에게는 정식직원으로 승진할 수 있는 기회가 주어진다.

맥도날드의 상표를 빌어 매장을 개설하는 프랜차이즈 계약에서도 교육훈련은 예외없이 적용된다. 보통 20년 정도의 장기계약으로 이루어지는 프랜차이즈의 점주가 되려면 9개월 간의 교육과정을 거쳐야 한다. 이 기간 동안 점주는 청소에 직원관리에 이르기까지 매장에서 일어날 수 있는 모든 일들을 직접 체험하는 교육을 받는다.

이런 교육훈련의 마지막 코스는 물론 햄버거대학이다. 미국 일리노이주에 있는 햄버거대학은 지난 61년 개설된 이래 전 세계 맥도날드 직원들을 위한 최종교육과정으로 운영돼 왔고 매년 15회에 걸쳐 3천여 명의 졸업생을 배출한다. 햄버거대학의 교육은 매장운영, 인사관리, 품질 및 장비관리, 고객서비스 등에 관한 내용으로 이뤄진다. 실제 매장과 똑같은 세트에서 시뮬레이션 위주로 진행된다. 이 교육프로그램에 들어 있는 18개 과목은 미국 내 다른 대학에서도 학점을 인정해 줄 만큼 전문성을 갖고 있다. 언제 떠날지 모르는 시간제 직원들에게 투자를 아끼지 않고 특히 현장의 고충을 모르는 사람에게 경영자의 자격을 주지 않는 교육철학이 맥도날드를 지금까지 이끌어온 원동력인 셈이다.

1. 종업원관리란

기업의 경영활동은 사람경영이라고 할 정도로 기업에서 사람과 관련된 인적자원활동은 매우 중요하고 필수적인 부분을 차지하고 있다. 우리가 주변에서 흔히 듣는 '인사(人事)가 만사(萬事)'라는 말도 인적자원활동의 중요성을 대변해 주고 있다. 앤드류 카네기가 철강사업으로 엄청난 성공을 거둔 뒤 인터뷰에서 사회자가 카네기에게 "철강사업으로 그렇게 성공했는데 철에 대해 얼마나 알고 있습니까?"라고 질문을 하였다. 그러자 카네기는 "나는 철에 대해 잘 모릅니다. 그러나 그 철을 알고 잘 다루는 사람들을 잘 다룰 줄은 압니다"라고 대답하였다.

종업원관리는 기업에서 사람과 관련된 모든 활동으로서, 종업원을 채용하여 교육·훈련시켜 적시에 적절한 위치에 배치하는 활동을 말한다. 이러한 인적자원관리활동은 인적자원 계획수립부터 시작하여 모집·선발과 교육 및 훈련 및 업무평가를 통한 보상관리까지를 포함하는 활동이라 할 수 있다. 그리고 개인별로 해당 업적을 평가하여 이에 맞는 보상을 지급하게 되며 승진이나 전근 등을 통해 인원이 교체된다. 이 때 필요한 인원의 이직에 대하여 이직관리를 하게 된다.

(1) 종업원 채용

소상공인이 경영을 함에 있어서 경영자 혼자서 사업체를 경영하기란 매우 어렵다. 그렇기 때문에 경영자는 조력자인 종업원을 채용해야 하는 것이다. 물론 규모가 작은 소상공인의 경우에는 경영주 혼자서 점포를 운영할 수도 있겠지만, 그렇지 못한 경우에는 종업원을 채용해야 하는데 전혀 모르는 사람을 모집, 채용한다는 것은 매우 어려운 일이다. 종업원은 점포의 한 부문의 업무를 책임지는 중요한 역할을 하며 종업원의 능력에 따라 점포의 발전이 좌우될 수도 있다. 따라서 채용에 있어서 매우 신중을 기하여야 하며 종업원을 모집하기 위한 적절한 절차 및 채용 원칙을 수립하여야 한다.

① 종업원 채용 전 인원계획의 수립

종업원을 채용하기 전에 경영자는 먼저 이 점포에 몇 명의 인원이, 어떠한 능력을 소유하고 있어야 하는가를 결정해야 한다. 따라서 경영자는 매장의 크기, 고객 수, 업무량, 가장 바쁜 시간대 등을 고려하여 적절한 인원 계획 및 배치 계획을 짜야 한다. 피크 시간이 아닌 경우에는 별도로 종업원을 고용할 필요가 없다. 이것은 인건비의 절감 시 고려되어야 할 사항이다. 또한 소규모 점포에서는 종업원이 현금을 취급하는 경우가 많으므로 종업원의 신분이 확실한지 확인하는 과정도 필요하다.

종업원이 해야 할 직무가 무엇인지 먼저 조사되어야 하며, 이에 따른 필요 인원 수 및 요일별 인원의 배치 계획도 수립되어야 한다. 점포에서 필요한 종업원들이 근무할 시간과 기간을 정확하게 결정하는 것도 매우 중요하다. 왜냐하면 지원자들의 근무 가능한 시간과 기간이 상점에서 필요로 하는 여건과 일치하여야 하기 때문이다.

② 적정한 인원의 확보

필요한 인원이 결정되면 여러 가지 방법을 통하여 종업원을 즉시 모집한다. 이 경우에는 점포에서 필요한 근무시간대 자격요건, 그리고 급여 조건 및 지급 방법이 결정되어 있어야 하며, 지원자가 문의를 했을 때 정확하게 설명하여 주어야 한다. 이것은 그들이 원하는 조건을 알려 주어 빠르게 의사결정을 내릴 수 있도록 하기 위해서이다.

③ 지원자 작성 서류

채용 시 지원자들이 작성해야 할 서류와 점포 경영자들이 작성해야 할 서류가 있다. 특히 취업 신청서는 반드시 작성할 필요가 있는데, 이것은 취업 희망자가 점포에 지원할 때 작성해야 할 서류이다.

작성된 서류에 있는 정보는 지원자의 인적 사항, 학력 사항, 그리고 경력 사항 등으로 요약한 것이다. 취업 신청서가 준비되어 있지 않을 시에는 이력서와 주민등록등본을 받도록 한다.

④ 면접시 점검해야 할 사항

모집광고를 통하여 취업을 원하는 희망자가 있을 시에는 먼저 상점 내에 구비된 소정의 신청서 또는 이력서를 제출하도록 하며, 이 때 면접 일정 및 시간을 함께 알려준다. 면접시에 점검해야 될 사항은 제출된 취업 신청서 또는 이력서 등을 통하여 지원자의 경력 및 가족 사항, 성격 등을 확인하는 것이다. 또한 점포에서 제공할 급여 및 근무 일정, 휴무 등에 관하여 정확하게 알려 주어 취업희망자 입장에서도 취업을 결정하는 데 있어서 정확한 고려 대상이 되어야 하며, 향후 근무를 할 때 이러한 사항의 변동이 있다면 근무의욕이 절감될 수도 있다. 따라서 면접시에 중점적으로 점검해야 할 사항은 첫째 정직한 사람인가, 둘째 기본적인 업무 자질을 소유하고 있는가, 셋째 책임감이 있는가를 점검해야 한다.

만약 업체의 업무처리에 있어서 부적격하다고 판단되면 즉시 당사자에게 통보해 주어야 한다. 이러한 판정을 내리는 몇 가지 예로 ① 업체의 근무일정과 맞지 않는 지원자, ② 근로기준법상 고용할 수 없는 연령인 자, ③ 업무에 관심이 없는 지원자, ④ 정직하지 못한 자를 들 수 있다 따라서 면접을 하기 전에 경영자는 이러한 판단 기준을 명확히 한 후 면접을 실시해야 한다.

⑤ 근무원칙

근무원칙은 종업원들이 업체의 특성 및 경영방침을 알고 이해하기 위해 마련되어야 하며, 채용이 결정되면 다음과 같은 사항을 알려 주어 상점 근무에 차질이 없도록 해야 한다.

㉮ 근무시간

경영자는 최소한 월간 계획표를 작성하여 모든 종업원이 이 일정에 맞추어 근무 계획 및 휴무 계획을 수립할 수 있도록 하며, 변경을 원하는 종업원에게는 사유를 충분히 듣고 근무 일정을 변경해 주어야 한다. 근무시간은 정확히 지키게 하여야 하며, 근무 시작 전에 미리 출근하여 사업장 운영에 지장이 없도록 한다.

㉯ 용모 및 복장

고객을 맞이하는 데 있어서 항상 단정하고 깨끗한 이미지를 주기 위해 용모 상태를 점검하고, 유니폼은 점포의 이미지를 나타내기 때문에 고객과 종업원을 구분하게 하여 고객이 쉽게 종업원임을 인지하여 도움을 요청할 수 있게 하여야 한다. 점포 경영자는 유니폼의 중요성을 인지시켜 종업원이 유니폼을 필히 착용하도록 해야 하며, 경영자는 자신도 반드시 유니폼을 착용하여 종업원들의 본보기가 되어야 한다.

종업원들은 가급적이면 점포 내에서 음식을 먹는 경우가 없어야 한다. 근무 중에는 절대 금주이며 취한 상태에서 근무하는 것은 엄금하여야 한다. 특히 경영자는 자신의 점포에서 판매되고 있는 상품을 구입할 때에는 직접 계산을 함으로써, 상품은 사장도 돈을 내고 구입한다는 인식을 가지게 하여 판매되는 상품이 곧 현금이란 인식을 심어 주어야 한다.

㉰ 현금 취급

점포운영에 있어서 현금의 취급 문제는 매우 민감한 부분이다. 점포운영을 하다 보면 실수 또는 도난에 의해 현금의 시재가 맞지 않는 경우가 있다. 그렇기 때문에 가급적이면 현금취급은 경영자 또는 가족이 하도록 해야 하며, 불가피한 경우에 한해서 종업원에게 계산을 맡겨야 한다. 이 때에는 사전에 종업원에게 현금 취급 요령 및 판매 대금이 부족할 시 책임 여부를 명확히 알려 주어야 한다.

㉱ 질　병

몸이 불편하여 근무를 못할 경우가 발생되면 최소한 1일 전에 경영자에게 통보하도록 하여 대체 인력을 확보할 수 있게 하여야 한다.

(2) 종업원 교육

소상공업을 운영하는 데 있어 종업원 교육은 매우 중요하다. 교육은 소상공인의 발전 및 종업원 자신의 자기계발에 도움이 되는 것이다. 능력 있는 종업원은 하루아침에 탄생하는 것이 아니라 꾸준한 교육 및 훈련을 통하여 얻어지는 것이다. 그러나 소상공인의 경영자 입장에서는 무엇을 교육시켜야 할지 난감한 경우가 많을 것이며 교육을 시킨다고 하더라도 체계적이지 못하여 교육의 효과가 떨어지게 되는 경우가 많다. 교육이 잘 된 종업원은 상점의 지속적인 원동력이 될 수 있다는 것을 명심하여 경영자는 교육에 대한 시간과 투자를 아끼지 말아야 한다.

① 실습을 통한 교육

교육이라 하면 보통 일방적으로 일정한 장소에 종업원을 집합시켜 소상공인 경영자의 일방적인 생각을 전달하고 끝나게 되는 경우가 많다. 그러나 효과적인 교육은 이론에 바탕을 두고 실습을 통하여 종업원이 직접 해 보도록 하는 것이다.

직접 판매현장에서 경영자 자신이 직접 실현하여 종업원이 보고 느끼도록 하는 것이 가장 중요하다, 시행 후 경영자 또는 종업원이 느끼는 문제점을 서로 논의하여 보완하는 것이 가장 훌륭한 교육의 과정이라고 할 수 있다.

② 교육시기

교육은 업무의 연속으로서 필요성이 느껴질 때마다 실시해야 한다. 그러나 교육을 필히 해야 하는 적절한 시기가 있다. 이 필요한 시기에 교육을 받음으로써 종업원은 판매현장에서 교육받은 내용을 적절히 활용할 수 있는 것이다. 종업원이 교육을 받아야 할 시기는 ㉠ 신입 종업원이 처음 근무를 시작하기 전에, ㉡ 신입 종업원이 할당된 업무를 처음으로 시작할 때, ㉢ 종업원의 업무처리가 미숙할 때, ㉣ 새로운 업무가 시작될 때에 교육을 받는 것이 좋다.

③ 교육 단계별 진행 방법

교육을 통하여 효과적인 결과를 얻기 위해서는 체계적인 단계로 교육을 진행시켜야 하는 것이다. 교육은 1회로 끝나서는 안되며, 종업원의 경력이나 능력 정도에 따라 체계적으로 진행하여야 한다.

(3) 업적평가 및 보상관리

① 업적평가

업적평가(performance appraisal)는 종업원들의 업적을 체계적으로 측정, 평가하고, 이에 따라 업적조정이 이루어지도록 피드백을 제공하는 과정이다. 만약 기대하는 업적수준이 실제적인 업적수준을 능가한다면 업적불일치가 존재한다. 업적평가 과정은 직무분석에 기초하고 있다. 조직적 직무요구를 기술하는 직무기술서와 개인특성을 기술하는 직무명세서가 업적평가에 핵심을 제공해 준다.

업적평가를 하는 목적은 업적 측정에 대하여 구체적인 직무기준을 정의하고, 과거의 직무업적을 정확하게 측정하며, 높은 업적과 낮은 업적을 구분하여 개인이나 집단에게 주어지는 보상을 정당화하고, 또한 현재의 직무업적을 향상시키고, 미래에 요구되는 책임을 준비하기 위해 요구되는 능력에 대하여 피드백을 제공하는 데 있다. 업적평가는 종업원의 인적자원 관리활동에서 결정적인 기준이 되므로 합리성이 전제되어야 하며 신중히 실행되어야 한다. 종업원의 저항을 줄이고 동기를 유발하기 위해서는 반드시 공정한 평가가 이루어져야 한다.

② 보상관리

종업원의 업적을 평가하고 나면 종업원들이 기업에 공헌한 대가로 보상(reward)을 하게 된다, 이러한 보상에는 외적 보상과 내적 보상으로 나눌 수 있다. 외적 보상은 직무에서 기업에 의해 개인이나 집단에게 주어지는 물질적인 보상을 말한다. 반대로 내적 보상은 과업업적의 직접적인 결과로서 개인이 느끼는 긍정적 평가이다. 여기서는 외적 보상에 대하여 살펴보기로 한다.

종업원들에게 보상은 생계비나 욕구충족 등 생활수준을 유지하며 더 나아가 동기부여의 수단이 될 수 있다. 그러나 기업의 입장에서는 이러한 보상을 비용으로 인식하기 때문에 줄이려고 하는 반면에 종업원들은 소득으로 인식하여 더 많이 받으려고 한다. 그 결과 종업원과 기업 모두를 만족시킬 수 있도록 하는 중재가 필요하다. 이것이 바로 보상관리이다.

연공급은 근무연한에 따라 임금수준이 결정되는 것으로, 학력, 연령, 근무연한 등이 중요한 요인이 된다. 직무급은 직무에 따라 임금에 차이를 두는 것이다. 직무의 난이도나 위협조건 등을 감안하여 직무가 같으면 개인의 학력이나 근무연한이나 연령에 관계없이 같은 임금이 지급되는 것이다. 직능급은 직무의 특성에다 직무수행능력까지 고려하여 임금수준을 결정하는 것이다.

2. 종업원의 동기부여

(1) 동기부여란

우리나라 옛날 속담에 "말을 물까지 끌고 갈 수는 있어도 억지로 물을 먹일 수는 없다"는 말도 있듯이 기업의 목표를 달성하는 데 있어서 종업원들의 동기부여는 꼭 필요하다고 할 수 있다. 동기부여(motivation)란 종업원들이 기업의 목표를 자신의 목표 중 하나로 받아들여 그것을 못한 경우 그것을 충족시켜 줄 수 있는 행동을 선택하여 노력하는 과정을 의미한다. 이 때 행동을 하도록 유도하기 위해서는 경제적 보상을 포함하는 여러 가지 보상으로 그 사람이 갖고 있는 욕구를 충족시켜 줄 수 있어야 한다.

동기부여는 충족되지 않는 욕구 → 동기화 → 보상의 과정을 거쳐서 강화되거나 약화된다. 인간의 욕구가 일단 만족되어지면 그 강도가 약화되어 동기화하지 않으며, 또한 인간의 행동은 일반적으로 그 시점에 있어서 가장 강한 욕구에 의해 영향을 받는다. 종업원이 업적을 달성하는 데 있어서는 다음과 같은 요소들에 영향을 받는다.

Performance (종업원의 업적)	=	Ability (능력)	×	Support (지원)	×	Effort (노력)

(2) 동기부여의 중요성

동기부여란 개인이 목표지향적인 행동을 자발적으로 일으키고 방향지우며 지속시키는 과정을 의미한다. 조직 상황에서의 동기부여는 먼저 행위주체 측면에서 개인의 입장과 조직의 입장으로 나누어 이해할 필요가 있으며, 그리고 동기부여의 촉진요소 측면에서 무엇을 통해 동기부여가 이루어지느냐에 따라 내재적 동기부여와 외재적 동기부여로 나누어 살펴볼 필요가 있다.

행위주체인 개인의 입장에서 보면 동기부여는 개인이 조직 목표를 달성하거나 자신의 욕구를 충족시키기 위해 목표지향적인 행위를 자발적으로 일으키고 방향 지우며 지속하는 과정을 말한다. 이때 개인의 목표지향적인 노력은 조직목표와 일치하거나 병립되는 방향으로 이루어져야 한다.

조직 입장에서의 동기부여는 종업원으로 하여금 조직에서 바라는 성과를 산출할 수 있는 방식으로 행동하도록 종업원의 자발적이고 지속적인 노력을 효과적으로 유도하는 경영활동을 지칭한다, 이를 특히 조직에 의한 구성원의 동기부여라고 한다.

내재적 동기부여란 업무담당자와 일 자체의 직접적 관계 속에서 발생하는, 예로 들어 일을 수행하면서 얻어지는 실리적인 성취감·만족감·확신감 등과 같은 내재적 보상들이 촉진요소가 되는 동기부여를 말한다. 이때 내재적 보상은 개인들이 성공적으로 과업을 완수했을 때 스스로에게 부여하는 보상으로, 조직에서 일을 하는 과정에서 발생한다.

외재적 동기부여란 업무 그 자체가 아니라 업무의 외부요인인 직무환경으로부터 발생하는, 예를 들어 급여·부가급부·승진·감독권 위양 등과 같은 외재적 보상들에 의해 촉진되는 동기부여를 말한다. 따라서 경영자들은 종업원을 동기부여시키기 위해서 종업원의 성과평가를 공정하게 해야 하며, 종업원의 업무성과에 맞는 보상을 부여해야 하고 업무보상의 내용들은 종업원들이 가치 있게 받아들일 수 있도록 관리해야 한다.

동기부여란 "조직에서 개인이 직무를 수행하는 과정에서 개인적 목표와 일치되는 조직목표를 향해 높은 수준의 노력을 자발적이고 지속적으로 기울이도록 스스로를 이끌어 가는 과정 및 조직(경영자들)이 그러한 개인의 행동을 촉진하는 일련의 활동"으로 정의할 수 있다.

개개인의 근로의욕을 불러일으키는 동기부여는 매우 중요하다, 특히 동기부여는 경력설계를 통한 인재개발을 촉진하는 실천과제로서 다음과 같은 중요성을 가지고 있다.

① 동기부여는 개인이 일을 통해 자아실현을 할 수 있는 기회를 제공한다. 인간은 적극적이고 능동적으로 일을 함으로써 자신이 사회적 구성원으로 어떤 의미를 갖고 있는가 하는 존재의미를 확인할 수 있으며, 건전하고 생산적인 개인의 삶을 꾸려나갈 수 있다.

② 동기부여는 구성원 개개인으로 하여금 맡은 바 업무를 해낼 수 있다는 과업수행에 대한 자신감과 자긍심을 갖게 한다. 그 결과 구성원은 자신의 과업을 보다 창조적이고 자발적으로 수행할 수 있게 된다.

③ 동기부여는 자발적인 업무수행노력을 촉진하여 개인의 직무만족과 생산성을 높이고 나아가 조직유효성을 제고시키는 데 적극 기여한다.

④ 동기부여는 조직을 변화시키는 추진력이 된다. 기업을 재조직화하거나 혁신을 추진할 때 구성원들은 대체적으로 변화에 부정적인 태도를 보이게 되는데, 동기부여는 구성원들이 변화에 저항하지 않고 자발적으로 이에 적응하고자 노력하게 함으로써 조직변화를 용이하게 한다.

⑤ 경쟁우위의 원천으로서 사람의 중요성이 커지고 있는 상황에서 개인의 동기부여는 기업경쟁력을 제고시키는 열쇠가 된다.

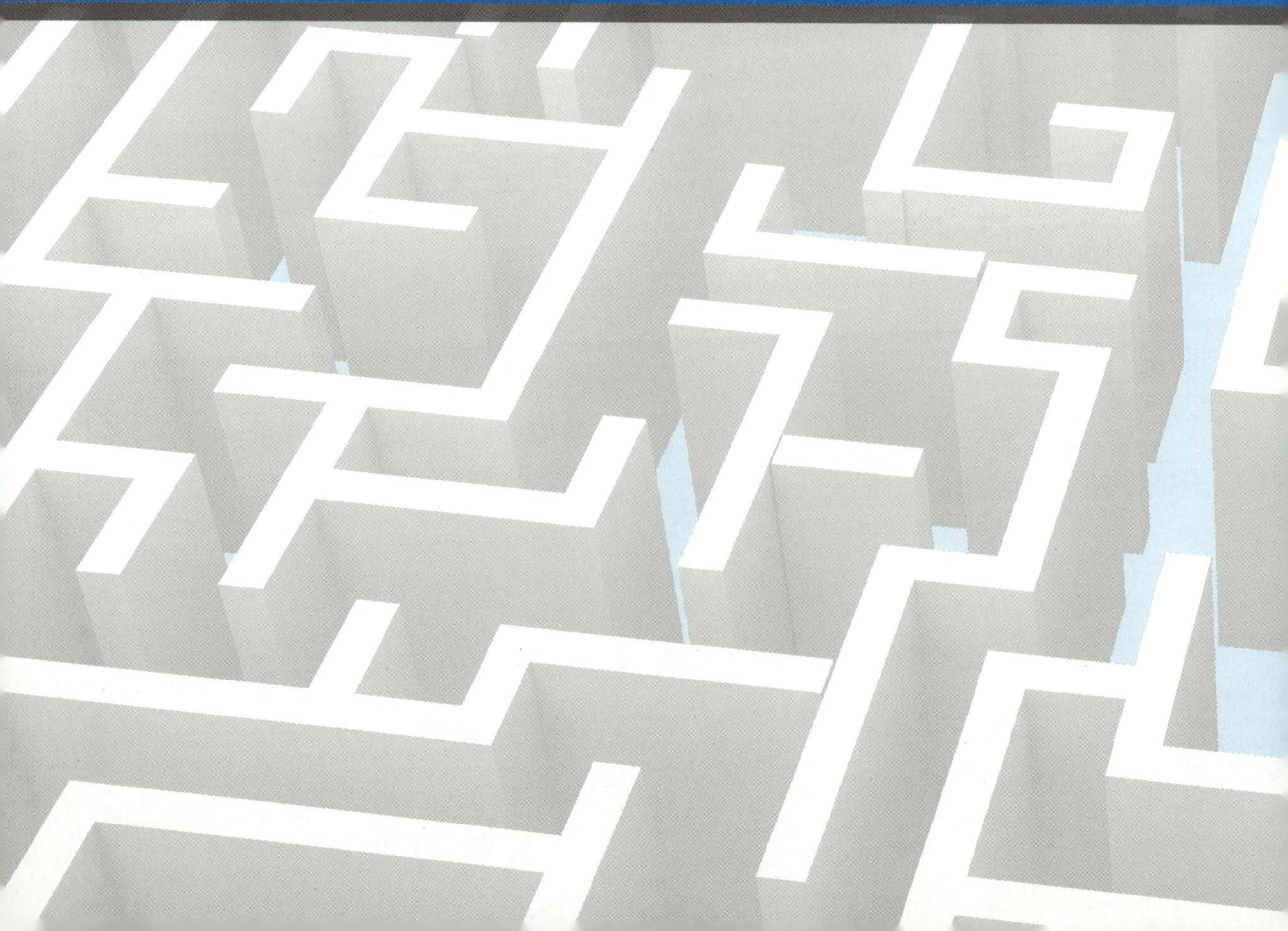

Chapter 10

4대보험 실무

20년 전 벤처 초심으로 4차 산업혁명에 투자

"서 있으면 앉고 싶고, 앉으면 눕고 싶은 게 사람입니다. 경영도 마찬가지예요. 한 번 만족하기 시작하면 그대로 주저앉는 겁니다. 20년 전 미래에셋이 처음 세상에 나왔을 때 그때 그 벤처정신을 잊지 않기 위해서 오늘도 투자, 내일도 투자해야 하는 거지요." 최현만 미래에셋대우 수석부회장(57)은 뭘로 봐도 부족할 게 없는 사람이다. 미래에셋대우를 국내 1등 투자은행으로 키워놨고, 증권업계 최고경영자(CEO) 연봉 랭킹에서도 상위권을 놓친 적이 없다.

그런데도 늘 부족하다고 느끼면서 사는 게 그다. 재벌기업처럼 회사를 물려받은 것도 아니고, 학력이 뛰어난 것도 아니며, 대단한 인맥조차 갖추지 못해 더 열심히 뛰어야 한다고 입버릇처럼 얘기한다. 스스로에게 다짐이라도 하듯이. 지난 19일 이화여대에서 강의를 마친 최 부회장은 으레 또 그 '부족함'부터 얘기를 시작했다. 그는 "제가 박사도 아니고 학식도 부족한데 투자현장에서 몸으로 익힌 지식을 나눠주는 것일 뿐"이라며 "대학생들에게 투자로 세상을 보라는 얘기를 매번 빼놓지 않는다"고 강조했다.

최 부회장은 2006년부터 이화여대 경영대학원 겸임교수로 10년간 매년 두 차례 이상 꼭 강의를 해왔다. 1학년부터 4학년까지 모든 학부생들에게 오픈된 그의 '경영정책론' 강의에는 늘 강의실이 꽉 찬다. 수년간 대학생들이 가장 닮고 싶은 금융업계 최고경영자로 꼽힌 최 부회장은 "대학생들이 리스크를 회피하려는 것을 보면 안타깝다"며 "인생에서도 자원을 적절하게 배분해 가면서 투자로 세상을 바꿀 수 있다는 정신으로 도전해야 한다"고 말했다.

전남 강진에서 태어난 최 부회장은 광주고를 졸업한 뒤 전남대 정치외교학과를 거쳐 서강대 경영대학원에서 최고경영자과정을 수료했다. 1989년 동원증권(현 한국투자증권)에 입사한 뒤 1997년 당시 강남본부장인 박현주 회장과 함께 회사를 나와 미래에셋벤처캐피탈을 창업했다. 국내 최초 뮤추얼펀드인 '박현주 1호'의 성공을 계기로 펀드를 새로운 국민 재테크 수단으로 선보인 미래에셋은 단기간에 급성장했다. 이 과정에서 최 부회장은 미래에셋자산운용과 미래에셋벤처캐피탈, 미래에셋증권, 미래에셋생명 등 주요 계열사의 대표이사를 두루 거치며 그룹의 성장을 이끌었다.

국내 최대 증권사인 미래에셋대우를 경영하면서 여전히 매달 한 차례씩 신입사원들과 독서모임을 하고 있는 것도 늘 배움에 목말라 있는 그의 부족함 때문이다. 최 부회장은 "한 달에 한 번씩은 꼭 책을 읽고 토론하는 모임을 하는데 예전에 애들 어렸을 때 집에서 하던 것을 회사에서도 이어가고 있는 것"이라며 "좋은 습관에 스스로를 노예로 만들려고 노력한다"고 밝혔다. 2003년부터 2007년까지 국내 주식시장이 연일 상승세를 이어갈 무렵 미래에셋증권은 전격적으로 해외 시장 진출을 결정했다. 한국 주식시장으로는 부족하다며 글로벌 시장을 노리고 치고 나간 것이다. 일각에서는 국내에서 돈을 벌어 해외로 나간다고 비판했지만 지금 돌아보면 그때 결정이 지금의 미래에셋대우를 만들었다는 게 그의 설명이다. 이제 그는 미래에셋대우의 미래는 '4차 산업혁명'에 있다고 보고 있다.

최 부회장은 "13년 전 해외에 처음 나갔을 때 여러 사람들에게 무시도 당했고 눈물겨운 시절도 있었지만 그 결실이 지금에서야 빛을 발하고 있다"며 "저희가 가장 좋아하는 단어가 바로 '글로벌'인데 앞으로도 미래에셋대우는 투자금융그룹으로서 도전을 계속해 나갈 것"이라고 웃으며 말했다. 그는 "오늘날 4차 산업혁명이 가속화하면서 부(富)가 만들어지는 속도가 더욱 빨라지고 있는데 규모 측면에서도 우리나라 최대의 투자은행(IB)이라고 할지라도 해외에 나가면 작은 금융회사에 불과하다"며 "글로벌 차원에서 바라보는 것과 한국적 범위에서 사고하는 것에는 커다란 차이가 존재한다"고 설명했다. 그는 "4차 산업혁명으로 표현되는 혁신은 플랫폼 혹은 콘텐츠를 리딩하는 소수와 그렇지 못한 다수로 나뉘고 있다"며 "오늘날 우리는 구글과 페이스북, 아마존, 알리바바, 네이버 등이 강력한 플랫폼을 바탕으로 비즈니스 생태계를 만들어 나가는 변화의 현장을 목도하고 있다"고 말했다.

올 들어 미래에셋대우가 중국 차량공유 업체인 디디추싱과 동남아시아판 우버로 불리는 그랩에 투자를 단행한 배경도 이러한 위기의식에서 비롯됐다. 지난 2월 미래에셋대우는 네이버와 공동 출자한 '미래에셋-네이버 아시아그로쓰펀드'의 첫 투자처로 동남아 차량공유 시장 1위 업체인 그랩을 선택하고 1억5,000만 달러(약 1,669억원)를 투자하기로 했다고 밝혔다.

앞서 지난 7월에는 세계 최대 드론(무인항공기) 제조업체인 중국 DJI의 상장 전 지분투자(Pre-IPO)에 1,200억원을 베팅했다. 또한 4월에는 2,800억원 규모의 사모펀드를 설정해 중국 차량공유 시장 1위 업체인 디디추싱에 투자를 단행했다. 그는 최근 '투자는 일자리'라는 박현주 미래에셋대우 홍콩 회장의 모토를 실천하느라 분주히 뛰고 있다. 상황이 아무리 안 좋다 해도 과감한 투자를 통해 일자리를 만들어나가려고 노력해야지, 여기서 만족해서는 안 된다는 게 박 회장의 미래에셋 창업정신이다. 박 회장과 함께 미래에셋대우 역사를 만든 최 부회장이 베트남, 인도 할 것 없이 신시장 개척을 위해 과감히 몸을 던지는 것도 모두 이 때문이다.

21년 전 자본금 100억원의 미래에셋벤처캐피탈에서 시작한 미래에셋대우는 반세기도 지나지 않아 한국을 대표하는 금융그룹으로 우뚝 섰다. 2015년에는 대우증권을 인수한 뒤 국내 최대 증권사로 거듭났고, 8조원 규모의 자기자본을 바탕으로 IB와 브로커리지(위탁매매), 자기자본투자(PI) 등 다양한 분야에서 경쟁력을 인정받고 있다. 이를 위해 미래에셋대우는 최근 우량자산을 발굴하기 위해 국내뿐만 아니라 해외로도 눈을 돌리고 있다. 고객을 위한 자산이란 국내외를 막론하고 서비스해야 한다는 게 미래에셋대우의 생각이다.

그는 "투자자산이 국내 자산이냐 해외 자산이냐 하는 구분은 더 이상 의미가 없기 때문에 (미래에셋대우의) 모든 판단 기준은 고객 중심"이라며 "자기자본 가운데 2조7,000억원을 해외투자에 활용하고 나머지는 국내에 투자함으로써 국내와 해외의 투자 밸런스를 유지하기 위한 리밸런싱을 시행하고 있다"고 말했다.

〈매일경제신문, 2018.10.1.〉

제 1 절 국민연금제도

1. 정 의

가족의 생계를 꾸려가는 사람이 사고나 질병으로 인하여 소득활동이 중단되거나 더욱이 사망한 때에는 본인은 물론 가족의 생계가 막막해지는 등 생활수준이 극도로 악화되게 된다. 또한 큰 부상이나 질병없이 지냈다 하더라도 일정 연령에 도달하게 되면 노후생활이 염려스러워진다. 따라서 누구나 불시의 사고나 노후에 대비하려는 마음을 갖게 되지만, 실제 생업에 종사하다보면 이에 대한 대비책 마련이 쉽지가 않다. 그래서 소득활동을 할 때 조금씩 보험료를 납부하여 모아 두었다가 나이가 들거나, 갑작스런 사고나 질병으로 사망 또는 장애를 입어 소득활동이 중단된 경우, 본인이나 유족에게 연금을 지급함으로써 기본생활을 유지할 수 있도록 정부가 직접 운영하는 소득보장제도가 국민연금제도로서, 국민건강보험제도와 함께 우리나라 사회보장제도의 양대지주라 할 수 있다.

2. 성 격

(1) 사회보험의 일종

국민연금제도는 국가가 국민의 생활안정과 복지증진을 위하여 보험의 원리를 도입하여 만든 사회보험의 일종으로 가입자, 사용자 및 국가로부터 일정한 보험료를 받고 이를 재원으로 여러 가지 정형화된 보험금의 지급을 특징으로 하는 사회보장제도이다.

(2) 공적연금제도

첫째는 노령인구의 증가에 따른 노후 대비용 공적연금제도이다. 생활수준의 향상으로 국민의 평균수명은 크게 늘어난 반면 출산율은 낮아져 부양해야 할 노령인구가 급격히 증가하고 있는데 따른 공적연금의 성격을 가지고 있다.

둘째는 노인 부양의식 약화에 따른 보장장치이다. 핵가족화의 급속한 진행에 의한 부양의식 약화로 사회구성원 모두가 연대하여 부양비를 마련해야 하고 본인도 소득능력이 있을 때 스스로 노후를 준비하여야 한다.

셋째는 사회적 위험의 증대에 대비하는 제도이다. 산업화와 도시화의 진전은 각종 사고나 재해 등 사회적 위험을 증대시키고 있으므로 이러한 위험에 대비하여 생계안정 대책 등을 미리 준비하여야 한다.

3. 특 성

1988년 1월 1일 국민연금제도 실시(상시근로자 10인 이상 사업장)에 따라 도입된 공적연금제도로서, 1999년 4월 1일 전국민을 대상으로 연금가입이 확대 적용되었다. 국민연금은 공적연금으로서 가입이 법적으로 의무화되어 있기 때문에 사보험에 비해 관리운영비가 훨씬 적게 소요되며, 관리운영비의 많은 부분이 국고에서 지원되므로 사보험처럼 영업이익을 추구하지 않는다. 현행 국민연금제도는 부담과 급여의 수준이 일정기간 불완전 균형을 이루는 수정적립방식을 채택·운용하고 있다.

국민연금보험은 40년 가입기준시 60%의 급여수준이 보장되려면 평균소득 수준인 가입자의 경우 보험료율이 최소한 13~16%는 책정되어야 하나, 제도시행 초기라는 점을 고려하여 최초 3%에서 시작하여 9%까지 점진적으로 보험료를 인상토록 설계되었다.

제도도입 초기의 낮은 보험료 부담으로 제도의 조기정착을 도모하면서 자신의 노후소득보장을 스스로 대비하지 못한 현세대의 부담분 중 일부분을 후세대가 부담토록 함으로써 세대간 소득재분배가 되도록 설계되었다. 이러한 특성 때문에 모든 가입자는 소득의 고·저에 관계없이 부담에 비해 급여수준이 높으므로, 미가입자는 조기에 가입하고 또한 자기의 실제소득에 맞게 보험료를 부담하여야 노후에 적정 수준의 연금을 받을 수 있다.

국민연금은 연금지급액의 실질가치를 보장하고 있다. 연금액의 최초결정 시에는 공적연금 가입기간 중의 소득을 연금수급 전년도의 가치로 재평가하여 실제 소득수준에 상응하는 급여가 지급되도록 하고 있으며 연금을 받는 동안에도 급여액을 매년 물가변동률에 따라 조정함으로써 급여액의 실질가치를 확실히 유지하도록 하고 있다.

4. 사업장 적용

당연사업장이란 국민연금법에 의하여 국민연금에 의무적으로 가입해야 하는 사업장을 말한다. 당연사업장에 해당하는지 여부는 그 사업장의 근로자수를 기준으로 하며, 1인 이상의 근로자를 사용하는 모든 사업장은 국민연금 의무가입대상이 된다.

국민연금에 당연 가입해야 하는 사업장은 근로자 1인 이상 사용하고 있는 사업장으로 "사업장"은 근로자를 사용하는 사업소 및 사무소로서 민법, 상법상의 개인이나 법인, 특별법상의 법인체 여부, 영리·비영리를 불문하며, 국가지방자치단체, 학교는 물론 국내에서 영업중인 외국인회사, 대사관 등 주한외국기관으로서 1인 이상의 근로자를 사용하는 경우도 포함된다.

가입하지 않거나 지체할 만한 타당한 사유가 없음에도 불구하고 사용자가 가입신고를 지체하거나 해태할 때에는 국민연금법 제14조 제3항에 의거 직권가입 조치 또는 국민연금법 제129조 제1호에 의거 고발 조치될 수 있다.

사업장 가입자의 경우 국민연금 보험요율은 소득의 9%에 해당하는 금액을 본인과 사업장의 사용자가 각각 절반, 즉 4.5%씩을 부담하여 매월 사용자가 납부하여야 한다. 사업장가입자의 연금 보험료는 가입자가 개별적으로 납부할 수 없고 사용자에 의하여 일괄적으로 납부한다.

5. 사업체계

국민연금사업은 연금사업과 기금사업으로 대별되는데 연금사업은 기여금·부담금 등 비용을 징수하여 제 급여를 지급하는 사업을 말하며, 기금사업은

그림 10-1 국민연금사업체계도

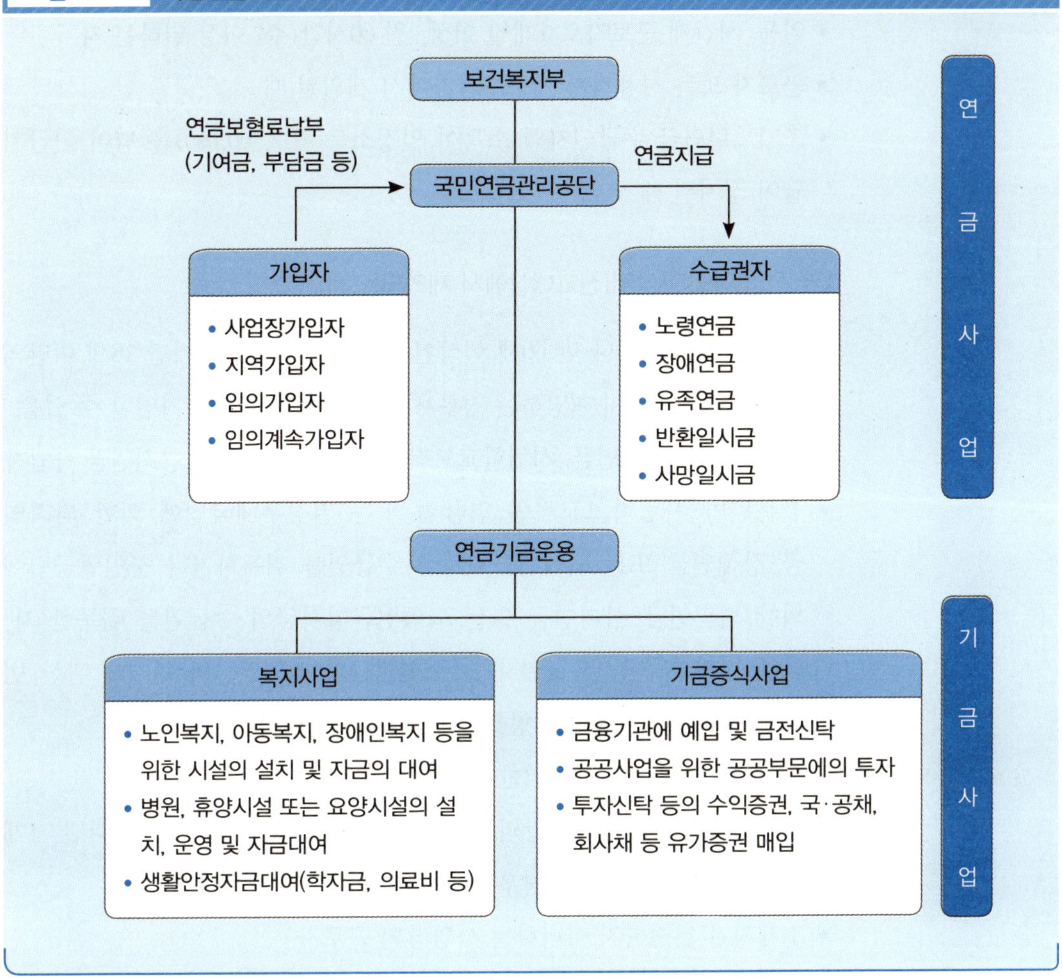

기금증식 사업과 각종 요양시설의 설치·운영, 노인복지시설 지원 등 복지사업을 말한다.

6. 적용대상 및 적용제외대상

(1) 적용대상

- 18세 이상 60세 미만인 사용자 및 근로자
- 근로자 중에서 18세에 도달한 자. 18세 미만의 근로자는 본인이 원하는

경우 사용자의 동의를 얻어 가입가능

- 일용·시간제 근로자로 1개월 이상, 월 60시간(주) 이상 일하는 자
- 근로자 또는 사용자가 기초수급자에서 제외된 때
- 조기노령연금 수급권자의 소득이 일정소득(월 2,700,000)을 넘어 연금지급이 정지된 때

(2) 적용제외대상자(신고대상에서 제외되는 자)

- 만 18세 미만이거나 만 60세 이상인 사용자 및 근로자. 다만 18세 미만의 근로자로서 본인이 희망하는 경우 사용자의 동의를 얻어 가입할 수 있음
- 공무원연금, 군인연금, 사립학교교직원연금 가입자 등 타 공적연금 가입자
- 공무원법·사립학교교직원 연금법 또는 별정우체국법에 의한 퇴직연금·장해연금 또는 퇴직연금일시금 수급권을 취득하거나 군인연금법에 의한 퇴역연금·상이연금 또는 퇴역연금일시금의 수급권을 취득한 자. 다만 퇴직연금 등 수급권자가 「국민연금과 직역연금의 연계에 관한 법률」 제8조에 따라 연계신청을 한 경우에는 사업장 가입대상
- 국민기초생활보장법에 의한 수급권자
- 일용근로자나 1개월 미만의 기한을 정하여 사용되는 근로자. 다만, 1개월 이상 계속 사용되는 경우에는 근로자에 포함
- 소재지가 일정하지 아니하는 사업장의 근로자
- 1개월 동안의 근로시간이 60시간(주당 평균 15시간) 미만의 단시간 근로자

다만, 해당 단시간 근로자 중 생업을 목적으로 3개월 이상 계속하여 근로를 제공하는 사람으로서, 다음 중 하나에 해당하는 사람은 가입 대상이다.

가. 「고등교육법 시행령」 제7조 제3호에 따른 시간강사(대학시간강사)

나. 사용자의 동의를 받아 근로자로 적용되기를 희망하는 사람

- 노령연금수습권을 취득한 자 중 60세 미만의 특수직종근로자
- 조기노령연금수급권을 취득한 자(다만, 소득이 있는 업무에 종사하게 되어 그 지급이 중지중인 자는 가입대상임)

관련법령(국민연금법)

국민연금법 시행령 제2조【근로자에서 제외되는 사람】 국민연금법(이하 법) 제3조 제1항 제1호 단서에 따라 근로자에서 제외되는 사람은 다음과 같다.(개정 2010.8.17)

1. 일용근로자나 1개월 미만의 기한을 정하여 사용되는 근로자. 다만 1개월 이상 계속 사용되는 경우는 그러하지 아니하다.
2. 소재지가 일정하지 아니한 사업장에 종사하는 근로자
3. 법인의 이사 중 제3조 제1항 제2호에 따른 소득이 없는 사람
4. 1개월 동안의 소정근로시간이 60시간 미만인 단시간근로자. 다만 해당 단시간근로자 중 생업을 목적으로 3개월 이상 계속하여 근로를 제공하는 사람으로서, 다음 각목의 어느 하나에 해당하는 사람은 제외한다.
   가. 「고등교육법 시행령」 제7조 제3호에 따른 시간강사
   나. 사용자의 동의를 받아 근로자로 적용되기를 희망하는 사람

제2절 국민건강보험제도

1. 정　의

국민건강보험은 피보험자 또는 피부양자의 질병·부상·분만 및 사망 등에 대하여 보험급여를 실시함으로써 국민건강을 향상시키고 사회보장의 증진을 그 목적으로 하고 있다. 또한 국민건강보험은 상병이라고 하는 생활상의 사고와 분만 또는 사망이라고 하는 가계지출상의 기복으로 인하여 통상적 가계지출 외에 일시에 많은 가계지출을 하게 됨에 따라 가계가 파탄되는 것을 방지하기 위하여 보험이라는 조직기술을 통하여 가계지출의 위험을 분산함으로써 국민생활의 안정을 도모하기 위한 제도이다.

2. 국민건강보험제도의 특성

법률에 의해 강제적으로 가입하는데, 일정한 법적 요건이 충족되면 본인의 의사에 관계없이 강제 적용된다. 보험가입을 기피할 경우 국민상호간 위험부담을 통하여 의료비를 공동으로 해결하고자 하는 건강보험제도의 목적 실현이 어렵다. 질병위험이 큰 사람만 역으로 보험에 가입할 경우 보험재정이 파탄되어 원활한 건강보험 운영이 불가능하게 된다.

민간보험은 급여의 내용, 위험의 정도, 계약의 내용 등에 따라 보험료를 부담하지만, 사회보험방식인 건강보험에서는 사회적인 연대를 기초로 의료비 문제를 해결하려는 것이 목적이므로 소득수준 등 보험료부담능력에 따라 차등적으로 부담한다. 민간보험은 보험료 부과수준, 계약기간 및 내용에 따라 차등급여를 받지만 사회보험은 보험료부과수준에 관계없이 관계법령에 의하여 균등하게 보험급여가 이루어진다.

가입이 강제적이라는 점에서 강제보험제도의 실효성을 확보하기 위하여 피보험자에게는 보험료 납부의 의무가 주어지며, 보험자에게는 보험료징수의 강제성이 부여된다. 장기적으로 보험료를 수탁하는 연금보험과는 달리 1년 단위의 회계연도를 기준으로 수입과 지출을 예정하여 보험료를 계산하며 지급조건과 지급액도 보험료 납입기간과는 상관이 없고 지급기간이 단기적이다.

3. 국민건강보험제도의 유형

의료보장제도는 각국의 고유한 문화와 전통을 배경으로 하는 역사적 산물로서 단순 분류에는 어려움이 있으나, 일반적으로 OECD는 3가지로 분류하고 있다.

(1) 사회보험방식(SHI: Social Health Insurance)

사회보험방식(SHI)은 국가의 의료보장에 대한 책임을 기본으로 하고 있지만, 「의료비에 대한 국민의 자기 책임의식」을 일정부분 인정하는 체계이다. 정부기관이 아닌 보험자가 보험료로써 재원을 마련하여 의료를 보장하는 방식으로 독일의 비스마르크가 창시하여 비스마르크 방식이라고도 한다.

이는 보험원리에 의해 1차적으로 국민의 보험료에 의해 재원을 조달하고 국가는 2차적 지원과 후견적 지도기능을 수행함에 따라 국민의 1차적 부담의무가 전제된 비용의식적 제도이며, 국민의 정부 의존심을 최소화할 수 있다. 또한 관리체계는 정부에 대해 상대적으로 자율성을 지닌 기구를 통한 자치적 운영을 근간으로 하며, 의료의 사유화를 전제로 의료공급자가 국민과 보험자 간에서 보험급여를 대행하는 방식이다. 사회보험방식(SHI)은 독일, 프랑스, 이탈리아 등이 그 대표적인 국가이다.

(2) 국민건강보험방식(NHI: National Health Insurance)

국민건강보험방식(NHI)은 SHI와 마찬가지로 사회연대성을 기반으로 보험의 원리를 도입한 의료보장체계이다. 서구유럽의 SHI 방식과 그 운영방식이 대체로 흡사하지만 국가내 '보험자'(의료에 대한 사회보험 관리운영기구)가 1개라는 점에서 서구의 SHI 방식과 차이가 있다. 이러한 NHI 방식의 의료보장체계로 운영하는 대표적인 국가는 한국과 대만을 들 수 있는데, 사회보험의 운영원리를 자국의 사회적, 경제적 실정에 맞게 적용했다는 점에서 의의가 있다.

(3) 국민보건서비스방식(NHS: National Health Service)

국가보건서비스(NHS)방식은 "국민의 의료문제는 국가가 모두 책임져야 한다"는 관점에서 정부가 일반조세로 재원을 마련하여 모든 국민에게 무상으로 의료를 제공(universal type)하는 국가의 직접적인 의료관장 방식으로 일명 조세방식 또는 비버리지 방식이라고 한다. 이 경우 의료기관의 상당부분이 사회화 내지 국유화되어 있으며, 영국의 비버리지가 제안한 이래 영국, 스웨덴, 이탈리아 등이 그 대표적인 국가이다. NHS 방식을 채택하고 있는 나라에서는 소득수준에 관계없이 모든 국민에게 포괄적이고 균등한 의료를 보장하며 정부가 관리주체로서 의료공급이 공공화되어 의료비 증가에 대한 통제가 강하다.

그리고 조세제도를 통한 재원조달은 비교적 소득재분배효과가 강하다는 장점이 있으나, 반면에 의료의 사회화가 상대적으로 의료의 질이 저하될 소지가 있으며 조세에 의한 의료비 재원조달에 많은 어려움이 있어 정부의 과다한 복지비용 부담이 문제가 되고 있다. 또한 의료수용자측의 비용의식 부족과 민간보험의 확대, 그리고 장기간 진료대기문제 등 부작용이 나타나고 있어 이에 대한 제도개혁의 필요성이 증가되고 있다.

한편 SHI 방식과 NHI 방식을 취하고 있는 나라에서는 조합원이 대표의결기구를 통해 건강보험운영에 관한 의사결정에 참여함으로써 제도운영의 민주성을 기할 수 있고, 국민의 비용의식이 강하게 작용하여 상대적으로 양질의 의료를 제공할 수 있다는 장점은 있으나, 소득유형 등이 서로 다른 구성원에 대한 단일 보험료 부과기준 적용의 어려움, 의료비 증가에 대한 억제기능이 취약하여 보험재정 안정을 위한 노력이 필요하다. 이외에는 민간보험방식(CSM: Consumer Sovereignty Model)이 있다.

4. 국민건강보험제도의 법적 근거

우리나라 「헌법」에 국민의 인간다운 생활을 할 권리와 동 권리를 실현하기 위한 국가의 사회복지 증진의무를 규정하고 있다. 모든 국민은 인간다운 생활을 할 권리를 가진다. 국가는 사회보장·사회복지 증진에 노력할 의무를 진다.

사회보장에 관한 기본적인 「사회보장기본법」에서는 "사회보장이라 함은 사회적 위험으로부터 모든 국민을 보호하고 빈곤을 해소하며 국민생활의 질을 향상시키기 위하여 제공되는 사회보험, 공적 부조, 사회복지서비스를 말한다"라고 규정하고 있다. 사회보장제도 중 건강보험제도는 국민의 질병·부상에 대한 예방·진단·치료·재활과 출산·사망 및 건강증진에 대하여 보험급여를 실시함으로써 국민건강을 향상시키고 사회보장을 증진함을 목적으로 「국민건강보험법」을 제정하여 생활유지 능력이 있는 국민을 대상으로 "건강보험제도"를 하고 있고, 「의료급여법」을 제정하여 생활유지 능력이 없거나 어려운 국민대상으로 "의료급여제도"를 실시하고 있다. 건강보험법은 성문법이며 사회법(사회보장법)으로 행정법의 일부를 지녔다는 면에서 공법의 성격을 가미하고 있으며, 법체계상 시행령-시행규칙-고시, 예규 등으로 하위체계를 이루고 있다.

5. 국민건강보험의 기능 및 역할

건강보험은 국민의 의료비문제를 해결해 줌으로써 국민의 건강과 가계를 보호하는 제도로서, 전국민을 당연적용 대상자로 하는 사회보험 방식을 채택하고 있다. 따라서 국가 또는 개인의 책임이 아닌 사회공동의 연대책임을 활용하여 소득재분배기능과 위험분산의 효과를 거두고, 이를 통하여 사회적 연대를 강화하여 사회통합을 이루는 것이다.

질병은 개인의 경제생활에 지장을 주어 소득을 떨어뜨리고 다시 건강을 악화시키는 악순환을 초래한다. 따라서 건강보험은 각 개인의 경제적 능력에 따른 일정한 부담으로 재원을 조성하고 개별부담과 관계없이 필요에 따라 균등한 급여를 받음으로써 질병 발생시 가계에 지워지는 경제적 부담을 경감시켜 주는 소득재분배 기능을 수행한다.

비용(보험료)부담은 형편에 따라 공평하게 부담하는 것으로 주로 소득이나 능력에 비례하여 부담하게 되며, 집단구성원 상호간의 사회적 연대성에 의하여 그 기능이 발휘된다. 또한 보험급여 측면에서는 피보험대상자 모두에게 필요한 기본적 의료를 적정한 수준까지 보장함으로써 그들의 의료문제를 해결하고 누구에게나 균등하게 적정수준의 급여를 제공한다.

사회보장에 관한 기본적인 「사회보장기본법」에서는 "사회보장이라 함은 사회적 위험으로부터 모든 국민을 보호하고 빈곤을 해소하며 국민생활의 질을 향상시키기 위하여 제공되는 사회보험, 공적 부조, 사회복지서비스를 말한다"라고 규정하고 있다.

6. 국민건강보험의 연혁

1963년 12월 의료법 제정
1977년 07월 500인 이상 사업장 근로자 의료보험 실시(486개 조합 설립)
1979년 01월 공무원 및 사립학교교직원 의료보험 실시
1981년 01월 100인 이상 사업장 의료보험 적용 확대
1988년 01월 농어촌 지역의료보험 확대 실시

1988년 07월　5인 이상 사업장 의료보험 적용확대
1989년 07월　도시지역 의료보험 실시 → 전국민 의료보험 실현
1997년 12월　국민의료보험법 제정
1998년 10월　지역의료보험조합(227개)과 공·교 의료보험관리공단 통합-국민의료관리보험공단 출범
1999년 02월　국민건강보험법 제정
2000년 07월　국민의료보험관리공단과 직장의료보험조합(139개) 통합-국민건강보험공단 출범(의료보험 완전 통합)
2001년 07월　5인 미만 사업장 근로자 직장가입자 편입
2002년 01월　국민건강보험재정건전화특별법 제정
2003년 07월　직장재정과 지역재정 통합(실질적인 건강보험 통합)
2005년 07월　노인장기요양보험 시범사업 실시
2007년 04월　노인장기요양보험법 제정(법률 제8403호)
2008년 07월　노인장기요양보험 실시
2011년 01월　사회보험 징수통합(건강보험, 국민연금, 고용보험, 산재보험)

7. 사업장 적용

건강보험 사업장 신규 적용대상 사업장은 직장가입자 대상 근로자가 있는 모든 사업장이며, 국민연금과 같이 법인사업장인 경우 대표자 1인만 있어도 의무가입대상이 된다.

8. 건강보험료율

(1) 건강보험료율(2011년 기준, 단위: %)

구분	계	가입자 부담	사용자부담	국가부담
근로자	5.64(100)	2.82(50)	2.82(50)	
공무원	5.64(100)	2.82(50)	-	2.82(50)
사립학교교직원	5.64(100)	2.82(50)	1.692(30)	1.128(20)

(2) 건강보험료 산정방법

- 월 보험료=보수월액×보험료율(5.64%)
  건강보험료
  =가입자 부담 50%+사용자 부담 50%
  = 가입자부담 보험료(10원 미만 단수 미계산)×2
- 직장건강보험료 산정시 보수월액 상·하한선(2007년 1월 1일부터 기존 부과등급 폐지)
  – 하한선: 가입자의 보수월액이 28만원 미만은 28만원으로
  – 상한선: 가입자의 복수월액이 6,579만원 초과는 6,579만원으로

(3) 장기요양보험

- 장기요양보험료=건강보험료×장기요양보험료율
  – 해당 가입자의 건강보험료에 장기요양보험료율을 곱하여 얻은 금액
  – 장기요양보험료율: 6.55%(2010년) ← 4.78%(2009년) (노인장기요양보험법 시행령 제4조)
- 장기요양보험 시행시기인 2008년 7월 1일부터 적용됨

(4) 보험료 경감대상(30%)

직장가입자와 피부양자 중 노인장기요양보험법 제10조에 의한 수급자를 제외한 장애인 또는 이와 유사한 가입자가 있는 경우

- 장애인: 장애인복지법 제32조에 따른 등록 장애인 중 장애 1~2급에 해당하는 자
- 보건복지부장관이 정하여 고시하는 희귀난치성 질환 중 6가지 질환에 해당하는 자(부신백질 영양장애, 글라이코스아미노글랑이칸 대사 장애, 유전성 운동실조, 척추성근육위축 및 관련증후군, 다발경화증, 근육의 원발성 장애)

사례 1

독일에서 폭발적으로 성장하며 월마트를 위협하는 알디

심플함이 무기인 독일의 마트가 있다. 알디(ALDI)는 독일의 구멍가게에서 출발하여 폭발적인 성장을 통해 세계에서 가장 거대한 슈퍼마켓 체인 중 하나가 되었다. 재미 있는 점은 가성비를 따지는 짠돌이 경영으로 비용을 철저하게 아끼면서 품질은 최고로 보장한다는 것이다. 심지어 독일에서는 '알디화(Aldisierung)'라는 신조어가 생겼을 정도이다. 미국의 월마트와 영국 고급마트인 웨이트로즈를 위협하는 알디는 무엇을 차별화했을까?

알디의 제품 가격이 저렴한 이유 중 하나는 90%의 식료품들이 자사의 브랜드 제품이기 때문이다. 또한 알디는 매장 규모와 매장 운영 시간을 엄격하게 제한하고, 인건비를 낮추기 위해 효율성을 꼼꼼히 따진다. 매장 규모의 경우 1,000~1,100㎡로 경쟁 업체들보다 훨씬 작아 직원 10명 내외로 운영이 가능하다. 직원 수를 최소로 유지하기 위해 매일 저녁 8~9시까지만 운영한다. 직원이 바코드를 찾는데 시간을 허비하지 않도록 제품 구석구석에 바코드를 여러 개 붙여 놓아 회전율을 높였다. 상품 진열은 상자째 진열대에 올려두고 고객이 제품을 직접 꺼내 갈 수 있도록 전면부만 뜯어 놓는다. 직원이 포장된 상자를 뜯어 제품을 하나씩 꺼내서 진열하는 시간을 들지 않게 하기 위해서이다. 이 밖에도 알디 매장 곳곳에 비용 절약을 위한 노력들이 돋보인다. 비용이 많이 든다는 이유로 별도의 매장 인테리어도 하지 않고 식료품점임에도 불구하고 시식 코너도 제공하지 않는다. 쇼핑 카트는 무료로 제공하면 쉽게 분실되고 관리가 어려워져 동전을 넣고 대여하도록 한다.

알디의 경영진은 "간단하게"를 끊임없이 강조해 왔다. 고객들에게는 선택지를 간소화시켜 주는 것이다. 수십 개의 땅콩 잼이 과연 소비자들에게 필요한가? 너무 많은 선택지로 고민하지 않게 하는 것이다. 꼭 필요한 소수의 제품군만 선별하여 판매하여 재고 관리 비용도 줄였다. 그러나 매장에 갖춘 소수의 제품들은 그 품질이 뛰어나다. 심플리 네이처(Simply Nature), 어스 그로운(Earth Grown) 등 알디 제품의 대부분을 차지하고 있는 PB제품들은 품질이 뛰어나 저소득층뿐만 아니라 중산층도 열광한다. 관계자에 따르면 PB 제품들은 50,000개 이상의 테스트를 거쳐 공급업체들이 재료와 레시피 관련 자사의 규준을 엄격하게 지키도록 하며 철저하게 관리가 이루어진다. 최근에는 가격과 품질 면에서 뛰어난 농산물의 판매가 다른 카테고리에 비해 2배 이상 상승 중이다. 2022년까지 2,500개 넘는 매장 수로 월마트(Walmart)와 크로거(Kroger)에 이어 미국 3위의 슈퍼마켓이 되겠다는 알디는 유기농 식료품을 40%까지 늘렸으며, 기존에는 가격에 민감한 고객들만을 겨냥하였다면 이제는 식품에 깐깐한 기준을 가진 고객들의 취향을 맞추겠다는 계획이다. 알디의 제품들 중에 타 고급 브랜드 제품과 견줄 만큼 유명한 향초와 와인 제품을 내세우는가 하면, 고기 및 해산물은 오로지 비냉동 식품만 판매하며 첨가물을 넣지 않고 100% 채식을 한 닭 위주로 닭고기 브랜드를 선정하는 등, 더욱 품질과 건강을 중심으로 제품을 구성하겠다는 것이다.

〈포브스, 2018.8.9.〉

제3절 고용보험제도

1. 정 의

고용보험이란 실직근로자에게 실업급여를 지급하는 전통적 의미의 실업보험 사업 외에 적극적인 취업알선을 통한 재취업의 초진과 근로자의 고용안정을 위한 고용안정사업, 근로자의 직업능력개발사업 등을 상호 연계하여 실시하는 사회보험제도이다.

따라서 실업보험은 단순하게 실직자의 생계를 지원하는 사후적·소극적인 사회보장제도에 그치는 반면, 고용보험은 실직자에 대한 생계지원은 물론 재취업을 촉진하고, 더 나아가 실업의 예방 및 고용안정, 노동시장의 구조개편, 직업능력개발을 강화하기 위한 사전적·적극적 차원의 종합적인 노동시장정책의 수단이라고 할 수 있다.

자본주의 경제체제에서 근로자는 노동력을 사용자에게 제공하고, 그 대가인 임금으로 경제생활을 영위하게 된다. 그러나 실업이 발생하게 되면 근로자는 노동력을 제공할 수 있는 기회마저 잃게 되므로, 실업은 근로자와 그 가족에게 있어서는 부상·질병·노령·사망과 마찬가지로 생활의 안정을 파괴하는 원인이 된다.

그리고 실업자라고 하는 유휴노동력의 존재는 국가의 인적자원의 손실을 의미할 뿐 아니라, 근로자가 자기의 능력을 발휘할 기회를 상실함으로써 본인이 갈고 닦은 지식과 기능의 질적 저하를 가져오기도 한다. 국민경제차원에서 보면 실업자의 발생을 실업자와 그 가족의 구매력을 저하시켜 국내 소비수요의 감소를 가져오며, 이는 다시 생산의 저하와 고용의 감소를 초래하여 실업을 더욱 확대시키고 국민경제를 혼란에 빠뜨릴 수 있다. 이와 같은 차원에서 고용안정과 완전고용의 달성은 어느 나라에서나 국가경제정책의 중요목표로 자리 잡고 있다.

표 10-1 고용보험제도의 기본 구조

※ 고용보험제도

- 고용안정사업: 실업의 예방, 재취업촉진 및 노동시장 취약계층의 고용촉진
- 직업능력개발사업: 근로자의 생애 직업능력개발체제 지원
- 실업급여: 실직자의 생계지원 및 재취업촉진

그러나 자유경쟁을 원칙으로 하는 자본주의 경제체제하에서는 호경기에도 기업의 생존과 소멸이 끊임없이 이루어지기 때문에 그에 따른 어느 정도의 실업발생은 당연할 뿐 아니라 기술혁신에 따른 산업구조의 조정과 경기변동에 따라 실업은 누구에게나 발생할 수 있는 사회적 위험이 되고 있다. 따라서 실업의 발생은 단순히 근로자 개인과 개별기업의 책임으로만 돌려 방치할 수 없고, 국민경제 전체 차원에서의 책임이 커지고 있다. 이와 같은 인식에 입각하여 많은 국가에서는 실업보험 또는 고용보험제도를 실시하여 정부, 사용자 및 근로자가 연대하여 실업자의 생활안정을 도모하고 있다.

그러나 실업이 발생한 이후에 실업급여를 지급하는 소극적인 사후구제적 수단만으로는 실직근로자의 생활을 근본적으로 보장하기에는 부족한 점이 많다. 그래서 우리나라 고용보험제도는 적극적으로 고용촉진과 고용조정을 지원하는 고용안정사업과 근로자의 직업능력을 지속적으로 개발·향상시키는 직업능력 개발사업을 포함하고 있다.

2. 유 형

(1) 강제적 고용보험제도

강제적 고용보험제도는 사회보험방식에 의하여 일정요건에 해당하는 사업장의 근로자에 대해 포괄적으로 적용하는 형태로서 한국, 미국, 영국, 일본, 독일 등의 국가에서 채택하고 있다.

강제적 고용보험제도는 실업이 산업사회에 있어서는 누구에게나 발생할 수 있는 사회적 위험이므로 노동력을 제공하고 그 대가인 임금소득으로 생활

을 영위하는 근로자와 그 가족을 실업의 위험으로부터 보호하기 위해서는 실업의 위험이 있는 근로자를 강제적으로 보험의 적용을 받도록 해야 한다는 인식에 바탕을 둔 것으로서 1911년 영국이 최초로 실시한 이래 점진적으로 확대하고 있는 고용보험방식이다.

강제적 고용보험제도는 일정요건에 해당하는 근로자를 사회보험방식에 의해 의무적으로 고용보험 적용대상으로 하기 때문에 근로자에 대한 보호에 보다 충실할 수 있고, 취업알선과 직업훈련의 실시 등 고용정책과 연계하여 운영함으로써 실업의 예방과 조기재취업을 촉진할 수 있는 장점이 있다. 그러나 근로자의 의사와 관계없이 강제적으로 가입하여야 하므로 근로자 개개인이 가입 여부를 선택할 수 없다는 단점이 있다.

(2) 임의적 고용보험제도

임의적 고용보험제도는 노동조합에 의해 자발적으로 설립된 실업기금이 정부로부터 인가를 받아 운영되는 형태로서 덴마크, 핀란드, 스웨덴 등의 국가에서 실시되고 있다.

고용보험제도는 원래 19세기 중반 유럽에서 노동조합이 조합원들 간의 상호부조의 정신에 입각하여 조합원들로부터 갹출(醵出)을 받아 실업기금을 적립하고 조합원이 실업을 당할 경우 실업급여를 지급하는 임의적 제도(voluntary system)로 출발하였다. 임의적 고용보험제도는 이러한 관행이 현대국가에까지 이어진 것으로서 실업기금의 관리·운영은 노동조합이 담당하되 정부가 이를 정책적으로 뒷받침하여 노사가 함께 실업기금을 적립하게 하고 정부도 일부 비용을 부담한다. 임의적 고용보험제도는 노동조합이 중심이 되어 운영되기 때문에, 조합원에 대해서는 가입이 강제되므로 강제적 고용보험제도와 동일한 효과가 있으나 비조합원에 대해서는 가입이 임의적인 것이 특징이다.

임의적 고용보험제도하에서는 노동조합 조합원이 아닌 근로자의 경우, 고용보험에의 가입 여부를 근로자 개개인이 선택할 수 있다는 점에서 근로자 개개인의 의사가 존중되는 장점이 있다. 그러나 노동조합 조합원만 가입이 강제되는 임의적 고용보험제도의 경우는 자본주의체제하에서 어느 정도의 실업은 불가피한 것이므로 근로자에 대한 충분한 보호가 어렵고, 체계적인 취업알선과 직업훈련의 실시 등의 고용정책과도 연계가 쉽지 않다. 따라서 임의적 고용보험제도를 실시하던 국가들도 강제적 고용보험제도로 전환하는 추세를 보이고 있다.

(3) 실업부조제도

실업부조제도는 보험의 형태는 아니지만 소득조사(income test)를 전제로 저소득 실업자에 대하여 전액 정부부담에 의해 실업수당을 지급하는 형태로서 호주, 뉴질랜드 등의 국가에서 실시하고 있다.

강제적 고용보험제도와 임의적 고용보험제도는 모두 보험방식을 채택하여 주로 사용자와 피보험자의 비용부담에 의해 보험사업에 필요한 재원을 조성하여 적용대상도 소득수준과 관계가 없다. 그러나 실업부조제도는 보험방식이 아니기 때문에, 노사의 보험료 갹출이 아닌 전액 정부부담에 의해서 필요재원을 조성하고 소득조사를 실시하여 고용기록과 관계없이(independent of employment history) 일정기준 이하의 저소득 실업자만을 대상으로 실업수당을 지급한다. 실업부조제도에서는 실업부조 금액이 소득조사결과 밝혀진 소득 및 재산의 정도에 의해 결정되며 대부분의 국가에서는 지급기간에 제한이 없다는 점에서 고용보험제도에 의한 실업급여요건을 충족시키지 못하는 많은 실업자들이 실업부조의 혜택을 받게 된다.

(4) 기타 – 이원적 고용보험제도

고용보험제도의 유형은 이와 같이 강제적 고용보험제도, 임의적 고용보험제도 및 실업부조 등 3가지로 대별할 수 있으나, 두 가지 이상의 형태가 혼재해 있는 이원적 구조(dual system)를 실시하는 나라도 다수 있다.

예컨대, 강제적 고용보험제도를 근간으로 하고 있는 독일, 프랑스, 영국, 포르투갈 등은 강제적 고용보험제도를 채택하고 있으면서 실업급여기간이 종료하였거나 급여요건을 충족시키지 못한 실업자에 대해서는 소득조사를 실시하여 저소득 실업자에 한해 재정보조의 실업부조제도를 병행실시하고 있다. 그리고 스웨덴, 핀란드 등은 임의적 고용보험제도를 근간으로 하면서도 급여기간이 종료되었거나, 급여요건에 미달한 실업자에 대해서는 소득조사를 실시하여 일정기준 이하의 저소득 실업자로 판명되면 전액 정부가 부담하는 실업부조제도를 병행 실시하고 있다.

이러한 이원적 고용보험제도는 실업자에 대한 보호를 충실히 하기 위한 것이지만 실업부조제도가 노동시장에 미치는 부정적인 영향 때문에 사회보장제도의 개혁이 논의될 때 실업부조제도의 개선을 둘러싼 논쟁이 발생하는 경우도 있다.

3. 기 능

(1) 고용조정의 원활화 및 경제적 효율성 제고

오늘날 고용보험은 단순한 실업급부의 지급뿐 아니라 고용안정사업, 직업능력 개발사업 등을 통하여 사양산업부문의 근로자를 전직훈련시켜 성장산업부문으로 재배치할 수 있도록 지원한다. 또한 경기변동 및 산업구조조정에 따른 불가피한 고용조정을 지원해 준다.

따라서 고용보험제도는 저생산·저부가가치산업에서 고생산·고부가가치산업으로의 인력이동을 지원함으로써 산업구조·인력구조의 고도화에 기여하며, 기업의 고용조정지원으로써 기업의 경영합리화에 기여할 수 있다.

(2) 실직근로자의 생활안정과 재취업촉진

고용보험제도의 가장 중요한 목적은 근로자가 실직을 당했을 경우 실업급부(unemployment benefit)를 지급함으로써 실직자 및 그 가족의 생활안정을 도모하는 것이다. 고용보험제도의 성격이 실업급부를 중심으로 한 전통적인 실업보험제도에서 적극적 고용정책차원의 고용보험제도로 전환된 경우에도 실직근로자 및 그 가족의 생활안정이 여전히 고용보험제도의 가장 중요한 목적이라고 할 수 있다.

또한 고용보험제도를 통해 실직자에 대한 실업급여 지급과 함께 고용정보

제공, 직업상담, 취업알선, 직업훈련안내 등 종합고용서비스를 제공하여 재취업을 촉진한다.

(3) 직업훈련의 활성화와 경쟁력 강화

고용보험제도는 기업이 실시한 교육훈련을 기업 스스로의 판단에 따라 자율적으로 실시하는 것을 원칙으로 하되 교육훈련을 실시하는 기업에 대해서 다양한 지원을 실시한다. 따라서 고용보험제도는 민간주도의 자율적인 직업능력개발사업의 교육훈련을 활성화함으로써 근로자의 노동생산성 향상과 고용안정은 물론 기업의 경쟁력 강화에 기여할 수 있다.

(4) 직업안정기능의 활성화 인력수급의 원활화

고용보험제도가 실시되면, 실직근로자는 공공직업안정기관에 실업자 등록을 하여 실업급부를 받을 수 있다. 따라서 모든 실직근로자가 공공직업안정기관에 등록을 하게 되고, 구인자도 신속히 근로자를 채용하기 위해 공공직업안정기관에 구인신청을 하게 되므로, 노동력의 이동 및 수급상황을 신속·정확히 파악할 수 있게 된다.

이를 통해 구인·구직자에게 정확한 노동시장 정보를 제공하고 전문적인 구인·구직상담을 실시할 수 있게 된다. 그리하여 구인·구직비용과 마찰적 실업을 최소화하고 인력의 적재적소 배치를 유도하며 시장기능에 의한 인력수급 조절기능을 강화하여, 노동시장의 유연성 향상과 시장기능에 의한 인력수급의 원활화를 도모할 수 있다.

(5) 경기조절기능의 수행

고용보험제도는 경기불황기에 실업자가 증가하면 총실업급여 지급액이 증가하여 유효수요 부족으로 인한 경기침체를 완화시켜 실업발생을 줄여준다. 경기 호황기에는 실업자에 대한 총실업급여 지급액이 감소하여 보험기금의 적립을 통해 유효수요를 감소시킴으로써 경기에 대한 자동안정장치로서의 기능을 수행한다.

그리고 고용안정사업의 고용유지지원금·채용장려금제도는 실업률 증가 등 고용사정이 악화될 때 운영됨으로써 경기불황기에 기업의 경영부담 완화에 기여한다.

(6) 남북통일에 대비한 적극적 노동시장정책의 추진

독일의 경우 동서독의 통일 이후 실업자수가 급증함에 따라 실업이 중요한 사회문제로 대두되었다. 독일정부는 고용보험기금을 활용하여 약 40만 명의 실업자에게 재취업에 필요한 교육훈련을 실시하였고, 약 25만 명의 실업자에게는 공공사업의 실시 등 고용창출정책을 통하여 취업기회를 제공하였으며, 약 65만 명의 실업자에게는 실업급여 지급과 시간제 취업 등의 알선을 하였는데, 이는 실업문제의 해결에 크게 기여를 하였다.

우리나라의 경우도 남북통일이 이루어지게 되면, 고용보험제도가 북한 근로자에 대한 교육훈련, 취업알선 및 실업자에 대한 실업급여의 지급으로 실업문제 해결과 사회혼란 방지에 기여할 수 있을 것이다.

4. 고용보험료율

(1) 고용보험료율 결정방법

고용보험료율에 있어 실업급여의 보험료율은 사업주에 따라 구분되지 않지만 고용안정·직업능력개발사업의 보험료율은 상시근로자수 및 우선지원대상기업 여부, 국가 및 지방자치단체가 직접 행하는 사업인지의 여부에 따라 보험료율이 달라진다.

(2) 상시근로자수 산정요령

상시근로자수는 직업능력개발 사업 요율 적용에 영향을 준다(150인 미만인지, 150인 이상 1,000인 미만으로 우선지원대상 기업에 해당하는지, 해당하지 않는지, 1,000인 이상 사업장에 해당하는지 여부).

[연도별 보험사업별 보험료율]

<table>
<tr><th colspan="2" rowspan="2">사업별</th><th colspan="2">2003년 이후</th><th colspan="2">2006 현재</th><th rowspan="2">보험료 산정내용</th><th rowspan="2">부담주체</th></tr>
<tr><th>근로자</th><th>사업주</th><th>근로자</th><th>사업주</th></tr>
<tr><td colspan="2">실업급여</td><td>0.45%</td><td>0.45%</td><td>0.45</td><td>0.45%</td><td>근로자 임금총액 × 보험료율</td><td>사업주, 근로자 각 1/2씩 부담 다만, 사업주로부터 임금을 지급받지 않은 경우(노조전임자 등)에는 근로자가 전액 부담</td></tr>
<tr><td colspan="2">고용안정사업</td><td></td><td>0.15%</td><td colspan="2">고용안정사업과 직업능력개발 사업통합</td><td>근로자 임금총액 × 보험료율</td><td>사업주 전액 부담</td></tr>
<tr><td rowspan="4">직업 능력 개발 사업</td><td>① 150인 미만 사업</td><td></td><td>0.1%</td><td rowspan="4">고용 안정 · 직업 능력 개발 사업</td><td>0.25%</td><td rowspan="4">근로자 임금총액 × 보험료율</td><td rowspan="4">사업주 전액 부담</td></tr>
<tr><td>② 150인 이상 사업 (우선지원대상기업)</td><td></td><td>0.3%</td><td>0.45%</td></tr>
<tr><td>③ 150인 이상~1,000인 미만 사업으로서 ②항에 해당하지 아니하는 사업</td><td></td><td>0.5%</td><td>0.65%</td></tr>
<tr><td>④ 1,000인 이상 사업으로서 ②항에 해당하지 아니하는 사업 및 국가·지방자치단체가 직접 행하는 사업</td><td></td><td>0.7%</td><td>0.85%</td></tr>
</table>

① 일반적 산정기준

상시근로자수 산정은 전년도 매월 말일 현재의 근로자수의 합계를 전년도의 조업월수로 나누어 산정하며, 당해 보험연도 중에 사업이 개시되어 보험관계가 성립된 경우에는 보험관계 서립일 현재 사용하는 근로자의 수를 상시 사용하는 근로자의 수로 판단한다.

② 건설업 산정기준

- 건설업의 경우 상시근로자수 산정이 가능한 경우는 일반적 산정기준과 동일하게 산정한다.
- 다만, 상시근로자수 산정이 곤란한 경우에는 다음의 산식에 의하여 산정한다.

$$\frac{\text{전년도 공사실적액} \times \text{전년도 노무비율}}{\text{전년도 건설업 월평균임금} \times \text{조업일수}}$$

- 당해 보험연도중에 사업이 개시되어 보험관계가 성립된 사업주의 경우에는 보험관계성립일 현재 사용하는 근로자의 수를 상시 사용하는 근로자의 수로 한다.
- "공사실적액"이라 함은 총공사실적액(해당 보험연도 건설공사의 총기성공사금액을 말함)에서 「건설산업기본법」 그 밖의 관계법령에 따라 적법하게 하도급된 부분의 공사금액을 제외한 금액을 말하며, "건설업 월평균임금"이라 함은 통계법 제3조에 따른 지정통계중 고용노동부 장관이 작성하는 사업체임금근로 시간조사상의 건설업의 임금을 기준으로 하여 고용노동부 장관이 산정·고시하는 평균임금을 말한다.

[건설업의 상시근로자수 산정을 위한 월평균 임금]

연도별	2007년	2008년	2009년	2010년	2011년
월평균임금	2,311,955	2,496,330	3,332,820	2,844,682	3,007,852

제4절 산재보험제도

1. 정 의

산재보험은 공업화가 진전되면서 급격히 증가하는 산업재해 근로자를 보호하기 위하여 1964년에 도입된 우리나라 최초의 사회보험제도이다. 산업재해로부터 근로자를 보호하기 위해서는 산업재해 자체를 예방하는 것이 가장 바람직한 것이나 이미 발생한 산업재해로 인하여 부상 또는 사망한 경우는 그 피재근로자나 가족을 보호 내지 보상해 주기 위해서는 산재보험이 중요한 의미를 지닌다 할 것이다.

산재보험은 산재근로자와 그 가족의 생활을 보장하기 위하여 국가가 책임을 지는 의무보험으로 원래 사용자의 근로기준법상 재해보상책임을 보장하기 위하여 국가가 사업주로부터 소정의 보험료를 징수하여 그 기금(재원)으로 사업주를 대신하여 산재근로자에게 보상을 해주는 제도이다.

2. 산재보험 특성

근로자의 업무상의 재해에 대하여 사용자에게는 고의·과실의 유무를 불문하는 무과실책임주의이다. 보험사업에 소요되는 재원인 보험료는 원칙적으로 사업주가 전액 부담한다. 산재보험급여는 재해발생에 따른 손해 전체를 보상하는 것이 아니라 평균임금을 기초로 하는 정률보상방식으로 행한다. 자진신고 및 자진납부를 원칙으로 하고 있다. 재해보상과 관련되는 이의신청을 신속히 하기 위하여 심사 및 재심사청구제도를 운영한다.

3. 산재보험의 발전

산재보험은 자본주의적 생산관계의 성립과 함께 발생하기 시작하여 여타 사회보장제도 중 가장 오랜 역사를 지니고 있다. 산업재해에 대한 초기적 대응은 보통법이나 민법에 의거하여 과실이 있는 사람에게 책임을 부과하는 것이었으나 산업재해의 특수성에 대한 인식은 고용주의 책임법의 제정을 이끌어내었다. 그리고 고용주의 책임을 사회보험화하는 산재보험제도의 도입이 나타나게 되었다. 우리나라는 1953년 재정된 근로기준법에서 재해보상을 규정하여 근로자가 업무상 재해를 입었을 때에는 사용자는 과실이 없더라도 최소한 법에 정한 대로 보상해야 하고, 이에 위반하면 처벌받게 되고 근로자와 그 유족은 재판에 의하여 손해배상을 청구할 수 있는 권리가 보장되었다.

4. 근로자의 재해보상청구권의 법적 성질

사용자의 보상책임의 근거, 즉 근로자의 보상청구권의 법적 성질에 관한 2가지 견해, 즉 ① 개인책임원리에 입각한 불법행위이론의 질적 발전단계로서의 손해보상으로 보는 견해(손해보상설)와 ② 근로자·유족의 생활보장의 기능에 착안하여 생존권보장으로 보는 견해(생활보장설)는 서로 대립하는 것이 아니고 보는 관점을 전자는 손해보장의 본질에 기한 공평 내지는 기업의 위험책임이라는 면을, 후자는 종속관계로부터의 생존권보장책임이라는 면을 강조한 것에 불과하다. 그리고 이들은 재해보상책임이 불법행위상의 손해배상책임이 아니고 노동법상의 특수한 보상책임이라고 보는 데에는 일치하고 있다.

(1) 손해보상설

이는 재해보상의 본질을 재해로 인하여 생긴 노동력의 훼손에 대한 손해보전에서 구하는 설로서 그 근거에 관하여는 여러 가지가 주장되는데 그 가운데 중요한 견해로는 기업위험의 입장에서 설명하려고 하는 것이다(기업위험설). 이는 근로자는 재해의 위험을 내포하고 있는 기업에 고용되어 생활하지 않으면 아니되고 그 결과 사용종속관계에서 불가피한 재해가 현실화되어 근로자의 노동력이 훼손된 경우에는 위험한 기업에 노동력을 사용하여 이윤을 얻는 사용자에게 손해보전의 책임을 지워야 타당하다는 것이다. 이 견해는 위험책임사상에 노동관계법리를 가미하여 보상책임을 배상책임이 아닌 노동법 특유의 책임으로 이론정리한 점에 공로가 있으며 현재 통설적인 견해라고 할 수 있다. 그리고 손실보전과 생활보장이 서로 대립된다고 획일적으로 파악할 수 없으나 재해보상은 단순히 일정수준의 생활보상이 아니고 신분보장을 포함하여 재해가 없었던 상태로 회복하는 것이 법의 중요한 과제가 되기 때문에 보상의 법리를 형성하는 이념으로서는 생활보장보다는 손실보전이 적절하다는 평가를 받고 있다. 특히 이에 의하면 기업위험과 근로자의 병상 사이의 인과관계 존재를 업무상 인정의 필요요건으로 삼고 있다.

(2) 생활보장설

이는 재해를 근로자의 노동력 훼손이라는 면보다는 근로자의 생활위험이라는 면을 부각시켜 보상의 목적을 근로자 또는 유족의 생활보장으로 보는 견해이다. 이 설을 주장하는 학자들 견해의 공통점은 산업재해보상제도를 생존권보장에 유래하는 제도로 보고 재해보상의 본질을 국가 자체의 생활보장의무에서 구하고 있다는 것이다. 이 설에 의하면 손해보상설(기업위험설)에 비하여 필연적으로 업무상 인정의 범위가 확대된다고 말할 수 있다. 우리나라의 대부분의 학설은 손해보상설(기업위험설)의 논거를 부인하지 않으면서도 생활보장설의 입장으로 가고 있다고 말할 수 있다.

우리의 재해보상제도가 무과실책임을 인정하면서 그 인정요건으로서 업무상의 재해일 것을 요구하는 등의 손실보상적 측면을 가지고 있으며 동시에, 근로자에게 중과실이 있어도 보상을 하도록 한 점(단, 휴업보상과 장해보상은 예외. 근로기준법 제84조 참조)이나 보상액이 정액·정률화되어 있는 점, 보상순위에서 법률상의 상속인보다 부양되고 있던 사실상의 유족을 우선시키는 점(동법시행령 제44조), 보상청구권의 양도 또는 압류를 금지하고(동법 제89조), 보상의 확보를 위한 공법적인 특별규정(동법 제91조, 제113조 등)을 두고 있는 점 등의 생활보장적 측면을 동시에 가지고 있다. 즉, 재해보상은 손실보상적인 면과 근로자의 생활보상적인 면을 함께 갖는다고 보는 것이 타당하다. 문제는 어느 쪽에 중점을 더 두느냐 하는 점이라고 할 수 있다. 그런데 대법원 판례는 대체로 손실전보에 중점을 두고 있어 손해보상설의 입장을 취하고 있는 것으로 보여진다.

5. 산재보험료율

(1) 산재보험료율 결정의 원칙

산재보험료율은 고용보험료율과 달리 법정화되어 있거나 고정되어 있지 아니하고 매 보험연도마다 고용노동부장관이 매년 6월 30일(2008.7.1 개정)을 기준으로 과거 3년 동안의 임금총액에 대한 산재보험 급여총액의 비율을 기초로 하여 연금 등을 고려하여 재해발생의 위험성과 경제활동의 동질성 등을 기초로 분류한 사업종류별로 구분하여 고용노동부장관이 결정·고시한다.

(2) 산재보험료율의 특례 – 개별실적요율제도

① 개별실적요율이란?

동종사업에 보험료율을 적용함에 있어서 재해방지 노력을 기울인 사업주간의 형평의 원칙을 실현하기 위하여 당해 사업의 보험료에 대한 보험급여액의 비율이 대통령령이 정하는 비율에 해당하는 경우에 그 사업에 적용되는 산재보험료율을 인상 또는 인하하는 제도를 말한다.

② 개별실적요율의 적용사업

○ 적용대상 사업

① 건설업 중 일괄적용을 받는 사업으로서 매년 당해 보험연도의 2년 전 보험연도의 총공사실적이 50억원 이상인 사업(2011년 1월 1일)

② 건설업 및 벌목업을 제외한 사업으로서 상시 근로자수가 20명 이상인 사업(2011년 1월 1일)

○ 적용조건

▣ 건설업

① 일괄적용을 받는 사업으로서 보험관계가 성립한 후 3년이 지난 사업

② 매년 당해 보험연도 2년 전 보험연도의 총공사실적이 40억원 이상인 사업

- 이때 "총공사실적"=자기공사금액+(원수급자로서 시공한 공사실적－원수급인으로서 하수급인 사업주인정 승인을 받아 하도급 준 공사실적)+하수급인으로서 하수급인 사업주인정 승인을 받아 행한 하도급공사실적으로 산정한다.

▣ 건설업 및 벌목업을 제외한 사업

보험관계가 성립한 후 3년이 경과하고 상시근로자수가 20명 이상인 사업

- 이 경우 상시근로자수는 기준보험연도의 전년도 7월 1일부터 기준보험연도의 6월 30일까지 매월 말일 현재 사용하는 근로자 수의 합계를 조업월수로 나누어 산정한다.

(3) 적용제외 사업

기준보험연도의 6월 30일 이전 3년의 기간중에 산재보험료율 적용사업의 종류가 변경된 경우에는 해당 사업에 있어 개별실적요율이 적용되지 않는다.

- 다만, 사업종류가 변경된 경우라도 기계설비·작업공정 등 해당 사업의 주된 작업실태가 변경되지 아니하였다고 인정되는 경우는 개별실적요율 적용한다.

(4) 개별실적요율의 결정

○ 개별실적요율의 내용

개별실적요율은 산재보험료액에 대한 산재보험급여액의 비율(보험급여액÷보험료액×100)에 따라 일반요율에 증감하는 개별변동률제이며, 보험료액에 대한 보험급여액의 증감비율이 100분의 85를 넘거나 100분의 75 이하인 경우 사업의 규모별[2008.7.1 개정]로 그 사업에 적용되는 산재보험료율의 100분의 50 범위 안에서 인상 또는 인하하여 다음 보험연도 보험료율로 결정한다.

○ 개별실적요율의 결정산식

개별실적요율은 일반보험료율에 당해 사업의 수지율에 의한 증감비율을

반영하는 것이다.

개별실적요율 = 해당사업종류의 일반요율
± (해당사업종류의 일반요율 × 수지율에 의한 증감비율)

수지율 = 3년간의 산재보험급여총액/3년간의 산재보험료총액 × 100

○ 개별실적요율 적용을 위한 보험수지율 산정

㉠ **보험료액**

- 산재보험료의 금액은 기준보험연도의 6월 30일 현재를 기준으로 하여 기준보험연도 이전 3년간의 보험료의 총액을 말하며, 보험료의 금액은 다음 각호의 금액을 합산하여 산정함
  ① 기준보험연도의 개산보험료액의 6/12에 상당하는 금액
  ② 기준보험연도의 직전 2개 보험연도의 확정보험료의 합계액
  ③ 다음 산식에 따라 산정한 금액

㉡ 보험급여액

- 산재보험급여의 금액은 기준보험연도의 3년 전 보험연도의 7월 1일부터 기준보험연도의 6월 30일까지의 사이에 지급 결정(지출원인행위를 말함)된 산재보험급여의 금액의 합산액으로 한다.
  - 이 경우 지급 결정된 산재보험급여가 장해보상연금 및 유족보상연금인 경우에는 해당 연금이 최초로 지급 결정된 때에 장해보상일시금 및 유족보상일시금이 지급 결정된 것으로 본다.

$$\text{(기준보험연도의 3년 전 보험연도의 확정보험료액)} \times \frac{6}{\text{기준보험연도의 3년 전 보험연도에 있어서 보험관계가 지속된 기간의 총 월수}}$$

표 10-2 기업규모별 산재보험료율 증감표 〈개정 2009.6.30〉

구 분		사업규모별 산재보험료율에 대한 증감비율			
산재보험료에 대한 산재보험 급여 금액의 백분율 (보험수지율)	건설업 및 벌목업을 제외한 사업	상시근로자수 1,000명 이상	상시근로자수 150명 이상 1,000명 미만	상시근로자수 30명 이상 150명 미만	상시근로자수 20명 이상 30명 미만
	건설업 중 일괄적용 사업	총공사실적액 2,000억원 이상	총공사실적액 300억원 이상 2,000억원 미만	총공사실적액 60억원 이상 300억원 미만	
5%까지의 것		50.0%를 인하한다	40.0%를 인하한다	30.0%를 인하한다	20.0%를 인하한다
5%를 넘어 10%까지의 것		48.0%를 인하한다	38.4%를 인하한다	28.0%를 인하한다	18.4%를 인하한다
10%를 넘어 20%까지의 것		42.0%를 인하한다	33.6%를 인하한다	24.5%를 인하한다	16.1%를 인하한다
20%를 넘어 30%까지의 것		36.0%를 인하한다	28.8%를 인하한다	21.0%를 인하한다	13.8%를 인하한다
30%를 넘어 40%까지의 것		30.0%를 인하한다	24.0%를 인하한다	17.5%를 인하한다	11.5%를 인하한다
40%를 넘어 50%까지의 것		24.0%를 인하한다	19.2%를 인하한다	14.0%를 인하한다	9.2%를 인하한다
50%를 넘어 60%까지의 것		18.0%를 인하한다	14.4%를 인하한다	10.5%를 인하한다	6.9%를 인하한다
60%를 넘어 70%까지의 것		12.0%를 인하한다	9.6%를 인하한다	7.0%를 인하한다	4.6%를 인하한다
70%를 넘어 75%까지의 것		6.0%를 인하한다	4.8%를 인하한다	3.5%를 인하한다	2.3%를 인하한다
75%를 넘어 85%까지의 것		0	0	0	0
85%를 넘어 90%까지의 것		6.0%를 인상한다	4.8%를 인상한다	3.5%를 인상한다	2.3%를 인상한다
90%를 넘어 100%까지의 것		12.0%를 인상한다	9.6%를 인상한다	7.0%를 인상한다	4.6%를 인상한다
100%를 넘어 110%까지의 것		18.0%를 인상한다	14.4%를 인상한다	10.5%를 인상한다	6.9%를 인상한다
110%를 넘어 120%까지의 것		24.0%를 인상한다	19.2%를 인상한다	14.0%를 인상한다	9.2%를 인상한다
120%를 넘어 130%까지의 것		30.0%를 인상한다	24.0%를 인상한다	17.5%를 인상한다	11.5%를 인상한다
130%를 넘어 140%까지의 것		36.0%를 인상한다	28.8%를 인상한다	21.0%를 인상한다	13.8%를 인상한다
140%를 넘어 150%까지의 것		42.0%를 인상한다	33.6%를 인상한다	24.5%를 인상한다	16.1%를 인상한다
150%를 넘어 160%까지의 것		48.0%를 인상한다	38.4%를 인상한다	28.0%를 인상한다	18.4%를 인상한다
160%를 넘는 것		50.0%를 인상한다	40.0%를 인상한다	30.0%를 인상한다	20.0%를 인상한다

제5절 산재보험 및 고용보험의 적용범위

1. 산재보험·고용보험 적용범위

산재보험·고용보험은 1인 이상의 근로자를 사용(고용)하는 모든 사업 또는 사업장에 적용하되, 고용보험은 산업별 특성 및 규모, 산재보험은 사업의 위험률·규모 및 사업장소 등을 고려하여 대통령령이 정하는 사업은 산재·고용보험에 가입할 수 없다. 또한 사업의 종류·영리성 여부 등에 관계없이 근로자를 1인 이상 사용(고용)하는 모든 사업 또는 사업장은 원칙적으로 적용대상 사업이다. 그렇다면 "사업"과 "사업장"은 어떻게 다를까?

먼저 "사업"이란 어떤 목적을 위하여 업으로 행하여지는 계속적·사회적·경제적 활동단위로서 활동의 목적이 영리성 여부와는 관계가 없으며, 경영조직으로서의 독립성을 가진 최소단위의 경영체로서 일정한 장소에서 일정한 조직하에 유기적으로 서로 연관되어 행해지는 작업의 일체를 말한다. 반면 "사업장"이란 사업이 행하여지고 있는 인적, 물적 시설이 존재하는 장소적 범위를 말한다. 예를 들어, "갑" 제조회사에 서울, 대전, 부산, 광주에 각각 공장이 있다면, "갑" 제조회사 전체를 "사업"이라 하며, 서울, 대전, 부산, 광주에 있는 공장을 "사업장"이라 한다.

2. 적용형태

(1) 당연적용(강제적용)

당연적용사업이라 함은 사업이 개시되어 적용요건을 충족하게 되었을 때에 사업주 및 근로자의 의사와 관계없이 당연히 고용보험 및 산재보험의 적용을 받는 사업을 말하며, 이는 곧 사업주의 보험관계 성립신고 여부와 관계없이 당연적용사업에 해당하게 되는 날 이후에 재해를 당한 근로자는 산재보험의 보상을 받을 수 있음을 말한다.

(2) 임의적용(자유적용)

임의적용사업이라 함은 산재·고용보험법의 당연적용 대상사업이 아닌 사업으로서 보험가입 여부가 사업주의 자유의사에 일임되어 있는 사업을 말하며, 고용·산재보험 적용제외 사업의 사업주는 근로복지공단의 승인을 얻어 보험에 가입할 수 있고, 고용보험의 경우에는 근로자(적용제외근로자 제외)의 과반수이상의 동의를 얻어 가입할 수 있다.

3. 일반사업 적용기준

(1) 산재보험 적용기준

① 일반 원칙

산재보험은 사업장(사업이 이뤄지고 있는 장소) 단위로 적용하는 것이 원칙이며, 동일한 장소에서 서로 관련되어 행하는 작업일체는 원칙적으로 하나의 사업으로 취급하고, 장소적으로 분리되어 있는 것은 별개의 사업으로 적용함을 원칙으로 한다.

② 본사·지사 등이 동일한 장소에 있는 경우

동일위험권 내 본사·지사 등은 하나의 사업으로 적용하며, 여기서 "동일한 장소"란 동일한 건물 또는 동일한 울타리 안에 있는지 여부를 말한다. 즉, 본사 건물 앞에 차도가 있고 공장이 있다면 분리된 장소로 구분을 하고, 본사와 제조공장이 하나의 울타리 안에 있다면 하나의 장소로 적용한다.

③ 본사·지사 등이 장소적으로 분리되어 있는 경우

장소적으로 분리되어 동일위험권 내 있지 아니한 본사·지사 등은 그 자체에서 본사와 지사, 공장 등이 서로 다른 위험권을 보유하고 있어 별개의 사업으로 분리 적용이 원칙이다.

그러나 사업주가 동일인이고, 지점·영업소·출장소 등이 사업종류가 동일한 때에는 임의일괄 가입이 가능하다.

(2) 고용보험 적용기준

① 일반 원칙

산재보험은 사업장별로 분리적용 원칙이나, 고용보험은 원칙적으로 근로자를 고용하는 모든 사업(회사)을 기준으로 적용된다.

② 본사·지사·출장소·공장 등이 동일 장소에 있는 경우

각 단위 조직 간에 인사·노무·회계 등의 독립성이 인정되지 않는 경우가 대부분이므로 원칙적으로 분할하지 않고 하나의 사업으로 적용한다.

③ 본사·지사·출장소·공장 등이 장소적으로 분리되어 있는 경우

본사·지사·출장소·공장 등의 업무처리능력 등을 감안하여 임금·인사·노무·회계 등이 명확하게 독립적으로 운영되어 하나의 사업장이라고 말할 정도의 독립성이 있는 때에는 별도의 사업장으로 보고, 독립성이 인정되지 않는 때에는 일괄하여 하나의 사업장으로 판단한다.

(3) 산재보험 일괄적용 신청

① 일괄적용이란?

"사업의 일괄적용"이란 건설업의 경우와 같이 1년에 수십 건 내지 수백 건의 공사를 시공함에 있어 개별공사별로 보험관계성립·소멸신고, 보험료 신고·납부·정산 등 각각 신고해야 하는 복잡한 절차를 일정한 요건을 갖춘 경우 사업주가 당해 사업 전부를 하나의 사업으로 보아 일괄적으로 처리를 할 수 있도록 하는 제도를 말한다.

② 일괄적용시의 장점

사업장이 추가로 개시되거나 종료되는 경우 사업주(회사)는 14일 이내에 산재·고용보험 성립신고를 각각 해야 하며, 사업장이 개시되었음에도 불구하고 사업장 성립일로부터 14일 이내에 성립신고를 하지 않은 경우 미가입 재해에 해당된다. 그러나 일괄적용사업장의 경우 이미 산재보험이 성립된 상태에 해당하기 때문에 성립신고 대신 "사업개시신고"만으로 산재보험개시로 볼 수 있고, 설사 사업개시 신고를 하지 않은 상태에서 산재사고가 발생했다 하더라도 미가입 재해에 해당하지 않는다. 또한 보험료 납부에 있어서도 수개의 사업장에 대해 일괄적용 신청을 하지 않은 경우 각각 사업장별로 보험료를 납부해야 하나, 일괄적용 신청을 하는 경우 사업장 관리번호가 1개에 해당하기 때문에 보험료 산정 및 납부의 편이성이 있을 수 있다.

③ 당연 일괄적용

〈당연 일괄적용의 요건〉

아래의 요건을 갖춘 경우 별도의 조치 없이도 당연히 일괄적용 대상에 해당한다.

㉠ 사업주가 동일인이고,

㉡ 각각의 사업은 기간이 정하여져 있는 사업이며,

㉢ 「건설산업기본법」에 의한 건설업자, 「주택법」에 의한 주택건설사업자, 「전기공사업법」에 의한 공사업자, 「정보통신공사업법」에 의한 정보통신공사업자, 「소방시설공사업법」에 의한 소방시설업자, 「문화재보호법」에 의한 문화재수리업자가 행하는 사업이어야 함

〈성립 및 소멸 신고〉

당연일괄적용 사업주는 처음 행하는 사업의 시작일부터 14일 이내에, 일괄적용을 받고 있는 사업이 사업의 폐지·종료 등으로 일괄적용관계가 소멸한 경우에는 소멸한 날부터 14일 이내에 각각 일괄적용관계의 성립 또는 소멸의 신고를 하여야 하며, 당연일괄적용 사업의 성립일은 처음 행하는 사업이 시작된 날이다.

④ 임의일괄적용

임의일괄적용이란 일정한 요건에 해당하는 경우 사업주의 신청에 의해 일괄적용을 받는 경우를 말한다.

○ 요　건

㉠ 사업주가 동일인이고,

㉡ 산재보험의 경우에는 고용노동부장관이 정하는 사업종류가 동일한[1] 경우에 한함

---

1 매년 고용노동부장관이 고시하는 산재보험료율표상의 사업종류 세 자릿수가 동일한 경우를 말함

〈관련법령〉

보험료징수법 제8조【사업의 일괄적용】 ① 보험의 당연가입자인 사업주가 운영하는 각각의 사업이 다음 각호의 요건에 해당하는 경우에는 이 법의 적용에 있어서 그 사업의 전부를 하나의 사업으로 본다.

1. 사업주가 동일인일 것
2. 각각의 사업은 기간이 정하여져 있는 사업일 것
3. 사업의 종류, 공사실적액 등이 대통령령이 정하는 요건에 해당할 것

○ 임의일괄적용 신청 절차

당연일괄적용 사업주외의 사업주가 위 요건에 해당하는 사업의 전부를 하나의 사업으로 보아 임의일괄적용을 받고자 하는 경우에는 사업의 일괄적용 승인신청서를 본사 관할 지사에 제출하여 공단의 승인을 얻어야 한다.

즉, 임의일괄적용 승인 신청은 연도 중 언제라도 가능하며, 성립일은 일괄적용 승인신청서를 접수한 날의 다음 날이 된다.

⑤ 임의일괄적용 사업주의 보험관계의 해지

임의일괄적용 사업주(임의일괄적용 의제된 경우 포함)가 그 일괄적용관계를 해지하고자 하는 경우에는 공단의 승인을 얻어야 하며, 해지 승인을 얻고자 하는 사업주는 다음 보험연도 개시 7일 전까지 일괄적용 해지신청서를 공단에 제출해야 하며, 이 경우 일괄적용관계의 해지는 다음 보험연도의 보험관계부터 그 효력이 발생한다. 즉 임의일괄 사업장에서 2012년부터 임의일괄적용을 해지하고자 한다면 2011년 12월 24일까지 근로복지공단에 해지신청서를 제출하면 된다.

(4) 사업개시·종료신고

일괄적용 사업주는 그 각각의 사업의 개시일 및 종료일(사업종료의 신고는 고용보험에 한함)부터 각각 14일 이내에 그 사실을 공단에 신고하여야 한다. 다만, 사업의 개시일부터 14일 이내에 종료되는 사업의 경우에는 그 종료일 전일

까지, 사업개시 당일 종료되는 사업의 경우에는 그 사업의 개시일 당일까지 사업개시 신고해야 한다.

(5) 인력공급업(파견업, 도급업) 적용기준

① 인력공급업이란?

"인력공급업"이란 자기관리하에 있는 근로자를 계약에 의하여 타인 또는 타사업체에 일정기간 공급하는 산업활동을 말하며, 통상 "도급" 또는 "파견" 근로자가 이에 해당한다.

② 임의일괄적용을 한 경우 신규 사업장에 대해서는 사업개시 신고

인력공급사업의 경우 신규 사업장 개설시(예, 파견계약이 하나의 사업장 추가시) 별도로 사업장 성립신고를 해야 한다. 그러나 인력공급 사업장별로 임의일괄적용했다면 신규 사업장 개설시에는 "사업개시 신고"를 통해 사업장성립신고를 갈음할 수 있다.

제6절 산재보험 · 고용보험 적용대상 및 적용제외대상

1. 산재보험·고용보험 적용대상—근로기준법상 근로자 개념

(1) 정 의

산재·고용보험법에 의한 "근로자"는 「근로기준법」에 의한 근로자를 말하며, 직업의 종류와 관계없이 임금을 목적으로 사업이나 사업장에서 근로를 제공하는 자(근로기준법 제2조)를 말한다. 이때 근로제공은 사용자에게 지배종속되어서 제공되어진다면 근로계약기간이 비록 1일에 한하는 일용직 등 기간제 근로자이든, 단시간 근로자이든 불문하며, 「산재보험법」의 적용을 받는 근로자는 별도의 가입절차 없이 「임금채권보장법」의 적용도 받게 되는 것이 원칙이며, 다만 국가나 지방자치단체가 직접 행하는 사업은 제외된다.

(2) 근로자 여부에 대한 판단기준

근로기준법상의 근로자에 해당하는지 여부는 계약의 형식과는 관계없이 실질에 있어서 근로자가 임금을 목적으로 종속적인 관계에서 사용자에게 근로를 제공하였는지 여부에 따라 판단하여야 한다.

2. 적용제외 근로자

(1) 산재보험 적용제외자

근로기준법상 "근로자"에 해당한다면 1일 소정근로시간이 몇 시간인지, 외국인인지, 내국인인지에 상관없이 산재보험의 적용대상에 해당한다.

(2) 고용보험 적용제외자

① 65세 이상자 – 실업급여 적용제외

65세 이후에 고용보험 적용사업장에 신규로 취업한 자 및 보험관계가 성립한 시점을 기준으로 65세에 도달한 자는 도달한 날부터 실업급여 적용제외가 적용되지 않는다. 단, 고용안정·직업능력개발사업의 적용을 계속 받으나, 근로자가 64세가 된 때에는 그 날이 속한 달부터 고용보험료를 징수하지 아니함(보험료징수법 제13조 제3항)

② 소정근로시간이 대통령령이 정하는 시간 미만인 자

1월간 소정근로시간이 60시간 미만인 자(1주간 소정근로시간이 15시간 미만인 자 포함). 다만, 생업을 목적으로 근로를 제공하는 자 중 3월 이상 계속하여 근로를 제공하는 자와 「고용보험법」 제2조 제6호의 규정에 의한 1개월 미만의 기간 동안 고용된 일용근로자는 적용대상 근로자이다.

(3) 근무형태별 근로자 여부 판단

① 실습생

연수·수습·실습 등의 명칭 여하를 불문하고 근로계약의 존부, 임금을 목적으로 근로를 제공하는지 여부, 당해 사업장에 종사하는 다른 근로자의 근무형태와 같은지 여부 등을 종합적으로 검토하여 근로자 여부를 판단 적용하며, 다만 공업계고등학교 3학년생이 1년간 사업장에서 현장실습에 참여하는 소위 「2+1」 훈련생은 근로자로 인정되지 않는다. 그러나 실습생이라고 하더라도 산재보험은 "산재보험 적용특례" 규정에 의거하여 적용되며, 고용보험은 근로자가 아닌 자로 판단하여 적용되지 않는다.

② 해외파견 근로자, 해외특파원 등(고용보험) – 국내사업장 임금 지급 여부에 따라 다름

국내사업장(본사)과의 고용관계가 유지된다면 출장이나 주재근무에 관계없이 적용되며, 다만, 해외 현지 법인에서 임금이 전액 지급된다면 기준기간 연장사유에 해당되어 그 기간만큼 기준기간이 연장되며, 독립채산제로 운영되고 있는 해외지점에서 직접 채용되어 근무하는 해외근로자의 경우에는 적용되며, 산재보험은 해외파견자 특례에 의해 결정된다.

③ 정부지원 인턴

정부지원 인턴은 기업체가 고용노동부의 지원을 받으며 고용지원센터 및 대학의 알선에 의해 인턴을 직접 채용하고 인턴비용 및 임금을 사업주가 직접 지급하는 경우에는 근로자로 판단하여 산재보험·고용보험이 적용된다.

④ 연수생

고용노동부에서 실시하고 있는 연수지원제에 의한 연수생은 연수기관에서 현장연수를 통해 기술이나 기능 및 실무를 습득하는 자로서 임금을 목적으로 근로를 제공하는 근로기준법상의 근로자가 아니므로 산재 및 고용보험 가입대상에서 제외된다.

⑤ 친 족

사업주와 동거하고 있는 친족은 임금 및 고용상태의 파악이 어렵고 사회통념상 사업주와 동업관계 또는 생계를 같이하는 관계에 있다고 볼 수 있으므로 원칙적으로 고용 및 산재 적용하지 않는다. 다만, 그 친족이 같은 사업장에 근무하는 일반 근로자와 동일하게 사업주의 지휘·감독하에서 상시 근로를 제공하고 그 대가로 임금형태의 금품을 지급받는 자임이 사실관계를 통해 명확하게 확인된 경우에는 예외적으로 고용 및 산재보험을 적용한다.

⑥ 학 생

학업을 주업으로 하면서 단기간 동안 아르바이트를 하는 주간학생은 "생업을 목적으로 근로를 제공하는 근로자"로 보기 어려워 고용보험, 건강보험, 국민연금 모두 적용제외 근로자로 분류하였으나(산재보험은 적용됨), 2010년 11월 근로복지공단에서는 내부 지침을 변경하여 주간학생이라 하더라도 소정근로시간이 월 60시간 이상(1주 15시간 이상)에 해당한다면 고용보험 적용제외자로 판단하고 있다.

다만, 졸업 전에 취직하여 졸업 후에도 계속 당해 사업에 근무할 것으로 예정된 자는 학생이라기보다는 근로자로 보아야 하므로 적용대상 근로자이며, 취업을 주업으로 하면서 학업을 병행하는 야간학생의 경우는 실직의 위험에 처할 가능성 및 실직 시 실업급여 수급가능성이 일반근로자와 다를 바 없으므로 적용근로자에 해당하며, 근로제공에만 전념하는 휴학생의 경우도 적용근로자에 해당한다.

표 10-3 근로자별 보험 및 사업적용 구분

구 분	고용		산재		비 고
	실업급여	고안·직능	산재	임채	
65세 이상 근로자	×	○	○	○	
64세 이상 근로자	○	○	○	○	단, 고용보험료는 징수하지 않음
월 60시간 미만 근로자	×	×	○	○	
외국인 근로자	×	×	○	○	체류자격에 따라 일부 근로자 고용보험 적용
일용근로자	○	○	○	○	
아르바이트 학생	×	×	○	○	고용보험은 소정근로시간이 1월 60시간 이상(1주 15시간 이상)인 경우 적용대상 근로자임
실습생	×	×	○	×	
해외파견자(해외취업선원)	○	○	×	×	해외파견자는 산재보험 임의가입 가능
정부지원 인턴	○	○	○	○	사업주가 직접 임금을 지급하는 경우
연수생	×	×	×	×	고용노동부 실시 연수지원제에 의한 연수생
항운노조원	×	×	○	○	항운노조원사용회사로 산재적용
공익근무요원	×	×	×	×	
국가기관(지자체)에서 근무하는 청원경찰 등	○	○	×	×	청원산림보호원, 각종 위원회의 상임, 전임직원, 기타 안전행정부장관이 정하는 자 등
그 외 청원경찰	○	○	○	○	
별정직·계약직 공무원	×	×	×	×	고용보험 실업급여사업에 한해 임의가입 가능
별정직 우체국	×	×	○	×	
선원법 및 어선재해보상법 적용자	○	○	×	×	단, 톤수 등에 의하여 적용대상 구분
자활근로사업 참여자	×	×	○	×	고용보험은 사업 또는 사업장 단위로 임의가입 방식으로 적용
노조전임자·육아휴직·출산전후 휴가자	○	○	×	×	고용안정 및 직업능력개발사업 보험료는 면제
시간강사	○	○	○	○	
요양보호사	○	○	○	○	동거가족 요양보호사는 고용보험 적용제외

제7절 4대보험 취득(산재보험 · 고용정보신고 포함)신고서 작성방법

근로자가 입사한 경우 국민연금·산재보험·고용보험은 익월 15일까지, 건강보험은 입사일로부터 14일 이내에 4대보험 취득신고(산재보험의 경우 고용신고)를 해야 한다. 각 4대보험이 사업장 관리번호가 동일한 경우 동일한 서식을 통해 취득신고(고용신고)를 할 수 있고, 다를 경우에는 각각 사업장 관리번호별로 취득신고(고용신고)서를 작성하여 신고를 한다.

■ 국민건강보험법 시행규칙 [별지 제5호서식] 〈개정 2010.12.15.〉

국민연금 [ ]당연적용사업장해당신고서
건강보험 [ ]사업장(기관)적용신고서
고용보험 ([v]보험관계성립신고서[ ]보험가입신청서)
산재보험 ([v]보험관계성립신고서[ ]보험가입신청서)

※ 유의사항 및 작성방법은 제1쪽 뒷면을 참고하여 주시기 바라며, 색상이 어두운 란은 신청인이 적지 않습니다. (제1쪽 앞 면)

접수번호	접수일		처리기간 건강보험 · 국민연금 3일 고용 · 산재보험 5일

공통	사업장	사업장관리번호	명칭 **(주)4대보험산업**	사업장 형태 [V]법인 [ ]개인
		소재지 우편번호(123 -456)서울 강남구 테헤란로 4대보험빌딩 501호		
		우편물 수령지 우편번호(-) 상동		전자우편주소
		전화번호(유선) 02-123-4567 (이동전화)		FAX번호
		업태 제조업	종 목 기계 (주생산품)	업종코드
		사업자등록번호 123-45-67890	법인등록번호	
		주거래 은행 (은행명)4대보험은행	(예금주명) (주)4대보험산업	(계좌번호)1234-56-0123456
	사용자(대표자)	성명 **김보험**	주민(외국인)등록번호 750123-1234567	전화번호 02-123-4567
		주소 서울 강남구 방배동 123-456		
	보험료 자동이체신청	은행명	계좌번호	
		예금주명	예금주 주민등록번호	
	전자고지신청 [V]전자우편 [ ]이동전화	수신처(전자우편주소 또는 이동전화번호)	123456@abc.com	우편고지서 [ ]수령 [ ]미수령
		수신자 성명 김 보험	수신자 주민등록번호 750123-1234567	
국민연금/건강보험		건설현장사업장 [ ]해당 [V]비해당	건설현장 사업기간 ~	
국민연금		근로자수	가입대상자수	적용연월일
		분리적용사업장 [ ]해당 [V]비해당	본점사업장관리번호	
건강보험		적용대상자수	본점사업장관리번호	적용 연월일
		사업장 특성부호	회계종목(공무원 및 교직원기관만 작성)	1 2 3
고용보험		상시근로자수 10	피보험자수 10	성립일
		보험사무대행기관 (명칭)	(번호)	
	주된 사업장	명 칭 (주)4대보험산업	사업자등록번호 123-45-67890	
		총상시근로자수 10	총피보험자수 10	업종
		우선지원대상기업 [V]해당 [ ]비해당	주된 사업장관리번호	
산재보험		상시근로자수 10	성립일	사업종류코드
		사업의 형태 [V] 계속 [ ] 기간이 정하여져 있는 사업(사업기간: -)		
		성립신고(가입신청)일 현재 산업재해발생여부 [ ]있음 [V]없음		
		주된 사업장 여부 [V]해당 [ ]비해당	주된 사업장 관리번호	

위와 같이 신고(신청)합니다.

2011 년 1 월 1 일

신고인 · 신청인(사용자 · 대표자) **김 보 험** (서명 또는 인)

[ ]보험사무대행기관(고용 · 산재보험만 해당) (서명 또는 인)

국민연금공단 이사장/국민건강보험공단 이사장/근로복지공단 지역본부장(지사장) 귀하

제 8 절 일용직 관리(단시간 근로자 관리)

1. 일용직 근로자란?

소득세법상 일용근로자는 ① 근로를 제공한 날 또는 시간에 따라 급여를 계산하거나, 근로를 제공한 날 또는 시간의 근로성과에 따라 급여를 계산하여 지급받는 자, ② 근로계약에 따라 동일한 고용주에게 3개월 이상(건설공사종사자는 1년 이상) 계속 고용되어 있지 아니한 자 등 다음에 해당하는 자가 아닌 자의 두 가지 요건을 모두 만족하는 자를 말한다(소득제법 시행령 §20; 소득 22601-3392, 1985.11.14).

표 10-4 일용근로자의 구분

구 분	일용근로자가 아닌 자
건설공사 종사자	① 동일한 고용주에게 계속하여 1년 이상 고용된 자 ② 다음 중 어느 하나의 업무에 종사하기 위하여 통상 동일한 고용주에게 계속하여 고용되는 자 ㉠ 작업준비를 하고 노무에 종사하는 자를 직접 지휘·감독하는 업무를 하는 자 ㉡ 작업현장에서 필요한 기술적인 업무, 사무·타자·취사·경비 등의 업무를 하는 자 ㉢ 건설기계의 운전 또는 정비 업무를 하는 자
하역작업 종사자 (항만근로자 포함)	① 통상근로를 제공한 날에 근로대가를 받지 아니하고 정기적으로 근로대가를 받는 자 ② 다음의 업무에 종사하기 위하여 통상 동일한 고용주에게 계속하여 고용되는 자 ㉠ 작업준비를 하고 노무에 종사하는 자를 직접 지휘·감독하는 업무를 하는 자 ㉡ 주된 기계의 운전 및 정비업무
기타업무의 종사자	건설공사, 하역 이외의 업무에 종사하는 자 중 근로계약에 따라 동일한 고용주에게 3월 이상 계속하여 고용된 자

2. 국민연금

소득세법상 일용근로자 여부와 관계없이 1개월 동안의 소정근로시간이 60시간 미만인 단시간근로자의 경우 국민연금 가입대상에서 제외된다. 다만, 해당 단시간 근로자 중 생업을 목적으로 3개월 이상 계속하여 근로를 제공하는 사람으로서, 다음 어느 하나에 해당하는 사람은 국민연금 가입대상이다. ① 「고등교육법 시행령」 제7조 제3호에 따른 시간강사, ② 사용자의 동의를 받아 근로자로 적용되기를 희망하는 사람인 경우 해당한다.

- 여기서의 "소정근로시간"이란 법정근로시간의 범위(일반적으로 1일 8시간)에서 근로자와 사용자 사이에 정한 근로시간을 말한다. "단시간근로자"란 1주 동안의 소정근로시간이 그 사업장에서 같은 종류의 업무에 종사하는 통상근로자의 1주 동안의 소정근로시간에 비하여 짧은 근로자를 말한다.
- 생업목적은 원칙적으로 "다른 직업이 없는 경우"를 말하며, ① 국민연금 사업장가입자로 이미 가입되어 있거나, ② 국민연금 지역가입자(소득신고자에 한함)로 가입중인 자로서, 사업자등록자와 해당 사업장 소득보다 다른 공적소득이 높은 경우 다른 직업이 있는 것으로 보아 생업 목적에 해당하지 않는다.
- 월 60시간 미만 자 중 생업목적 근로자로 사용자의 동의를 얻은 자는 취득신고서 제출시 사용자가 동의한 것으로 보고 있다.

3. 건강보험

건강보험 적용대상자에서 제외되는 자는 1월 미만의 기간 동안 고용되는 일용근로자, 비상근 근로자 또는 1월간의 근로시간이 60시간 미만인 시간제 근로자, 비상근 교직원 또는 1월간의 근로시간이 60시간 미만인 시간제 공무원 및 교직원, 근로자가 없거나 비상근 근로자 또는 1월간의 근로시간이 60시간 미만인 시간제 근로자 등 사업장에서 상시 근로에 종사할 목적으로 고용되지 아니한 근로자만을 고용하고 있는 사업장 사업주이다.

따라서 일용근로자 및 시간제근로자를 불문하고 1월 이상 근무하면서 월 60시간 이상 근로하는 자는 건강보험 가입 대상자이다.

해석: 건강보험법상의 근로자 개념

- 상용근로자: 일정기간 또는 기간의 정함이 없이 고용이 보장되는 근로자
- 일용근로자: 고용기간의 보장 없이 1일 단위로 고용되어 그 날로 고용계약이 종료되는 자. 즉, 다음 날의 고용이 확정되지 아니한 상태로 근무하는 근로자
- 시간제근로자: 통상 근로자와 근무형태는 동일하나 소정근무시간이 상대적으로 짧은 근로자
- 비상근근로자: 사용자의 구체적인 지휘·감독이 없고, 근무일수·시간·장소 등에 제한이 없으며, 일비·활동비·수수료 등의 실비 변상적 금품을 지급받는 자

4. 산재보험

월간 소정근로시간이 60시간 미만인 자 또는 고용보험 임의가입 대상 근로자에 대하여는 산재보험에 별도의 근로자 고용정보를 신고하지 않을 수 있다. 다만, 이렇게 근로자 고용정보신고를 하지 않은 근로자라 할지라도 근로기준법상의 근로자이고, 업무상의 사유에 따른 근로자의 부상·질병·장해 또는 사망의 경우 산재보험의 적용을 받을 수 있다.

5. 고용보험

고용보험 가입대상에서 제외되는 자는 1월간 소정근로시간이 60시간 미만인 자(1주간 소정근로시간이 15시간 미만인 자 포함)이다. 다만, 생업을 목적으로 근로를 제공하는 자 중 3월 이상 계속하여 근로를 제공하는 자와 「고용보험법」 제2조 제6호의 규정에 의한 1개월 미만의 기간 동안 고용된 일용근로자는 가입대상 근로자이다.

따라서 1월간 소정근로시간이 60시간 이상인 단시간근로자와 1월간 소정근로시간이 60시간 미만일지라도 3개월 이상 계속하여 고용되는 자는 고용보

표 10-5 시급직 단시간 근로자 4대보험 가입 및 상실기준

구분		국민연금	건강보험	고용보험	산재보험
가입 요건	근로 시간	월60시간 이상	월60시간 이상	월60시간 이상	월60시간 이상
	학력 요건	재학생(방학기간) 제외 (야간/휴학생 가입)	재학생(방학기간) 제외 (야간/휴학생 가입)	–	–
	나이	만18세 이상 60세 미만	–	–	–
	기타	1개월 미만 근로자 제외	1개월 미만 근로자 제외	일용근로자 모두 가입 사업주 제외	사업주 제외
상실요건		60시간 미만/월	60시간 미만/월	퇴사시 상실	퇴사시 상실
보험료 산정		월소득×4.5%	월보수×2.82%	월보수×0.45%(만64세 이상 보험료 면제)	
이중근로		이중가입	이중가입	상용직, 급여가 높음, 근무시간이 긴 근로자 선택	이중가입

험에 가입대상이나 일용근로자의 경우에는 근무기간과 근무시간에 관계없이 가입대상에 해당된다.

제9절 보수의 정의

1. 「소득세법」에 따른 근로소득에서 비과세근로소득을 뺀 금액

"보수"는 소득세법에 따른 "총급여액"[2]의 개념과 동일한 개념이며, "근로소득금액"[3]의 개념과는 상이하고, 연말정산에 따른 갑근세 원천징수 대상 근로소득과 동일한 개념이다.

---

2 "총급여액"이란 소득세법에 의한 비과세소득의 금액을 제외한 근로소득의 금액의 합계액을 말한다.

3 "근로소득금액"이란 소득세법에 의한 근로소득의 금액의 합계액(총급여액)에서 근로소득공제를 적용한 금액을 말한다.

※ 소득세법에 따른 "근로소득"은 근로기준법에 의한 "임금"보다 광의의 개념으로 고용관계 기타 이와 유사한 계약에 의해 근로를 제공하고 지급받는 모든 경제적 가치물을 말함

2. 근로소득의 범위

① 근로의 제공으로 인하여 받는 봉급·급료·보수·세비·임금·상여·수당과 이와 유사한 성질의 급여

② 법인의 주주총회·사원총회 또는 이에 준하는 의결기관의 결의에 의하여 상여로 받는 소득

③ 법인세법에 의하여 상여로 처분된 금액

④ 퇴직으로 인하여 받는 소득으로서 퇴직소득에 속하지 아니하는 소득

표 10-6 임금과 보수의 주요 4대보험 대상 항목

조 항	비과세소득의 범위	한도	건강보험	국민연금	고용산재
법 제12조3호가	• 대통령령이 정하는 복무중인 병이 받는 급여	–	×	×	×
법 제12조3호나	• 법률에 따라 동원된 사람이 그 동원 직장에서 받는 급여	–	×	×	×
법 제12조3호다	• 「산업재해보상보험법」에 따라 수급권자가 받는 요양급여, 휴업급여, 장해급여, 간병급여, 유족급여, 유족특별급여, 장해특별급여, 장의비 또는 근로의 제공으로 인한 부상·질병·사망과 관련하여 근로자나 그 유족이 받는 배상·보상 또는 위자(慰藉)의 성질이 있는 급여	–	×	×	×
법 제12조3호라	• 「근로기준법」 또는 「선원법」에 따라 근로자·선원 및 그 유족이 받는 요양보상금, 휴업보상금, 상병보상금, 일시보상금, 장해보상금, 유족보상금, 행방불명보상금, 소지품 유실 보상금, 장의비 및 장제비	–	×	×	×
법 제12조3호마	• 「국민연금법」에 따라 받는 반환일시금(사망으로 받는 것만 해당한다) 및 사망일시금	–	×	×	×
법 제12조3호바	• 「공무원연금법」, 「군인연금법」, 「사립학교교직원 연금법」 또는 「별정우체국법」에 따라 받는 요양비·요양일시금·장해보상금·사망조위금·사망보상금·유족보상금·유족일시금·유족연금부가금·유족연금특별부가금·재해부조금·재해보상금 또는 신체·정신상의 장해·질병으로 인한 휴직기간에 받는 급여	–	×	×	×

조 항	비과세소득의 범위	한도	건강보험	국민연금	고용산재
법 제12조3호아	• 대통령령으로 정하는 학자금	–	×	×	×
시행령 제11조	–「초·중등교육법」 및 「고등교육법」에 따른 학교(외국에 있는 이와 유사한 교육기관을 포함한다)와 「근로자직업능력 개발법」에 따른 직업능력개발훈련시설의 입학금·수업료·수강료, 그 밖의 공납금 중 다음 각 호의 요건을 갖춘 학자금 1. 당해 근로자가 종사하는 사업체의 업무와 관련 있는 교육·훈련을 위하여 받는 것일 것 2. 당해 근로자가 종사하는 사업체의 규칙 등에 의하여 정하여 진 지급기준에 따라 받는 것일 것 3. 교육·훈련기간이 6월 이상인 경우 교육·훈련 후 당해교육기간을 초과하여 근무하지 아니 하는 때에는 지급받은 금액을 반납할 것을 조건으로 하여 받는 것일 것	–	×	×	×
법 제12조3호자	• 대통령령으로 정하는 실비변상적 성질의 급여	–	×	×	×
시행령 제12조	– 법령조례에 의한 위원 등의 보수를 받지 아니하는 위원(학술원 및 예술원의 회원을 포함) 등이 받는 수당	–	×	×	×
	–「선원법」에 의하여 받는 식료	–	×	×	×
	– 일직료·숙직료 또는 여비로서 실비변상 정도의 금액(종업원의 소유차량을 종업원이 직접 운전하여 사용자의 업무수행에 이용하고 시내출장 등에 소요된 실제여비를 받는 대신에 그 소요경비를 당해 사업체의 규칙 등에 의하여 정하여진 지급기준에 따라 받는 금액중 월 20만원 이내의 금액을 포함한다)	–	×	×	×
	– 법령·조례에 의하여 제복을 착용하여야 하는 자가 받는 제복·제모 및 제화	–	×	×	×
	– 특수분야에 종사하는 군인이 받는 낙하산강하위험수당·수중파괴작업위험수당·잠수부위험수당·고전압위험수당·폭발물위험수당·비행수당·비무장지대근무수당·전방초소근무수당·함정근무수당 및 수륙양용궤도차량승무수당, 특수분야에 종사하는 경찰공무원이 받는 경찰특수전술업무수당과 경호공무원이 받는 경호수당	–	×	×	×
	–「선원법」의 규정에 의한 선원으로서 기획재정부령이 정하는 자(제16조 및 제17조의 규정을 적용받는 자를 제외한다)가 받는 월 20만원 이내의 승선수당, 경찰공무원이 받는 함정근무수당·항공수당 및 소방공무원이 받는 함정근무수당·항공수당·화재진화수당	월 20만원	×	×	×
	– 광산근로자가 받는 입갱수당 및 발파수당	–	×	×	×
	– 교원 및 연구기고나 연구활동 직접 종사자의 연구보조비 또는 연구활동비	월 20만원	×	×	×

조 항	비과세소득의 범위	한도	건강보험	국민연금	고용산재
시행령 제12조	–「신문 등의 자유와 기능보장에 관한 법률」에 의한 통신·신문 「방송법」에 의한 방송채널사용사업에 종사하는 기자(상시 고용되어 취재활동을 하는 논설위원 및 만화가를 포함)가 취재활동과 관련하여 받는 취재수당	월 20만원	×	×	×
	– 벽지에 근무함으로 인해 받는 벽지 수당	월 20만원	×	×	×
법 제12조3호차	• 외국정부(외국의 지방자치단체와 연방국가인 외국의 지방정부를 포함한다. 이하 같다) 또는 대통령령으로 정하는 국제기관에서 근무하는 사람으로서 대통령령으로 정하는 사람이 받는 급여. 다만, 그 외국정부가 그 나라에서 근무하는 우리나라 공무원의 급여에 대하여 소득세를 과세하지 아니하는 경우만 해당한다.	–	○	×	×
법 제12조3호카	•「국가유공자 등 예우 및 지원에 관한 법률」에 따라 받는 보훈급여금 및 학습보조비	–	×	×	×
법 제12조3호러	• 대통령령으로 정하는 식사 또는 식사대				
시행령 제17조의2	– 근로자가 사내급식 또는 이와 유사한 방법으로 제공받는 식사 기타 음식물	–	×	×	×
	– 식사 기타 음식물을 제공받지 아니하는 근로자가 받는 식사대	월 10만원	×	×	×
법 제12조3호머	• 근로자 또는 그 배우자의 출산이나 6세 이하(해당 과세기간 개시일을 기준으로 판단한다) 자녀의 보육과 관련하여 사용자로부터 받는 급여로서 월 10만원 이내의 금액	월 10만원	○	×	×
법 제12조3호버	•「국군포로의 송환 및 대우 등에 관한 법률」에 따른 국군포로가 받는 보수 및 퇴직일시금	–	×	×	×

아래의 내용이 보수의 규정에서 어디에 해당되는지를 사례를 중심으로 살펴보면 다음과 같다. 먼저, 희망퇴직위로금이 근로소득에 해당할까? 아니면 퇴직소득에 해당할까? 하는 문제이다. 퇴직위로금의 경우 정관이나 퇴직급여지급규정(기준) 등에 의해 퇴직위로금을 지급할 경우 퇴직소득에 해당하나, 회사 내부기준에서 정해진 기준이 아닌 특정인에 대해 지급하는 경우에는 근로소득으로 간주하고 있다. 회사에서 희망퇴직을 실시하고 희망퇴직 희망자에 대해 퇴직위로금을 지급할 경우 회사의 내부 지급기준을 만들고(품의서나 기타 내용으로 갈음할 수 있음) 희망퇴직 대상자에게 내부 지급기준에 의거하여 지급한다면 퇴

직소득에 해당하며, 그렇지 않고 특정인 A 근로자에 대해 3개월의 위로금을 지급한다면 이는 근로소득으로 판단해야 한다.

둘째, 출장비의 경우 회사 출장비 지급규정에 의해 정액으로 지급하는 출장비는 보수에서 제외될까? 하는 문제이다. 출장비의 경우 실제 출장에 소요된 경비를 영수증을 제출하여 지급받는 경우와 회사 내부기준에 의해 실제 영수증을 제출 없이 정액으로 받는 경우가 있다. 전자의 경우로는 부산에 비행기로 출장을 다녀왔다면 항공권 영수증 등 제출하는 경우가 대표적인 사례이고, 후자의 경우로는 실제 영수증 제출을 통한 증빙 없이 서울 본사에서 근무하는 근로자가 대전 100,000원, 대구 150,000원, 부산 200,000원 등(실제 부산 출장을 비행기를 이용하거나 KTX, 자가용 등의 이용 여부와 무관) 정액으로 정한 출장비를 지급받는 경우이다. 전자의 경우는 당연히 실비변상에 해당하여 보수에서 제외되고, 후자의 경우 역시 사회 통념상 합리적인 금액으로 정한 회사 내부기준에 의해 지급했다면 이 역시 실비변상적 급여에 해당하여 보수에서 제외된다.

마지막으로, 자녀학자금을 사내복지기금을 통해 지급할 경우에도 보수에 포함될까? 하는 문제이다. 자녀학자금을 회사에서 지급하였다면 보수에 포함되지만, 회사와 별도로 분리된 사내복지기금을 통해 자녀학자금을 지급했다면 사내복지기금법에 의해 보수에서 제외된다.

CONRAD

Chapter 11

취업규칙

부의 추월이 일어나는 파괴적 혁신

#1. 공룡과 마찬가지로, 한때 비즈니스 세계를 지배했던 거대 기업들은 시장조건이 자신들에게 우호적이던 시대에 성장했다. 시어스, 블록버스터, 모토로라도 경쟁자들을 깔아뭉개던 시절이 있었고, 폴라로이드와 타워레코드도 한때는 혁신가라는 찬사를 들었다. 그러나 이들 기업이 시장지배자가 되는 데 이바지한 바로 그 요소들이 미래의 기회를 보는 측면에서는 근시안적인 시각을 만들어냈다. 각 기업은 자신들이 시장에 도입한 그 혁신이 '진보라는 끝없는 여정의 중간에 있는 이정표 하나'가 아니라 '발전의 최종상태'라고 생각했다.

#2. 폴라로이드의 즉석 사진은 필름 사진보다는 더 빠르고 발전된 형태였지만 디지털과는 비교가 되지 않았다. 타워레코드는 다량의 음반을 보유한 대형 레코드 가게라는 개념을 도입했지만 아이튠즈 같은 디지털 서비스만큼 풍부하고 끝없는 음악 리스트를 보유할 수는 없었다. 대부분의 CEO는 미래를 현재의 연장선이라고 생각하지, 끝없이 진화하는 '정글'이라고는 생각하지 않는다.

#3. 2007년 마이크로소프트의 CEO 스티브 발머(Steve Ballmer)는 아이폰에 관해 이렇게 말한 것으로 유명하다. "세상에서 제일 비싼 전화기이면서 비즈니스 고객에게는 별 매력이 없는 제품이다. 키보드가 없어서 이메일을 보내기에 적절치 않다." 그는 소비자들이 연간 수천억 개의 모바일 앱을 다운로드받는 세상을 결코 그려보지 못했을 것이다. 또한 유튜브가 파괴적 혁신을 일으킨 세상도 그려보지 못했을 것이다. 아이폰을 비웃는 그의 영상을 150만 명이 아이폰으로 구경하는 세상 말이다. 〈퍼펙트 이노베이션〉의 공동 저자 비제이 고빈다라잔(Vijay Govindarajan)에 따르면 기업의 성공을 가로막는 전형적인 함정 세 가지가 있다고 한다. 첫 번째는 자원의 함정이다. 기업들은 새로운 기회는 무시하면서 구닥다리 시스템에 과도한 투자를 한다. 두 번째는 경영진의 심리적 함정이다. 경영계획을 수립하는 주기가 워낙 길다 보니 과거의 성공에 핵심적인 역할을 했던 것이 아니면 하찮게 본다. 기업의 경영계획이야말로 뭐가 놓여 있을지 모르는 앞날을 준비하는 대신 지나간 전쟁만 반복하는 장군들의 행동과 같다. 마지막 함정은 진화하는 미래를 생각하며 계획을 세우지 못하는 것이다.

#4. 코닥의 사례가 바로 그런 경영계획의 함정을 잘 보여준다. 코닥은 경영진과 연구센터, 제조 부문을 모두 한 도시에 모아놓고 더 큰 공장을 짓는 데만 열중했다. 1932년에 설립자였던 조지 이스트먼(George Eastman)이 죽은 이후, 후임 책임자들은 하나같이 사내에서 승진한 사람들이었다. 코닥은 언제나 다른 필름 제조사들에 견주어 자신들의 성공을 쟀다. 정점이었을 때 코닥은 로체스터에 있는 민간 부문 노동력의 40퍼센트를 고용했다. 그러나 최고위 경영진에서 외부 영입이 전혀 없다 보니, 디지털 사진기술로 이행하는 일을 하찮은 것으로 치부했고, 언젠가는 끝이 날 일종의 프로젝트로 여겼다. 코닥에서 디지털기술팀으로 배치된다는 것은 커리어상 자살행위와 같은 말이었다. 코닥의 경영진은 다른 제조사들과 파트너십을 구축해 새로운 디지털 생태계를 만들어내는 데 실패했다. 코닥은 사진의 미래를 장악할 만한 브랜드 네임과 마케팅 예산을 갖고 있었고, 시장점유율도 지배적이었다. 그러나 자신들의 제품에만 매달려 그 외 혁신의 중심에서 지리적으로 고립돼 결국 처참하게 실패했다. 2012년 코닥은 124년간 영위해온 사업을 뒤로하고 파산보호 신청을 했다.

#5. 한때는 소비자 가전제품 분야에서 세계 1위였던 소니도 디지털 콘텐츠 유통시대를 맞아 새로운 생태계를 구축해야 했다. 소니의 각 사업부는 저마다의 시장에서 독특한 제품을 만드는 데 익숙했다. 컴퓨터, 휴대용 오디오, 텔레비전, 게임기 같은 것들 말이다. 그러나 이제는 디지털 콘텐츠가 유통되면서 이런 개별 기기들이 모두 상호 통신할 수 있어야 했다. 경영자들은 부서 간에 담을 쌓고 제 밥그릇 챙기기에만 급급했는데, 그들이 못해낸 일을 기기들이 서로 해내기를 바랄 수는 없는 노릇이었다. 그들은 다들 대학을 졸업하자마자 소니에 입사하여 평생을 소니에서만 일해온 사람들이었다. 그들은 자신의 경쟁자가 같은 도시에 있는 도시바, 파나소닉, 산요, 후지쓰, 미쓰비시라고 생각했던 것이다. 소비자가 미디어를 찾아내고 구매하고 소비하는 방식에 파괴적 혁신을 일으키고 있던 애플이나 구글, 아마존 등은 안중에도 없었다.

#6. 하워드 스트링어(Howard Stringer) 경은 이 모든 것을 바꾸려고 나를 소니로 데려왔다. 다시 한 번 나는 사내 기업가로서 소니가 디지털시대에 경쟁할 수 있도록 부서간 벽을 허물고 플랫폼을 오가는 디지털 생태계를 구축하는 임무를 부여받았다. 나는 디지털 음악·영화·게임·책 서비스를 새로 출시하고, 여러 제조 사업부와 협업해 전자상거래를 지원하는 하드웨어를 만드는 책임을 졌다. 소니의 글로벌 경영진은 내게 절대적인 지지를 보내줬지만, 소니는 분야에 따라 천 갈래로 나뉘어 있어 이미 죽은 목숨이나 마찬가지였다. 예컨대 수십 년간 휴대용 오디오 부문에서 1위를 지켜온 워크맨 사업부에 애플의 아이팟과 경쟁할 수 있는 하드 드라이브 장착제품을 만들자고 해봤지만, 단칼에 거절당했다. 그러면서 그들은 이미 실패로 판명 난 미니디스크 제품을 미국에 재도입하겠다고 우겼다. 플레이스테이션 사업부는 최첨단 휴대용 기기인 PSP 게임기를 보유하고 있으면서도 기기 안에 디지털 영화나 음악은 넣고 싶지 않다고 했다.

#7. 그런 콘텐츠가 비디오게임의 수입을 잠식할지도 모른다고 생각했었던 것이다. 소니픽처스는 인터넷에서 자사 영화에 대한 통제권을 포기하려 하지 않았고, 경쟁관계의 디지털 서비스 때문에 로비를 했다. 전자책 사업부는 출판사들의 지원도 등에 없지 못한 채 하드웨어를 출시하겠다고 했다. 나는 소니 사람들에게 변화하는 비즈니스 지형에 관해 설명해주려고 무진 애를 썼으나 아무 소득도 없었다. 나는 종종 일본 국기가 무슨 그림인지 알 것 같다고 농담을 했다. "제가 벽에다 이마를 찧고 있는 그림이죠." 도쿄에서 나는 고빈다라잔의 말을 실감했다. "비즈니스 조직은 혁신하기 좋게 만들어져 있지 않다. 효율성을 극대화하도록 만들어져 있다." 대다수의 대기업에서 고위 경영진은 똑같은 것을 더 많이 해냈을 때 보상을 받는다. 기업 리더가 항로를 크게 벗어나는 모험을 감행할 때는 자신의 커리어가 끝날 위험까지도 감수해야 한다.

〈제이 새밋, 부의 추월이 일어나는 파괴적 혁신, 한국경제신문〉

제 1 절 취업규칙의 의의

1. 근로조건

근로자를 채용할 때에는 반드시 근로계약서를 작성해야 한다. 근로계약서에는 임금, 소정근로시간, 휴일, 휴가 및 취업의 장소와 업무 등을 기재하여야 한다. 근로계약서는 근로자의 요구가 있으면 언제든지 그 근로자에게 교부해 주어야 한다.

사업주는 근로자명부와 임금대장, 근로계약에 관한 주요 서류를 사업장에 비치하고 3년간 보존해야 한다. 근로시간은 1일 8시간 1주 40시간(50인 이하의 사업장은 44시간)을 지켜야 하며, 정해진 시간을 초과하여 일을 시킬 경우에는 근로자와 반드시 합의하여야 한다. 이 경우에도 주 12시간을 초과해서는 안된다. 연장 및 야간, 그리고 휴일근로를 시키는 경우에는 시간급(통상임금)의 50%를 더 지급하여야 한다. 연장근로는 1일 8시간 주 40시간을 초과하는 근로를 말하며, 야간근로는 오후 10시부터 다음날 오전 6시까지 사이에 일을 시킨 경우를 말한다. 여성은 야간 및 휴일에 근로시킬 경우에는 당사자의 동의를 받아야 한다. 단 임산부와 18세 미만의 근로자를 야간 및 휴일에 근로시키려면 고용노동부장관의 인가를 받아야 한다.

1주일을 개근한 근로자에게는 하루의 유급휴일(통상 일요일)을 주어야 하며, 1개월을 개근한 근로자에게는 하루의 유급휴가를 주어야 한다. 출산 전후의 여성에게는 90일간의 보호휴가를 주어야 하는데, 90일 중 45일 이상을 출산 이후에 사용할 수 있도록 하여야 한다. 영유아를 가진 근로자가 육아휴직을 신청하면 이를 허용하여야 한다.

임금은 매월 1회 이상 일정한 날짜를 정하여 해당근로자에게 현금 또는 통장으로 전액 지급하여야 한다. 갑근세, 사회보험료 등은 사전공제가 가능하며, 한 달을 모두 일하지 않더라도 일한 일수만큼 임금을 지급하여야 한다. 근로자가 사망 또는 퇴직한 경우에는 사망 또는 퇴직한 날로부터 14일 이내에 임금, 퇴직금 등 일체의 금품을 지급하여야 한다. 1년 이상 근무하다 퇴직한 근로자에게 1년에 평균 1개월치의 돈을 퇴직금으로 지급해야 한다. 1년 이상 근무한 근로자의 요구가 있을 경우 퇴직하기 전이라도 퇴직금을 정산할 수 있다.

근로자를 해고하려면 정단한 이유가 있어야 하고, 해고시기와 해고사유를 서면으로 통지해야 한다. 근로자를 해고할 때에는 적어도 30일 전에 해고예고를 하여야 하며, 30일 전에 예고를 하지 않는 경우에는 30일분의 통상임금을 지급하여야 한다.

근로계약서 작성 예시

근 로 계 약 서

홍길동(이하 갑이라 함)과 백두산(이하 을이라 함)은 다음과 같이 근로계약을 체결하고 이를 성실히 이행할 것을 약정한다.

1. 근로계약기간 : 2014년 6월 1일부터 ---
2. 근무장소(부서) : 00산업(품질관리부)
3. 업무의 내용 : 제품검사
4. 근로시간 및 휴게시간
   * 근로시간 : 09시00부터 18시 00까지(토요일은 13:00까지)
   * 휴게시간 : 12:00~13:00
5. 근로일 및 휴일
   * 근로일 : 월요일~토요일까지
   * 휴일 : 주휴일(일요일) 및 근로자의 날
6. 임금
   * 시간(일, 월)급 : 1,500,000원
   * 상여금 : 있음(0), 없음( ) 6,000,000원
   * 기타급여(제수당 등) : 있음(0), 없음( )
   교통비 출근 1일당 5,000원
7. 이 계약서에서 정하지 아니한 사항은 근로기준법에서 정하는 바에 따른다.

2014년 6월 1일

(갑) 사업체명 : 00산업(주)
주소 : 부산광역시 금정구 금정대로 00번지
대표자 : 홍길동 (서명)
(을) 주소 : 부산시 남구 황령대로 00번지
연락처 : 051-000-0000 (M) 010-0000-0000
성명 : 백두산 (서명)

2. 취업규칙

취업규칙이란 사업장에서 근로자가 취업상 지켜야 할 규율과 임금·근로시간 등의 근로조건에 관한 구체적인 사항을 정한 규칙을 말한다. 이러한 취업규칙은 산업혁명 이후 나타난 공장제생산에 있어 동일한 사업장 내에서 다수의 근로자를 사용하지 않을 수 없게 되어, 경영주가 개개의 근로자에 대하여 일일이 구체적으로 지휘·명령할 수 없게 되므로 해서 자연발생적으로 생긴 것이며 또한, 근대기업에서 직제를 통하여 근로자를 통제하려고 하여도 일정한 기준이 없으면 혼란을 초래하게 되어, 사업장에 일정한 질서를 확보하고 근로자들의 행동을 획일화시키기 위한 기준과 수단으로서 공장규칙, 복무지침 등의 이름으로 취업규칙이 정착된 것이다.

이처럼 사업장 내의 복무규율을 확립하기 위하여 제정되기 시작한 취업규칙이 기업의 대규모화에 따라 개개 근로자와의 개별 근로계약이 힘들어지고 일정한 기준의 근로조건을 정할 필요성이 생기게 되어, 근로계약의 내용인 임금, 근로시간 등 근로조건에 관한 규정들까지도 취업규칙에 포함되어 오늘에 이른 것이다.

원래 근로조건은 당사자의 합의에 의하여 결정되어야 하는 것이지만, 경영상의 필요에 의하여 사용자는 근로조건을 획일적으로 정형화하여 두고, 이러한 근로조건을 수락하는 근로자만을 채용하게 되어 이른바 부합계약의 형태를 띠게 되는 것이다. 다시 말하면, 취업규칙은 기업의 경영목적을 효과적으로 달성하기 위하여 기업 내의 근로자에게 공통적으로 적용하여야 할 근로조건, 복무규율 등의 준칙을 기업경영주가 일방적으로 정하는 제 규정들을 총칭하는 말이다.

그러므로 취업규칙은 사용자의 필요성에 의해 생성 발전되어 온 것이고, 일방적으로 작성하기 때문에 오늘날에 와서는 생산성 향상이나 경영합리화 등 사용자의 이익이 주로 반영되고 있음은 주지의 사실이다.

그러나 이러한 기본적 기능을 가진 취업규칙이라 하더라도 근로자의 입장에서 보면 근로자 자신의 근로조건을 명백히 알 수 있다는 점에서 소득적인 근로조건의 명시가 되며 비록, 사용자의 일방적인 의사에 의해 정해지긴 하지만, 근로조건의 안정화와 명백화라는 점에서 근로자에게 중요한 의미를 갖는 것이다. 또한 노동조합의 조직률이 사업장 수에 비해 현저히 낮고, 노동조합의 경영자체가 어려운 소기업이 대다수인 우리나라의 산업구조를 본다면 실질적으로 근로조건에 관한 규범으로서 가장 으뜸이 되는 것은 취업규칙이라 할 수 있겠다.

이러한 중요성으로 인해 근로기준법은 취업규칙에 관한 장을 두어 취업규칙을 규제함으로써 근로자 보호를 추구하고 있는 것이다. 대부분의 사업장에 있어서 취업규칙에 대해 그 중요성에 비추어 볼 때 경영주나 노무관리계층의 관심도는 낮다고 볼 수 있어 취업규칙의 법적 성질인 효력을 살펴보며, 취업규칙의 실제적 운용에 대해 언급해 봄으로써 취업규칙을 통한 경영노무관리의 합리화에 보탬이 되고자 한다.

취업규칙에 정한 기준에 미달되는 근로조건을 정한 근로계약은 그 부분에 관하여는 무효로 한다. 이 경우에 있어서 무효로 된 부분은 취업규칙에 정한 기준에 의한다.

표 11-1 근로계약과 민법상 고용계약과의 차이

항목 \ 구분	근로계약	고용계약
조 목	근거법 제17조	민법 제655조
원 리	계약자유의 원칙 수정	계약자유의 원칙
성 질	채권적 쌍무계약을 전제로 한 종속노동 관계	채권적 쌍무계약
계약기간	1년(법 제21조)	3년(민법 제659조)
해지(해고)의 효력 발생시기	30일 전 예고 또는 30분 이상의 해고수당(법 제27조의 2)	① 기간의 정함이 있으면 해지 후 3일(민법 제659조) ② 기간의 약정이 없으면 해지 후 1월(민법 제660조) ③ 부득이 한 사유가 있으면 즉시 해지 가능(민법 제661조)

제2절 취업규칙의 작성과 신고

1. 취업규칙의 작성

근로기준법 제93조는 10인 이상 기업에서는 취업규칙을 작성토록 강제하고 있으며, 비록 법령으로 강제하지 않는다 하더라도 회사운영상의 필요에 의해서도 취업규칙은 작성 운용되어야 한다. 또한 취업규칙이 기왕에 있는 사업장이라 하더라도 기업환경의 변화와 노사관계관행이 변화해 가고, 법 또는 대폭 개정된 현 시점에서 현실에 맞게 개정하여 사업장 관리의 합리화를 추구해야 할 것이다.

노사관계의 발전과정상, 근로조건에 관한 문제는 점차 단체협약에로 그 기능이 이전되고 있지만(소기업의 경우에는 지역 노조 출현 등으로), 경영권의 핵심인 채용, 상벌, 해고 등 복무규율에 관한 사항을 명확히 하여 노사간에 불필요한 갈등을 줄일 수 있도록 취업규칙을 재점검할 필요가 있다.

2. 작 성

우리나라의 취업규칙은 ① 법률에 의하여 ② 사용자가 일방적으로 단독 작성하는 방식을 취하고 있다.

① 근로기준법 제93조에 의하면 상시 10인 이상의 근로자를 사용하는 사용자는 같은 조 제1호부터 12호까지의 사항에 관하여 취업규칙을 작성하여 고용노동부장관에게 신고토록 되어 있고, 동법 제14조①은 취업규칙을 각 사업장에 게시 또는 비치하여 근로자에게 주지시키도록 되어 있다. 이와 같이 사용자에게 법정된 기재사항에 관한 취업규칙의 작성·신고 및 주지의무를 지우고 있는 것은 취업규칙에 대하여 법적 효력을 부여하는 대신에 행정적 감독을 철저히 하고 근로자들이 그 내용을 명확히 알 수 있게 함으로써 근로자를 보호하려는 취지에서 비롯된 것이라고 할 수 있다.

② 그러나 근로기준법을 보면 근로조건에 관한 규정은 구체적 기준을 명기하고 있으나, 채용·상벌·해고 등의 복무규율에 관하여는 선언적이고 막연한 내용으로 되어 있다.

그림 11-1 취업규칙신고서 작성실습

<table>
<tr><td colspan="3" rowspan="2">취업규칙 □ 신고서
□ 변경신고</td><td>처리기간</td></tr>
<tr><td>즉시</td></tr>
<tr><td>상호 및 명칭</td><td colspan="3"></td></tr>
<tr><td>대표자 성명</td><td></td><td>주민등록번호</td><td></td></tr>
<tr><td>소재지</td><td colspan="3"></td></tr>
<tr><td>사업의 종류</td><td colspan="3"></td></tr>
<tr><td>의견청취일</td><td colspan="3"></td></tr>
<tr><td colspan="4">근로기준법 제94조(제95조)에 의거하여 위와 같이 신고합니다.

20 . . .

신고인 인

지방노동청장 귀하</td></tr>
<tr><td colspan="4">구비서류 : 취업규칙(변경사항)</td></tr>
</table>

예를 들어, 정당한 사유없이 해고는 금지되어 있지만, 정당한 사유에 대한 규정은 없으며, 징계위원회의 구성과 징계사유, 벌칙의 경중에 대하여는 구체적 언급이 없으므로 사용자는 경영권의 행사를 어떤 기준으로 할 것인가를 결정하여 명백히 하여 둘 필요가 있는 것이다.

취업규칙의 작성은 사업장 단위로 근로조건의 결정권을 가진 사용자가 법 제93조가 규정한 필요적 기재사항에 대해 전부 그 내용을 작성하는 것을 말한다. 필요적 기재사항 중 일부에 관하여 개별적 근로계약이나 단체협약, 또는 별도로 정할 경우라도 반드시 취업규칙 본문에 포함시키거나 별도규정으로 정하였음을 명시하여야 한다. 이러한 경우 취업규칙을 신고함에 있어 별도 규정된 단체협약 등을 첨부하여야 한다. 또한 같은 사업장에 근로조건이 다를 수밖에 없는 근로자가 혼재하여 있다면 취업규칙을 따로 만들 수는 없으나 이 모두를 합한 것이 법 제93조의 취업규칙이 되는 것이다.

3. 작성상의 유의점

취업규칙 작성시 유의할 점은 다음과 같다.

① 취업규칙규정 중 노동관계법(근로기준법, 남녀고용평등법 등)에 저촉되는 부분은 없는가-결혼퇴직규정 등

② 취업규칙은 당해 사업장의 근로실태를 적절히 반영하고 있는가-소정 근로시간 규정, 교대제 근로조건 명시 등

③ 근로시간 적용 제외자의 범위는 명시되어 있는가-감시 단속적 근로자, 기밀취급·관리의 지위에 있는 자의 범위

④ 채용 제한 및 해고의 사유는 명시되어 있는가

⑤ 징계절차는 합리적으로 규정되어 있는가-징계위원회 구성, 징벌의 경중 등

⑥ 휴직사유 및 휴직시의 임금지급관계는 명시되어 있는가

⑦ 휴가제도는 적절히 운용되고 있는가-하계휴가의 연차휴가일수에의 산입 여부 등

⑧ 취업규칙의 적용대상은 명확히 규정되어 있는가

⑨ 상여금의 지급기준과 지급률, 발생요건이 명시되어 있는가

⑩ 퇴직금의 법정제, 누진제 선택시 경영에 미칠 영향 분석

⑪ 채용시 신원보증의 절차와 보증한도

⑫ 기타 당해 사업장 특유의 근로조건을 고려하여 작성하여야 한다.

4. 필요적 기재사항

구체적으로 법 제93조에 규정된 필요적 기재사항별로 살펴보면 다음과 같다.

① 시업, 종업의 시각, 휴게시간, 휴일, 휴가 및 교대근무에 관한 사항: "시업과 종업의 시각"이 일근무제, 교대근무제 등의 근로형태이거나 직종별로 다를 경우에는 각각의 근로형태 또는 직종별로 규정해 두어야 한다. "휴게시간"은 구체적으로 몇 시부터 몇 시까지 전 종업원에게 일률적으로 줄 것인지 여부도 규정하여야 한다. "휴일"에 대하여는 연월차 휴가 산정대상기간 등을 자세히 규정하고 임의휴가, 경조휴가에 대하여는 동종의 타사와 비교하여 적절히 정하도록 한다.

② 임금의 결정·계산과 지급방법, 임금의 산정기간·지급시기 및 승급에 관한 사항: "임금"에 관한 모든 것, 즉 임금 결정요소의 평가방법, 산정방법, 지급방법 등을 구체적으로 규정한다.

③ 가족수당의 계산과 지급방법에 관한 사항

④ 퇴직에 관한 사항: 통상적으로 퇴직에는 임의퇴직, 계약기간 만료에 의한 퇴직, 휴직기간 만료로 인한 퇴직, 정년퇴직, 해고 등 근로계약이 종료되는 모든 경우가 다 포함되므로 각 퇴직사유를 명기하여야 한다.

⑤ 퇴직금, 상여 및 최저임금에 관한 사항: 퇴직금의 지급기준, 상여금의 지급사유 등을 명확히 하여야 한다.

⑥ 근로자의 식비, 작업용품 등 부담에 관한 사항

⑦ 근로자를 위한 교육시설에 관한 사항

⑧ 안전과 보건에 관한 사항: 안전과 보건에 관한 사용자의 의무와 사용자

의 조치에 대한 근로자의 복종의무를 규정하여야 한다.

⑨ 업무상과 업무 외의 재해부조에 관한 사항

⑩ 표창과 제재에 관한 사항: "표창"은 경영능률을 증진시키기 위한 적극적 조치이므로 특별히 문제될 것이 없으나 "제재"에 관하여는 그것이 근로자의 신분이나 임금 등에 불이익한 영향을 미치기 때문에 객관적이고 타당한 제재사유를 자세히 규정해 두어야 하며, 징계권의 남용이 되지 않도록 유의하여야 한다.

⑪ 기타 당해 사업 또는 사업장의 근로자 전체에 적용될 사항: "근로자 전체에 적용될 사항"이라 함은 현재 적용되고 있는 사항뿐 아니라, 적용될 가능성이 있는 사항을 포함한다. 예를 들어 여비규정, 일숙직 등 당직 규정 등은 취업규칙에 명시함이 좋다.

⑫ 그 밖에 해당사업 또는 사업장의 근로자 전체에 적용되는 사항 등이다.

5. 신 고

법 제93조에 의하여 작성된 취업규칙은 노동조합이 있으면 그 노동조합, 노동조합이 없으면 근로자 과반수의 의견을 첨부하여 고용노동부장관에게 신고하여야 한다.

① 의견의 청취

취업규칙의 작성에 있어 노동조합이나 근로자 과반수의 의견을 들어야 한다는 것은 근로자의 동의를 얻거나 협의를 하여야 한다는 것은 아니다. 그러므로 신고시에 첨부하는 의견서에 근로자의 반대의견이 있어도 무방하며 다만, 근로자의 의견서만 첨부되면 족한 것이다.

② 신 고

신고하지 않은 취업규칙의 효력에 관해서는 법의 절차에 따라 신고하지 않은 취업규칙은 효력이 없다는 견해도 있으나, 사용자에 대한 신고의무의 규정은 행정감독상의 편의를 위한 단속규정 내지 절차규정에 불과하므로 다른 요건을 구비하는 한 취업규칙의 효력은 유효하다고 생각된다.

제3절 취업규칙상의 징계와 규제

법 제23조 제1항은 사용자는 정당한 이유없이 해고, 휴직, 정직, 감봉 기타 징벌을 하지 못한다고 규정하여 징계권의 행사에 있어 정당한 사유가 있는 것을 규정하고 있다. 정당한 사유가 취업규칙에 정한 사유라 할지라도 전부가 다 정당한 것은 아니고 객관적이고 타당하여 사회통념상 형평의 원칙에 맞아야 한다.

법 제28조는 부당한 징계에 대한 노동위원회에 구제 신청할 수 있게 하였으므로 징계사유와 징계종류, 그 경중에 있어 재검토가 필요하다고 본다. 또, 징계의 내용에 있어서는 제재규정의 제한규정(법 제95조)을 두고 있다. 감급의 제재란 직장규율위반 혹은 업무상 사고에 대한 제재로서 근로자가 당연히 받아야 할 임금 중에서 일정액을 감액하는 것을 말하며, 위 규정은 감급의 최고한도를 정한 규정인 것이다.

그러므로 종전의 직무에 그대로 종사케 하면서 장기간 감봉처분을 하는 경우에는 감급제재에 해당하고, 감봉된 임금액의 총액이 1회의 사안에 대하여 평균임금 1일분의 반액, 수회의 사안에 대하여 1임금지급기의 10분의 1을 초과하지 못한다는 제한을 받게 된다.

징계 중의 하나인 출근정지에 대하여는 출근정지 자체가 근로자의 근로제공을 거절하는 것이므로, 출근정지 중의 임금을 지급받지 못하는 것은 당연하며 감급제재의 제한에 구애받지 아니한다.

제4절 취업규칙의 효력

취업규칙의 효력은 시간적으로 언제 성립하여 언제부터 효력이 발생하는가 하는 시간적 효력, 어디에서 유효하게 적용되는가 하는 장소적 효력, 누구에게 적용되는가 하는 인적 효력 문제로 구분해 볼 수 있겠다. 시간적 효력은 일반적으로 취업규칙에 그 시행일이 정해져 있지 않은 경우에는 확정된 취업규칙의 주지의무를 다한 때로부터 성립한다는 견해가 타당한 것으로 생각된다. 그리고 취업규칙은 원칙적으로 그 효력이 발생한 때로부터 장래에 향하여만 효력이 생기며, 예외적으로 근로자에게 유리한 규정에 대해서는 소급적용을 인정할 수 있겠다. 장소적 효력은 취업규칙의 작성은 사업장별 작성이 원칙이므로 당해 사업장 내지는 출장 중인 경우와 같이 그 연장으로서의 작업장에 대하여만 효력을 갖는다고 볼 수 있다. 그러므로 취업규칙에 규정을 두더라도 기숙사 규정은 따로 만들어야 한다. 취업규칙의 인적효력에 관하여는 적용범위를 규정하는 것이 통례이나, 그러한 규정이 없는 경우는 직종을 불문하고 당해 사업장에서 사용되는 근로자 전원에게 적용되다. 만약, 임시공, Part Time 근로자 등 근로조건이 다를 수밖에 없는 직종이 있다면 그에 관한 취업규칙을 따로 만드는 것이 바람직하다.

사례 1

콜라와 커피

“코카콜라 경쟁상대는 다른 음료수가 아니라 물이다. 음료수 시장에서 40%를 차지하고 있지만 전체 생수시장을 놓고 봤을 땐 3%밖에 되지 않는다. 우린 한참 멀었다.” 1981~1997년 코카콜라를 이끌었던 로베르토 고이수에타 회장이 남긴 유명한 말이다. 코카콜라는 이 시기부터 탄산음료 카테고리에서 벗어나 ‘마시는 것’으로 영역을 재설정하며 성장을 거듭해왔다. 투자 귀재 워런 버핏이 최고로 꼽는 기업 중 하나로 2017년 현재 브랜드 가치가 564억 달러(약 61조원)에 달한다. 음료시장의 황제 코카콜라가 커피시장에 도전장을 내밀어 이목이 쏠리고 있다. 코카콜라는 최근 영국 위트브래드로부터 세계 2위 커피전문점 ‘코스타’를 39억 파운드(약 5조6,500억원)에 인수하기로 합의해 음료업계를 깜짝 놀라게 했다.

코카콜라의 변신은 건강에 대한 관심이 높아지면서 설탕이 많이 들어간 탄산음료 수요가 줄어들고 있는 것과 무관하지 않다. 탄산음료는 비만과 당뇨의 주범으로 낙인찍히면서 학교 자판기에서 퇴출되고 있다. ‘설탕과의 전쟁’ 불똥을 맞은 코카콜라는 올해 초 설탕이 첨가되지 않은 ‘제로 슈거’ 신제품을 출시하며 변화를 모색해왔다. 지난 5월에는 132년 무알코올 음료 전통을 깨고 일본 규슈 지역에서 레몬맛을 가미한 저알코올 음료 ‘레몬도’를 내놓기도 했다.

소비자들 선호가 콜라에서 커피로 급속도로 바뀌고 있는 것도 탄산음료만 고집하던 코카콜라가 커피 시장에 뛰어든 이유다. 시장조사 업체 민텔의 글로벌 음료 애널리스트인 조니 포시는 “20년 전 사람들은 아침에는 커피를, 오후에는 콜라를 마셨다. 요즘 소비자들은 아침에 뜨거운 커피를 마시고 오후에는 찬 커피를 마시는 경향이 있다”고 분석했다. 이런 트렌드는 미국에서 시작됐고 유럽, 아시아, 중동, 라틴아메리카로 번지고 있는 추세다. 성장 한계에 봉착한 코카콜라가 소비자들 입맛을 좇아 돌파구 마련에 나선 것으로 볼 수 있다. 커피체인점은 지난 1년간 인수·합병이 가장 많이 이뤄진 뜨거운 시장이다. 파이낸셜타임스는 “39억 파운드의 제휴가 성사되면 세계 최대 음료 회사(코카콜라)는 커피 강자 스타벅스·네슬레와 전쟁을 벌이게 될 것”이라고 전망했다. 차가운 음료시장의 강자 코카콜라가 뜨거운 커피시장에서도 펄펄 날 수 있을지 궁금하다.

결국 글로벌 음료업체 코카콜라가 세계 2위 커피전문점인 코스타 커피를 인수할 수밖에 없는 이유가 여기에 있다. 2018년 8월 31일(현지시간) 영국 BBC 방송에 따르면 코카콜라는 위트브레드와 39억 파운드(한화 약 5조6,500억원)에 코스타 커피를 인수하는 내용의 계약을 체결했다. 위트브레드는 코스타 커피 외에도 호텔체인인 프리미어 인, TGI 프라이데이스, 피자헛 등의 브랜드를 보유하고 있다. 앞서 위트브레드는 지난 1995년 창업주인 세르지 코스타와 브루노 코스타로부터 1,900만 파운드(약 275억원)에 코스타 커피를 인수했다. 당시 코스타 커피의 매장은 39개에 불과했지만 현재는 영국 내 2,400개, 기타 31개국에 1,400개 매장을 가진 영국 최대이자 스타벅스에 이은 세계 2위 커피전문점으로 성장했다. 당초 위트브레드는 코스타 커피를 분사한 뒤 상장할 예정이었으나 코카콜라로부터 매력적인 제안이 오자 매각을 결정했다. 앨리슨 브리타인 위트브레드 최고경영자(CEO)는 “코카콜라는 그들의 제품군에 커피가 없어서 이를 추가하기를 원했다"면서 "코카콜라가 제시한 가격은 코스타 커피를 분사한 뒤 상장하는 것보다 훨씬 높은 수준이었다"고 설명했다. 브리타인은 코스타 커피를 매각한 데 따른 수익을 프리미어 인 체인 확대, 주주가치 제고, 부채 상환 등에 사용할 예정이라고 밝혔다. 이번 매각은 위트브레드 주주, 반독점당국 등의 승인을 거쳐야 하며, 내년 상반기쯤 마무리될 것으로 예상된다고 BBC는 전망했다.

111년 만에 폭염의 역사를 다시 쓴 올해 여름은 커피를 비롯한 음료 시장엔 오히려 선물 같은 시간이 됐다. 음료 구매가 늘면서 업계는 호황을 누리고 있으며, 각 업체는 이러한 분위기를 이어가기 위해 다양한 전략을 구상 중이다. 커피 중에서도 깊은 풍미와 함께 깔끔한 맛으로 대표되는 '콜드브루(Cold brew)'의 인기가 유독 거셌다. 콜드브루라는 명칭은 말 그대로 차가운 물로 커피액을 추출하는 방식으로 인해 붙여진 이름이다. 커피액을 한 방울씩 추출하는 기법을 쓰다 보니, 추출 시간도 오래 걸린다. 이 때문에 콜드브루는 '천사의 눈물'이라는 별명도 갖고 있다. 일본에서 유행하던 콜드브루는 최근 몇 년 사이 국내 커피 애호가들을 중심으로 인기를 끌면서 빠르게 대중화되고 있다. 지난해 보해양조가 콜드브루와 소주를 결합한 '딸국다방'이라는 콜라보 상품을 출시한 사례는 콜드브루의 인기를 보여주고 있다. 보해양조 관계자는 "연간 1인당 커피 소비량이 400잔이 넘을 정도로 커피를 사랑하는 한국인의 기호를 반영해 이색 제품을 출시하게 됐다"며 "'딸꾹다방'이라는 제품명 또한 최근 20대들에게 높은 인기를 끄는 인디 밴드들의 네이밍처럼 독특한 한글 명사 조합으로 직관적인 것을 좋아하는 젊은층에게 어필하고자 했다"고 설명했다.

스타벅스코리아는 지난 2016년 국내에 처음 콜드브루를 선보인 이후 매년 색다른 제품을 선보이고 있다. 스타벅스의 콜드브루 제품군은 올해 6월 기준 누적 판매량이 2,000만 잔을 넘어서며 베스트셀러 상품으로 자리를 잡았다. 지난해에는 총 1,130만 잔이 판매되며, 아메리카노와 라테에 이어 판매량 3위에 올랐다. 올해 (1~7월) 콜드브루 판매량도 전년 동기 대비 26%가 늘었다. 올해 단연 돋보인 제품은 '콜드 폼 콜드브루'다. 이 제품은 지난 4월 여름 프로모션 시작과 함께 3주 만에 50만 잔 판매라는 기록을 세우면서 올해 콜드브루 인기의 신호탄을 쐈다. 콜드 폼 콜드브루는 달콤한 크림을 얹은 비엔나 커피와 외형적으로 비슷하다. 콜드브루 커피 위에 얹혀지는 콜드 폼은 휘핑크림 대신 무지방 우유를 사용해 칼로리 부담이 적으면서도 부드러운 풍미를 담고 있다. 스타벅스는 콜드브루 인기에 힘입어 관련 제품 개발에 박차를 가하는 중이다. 스타벅스는 현재 '콜드 폼 콜드브루' '콜드브루', '바닐라 크림 콜드브루', '나이트로 콜드브루', '나이트로 쇼콜라', '나이트로 쇼콜라 클라우드', '밀크 카라멜 콜드브루 프라푸치노' 등 총 7종의 콜드 브루 커피를 판매하고 있다. 이 중 콜드 폼 콜드브루를 비롯해 나이트로 쇼콜라, 나이트로 쇼콜라 클라우드, 밀크 카라멜 콜드브루 프라푸치노는 올해 처음 선보인 제품으로 기존의 심플한 맛에 초콜릿과 견과류 등의 풍미를 더하면서 차별화했다.

여름 한정제품으로 나온 '밀크 카라멜 콜드브루 프라푸치노'는 향후 상시 판매 메뉴로 전환될지 눈여겨볼 만하다. 지난해 여름 시즌 프로모션 음료로 출시된 '바닐라 크림 콜드브루'는 고객들의 요청에 의해 상시 메뉴로 전환된 바 있다. 콜드브루에 질소(Nitro, 니트로)를 주입한 후 전용 머신 탭으로 뽑아서 제공하는 스타벅스 '나이트로 콜드브루'는 원래 105개 매장에서만 판매됐지만 찾는 고객들이 늘면서 올해 '나이트로 쇼콜라'와 '나이트로 쇼콜라 클라우드'로 출시됐다. 스타벅스 박현숙 카테고리 총괄 부장은 "아메리카노나 라테와는 색다른 매력이 있는 콜드브루 커피를 찾는 고객들이 꾸준히 늘고 있다"며 "트렌드 및 고객 선호도를 반영한 콜드브루 커피를 개발해 스타벅스만의 색깔이 담긴 콜드브루를 지속적으로 제공할 예정"이라고 밝혔다.

지난해 니트로 콜드브루로 인기를 끈 투썸플레이스는 올해 '칵테일형 콜드브루'라는 새로운 트렌드로 시장을 이끌고 있다. '칵테일형 콜드브루'는 코코넛, 귀리우유 등을 활용해 이국적 풍미를 한껏 느낄 수 있는 '콜드브루 베리에이션 3종'이 대표적이다. 진하고 깊은 풍미의 콜드브루 커피에 다양한 재료를 섞어 맛과 형태에 변화를 준 것으로, 화려한 비주얼을 뽐낸다. 다양한 색감으로 외관이 화려하다 보니 칵테일을 연상시키기도 한다. 대표 제품인 '콜드브루 오트 라떼'는 슈퍼푸드인 귀리로 만든 우유를 사용해 차별화했다. 스웨덴산 귀리 우유와 콜드브루가 조화롭게 어울려, 커피의 깊은 향과 건강한 단맛을 동시에 즐길 수 있다. '코코넛 콜드브루 프라페'는 코코넛을 넣어 달콤하고 이국적인 맛을 강조했다. '오렌지 니트로 콜드브루'는 상큼한 오렌지 주스에 질소 커피를 넣은 음료다. 밝은 주황색과 검정색의 대비가 눈길을 사로잡으며 소셜네트워크서비스(SNS) 인증샷 제품으로 인기를 끌고 있다.

투썸플레이스 관계자는 "콜드브루 시장이 확대되면서 세분화된 고객 취향을 공략하기 위해 색다른 제품을 출시했다"며 "지난해 6~8월에는 아이스 아메리카노 다음으로 판매량이 높았는데 올해도 역시 고객들의 반응이 좋다"고 설명했다. 더블 브루도 이색적이다. 이 제품은 진한 에스프레소와 부드러운 콜드브루가 합쳐진 것으로 깊은 풍미와 향은 물론, 깨끗한 맛으로 인기를 끌고 있다. 서로 다른 매력을 가진 커피가 만나 다채로운 맛은 물론 세련된 균형감까지 더했다. 더블 브루가 인기를 끌자 디저트로 함께 페어링하기 좋은 '크림슈'도 덩달아 인기를 끌고 있다. 김태리를 내세운 TV광고 공개와 동시에 출시한 크림슈는 출시 한 달 만에 판매량이 17만 개를 넘으며 커피와 함께 먹는 '페어링(Pairing)' 제품으로 자리를 잡았다. 투썸플레이스 관계자는 "커피와 디저트를 같이 즐기는 유러피안 페어링(European Pairing) 문화 확산을 위해 '크렘슈&더블브루' 마케팅을 더욱 강화할 것"이라고 전했다.

이디야커피도 콜드브루의 특수를 누리고 있다. 세계적인 바리스타 데일 해리스와 손잡고 공동 개발한 니트로커피는 지난 6월 100만 잔이라는 판매 기록을 세웠다. 이디야커피는 올해 4월 WBC(월드바리스타챔피언십) 우승자인 데일 해리스와 공동 개발한 '니트로 스위트' '콜드브루 라떼' '콜드브루 화이트비엔나' 등 니트로군 신제품 3종을 출시했다. 출시 이후 하루 평균 1만3,000잔 이상이 팔렸으며, 2개월 만에 100만 잔 판매를 훌쩍 넘었다. 이는 지난해 니트로 커피제품의 판매 추이를 훨씬 상회하는 수준이다. 실제 올해 새로 출시된 '니트로 커피'의 5~6월 판매량은 지난해 동기 대비 50% 증가했다. 니트로 커피의 기반인 콜드브루의 저변 확대와 함께 다양한 제품 출시로 소비자들의 선택권을 넓힌 것이 주효했던 것으로 분석된다.

니트로 커피의 대중화에 성공한 이디야커피는 데일 해리스가 메뉴 개발에 본격적으로 투입되면서 메뉴의 다양화는 물론, 품질 향상에도 큰 기대를 거는 분위기다. 이디야커피는 니트로커피와 콜드브루 커피군을 새로운 메뉴 카테고리로 정착시켜 매출 향상의 동력으로 삼아 나간다는 전략이다. 문창기 이디야커피 회장은 "니트로와 콜드브루 커피는 전 세계가 주목하는 차세대 커피로써 이미 국내 소비자에게도 인기를 끌며 그 가능성을 인정받았다"며 "이디야커피는 국내 대표 토종커피로써 WBC 우승자인 데일 해리스와 함께 국내 소비자들의 높아진 수준에 맞춰 최고 품질의 신메뉴를 꾸준히 개발해 나갈 것"이라고 강조했다.

코카콜라도 콜드브루 시장에 도전장을 던졌다. 코카콜라사의 RTD(Ready To Drink·즉석 음용) 커피 브랜드 조지아는 올해 4월 '조지아 고티카 콜드브루'를 출시한 이후 꾸준한 호평을 얻고 있다. '좋은 커피의 향이 좋은 커피의 맛을 만든다'는 철학을 바탕으로 한국 소비자 입맛 공략에 나선 것이다. 조지아 고티카 콜드브루는 10기압 고강도 추출 과정을 통해 커피의 깊은 향과 맛을 느낄 수 있는 제품으로, 아메리카노·스위트 아메리카노·카페라테 3종으로 구성되어 있다. 이 제품은 커피의 깊은 아로마를 즐기고자 하는 소비자들의 니즈를 반영해, 기존 콜드브루의 장점인 깔끔함을 유지하면서도 동시에 묵직한 향을 담았다. 조지아 고티카 콜드브루는 국내 처음으로 알루미늄 재질의 슬림 용기를 커피 시장에 도입해 스타일리시함을 강조했다. 기존 코카콜라 알루미늄 컨투어 보틀의 노하우를 캔 커피 시장에 적용한 것이다. 또한 크라프트지 느낌을 살린 디자인과 시원함을 연상시키는 파란 컬러가 만나 고급스런 디자인을 완성했다.

롯데칠성음료의 '칸타타 콘트라베이스'도 성적이 좋다. 무엇보다 500㎖라는 대용량으로 차별화에 성공했다. 롯데칠성음료는 지난 4월에 선보인 RTD 커피 '칸타타 콘트라베이스 콜드브루'가 출시 3개월 만에 300만 개가 팔리며 선풍적인 인기를 끌자, 지난 7월 '칸타타 콘트라베이스 콜드브루 라떼'를 후속 제품으로 내놨다. 칸타타 콘트라베이스 콜드브루는 최근 1인당 커피 소비량 증가 및 가성비를 따지는 실속형 소비 트렌드에 맞춰 출시한 제품이다. 롯데칠성음료는 "지난 4월말 출시한 '칸타타 콘트라베이스 콜드브루' 제품의 반응이 뜨겁다"며 "대용량 RTD커피 시장의 붐업을 조성하기 위해 라테 제품을 추가로 출시했다"고 설명했다. 칸타타 콘트라베이스 콜드브루 라테는 찬물 또는 상온의 물로 천천히 커피를 추출하는 콜드브루 방식으로 제조됐다. 우유가 함유되어 부드럽고 깊은 풍미를 느낄 수 있다. 기존 칸타타 라테 제품과 비교해 당 함량이 적은 점도 강점이다. 또 최근 강화된 재활용 기준에 맞춰 에코 패키징을 도입한 점도 눈길을 끈다. 일단 색깔이 없는 무색 페트병을 사용했다. 여기에 점선 모양의 이중 절취선인 '에코 절취선 라벨'을 적용해 라벨을 쉽게 제거할 수 있도록 했다. 이후 소비자들로부터 '착한 패키징'이라는 호응을 얻으며 커피 못지않게 주목을 받는 계기가 됐다.

커피전문기업 루왁코리아의 '카페 리토 콜드브루 니트로 크레마 커피'도 마니아층을 형성하고 있다. 자체 추출한 콜드브루 커피에 고압의 질소를 주입한 캔 커피로, 질소 주입으로 생기는 미세하고 고운 거품이 마치 생맥주 같은 느낌이다. 질소가 액체에 닿았을 때 일어나는 '서징효과(Surging effect, 폭포수효과)로 자연스럽게 만들어지는 거품은 콜드브루의 묵직하고 살짝 거친 맛을 차분하게 가라앉히는 역할을 한다. 또한 거품이 물결 모양으로 흘러내리듯 가라앉는 캐스캐이딩(Cascading) 현상은 니트로 커피를 마시는 색다른 즐거움을 선사한다.

〈매일경제신문, 2018.9.4.〉

제5절 중요한 부수적인 취업규칙의 작성

1. 파트타임사원 취업규칙의 작성

(1) 규칙의 취지

파트타임 근로자를 고용하고 있는 기업이 많다. 파트타임 근로자도 「근로자」이며 근로기준법이 적용된다. 따라서 기업으로서는 취업규칙을 따로 작성하여 적용하도록 하여야 한다. 이 경우 정규사원의 취업규칙을 파트타임 근로자에게도 적용하고 있는 기업이 많다. 이와 같이 대응하여도 법률상 특별한 문제는 없으나 파트타임 근로자는 ① 고용기간이 한정되어 있다. ② 1일의 근로시간이 짧다. ③ 1주의 근로일수가 적다. ④ 임금은 시간급이다. ⑤ 가족수당, 주택수당 등이 지급되지 않는다는 등 고용조건, 근로조건의 여러 가지 면에서 정규사원과 다르다. 그러므로 정규사원의 취업규칙을 파트타임 근로자에게 적용하는 것은 일반적으로 보아 상당히 무리가 있다. 역시 파트타임 근로자에 대하여는 전용의 취업규칙을 작성하여 그것을 적용하는 것이 좋다.

(2) 규칙의 내용

① 고용기간

파트타임 근로자의 고용은 미리 기간을 정하여 고용하는 방법과 기간을 정하지 않고 고용하는 방법이 있다. 고용기간을 정하여 고용할 때에는 고용기간은 1년이 최장이다. 2년이나 3년의 고용기간을 정하여 고용하는 것은 근로기준법위반이다.

② 근로시간

파트타임의 경우는 사람에 따라 근로시간이 다른 경우가 많다. 그러므로 「근로시간은 1일 8시간의 범위 내에서 개개의 고용계약에 의하여 정한다」고 규정하는 것이 현실적이다.

③ 휴게시간

휴게시간에 대하여 근로기준법은 근로시간은 ① 4시간의 경우에는 30분, ② 8시간의 경우에는 1시간 이상의 휴게시간을 주도록 규정하고 있다. 이 규정은 파트타임 근로자에게도 적용된다.

④ 지각, 결근 등의 신고

파트타임의 경우 지각, 조퇴, 결근 등이 상당히 많다고 한다. 지각, 조퇴, 결근 등이 있으면 생산이나 판매활동에 지장을 주게 된다. 그러므로 지각, 조퇴, 결근할 때에는 미리 상사에 신고하도록 취업규칙에 명시한다.

⑤ 연차유급휴가

근로기준법은 1년간 8할 이상 출근한 근로자에게 15일의 유급휴가를 주어야 하며, 1년 미만인 경우에는 1개월 개근시 1일의 유급휴가를 준다. 그러나 근로자의 최초 1년간의 근로에 대하여 유급휴가를 주는 경우에는 위의 휴가를 포함하여 15일로 하고 월휴가를 이미 사용한 경우에는 15일에서 공제한다. 이 규정은 파트타임 근로자에게도 적용된다.

⑥ 임 금

정규사원의 임금형태는 월급제가 일반적이지만 파트타임의 경우는 시간급으로 하는 것이 일반적이다. 취업규칙에 이를 명확히 하여 둔다. ① 시간급을 어떻게 정할 것인가, ② 임금의 계산방법은 어떻게 할 것인가, ③ 언제 임금을 지불할 것인가, ④ 지불방법은 어떻게 할 것인가 등을 기재하여야 한다.

⑦ 수 당

파트타임 근로자에게 수당을 지급할 것인가 하는 것은 기업의 자유이다. 지급할 때에는 수당의 명칭과 지급기준을 명기한다. 지급하고 있는 사례가 많은 것은 통근수당, 개근수당, 식사수당 등이다.

2. 촉탁사원 취업규칙의 작성

(1) 규칙의 취지

정년퇴직자 등의 중·고령자를 정규사원과 다른 신분으로 고용하는 제도를 일반으로 「촉탁사원 제도」라고 한다. 촉탁사원은 근로조건 면에서도 정규사원과 다르다. 그러므로 경영상의 필요에서 촉탁사원을 상시고용하고 있는 기업에서는 촉탁사원의 복무규율과 근로조건을 「촉탁사원취업규칙」으로 규정하는 것이 좋다.

(2) 규칙의 내용

① 고용기간

촉탁사원의 고용에 대하여는 미리 6개월이나 1년이라는 기간을 정하여 고용한다. 특히 고용기간을 정하지 않는 등의 두 가지 방법이 있다. 촉탁사원이 중·고령자임을 생각하면, 일정한 기간을 정하여 고용하는 것이 현실적일 것이다. 그리고 필요에 따라 고용계약을 갱신한다.

② 근무시간

근무시간은 1일 8시간 1주 40시간의 범위 내에서 개별로 결정하는 것이 좋다.

③ 임금형태

촉탁사원의 임금의 형태로는 일급월급제, 월급제, 연봉제 등을 생각할 수 있다. 촉탁사원에 통상의 일반적 업무를 담당시킬 때에는 일급월급제 또는 월급제로 하고 고도의 전문적인 업무를 담당시킬 때에는 연봉제로 하는 것이 좋다.

3. 계약사원 취업규칙의 작성

(1) 규칙의 취지

미리 일정한 기한을 한정하여 사원을 고용하는 제도를 계약사원 제도라고 한다. 계약기간이 만료하면 자동적으로 해고가 된다. 계약사원 제도에는 다음과 같은 장점이 있다. 첫째, 업무가 바쁜 때를 맞추어 노동력을 조정할 수 있다. 둘째, 전문적 지식, 기술이 있는 인재를 일시적으로 고용할 수 있다. 셋째, 일시적인 인력부족에 대응할 수 있다.

(2) 규칙의 내용

① 고용기간

계약사원의 고용기간에 대하여는 6개월이나 1년이라는 기간을 정하여 모든 계약사원에 일률로 적용한다든지 아니면 1년의 범위에서 개인별로 정하는 등의 두 가지 방법이 있다. 업무의 내용이나 본인의 희망 등을 참고하여 각 개인별로 고용계약을 정하는 것이 현실적이다. 그리고 필요에 따라 고용계약을 갱신한다.

② 근무시간

근무시간은 1일 8시간, 주40시간의 범위 안에서 개인별로 정하는 것이 좋다.

③ 임금형태

계약사원에 통상의 일반적 업무를 담당시킬 때에는 일급월급제 또는 월급제로 하고 고도의 전문적인 업무를 담당시킬 때에는 연봉제로 한다.

제6절 행정해석 및 주요 판례

1. 복수의 취업규칙

복수의 취업규칙을 작성한 경우 여러 개의 취업규칙을 합한 것이 취업규칙이 된다(2006.8.3, 근로기준팀-3989).

행정해석 하나의 사업 내에 직종, 근로형태 등의 특수성에 따라 근로자 일부에게 적용되는 별도의 취업규칙을 작성하는 것은 가능하나, 이 경우 여러 개의 취업규칙을 합한 것이 근로기준법 제96조(현행 제93조) 소정의 취업규칙이 되는 것이다.

2. 호봉제·연봉제의 취업규칙

호봉제 또는 연봉제 임금체계가 사업(장)의 임금의 결정·계산방식과 관련된 사항이라면 취업규칙의 내용으로 볼 수 있다(2006.5.3, 근로기준팀-2022).

행정해석 근로기준법 제96조(현행 제93조)는 임금의 결정·계산·지급방법 등 임금에 관한 사항을 취업규칙에서 정하도록 하고 있으며, 아울러 '취업규칙'이라 함은 '사업(장)의 전체 근로자에게 적용될 근로조건과 복무규율에 관한 통일적인 준칙'을 말한다고 할 것이므로, 귀 질의 내용상의 '호봉제' 또는 '연봉제' 임금체계가 당해 사업(장)의 임금의 결정·계산방식과 관련된 사항이라면 그와 같은 임금체계는 취업규칙의 내용으로 볼 수 있을 것이며, 이는 과장급에 대해서만 별도로 연봉제를 실시한다고 하여 달리 볼 것은 아니라고 할 것이므로 그 내용은 취업규칙으로 정하여져야 한다.

3. 직무등급과 연봉액을 정한 취업규칙의 효력

인사규정이 직무등급만을 정하는 데 그치지 않고 각 직무등급별 연봉최고액과 연봉최저액을 함께 정하고 있다면 취업규칙으로 볼 수 있다(2006.2.16, 근로기준팀-750).

행정해석 취업규칙이란 당해 사업장에 적용되는 근로조건과 복무규율 등에 관한 통일적인 준칙으로서 이러한 내용을 규정하고 있는 것이라면 그 명칭에 관계 없이 취업규칙으로 볼 수 있다고 할 것인바, 귀 질의서의 「인사규정(또는 직급규정)」이 일정 직위를 담당할 수 있는 직무등급만을 정하는 데 그치지 않고 각 직무등급별 연봉최고액과 연봉최저액을 함께 정하고 있다면 이는 근로조건에 관한 사항을 포함하는 근로기준법상 취업규칙으로 볼 수 있다.

4. 일반정년제와 직급별 임기제의 취업규칙 조항

일반정년제와 직급별 임기제를 함께 시행하더라도 이를 법위반으로 보기는 어렵다(2005.10.31, 근로기준팀-856).

> **행정해석** 근로기준법은 정년에 관하여 별도의 규정을 두고 있지 아니하나, 일반적으로 '정년제'란 당해 사업장의 취업규칙 또는 근로계약에서 정한 연령이 되면 근로자의 재계약 의사 및 근로능력 여하에도 불구하고 근로계약관계를 종료시키는 제도를 의미하며, 이와 같은 정년규정(또는 제도)은 당해 사업장에 있어서 근로자가 제공하는 근로의 성질, 내용, 근무형태 등 제반 여건에 따라 합리적인 기준을 둔다면 같은 사업장 내에서도 직책 또는 직급에 따라 달리 정할 수 있는 것이다. 따라서 직급별로 임기를 정하고 임기만료 이후 연임하지 못하면 퇴직토록 하는 방식의 직급별 임기제(또는 직급정년제)를 시행하거나, 일반정년제와 직급별 임기제를 함께 시행한다 하더라도 이를 반드시 법위반으로 보기는 어렵다 할 것이다.

5. 순환보직에 관한 취업규칙

순환보직에 관한 규정이 근로자의 취업 장소와 종사하여야 할 업무를 변경하는 내용을 포함하고 있다면 취업규칙으로 볼 수 있다(2005.8.9, 근로기준과-4180).

> **행정해석** 취업규칙은 사업장에서 근로자가 지켜야 할 규율 또는 근로조건에 관하여 정한 규정으로 볼 수 있다. 순환보직에 관한 규정이 근로자의 취업 장소와 종사하여야 할 업무를 변경하는 내용을 포함하고 있다면, 근로기준법 제24조(현행 제17조) 및 동법 시행령 제7조(현행 제8조)에서 규정하고 있는 근로조건을 근로자집단에게 통일적으로 적용되도록 규정한 것으로서 취업규칙으로 볼 수 있다고 본다. 한편, 관행적으로 2~3년마다 시행해 온 순환보직을 3년마다 시행하도록 명문화하는 것은 유동적일 수도 있는 순환보직의 시행주기 및 원칙 등이 확정됨으로써 순환보직 시기의 예측가능성이 높아지는 등 반드시 근로자에게 불리하다고 볼 수는 없다고 사료되나, 그러한 규정의 제·개정 절차에 관하여 단체협약 등에 정한 바가 있다면 그에 따르면 될 것이다.

6. 하나의 사업장에 복수의 취업규칙의 효력

근로조건, 근로형태, 작업장소 등에 따라 하나의 사업(장)에 복수의 취업규칙을 작성하는 것도 가능하다(2005.7.26, 근로기준과-3936).

행정해석 근로기준법 제96조(현행 제93조)의 취업규칙이라 함은 취업규칙, 임금규정, 징계규정 등 명칭과 관계없이 사업장에서 근로자가 지켜야 할 복무규율이나 근로조건에 관한 정한 모든 규칙을 말하며, 근로조건, 근로형태, 작업장소 등에 따라 하나의 사업(장)에 복수의 취업규칙을 작성하는 것도 가능하다.

7. 단체협약과 취업규칙상의 징계사유

단체협약상의 규정과 취업규칙 등의 규정이 상호 저촉되는 경우 단체협약 소정의 징계사유에 의하여만 징계할 수 있다(2005.5.26, 대법 2005두1152).

판결요지 단체협약에서 근로자를 해고함에 있어 해고사유 등을 단체협약에 의하도록 명시적으로 규정하고 있거나 동일한 징계사유에 관하여 단체협약상의 규정과 취업규칙 등의 규정이 상호 저촉되는 경우에는, 사용자는 단체협약 소정의 징계사유에 의하여만 근로자를 징계할 수 있다 할 것이다.

8. 노동조합에 통보한 문서와 취업규칙의 효력

사용자가 근로조건에 관하여 노동조합에 통보한 문서의 내용이라도 상당한 기간 동안 시행되어 사실상 노사당사자에게 통일적인 근로조건으로 인식된 경우라면 취업규칙으로 볼 수 있다(2004.11.8, 근로기준과-5987).

행정해석 근로기준법 제96조(현행 제93조)에 규정된 취업규칙이란 사업장의 근로조건이나 복무규율에 관하여 규율하는 통일적인 준칙을 의미한다고 볼 수 있는 바, 귀 질의와 같이 사용자가 월평균 근무일수에 관하여 노동조합과 구두합의한 내용을 문서(운전사원 근로환경 개선방안 통보)로 노동조합에 통보하였다고 하더라도 이것이 곧 당해 사업장의 근로조건에 관한 준칙(취업규칙)이 된 것이라고 보기는 어려울 것이며 또한, 노사당사자가 단체교섭을 통하여 작성하고 서명 날인한 노동조합 및 노동관계조정법의 단체협약이라 볼 수도 없을 것이다. 다만, 사용자가 근로조건에 관하여 노동조합에 통보한 문서의 내용이라도 상당한 기간 동안 시행되어 사실상 노사당사자에게 통일적인 근로조건으로 인식된 경우라면 취업규칙의 내용이 된 것으로 볼 수 있을 것이다.

9. 포괄적인 징계사유 규정의 효력

취업규칙 등에 징계의 사유나 종류 등을 기술함에 있어 세부적인 내용까지 망라하는 것이 어려운 경우 형편에 맞게 포괄적으로 규정할 수도 있다(2004.10.4, 근로기준과-5273).

행정해석 취업규칙이나 단체협약 등에 징계의 사유나 종류 등을 기술함에 있어 세부적인 내용까지(징계양정을 가중하거나 감경할 경우의 적정 처분내용 등을 포함) 망라하는 것이 사실상 용이하지 않거나 적절하지 않을 경우에는 상기의 취지에 어긋나지 않는 범위 내에서 사업(장)의 형편에 맞게 포괄적으로 규정할 수도 있을 것으로 사료되는바, 이때에도 구체적인 전·후 사정에 비추어 징계사유와 징계양형 사이에 형평성이 유지되고 징계내용이 사회상규나 강행법규에 어긋나지 않으며, 그 징계가 객관적으로 볼 때 기업질서를 유지하는 데에 필요하고도 합리적이어야 할 것이다.

10. 취업규칙의 작성 권한자

취업규칙의 작성·변경의 권한은 원칙적으로 사용자에게 있으므로 사용자는 그 의사에 따라 취업규칙을 작성·변경할 수 있다(2004.8.16, 대법 2003두13526).

판결요지 취업규칙의 작성·변경의 권한은 원칙적으로 사용자에게 있으므로 사용자는 그 의사에 따라 취업규칙을 작성·변경할 수 있으나, 취업규칙의 작성·변경이 근로자가 가지고 있는 기득의 권리나 이익을 박탈하여 불이익한 근로조건을 부과하는 내용일 때에는 종전 근로조건 또는 취업규칙의 적용을 받고 있던 근로자의 집단적 의사결정방법에 의한 동의, 즉 당해 사업장에 근로자의 과반수로 조직된 노동조합이 있는 경우에는 노동조합, 근로자의 과반수로 조직된 노동조합이 없는 경우에는 근로자의 과반수의 동의를 요하고, 이러한 동의를 얻지 못한 경우에는 사회통념상 합리성이 있다고 인정되지 않는 한 기득 이익이 침해되는 기존의 근로자에 대하여는 변경된 취업규칙이 적용되지 아니하며, 취업규칙의 변경이 사회통념상 합리성이 있느냐의 여부와 근로자에게 불이익하느냐 여부는 그 변경의 취지와 경위, 해당 사업체의 업무의 성질, 취업규칙 각 규정의 전체적인 체제 등 제반 사정을 종합하여 판단하여야 한다.

11. 취업규칙의 작성의무

상시 10인 미만의 근로자를 사용하는 사용자는 취업규칙의 작성·신고의무가 없다(2003.11.8, 근기 68207-1495).

행정해석 근로기준법 제4조(현행 제5조)는 "근로자와 사용자는 단체협약, 취업규칙과 근로계약을 준수하여야 하며 각자가 성실하게 이행할 의무가 있다"고 규정하고 있는바, 여기서 취업규칙이란 사업장에서 근로자가 지켜야 할 규율 또는 근로조건에 관하여 규정하고 있는 규칙 모두를 일컫는 것이라고 볼 수 있다. 상시 10인 미만의 근로자를 사용하는 사용자는 동법 제96조(현행 제93조)에 의한 취업규칙의 작성·신고의무가 없으나 실제로 취업규칙을 통하여 근로조건의 전부 또는 일부를 규율하고 있고, 그와 같이 취업규칙을 통해 근로조건을 정하는 데 대하여 노사당사자가 합의하였다면 그 취업규칙의 내용은 근로계약의 내용으로 되며, 이 경우 취업규칙의 변경은 근로계약 내용의 변경으로 볼 수 있다고 사료된다. 다만, 취업규칙의 불이익 변경시에는 근로자 과반수 이상으로 조직된 노동조합(과반수노조가 없을 경우 근로자 과반수)의 동의를 얻어야 하고, 그와 같이 동의를 얻은 취업규칙은 달리 정한 바가 없다면 당해 사업(장)의 전체 근로자에게 효력이 있는 것이다. 한편, 취업규칙의 효력과는 별론으로 상시 10인 미만 사업장에 대하여는 동법 제96조(현행 제94조) 및 제97조(현행 제94조) 위반에 대한 벌칙은 적용할 수 없다고 사료된다.

12. 취업규칙의 일부규정의 불합리와 효력

취업규칙의 일부 규정이 다소 불합리하더라도 직접 법령을 위반한 경우가 아니라면 당연무효로 볼 수 없다(2003.7.28, 근기 68207-942).

행정해석 취업규칙은 사용자가 기업경영권에 기하여 사업장에서의 근로자의 복무규율이나 근로조건의 기준을 획일적, 통일적으로 정립하기 위하여 작성한 자체 규범으로 볼 수 있으며, 그 내용이 근로기준법이나 단체협약에 반할 경우에는 그 부분에 한하여 무효가 되고, 무효가 된 부분에 대하여는 근로기준법이나 단체협약의 규정이 적용되는 것이다. 이와 같이 취업규칙은 사업장내의 자체 규범으로 일차적인 해석의 권한은 취업규칙의 작성권한을 가진 사용자나 당해 사업장의 노사당사자에게 있다고 사료되며, 취업규칙의 일부 규정이 다소 불합리하다 하더라도 직접 법령을 위반한 경우 등이 아니라면 이를 당연히 무효로 보거나, 법령으로 취업규칙 일부 규정의 효력에 대하여 결정할 수는 없다고 사료된다.

13. 근로계약의 일률적 작성과 취업규칙

전 근로자의 근로계약서가 일률적으로 작성되고 내용도 근로조건과 복무규율 등에 관한 통일적인 준칙으로 볼 수 있다면 취업규칙으로 볼 수 있다(2002.11.16, 근기 68207-3234).

행정해석 취업규칙이란, 당해 사업장에 적용되는 근로조건과 복무규율 등에 관한 통일적인 준칙으로서 이러한 내용을 규정하고 있는 것이라면 그 명칭에 관계없이 취업규칙으로 볼 수 있다고 사료된다. 그러나 사용자와 개별 근로자 간에 체결된 근로계약서는 원칙적으로 취업규칙으로 볼 수 없으며 다만, 전 근로자의 근로계약서가 일률적으로 작성되고 그 내용도 근로조건과 복무규율 등에 관한 통일적인 준칙으로 볼 수 있는 경우에는 취업규칙으로 볼 수 있을 것으로 사료된다. 이 경우에도 근로계약서의 내용 중 통일적인 준칙으로 규정된 부분만 취업규칙에 해당되며, 근로자별로 달리 정하고 있는 부분은 특별한 사정이 없는 한 취업규칙으로 볼 수 없을 것이다. 따라서 취업규칙에 해당하는 부분에 대해서는 개별 근로계약에 의해 이보다 불리하게 정하더라도 그 부분은 무효이고 그 무효로 된 부분은 취업규칙의 내용으로 될 것이다.

14. 정년제의 해석

정년을 특정 연령으로 정한 경우 이는 만 나이로 해당 연령에 도달하는 때에 정년이 도래하는 것으로 해석하여야 한다(2002.9.27, 대법 2000두4600).

판결요지 일반적으로 회사의 취업규칙이나 단체협약에서 당연 퇴직사유인 정년을 특정 연령으로 정한 경우 이는 만 나이로 해당 연령에 도달하는 때에 정년이 도래하는 것으로 해석하여야 하는바, 원고와 노동조합 간에 체결된 1998.7.12.자 합의는 새로운 단체협약의 성립과 동시에 효력을 상실하여 더 이상 적용될 수 없게 되었다고 보아야 할 것이어서, 원고와 참가인 사이의 근로계약관계는 참가인이 2000.8.23. 1999년도 단체협약 제14조에서 정년으로 정한 만 58세에 도달함으로써 유효하게 종료되었고, 이러한 유효한 근로관계종료를 두고 해고라고 볼 수 없다.

15. 직제의 정원을 규정한 기구·정원표와 취업규칙

직제상의 기구 및 정원을 규정한 기구 및 정원표는 취업규칙으로 보기 어렵다(2002.8.12. 근기 68207-2687).

행정해석 직제상의 기구 및 직급별 정원을 규정한 사항(기구 및 정원표)은 근로조건을 직접 규율하는 내용이 아니고 기업경영 차원에서 근로자들의 적정한 운용과 배치를 위한 기준으로 삼기 위하여 각 부서별·직급별로 배치할 정원의 기준을 정해둔 것에 불과하므로 원칙적으로 사용자의 경영권에 속하고 근로기준법 제96조(현행 제93조)에 의한 취업규칙으로 보기는 어렵다고 사료된다. 다만, 직제변경 방식으로 행해졌더라도 이로 인해 전체적으로 근로자의 직급이 하향 조정되어 임금 등 기존의 근로조건이 직접적으로 저하되는 경우 등과 같이 실질적으로 인사·급여규정 등 취업규칙을 불이익하게 변경하는 것과 같은 것으로 볼 수 있는 경우에는 동법 제97조의 규정에 의한 동의를 얻어야 할 것이다.

16. 기업질서의 규율과 취업규칙

사용자는 근로자의 기업질서 위반행위에 대하여 관련 법령에 반하지 않는 범위 내에서 이를 규율하는 취업규칙을 제정할 수 있다(2000.9.29. 대법 99두10902).

판결요지 (구)근로기준법(1996.12.31 법률 제5245호로 개정 전) 제94조 제10호는 '상시 10인 이상의 근로자를 사용하는 사용자는 근로자의 제재에 관한 사항에 관한 취업규칙을 작성하여 고용노동부장관에게 신고하여야 한다. 이를 변경하는 경우에 있어서도 또한 같다'고 규정하고 있는바, 취업규칙 중 징계사유 내지 해지사유는 이러한 법규정에 해당하는 사항일 뿐만 아니라, 같은 법 제27조 제1항의 정당한 이유 없는 해고 등의 제한에 관련된 법정근로조건에 관한 사항이므로, 이는 취업규칙의 의무적 기재사항이라고 보아야 하고 한편, 기업질서는 기업의 존립과 사업의 원활한 운영을 위하여 필요불가결한 것이고, 따라서 사용자는 이러한 기업질서를 확립하고 유지하는 데 필요하고도 합리적인 것으로 인정되는 한 근로자의 기업질서 위반행위에 대하여 근로기준법 등의 관련 법령에 반하지 않는 범위 내에서 이를 규율하는 취업규칙을 제정할 수 있고, 단체협약에서 규율하고 있는 기업질서 위반행위 외의 근로자의 기업질서에 관련된 비위행위에 대하여 이를 취업규칙에서 해고 등 징계사유로 규정하는 것은 원래 사용자의 권한에 속하는 것이므로, 단체협약에서 근로자 해고에 관하여 그 해고사유 및 해고절차를 단체협약에 의하도록 명시적으로 규정하고 있거나, 동일한 징계사유나 징계절차에 관하여 단체협약상의 규정과 취업규칙 등의 규정이 상호 저촉되는 경우가 아닌 한, 사용자는 취업규칙에서 단체협약에서 정한 해고사유와는 관련이 없는 새로운 해고사유를 정할 수 있고, 그 해고사유에 터잡아 근로자를 해고할 수 있다.

17. 허위경력기재와 경력은폐행위

채용시의 허위경력기재 내지 경력은폐행위를 징계해고사유로 규정한 취업규칙은 유효하다(2000.6.23, 대법 98다54960).

판결요지 근로자의 채용시의 허위경력기재행위 내지 경력은폐행위를 징계해고사유로 규정하는 취업규칙 등은 허위사항의 기재가 작성자의 착오로 인한 것이거나 그 내용이 극히 사소하여 그것을 징계해고사유로 삼는 것이 사회통념상 타당하지 않다는 등의 특별한 사정이 있는 경우까지에도 적용되지 않는 한, 정당한 해고사유를 규정한 것으로 유효하고 이에 따른 징계해고는 정당하다.

18. 징계처분과 징계절차

취업규칙이나 인사규정에 대기발령이 징계처분의 하나로 규정되어 있지 아니한 경우, 징계절차를 거칠 필요는 없다(2000.6.23, 대법 98다54960).

> **판결요지** 취업규칙이나 인사관리규정에 대기발령이 징계처분의 하나로 규정되어 있지 아니한 이상 위 처분을 함에 있어서 해당자에게 변명의 기회를 부여하는 등의 징계절차를 거칠 필요는 없다 할 것이고, 취업규칙에 대기발령을 받고 3개월 이상 경과한 직후까지 복직되지 아니한 자는 해고할 수 있도록 규정하고 있으며, 대기발령사유와 징계사유가 유사하고, 대기발령 처분을 받은 자는 월 급여에서도 불이익을 당한다고 하여 징계처분에 대기발령이 포함되어 있다고 할 수 없다.

19. 이중의 취업규칙의 작성

같은 사업장에서 근로자의 특수성에 따라 근로자 일부에 적용되는 별도의 취업규칙을 작성할 수도 있다(2000.2.25, 대법 98다11628).

> **판결요지** 취업규칙은 같은 사업장에 소속된 모든 근로자에 대하여 일률적으로 적용되어야 하는 것은 아니고, 사용자는 근로자의 근로조건, 근로형태, 직종 등의 특수성에 따라 근로자 일부에 적용되는 별도의 취업규칙을 작성할 수 있다. 이 사건에서 보수규정이 시청료징수원의 적용을 배제하고 직원만을 그의 적용대상으로 하고 있음이 분명하고, 시청료징수원은 직원과 비교하여 직종과 근로형태뿐만 아니라 보수의 내용 및 그 결정방식도 달리하고 있음을 알 수 있으므로, 시청료징수원에게 보수규정상의 퇴직금규정을 적용할 수는 없기에, 피고 공사는 시청료징수원에 대하여는 근로기준법이 정하는 바에 따른 퇴직금지급의무를 진다고 할 것이다.

20. 시용기간의 명시와 시용근로자의 신분

취업규칙상 근로자에 대한 시용기간의 적용을 선택적 사항으로 규정하고 있고, 근로계약에 시용기간이 적용된다고 명시되지 않았다면, 시용근로자가 아닌 정식직원으로 채용된 것이다(1999.11.12, 대법 99다30473).

> **판결요지** 취업규칙에 신규 채용하는 근로자에 대한 시용기간의 적용을 선택적 사항으로 규정하고 있는 경우에는 그 근로자에 대하여 시용기간을 적용할 것인가의 여부를 근로계약에 명시하여야 하고, 만약 근로계약에 시용기간이 적용된다고 명시하지 아니한 경우에는 시용근로자가 아닌 정식사원으로 채용되었다고 보아야 한다.

21. 금고 이상의 형의 선고와 당연면직사유

취업규칙에 당연면직사유로 규정된 '금고 이상의 형을 선고받았을 때'란 '현실적인 근로제공이 불가능한 실형판결을 받은 경우'를 의미한다(1999.9.3, 대법 98두18848).

판결요지 취업규칙에 당연면직사유의 하나로 규정된 금고 이상의 형을 선고받았을 때가 다른 당연면직사유나 징계해고사유와 비교·검토해 보면 근로계약에 따른 근로자의 기본적인 의무인 근로제공의무를 이행할 수 없는 상태가 장기간 계속되어 왔음을 근거로 하여 사용자가 근로자를 당연 면직시켜도 근로자 측에서 이의를 제기할 여지가 없을 정도의 상태, 다시 말하자면, 형사상 범죄로 구속되어 있는 근로자가 현실적인 근로제공이 불가능한 신체의 구속상태가 해소되지 아니하는 내용의 유죄판결, 즉 실형판결을 받은 경우를 의미한다.

22. 허위경력기재와 징계해고 사유

허위경력기재행위 내지 경력은폐행위를 징계해고사유로 규정한 취업규칙은 유효하다(1999.3.26, 대법 98두4672).

판결요지 기업이 근로자를 고용하면서 학력 또는 경력을 기재한 이력서나 그 증명서를 요구하는 이유는 단순히 근로자의 근무능력, 즉 노동력을 평가하기 위해서만이 아니라 노사간의 신뢰형성과 기업질서 유지를 위해서는 근로자의 지능과 경험, 교육 정도, 정직성 및 직장에 대한 정착성과 적응성 등 전 인격적 판단을 거쳐 고용 여부를 결정할 필요가 있으므로 그 판단자료로 삼기 위한 것인데, 이와 같은 목적으로 제출이 요구되는 이력서에 허위의 경력을 기재한다는 것은 그 자체가 그 근로자의 정직성에 대한 중요한 부정적인 요소가 됨은 물론, 기업이 고용하려고 하는 근로자들에 대한 전인격적인 판단을 그르치게 하는 것이므로, 근로자의 채용 시의 허위경력기재행위 내지 경력은폐행위를 징계 해고사유로 규정하는 취업규칙 등은 허위사항의 기재가 작성자의 착오로 인한 것이거나 그 내용이 극히 사소하여 그것을 징계해고사유로 삼는 것이 사회통념상 타당하지 않다는 등의 특별한 사정이 있는 경우까지에도 적용되지 않는 한, 정당한 해고사유를 규정한 것으로 유효하고 이에 따른 징계해고는 정당하다.

23. 취업규칙에 해고사유의 명시

사용자는 단체협약에 없는 새로운 해고사유를 취업규칙에 정할 수 있다(1999.3.26, 대법 98두16132).

판결요지 비위행위에 대하여 이를 취업규칙에서 해고 등의 징계사유로 규정하는 것은 원래 사용자의 권한에 속하는 것이므로, 단체협약에서 '해고에 관하여는 단체협약에 의하여야 하고 취업규칙에 의하여 해고할 수 없다'는 취지로 규정하거나 '단체협약에 정한 사유 외의 사유로는 근로자를 해고할 수 없다'고 규정하는 등 근로자를 해고함에 있어서 해고사유 및 해고절차를 단체협약에 의하도록 명시적으로 규정하고 있거나 동일한 징계사유나 징계절차에 관하여 단체협약상의 규정과 취업규칙 등의 규정에 상호 저촉되는 경우가 아닌 한 사용자는 취업규칙에서 단체협약 소정의 해고사유와는 관련이 없는 새로운 해고사유를 정할 수 있고, 그 해고사유에 터잡아 근로자를 해고할 수 있다.

24. 퇴직금규정의 적용

입사시험 합격자를 채용한 후 종전 입사시험 불합격자 중 일부를 면접을 거쳐 추가 채용하였는데 그 사이에 퇴직금규정이 변경된 경우, 추가 채용된 근로자에게 적용될 퇴직금규정은 변경된 퇴직금규정이다(1999.1.26, 대법 97다53496).

판결요지 입사시험 합격자를 채용한 후 종전 입사시험 불합격자 중 일부를 면접을 거쳐 추가 채용하였는데 그 사이에 퇴직금규정이 근로자에게 불리하게 변경된 경우, 근로자가 퇴직금규정의 개정 전에 필기시험에 응시함으로써 한 근로계약의 청약은 사용자가 정한 최종 합격자발표일 무렵까지 승낙의 통지를 받지 못함으로써 효력을 상실하였기 때문에 근로자와 사용자 간의 근로계약은 퇴직금 규정의 개정 후에 면접시험 응모라는 근로자의 새로운 청약에 대한 사용자의 승낙으로 성립되었다고 할 것이고, 따라서 근로자의 청약은 특별한 사정이 없는 한 그 당시 사용자가 시행하는 개정된 퇴직금규정의 내용을 수락한다는 취지라고 볼 것이므로, 당사자들 사이에 위 근로자의 재차의 청약시로부터 근로계약의 체결시까지 퇴직금에 관하여 개정된 퇴직금규정의 적용을 배제하는 등 시행중인 퇴직금규정과 다른 내용의 약정이 없었다면, 위 근로자에 대하여는 개정된 퇴직금규정이 적용되어야 하고, 위 추가 채용된 근로자에게 지급된 퇴직금의 산정방식을 차등퇴직금제도라고 할 수 없고, 그 액수도 근로기준법이 정하는 하한선을 상회하고 있으므로, 추가 채용된 근로자에게 개정된 퇴직금규정이 적용됨으로써 위 근로자가 그들과 함께 입사시험을 치르고 먼저 합격되어 퇴직금규정의 개정 전에 채용된 사람들보다 적은 금액의 퇴직금을 지급받았다고 하여 반드시 형평에 반하는 것이라고 할 수 없다.

25. 취업규칙에 의한 근로계약의 성립

특별한 사정이 없는 한 근로계약을 체결한 근로자와 사용자 사이에는 취업규칙에 정하는 바에 따라 근로관계가 성립한다(1999.1.26, 대법 97다53496).

판결요지 근로계약은 낙성계약으로 청약에 따른 승낙으로 성립하므로 그 계약의 내용은 사용자와 근로자가 개별적인 교섭에 의하여 확정하는 것이 원칙이지만, 오늘날 다수의 근로자를 고용하고 있는 기업은 개개의 근로자들과 일일이 계약 내용을 약정하기보다는 근로계약의 내용이 되는 근로조건 등을 단체협약, 취업규칙에 정하여 근로관계를 정형화하고 집단적으로 규율하는 것이 보통이므로, 근로계약 체결시 계약의 내용을 취업규칙의 내용과 달리 약정하는 등 특별한 사정이 없는 한 근로계약을 체결한 근로자와 사용자 사이에는 취업규칙에 정하는 바에 따라 근로관계가 성립한다.

26. 취업규칙과 근로계약의 관계

일반직 사원에 대한 취업규칙과 별도로 일용직 사원들과 사이에 체결된 근로계약서는 일용직 사원에 대한 취업규칙이다(1998.3.24, 대법 96다24699).

판결요지 취업규칙이란, 복무규율과 임금 등 근로조건에 관한 준칙의 내용을 담고 있으면 그 명칭을 불문하는 것이므로, 소속 근로자를 일반직 사원과 일용직 사원의 두 직류로 나누고 있는 회사의 취업규칙이 주로 일반직 사원을 대상으로 한 것이고 일용직 사원에 대하여는 별다른 규정을 두고 있지 않으면서, 복무규율과 임금 등에 관한 내용을 담고 있는 근로계약서를 별도로 작성하여 50여 명에 이르는 일용직 근로자들에게 일률적으로 적용하고 있는 경우, 그 근로계약서는 일용직 근로자들을 대상으로 한 임금 등 근로조건에 대한 준칙의 내용을 담고 있는 취업규칙이라 할 것이므로 일용직 근로자들에게 지급되어 임금이 취업규칙에 비추어 불이익한지의 여부는 그 임금액이 일용직 근로자들에게 적용되는 근로계약서의 내용에 비추어 불이익한지의 여부에 의하여 판단하여야 하고 일반 사원들의 임금과의 비교는 반드시 필요한 것이 아니다.

27. 사직원에 대한 사용자의 거부와 근로관계

취업규칙 등에 일정기간 내에 사직원에 대한 사용자의 승인을 얻도록 규정한 경우 사용자가 합리적인 이유 없이 이를 거부한 때에는 그 기간이 경과함으로써 근로관계가 종료된다(1997.7.8, 대법 96누5087).

판결요지 근로자가 사직서를 작성하여 사용자에게 제출한 경우에, 특별한 사정이 없는 한 그 사직서는 사용자와의 근로계약관계를 해지하는 의사표시를 담고 있는 것이므로 당사자 사이의 근로계약관계는 사용자가 그 사직서 제출에 따른 사직의 의사표시를 수락하여 합의해지(의원면직)가 성립하거나 민법 제660조 소정의 일정기간의 경과로 그 사직서 제출에 따른 해지의 효력이 발생함으로써 종료되는 것이나, 민법 제660조는 근로자의 해약의 자유를 보장하는 규정으로서 근로자에게 불리하지 않는 한 그 기간이나 절차에 관하여 취업규칙에서 이와 달리 규정하는 것도 가능하다고 할 것이므로, 근로자가 사직할 때에는 일정한 기간 내에 사용자의 승인을 얻도록 하고 있는 경우 근로자가 사직원을 제출하였으나 사용자가 승인을 거부할 합리적인 이유가 없는데도 승인을 하지 아니하고 있을 때에는 위 법조 소정의 기간(취업규칙에서 이보다 짧은 기간을 규정한 때에는 그 기간)이 경과함으로써 근로관계는 종료된다.

28. 신체의 장해로 인한 해고 규정의 해석

취업규칙에 따라 원고를 '신체장해로 인하여 직무를 감당할 수 없을 때'에 해당한다고 보아 퇴직케 한 것은 정당하다(1996.12.6, 대법 95다45934).

판결요지 피고 회사는 원고가 업무상의 재해를 당하여 종전에 담당하여 오던 생산부 업무를 더 이상 감당할 능력이 없어서 임시적 방편으로 공정점검 업무에 종사케 하였으나 원고는 그 업무조차 원활히 수행하지 못하였고, 전신 육체노동을 요하는 원고 생산부 업무의 특성상 원고의 신체조건에 맞는 경미한 직종을 찾기가 힘들었고, 더구나 피고 회사가 연차적으로 인력감량계획을 시행하여 인력의 효율적·합리적 운영을 기하고 있는 상태에서 원고의 급여수준에 맞는 적정한 직종으로 전환배치할 방법도 없어 원고를 퇴직처분하기에 이른 것이며, 피고는 원고의 업무상재해로 인한 노동능력 상실에 따른 정년에 이르기까지의 손해를 이미 배상한 바 있으므로 이러한 사정 등을 종합하여 보면 피고 회사가 취업규칙 제10조에 따라 원고를 신체장애로 인하여 직무를 감당할 수 없을 때에 해당한다고 보아 퇴직케 한 것은 정당한 것이다.

29. 지각·조퇴와 쟁의행위의 성질

평상시 개별 근로자의 결근, 지각, 조퇴 등과 쟁의행위와는 근본적으로 그 성질이 다르다(1996.2.27, 대법 94다50953).

판결요지 단체협약이나 취업규칙, 당사자 사이의 협약 등에서 개별 근로자의 결근, 지각, 조퇴 등의 경우에 어떤 임금을 지급하도록 하고 있거나 임금삭감 등을 규정하고 있지 않다고 하더라도, 근로자의 쟁의행위는 근로조건에 관한 노동관계 당사자 간의 주장의 불일치로 인하여 생긴 분쟁상태를 유리하게 전개하기 위하여 사용자에 대하여 집단적, 조직적으로 노무를 정지하는 투쟁행위로서 쟁의행위기간 동안 근로자는 사용자에 대한 주된 의무인 근로제공의무로부터 벗어나는 등 근로계약에 따른 근로자와 사용자의 주된 권리·의무가 정지됨으로 인하여 사용자는 근로자의 노무제공에 대하여 노무지휘권을 행사할 수 없게 됨에 반하여 평상시의 개별 근로자의 결근, 지각, 조퇴 등에 있어서는 이와는 달리 위와 같이 근로관계가 일시 정지되는 것이 아니고 경우에 따라 단순히 개별근로자의 근로제공의무의 불이행만이 남게 되는 것으로서 사용자는 여전히 근로자의 노무제공과 관련하여 노무지휘권을 행사할 수 있는 것이므로 쟁의행위와는 근본적으로 그 성질이 다르다고 아니할 수 없다.

30. 허위학력기재의 해고사유

허위학력기재를 해고사유로 삼은 취업규칙은 유효하다(1995.8.22, 대법 95누5943.)

판결요지 이력서에 허위의 학력을 기재한 행위를 해고사유의 하나로 삼은 회사의 취업규칙은, 그와 같은 허위 사항의 기재가 작성자의 착오로 인한 것이라거나 그 내용이 극히 사소하여 그것을 징계해고사유로 삼는 것이 사회통념상 타당하지 않다는 등 특별한 사정이 있는 경우까지에도 적용되지 않는 한 정당한 해고사유를 규정한 것으로 유효하다.

31. 근로조건에 관한 준칙의 효력

인사규정이 모든 근로자에게 동일하게 적용되어야 할 근로조건에 관한 준칙을 담고 있다면 취업규칙으로서의 효력을 갖는다(1994.5.10, 대법 93다30181)

판결요지 근로기준법 소정의 취업규칙은 사용자가 근로자의 복무규율과 임금 등 당해 사업의 근로자 전체에 적용될 근로조건에 관한 준칙을 규정한 것을 말하는 것으로서, 그 명칭에 구애받을 것은 아니라고 할 것이다. 이 사건 회사의 인사규정에 근로기준법상의 취업규칙에 규정될 내용인 승진(승급을 포함), 퇴직 및 해고, 기타 당해 사업장의 근로자 전원에게 적용할 사항을 규정하고 있고, 인사규정이 이와 같이 모든 근로자에게 동일하게 적용되어야 할 근로자에 관한 복무규율과 임금 등 근로조건에 관한 준칙을 담고 있다면 그 명칭에 상관없이 같은 법 제94조의 취업규칙으로서의 효력을 갖는다고 할 것이므로, 위 인사규정이 회사의 효율적인 인사관리를 도모하기 위한 회사의 단순한 내부규정에 불과하다고 볼 수 없다.

제1장 총 칙

제1조 【목적】 본 규칙은 근로기준법과 노동관계법령에 의하여 OOO 주식회사 본사(이하 "회사" 또는 "본사"라 한다)와 회사가 수주하여 관리하는 모든 근무현장(이하 "사업장"이라 한다)에서 근무하는 직원(이하 "종업원"이라 한다)의 근로조건과 준수의무 등에 관한 사항을 정함으로써 회사의 발전과 함께 종업원의 근로의욕을 향상시키고 질서를 유지함을 그 목적으로 한다.

제2조 【적용범위】 1. 본 규칙은 회사와 사업장에 근무하는 모든 종업원에게 적용된다. 다만 단위사업장별 상시근로자수가 10명 이상으로서 취업규칙을 작성하여 고용노동부장관에게 신고한 경우와 사업장 복무규칙 등을 별도로 정한 경우에는 해당사업장 취업규칙 등을 우선 적용한다.

2. 단 일용직, 임시직(시간근로자 포함) 촉탁직근로자에 대하여 별도의 규정이나 규칙이 있는 경우 본규칙을 적용하지 아니하고 해당 규정 및 규칙의 정한 바에 따른다.

제3조 【종업원의 정의 및 구분】 1. 본 규칙에서 종업원이라 함은 회사에서 정하는 기준에 의하여 회사 또는 사업장에 채용되어 근로계약을 체결한 자를 말하며 다음과 같이 구분한다. (1) 정규직 : 2년 이상의 계약기간으로 정한 본사 및 지사의 임직원으로 채용된 자, (2) 계약직 : 1년 이내의 계약기간으로 정한 본사 또는 사업장의 종업원으로 채용된 자, (3) 촉탁직 : 회사 및 사업장의 정년 규정을 초과한 자로서 6월 이내의 기간을 정하여 채용된 자, (4) 임시직 : 위 1, 2, 3항 외 단기간의 계약기간을 정하여 채용되었거나 시급 또는 일급으로 채용된 자. 2. 각 사업장 근로자의 경우 위 1항 각호에도 불구하고 모든 근로자의 근로계약기간은 위·수탁 계약기간 또는 도급 계약기간을 초과하여 체결하지 못한다.

제2장 인 사

제4조 【인사】 종업원의 인사에 관한 제반사항은 본규칙에 명시된 사항 외에는 회사와 사업장에서 별도로 정한 관계규정 및 규칙 등에 의한다.

제3장 채　용

제5조【채용방법 및 구분】 종업원의 채용은 회사 또는 사업장의 모집선발조건을 구비한 자 중에서 공개 채용함을 원칙으로 한다. 단, 해당직무의 특수성 및 기타조건으로 인하여 공개채용을 할 수 없는 경우에는 소정의 절차에 의거 특별채용할 수 있다.

제6조【채용제한】 다음 각호에 해당하는 자는 종업원으로 채용할 수 없으며 채용 후 다음 각호의 사실이 발견되었거나 또한 각호의 사유에 해당되었을 때는 해직한다. 1. 피성년후견인 또는 피한정후견인, 2. 파산자로서 복권되지 아니한 자, 3. 금고 이상의 형을 받고 그 집행이 종료되지 않았거나 집행을 받지 않기로 확정된 후 2년이 경과되지 아니한 자, 4. 금고 이상의 형의 선고유예를 받고 그 선고유예 기간 중에 있는 자, 5. 법에 의하여 공민권이 정지 또는 박탈된 자, 6. 불법집회 및 시위 등에 참가, 선동 동조한 전과 사실이 있는 자, 7. 신체검사 결과 직무수행에 지장이 있다고 판정된 자, 8. 전 직장에서 징계로 해직된 자, 9. 재정보증(보증보험 또는 인 보증)이 불가한 자, 10. 기타 취업 부적격자로 판정된 자

제7조【입사자 제출서류】 채용이 확정된 자는 다음 각호의 서류를 제출하고 근로계약을 체결하여야 한다. 다만, 부득이한 사정이 있는 경우 회사에 먼저 보고하고 승인을 얻어 제출기일을 10일 이내로 정하여 연장할 수 있으며 기간 내 구비서류를 제출하지 아니한 때에는 채용을 취소할 수 있다. 1. 자필이력서(반명함 사진 1매 부착, 1매 첨부) 1통, 2. 주민등록등본 2통, 3. 자격증사본 각 1통(해당자에 한함), 4. 근로계약서 1통(회사양식), 5. 서약서 1통 (회사양식), 6. 각서 1통(회사양식), 7. 신원보증보험증권 1통(직위 및 직책에 따라 회사에서 정한 금액 이상), 8. 증권교부 불가능자는 재산세 5만원 이상 납세자 2인 이상의 재정보증서 1통(재산세 납세확인서, 인감증명서 첨부), 9. 건강진단서 1통, 10. 기타 회사 또는 사업장에서 별도 요구하는 서류

제8조【근로계약】 1. 회사와 사업장에서는 종업원으로 채용된 자와 소정의 근로계약서에 서명·날인하여 근로계약을 체결하여야 한다. 2. 사업장의 종업원은 본사 대표이사로부터 위임받은 범위 내에서 사업장 대표자가 근로계약을 체결한다. 3. 모든 종업원의 근로계약 기간은 본규칙 제3조 1항 각호에 의거 직종별로 구분 체결하되 사업장 종업원의 경우 근로계약기간은 위·수탁 계약기간 또는 도급계약기간을 초과하여 체결하지 못한다. 4. 체결된 근로계약기간 종료일 이전이라도 해당사업장의 위·수탁 또는 도급계약 등이 해지되거나 종료되는 경우 이날을 근로계약 해지일로 한다.

제9조【채용 발령】 1. 회사와 사업장의 채용절차에 따라 전형 및 신체검사에 합격한 자가 소정의 구비서류를 제출하고 근로계약을 체결한 후 채용발령을 받음으로써 채용이 확정된다. 2. 본사의 모든 임직원(직영관리사업장 종업원 포함)과 사업장의 관리책임자(필요한 경우 과장급 이상 포함)의 채용발령(면직포함)은 회사의 대표이사가 행사한다. 3. 각 사업장(회사직영사업장 제외)에서 근무하는 종업원에 대한 근로계약체결과 채용발령(면직 포함)은 회사 대표이사로부터 위임받은 범위 내에서 사업장 대표자가 행사한다. 다만 사업장 관리책임자로 임용 채용되어 임명장을 받은 자는 회사대표이사로부터 해당사업장의 관리에 대한 모든 권한과 책임을 위임받은 것으로 간주한다. 4. 회사에서 경영상, 관리상 필요한 경우 모든 사업장 종업원에 대한 임면권을 본사 대표이사가 직접 행사할 수 있다.

제10조【수습기간】 1. 신규 채용된 자에 대하여는 직위와 직책, 자격과 경력유무에 관계없이 채용일로부터 3개월간을 수습 및 관찰기간으로 한다. 2. 수습 및 관찰기간 중 담당업무능력과 인성, 자질, 건강상태 등을 관찰하여 회사와 사업장의 종업원으로서 계속근무가 부적격하다고 인정되는 경우 본채용을 거부하고 근로계약을 취소할 수 있다. 3. 수습기간 경과 후 계속 근무하는 자는 제1항의 수습기간을 근속연수에 포함한다. 4. 수습기간중의 급여는 약정 임금액의 10% 범위 내에서 감액 조정지급할 수 있다.

제11조【정년초과자의 채용】 정년(만60세가 되는 해 생월말일)이 도래하여 퇴직하는 자를 회사 또는 사업장의 업무상 필요에 따라 재고용하거나 이미 정년이 경과된 자를 신규로 채용하고자 하는 경우 근로계약기간을 6개월 이내로 정하여 촉탁직사원으로 채용할 수 있다. 단, 촉탁직사원은 근로계약기간(6개월) 종료일에 사용자로부터 재계약통보가 없으면 자동으로 계약이 종료되고 퇴직하는 것으로 한다.

제12조【근무지 변경조정 등】 1. 회사 또는 사업장의 교체 또는 조정요청이 있는 경우와 회사 경영상 필요하다고 인정하는 경우 본사 또는 사업장에서 근무하는 종업원을 동종 또는 유사 직위 및 직책으로 이동 및 전보발령할 수 있다. 2. 특별한 사정이나 경우가 없는 한 종업원은 회사의 이동 및 전보발령에 따라야 한다.

제4장 복 무

제13조【복무의 기본원칙】 모든 종업원은 신의성실의 원칙에 입각하여 맡은 바 직무를 성실히 수행하여야 하며 업무상 상사의 지시명령에 복종하고 공과 사를 정확히 하여야 하며 업무능률 향

상에 노력하고 상호 협력하여 회사와 사업장 발전을 위하여 정진하여야 한다.

제14조【준수의무】 종업원은 다음 각호의 사항을 성실히 준수할 의무가 있다. 1. 종업원은 상사의 정당한 지시나 명령을 불복하거나 항명 등의 행위를 하여서는 아니 된다. 2. 종업원은 항상 품위를 유지하여 회사와 사업장의 명예와 신용을 대내외적으로 실추 또는 손상하는 행위를 하여서는 아니 된다. 3. 종업원은 회사와 사업장의 업무상 지득한 중요한 비밀사항 및 회사와 사업장에 불이익이 되는 사항을 재직중에는 물론 퇴직 후에도 누설하여서는 아니 된다. 4. 종업원은 회사와 사업장의 이익에 반하여 자신의 영리행위를 하거나 타인에게 부당한 이익을 주는 행위 등을 하여서는 아니 된다. 5. 종업원은 회사와 사업장의 시설, 설비, 기계장비, 기구 등의 관리를 철저히 하여야 하며, 기타 재료 및 물품 등을 아끼고 절약하여야 하며 직무 이외의 목적으로 사용하여서는 아니 된다. 6. 종업원은 다른 근무자의 작업을 방해하거나 정당한 권한 없이 간섭하여서는 아니 되며 직장의 풍기와 질서를 문란케 하는 행위를 하여서는 아니 된다. 7. 종업원은 근무시간 중에 상습적 음주행위나 도박행위 등은 하여서는 아니 된다. 8. 종업원은 직무와 관련하여 타인으로부터 부당한 금품을 수수하거나 향응을 제공 받아서는 아니 된다. 9. 종업원은 화재사고 도난사고 등의 예방을 비롯한 안전관리에 안전을 기하여야 한다. 10. 종업원은 회사와 사업장의 허락 없이 근무현장에서 선동, 집회, 연설, 토론, 집단행위 시위운동, 유인물의 배포 게시 등을 하거나 정치활동을 하여서는 아니 된다. 11. 종업원은 허가 없이 다른 사업장에 취업하거나 종사하여서는 아니 된다. 12. 종업원은 무단조퇴, 지각, 결근과 근무지 이석 등 불성실한 근무태도로 회사 또는 사업장 내의 다른 동료들에게 나쁜 영향을 미치게 하여서는 아니 된다. 13. 종업원은 위험장소에서 근무할 때는 규정된 복장과 장구 등을 착용하고 안전수칙을 준수 이행하여 근무 안전과 작업안전에 만전을 기하여야 한다. 14. 종업원은 본규칙은 물론 기타 회사 또는 사업장의 제반규정이나 규칙을 위반하거나 위법한 행위를 하여서는 아닌 된다. 15. 회사 또는 사업장에서는 종업원이 전항 각호 사항을 위반하였을 경우 그 정도에 따라 인사, 상벌, 징계규정 등의 근거와 절차에 의하여 징계조치를 취할 수 있다.

제15조【신고의무】 종업원은 거주지주소, 성명, 전화번호(자택전화, 휴대폰 포함), 교육이수사항, 자격취득 및 변동사항 등 기타 이력사항에 변경이 있을 경우 그 사유가 발생한 날로부터 7일 이내에 이를 회사 또는 사업장에 신고하여야 한다.

제16조【회사 및 사업장 보존 협력】 종업원은 재해 기타 비상사태가 발생한 경우에는 근무시간의 내외를 막론하고 회사 및 사업장 보존에 적극 협력하여야 한다.

제17조【근로시간】 1. 일반직(일근자) 종업원의 경우 1주간의 근무시간은 휴게시간을 제하고 40시

간(2003.9.15 개정)으로 하되 시행시기는 다음과 같다. 1) 50인 이상 사업장은 2007년 7월 1일부터 적용한다. 2) 20인 이상 50인 미만 사업장은 2008년 7월 1일부터 적용한다. 3) 20인 미만 사업장은 2011년을 초과하지 않는 기간 내에서 대통령이 정하는 날부터 적용한다. 2. 다만 근로기준법 제49조 근로시간(2003.9.15)과 부칙 제1조 근거에 의한 상시근로자수의 산정은 2004년 1월 7일 고용노동부 질의회신 내용근거에 의하여 각 단위사업장별로 산정 적용한다. 3. 일반직(일근자) 종업원의 경우 시업시간은 09：00시 종업시간은 18：00시를 기준으로 하며 회사와 사업장의 사정에 따라 법령이 정하는 범위 내에서 조정적용한다.

제18조【적용제외】1. 감시적·단속적 근로자 등 특수업무 종사자는 본규칙을 적용하지 아니하며 고용노동부장관의 승인을 얻은 자에 대하여는 최저임금법 제3조 2항에 의거 시간급최저임금액에서 100분의 20을 감한 금액을 최저임금액으로 한다. 다만 2007년 1월 1일부터 2007년 12월 31일까지는 100분의 30을 감액 적용한다. 2. 감시적·단속적 근로자와 미화업무 등 특수직에 종사하는 종업원의 근무시간은 회사 또는 해당사업장 근무 방침과 기준에 따라 시업시간과 종업시간 휴게시간 등으로 조정적용한다(단, 감시적·단속적 근로자는 중식시간, 석식시간과, 24시부터 04시 사이 심야시간대를 일부 휴게시간으로 조정적용하도록 하고, 미화직은 중식시간을 30분(11：30~13：00) 연장하는 방법 등으로 조정적용하도록 한다).

제19조【탄력적 근무시간제】1. 회사 또는 사업장에서는 2주간 이내의 일정한 단위기간을 평균하여 1주간의 근무시간이 40시간을 초과하지 아니하는 범위 내에서 특정주에 40시간, 특정일에 8시간의 근무시간을 초과할 수 있다. 다만, 특정주의 근무시간은 48시간을 초과 할 수 없다. 2. 회사 또는 사업장에서는 종업원과 협의에 의하여 다음 각 호의 사항을 정한 때에는 3월 이내의 단위기간을 평균하여 1주간의 근무시간이 40시간을 초과하지 아니하는 범위 안에서 특정주에 40시간을, 특정일에 8시간을 초과하여 근무하게 할 수 있다. 다만, 특정주의 근무시간은 52시간을, 특정일의 근무시간은 12시간을 초과할 수 없다.

제20조【휴게시간 및 이용】1. 주간근무자(일근자)의 경우 근로시간이 4시간일 때 30분 이상, 8시간일 때 1시간 이상의 휴게시간을 주어야 한다. 2. 휴게시간은 회사의 질서와 규율을 문란하게 하지 아니하는 범위 내에서 자유로이 사용할 수 있다. 3. 단, 휴게시간을 이용하여 외출하고자 할 때에는 사전에 회사의 승인을 받아야 한다.

제21조【연장, 야간 및 휴일근로】1. 회사 또는 사업장에서는 업무상 필요한 경우 관계법령에 따라 연장근로, 야간근로(22：00시에서 익일 06：00시 사이) 및 휴일근로를 명할 수 있다. 2. 제1항의 연장근로시간의 산정은 회사에서 정식으로 연장근로를 명하고 승인받은 시간만 인정함을

원칙으로 한다.

제22조【연장, 야간 및 휴일근로 적용제외】1. 감시적·단속적 근로에 종사하는 자로서 고용노동부장관의 승인을 얻은 자와 사업의 종류에 불구하고 관리·감독업무 등에 종사하는 자는 근로시간, 휴게와 휴일에 관한 규정 등을 적용하지 아니한다. 2. 단, 감시적·단속적 근로자는 최저임금법 개정(2005.5.31)에 따른 고용노동부(청)의 최저임금감액적용안내 및 설명자료 등 관계근거에 따라 휴게시간을 부여하고 근로시간을 단축 적용하는 등으로 최저임금에 미달되지 않도록 하여야 한다.

제23조【출·퇴근】1. 종업원은 회사 또는 사업장에서 정한 시업시간 전까지 출근하여 업무준비를 완료하여야 한다. 2. 퇴근은 종업시간 이후에 서류와 비품 등을 정리정돈 또는 보관 완료하고 점검한 후에 퇴근한다.

제24조【출입제한】회사와 사업장에서는 다음 각호에 해당하는 자에 대하여 근무현장 출입을 금지하거나 제한할 수 있다. 1. 징계처분에 의해 해고되었거나, 출근을 정지당한 자, 2. 회사 또는 사업장의 질서 및 풍기를 문란하게 하거나 보건상 해롭다고 인정되는 자, 3. 화기, 흉기, 기타 업무에 불필요한 위험물을 휴대한 자, 4. 회사 또는 사업장의 업무와 무관한 유인물을 소지 또는 배포하여 회사질서를 교란케 할 우려가 있다고 인정되는 자, 5. 집회, 시위 및 선동적인 언행 등으로 회사 또는 사업장의 질서를 교란케 하거나, 할 우려가 있다고 인정되는 자, 6. 음주 주벽 등으로 정신상태가 정상이 아니라고 인정되는 자, 7. 관계법령 또는 취업규칙 등에 의하여 취업 또는 출근을 금지당한 자

제25조【결근】1. 종업원이 부득이한 사유로 결근을 요할 때는 결근사유 발생 전일 종업시각 전까지 그 사유와 일수를 기재한 결근계를 소속장에게 제출하여 허가를 얻어야 한다. 2. 업무외 부상 또는 질병으로 5일 이상 결근할 경우에는 그 증상 및 치료기간을 기재한 의사의 진단서를 첨부하여 제출하여야 한다. 3. 긴급 또는 불가피한 사유로 인하여 사전 제출을 하지 못한 경우에는 유선 또는 기타 방법으로 소속장에게 보고하고, 익일 출근과 동시 소정의 결근계를 제출하여야 한다. 4. 회사는 전 1, 2, 3항에 의하여 소정의 결근계를 제출하지 않은 경우 이를 무단결근으로 처리한다.

제26조【조퇴】종업원이 질병 기타 사유로 조퇴하고자 할 때에는 그 사유를 기재한 조퇴계를 소속장에게 제출하여 허가를 받아야 한다.

제27조【외출】종업원이 근무시간 중에 외출을 하고자 할 경우에는 사전에 소속장에게 보고하고 허가를 받아야 한다.

제28조【지각, 조퇴, 외출의 처리】1. 정당한 사유 없이 월 3회 이상 지각 또는 조퇴를 하는 등 근무태도가 불량한 자는 경위서(시말서)를 제출받고 이를 구두 또는 서면으로 경고(훈계)한다. 2. 제1항의 지각 등이 고의로 행하여지거나, 수차의 경고에도 불구하고 상습적으로 이를 행하는 자는 징계위원회에 회부하여 징계처리한다.

제29조【출장근무】1. 종업원이 출장 기타 용무로 출장명령을 받고 회사 밖에서 근무하는 경우에는 1일 8시간 근로한 것으로 간주한다. 2. 출장을 마치고 귀사 후에는 출장업무수행내용에 대한 복명서를 작성하여 제출하여야 한다. 3. 출장여비 및 교통비 등은 실비 지급을 원칙으로 한다.

제30조【주휴일】회사 또는 사업장의 일반직 종업원의 경우 매주 일요일은 주휴일로 하고 유급으로 한다.

제31조【약정휴일과 휴가】1. 회사 또는 사업장에서는 다음 각호의 내용으로 유급휴일로 한다. (1) 국가에서 정한 공휴일, (2) 기타 회사에서 정한 휴일과 휴가일 등. 2. 주휴일과 유급휴일이 중복될 경우에는 하나의 휴일로 본다.

제32조【휴일대체 및 휴일근무】1. 회사 또는 사업장에서는 업무상 부득이한 사정이 있는 경우 종업원에게 별도의 대체 휴일을 정해주거나 휴일근무수당을 지급하고 근무를 명할 수 있다. 2. 제1항의 규정에 의하여 휴일에 출근을 명받은 종업원은 특별한 사정이 없는 한 출근하여 근무에 임하여야 한다. 3. 휴일근로 사유가 천재지변 등 긴박한 사항이거나 근로자 본인 등의 귀책사유가 원인인 경우에는 별도의 휴일 근로수당을 지급하지 아니한다.

제33조【월차유급휴가】월차유급휴가에 관하여는 본규칙 제16조 1,2항 근거에 의하여 주44시간 근무제도를 시행하고 있는 사업장에 한하여 적용하며 1월간 소정의 근로일수를 개근한 자에게 1일의 유급휴가를 주어야 하나 업무의 특성상 부득이한 경우에는 수당으로 지급 할 수 있도록 한다.

제34조【연차휴가】1. 주40시간 근무를 적용하는 사업장의 경우 1년간 8할 이상 출근한 종업원에 대하여 15일의 유급휴가를 주어야 한다(다만 주44시간 근무를 적용하는 사업장의 경우는 종전의 연월차일수를 기준하여 적용하여야 한다). 2. 근로연수가 1년 미만의 종업원에게는 1월간 개근시 1일의 유급휴가를 주어야 하며 총 연차일수에서 공제한다. 3. 3년 이상 계속 근로한 종업원에 대하여는 최초 1년을 초과하는 계속 근로연수 매 2년에 대하여 1일을 가산한 유급휴가를 주어야 하며 이 경우 가산휴가를 포함한 총 휴가일수는 25일을 한도로 한다. 4. 단, 1항 및 2항의 연차휴가는 휴무를 원칙으로 하나 업무의 특성상 부득이한 경우에는 수당으로 지급할

수 있도록 한다.

제35조【연차휴가 사용촉진】회사 또는 사업장에서는 연차 유급휴가 사용기간 만료 3월 전에 연차 미사용일수를 알려주고 사용을 촉구하였음에도 종업원이 미사용일수의 전부 또는 일부의 사용시기를 정하여 보고하지 아니할 때는 회사에서 연차사용시기를 지정 통보하고 이를 이행하지 아니하는 경우 미사용 휴가에 대하여는 보상하지 아니한다.

제36조【하계휴가】회사 또는 사업장의 규정, 규약 등 정한 바와 개별적 사정과 형편에 따라 별도로 정하여 시행할 수 있다.

제37조【경조휴가】종업원이 다음 각호의 사유가 발생하는 경우 유급경조휴가를 줄 수 있다. 다만, 사업장별로 별도의 경조휴가 규정이나 규약으로 정하는 경우 본규칙보다 우선하여 적용한다. 1. 본인의 결혼: 5일, 2. 자녀의 결혼: 2일, 3. 부모, 조부모의 회갑: 2일, 4. 부모, 배우자의 사망: 5일, 5. 형제, 자매의 결혼: 1일, 6. 조부모, 자녀, 형제자매의 사망: 3일, 7. 본인이 수재, 화재, 기타 중대한 재해를 당했을 때: 7일 이내

제38조【휴일의 통산】유급경조의 휴가 기간중 주휴일이 끼어 있으면 이는 휴가일수에 통산한다. 다만, 연(월)차 휴가를 포함하여 사용할 경우에는 연(월)차 휴가에는 이를 통산하지 아니한다.

제39조【출근명령】회사 또는 사업장에서 업무상 불가피한 경우가 발생시에는 휴일 또는 휴가중이라도 출근을 명할 수 있다.

제40조【공민권 기타 권리행사】1. 회사 또는 사업장에서 종업원이 근무시간 중에 선거권 기타 공민권을 행사하거나 법원의 출두 또는 예비군, 민방위훈련 등 공적인 업무에 필요한 시간을 청구한 경우 이를 승인한다. 2. 제1항의 청구한 시간이 업무에 지장을 주는 경우에는 권리 행사를 방해하지 아니하는 가능한 한도 내에서 그 시간을 변경할 수 있다. 3. 종업원이 예비군훈련, 민방위훈련 등에 소집되는 경우는 훈련통지서와 확인증을 회사 또는 사업장에 제출하여야 한다.

제41조【생리휴가】여자종업원이 생리휴가를 청구하는 때에는 관계법령에 따라 월1일의 휴가(무급)를 주어야 한다.

제42조【산전·산후휴가】회사 또는 사업장 여자 종업원이 임신을 하는 경우 근로기준법 제72조 각항에 따라 산전산후 휴가를 주어야 한다.

제43조【휴가의 허가】모든 종업원이 이 규칙에 의한 휴가를 사용하고자 하는 때는 소속장에게 휴가 신청서를 제출하여 시전에 결재권자의 승인을 받아야 한다.

제44조【휴직사유 및 기간】1. 회사 또는 사업장에서는 종업원이 다음 각호에 해당할 때에는 휴직

을 명할 수 있다. (1) 업무상 상병 및 그 후유증으로 인하여 휴직이 필요할 때: 3개월 이내 그 존재사유 해소일까지, (2) 업무외 부상 또는 질병으로 2주 이상 요양 또는 가료가 필요한 때: 1월 이내, (3) 건강진단 결과 신체 및 정신상의 이상으로 휴직이 필요하다고 인정될 때: 1월 이내, (4) 형사 사건으로 구속되었을 때: 석방 또는 1심판결시까지, (5) 징계에 회부되어 출근정지 또는 정직처분을 받았을 때: 그 처분기간, (6) 기타 종업원에게 특별한 사정이 있다고 인정될 때: 3월 이내, (7) 경영상 부득이한 사정으로 인하여 감원사유가 발생한 때: 그 사유 해소기간. 2. 휴직기간 중에는 임금을 지급하지 아니함을 원칙으로 하나, 휴직사유가 회사 또는 사업장의 사정에 의한 경우와 업무상 부상 질병으로 휴직한 경우에는 평균 임금의 70%를 지급한다. 다만, 특별한 경우 따로 정한 규정 등이 있을 때에는 임금의 일부분에 상당하는 금품을 지급할 수 있다. 3. 휴직기간은 계속 근무로 인정하지 않으나 업무상 질병 부상의 경우와 경영상 사정으로 휴직된 경우에는 그러지 아니한다. 4. 휴직자는 휴직기간 중이라도 회사의 제규정을 준수하여야 하며 이를 위반하였을 경우 징계와 해고 등 조치를 취할 수 있다.

제45조【복직】1. 휴직사유가 해소되었을 때에는 원직에 복직시킴을 원칙으로 한다. 다만, 원직에 복직시키기가 곤란한 경우에는 다른 직무를 수행하게 할 수 있다. 2. 종업원은 휴직사유가 종료되면 그 종료일로부터 3일 이내에 회사 또는 사업장에 소정의 복직원을 제출하여야 한다. 3. 단, 업무상 질병이나 부상의 경우와 업무외 부상, 질병으로 인하여 휴직된 자가 복직원을 제출할 때에는 치료받은 의료기관이 발행하는 진단서와 소견서를 첨부하여야 한다. 4. 정당한 사유 없이 복직원을 제출하지 아니하는 경우에는 복직 의사가 없는 것으로 간주하여 자동 퇴직으로 처리한다.

제46조【대기발령】1. 본사 또는 사업장에서 경영상 직무를 계속하여 수행할 수 없는 사유가 발생한 종업원에게 본사 인사위원회 심의를 거쳐 대기발령을 명할 수 있다. 2. 대기발령을 받은 종업원은 근무시간을 엄수하여 회사가 정하는 대기장소로 출근하여 회사에서 따로 명하는 지시에 따라 근무하여야 한다.

제5장 임 금

제47조【임금의 구성 및 적용】1. 모든 종업원의 임금은 기본급과 제 수당으로 구성되며, 연봉제와 월급제, 일급제, 시급제로 구분하는 것을 원칙으로 한다. 2. 본사에서 근무하거나 회사가 직영하는 사업장에서 근무하는 종업원은 연봉제 포괄임금제 적용을 원칙으로 한다(단 미화직 등

은 시급근로자로 한다). 3. 사업장에서 근무하는 종업원의 임금에 대하여는 사업장별로 따로 정한 임금의 구성 내용과 계산방식 및 지급방법이 있는 경우 본 규칙에 우선하여 적용한다. 4. 특히 감시적· 단속적 근로자와 미화원 등은 최저임금개정법령에 따라 근무시간을 조정하고 휴게시간을 부여하는 등의 방식으로 최저임금에 미달되지 않도록 하여야 한다.

제48조【임금의 계산방법】1. 개별적 근로형태와 직종에 따라 근로계약을 체결하고 연봉제인 경우 연봉총액을 12개월로 나눠 그 12분의 1의 금액을 매월 지급하는 포괄임금제를 적용한다(단, 연차 포함 여부는 쌍방이 합의 결정한다). 2. 월급제 또는 시급제로 지급하는 경우 기본급과 연장, 야간, 휴일, 직책 및 자격 수당 등을 해당자별로 구분하여 합산 지급한다. 3. 사업장에서 임금의 구성 및 계산방식 등이 따로 정해져 있는 경우 해당 사업장의 정한규정을 우선 적용하되 최저임금에 미달되지 않도록 하여야 한다.

제49조【임금마감일 및 지급일】1. 임금의 기산일은 매월 1일부터 말일까지를 원칙으로 한다. 2. 임금지급일은 당월말일에 지급하는 것을 원칙으로 하고 있으나 회사와 사업장의 임금지급규정 및 방침(당월 말일, 익월 5일, 익월 10일 등)에 따라 선택 적용한다.

제50조【임금정산】종업원이 입사 또는 퇴사 월이 중도에 해당하는 경우 입사 또는 퇴직하는 달의 임금은 일할 계산하여 지급하는 것을 원칙으로 한다.

제51조【임금 지급 및 공제】1. 종업원에게 지급하여야 할 임금은 통화로, 직접 지급하거나 근로자 본인이 지정하는 통장계좌로 입금한다. 2. 다음 각 호에 해당하는 금액은 공제하고 지급한다. 1) 근로소득세, 주민세, 2) 국민연금료, 건강보험료, 고용보험료 등, 3) 각종 저축금(고용노동부장관의 인가를 받은 경우에 한함) 등, 4) 기타 법령에 의한 보험료 또는 압류금 등

제52조【직책 및 자격수당 등】1. 직책수당은 회사와 해당사업장에서 지급하기로 정해진 자에게 지급하는 금액으로서 급여지급일에 합산 지급한다. 2. 자격수당은 회사와 사업장에서 법적으로 선임하여야 할 시설과 설비 기준에 의하여 자격을 선임한 자에게 지급하는 금액으로서 매월 급여지급일에 합산 지급한다.

제53조【상여금】상여금 지급률, 지급시기, 지급방법 등은 다음 각호에 의한다. 1. 본사와 본사에서 직영 관리하는 사업장의 종업원의 상여금은 별도로 지급하지 아니하며 연봉제 포괄임금제 내에 포함된 것으로 한다. 2. 사업장은 사업장별로 정해진 상여금 지급기준에 따르며 신규로 채용된 종업원의 경우는 입사일로부터 3개월 경과 후 상여금을 지급하되 기산일은 입사일부터로 한다. 3. 지급 시기는(매월지급, 격월지급, 3개월 지급 등) 회사와 사업장의 방침에 따른다. 4. 사업장별로 상여금 지급규정이 별도로 있는 경우에는 해당사업장 규정이 본 규칙보다 우선한다.

제6장 퇴직과 해고 등

제54조【정년】1. 종업원의 정년은 만 60세가 되는 해 생월 말일로 하고 이날을 퇴직일로 한다(다만 사업장의 경우 해당사업장 대표기구에서 이미 정해진 정년규정이 있을 시에는 상호협의 하여 어느 일방의 것을 기준하여 적용하기로 한다). 2. 회사의 이사급 이상 임원과 사업장의 관리책임자(관리소장)는 1항의 정년을 적용하지 아니한다. 3. 회사와 사업장에서 제1항의 정년에 도달한 자를 재고용하고자 할 때는 본 규칙 제11조(정년초과자 채용)에 의한다.

제55조【퇴직 사유와 시점】종업원이 다음 각 호에 의거 퇴직 사유가 발생한 경우 퇴직처리일자는 아래기준에 의한다. 1. 종업원이 사직원을 제출하고 사용자가 수리하였을 때는 퇴직하기로 한 날이나 승낙한 날, 2. 본규칙 제50조 1항에 의하여 연령정년에 도달한 때는 그 도달한 날, 3. 기간을 정하여 채용한 종업원은 고용기간이 만료되는 날, 4. 휴직기간 만료 후 7일 이내에 복직원을 제출하지 아니한 때는 그 당일 날, 5. 종업원의 채용결격사유 또는 징계사유가 발생하여 인사위원회의 결정에 따라 해고처분이 확정된 때는 결정문에 명시하에 당사자에게 통지한 날, 6. 종업원이 사망한 때는 그 사망한 당일 날

제56조【퇴직의 절차】1. 종업원이 퇴직하고자 할 때에는 퇴직하고자 하는 날보다 적어도 10일 전에 회사 또는 사업장에 퇴직원을 제출하여 승인을 받아야 한다. 2. 퇴직하는 자는 퇴직하는 날까지 근무하여야 하며 인수인계 등 제반사항을 성실히 이행하여야 한다.

제57조【퇴직금】1. 종업원이 1년 이상 계속 근로하고 퇴직하였을 때에는 계속근로연수에 대한 퇴직금(1년에 대하여 평균임금의 30일분)을 계산하여 지급한다(단, 퇴직금 중간 정산 지급된 자는 이를 뺀 나머지 금액). 2. 입사 후 1년 이상 근무한 종업원이 필요로 하여 퇴직금 사전지급을 원하는 경우 당사자로부터 퇴직금 중간정산요청서를 징구한 후 이미 근로한 기간에 대한 퇴직금을 명확히 산출(평균임금을 기초로 산정한 퇴직금액수에 미달하지 않아야 함)하여 수령확인서를 받고 중간정산 퇴직금을 지급할 수 있다. 3. 어떠한 명목이나 사유로도 입사 후 1년 이상 경과되지 않은 기간의 퇴직금을 임금에 포함하여 매월 지급하거나 선지급할 수 없다.

제58조【금품청산】1. 종업원이 사망 또는 퇴직한 경우에는 그 권리에 속하는 금품(임금, 퇴직금, 재해보상금 등)을 지급사유가 발생한 때로부터 14일 이내에 지급한다. 2. 다만 부득이한 사유가 있어 지급 기일 내에 지급하지 못할 때에는 당사자간 합의로 그 지급시기를 연장할 수 있다.

제59조【해고 등의 제한】1. 회사는 정당한 사유 없이 종업원을 해고, 휴직, 정직, 전직, 감봉 기타 징벌을 하지 못한다. 2. 종업원이 업무상 부상, 질병의 요양을 위해 휴업하는 기간 중에는 해고

하지 못한다.

제60조【해고사유】종업원이 다음 각 호에 해당하는 경우에는 해고조치할 수 있다. 1. 근무성적이 불량하여 개선의 정이 없다고 인정되는 자, 2. 계속하여 3일 이상 무단결근한 자 및 월간 5일 이상 무단결근한 자, 3. 법률에 의하여 공민권을 정지 또는 박탈당한 자, 4. 정기 또는 수시검진 결과 취업부적격자로 판정된 자, 5. 난치의 전염병을 가졌거나, 취업으로 병세가 악화될 우려가 있는 자. 또는 질병의 치료를 게을리 하여 다른 직원에게 전염시킬 우려가 있다고 인정된 자, 6. 신체 및 정신상 장해로 직무수행이 곤란하다고 인정된 자, 7. 금치산, 한정치산 또는 파산선고를 받은 자, 8. 형사상 금고 이상의 1심 유죄판결을 받은 자, 9. 휴직기간이 종료된 후에 7일 이내에 복직원을 제출하지 아니한 자, 10. 천재지변, 기타 부득이한 사유가 발생하여 당사자간의 합의에 이른 자, 11. 감봉 이상의 징계처분을 2회 이상 받고도 개전의 정이 전혀 없다고 인정되는 자, 12. 공금을 횡령 또는 유용하거나 중대한 과실로 회사 또는 사업장에 큰 피해를 입힌 자, 13. 회사 또는 사업장내에서 불순한 유인물을 배포하거나 유언비어를 유포 발설한 자, 14. 이력사항의 중요부문을 허위로 기재하였거나 기타 사기 등으로 입사한 자, 15. 재정보증(보증보험, 인 보증)이 불가능한 자, 16. 정치적 또는 이념적 목적으로 위장취업한 자, 17. 본 규칙에 의한 채용결격사유가 입사 후 발견된 자, 18. 징계해고처분을 받은 자, 19. 경영상의 긴박한 사유, 영업의 양수양도, 구조조정 등으로 감원이 필요한 때, 20. 기타 위 각 호에 준하는 정당한 사유가 있을 때

제61조【해고예고】1. 근로기준법 제32조 1항에 의하여 사용자가 근로자를 해고하고자 하는 경우에는 30일 전에 예고를 하여야 하며 해고예고를 하지 아니할 경우에는 통상임금의 30일분을 지급하고 즉시 해고할 수 있다. 2. 다만 천재, 사변, 기타 부득이한 사유와 근로자가 고의로 사업에 막대한 지장을 초래케 하거나 재산상 손해를 끼친 경우로서 고용노동부령이 정하는 사유에 해당하는 경우에는 그러지 아니한다.

제62조【해고예고의 적용제외가 되는 근로자의 귀책사유】근로기준법 제32조 1항 단서와 동 시행규칙(고용노동부령) 제5조에 의한 해고예고의 적용제외가 되는 근로자의 귀책사유는 다음과 같다. 1. 사업의 기밀 기타정보를 경쟁관계에 있는 타 회사 또는 사업장에 제공하여 사업에 지장을 가져온 경우, 2. 허위사실을 날조유포하거나 불법집단행동을 주도하여 사업에 막대한 지장을 초래한 경우, 3. 직책을 이용하여 공금을 착복, 장기유용, 횡령하거나 배임한 경우, 4. 회사 또는 사업장의 물품을 절취 또는 불법 반출한 경우, 5. 인사, 경리, 회계 담당종업원이 장부나 문서를 조작하거나 허위사유 등을 작성하여 사업에 손해를 끼친 경우, 6. 사업장의 기물을

고의로 파손하여 회사 또는 사업장에 막대한 지장을 가져온 경우, 7. 기타 사회통념상 고의 또는 중대한 과실로 회사 또는 사업장에 막대한 지장을 가져온 경우

제7장 상　벌

제63조【포상】1. 종업원이 다음 각 호에 해당하는 경우에는 회사 또는 사업장의 상벌규정에 의하여 인사위원회의 심사를 거쳐 포상할 수 있다. (1) 업무상으로 회사 또는 사업장에 유익하도록 기여한 공로가 있는 자, (2) 업무에 필요한 기계, 공구를 개량 또는 발명하거나 물자절약의 방법을 고안한 자로서 현저한 공이 있는 자, (3) 재해 및 도난을 미연에 방지하였거나 또는 신속한 조치로서 그 피해를 없게 하거나 줄이게 한 자, (4) 국가나 지역사회로부터 포상을 받아 회사의 명예를 높인 자, (5) 품행이 단정하고 업무능률이 특히 우수하여 타의 모범이 되는 자, (6) 장기근속한 자로서 근무태도가 성실하고 근무 성적이 특히 우수한 자, (7) 전 각 호에 준하는 정도의 선행 또는 공로가 있다고 인정되거나 추천이 있는 자. 2. 포상은 추천되었거나 인정되는 자를 인사위원회에서 심의 의결을 거쳐 회사의 대표이사 또는 사업장의 대표자가 수여한다. 3. 전항의 포상은 상장, 표창장 이외에 포상금, 상품 등 부상을 병행하여 수여할 수 있다. 4. 본 규칙에 명시된 사항 외 따로 포상 규정이 있는 경우 본 규칙과 함께 적용할 수 있다.

제8장 징　계

제 64조【징계】종업원이 다음 각 호 사유에 해당할 경우에는 징계규정과 절차에 의하여 회사 또는 사업장에서 징계위원회를 개최하여 징계처리할 수 있다. 1. 근무성적이 불량하여 개선의 정이 없다고 인정되는 자, 2. 회사 또는 사업장 상사의 정당한 명령 지시에 불복하거나 항명하는 자, 3. 계속하여 3일 이상 무단결근한 자 및 월간 5일 이상 무단결근한 자, 4. 이력사항의 주요부분을 허위로 기재했거나 기타 사기 등으로 입사한 자, 5. 재정보증(보증보험, 인 보증)이 불가한 자, 6. 본 규칙을 수차에 걸쳐 위반하여 경고 처분을 받은 자, 7. 품행이 불량하고 회사 내의 풍기나 질서를 문란하게 한 자, 8. 출근성적이 불량하거나 근무성적 또는 근무태도가 불성실한 자, 9. 고의로 업무능률을 저해하거나 정당한 권한 없이 업무수행을 방해한 자, 10. 고의나 과실로 회사의 시설, 기계, 기구를 손상, 파괴하거나 고객에게 불친절하여 자주 항의를 유발시키는 자, 11. 정당한 사유 없이 무단결근을 하거나 허가 없이 자리를 이탈하는 자, 12. 허

가 없이 회사의 물품을 반출하거나 반출하려고 한 자, 13. 고의 또는 과실로 회사 또는 사업장에 재산상의 손해를 입히거나 막대한 지장을 초래한 자, 14. 회사 또는 사업장의 명예 또는 신용을 손상한 자, 15. 회사 또는 사업장의 업무상 기밀을 누설한 자, 16. 허가 없이 타 사업장에 취업하거나 종사하는 자, 17. 회사 또는 사업장의 제 규정과 서약조항을 위반한 자

제65조【징계위원회 설치 및 구성】1. 직원의 징계사항을 의결하기 위하여 징계위원회를 둔다. 2. 징계위원회는 위원장을 포함하여 3인에서 5인 내외로 구성하되 위원장과 위원은 대표자가 임명하며 간사는 인사 및 관리담당 직원으로 한다.

제66조【위원장의 임무】1. 징계위원회의 위원장은 위원회를 대표하며 회무를 정한다. 2. 징계위원회의 회의는 위원장이 이를 소집하고 그 의장이 된다. 3. 위원장이 사고로 인하여 그 직무를 수행할 수 없을 때에는 위원중에서 상위직에 있는 자가 그 직무를 대행한다.

제67조【징계의결 요구 및 요청】1. 징계권자 및 권한대행자는 소속직원에 대한 징계협의가 발생한 때에는 서면으로 징계위원회에 징계의결을 요구 또는 요청한다. 2. 징계권자가 제1항의 규정에 의하여 징계의결을 요구할 때에는 징계심의 대상자의 공·과 사항이 있는 경우 이를 필히 기재하여 제출하여야 한다.

제68조【의결기한】위원회가 징계요구를 받은 때에는 그 요구를 받은 날로부터 30일 이내에 의결을 하여야 한다. 다만 부득이한 사유가 있을 경우에는 당해 위원회의 의결로 30일이내의 범위 안에서 그 기간을 연장할 수 있다.

제69조【징계대상자 출석】1. 위원회가 징계사항을 심의하고자 할 때에는 징계심의 대상자에게 징계 개최 일시와 장소 등을 기록한 출석통지서를 개최 5일 전까지 교부하고 소명할 수 있도록 하여야 하며 본인이 출석하지 아니하고 서면에 의한 진술과 변호도 같은 효력을 갖도록 한다. 2. 징계대상자가 출석통지서를 받고 출석하지 아니할 경우 소명의 기회를 포기한 것으로 간주한다.

제70조【심문과 진술권】1. 위원회는 징계심의 대상자에게 충분한 진술을 할 수 있는 기회를 부여하여야 한다. 2. 위원회는 출석한 심의대상자에게 심의내용에 관하여 질문을 행하고 필요하다고 인정할 때에는 관계인의 출석을 요구하여 진술을 들을 수 있다. 3. 징계심의 대상자는 서면 또는 구술로서 자기에게 이익이 되는 사실을 진술하거나 증거를 제출할 수 있으며 증인의 증언을 신청할 수 있다.

제71조【위원회의 의결】1. 위원회는 위원장을 포함한 위원 과반수의 출석과 출석위원 과반수의 찬성으로 의결한다. 2. 제1항의 의결은 신문과 진술이 끝나고 징계심의 대상자를 퇴장시킨 후

징계 의결 투표지에 의하여 출석위원 투표로 행한다.

제72조【의결 결과 보고】위원회가 징계의결을 한 때에는 지체 없이 징계의결서를 작성하여 징계권자에게 보고하여야 한다.

제73조【징계의 집행】1. 징계권자는 징계위원회로부터 징계의결서를 받은 날로부터 15일 이내에 이를 집행하여야 한다. 2. 징계권자가 제1항의 규정에 의하여 징계의결을 집행한 때에는 지체 없이 징계 처분 결과통지서를 징계처분을 받은 자에게 교부하여야 한다.

제74조【재심 청구】1. 징계권자 및 징계처분을 받은 자가 위원회의 징계처분에 대하여 이의가 있을 경우에는 통고를 받은 날로부터 7일 이내에 1회에 한하여 재심을 청구할 수 있으며, 2. 재심을 받은 위원회는 재심청구를 받은 날로부터 10일 이내에 재심하여야 한다.

제75조【재심처분의 효력】징계처분을 받은 자의 재심청구에 대하여 징계위원회가 결정한 재심의 처분은 원처분보다 무겁게 할 수 없으며 재심처분에 대하여는 다시 불복하지 못한다.

제76조【징계의 가중】징계는 다음 각 호의 내용에 따라 이를 가중조치할 수 있다. 1. 과실을 은폐하려고 하였을 때, 2. 책임을 회피하거나 타인에게 전가하려고 하였을 때, 3. 사고발생 후 즉시 이를 보고하지 아니하여 손해의 범위를 확대시켰을 때, 4. 과거 재직 중 과실이 있는 자가 그 협의가 종료되지 않은 상태에서 다시 징계에 회부되어 징계조치할 때

제77조【징계의 경감】징계는 다음 각 호의 내용에 따라 이를 경감조치할 수 있다. 1. 본인의 과실 이외에 상당한 부차적인 원인이 있을 때, 2. 사고 발생 후 사고의 수습과 손해의 경감에 최선의 노력을 다하였을 때, 3. 본인이 대무 또는 보조자로서 그 업무지식의 미숙이 사건발생의 원인이 되었을 때, 4. 과거 재직 중 포상을 받은 사실이 있거나 유공 사실이 있었을 때

제78조【특별사면】징계진행기간 중이더라도 징계 받은 자가 본인의 과실에 대한 깊은 반성과 함께 더욱 열심히 근무하여 타의 모범이 되었거나, 회사에 크게 공헌을 하였을 때에는 징계권자의 직권으로 특별사면할 수 있다.

제79조【징계처분의 구분】징계는 그 정도에 따라 경징계와 중징계로 구분하며 종류별 처분내용은 다음과 같다. 1. 경징계 종류 및 처분내용 (1) 경고: 주의를 환기시키기 위하여 서면으로 훈계한다. (2) 견책: 혐의자 본인이 잘못을 반성하고 고칠 수 있도록 서면으로 훈계 한다. (3) 감봉: 1개월 이상 3개월 이내의 기간을 정하여 임금총액의 1/10의 범위 내에서 감액지급한다. 2. 중징계 종류 및 처분내역 (1) 대기발령: 1개월 이내로서 본사 또는 사업장으로 출근하여 대기하도록 하고 임금은 1/3 금액만 지급한다. (2) 출근정지: 1회에 한하여 10일 이내로 하되 그 기간 중의 임금은 일절 지급하지 아니한다. (3) 정직: 1회에 한하여 1월 이내로 처분하여, 직

무에 종사하지 못하도록 하고, 그 기간 중의 임금은 일절 지급하지 아니한다. (4) 권고사직: 혐의자가 자신의 잘못을 인정하고 스스로 사직원을 제출하도록 권고한다(불응할 경우 인사위원회를 개최하여 해고 조치한다). (5) 예고해고: 징계결과에 따라 일정기간(1개월 이내)을 정하여 해고일자를 통보한다. (6) 즉시해고: 징계결과에 따라 즉시 해고 조치한다.

제9장 교　육

제80조【교육】회사 또는 사업장에서는 종업원에 대하여 직무능력 향상과 개인의 능력개발을 위하여 법정교육, 일반교육, 직무교육 등을 받게 하거나 실시할 수 있다. 1. 법정교육: 국가나 단체에서 법령에 의하여 실시하는 교육, 2. 일반교육: 신규 채용한 근로자에 대하여 회사의 경영방침, 취업규칙 및 안전 보건 관리에 필요한 교육, 3. 직무교육: 직무능력 향상과 또는 특별히 필요하다고 인정되는 업무와 관련된 제교육, 4. 교양교육: 종업원의 개인능력 개발과 자질향상 등 직무와 관련이 없는 순수소양 교육, 5. 기타 회사 또는 사업장에서 필요하다고 인정하는 제교육

제10장 안전과 보건

제81조【안전 및 보건의 이행】1. 회사 또는 사업장에서는 근무상 위험, 보건상 유해한 시설의 위해 방지와 종업원의 건강 증진 및 재해방지를 위해 필요한 조치를 강구하도록 하여야 한다. 2. 종업원은 안전 및 보건에 관한 규칙을 준수하여 안전 및 보건시설의 보존에 노력하여야 한다. 3. 종업원은 근로안전 및 근로보건 관리에 관한 규칙과 지시에 따라야 한다. 4. 회사 또는 사업장의 정리정돈을 생활화하고 재해 발생을 사전에 방지하도록 노력하며 특히 통로, 비상구 및 방화설비가 있는 장소에는 물품을 적치하지 않아야 한다. 5. 종업원은 안전장치, 소화설비, 위생설비, 기타 위험방지를 위한 시설물을 허가없이 제거, 변경 또는 그 효력을 상실하게 하는 행위를 하여서는 아니 된다. 6. 원동기, 동력전도장치, 기타 기계설비의 시동 또는 정지동작은 담당자 또는 책임자가 하여야 한다. 7. 가스, 전기, 유해물, 폭발물 등의 취급은 관계규정과 소정방법에 의하여 신중히 처리하여야 한다. 8. 근로조건과 성격에 따라 관계규정 등에 의한 복장과 보호구, 모자 등 안전장구를 착용하여야 한다. 9. 허가없이 기중기, 인양기, 승강기상부 등 위험한 장소에 올라가지 말아야 한다. 10. 작업의 전후에는 사용장치, 기계기구의 점검을

하고 또 작업 중에는 소정 작업, 동작, 공정, 방법을 엄수하여야 한다. 11. 정하여진 장소 이외에서는 허가없이 화기를 사용하거나 흡연을 하여서는 아니 된다. 12. 항상 작업장을 청결히 하고 폐기물은 일정한 장소에 버려야 한다. 13. 회사 및 사업장에서 행하는 건강진단, 전염병 예방주사 등을 거부하여서는 아니 된다.

제82조【건강진단】1. 종업원은 입사시 건강진단서를 제출하여야 하며 사무직은 2년에 1회 이상, 비사무직은 매년 1회 이상 건강진단을 행하여야 한다. 단, 입사당해연도는 입사시 건강진단으로 대신할 수 있다. 2. 건강진단 결과 이상이 발생되어 재검통보를 받은 자는 지정일자에 필히 재검진을 받아야 한다. 3. 건강진단 결과 필요한 경우에는 취업을 일정기간 금지하거나 면직시킬 수 있다. 4. 회사 및 사업장은 건강진단 결과 종업원의 보건상 필요한 조치를 취하여야 하며, 종업원은 이에 따라야 한다.

제83조【의료보험, 고용보험 및 산재보험】회사 및 사업장은 전 종업원의 복리후생 및 재해를 위하여 의료보험, 고용보험 및 산재보험에 가입하여야 한다.

제84조【재해보상】종업원이 업무상 부상 또는 질병에 걸리거나 사망한 경우에는 근로기준법과 산업재해보상보험법의 관계규정에 의거하여 처리한다.

제85조【업무외 재해】종업원이 업무 외 부상 또는 질병 등 재해를 입었을 경우에는 의료보험에 의하여 치료함을 원칙으로 하며, 회사 또는 사업장에서 보상책임을 지지 아니하고 요양으로 휴직하는 기간 동안의 임금은 지급하지 아니한다.

제11장 모성보호 및 성희롱예방 등

제86조【남녀차별의 금지】여성이라는 성별 차별만을 이유로 임금, 교육, 승진, 정년, 퇴직, 해고 등을 하지 아니한다.

제87조【모집과 채용】모집과 채용에 있어서는 여성에게 남성과 평등한 기회를 주도록 한다.

제88조【시간외 근로의 제한】임신 중의 여성사원과 산후1년이 경과되지 아니한 여성사원에 대해서는 시간외 근로를 시키지 아니한다.

제89조【야간, 휴일근로의 제한】임신 중의 여성사원과 산후1년 미만의 여성근로자에 대해서는 하오 10시부터 상오 6시까지의 야간근로와 휴일근로에 종사시키지 아니한다. 다만 본인의 동의와 협의를 거쳐 고용노동부장관의 인가를 받은 경우에는 예외로 한다.

제90조【육아시간】생후 1년 미만의 유아를 가진 여성 사원의 청구가 있을 경우에는 1일 2회 각각

30분 이상의 유급 수유시간을 주어야 한다.

제91조【육아휴직】1. 회사 또는 사업장은 생후 1년 미만의 영아를 가진 종업원이 그 영아의 양육을 위하여 휴직을 신청하는 경우 이를 허용해야 한다. 2. 육아휴직기간은 1년 이내로 하되 그 영아가 생후 1년이 되는 날을 경과할 수 없다. 3. 회사 또는 사업장은 육아휴직을 이유로 불리한 처우를 해서는 안되며 육아휴직 기간은 근속기간에 포함시킨다.

제92조【회사 또는 사업장내 성희롱 금지】회사 또는 사업장에서는 상대방이 원하지 않는 언어적, 시각적 등 각종 형태의 성희롱을 금지하고 여성에게 폭력을 행사해서는 아니 된다

제93조【성희롱 가해자에 대한 징계】회사 또는 사업장에서 성희롱이 발생한 경우에는 회사 인사위원회에서 진상을 조사하여 사안이 경미하다고 판단될 경우에는 시말서, 각서징구, 서면경고, 근무부서변경 등의 조치를 취하고, 사안이 중대하다고 판단될 경우에는 징계위원회를 개최하여 징계조치하여야 한다.

제94조【성희롱 피해자의 보호】회사 또는 사업장내 성희롱 피해 직원에 대해서는 고용상의 일체의 불이익한 처분을 행하지 아니한다.

부 칙

제1조【시행일】본 규칙은 2012년 1월 1일부터 시행한다.

제2조【일반적 경과 조치】본 규칙 시행 당시 종전의 규칙에 의한 모든 절차와 행위 등은 본 규칙에 저촉되지 아니하는 한 본 규칙에 의하여 행하여진 것으로 본다.

제3조【벌칙 등에 관한 경과 조치】본 규칙시행 전의 행위에 대한 벌칙 등의 적용에 있어서는 종전의 규칙에 의한다.

제4조【준용사항】본 규칙에 규정되지 아니한 사항은 근로기준법과 관계규정 등에 따른다.

참 | 고 | 문 | 헌

강명희·김혜란, 4대보험통합 처리실무, (주)중앙경제, 2011.

강무현외, 화이트칼라 창업, 동아일보사, 1998.

길벗유통정보연구소, 점포? 무엇이든 물어보세요, 길벗, 1997.

김광희, 창업마케팅, 미래와 경영, 1999.

김문정·조윤기, 창업과 경영정책, 도서출판 두남, 2009.

김성민, 회사만들기, 도서출판 새로운 제안, 1997.

김학윤, 벤처마케팅, 무역경영사, 2002.

박영수, 창업실무와 경영, 학문사, 2007.

박영철, 퍼펙트 창업론, 서울경영컨설팅그룹, 1999.

박정기, 취업과 창업, 동의대학교 상경대학, 2000.

박정기(2) , 벤처기업 창업실무, 세종출판사, 2000.

박정기 외 1인, 소상공인 창업과 경영, 도서출판 두남, 2003.

박주관, 사업타당성 분석 & 사업계획서 작성, 21세기북스, 1999.

박주관창업컨설팅(주), 실전 상권분석, 21세기북스, 2000.

박주영·노기엽·김현순, 프랜차이즈창업론, 학현사, 2009.

배재광, 벤처기업 창업에서 코스닥등록까지, 전자신문사, 2000.

백형기, 벤처기업 창업과 경영전략, 미래와 경영, 1999.

서정민, 사업계획서, 한국세정신문사, 1999.

송경수 외 5인, 창업과 취업, 도서출판 대명, 2002.

송경수 외 10인 벤처창업경영론, 도서출판 대명, 2008.

손영일, 창업스쿨, 고려문화사, 1997.

신현우, 창업경영론, 도서출판 대명, 2003.

원종하, 벤처창업의 이해, 조서출판 대명, 2004.

윤관호·홍상태·이임정, 창업실무, 도서출판 청람, 2007.

이상석, 창업론, 도서출판 청람, 2011.

이석규, 창업 및 사업성 검토, 다산출판사, 1997.

이신모, 창업학, 대학문화, 1999.

이응렬 외 1인, 창업자금 가이드, 도서출판 씨티미디어, 1998.

임재석·엄명철, 프랜차이즈 창업실무, 무역경영사, 2004.

전타식, 쉽게 배우는 창업경영론, 도서출판 두남, 2010.

정대용, 창업스쿨, 21세기북스, 1998.

정대용, 창업성장전략, 21세기북스, 1998.

중소기업진흥공단, 창업 이렇게 한다, 중소기업진흥공단, 1997.

중소기업진흥공단, 중소기업 이렇게 도와드립니다, 중소기업진흥공단, 1999.

중소기업진흥공단, 판매기법, 중소기업연구원, 1995.

중소기업청 외, 2007년 전국 소상공인 실태조사 보고서, 소상공인 진흥원, 2007.

중소기업청 외, 2007년 자영업컨설팅 컨설턴트 교육, 소상공인진흥원, 2007.

중소기업청 외, 자영업컨설팅 운영지침, 소상공인진흥원, 2007.

중소기업청 외, 2008년 창업보육매니저 전문교육, (사)창업보육협회, 2008.

중소기업청 소상공인지원센터, 창업절차, 중소기업청 소상공인지원센터, 1999.

중소기업청 소상공인지원센터, 사업계획수립 및 사업성분석, 중소기업청 소상공인지원센터, 1999.

중소기업청 소상공인지원센터, 사업아이템 선정, 중소기업청 소상공인지원센터, 1999.

중소기업청 소상공인지원센터, 상권분석과 입지선정, 중소기업청 소상공인지원센터, 1999.

중소기업청 소상공인지원센터, 창업세무, 중소기업청 소상공인지원센터, 2001.

중소기업청 소상공인지원센터, 창업자금 조달 및 운용, 중소기업청 소상공인지원 센터, 1999.

중소기업청 소상공인지원센터, 창업적성검사, 중소기업청 소상공인지원센터, 1999.

중소기업청, 중소기업조세지원제도, 중소기업청, 2000.

차대운 외 2인, 소자본창업 경영론, 신라대학교 사회교육원, 1999.

채재억, 판매기법, 중소기업진흥공단 중소기업연수원, 1995.

한국소호연합회 창업컨설턴트, 소호비지니스 가이드 북, 한국소호연합회, 1998. 허창문, 벤처기업 창업과 자금조달의 모든 것, 청림출판, 1999.

홍성도, 벤처기업 창업경영론, 학문사, 1998.

황만순 편저, 창업실무, 세경북스, 2000.

찾 | 아 | 보 | 기

ㅈ

ㅊ

ㅋ

【저자소개】

송경수 계명대학교 대학원(경영학박사)
Manchester Business School Visiting Scholar
부산가톨릭대학교 유통경영학과 교수

류태모 계명대학교 대학원(경영학박사)
Ohio State University Visiting Scholar
부경대학교 경영학부 교수

장석인 독일 Trier 대학교(Universitat Trier, 경영학박사)
공주대학교 경영학과 교수

정동섭 부산대학교 대학원(경영학박사)
San Jose' State University Visiting Scholar
경성대학교 경영학부 교수

차윤석 서울대학교 대학원(경영학박사)
동아대학교 경영학과 교수

창업론

초판인쇄 2019년 2월 10일
초판발행 2019년 2월 15일

지은이 송경수 · 류태모 · 장석인 · 정동섭 · 차윤석
펴낸이 박노일

총괄기획 김중용 · 최준규
편 집 심성보

펴낸곳 pnc publishing and culture 피앤씨미디어
경기도 고양시 일산동구 강송로 153 310-1501
등록 제396-2012-000203호
전 화 070)7550-3758 팩 스 02)718-8554
홈페이지 www.pncmedia.co.kr 이메일 pnc@pncmedia.co.kr
ISBN 979-11-5730-602-2 93320

정 가 25,000원